Haut und Haar
Friseurfachkunde

4. Auflage

VERLAG EUROPA-LEHRMITTEL · Nourney, Vollmer GmbH & Co. KG
Düsselberger Straße 23 · 42781 Haan-Gruiten

Europa-Nr.: 65810

Bach

Autoren:
Gero Buhmann, Recklinghausen
Isabell Feigel, Halle
Babett Friedewold, Rostock
Britta ter Jung, Gelsenkirchen
Annette Strecker, Düsseldorf
Bernhard Wiggelinghoff, Datteln

Verlagslektorat: Anke Vöpel

Illustrationen: Gabriele Timm, 41564 Kaarst
Erika Hedfeld, 42477 Radevormwald
Techn. Illustrationen: Wolfgang Herzig, 45134 Essen
Henriette Rintelen, 52555 Velbert
Fotografien: Guido Adolphs, 42899 Remscheid
Stephan Werk, 18057 Rostock

Das vorliegende Buch wurde auf der Grundlage der neuen amtlichen Rechtschreibregeln erstellt.

4. Auflage 2008

Druck 5 4 3 2 1

Alle Drucke derselben Auflage sind parallel einsetzbar, da sie bis auf die Behebung von Druckfehlern untereinander unverändert sind.

ISBN 978-3-8085-6584-1

Satz: tiff.any GmbH, 10999 Berlin
Druck: B.o.s.s Druck und Medien GmbH, 47574 Goch
Umschlag: braunwerbeagentur, 42477 Radevormwald

Vorwort

Neuer Rahmenlehrplan

Seit dem 1. 8. 2008 gilt der neue Rahmenlehrplan der Kultusministerkonferenz (KMK) für den Ausbildungsberuf Friseurin/Friseur. Der Beruf wurde neu geordnet und in 13 handlungsorientierte Lernfelder gegliedert. Die Kernqualifikationen Pflegen von Haar und Kopfhaut, Haarschneiden, Gestalten von Frisuren, dauerhaftes Umformen und farbverändernde Haarbehandlungen wurden um neue Arbeitsaufgaben ergänzt. Diese liegen insbesondere in den Bereichen:

- Kundenmanagement
- Betriebsorganisation einschließlich der neuen Kommunikations- und Informationssysteme
- Marketing
- unternehmerisches Denken und Handeln

Neue Auflage

Die vorliegende 4. Auflage wurde vollständig überarbeitet, basiert auf dem neuen KMK-Rahmenlehrplan und berücksichtigt sowohl die Kernkompetenzen der Friseurin, als auch die o. g. neuen Arbeitsaufgaben.

Das Buch richtet sich an Auszubildende im Beruf Friseur/Friseurin. Innerhalb der Texte wird von der Friseur**in**, der Kosmetiker**in** und meistens auch von der Kund**in** gesprochen. Die weibliche Form wurde bewusst gewählt, weil der größte Teil der Auszubildenden eben weiblich ist. Wir bitten die männlichen Auszubildenden hierfür um Verständnis.

Neue Inhalte

- Eine Übersichts-Mind-Map zu Beginn des Buches stellt den Inhalt der Fachkunde dar, sodass der Leser sich schnell zurecht findet.
  Beispiel: Mind-Map Seite 4 und 5.

- Der Inhalt von »Haut & Haar« unterstützt den handlungsorientierten Unterricht und ist entsprechend des Prinzips der vollständigen Handlung ausgerichtet.

  Beispiel: Lernfeld 5 »Haare schneiden«
  1 Haarschnitte planen und vorbereiten
  2 Haarschnitte erstellen
  2.5 Schneideergebnisse überprüfen
  4 Haarschnitte und Rasuren nachbereiten

- Die Inhalte der Lernfelder bauen aufeinander auf und wiederholen sich in unterschiedlichen Situationen.

  Beispiel: Die Themen »Umgang mit Kunden«, »Behandlungsplan« und »Reklamationen« ziehen sich durch mehrere Lernfelder.

- Die Inhalte werden praxisorientiert vermittelt. So beginnen die Kapitel beispielsweise mit einem Szenario. Dieses spiegelt eine Situation wider, wie die Auszubildende sie selbst im Salon erleben könnte.

- Abwechslungsreiche Aufgabenstellungen fördern die Kompetenzentwicklung der Auszubildenden

  Beispiel: Gruppenarbeit, Projektarbeit

Neue Ausbildungs- und Prüfungsordnung

Mit dem Ziel, die Ausbildung zu modernisieren sowie die Zwischenprüfung aufzuwerten, wurde parallel eine neue Ausbildungsordnung erarbeitet. Ab sofort gilt die gestreckte Gesellenprüfung:

- Nach 18 Monaten Teil 1 der Gesellenprüfung
- Nach 36 Monaten Teil 2 der Gesellenprüfung

Vor Beginn der Ausbildung entscheidet sich die Auszubildende für eines der folgenden Wahlmodule:

- Pflegende Kosmetik/Visagistik
- Langhaarfrisuren
- Nageldesign/-modellage
- Haarersatz
- Coloration

Da die Wahlmodule nur für die praktische Ausbildung gelten, haben wir uns in der Fachkunde darauf verständigt, nur Grundzüge dazu zu vermitteln. Sofern möglich, werden diese in bestehende Lernfelder integriert.

Bewährte Inhalte

- Die zum Verständnis technologischer Vorgänge erforderlichen chemischen und biologischen Grundlagen werden innerhalb des jeweiligen Lernfelds erklärt. Eine umfangreichere Erklärung ist in dem Exkurs »Chemische und mathematische Grundlagen« zu finden. Dort sind auch wichtige Rechenarten vorgestellt, ausschließlich mit Aufgabenbeispielen aus dem Friseurbereich.

- Ein ausführliches Stichwortverzeichnis macht dieses Buch zu einem verlässlichen Nachschlagewerk und erleichtert eigenverantwortliches Lernen.

Wir wünschen allen Auszubildenden und allen, die sich beruflich fortbilden wollen, viel Freude und Erfolg mit diesem Buch.

Kritische Hinweise und Vorschläge, die der Weiterentwicklung des Buches dienen, nehmen wir dankbar entgegen.

Im Sommer 2008 *Autoren und Verlag*

Wo ist was i

Historische Entwicklung

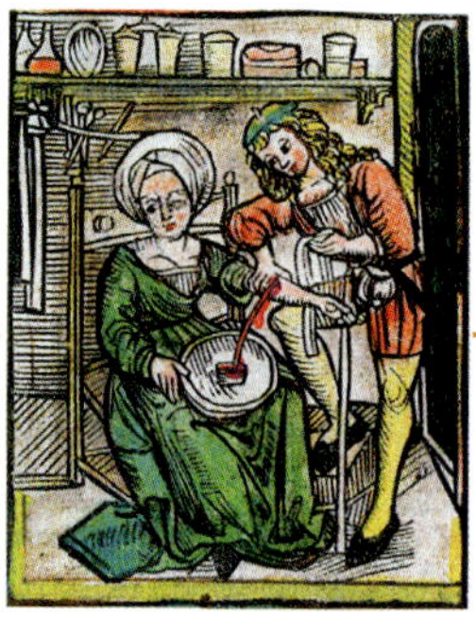

- Berufsbild LF 1, Kap. 1
- Stilkunde LF 6, Kap. 1
- Umformungen LF 7, Kap. 2
- Tönung LF 8, Kap. 7
- Farbe LF 9, Kap. 2
- Kultur LF 13, Kap. 1 ff.

Kunde

- Umgang mit dem Kunden LF 2
- Beratung Haar- u. Kopfhautpflege LF 3, Kap. 1
- Frisur u. Kundentyp LF 4, Kap. 1.4
- Beratung Haarersatz LF 4, Kap. 3
- Beratung Haarschnitt LF 5, Kap. 1
- Beratung Rasur LF 4, Kap. 5.2 & LF 5, Kap. 3
- Beratung dauerhafte Umformung LF 7, Kap. 1
- Farbberatung LF 8, Kap. 1
- Reklamation Farbe LF 9, Kap. 7.3
- Beratung Deko LF 11, Kap. 1
- Beratung Maniküre LF 10, Kap. 1
- Marketing LF 12, Kap. 2

Veränderungen/ Erkrankungen

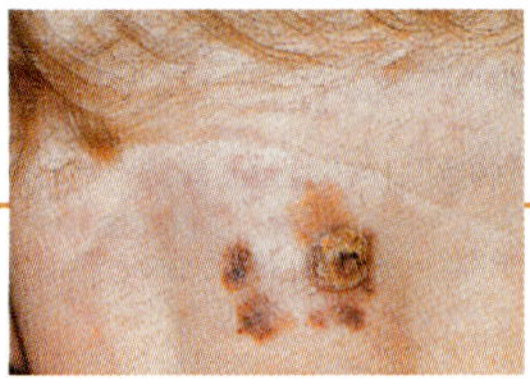

- Krankheitserreger LF 1, Kap. 2.1
- Kopfläuse LF 3, Kap. 3.5
- Anomalien Haut u. Haar LF 3, Kap. 3, 6, 7
- Haarwechsel, -verlust LF 4, Kap. 1.4
- Nagelanomalien LF 10, Kap. 3

Eigenschaften des Haares

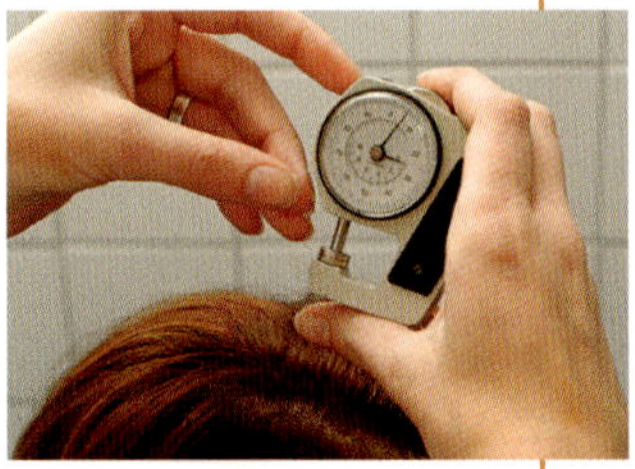

- Reißfestigkeit LF 3, Kap. 5.1
- Elektrische Ladung LF 3, Kap. 5.2
- Elektrizität LF 6, Kap. 2.2
- Plastizität LF 6, Kap. 2.2
- Dehnbarkeit LF 6, Kap. 2.2
- Kapillarität LF 7, Kap. 3.2
- Saugfähigkeit und Quellung LF 7, Kap. 3.2 und LF 9, Kap. 3.1
- Haarstruktur LF 3, Kap. 1.3; LF 7, Kap. 3.4 und LF 9, Kap. 3.2
- Haarfarbe LF 8, Kap. 4
- Haarstärke und -querschnitt LF 3, Kap. 1.3; LF 6, Kap. 2.3; LF 7, Kap. 1.2 und 3.3 und LF 9, Kap. 3.2
- Haarqualität LF 3, Kap. 1.3 und LF 4, Kap. 1.2

Aufbau/ Wachstum

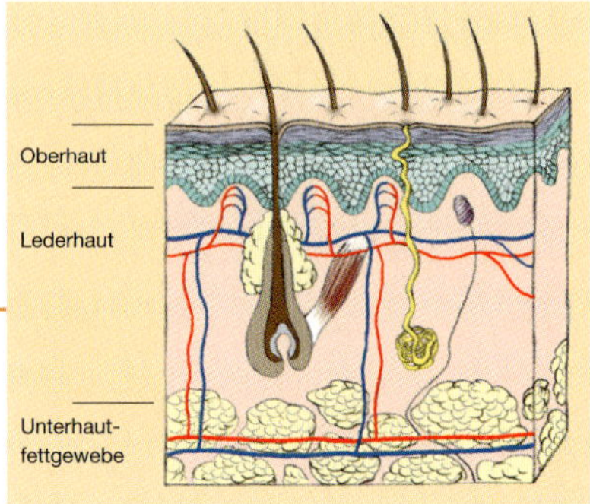

- Haut LF 3, Kap. 2
- Haar LF 3, Kap. 4, LF 6, Kap. 2.1, LF 7, Kap. 3.1
- Haar LF 4, Kap. 1.4.1
- Nagel LF 10, Kap. 2

…Haut und Haar«?

Hygienische Maßnahmen

- Gesundheitsschutz LF 1, Kap. 2.1 u. 2.4
- Arbeitsschutz LF 1, Kap. 2.2
- Hautschutz LF 1, Kap. 2.3
- Gesundheitsmanagement LF 1, Kap. 2.5
- Umweltschutz LF 1, Kap. 2.6
- Kopfläuse LF 3, Kap. 3.5
- Schnittverletzungen LF 5, Kap. 4.1
- Arbeitsmittelreinigung und -pflege LF 5, Kap. 4.2 u. LF 6, Kap. 3.3, LF 1, Kap. 3.2
- Dauerwelle LF 7, Kap. 5.2
- Tönung LF 8, Kap. 7.4
- Farbe LF 9, Kap. 7.1 u. 7.2
- Maniküre LF 10, Kap. 7
- Gesichtspflege LF 11, Kap. 2.1 u. 3.2

Präparate

- Haarreinigungs u. -pflegepräparate LF 3, Kap. 8
- Rasierpräparate LF 5, Kap. 3.1
- Finishpräparate LF 6, Kap. 3
- Dauerwellpräparate LF 7, Kap. 4.2 u. 4.3
- Tönungspräparate LF 8, Kap. 5
- Färbepräparate LF 9, Kap. 4.1 u. 5.1
- Nagelpflegepräparate LF 10, Kap. 4.2
- Dekopräparate LF 11, Kap. 2.5

Werkzeuge

- Haarschnitt LF 5, Kap. 2
- Rasur LF 5, Kap. 3.2
- Kämme/Bürsten/Wickel LF 6, Kap. 3
- Tönen LF 8, Kap. 6.2
- Maniküre LF 10, Kap. 4.1
- Dekorative Kosmetik LF 11, Kap. 2.4
- Dauerwelle LF 7, Kap. 5.6
- Haar- und Kopfhautdiagnose LF 3, Kap. 1.3

Massage

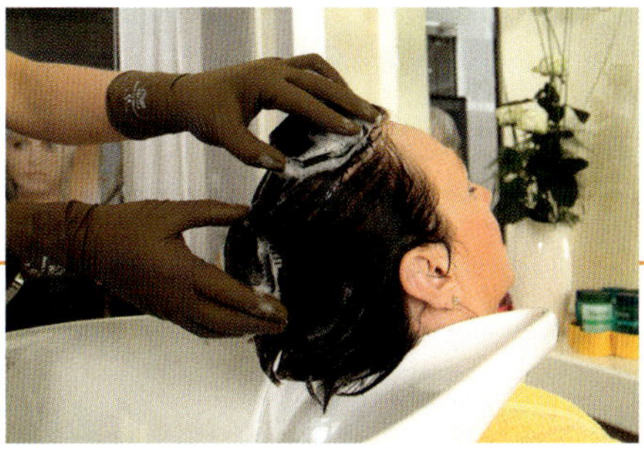

- Kopfmassage LF 3, Kap. 9.2.2
- Handmassage LF 10, Kap. 5.2
- Reinigungsmassage Kosmetik LF 11, Kap. 2.2

Lernfeld 1
Orientierung im Beruf

Orientierung im Beruf

1 Der Friseurberuf – das Berufsbild analysieren und die eigene Rolle finden

1.1 Berufsgeschichte

Der Friseurberuf im Wandel der Zeit

Der Friseurberuf entwickelte sich seit dem Mittelalter aus den Berufen des **Barbiers**, des **Baders** und später des **Perückenmachers**. Friseur leitet sich aus dem Französischen von »friser« oder »kräuseln« ab.

Ägyptische Kultur und Antike

Die Arbeiten des »Barbier« dienten vor allem hygienischen Zwecken, z. B. dem Schutz vor Insekten und Ungeziefer oder zur Vorbereitung der Köpfe für das Tragen von Perücken. Zu den Aufgaben der Barbiere gehörten sowohl das **Reinigen** des Körpers als auch die **Rasur** der Körper-, der Kopf- und der Barthaare, das Feilen der Nägel und die Herstellung von Perücken.

In der ägyptischen Kultur gehörte der Barbier zu den Angestellten des Hofes und galt als angesehener Beruf. Für die Bevölkerung arbeitetete er außer Haus.

Diese Aufgaben des Barbiers veränderten sich im Laufe der antiken Epochen kaum. Zusätzlich wurden nun auch kleine hautkosmetische Behandlungen durchgeführt, wie das Beseitigen von Hautschwielen, Warzen und Hühneraugen. Zum Handwerkszeug gehörten Scheren, Kämme, Salben, Nadeln, Brenneisen und Pinzetten und Spiegel. Für die Gestaltung der Haare waren die so genannten **»Kosmeten«** zuständig.

Mittelalter

In dieser Epoche unterscheidet man zwei Berufsbilder: den Bader und den Barbier. Die Tätigkeit des **Baders** beschränkte sich im Mittelalter zunächst auf die Herrichtung von Bädern. Zusätzlich nahm er das Haar-und Bartscheren innerhalb dieser Badestuben vor. Eine Badestube besaß mehrere Räumlichkeiten, in denen sich die Badevorgänge abspielten.

Der **Barbier** verrichtete ähnliche Aufgaben. Er war dagegen nicht an die Badestube gebunden und ging von Haus zu Haus.

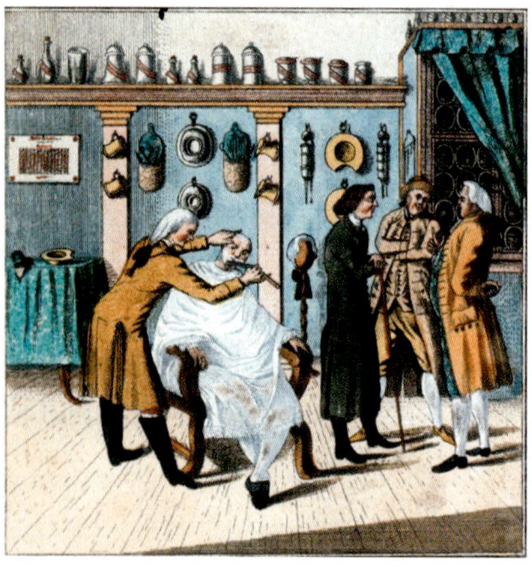

Bild 1 *Szene in einer Barbierstube, um 1790*

Beide übten neben diesen Tätigkeiten medizinische Wundversorgung aus. So gehörte zu einer weiteren Hauptaufgabe der Bader und Barbiere der als Allheilmittel gepriesene **Aderlass** und das **Schröpfen**. Hintergrund dieser Therapie ist die antike Lehre der Körpersäfte. Krankheit galt als äußeres Zeichen der in Unordnung geratenen Körpersäfte und nur durch Blutentzug zu heilen (Bild 2).

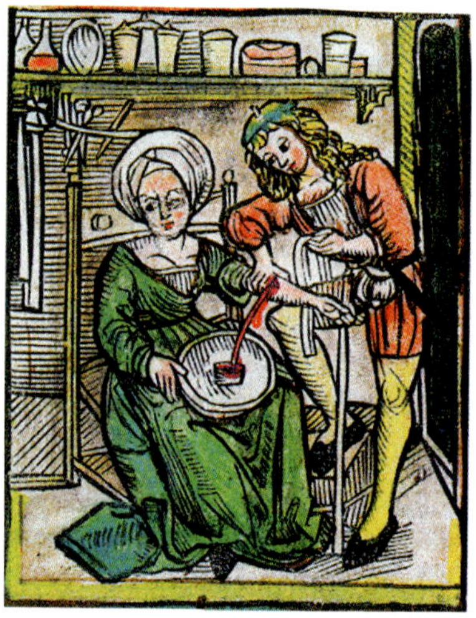

Bild 2 *Bader beim Schröpfen*
Quelle: Badhaus Museum, Kulmbach

Einem Großteil der Bevölkerung war es aus finanziellen Gründen nicht möglich, die Hilfe von studierten Ärzten zu beanspruchen. Sie nahmen die handwerklichen Chirurgentätigeiten der Bader und Barbiere für fast alle Leiden und Verwundungen in Anspruch. Dazu gehörten Erkrankungen, die heute in die Fachgebiete Augenheilkunde, Chirurgie, Urologie, Orthopädie, Dermatologie, Zahnheilkunde, Hals-, Nasen-, und Ohrenheilkunde und sogar Gerichtsmedizin fallen würden.

In manchen Ländern Europas war die soziale Stellung der Bader und Barbiere schlecht. Sie gehörten lange Zeit wie die Henker, Gaukler und Tänzer zu den »unehrlichen« Leuten, die sich erst sehr spät, im 14. und 15. Jahrhundert zu **Zünften** (Organisation der Handwerker einzelner Gewerbe mit besonderen Rechten und Regeln) organisieren durften.

Aus den verschiedensten Gründen lässt sich in der zweiten Hälfte des 16. Jahrhunderts ein Rückgang der Badestuben feststellen. Ein Grund war der Widerstand der Kirchen gegen die Freizügigkeit der Badehäuser, aber auch eine Verteuerung der Badepreise. Viele reiche Bürger richteten sich ihre Badestube zuhause ein. Bedeutender in diesem Zusammenhang war sicherlich die Angst vor der Ansteckung während der Pestzeiten.

Nach dem Rückgang der Badekultur in den Badestuben wurden die Bader und Barbiere allerdings nicht arbeitslos, denn die an den Universitäten ausgebildeten Ärzte hielten es für unter ihrer Würde, blutige Eingriffe vorzunehmen. So übernahmen Bader und Barbiere neben der Haar- und Bartpflege immer mehr auch chirurgische Arbeiten, konnten ihr Können auf diesem Gebiet in Prüfungen nachweisen und durften dann den Titel des Wundarztes führen.

Im 16. Jahrhundert etablierte sich in Frankreich das Handwerk des Perückenmachers – die neue Konkurrenz für die Bader und Barbiere. Die handwerklichen Tätigkeiten des Perückenmachers bestanden im Vorbereiten der Perückenmontur, dem **Tressieren** (frz: tresser = flechten) von Echthaar oder Haaren von Ziegen und Schafen und dem Befestigen der Tressen. Bis zu 115 verschiedene Perückenformen konnten in der Hochzeit der Perückenkunst hergestellt werden.

Die Perücke des Königs konnte bis zu zwei Pfund wiegen. Neben der Herstellung der Perücken gehörten auch die Pflege der Perücken und das Frisieren am Kopf des Kunden zu den Aufgaben des Perückenmachers. Später kam auch noch das Pudern der Perücken als Aufgabe dazu. Weitere Leistungen waren die Rasur und der Bartschnitt. Allerdings durften die Perückenmacher keine chirurgischen Eingriffe vornehmen. (s. Bild 2, S. 12)

Neuzeit

Im 18. Jahrhundert, nach der französischen Revolution, löste die natürliche Haarpflege die Perückenmode ab. Damit konkurrierten die Perückenmacher zunächst mit den Barbieren um die Arbeit, verloren aber dann ganz an Bedeutung und der Handwerkszweig verschwand.

Rechtliche Regelungen zur Arbeitsteilung der Bader, Barbiere, Wundärzte wurden eingerichtet und langsam aber sicher vollzog sich die Loslösung der Barbiere von den Chirurgen.

Ende des 19. Jahrhunderts entstanden **Innungen**, die die Gruppen der Barbiere, Bader, Heilgehilfen und Damen- und Herrenfriseure zusammenfassten. In einer Innung schließen sich selbstständige Handwerker der gleichen oder ähnlichen Handwerke zusammen, um ihre gemeinsamen Interessen zu fördern und zu vertreten. Zu den Aufgabenbereichen der Innung gehört unter anderem die Überwachung und Regelung der Ausbildung im dualen System und die Abnahme der Prüfungen.

Das Wissen und Können aller nun vereinigten Berufsgruppen prägen auch heute noch das Berufsbild Friseur/Friseurin. Entscheidende Weiterentwicklungen des Berufsbildes wurden durch bedeutsame Erfindungen und Entdeckungen des 19. und 20. Jahrhunderts vorangetrieben. Als Beispiele sind die Entdeckung des Wasserstoffperoxids, der chemischen Grundlagen zur dauerhaften Veränderung der Haarfarben, der Ondulation und der dauerhaften Formveränderung zu nennen.

1.2 Ausbildung im dualen System

Mit »Ausbildung im **dualen System**« wird das duale Berufsausbildungssystem in Deutschland bezeichnet. Im dualen System findet die Lehrlingsausbildung an **zwei sich ergänzenden Lernorten** statt. Nämlich dem Ausbildungsbetrieb und der Berufsschule.

Zum 1. August 2008 ist die Berufausbildung zum Friseur/zur Friseurin grundsätzlich neu geordnet worden und erhält eine neue Ausbildungs- und Prüfungsordnung.

Die gesetzliche Grundlage für den Berufsschulunterricht stellt der bundeseinheitliche Rahmenlehrplan mit 13 Lernfeldern (siehe Tabelle 1) dar. Vom Rahmenlehrplan der schulischen Ausbildung ist der Ausbildungsrahmenplan der betrieblichen Ausbildung zu unterscheiden. Dieser Ausbildungsrahmenplan enthält als Anhang der Ausbildungsordnung eine grobe zeitliche Gliederung der betrieblichen Ausbildungsinhalte und dient dem Ausbilder und dem Auszubildenden als Vorgabe für die betriebliche Ausbildung.

Gliederung der Ausbildung

Der erste Ausbildungsabschnitt endet nach 18 Monaten, mit Teil 1 der **gestreckten Gesellenprüfung**. Diese umfasst eine praktische und eine theoretische Püfung. Die Noten dieses Prüfungsteiles fließen in die Endnote der Prüfung mit ein. Der praktische Teil umfasst klassische Friseurarbeiten im Damen- und Herrenfach, welche durch ein situatives **Fachgespräch** ergänzt werden.

Der zweite Teil der gestreckten Gesellenprüfung gliedert sich ebenfalls in einen theoretischen und praktischen Prüfungsteil. Die praktischen Arbeitsaufgaben hier beinhalten modische Friseurarbeiten im Damen- und Herrenfach mit zusätzlichem Schwerpunkt im Bereich der Kundenberatung. Die praktischen Arbeiten werden durch eine zu Beginn der Ausbildung im Ausbildungsvertrag festgelegte Wahlqualifikation (z. B. Pflegende Kosmetik, Visagistik, Langhaarfrisuren, Nageldesign und Nagelmodellage, Haarersatz und Haarverlängerung sowie Coloration) ergänzt.

Der **Rahmenlehrplan** sieht folgende Lernfelder vor:

1. Ausbildungsjahr	2. Ausbildungsjahr	3. Ausbildungsjahr
Lernfeld 1 in Ausbildung und Beruf orientieren	**Lernfeld 6** Frisuren erstellen	**Lernfeld 10** Hände und Nägel pflegen und gestalten
Lernfeld 2 Kunden empfangen und betreuen	**Lernfeld 7** Haare dauerhaft umformen	**Lernfeld 11** Haut dekorativ gestalten
Lernfeld 3 Haare und Kopfhaut pflegen	**Lernfeld 8** Haare tönen	**Lernfeld 12** Betriebliche Prozesse mitgestalten
Lernfeld 4 Frisuren empfehlen	**Lernfeld 9** Haare färben und blondieren	**Lernfeld 13** Komplexe Frisurendienstleistungen durchführen
Lernfeld 5 Haare schneiden		

Bild 1 *Lernfelder des KMK-Rahmenlehrplans Friseur/Friseurin gültig ab 1. 8. 2008*

Zu Beginn der Ausbildung wird der **Berufsausbildungsvertrag** abgeschlossen. Dieser wird vom Ausbilder des zukünftigen Betriebes, von der Auszubildenden und, bei Nichtvolljährigkeit, vom gesetzlichen Vertreter der Auszubildenden unterschrieben. Das Vertragsformular wird dann der **Handwerkskammer** zugestellt, um im Verzeichnis der Berufsausbildungsverhältnisse aufgenommen zu werden.

Im Berufsausbildungsvertrag sind die beiderseitigen Rechte und Pflichten aufgeführt sowie Arbeitszeiten, Urlaubsregelungen, Lohnzahlungen.

Schon bei Vertragsabschluss müssen übergeordnete gesetzliche Regelungen, z. B. das Jugendarbeitsschutzgesetz, Arbeitszeitgesetz, Bundesurlaubsgesetz, sowie die Tarifverträge berücksichtigt werden.

Die Beendigung des Ausbildungsvertrages erfolgt nach Ablauf der Ausbildungszeit und endet mit der bestandenen Prüfung. Eine vorzeitige Kündigung ist nur in besonderen Fällen möglich und durch das Kündigungsschutzgesetz geregelt.

Die tarifvertraglich geregelte Ausbildungsvergütung ist eine Vergütung, die laut § 17 Berufsbildungsgesetz nach dem Lebensalter der Auszubildenden bemessen ist und mit fortschreitender Berufsausbildung, mindestens jährlich, anzusteigen hat. Weiterhin gilt: »Eine über die vereinbarte regelmäßige Ausbildungszeit hinausgehende Beschäftigung ist besonders zu vergüten oder durch entsprechende Freizeit auszugleichen.«

Vergütung nach Beendigung der Ausbildung

Die Vergütung der Friseurin ist tarifvertraglich geregelt und richtet sich nach ihrer Qualifikation und nach ihren Dienstjahren. Besteht keine allgemeinverbindliche tarifvertragliche Regelung, so gelten grundsätzlich mindestens die Tarifvereinbarungen der Länder. Je höher die Gesellin und Facharbeiterinnen qualifiziert ist, desto mehr kann sie verdienen. Die Qualifikationen können folgendermaßen unterschieden werden:

- Eine Friseurin mit Gesellenprüfung, die nur die Basistechniken beherrscht, wird in der Regel nach dem Tarifvertrag entlohnt.
- Eine Friseurin mit Gesellenprüfung, die selbstständig arbeitet, erhält gewöhnlich eine Zulage zur tariflich festgelegten Vergütung.
- Eine Friseurin mit Meisterprüfung erhält einen tariflich festgelegten höheren Lohn.
- Eine Friseurin mit Meisterprüfung, die als Geschäftsführerin bzw. als Salonleiterin angestellt ist, erhält eine übertarifliche Vergütung. Größere Salons oder Filialbetriebe bevorzugen Friseurmeisterinnen mit der Zusatzqualifikation zum Betriebswirt des Handwerks.

Weiterhin enthalten sind:

- Namen und Anschriften der Vertragspartner
- Ziel der Ausbildung, Gliederung der Ausbildung
- Beginn und Dauer der Ausbildung
- Dauer der Probezeit, max. 4 Monate
- Ort der Ausbildung
- Voraussetzungen für Kündigungen
- Sonstige Vereinbarungen (z. B. zu den Wahlqualifikationen, s. Kapitel 1.2, S. 13)
- Unterschriften aller Vertragspartner
- Eintragungsvermerk der zuständigen Stelle

1.3 Berufliche Fort- und Weiterbildungsmöglichkeiten

Die berufliche Weiterbildung dient laut Berufsbildungsgesetz (§ 1 Abs. 4 BBiG) dazu, »die berufliche Handlungsfähigkeit zu erhalten, anzupassen oder zu erweitern und beruflich aufzusteigen«.

Die Friseurausbildung ist die Grundlage für unterschiedliche berufliche Tätigkeiten. Durch entsprechende Fortbildungen kann sich die Friseurin weiter qualifizieren, z. B. zur Friseurkosmetikerin, Maskenbildnerin, Visagistin oder Kosmetikerin im Friseurhandwerk. Damit ergeben sich als weitere Arbeitsfelder beispielsweise Wellness-Einrichtungen, Moderedaktionen, Foto- und Fernsehstudios sowie Werbeagenturen.

Strebt die Friseurin den Aufstieg zur Salonleitung an oder möchte sie sich mit einem eigenen Salon selbstständig machen, so sollte sie die **Meisterprüfung** ablegen. Für die Qualifikation zur Ausbilderin ist die Ausbildereignungsprüfung oder die Meisterprüfung erforderlich.

Um als Geschäftsführerin tätig zu sein, ist es vorteilhaft, eine Zusatzausbildung zur Betriebswirtin des Handwerks zu absolvieren. Über der Qualfizierungsebene der Meister und Betriebswirte etabliert sich derzeit ein berufsbegleitender Bachelor-Studiengang an der Fachhochschule zur »Unternehmensführung im Mittelstand«.

Zusätzliche Kenntnisse im Bereich EDV und Seminare der haarkosmetischen Industrie ermöglichen den Auszubildenden, Gesellinnen oder Facharbeiterinnen auf dem aktuellsten Stand der Trends und Arbeitstechniken zu bleiben und somit ihre Leistungsfähigkeit zu erhöhen.

Seminarteilnahmen und Zertifikate erweitern die Qualifikationen und damit die Chancen auf dem Arbeits- und Ausbildungmarkt.

Die Tabelle zeigt Bereiche für Fortbildungsmöglichkeiten auf:

Tabelle 1: Bereiche für Fortbildungsmöglichkeiten

Beispiele
Schnitttechniken
Stylingtechniken
Färbetechniken
Neue Frisurenlooks
Kosmetik/Make up
Typberatung
Nail Design
Marketing
EDV
Werbung
Produktverkauf
Kundengespräch
Personalmanagement

Quelle: Zentralverband des deutschen Friseurhandwerks (ZV)

Bild 1 *Beispiel für einen Friseursalon*

1.4 Organisatorischer Aufbau des Friseurbetriebes

Der Salon »Haargenau« ist Arbeits- und Ausbildungsplatz der Auszubildenden Anja.

Bild 2 *Beispiel für einen Arbeits- und Ausbildungsplatz*

Der Salon strahlt eine exklusive Atmosphäre aus. Er verwirklicht nicht nur eine hohe Qualität in den Friseurdienstleistungen, sondern auch die Aspekte Wellness und Entspannung gehören zur Salonphilosophie.

Die **Salonkonzeption** ist so konzipiert, dass die verschiedenen Salonbereiche mit unterschiedlichen Funktionen räumlich und funktional voneinander getrennt angelegt sind.

Der Salon ist in verschiedene funktionale Bereiche aufgeteilt:

Der Eingangsbereich mit Rezeption und Produktverkauf

Dieser Bereich dient dem **Kundenempfang** und der **Verabschiedung** der Kunden.

Die ersten Augenblicke beim Betreten dieser Salonzone prägen auch die ersten Eindrücke der Kundin im Hinblick auf die Saloneinrichtung und die Mitarbeiter. Die Kundin orientiert sich in dieser Salonzone und gelangt dann zur Rezeption. Hier wird der erste persönliche Kontakt hergestellt.

Zum Abschluss der Behandlung dient diese Zone der Verabschiedung der Kunden. Die Kunden verweilen hier meist einige Zeit und können sich so Sonderangebote und Kleinstartikel vor dem Verlassen des Salons in Vitrinen und Thekendisplays ansehen.

Bild 3 *Beispiel für Eingangsbereich mit Rezeption und Produktverkauf*

Die Warte-Lounge

Dieser Bereich dient der kurzzeitigen Überbrückung von Wartezeit. Einblicke in Frisurenzeitschriften mit aktuellen Trendthemen und das Angebot an einer Getränkebar verkürzen die Wartezeit. Ein Internetzugang an einem Computer für Kunden bietet die Möglichkeit, die Homepage des Salons und andere interessante Seiten im Internet aufzurufen.

Der Wartebereich kann aber auch bereits eine erste Kontaktzone für Produktneuheiten und den aktuellen Dienstleistungsangeboten des Salons sein.

Der Bedienungsplatz

In dieser Zone findet die eigentliche Dienstleistung statt. Ausreichende und spezielle Beleuchtung unterstützen die kompetente Kundenberatung und die Arbeitsbedingungen. Die Bedienungsplätze sind nach ergonomischen Gesichtspunkten, für das Mitarbeiter-Team des Salons »Haargenau« und somit arbeitserleichternd, ausgestattet. Zusätzliches Warenangebot in Regalen unterstützt hier die Fachberatung zu Pflegeprodukten. Jede Mitarbeiterin arbeitet an diesem Arbeitsplatz mit ihren Werkzeugen und Geräten, die zur Unterstützung auf einem Arbeitswagen abgelegt werden können.

Die Mixecke und Waschbecken

Dieser Bereich ist unter ergonomischen und arbeitstechnischen Bedingungen optimal ausgestattet. Rückwärtswaschbecken mit höhenverschiebbaren Kundenstühlen erhöhen den Entspannungseffekt der Kundin. Die Friseurin findet in dieser Zone das benötigte Arbeitsmaterial in Reichweite (z.B. Handtücher, Pflegepräparate) und eine **»Handschuh-Bar«** mit den für sie passenden Handschuhen, einem Handschuhtrockner und einem eigenen Handtuch. Die »Handschuh-Bar« bietet alle Handschuharten für die verschiedensten Tätigkeiten.

Bild 1 *Beispiel für Waschplätze*

Der Pausenraum

Dieser Raum dient den Mitarbeitern zur Pausengestaltung. Er ist eine rauchfreie, helle und ausreichend gelüftete Zone zum Entspannen und zum Essen und Trinken. Eine bequeme Ausstattung und ausreichend Platz bieten die Gelegenheit für eine **rückenfreundliche Erholungspause**, in der auch Ausgleichsübungen zum Salonalltag siehe Kapitel 2.5.2, S. 30 ff. stattfinden können. Einen Platz für private Utensilien und möglicherweise ein paar Ersatzschuhe hat dieser Raum auch anzubieten.

Hier halten sich ausschließlich Mitarbeiter auf und er sollte vom Bedienungsbereich räumlich abgetrennt sein.

Die Pflege-Oasen in der Kosmetikzone

Die eigene Kosmetikkabine bietet den Kundinnen einen exklusiven Hautpflegeservice in ruhiger Atmosphäre. Für die Herrenkunden bietet der Salon speziell einen abgetrennten Wellnessbereich an. Der Friseurbesuch wird für diese Zielgruppe durch das Zusatzangebot einer Wellness-Rasur in einer exklusiven Wohlfühlatmosphäre bereichert. (s. Lernfeld 5, S. 152)

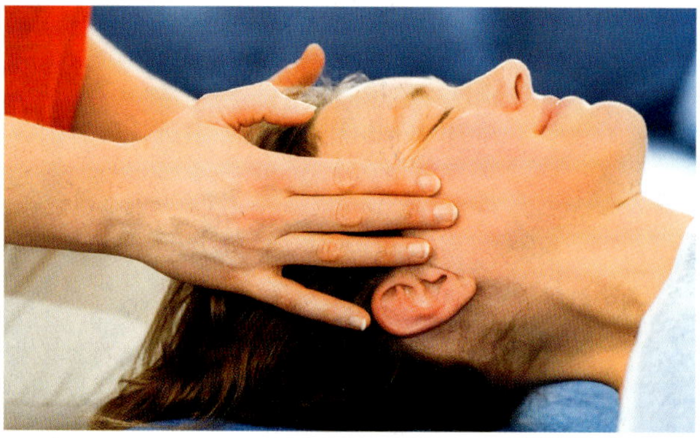

Bild 2 *Pflege-Oase*

Der Raum zur Wäschepflege und das Lager

Das Lager dient der sachgerechten Lagerung (z.B. kühl und dunkel) von Produkten und sonstigen Arbeitsmaterialien. Eine übersichtliche Anordnung ermöglicht einen schnellen Überblick über den Warenbestand.

Die Räumlichkeiten zur Wäschepflege sind vom Pausenraum und dem Lager getrennt eingerichtet worden. Somit vermeidet man eventuellen Kontakt mit Friseurchemikalien an den Handtüchern und eine Lärmbelästigung sowie Erhöhung der Lufttemperatur z.B. durch den Wäschetrockner.

Das Mitarbeiter-Team des Salons »Haargenau«

Zum Mitarbeiter-Team des Salons »Haargenau« gehören neben der Chefin **Frau Müller** noch zwei weitere Auszubildende im 2. und 3. Ausbildungsjahr sowie die Gesellin **Randa**.

- **Sarah** arbeitet seit dem Abschluss ihrer Prüfung bereits seit 4 Jahren im Salon »Haargenau« und hat vor im nächsten Jahr die Meisterschule zu besuchen.
- **Frau Schneider** ist die Kosmetikerin im Salon »Haargenau«. Sie hat auch eine Friseurausbildung und arbeitet sowohl im Friseurbereich als auch in der eigenen Kosmetikkabine.
- An der Rezeption arbeitet **Frau Wilde**. Sie ist ausschließlich für die Rezeption, den Wartebereich, den Verkauf und die Aktualisierung der Homepage, also den Internetauftritt des Salons, zuständig. Ihre Aufgaben gehören in den Bereich des Verkaufs und der Kundenbindung.

Regelmäßig trifft sich dieses Team zu **Mitarbeiterbesprechungen** (siehe auch S. 18, Kapitel 1.5 Teamarbeit). **Auszubildende Anja** hat sich aus verschiedenen Gründen im Salon »Haargenau« beworben. Er ist für sie gut erreichbar, da er an einer Haltestelle liegt. Der Standort des Salons hat also für Anja den Vorteil der kurzen Wegstrecke zum Arbeitsplatz. Weiterhin begeistern sie das vielseitige Dienstleistungsangebot, der Internetauftritt und das moderne Styling des Salons.

Bild 1 *Beispiel für eine Salonansicht*

Die Chefin des Salons »Haargenau« hat eine Reihe an Entscheidungen durchdenken müssen, bevor der Salon an diesem Standort und in dieser Größe entstanden ist. Ihre Entscheidungen für diesen Standort hat Frau Müller, als Inhaberin des Salons »Haargenau«, nicht allein von ihrem handwerklichem Geschick und einem Gespür für Kundenwünsche abhängig gemacht, sondern einer unternehmerischen Analyse unterzogen.

Gedanken zu rein betrieblichen Entscheidungen, dem so genannten Salonkonzept und der Dienstleistungsphilosophie werden ebenso berücksichtigt, wie Ideen zur Darstellung des Unternehmens nach außen und die Wahl der Unternehmensart.

Für Friseurbetriebe ist die **Standortfrage** und damit das Umfeld eine wesentliche Komponente. Dabei wird zwischen:

- harten Standortfaktoren und
- weichen Standortfaktoren unterschieden.
- Harte Standortfaktoren, wie Verkehrsanbindung, Energiepreise, Abfallbeseitigung, Kaufkraft der Kundschaft, Lohnkostenniveau, usw. lassen sich in »harten« Zahlen festhalten und daher gut kalkulieren.
- Weiche Standortfaktoren wie das Image der Stadt, des Stadtteils, das Wohnumfeld des Einzugsgebietes und die Konkurrenzsituation durch weitere Friseurgeschäfte, Drogeriemärkte und Boutiquen beispielsweise sind schwer mess-und kalkulierbar.

Dennoch spielen alle Aspekte eine Rolle und beeinflussen die unternehmerischen Entscheidungen. Eine detailliertere Analyse des Salonkonzeptes und weiterer unternehmerischer Aspekte wird in Lernfeld 12 erläutert (s. S. 286).

1.5 Anforderungen an den Friseurberuf

Kreativität, professionelle Dienstleistung und umfangreicher Kundenservice prägen heute den Friseurberuf.

Ohne betriebswirtschaftliches Wissen, einer ausgeprägten Kommunikationsfähigkeit, der Bereitschaft zum lebenslangen Lernen sowie Kenntnissen im Gesundheits- und Umweltschutz wird die künftige Friseurin kaum Erfolg haben können.

Dafür sind bestimmte Fertigkeiten und Kenntnisse die Voraussetzung. Die Friseurin muss Haut und Haare beurteilen, die gestalterischen Möglichkeiten abwägen und die Wirkungen der Präparate kennen. Wichtig ist auch, dass sie die Wünsche der Kundin ermitteln und Vorschläge z. B. zur Frisurengestaltung erläutern kann. Dabei muss sie sich an den Grundsätzen der Gestaltungslehre und den aktuellen Modetrends orientieren.

Neben der reinen Dienstleistung erwarten Kundinnen heute von einer Friseurin, dass sie sich in allen Fragen der Haar- und Hautpflege und bei der Auswahl geeigneter Produkte für die Heimbehandlung auskennt und sie sachkundig beraten kann.

Der Friseurberuf ist so vielseitig, dass man ihn kaum in wenigen Sätzen vollständig beschreiben kann. In der folgenden Tabelle ist das moderne Berufsbild der Friseurin/des Friseurs dargestellt.

Tabelle 1: Modernes Berufsbild

Beispiele
Kreativität, Gestaltung, Design
Kompetente und serviceorientierte Kundenberatung und -betreuung
Kommunikation und soziale Kompetenz
Professionelle Produktpräsentation
Planung von Arbeitsabläufen
Betriebswirtschaftliche Organisation
Kontinuierliche Weiterbildung

Quelle: Zentralverband des deutschen Friseurhandwerks Internetseite

Bild 2 *Friseurin bei der Arbeit im Salon*

In wenigen Berufen ist das Verhältnis zwischen dem Dienstleister und dem Kunden so eng wie beim Friseur. Es besteht direkter Körperkontakt. Die Friseurin wird häufig bei persönlichen Dingen ins Vertrauen gezogen. Deshalb werden von den Kundinnen ganz besondere Ansprüche an die Friseurinnen gestellt. Die Friseurin muss diese Anforderungen kennen und bereit sein, sich auf jede Kundin einzustellen.

Bild 1 *Friseurin mit Kunden*

Teamarbeit

Die Auszubildende ist im Betriebsalltag in ein mehr oder weniger großes Team von Mitarbeitern wie Meistern, Gesellen oder Facharbeitern, weiterer Auszubildender und Hilfskräften eingebunden.

Die **Teamarbeit** im Friseurbetrieb ist Grundlage für erfolgreiches Arbeiten. Teamarbeit bedeutet, dass alle Mitglieder mit ihren jeweiligen Fähigkeiten eingesetzt werden sollten und so zur Erreichung der Teamziele beitragen. Dabei müssen die verschiedenen Rollen der Mitglieder des Teams festgelegt und die Arbeitsstile aufeinander abgestimmt werden. Alle Teammitglieder teilen sich so die Aufgaben, die Verantwortung, motivieren sich gegenseitig und verfolgen ein gemeinsames Ziel. Auch die Auszubildenden tragen mit ihren Fähigkeiten, die kontinuierlich erweitert werden, zum Gesamterfolg des Teams bei.

Fähigkeiten, so genannte Schlüsselqualifikationen oder »Soft skills«, die man durch die Arbeit in einem Team erlernt, kann man auf jeden weiteren Beruf übertragen. Der Wechsel in ein anderes Team wird dadurch enorm erleichtert.

Diese Fähigkeiten, sich sachgerecht, durchdacht und verantwortlich zu verhalten sind die Grundlagen, die jede Auszubildende bis zum Ende der Ausbildung erlernt haben sollte.

Grundlage dafür ist die umfassende Vermittlung von praktischen und theoretischen Inhalten in der Schule wie auch im Ausbildungsbetrieb.

Die Gesamtheit aller Anforderungen, um den Friseurberuf professionell ausüben zu können, werden unter dem Begriff berufliche Handlungskompetenz zusammengefasst.

Berufliche Handlungskompetenz umfasst die Dimensionen der Fachkompetenz, Human- und Sozialkompetenz.

- **Fachkompetenz** ist die Fähigkeit und Bereitschaft, Aufgabenstellungen selbstständig, fachlich richtig, methodengeleitet zu bearbeiten und das Ergebnis zu beurteilen.
- **Sozialkompetenz** ist die Fähigkeit und Bereitschaft, mit anderen zusammenzuarbeiten, sich mit ihnen rational und verantwortungsbewusst auseinanderzusetzen und zu verständigen.
- **Humankompetenz** ist die Fähigkeit und Bereitschaft, als Einzelperson Entwicklungschancen und Zumutungen in Beruf, Familie und öffentlichem Leben zu durchdenken und zu beurteilen, eigene Begabungen zu entfalten sowie Lebenspläne zu fassen und fortzuentwickeln. In der folgenden Übersicht wird dargestellt, welche Anforderungen in den verschiedenen Kompetenzbereichen erwartet werden.

Berufliche Handlungskompetenz

Fachkompetenz	Human- und Sozialkompetenz	Methodenkompetenz

daraus ergeben sich die

Anforderungen an die Friseurin

Fachkompetenz	Human- und Sozialkompetenz	Methodenkompetenz
fachliche Qualifikation Professionalität in Dienstleistung, Beratung und Verkauf	Selbstständigkeit Kritikfähigkeit Zuverlässigkeit Verantwortungsbereitschaft Kommunikationsfähigkeit Teamfähigkeit	Organisationsfähigkeit Zielorientierung Planung von Arbeitsabläufen Fähigkeit zur Problemlösung Lernstrategien

Bild 2 *Berufliche Handlungskompetenz*

2 Betrieblichen und persönlichen Gesundheitsschutz verantwortungsvoll praktizieren

Szenario

Der erste Tag in der Berufsschule. Ehemalige Schülerinnen aus dem 3. Ausbildungsjahr begrüßen die neuen Schülerinnen. Für die Auszubildende Anja aus dem Salon »Haargenau« ergibt sich die Möglichkeit, einige ihrer neuen Mitschülerinnen kennen zu lernen und mit ehemaligen Schülerinnen ins Gespräch zu kommen.

Im Gespräch stellt man schnell fest, dass die Eingewöhnungsphasen in den Salonalltag ähnlich ablaufen, die Mitschülerinnen ähnliche Aufgaben aber auch Unsicherheiten haben. Die ehemaligen Schülerinnen berichten, dass die Rollenfindung und die Routine im Salonteam Zeit brauchen. »Ich kann mich noch gut an die ersten Wochen meiner Ausbildung im Salon erinnern«.

Die Gesundheit und Sicherheit im Betrieb und das Wohlbefinden der Mitarbeiter im Team sind die Säulen für den gesunden Arbeitsalltag und ein Faktor für den wirtschaftlichen Erfolg des Betriebes.

Für den **betrieblichen Gesundheitsschutz** sind sowohl der Betriebsinhaber als auch die Mitarbeiter verantwortlich. Sicheres und gesundes Arbeiten ermöglichen eine Reihe an Vorschriften, über die der Betriebsinhaber die Mitarbeiter verpflichtend informieren muss und zu deren Einhaltung er sie motivieren sollte.

2.1 Berufshygiene im Friseurberuf

Alle erforderlichen Maßnahmen für ein hygienisch einwandfreies Arbeiten im Salon werden unter dem Begriff Berufshygiene zusammengefasst.

Das Wort **Hygiene** kommt aus dem Griechischen und es leitet sich von der griechischen Göttin der Gesundheit, Hygieia, ab. Im engeren Sinn werden unter Hygiene die Maßnahmen zur Vorbeugung von Infektionskrankheiten und deren Übertragung bezeichnet.

Bild 1 *Gesundheitsschutz*

2.1.1 Gesetzliche Regelungen zur Berufshygiene

Die Hygiene im Friseurhandwerk wird durch folgende gesetzliche Vorschriften geregelt:

Das Infektionsschutzgesetz (IfSG)

Das Infektionsschutzgesetz ist ein bundeseinheitliches Gesetz zur Verhütung und Bekämpfung von Infektionskrankheiten beim Menschen. Zweck des Gesetzes ist es, »übertragbaren Krankheiten beim Menschen vorzubeugen, Infektionen frühzeitig zu erkennen und ihre Weiterverbreitung zu verhindern.« Dazu gehört eine Meldepflicht bestimmter Infektionskrankheiten durch ausgewiesene Berufsgruppen. Die Hygiene-Verordnungen der Bundesländer werden auf Grundlage des Infektionsschutzgesetzes (IfSG) erlassen.

Die Hygiene-Verordnung (HyV)

Die in der Hygiene-Verordnung aufgeführten Maßnahmen dienen dem Schutz der Mitarbeiter sowie der Kunden. Diese Verordnung soll verhindern, dass Krankheiten (wie z. B. Hepatitis C und B oder AIDS) durch Blut übertragen werden können. Insbesondere wird in der Hygiene-Verordnung darauf hingewiesen, dass infektiöse Personen nicht als solche zu erkennen sind. Daher sollte vorsorglich immer die Vermutung gelten, »dass Blut und andere Körperflüssigkeiten eines Menschen infektiös sind.«

2.1.2 Vermeidung von Infektionskrankheiten

Verantwortungsvolles Arbeiten im Salon verpflichtet zur Einhaltung der hygienischen Standards. Die Friseurin ist dafür verantwortlich, dass die Kundin nicht mit Krankheiten infiziert wird. Infektionen werden durch Krankheitserreger hervorgerufen.

2.1.3 Krankheitserreger

Sie waren bis ins 19. Jahrhundert noch nicht bekannt. Die Menschen standen deshalb den Infektionskrankheiten hilflos gegenüber. Der Pest fielen von 1349 bis 1351 in Europa 25 Millionen Menschen zum Opfer, das war ein Viertel der damaligen Bevölkerung. Cholera und Pocken traten ebenfalls als Seuchen auf und führten zum Tode von Millionen von Menschen.

Für die Infektionskrankheiten wurden verschiedene Erklärungen gesucht. Sie wurden als Strafe Gottes oder als Teufelswerk bezeichnet. Für ihre Verbreitung machte man die schlechte Luft verantwortlich. Deshalb dienten Duftstoffe und Essenzen zu ihrer Bekämpfung. Von der Entdeckung der ersten **Mikroorganismen** im 17. Jahrhundert bis zur Erkenntnis, dass von ihnen krankmachende Wirkungen ausgehen, vergingen nochmals mehr als 200 Jahre.

Erst dann konnte den Infektionskrankheiten durch viele einfache Maßnahmen (z.B. durch Händewaschen und die tägliche Körperpflege mit Wasser und Seife), den vorhandenen Desinfektionsmöglichkeiten und der Verbesserung des Immunsystems gezielt begegnet werden. Fortschritte auf dem Gebiet der Biologie ermöglichten es, Ansteckungsmechanismen und Übertragungswege von Infektionen nachzuvollziehen und somit gezielte Hygienemaßnahmen zu erarbeiten.

Heute orientieren wir uns an berufsfeldspezifischen Hygiene-Verordnungen (siehe Seite 21).

Bakterien (Bild 1)

sind einzellige Bakterien Lebewesen, die sich durch direkte Zellteilung vermehren. Die Haut des gesunden Menschen ist von harmlosen Bakterien besiedelt, die die Hautflora bilden und zum körpereigenen Schutzmechanismus gegen Erkrankungen gehören. Auch im menschlichen Körper lebt (z.B. im Darm) eine Vielzahl von Bakterien, die eine nützliche Funktion für den Körper haben.

Bakterien können aber auch als Krankheitserreger wirken und Infektionskrankheiten verursachen (siehe Tabelle 1). Sie vermehren sich unter für sie günstigen Lebensbedingungen rasend schnell.

Nach ihrer äußeren Form werden die Bakterien unterteilt in:

- Kokken (kugelförmige Bakterien)
- Bazillen (stäbchenförmige Bakterien)
- Spirillen (schraubenförmige Bakterien)

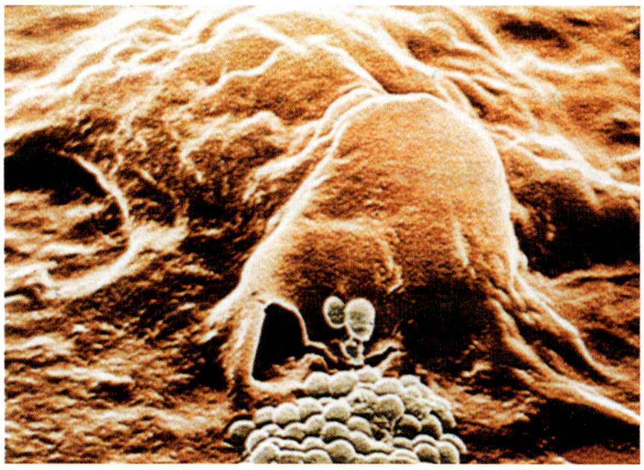

Bild 1 *Weißes Blutkörperchen frisst Bakterien*

Viren

Sie sind die kleinsten bekannten Krankheitserreger, die nur aus dem Erbmaterial und einer schützenden Hülle bestehen und keinen eigenen Stoffwechsel haben. Sie befallen Zellen, geben ihre Erbinformationen an diese so genannten Wirtszellen ab und veranlassen sie gleichartige Viren herzustellen.

Da Viren keine Zellstrukturen besitzen, können sie auch nicht wie solche abgetötet werden. Es ist lediglich möglich, eine Infektion und die Virusvermehrung zu behindern oder zu verhindern. Viruserkrankungen sollten auf jeden Fall vom Arzt behandelt werden.

Pilze

Die Krankheitserreger unter ihnen sind mikroskopisch kleine Lebewesen. Sie werden in Hautpilze, Hefepilze und Schimmelpilze unterteilt. Die Hautpilze befallen nur die keratinhaltigen Substanzen der Haut, der Haare und der Nägel. An feuchtwarmen Stellen des Körpers (z.B. Zehenzwischenräumen) und bei einem geschwächten Immunsystem des Körpers vermehren sich Pilze schnell und breiten sich ungehindert aus.

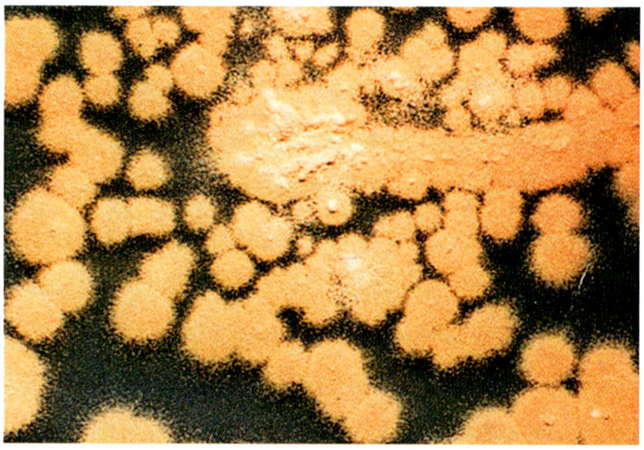

Bild 2 *Hautpilz*

Der **Kopfpilz** ist eine Erkrankung der behaarten Kopfhaut und kommt vor allem im Kindesalter vor (Mikrosporie). Bei männlichen Erwachsenen zeigt sich dieses Krankheitsbild im Barthaarbereich **(Bartflechte)**. Alle Pilzerkrankungen sind ansteckend und dürfen vom Friseur nicht behandelt werden.

Folgende Tabelle gibt einen Überblick über die von Bakterien, Viren oder Pilzen hervorgerufenen Krankheiten sowie über Behandlung und Vorbeugung.

Tabelle 1: Infektionskrankheiten, Behandlung und Vorbeugung

Krankheitserreger	Hauterkrankungen	Sonstige Krankheiten	Medikamente	Vorbeugung medizinisch	allgemein
Bakterien	Akne Haarbalgentzündung Furunkel	Typhus, Lungenentzündung Blasenentzündung	Antibiotika (Penicillin)	Schutzimpfung	Erhöhung der Widerstandskraft
Viren	Warzen Herpes simplex	Virus-Grippe, HIV-Infektion, Hepatitis C	Therapien nach ärztlichen Absprachen	Schutzimpfung sofern Impfstoff vorhanden	Meiden der Infektionsquelle Desinfektion
Pilze	Pilzflechten (Fußpilz, Nagelpilz, Bartflechte, Mikrosporie)	Systemmykosen (Pilzbefall der inneren Organe)	Fungizide (pilztötende Präparate = Antimykotika)	keine	

2.1.4 Infektion und Übertragungswege

Unter Infektion versteht man allgemein das Übertragen, Anhaften und Eindringen von Krankheitserregern in den Körper.

Krankheitserreger, wie Bakterien, Viren oder Pilze dringen durch die Körperöffnungen, die Schleimhäute oder die geschädigte Haut in den Organismus ein. Körpereigene Abwehrkräfte versuchen die Krankheitserreger unschädlich zu machen. Werden die Abwehrkräfte überwunden, kommt es zur Erkrankung. Die Zeit zwischen der Infektion und dem Ausbruch der Krankheit wird als Inkubationszeit bezeichnet.

Folgende Übertragungswege einer Infektion werden unterschieden:

Direkte Infektion

In diesem Fall werden die Krankheitserreger unmittelbar von einem Menschen zum anderen übertragen durch:

- **Tröpfcheninfektion**

Übertragung von Krankheitserregern über das Einatmen von Tröpfchen, durch Niesen oder Husten eines Infizierten (Bild 1)

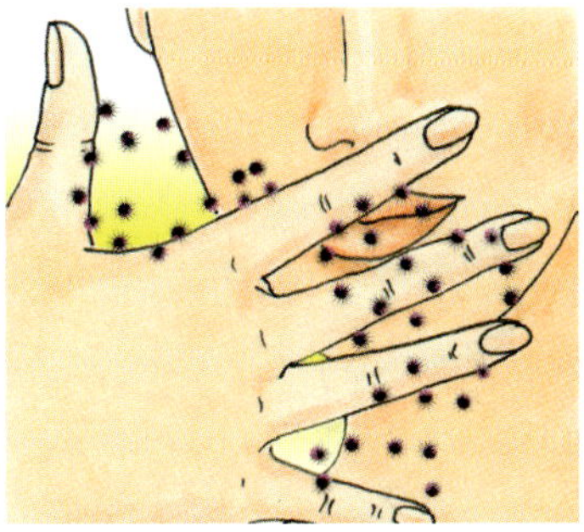

Bild 1 *Direkte Infektion durch Tröpfcheninfektion*

- **Kontaktinfektion**

Übertragung von Krankheitserregern durch körperlichen Kontakt, z. B. Händedruck, Schnittwunden

- **Selbstinfektion**

Sie wird auch Schmierinfektion genannt und ist eine Sonderform der Kontaktinfektion. Dabei werden Krankheitserreger von einer erkrankten Hautstelle auf eine andere Stelle des Körpers übertragen. (z. B. Akne oder Pilzinfektionen)

Die direkte Infektion kann nur durch Unterbrechung der Infektionswege vermieden werden (z. B. Mundschutz, Handschuhe).

Indirekte Infektion

Bild 2 *Indirekte Infektion durch Zwischenträger*

In diesem Fall werden die Krankheitserreger durch so genannte Zwischenträger übertragen wie z. B.:

- Lebewesen, wie Läuse oder Krätzmilbe,
- infizierte Lebensmittel,
- Werkzeuge, Hände, Haare, Handtücher oder Kleidung.

2.1.5 Hygienemaßnahmen im Friseurberuf

»Krankheitserreger wie Viren, Bakterien oder Pilze können auf unterschiedlichen Wegen übertragen werden: z. B. über die Hände, nicht fachgerecht aufbereitete Instrumente oder über verunreinigte Gegenstände und Arbeits- bzw. Ablageflächen.«

Speziell für das Friseurhandwerk ergeben sich aus §2 (Absatz 3) der **Hygiene-Verordnung** folgende Pflichten:

- »Wer Handlungen vornimmt, die mit einer Verletzung der Haut oder der Schleimhaut einhergehen, hat vorher seine Hände sorgfältig zu reinigen und diese sowie die zu behandelnden Haut- und Schleimhautflächen zu desinfizieren. Bei der Ausübung der Tätigkeit sind Einmalhandschuhe zu tragen. Für jeden neuen Kunden sind neue Einmalhandschuhe zu verwenden.«
- »Geräte und Werkzeuge im Friseurbetrieb, deren Nutzung eine Verletzung der Haut nicht direkt vorsieht, bei deren Anwendung es aber zu Verletzungen kommen kann, sind nach jedem Gebrauch zu reinigen und mindestens an jedem Arbeitstag zu desinfizieren.«
- Die Arbeitsflächen im Salon müssen so beschaffen sein, dass sie leicht zu reinigen und zu desinfizieren sind. Sie sind täglich mindestens einmal gründlich zu reinigen und zu desinfizieren.
- Scharfe und spitze Werkzeuge (z. B. Rasierklingen) dürfen erst im Abfall entsorgt werden, wenn durch die Verpackung eine Verletzungsgefahr ausgeschlossen werden kann. Sollten sie mit Blut in Kontakt gekommen sein, sind sie vorher ausreichend zu desinfizieren.

»Wegen des Restrisikos einer unbemerkten, geringfügigen Verletzung ist für alle Instrumente beim Friseur (z. B. Maniküre) eine mindest arbeitstägliche Aufbereitung erforderlich.«

Zur Aufbereitung gilt grundsätzlich folgende schrittweise Vorgehensweise:

- Erst sofortige Desinfektion zur Vermeidung von Keimverschleppung durch eine Desinfektionslösung.
- Dann Reinigung zur Beseitigung von Schmutz- und Desinfektionsmittelrückständen. Falls die Instrumente massiv verschmutzt und verklebt sind, ist gegebenenfalls eine aktive mechanische Reinigung erforderlich.
- Zuletzt Nachbereitung und Aufbewahrung: Die Instrumente und Geräte sind nach der Aufbereitung sauber und trocken aufzubewahren.

Die Auswahl des geeigneten Desinfektionsmittels ist von der Materialbeschaffenheit der Werkzeuge und Geräte abhängig. Die Hygiene-Verordnung unterscheidet chemische und thermische Desinfektionsverfahren. Bei den **chemischen Verfahren** handelt es sich z. B. um Eintauchverfahren in Desinfektionsmittel. Als **thermisches Verfahren** wird das Kochen mit Wasser als die praktikabelste Lösung angegeben. Als ausreichendes Aufbereitungsverfahren für Wäsche gilt das Kochen der Wäsche bei 95 °C oder das Einlegen der Textilien in ein Wäschedesinfektionsmittel.

Der **Desinfektionsplan** sollte für alle Beschäftigten gut einsehbar im Salon aushängen.

Für ausführliche Informationen zu den geeigneten chemischen Desinfektionsverfahren im Friseurbereich ist nachfolgend eine bearbeitete Mustervorlage abgebildet:

Tabelle 1: Musterhygieneplan für chemische Desinfektionsverfahren

Bereiche	Präparat, Einwirkzeit	Vorgehensweise	Häufigkeit	Verantwortliche
Hygienische Händedesinfektion	Hände- und Hautdesinfektion 30 sec.	auf die trockenen Hände geben, 30 sec gründlich einreiben	bei sichtbaren Kopfhautveränderungen des Kunden bei Verletzungen der Haut vor kosmetischen Behandlungen	alle Mitarbeiter
Arbeitsflächen, Gerätewagen, Oberflächen von Geräten	Wischdesinfektion 5 min. Schnelldesinfektion 2 min. (Viren – 5 min.)	gründlich wischdesinfizieren, einwirken lassen entweder Tuch benetzen und wischen oder aufsprühen und ggf. wischen, einwirken lassen	1 × täglich (nach Geschäftsschluss)	alle Mitarbeiter
Behandlungssessel	Schnelldesinfektion, 2 min. (Viren – 5 min.)	entweder Tuch benetzen und wischen oder aufsprühen und ggf. wischen, einwirken lassen	1 × täglich (nach Geschäftsschluss)	alle Mitarbeiter
Fußböden	Besen, Staubsauger	Fegen des Bodens oder Saugen (mit Bakterienfilter)	nach jeder Behandlung und bei Bedarf	alle Mitarbeiter/ Reinigungsdienst
Sanitärbereiche z. B. Toiletten, Waschbecken	Wischdesinfektion, 5 min. Schnelldesinfektion, 2 min. (Viren – 5 min.)	Oberfläche mit Tuch gründlich benetzen, einwirken lassen oder aufsprühen und ggf. wischen, einwirken lassen	1 × täglich nach Geschäftsschluss bei Bedarf	alle Mitarbeiter/ Reinigungsdienst
Instrumente z. B. Kämme, Scheren, Wickler, Instrumente für kosmetische Behandlungen, etc.	Instrumentendesinfektion 1 Stunde Schnelldesinfektion 2 min. (Viren – 5 min.)	Mit Haaren behaftete Instrumente zuerst von Haaren befreien Instrumente geöffnet in die Instrumentenwanne einlegen, sie müssen vollständig mit Lösung bedeckt sein, einwirken lassen, gründlich mit Wasser abspülen, ggf. reinigen, trocknen, anschl. trocken und staubfrei lagern	nach jedem Gebrauch, mind. jedoch 1 × täglich und bei Kontamination (z. B. mit Blut) bzw. Kunden mit Kopfhautveränderungen und Parasitenbefall	alle Mitarbeiter
Nackenbürsten	in Seifenlösung reinigen		1 × wöchentlich und bei Bedarf	alle Mitarbeiter
Wäscheaufbereitung (z. B Handtücher)	Waschmaschine ≥ 60 °C, Waschmittel, Trockner	Sammeln in geeigneten Wäschebehältern für Schmutzwäsche, waschen und trocknen	nach jedem Kunden wechseln	alle Mitarbeiter
Abfälle: scharfe oder spitze Gegenstände (z. B. Rasierklingen, Glasampullen)	Sammelbehälter	nicht zwischenlagern, sammeln und entsorgen in stichsicheren, verschließbaren Behältern (z. B. leere Kanister für Desinfektionsmittel); volle Behälter verschlossen in den Hausmüll geben	sofort nach Gebrauch entsorgen	alle Mitarbeiter
Haare	Geschlossene Behälter	Sammeln und entsorgen über den Hausmüll	nach dem Schneiden, bei Bedarf leeren	alle Mitarbeiter

Quelle: www.orochemie.de

In dem vorliegenden Musterhygieneplan werden zwei Desinfektionskategorien unterschieden:

- Wischdesinfektion und
- Schnelldesinfektion

Die **Wischdesinfektion** wird mit einem Desinfektionsmittelkonzentrat auf einem Tuch durchgeführt und dient zur Desinfektion aller gut abwaschbaren Flächen und Gegenstände

Schnelldesinfektionslösungen sind aldehydfreie, alkoholische Gebrauchslösungen zum Sprühen und Wischen für kleine und schwer zugängliche Flächen.

Bei Benutzung chemischer Desinfektionsverfahren sollten unbedingt die Wirkungsbereiche beachtet und die Gebrauchsanweisung bezüglich der Einwirkzeiten eingehalten werden.

Die Auflistung auf der folgenden Seite verdeutlicht das große Wirkungsspektrum:

Schnelldesinfektionslösungen wirken gegen

- Bakterien (inkl. MRSA und Tuberkulose-Bakterien),
- Pilze und
- alle Viren (viruzid gegen behüllte und unbehüllte Viren, z. B. Polio-, Polyoma- SV40, Noro-, Adeno-, SARS-Corona-, Vaccinia-, Hepatitis-B-, Hepatitis-C-Viren, HIV);
- auch alle im Lebensmittelbereich relevanten Viren werden inaktiviert.

2.2 Arbeitsschutz im Friseurberuf

Beim Arbeitsschutz muss zwischen dem **»allgemeinen Arbeitsschutz«** und dem **»sozialen Arbeitsschutz«** unterschieden werden.

- Regelungen zum »allgemeinen Arbeitsschutz« sollen das Leben und die Gesundheit der Arbeitnehmer schützen.
- Der »soziale Arbeitsschutz« dagegen beinhaltet allgemeine Regelungen wie z. B. Regelungen zu Arbeitszeiten, zum Kündigungsschutz und dem Jugendarbeitsschutz.

Zu den Regeln des »allgemeinen Arbeitsschutzes« gehören für den Friseurberuf:

Die Arbeitsstättenverordnung (ArbStättV)

Sie schreibt vor, wie gewerblich genutzte Räume beschaffen sein müssen, damit von ihnen keine Gefahr für die Gesundheit der Beschäftigten ausgeht. Für das Friseurhandwerk gelten Bestimmungen unter anderem zur Lüftung, Beleuchtung, Beschaffenheit der Fußböden und des Nichtraucherschutzes.

Hier werden einige Vorgaben verkürzt wiedergegeben, die in der Arbeitsstättenverordnung konkret nach zu lesen sind:

- Die Lüftung von Friseurräumen muss ausreichend sein.
- Die Arbeitsstätten müssen möglichst ausreichend Tageslicht erhalten oder mit künstlicher Beleuchtung ausgestattet sein.
- Es sind Pausenräume in ausreichender Größe bereitzustellen und diese mit einem leicht zu reinigenden Tisch und Sitzgelegenheiten mit Rückenlehne auszustatten.
- Die Fußböden der Räume dürfen keine Unebenheiten, Löcher, Stolperstellen aufweisen und müssen rutschhemmend sein.
- Auch der Nichtraucherschutz ist in der Arbeitsstättenverordnung (ArbStättV) in § 5 (Absatz 1) geregelt. Danach hat der Arbeitgeber am Arbeitsplatz die »erforderlichen Maßnahmen zu treffen, damit die nicht rauchenden Beschäftigten in Arbeitsstätten wirksam vor den Gesundheitsgefahren durch Tabakrauch geschützt sind. Soweit erforderlich, hat der Arbeitgeber ein allgemeines oder auf einzelne Bereiche der Arbeitsstätte beschränktes Rauchverbot zu erlassen.«

Diese Regelung gilt nicht nur für Pausenräume. Spezielle Regelungen sind gegebenenfalls in den neuen Länderverordnungen enthalten, die jedes Bundesland in eigener Zuständigkeit erlässt.

Die Gefahrstoffverordnung (GefStoffV)

Der Umgang mit kosmetischen Mitteln im Salon fällt unter die Gefahrstoffverordnung.

In der Gefahrstoffverordnung wird unter anderem gefordert, dass Gefahrstoffe so aufzubewahren und zu lagern sind, dass die menschliche Gesundheit und die Umwelt nicht gefährdet werden.

Zur Verhütung von Unfällen und Berufskrankheiten hat die Berufsgenossenschaft für Gesundheitsdienst und Wohlfahrtspflege (BGW) zwei wichtige Vorschriften veröffentlicht: Für den Friseur gelten:

- **Die allgemeinen Vorschriften zur Unfallverhütung** (Seite 23, Kap. 2.2.1)
- **Die Technische Regel für Gefahrstoffe für das Friseurhandwerk (TRGS 530).** (Seite 26, Kap. 2.3.3)

2.2.1 Gesetzliche Regelungen zum Unfallschutz

Im Friseurberuf kommt es immer wieder zu Unfällen. Die meisten Unfälle können jedoch vermieden werden, wenn die Unfallgefahren erkannt und die gesetzlichen Regelungen zur Unfallverhütung eingehalten werden.

Verantwortlich für die gesetzliche Unfallversicherung ist im Friseurhandwerk die Berufsgenossenschaft für Gesundheitsdienst und Wohlfahrtpflege (BGW). Die Berufsgenossenschaften erlassen Unfallverhütungsvorschriften, die für die Betriebe verbindlich sind. Seit dem 1. Januar 2004 ist die überarbeitete Unfallverhütungsvorschrift »Grundsätze der Prävention« (BGV A1) in Kraft getreten.

Zu den Grundpflichten des Unternehmers gehören nach § 2 Absatz 1, dass »der Unternehmer erforderliche Maßnahmen zur Verhütung von Arbeitsunfällen, Berufskrankheiten und arbeitsbedingten Gesundheitsgefahren sowie eine wirksame Erste Hilfe zu treffen hat.«

Zur Organisation des betrieblichen Arbeitsschutzes sind nach § 19 Absatz 1 Fachkräfte für Arbeitssicherheit und Betriebsärzte zu bestellen. Bei Betrieben mit bis zu 10 Beschäftigten besteht der Umfang »der zu erbringenden betriebsärztlichen und sicherheitstechnischen Betreuung in der Durchführung von Grundbetreuungen und anlassbezogenen Betreuungen.« Mehrere Unternehmer können sich zur gemeinsamen Nutzung betriebsärztlicher und sicherheitstechnischer Regelbetreuung zusammenschließen. Bei mehr als 20 Mitarbeitern muss ein Sicherheitsbeauftragter im Betrieb bestimmt werden.

Der Unternehmer hat den Versicherten die für sein Unternehmen geltenden Unfallverhütungsvorschriften an geeigneter Stelle auszuhängen.

Für die Unternehmerseite gilt nach § 29 Abs. 1 und 2 zum Aspekt persönliche Schutzausrüstung, dass den Versicherten geeignete persönliche Schutzausrüstungen bereitzustellen ist und diese in ausreichender Anzahl zur persönlichen Verwendung zur Verfügung stehen muss.

Nach § 30 Absatz 2 müssen die Versicherten die persönlichen Schutzausrüstungen bestimmungsgemäß benutzen und regelmäßig auf ihren ordnungsgemäßen Zustand prüfen, um festgestellte Mängel dem Unternehmer unverzüglich zu melden.

2.2.2 Unfallgefahren im Friseurbereich

Folgende Tabelle gibt eine Übersicht über die Unfallgefahrenbereiche, die möglichen Unfallschäden und Grundregeln zur Vermeidung von Unfällen.

Tabelle 1: Unfallgefahren bei Friseurfacharbeiten

Hauptgefahrenquellen	Mögliche Unfallschäden	Grundregeln zur Vermeidung von Unfällen
Scharfe und spitze Werkzeuge	Verletzungen der Haut, Stichwunden	Keine scharfen und spitzen Werkzeuge in der Kitteltasche aufbewahren. Scheren und Rasiermesser sofort nach dem Gebrauch schließen. Geschlossene Schuhe tragen
Chemikalien	Verätzungen	Gebrauchs- und Verdünnungsvorschriften beachten Hautkontakt mit Präparaten vermeiden. Blondiervorgänge bei Wärme- und Dampfentwicklung sofort abbrechen.
Hohe Temperaturen	Verbrennungen	Beim Haarewaschen mit einer mittleren Temperatur beginnen und nach Bedarf wärmeres Wasser hinzumischen. Beim Haaretrocknen mit nur mittlerer Temperatur beginnen und gegen Ende die Temperatur reduzieren.
Elektrischer Strom	Stromschlag, Herzflimmern	Nur intakte Elektrowekzeuge mit dem VDE-Zeichen benutzen. Kabel nur am Stecker aus der Steckdose ziehen. Elektrogeräte nur am isolierten Griff anfassen. Elektrogeräte nicht mit Wasser in Berührung bringen. Beim Arbeiten mit Elektrogeräten keine Metallleitungen anfassen. Sie sind geerdet, der Strom fließt bei einem Defekt im Gerät durch den Körper.
Präparate, Wasser, Haare auf dem Boden	Verletzungen durch Ausrutschen und Stürzen	Sorgsam mit den Präparaten umgehen, so dass nichts verschüttet wird. Flüssigkeiten sofort wegwischen, Haare auffegen.

2.3 Vermeidung von Hauterkrankungen und Allergien

Schöne und gesunde Hände sind das wichtigste Kapital und eine Visitenkarte der Friseurin. Der häufige Kontakt mit Wasser und Shampoo und vielen Friseurchemikalien stört die Barrierefunktion der Haut und kann zu Hautveränderungen führen. Wenige Schutz- und Pflegemaßnahmen reichen aus, um die Haut zu unterstützen und sie vor äußeren Einflüssen zu schützen.

Der Arbeitgeber ist verpflichtet, geeignete Schutzmaßnahmen z. B. Handschuhe und Pflegeprodukte für die Mitarbeiter bereit zu stellen. Schon wenige Pflege- und Schutzmaßnahmen für die Haut sind leicht umsetzbar und sollten zu den selbstverständlichen Tätigkeiten im Arbeitsalltag gehören.

Die Haut hat, wenn sie gesund ist, eine große Widerstandsfähigkeit. Auf Überbeanspruchung kann sie jedoch mit Erkrankungen reagieren. Sobald man erste Hautveränderungen an den Händen bemerkt, könnten das erste Anzeichen für eine Hautschädigung sein. Berufsbedingte Hautschäden können langfristig zu schwer verlaufenden Hauterkrankungen und zur Berufsaufgabe führen.

2.3.1 Entstehung eines Abnutzungsekzems

Als Schutzhülle kann die Haut Schadstoffe abwehren und vor Krankheitserregern schützen. Eine intakte Oberhaut mit einem biologischen Fettsäureschutzmantel auf der Hornzellschicht und einer angepassten, harmlosen Hautflora bietet diese eine natürliche Barriere gegen äußere Einflüsse.

Unterstützt wird diese durch Mechanismen im Verlauf des Verhornungsprozesses der Oberhaut (siehe Lernfeld 3, S. 81). Die Oberhautzellen verändern sich und setzen in den Bereichen der Körnerzellschicht- und der Hornschicht eine »kittartige Zwischenzellsubstanz (Hornschichtlipide) frei, die in die Zellzwischenräume eingelagert werden. Diese hauteigenen Fette funktionieren hierbei wie Zement zwischen den einzelnen Zellen. Damit erhält die Hornschicht ihre Barrierefunktion wie in einer »Backsteinmauer«.

Wird diese Barrierefunktion gestört, besteht die Gefahr eines Ekzems.

Wasser bzw. Feuchtarbeit laugen die Haut aus. Feuchtarbeit bedeutet nicht nur, das Waschen ohne Handschuhe, sondern auch das Schwitzen in Handschuhen. Das Wasser und die Feuchtigkeit quellen die Hornzellen auf, entziehen der Haut die hauteigenen Fette und ihre natürlichen Feuchthaltefaktoren.

Der schützende Film wird löchrig und der Zusammenhalt der Zellen lässt nach. Hautrötungen und Abschuppungen sind die ersten Anzeichen eines Abnutzungsekzems: Die Haut brennt, reißt ein, juckt und schuppt und als Folge davon können Schadstoffe relativ ungehindert in die Haut eindringen und Allergien auslösen.

Wird das **Abnutzungsekzem** (siehe Bild 1) nicht behandelt, kann es sich verschlimmern. Die Haut kann ihre natürliche Schutzfunktion nicht mehr wahrnehmen und Stoffe aus den Friseurprodukten können relativ ungehindert in die Haut eindringen und Allergien auslösen.

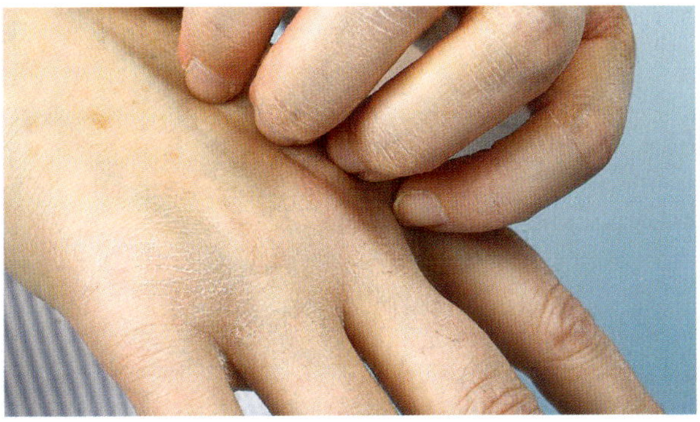

Bild 1 *Trockene und gerötete Haut, Abnutzungsekzem*
Quelle: Berufsgenossenschaft für Gesundheitsdienst + Wohlfahrtspflege (BGW)

2.3.2 Entstehung eines allergischen Kontaktekzems

Das **allergische Kontaktekzem** ist eine folgenschwere Berufserkrankung und kann zur Berufsaufgabe führen.

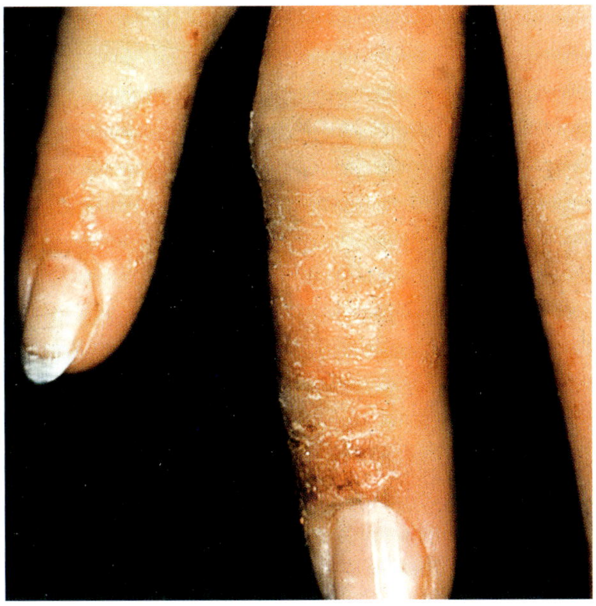

Bild 2 *Allergisches Kontaktekzem*

Eine Allergie ist eine Überreaktion des Immunsystems auf eigentlich bisher harmlose Stoffe. Diese allergieauslösenden Stoffe werden als **Allergene** bezeichnet. Zu ihnen gehören eine Vielzahl von Friseurchemikalien aber auch Emulgatoren, Konservierungsmittel und Duftstoffe sowie das Metall Nickel und das Latexprotein.

Die Allergene werden nach dem Hautkontakt oder dem Kontakt über die Atemwege von den weißen Blutkörperchen zu den Lymphknoten tranportiert, wo die Produktion von Antikörpern einsetzt **(Sensibilisierungsphase)**. Manche zunächst harmlosen Stoffe stuft das Immunsystem irrtümlich als gefährlich ein. (Bild 3). Bei jedem weiteren Kontakt erinnert sich das Immunsystem an diese Sensibilisierung und es kann dann zu einer allergischen Reaktion, also einer Überreaktion des Körpers, kommen **(Auslösephase)**.

Die Hautallergien treten häufig an den Stellen auf, an denen die Haut mit dem Allergen in Kontakt gekommen ist. Daher spricht man auch von einem Kontaktekzem. Es zeigen sich deutlich Hautrötungen, Schwellungen, Knötchen, Bläschen und Krusten. Wird der Hautkontakt mit dem Allergen gemieden, heilt das Ekzem wieder ab, die Allergie bleibt allerdings bestehen.

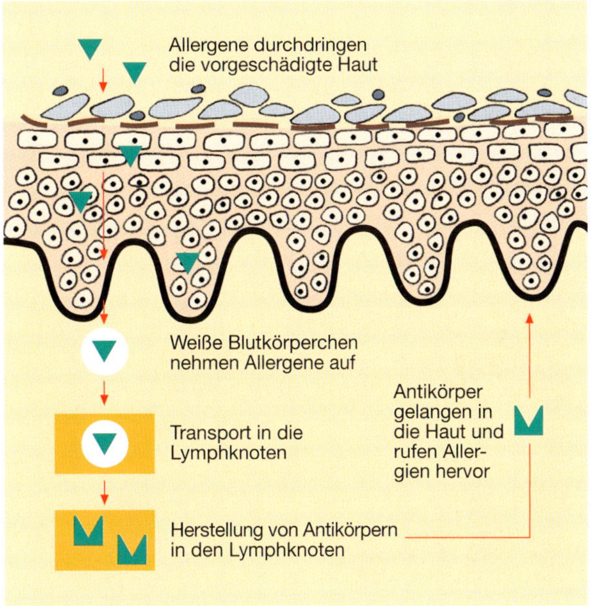

Bild 3 *Entstehung einer Allergie*

Es werden zwei Formen der allergischen Reaktion unterschieden:

- Die **Sofort-Allergie**, die innerhalb weniger Minuten bis einigen Stunden auftritt, nachdem man mit dem Allergen in Kontakt gekommen ist.
- Die **Spät-Allergie**, die bis zu 24 Stunden oder Tagen auftreten kann, nachdem der Körper mit dem Allergen in Kontakt gekommen ist.

Als Auslöser dieser Allergieform kommen vor allem Duft- und Konservierungsstoffe sowie Dauerwellflüssigkeit, Blondierung und Desinfektionsmittel in Frage.

Allergien sind nicht angeboren aber bestimmte »Risikogruppen« sind eher gefährdet. Dazu gehören:

- Menschen mit deutlich erhöhter Neigung zu trockener Haut.
- Menschen mit Neurodermitis, bei denen genetisch bedingt der hauteigene Schutz der Oberhaut schwächer ausgebildet ist.
- Menschen bei denen bereits andere Formen von Allergien vorliegen.
- Wer diesen Personengruppen angehört, sollte sich erst nach Absprache mit einem Hautarzt für den Friseurberuf entscheiden.

2.3.3 Gesetzliche Regelungen zur Vermeidung von Hauterkrankungen

»Um die Beschäftigten im Friseurhandwerk bei der Umsetzung gesunder Arbeitsweisen zu unterstützen, hat die Berufsgenossenschaft für Gesundheitsdienst und Wohlfahrtspflege (BGW) für den Friseurberuf spezielle Hautschutzvorschriften erlassen.« Sie sind seit 1992 in der **»Technischen Regel für Gefahrstoffe (TRGS)** 530 Friseurhandwerk« zusammengefasst. Sie enthält Vorgaben zur Betriebsanweisung und dem Hautschutzplan.

Zwar sind die Verdachtsmeldungen auf beruflich verursachte Hauterkrankungen in den letzten Jahren zurückgegangen, doch bleiben die Hauterkrankungen Hauptproblematik im Friseurbereich.

Folgende Zahlen veröffentlichte die BGW: »Laut der BGW betrafen 2006 von 100 Verdachtsmeldungen, die aus dem Friseurgewerbe eingegangen sind, 71 die Haut, 13 die Atemwege und 5 den Rücken.«

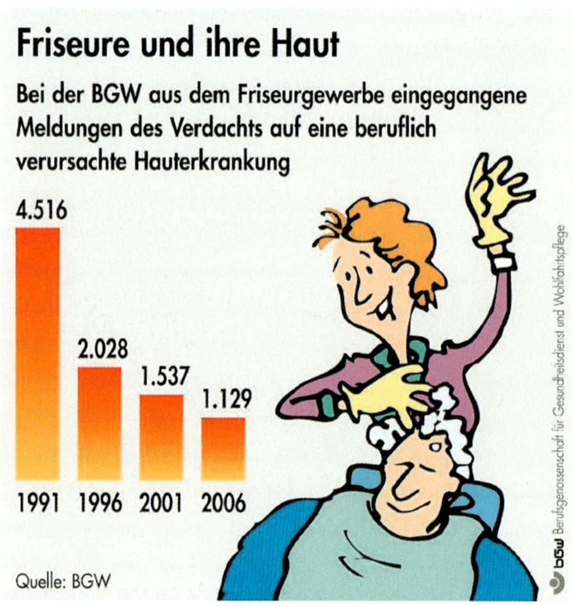

Bild 1 *Meldungen des Verdachts beruflich bedingter Hauterkrankungen (Quelle: BGW)*

Die Betriebanweisung

Die Betriebsanweisung muss die folgenden Bereiche regeln:

- Mit welchen gesundheitsgefährdenden Substanzen wird gearbeitet, Bezeichnung der Arbeitsstoffe.
- Welche Gefährdungen bestehen bei Tätigkeiten wie Haarwäsche, Färben, Dauerwellen, usw.
- Allgemeine Verhaltensregeln, organisatorische und hygienische Schutzmaßnahmen und Verbote.
- Erste-Hilfe-Maßnahmen.

Die Betriebsanweisung ist aushangpflichtig und sollte gut sichtbar für alle Mitarbeiter einsehbar sein.

Die Inhalte der Betriebsanweisung müssen den Mitarbeitern vor Beginn der Beschäftigung und mindestens einmal jährlich mündlich und arbeitsplatzbezogen vermittelt werden. Inhalt und Zeitpunkt der Unterweisungen sind schriftlich festzuhalten und von den Mitarbeitern durch Unterschrift zu bestätigen.

Der Hautschutzplan

Zusätzlich zur Betriebsanweisung gibt es für die Mitarbeiter im Friseurhandwerk den Hautschutzplan, der auch aushangpflichtig ist. Er zeigt übersichtlich auf, welche Tätigkeiten der Hände mit welchen Produkten geschützt, gereinigt und gepflegt werden sollten.

Arbeitnehmer FRISEURHANDWERK

Hautschutz- und Händehygieneplan
für Friseurinnen und Friseure

1. Vor der einzelnen Tätigkeit:

Hautschutz	Hände mit Hautschutzpräparat eincremen.

2. Während der Tätigkeit:

Handschuhe	• Shampoonieren • Kopfmassagen mit Haarbehandlungsmitteln • Auftragen und Auswaschen von Pflegemitteln	**Farbe, Dauerwelle, Blondierung:** • Mischen • Auftragen • Überprüfen • Probewickeln • Fixieren	**Farbe, Dauerwelle, Blondierung:** • Aufemulgieren • Auswaschen	**Styling, ohne Ha mittel**
Einmal-Handschuhe (keine gepuderten Handschuhe benutzen)	langstulpig		langstulpig	bei emp
Waschhandschuhe				
Haushaltshandschuhe				

3. Nach der einzelnen Tätigkeit:

Hände waschen	1. Händewaschen nur bei verschmutzten Händen und ggf. mit pH-hautneutralem Reinigungsmittel.	2. Hände gut abtrocknen

4. Vor Pausen und nach dem Arbeitsschluss:

Hände pflegen	Hände mit Hautpflegepräparat eincremen.

Bild 2 *Hautschutzplan der Berufsgenossenschaft für Gesundheitsdienst und Wohlfahrtspflege (BGW)*

- Zu einem umfassenden Hautschutz gehört, dass bereits vor Beginn der Arbeit der Schmuck abgelegt wird und die Hände mit einem Hautschutzmittel sorgfältig eingecremt werden. Dabei sind besonders die empfindlichen Fingerzwischenräume zu berücksichtigen.
- Nach dem Tragen der Handschuhe sollte bei Bedarf eine geeignete Hautreinigung erfolgen. Dabei muss nicht in jedem Fall mit einem Reinigungsmittel gewaschen werden. Häufig reicht auch lauwarmes Wasser aus. Wichtig ist, dass danach die Hände gründlich abgetrocknet werden. Dazu sollte kein Kundenhandtuch verwendet werden, da die Gefahr besteht, in Kontakt mit Restchemikalien zu kommen. Geeignet ist ein eigenes Handtuch oder ein Einmal-Papierhandtuch.
- Die Hände sind zusätzlich mit einem Pflegemittel zu behandeln. Dafür sollte man eine schnell einziehende Creme verwenden. Diese sollte man vor allem in der Freizeit zur Unterstützung des Hautschutzes auftragen.

2.3.4 Schutzhandschuhe

Das Tragen von Schutzhandschuhen ist in Verbindung mit einem geeigneten Hautschutz die wirksamste Möglichkeit, sich vor Hauterkrankungen zu schützen. Bei der Auswahl von Handschuhen sollte man auf folgende Gesichtspunkte achten.

Schutzhandschuhe sollten größtmöglichen Schutz bieten und grundsätzlich wasserdicht, chemikalienbeständig und reißfest sein.

»Handschuhe, die diese Anforderungen erfüllen, sind nach DIN EN 374 genormt.« Man erkennt sie an dem aufgedruckten Becherglas-Piktogramm.

Bild 1 *Becherglas Piktogramm*

»Ein Chemikalienschutzhandschuh, der mit einem Becherglas-Piktogramm gekennzeichnet ist, ist luft- und wasserdicht. Er kann ggf. zum Schutz gegen spezielle Chemikalien, die in der Herstellerinformation benannt sind, für begrenzte Zeit eingesetzt werden.« (BG-Information – Deutsche Gesetzliche Unfallversicherung)

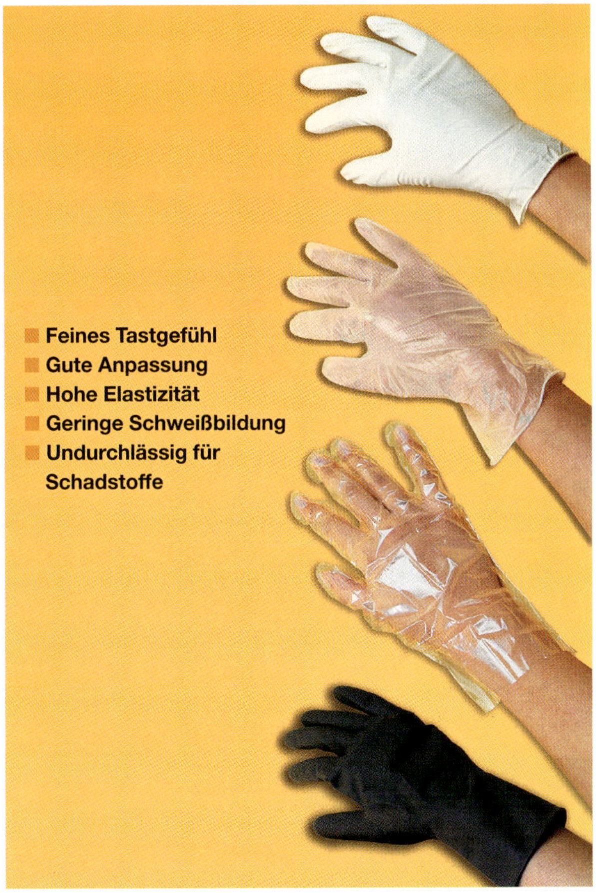

Bild 2 *Der ideale Schutzhandschuhe*

Es gibt keinen universellen Handschuh, der für die Vielzahl der im Salon anfallenden Facharbeiten geeignet ist.

- **Latexhandschuhe** werden aus Naturkautschuk hergestellt. Sie haben eine gute mechanische Beständigkeit und lassen sich angenehm tragen. Man kann sie für die Haarwäsche verwenden. Allerdings können die im Handschuh enthaltenen Latexproteine über die Atemwege Allergien auslösen. Sie sind Einmalhandschuhe.
- Die Verwendung von gepuderten Latexhandschuhen ist unzulässig. Die Puderkörper können aufgrund von Reibung und Vergrößerung der Hautoberfläche das Eindringen von Allergenen und damit Allergien begünstigen.

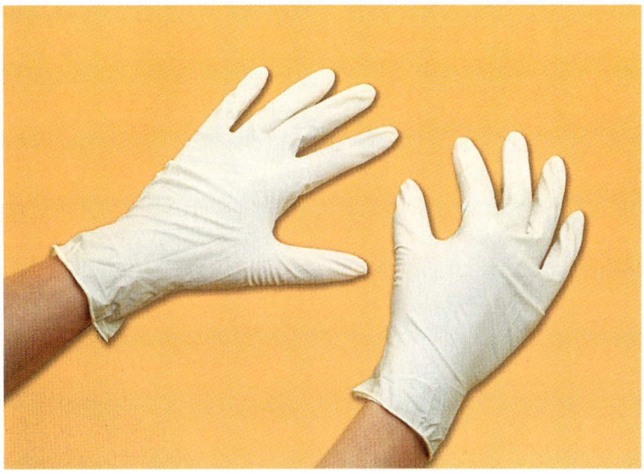
Bild 3 *Latexhandschuhe*

- Vinyl- oder PVC-Handschuhe bieten beim Shampoonieren und Spülen auch einen hohen Tragekomfort und schützen ausreichend bei diesen Tätigkeiten. Verlängerte Stulpen bieten zusätzlich Schutz vor dem Eindringen von Wasser. Sie sind als Einmalhandschuh anzuwenden.

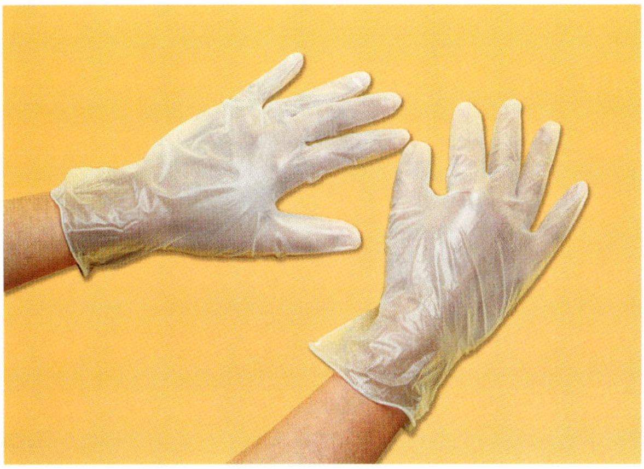
Bild 4 *Vinylhandschuh*

- Für Dauerwellen, Färbungen, das Tönen und Blondieren der Haare sowie das Auswaschen von Chemikalien bieten sich besonders die **Nitrilhandschuhe** an. Das synthetische Gummi bietet einen elastischen Handschuh und ermöglicht ein feines Tastgefühl. Er ist als Einmalhandschuh anzuwenden.

Bild 5 *Nitrilhandschuh*

- Die für eine Vielzahl an Friseurtätigkeiten häufig angewendeten Polyethylen (PE)-Handschuhe (Bild 1) haben nicht die nach der neuen TRGS nötigen Prüfung nach DIN EN 374 für das Piktogramm (Bild S. 27) und dürfen somit nach der TRGS nicht eingesetzt werden.

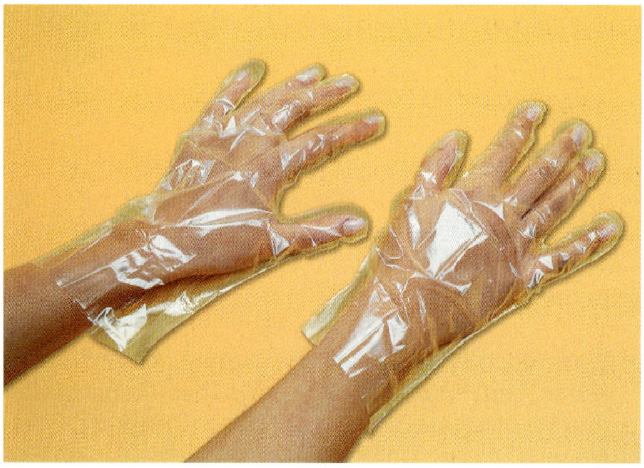

Bild 1 *Einmalhandschuh aus PE*

- Man geht davon aus, dass die Hände nach ca. 20 Minuten in Handschuhen zu schwitzen beginnen. Bei Tätigkeiten also, die eine längere Zeit in Anspruch nehmen, kann man als Schutz vor zu viel Feuchtigkeit in den Handschuhen Baumwollhandschuhe als Unterziehhandschuhe tragen. Die Baumwollhandschuhe sind nahtlos und bieten einen hohen Tragekomfort. Sie saugen den Schweiß auf und halten die Hände so eine längere Zeit trocken.
- Feuchte Baumwollhandschuhe sind nach dem Gebrauch immmer zu waschen oder durch ein neues Paar auszutauschen. Sie sind in der Waschmaschine waschbar und somit mehrfach verwendbar. Eine weitere Möglichkeit der Vorbeugung vor zu viel Feuchtigkeit im Handschuh sind gerbstoffhaltige Schutzcremes, die vor Beginn der Tätigkeit aufgetragen werden.
- Für Reinigungstätigkeiten und die Desinfektion verwendet man am besten gröbere Haushaltshandschuhe aus Nitril oder Vinyl. Sie können mehrmals für diese Tätigkeiten verwendet werden. Auch hier können die Hände bei längeren Tätigkeiten zusätzlich durch Baumwollhandschuhe vor Feuchtigkeit geschützt werden.

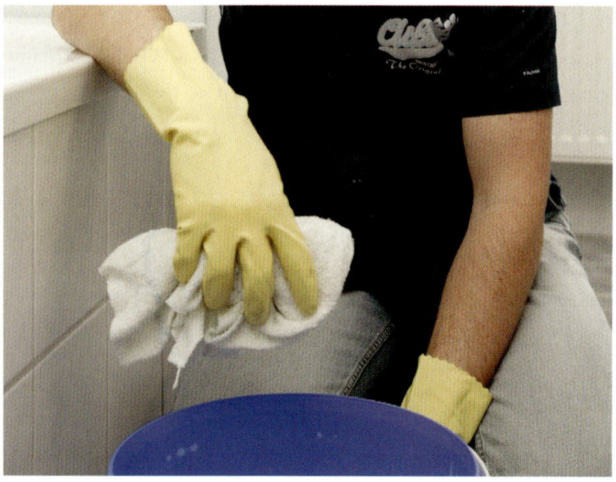

Bild 2 *Reinigungstätigkeit*

- Nach Ende der Tätigkeit sollten die Handschuhe zum Trocknen aufgehängt werden. Um die Handschuhe vor der nächsten Benutzung wieder in Form zu bringen, sollte man das Hineinpusten vermeiden, denn Atemluft feuchtet den Handschuh von innen an.

Beim Tragen von Schutzhandschuhen müssen folgende Regeln beachtet werden:

- Handschuhe vor dem Tragen auf Beschädigungen prüfen.
- Einmalhandschuhe dürfen nicht wieder verwendet werden. Die Durchlässigkeit ändert sich bei häufigerem Gebrauch, da sich Friseurchemikalien im Material anlagern können.
- Schweißaufsaugende Baumwollhandschuhe kann man zur Vorbeugung tragen.
- Schutzhandschuhe dürfen nicht ununterbrochen getragen werden. Phasen, in denen nur Trockenarbeiten ausgeführt werden, sollten mindestens genauso lang sein, wie Phasen, in denen Handschuhe getragen werden.
- Schutzhandschuhe dürfen innen nicht feucht sein und sollten keinen Puder enthalten, da dieser zu einer mechanischen Reizung der Haut führt, ein häufigeres Waschen der Hände bedingt und damit den pH-Wert der Haut verschiebt.
- Schutzhandschuhe dürfen nur auf sauberer und trockener Haut angezogen werden.
- Arbeit sollte im Team verteilt werden, damit sich hautbelastende Tätigkeiten nicht bei einigen Mitarbeiterm häufen.
- Nach dem Tragen von Handschuhen sind die Hände gegebenenfalls mit Wasser und nur bei Bedarf mit einem milden Reinigungsmittel abzuspülen, dann gut zu trocknen und mit einem Pflegepräparat einzucremen.
- Bei Arbeiten mit Reinigungsmitteln die Stulpe umschlagen, damit Flüssigkeit nicht in den Handschuh laufen kann.

Kurzübersicht:
Tragen von Handschuhen bei Facharbeiten

Facharbeiten	Art der Handschuhe
Haarwäsche	Einmalhandschuhe aus Vinyl oder Nitril Einweghandschuh aus Naturkautschuk (Latex) aber ungepudert Mehrweghandschuh aus PVC
Kopfmassage mit Haarwasser	Einmalhandschuh aus Vinyl oder Nitril
Färben, Blondieren, Tönen	Einmalhandschuh aus Vinyl oder Nitril
Dauerwellen und Fixieren	Einmalhandschuh aus Vinyl oder Nitril
Nassreinigung und Desinfizieren von Werkzeugen und Räumen	Mehrweghandschuh/Haushaltshandschuhe aus Vinyl/(PVC) mit längerer Stulpe

2.4 Verhinderung von Atemwegserkrankungen

Gesundheitsschädigende Stoffe greifen nicht nur die Haut, sondern auch die Atemwege an. Was die Haut reizen kann, belastet auch die Atemwege. Reizungen der Atemwege und Asthma können die Folge sein.

Wie kann man vorbeugen:

- Blondiermittel und Pflanzenfarben in Pasten- oder Granulatform verwenden,
- für ausreichende Raumbelüftung sorgen,
- Misch- und Umfüllarbeiten an einem separaten Arbeitsplatz durchführen,
- nicht rauchen,
- Möglichkeiten zu einer Mittagspause an der frischen Luft nutzen.

In folgender Tabelle sind die Hauptgefahren für die Atemwege aufgeführt:

Tabelle 1: Vermeidung von Atemwegserkrankungen

Gefahrenquellen	Mögliche Schäden	Vermeidung
Dämpfe, die aus chemischen Präparaten wie Dauerwellflüssigkeit, Haarfarbe und Blondierung frei werden	Reizung der Atemwege Aufnahme von Dämpfen mit Atmung ins Blut Eventuell Kopfschmerzen und Schwindelgefühl	Zügig Arbeiten beim Auftragen Abstand halten Gut lüften, natürliche Frischluftzufuhr
Staub- und Schwebstoffe, die beim Arbeiten mit Blondierpulver und Pflanzenfarbe in die Atemluft entweichen. Haarpartikel und Haarstaub	Reizung der Atemwege Gefährdung der Bronchien	Staubfreie Produkte verwenden Vorsichtig arbeiten Gut lüften, natürliche Frischluftzufuhr Abzüge installieren
Gelöste Kunstharze, die beim Arbeiten mit Haaspray in die Atemluft gelangen	Reizung der Atemwege Verkleben der Bronchien	Sorgfältiges, vorsichtiges Arbeiten Abstand halten Gut lüften, natürliche Frischluftzufuhr Sprühnebel nicht direkt einatmen Pumphaarsprays nutzen, sie haben größere und schwerer Schwebteilchen

2.5 Persönliches Gesundheitsmanagment

Gesundheit ist die Grundlage für einen zufriedenen und leistungsfähigen Arbeitsalltag. Jeden Tag kommen auf die Auszubildenden neue Anforderungen hinzu, das Arbeitsleben hat noch wenig Routine. Auszubildende beschreiben in Befragungen häufig vielfältige Belastungsmuster durch die Umstellung auf den Berufsalltag und die Ausbildung:

Zusammenfassend werden zwei Themenschwerpunkte betrachtet:

- Psychische Belastungen
- Körperliche Belastungen

Hinzu kommen Belastungen durch veränderte Ernährungsgewohnheiten und der fehlende Ausgleich zum Arbeitsalltag.

Die Belastungen (Stressfaktoren) in Ausbildung und Beruf sind sehr individuell zu betrachten und können nicht verallgemeinert werden, denn jeder Mensch hat unterschiedliche Belastungsgrenzen. Belastungen, wenn sie persönlich als solche empfunden werden, können Risiken für die Gesundheit darstellen.

Um den persönlichen Stressfaktoren auf die Spur zu kommen, bietet es sich an über eine gewisse Zeit einmal ein Stresstagebuch zu führen. Beobachtet wird, welche Situationen, Ereignisse und Personen Stress auslösen.

2.5.1 Psychische Belastungsmuster im Friseurberuf

Stress ist eine Reaktion des Körpers, die den Menschen aus seinem persönlichen Gleichgewicht bringen kann und damit psychische und körperliche Auswirkungen hat. Stress muss aber nicht unbedingt negativ sein, sondern kann auch leistungssteigernd wirken. Man unterscheidet daher zwischen Eustress und Disstress.

Für den Arbeitsalltag helfen einige Grundsätze bei der Vermeidung von Stress:

- Die gemeinsame Planung und Absprache sinnvoller Arbeitsabläufe im Team.
- Der regelmäßige Wechsel der Tätigkeitsbereiche.
- Die Möglichkeit zu regelmäßigen Kurzpausen.
- Einhaltung von Mittagspausen mit der Möglichkeit eine kleine Mahlzeit einzunehmen.
- Die Vermittlung von Kompetenzen im Bereich Kommunikation für den Umgang mit schwierigen Kunden oder Problemen mit Mitarbeitern.
- Die rechtzeitige Bekanntgabe, wann längere Arbeitszeiten zu erwarten sind.
- Gezielter Stressabbau durch Entspannungsverfahren in der Freizeit.
- Ausgleichsübungen am Arbeitsplatz.
- Bewegung in der Freizeit.

Einige Stressfaktoren, die in der Ausbildung sowohl als auch im Berufsleben auftreten können zeigt Tabelle 1.

Tabelle 1: Ursachen für Stress und mögliche Folgen

Stressfaktoren im Berufsleben	Folgen
■ Private und berufliche Konflikte ■ Unklare Arbeitsaufträge und Erwartungen ■ Termindruck/Hektik ■ Schlechtes Arbeitsklima ■ Überforderung durch Übertragung neuer Aufgabengebiete ■ Unregelmäßige Pausen ■ Schlechte Vereinbarkeit von Familie/Freundeskreis und Beruf ■ Fehlender Ausgleich zum Arbeitsalltag ■ Belastungen durch persönliche Probleme der Kunden	Direkte Stressfolgen: ■ Spannungsgefühl ■ Innere Unruhe ■ Angst ■ Ärger ■ Frustration Langfristige Stressfolgen: ■ Schlaflosigkeit ■ Krankheit

2.5.2 Körperliche Belastungsmuster im Friseurberuf

Viele Friseure verbringen den Großteil ihrer Arbeitszeit in stehender Haltung. Der Körper wird durch friseurtypische, arbeitsbedingte Bewegungsformen und Körperhaltungen belastet (Tabelle 2):

Tabelle 2: Körperliche Belastungsmuster im Friseurberuf

Bewegungsformen und Körperhaltung	Beispiel-Tätigkeiten im Friseursalon
Statische und dynamische Schulter- und Armarbeit	Föhnen, Schneiden, farbverändernde Maßnahmen, formverändernde Maßnahmen, Kopfmassage, Lagerarbeiten, Reinigungstätigkeiten
Stehen	Anreichen von Gegenständen, alle Tätigkeiten am Kunden, die nicht mithilfe von Stehhilfen durchgeführt werden können, Beobachtungen verschiedener Techniken im Rahmen der Ausbildung
Gebücktes Stehen	Vorwärts- und Rückwärtshaarwäsche

Der Mensch ist aber nicht für das lange Stehen und statische Muskelarbeit geschaffen, sondern für die Bewegung. Die Blutgefäße brauchen Bewegung und wechselnde Haltung.

Die stehende Tätigkeit erschwert den Rückfluss des Blutes und der Lymphflüssigkeit aus den Beinen in den Körper. Denn weder im Stehen noch im Sitzen wird die so genannte Muskelpumpe aktiviert. Dieses Anspannen der Wadenmuskulatur unterstützt die Venen dabei, Blut gegen die Schwerkraft zum Herzen zu transportieren.

Steht die Muskelpumpe bei der Ausübung stehender Arbeit still, gelangt nur noch ein Teil des Blutes zum Herzen, der Rest drückt in die oberflächlichen Venen, die sich dadurch ausdehnen.

Das Blut »versackt« in den Venen. Durch den mangelhaften Blutfluss in den Beinen können **Krampfadern** entstehen (Bild 1). Nach einem langen Tag sind dann die Beine abends schwer, geschwollen und schmerzen.

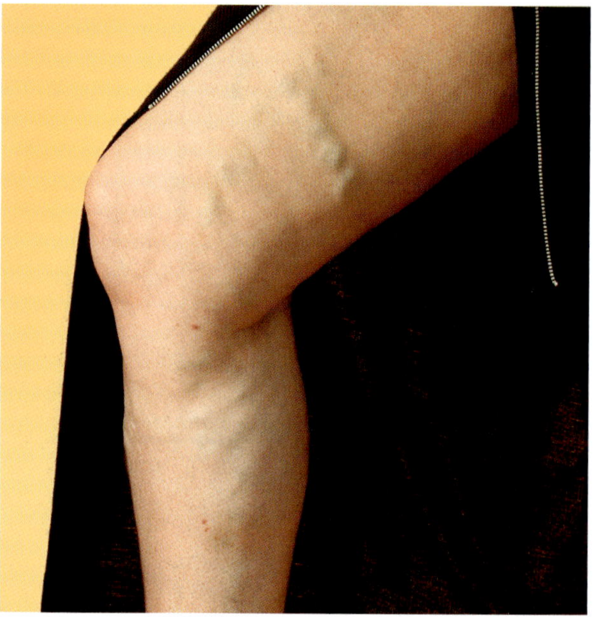

Bild 1 *Krampfadern*

Die Friseurin kann diesen Problemen entgegenwirken, indem sie durch wechselnde Körperhaltungen Entlastung schafft.

Einige Tipps für den Arbeitalltag:

- In den Pausen die Füße hochlagern, die Schuhe ausziehen und die Fußsohlen massieren.
- Ein regelmäßiger Bewegungsausgleich in der Freizeit und das Hochlegen der Beine unterstützt die Stärkung und Regeneration der Muskulatur.
- Stützstrümpfe aus dem Fachgeschäft zur mechanischen Unterstützung der Muskelpumpe tragen.
- Bei erhöhter familiärer Neigung zu Thrombose das Rauchen und die gleichzeitige Einnahme von hormoneller Kontrazeption (Pille) vermeiden.
- Keine Schuhe mit hohen Absätzen tragen, wenn man viel stehen muss.
- Bei Übergewicht sollte das Gewicht reduziert werden.
- Tägliches Ausstreichen der Beine in Richtung des Herzen zur Förderung des Rückflusses des Blutes.

- Öfter mal das Gewicht vom linken auf das rechte Bein verlagern und umgekehrt. Vom Fußspitzenstand auf den Fersenstand wechseln und umgekehrt (Bild 1).

Nicht nur die Beine, auch die Füße werden durch langes Stehen belastet. Ein gesunder Fuß verfügt über ein gewölbtes Fußskelett, das durch Muskeln, Sehnen und Bänder zusammengehalten wird. Durch eine stehende Arbeitshaltung wird das Fußgewölbe stark belastet.

Bild 1 *Übung zum Zehenstand (Quelle: IKK-Nordrhein)*

Um ein Durchdrücken zu vermeiden und dem so genannten Senkfuß vorzubeugen, sollten geeignete Schuhe getragen werden. Regelmäßig sollten die Schuhe zur Unterstützung der Fußgesundheit gewechselt werden. Also am Besten ein zweites Paar Schuhe im Salon vorhalten.

Sind ausgleichende Übungen während der Arbeitszeit oder in den Pausen nicht möglich und längeres Stehen unvermeidbar, so sollte zur Entlastung des Rückens und der Füße die richtige Haltung im Stehen eingenommen werden. Das »Richtige Stehen« gehört zu den Grundvoraussetzungen für einen rückenschonenden Arbeitsalltag.

Das rückenentlastende Stehen

Anhand folgender Checkpunkte kann man kontrollieren, ob beim Arbeiten eine rückenentlastende Stehposition eingenommen wird:

- Der Kopf ist gerade in Verlängerung der Wirbelsäule. Man stelle sich vor, durch die Körpermitte verläuft eine Kordel und das Ende wäre über dem Kopf zum Beispiel an der Decke befestigt.
- Das Becken wird leicht nach vorne gekippt.
- Das Knie- und Hüftgelenk ist leicht gebeugt, wobei die Knie senkrecht über den Füßen stehen sollten.
- Die Füße stehen etwa hüftbreit auseinander. Dabei besteht voller Bodenkontakt der Füße im »Dreipunkt-Kontakt«: Ferse-Großzehen und Kleinzehenballen sind gleichmäßig belastet.

Die gebückte Arbeitshaltung

Für gebückte Arbeitshaltungen, wie z. B. das Arbeiten am Rückwärtswaschbecken gilt, dass der Oberkörper nicht über die Rückwand des Waschbeckens gekrümmt werden darf. Der Rücken sollte stabilisiert werden und der Kopf verbleibt in Verlängerung der Wirbelsäule. Der Rücken bleibt also in aufrechter Position, nur das Becken wird gebeugt und die Fußstellung verändert sich. Kontrollkriterien sind:

- Fester Stand in der Schritt-oder Grätschstellung, die Knie und vor allem die Hüfte leicht gebeugt (Bild 2).

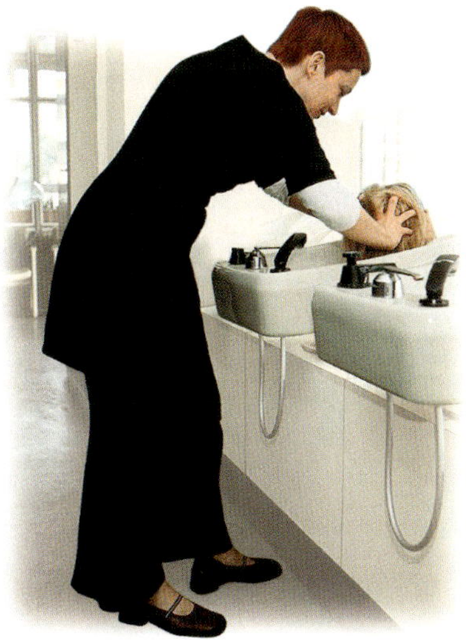

Bild 2 *Ergonomische Arbeitshaltung am Waschbecken (Quelle: IKK-Nordrhein)*

Das »Richtige Stehen« und die Beugung mit geradem Rücken sind Idealhaltungen, die häufig als ungewohnt und anstrengend beschrieben werden. Das lässt sich dadurch erklären, dass diese Bewegungsabläufe noch nicht ausreichend trainiert sind. Es wird aber im Laufe der Zeit zur Gewohnheit und zu einer echten Entlastung der Wirbelsäule und der Füße.

Nachfolgende Übungen für den belasteten Schulter-Arm Bereiche sind einfach in den Arbeitsalltag oder die Pausen zu integrieren.

Arme ausschütteln

Eine gute Lockerungsübung für Zwischendurch. Die beanspruchte Muskulatur wird dadurch entspannt und gelockert. Arme ganz locker hängen lassen und den Oberkörper leicht nach vorn beugen. Dann die Arme kräftig ausschütteln. Wichtig! Die Muskeln dabei locker lassen.

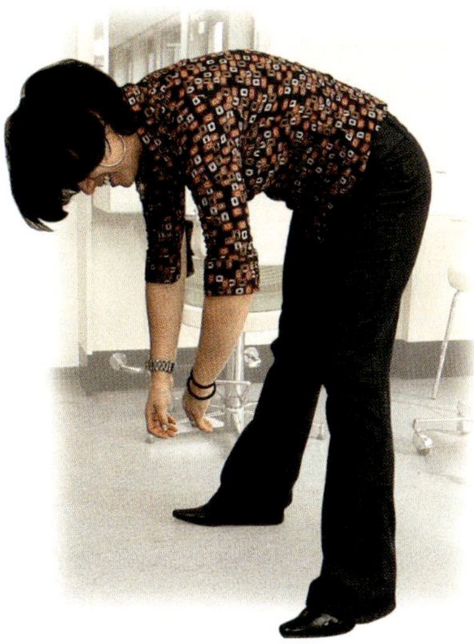

Bild 3 *Arme ausschütteln (Quelle: IKK-Nordrhein)*

Dehnung der Beinmuskulatur

Einen Fuß mit dem Fußballen auf dem Hocker abstützen. Das Knie gestreckt halten und das Gewicht langsam nach vorne verlagern, bis man ein leichtes Ziehen in der Muskulatur spürt.

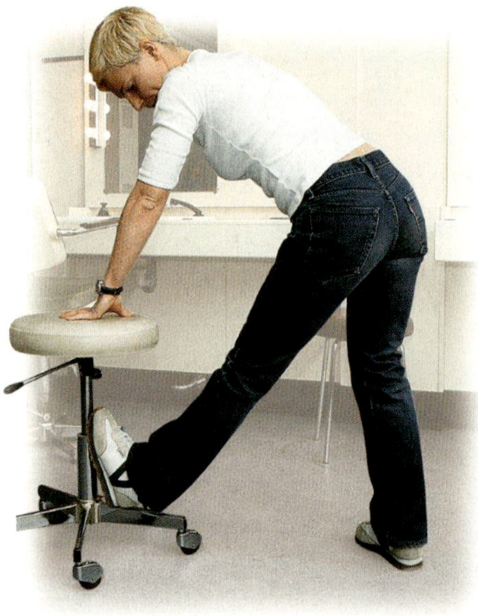

Bild 1 *Dehnung der Beinmuskulatur (Quelle IKK-Nordrhein)*

Kopfseitneigen

Diese Übung dient zur Dehnung der seitlichen Halsmuskulatur. Kopf langsam auf die Seite neigen. Gleichzeitig den Arm auf der Gegenseite nach unten schieben. 15 Sekunden lang so halten. Dann den Kopf auf die andere Seite legen und auch dort den Gegenarm nach unten ziehen. Mehrfach wiederholen.

Bild 2 *Kopfseitneigen (Quelle IKK-Nordrhein)*

2.5.3 Ernährung im Friseurberuf

Berufliche Leistungsfähigkeit unterliegt vielen verschiedenen Faktoren. Auch eine ausgewogene, abwechslungsreiche und vollwertige Ernährung ist eine wichtige Voraussetzung, um körperlich gesund und leistungsfähig zu bleiben.

Zeitdruck und unregelmäßige Pausen sollten sich nicht auf die gesunde Ernährung am Arbeitsplatz auswirken.

Schnell mal in ein süßes Brötchen beißen oder hastig ein kaltes Stück Pizza verschlingen, so sieht der Ernährungsalltag häufig aus.

Eine **ausgewogene Ernährung** hingegen liefert ausreichend Energie und Nährstoffe durch Eiweiß, Fett, Kohlenhydrate, Vitamine und Mineralstoffe. Mehrere Mahlzeiten am Tag erhöhen nachweisbar die Leistungsfähigkeit des Körpers insgesamt. Eine ausreichende Menge an Flüssigkeit (täglich etwa 1,5 Liter) komplettiert den Speiseplan.

Die **Deutsche Gesellschaft für Ernährung e. V. (DGE)** hat zehn Regeln formuliert, die helfen, sich vollwertig zu ernähren. Zu beachten gilt:

Die 10 Regeln der DGE

1. **Vielseitig essen**
   Genießen Sie die Lebensmittelvielfalt. Merkmale einer ausgewogenen Ernährung sind abwechslungsreiche Auswahl, geeignete Kombination und angemessene Menge nährstoffreicher und energiearmer Lebensmittel.

2. **Reichlich Getreideprodukte – und Kartoffeln**
   Brot, Nudeln, Reis, Getreideflocken, am besten aus Vollkorn, sowie Kartoffeln enthalten kaum Fett, aber reichlich Vitamine, Mineralstoffe, Spurenelemente sowie Ballaststoffe und sekundäre Pflanzenstoffe. Verzehren Sie diese Lebensmittel mit möglichst fettarmen Zutaten.

3. **Gemüse und Obst – Nimm »5 am Tag« ...**
   Genießen Sie 5 Portionen Gemüse und Obst am Tag, möglichst frisch, nur kurz gegart, oder auch eine Portion als Saft – idealerweise zu jeder Hauptmahlzeit und auch als Zwischenmahlzeit: Damit werden Sie reichlich mit Vitaminen, Mineralstoffen sowie Ballaststoffen und sekundären Pflanzenstoffen (z. B. Carotinoiden, Flavonoiden) versorgt. Das Beste, was Sie für Ihre Gesundheit tun können.

4. **Täglich Milch und Milchprodukte; ein- bis zweimal in der Woche Fisch; Fleisch, Wurstwaren sowie Eier in Maßen**
   Diese Lebensmittel enthalten wertvolle Nährstoffe, wie z. B. Calcium in Milch, Jod, Selen und Omega-3 Fettsäuren in Seefisch. Fleisch ist wegen des hohen Beitrags an verfügbarem Eisen und an den Vitaminen B1, B6 und B12 vorteilhaft. Mengen von 300–600 Gramm Fleisch und Wurst pro Woche reichen hierfür aus. Bevorzugen Sie fettarme Produkte, vor allem bei Fleischerzeugnissen und Milchprodukten.

5. **Wenig Fett und fettreiche Lebensmittel**
   Fett liefert lebensnotwendige (essenzielle) Fettsäuren und fetthaltige Lebensmittel enthalten auch fettlösliche Vitamine. Fett ist besonders energiereich, daher kann zu viel Nahrungsfett Übergewicht fördern. Zu viele gesättigte Fettsäuren erhöhen das Risiko für Fettstoffwechselstörungen, mit der möglichen Folge von Herz-Kreislauf-Krankheiten. Bevorzugen Sie pflanzliche Öle und Fette (z. B. Raps- und Sojaöl und daraus hergestellte Streichfette). Achten Sie auf unsichtbares Fett, das in Fleischerzeugnissen, Milchprodukten, Gebäck und Süßwaren sowie in Fast-Food und Fertigprodukten meist enthalten ist. Insgesamt 60–80 Gramm Fett pro Tag reichen aus.

6. **Zucker und Salz in Maßen**
Verzehren Sie Zucker und Lebensmittel, bzw. Getränke, die mit verschiedenen Zuckerarten (z. B. Glucosesirup) hergestellt wurden, nur gelegentlich. Würzen Sie kreativ mit Kräutern und Gewürzen und wenig Salz. Verwenden Sie Salz mit Jod und Fluorid.

7. **Reichlich Flüssigkeit**
Wasser ist absolut lebensnotwendig. Trinken Sie rund 1,5 Liter Flüssigkeit jeden Tag. Bevorzugen Sie Wasser – ohne oder mit Kohlensäure – und andere kalorienarme Getränke. Alkoholische Getränke sollten nur gelegentlich und nur in kleinen Mengen konsumiert werden.

8. **Schmackhaft und schonend zubereiten**
Garen Sie die jeweiligen Speisen bei möglichst niedrigen Temperaturen, soweit es geht kurz, mit wenig Wasser und wenig Fett – das erhält den natürlichen Geschmack, schont die Nährstoffe und verhindert die Bildung schädlicher Verbindungen.

9. **Nehmen Sie sich Zeit, genießen Sie Ihr Essen**
Bewusstes Essen hilft, richtig zu essen. Auch das Auge isst mit. Lassen Sie sich Zeit beim Essen. Das macht Spaß, regt an vielseitig zuzugreifen und fördert das Sättigungsempfinden.

10. **Achten Sie auf Ihr Gewicht und bleiben Sie in Bewegung**
Ausgewogene Ernährung, viel körperliche Bewegung und Sport (30 bis 60 Minuten pro Tag) gehören zusammen. Mit dem richtigen Körpergewicht fühlen Sie sich wohl und fördern Ihre Gesundheit.

Der DGE-Ernährungskreis bietet eine einfache und schnelle Orientierung für eine gesundheitsbewusste Lebensmittelauswahl:

Bild 1 *DGE-Ernährungskreis® (Copyright: Deutsche Gesellschaft für Ernährung e. V., Bonn)*

Für eine vollwertige Ernährung zu schaffen, gilt Folgendes zu beachten:

- Täglich aus allen 7 Lebensmittelgruppen wählen.
- Die dargestellten Mengenverhältnisse berücksichtigen.
- Die Lebensmittelvielfalt der einzelnen Gruppen nutzen.

2.5.4 Ergonomische Arbeitsplatzgestaltung

Unter **Ergonomie** versteht man die Optimierung der Arbeitsbedingungen des Menschen und die an die Arbeitsverhältnisse angepasste Gestaltung der Werkzeuge und Hilfsmittel.

Ergonomische Aspekte zur Entlastung im Arbeitsalltag

- Verwendung von Arbeitshockern beim Haareschneiden.
- Höhenverstellbare Bedienungsstühle sollten auf eine individuelle, körpergerechte Arbeitshöhe eingestellt werden können.
- Geeignetes Schuhwerk anschaffen: geschlossen, mit Fersenhalt, keine hohen Absätze, rutschsichere, dämpfende, weiche Sohle.
- Ergonomische Körperhaltung bei allen Arbeitstätigkeiten einnehmen.
- Arbeitsgeräte (z. B. Haarschneidescheren mit beweglichem Daumenauge) beim Kauf unter ergonomischen Aspekten auswählen (Bild 2).
- Drehungen des Oberkörpers beispielsweise beim Föhnen vermeiden.
- Möglichst mit am Körper anliegenden Oberarmen arbeiten.
- Bürste und Föhn bei der Tätigkeit hin und wieder in der Hand wechseln.

Auch außerhalb der Arbeitszeit sollte die Friseurin den Rückenproblemen durch entsprechendes Verhalten entgegenwirken:

- Auf gerade Haltung des Rückens achten.
- Gekrümmten Rücken vermeiden, stattdessen in die Knie gehen.
- Keine schweren Gegenstände heben.
- Sportarten wie Rückenschwimmen, Radfahren zur Entlastung der Bandscheiben bevorzugen.
- Rückengymnastik zur Stärkung der Rückenmuskulatur betreiben.

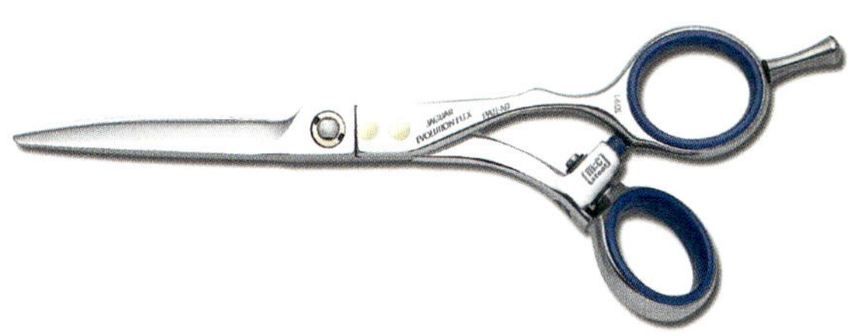

Bild 2 *Ergonomische Haarschneideschere*

Die Lichtverhältnisse im Friseurbetrieb

Die richtige Beleuchtung ist auch ein wichtiger Bestandteil eines ergonomischen Arbeitsplatzes. Um optimal sehen zu können, benötigt der Salon ausreichend natürliches oder aber auch künstliches Licht. Die Räume sollten gleichmäßig ausgeleuchtet sein, damit nicht ein ständiger Wechsel der Lichtverhältnisse auf die Augen einwirkt.

Schlechtes Licht schadet nicht nur den Augen und erhöht die Unfallgefahr, sondern beeinträchtigt auch das Wohlbefinden von Mitarbeitern und Kunden. Tageslicht und geeignete Leuchtquellen verbessern die Wahrnehmung, die Augen werden geschont und damit werden Stressfaktoren für den Körper abgebaut.

2.6 Umweltschutz im Friseurberuf

Die Umweltschutzprobleme in Friseurbetrieben entstehen in der Regel durch große Mengen an Verpackungsmaterial (Kunststoffbehälter, Spraydosen, Umverpackungen, etc.) und durch den Umgang mit abwasserbelastenden Stoffen (z. B. Dauerwellmitteln).

Alle Mitarbeiter des Salons sollten in den Bereichen Energie, Entsorgung von Abfall und Verpackungen sowie im Bereich Wasser zu einem umweltfreundlichen Verhalten motiviert werden.

2.6.1 Umweltschutzmaßnahmen im Friseurberuf

Hier einige Tipps zu umweltbewusstem Verhalten im Friseursalon:

- Keine Portionspackungen verwenden, mit Großgebinden (Kanistern) arbeiten.
- Nachfüllsysteme einrichten für Shampoos und Haarspray.
- Biologisch abbaubare Putz- und Reinigungsmittel verwenden.
- Verbrauch möglichst genau bemessen, um das Entsorgen von Restchemikalien zu vermeiden.
- Keine Probepackungen an Kunden ausgeben.
- Auf Einweg-Umhänge verzichten.
- Müll fachgerecht in der Restmülltonne und im Dualen System entsorgen.
- Transportverpackungen an den Hersteller zurückgeben.
- Energie- und wassersparende Geräte anschaffen.
- Energiesparprogramme nutzen.
- Geräte nur in Betrieb nehmen, wenn sie optimal ausgelastet sind.
- Beleuchtung mit Energiesparlampen ausrüsten.
- Schaufensterbeleuchtung über eine Zeitschaltuhr regeln.
- Stoßlüftung von einigen Minuten, keine Dauerlüftung zur Luftreinhaltung.
- Sparperlatoren zur Reduktion der Wasserdurchflussmenge am Wasserhahn installieren.
- Wasser nicht unnötig laufen lassen.
- Energiesparhandtücher nutzen.
- Getränke für die Kunden nur in Mehrweggeschirr anbieten.
- Zeitschriften in Lesezirkeln abonnieren.

Aufgaben

1. Erläutern Sie den Begriff »duales System«. Informieren Sie sich im Internet über die Friseur-Ausbildung in anderen EU-Ländern.
2. Informieren Sie sich im Berufsbildungsgesetz (BBiG) und listen Sie in einer Tabelle Rechte und Pflichten der Ausbildenden und Auszubildenden auf.
3. Informieren Sie sich im Internet über Ausbildungsmöglichkeiten im Bereich Maskenbildner und Kosmetikerin. Bringen Sie in Erfahrung, welchen schulischen Abschluss oder welche Grundqualifikationen man jeweils als Einstiegsvoraussetzung braucht. Unterscheiden Sie bei Ihren Recherchen weiterhin zwischen Vollzeitschulischer-Ausbildung und der Ausbildung im dualen System.
4. Erläutern Sie Reinigungs- und Desinfektionsmaßnahmen für Scheren und andere Werkzeuge, die Berufskleidung und die Arbeitsflächen.
5. Was unterscheidet das allergische Kontaktekzem vom Abnutzungsekzem? Erläutern Sie dabei die Vorgänge, die bei einem allergischen Kontaktekzems im Körper ablaufen.
6. Nennen Sie die häufigsten Unfallursachen im Salon. Tauschen Sie sich mit Ihren Mitschülerinnen aus, zu welchen Unfällen es im Betrieb schon gekommen ist und wie man diese Unfälle hätte vermeiden können.
7. Sichten Sie die Tagesberichte der letzten Arbeitswoche in Ihrem Berichtsheft. Notieren Sie die praktischen Tätigkeiten, die Sie ausgeführt haben. Ermitteln Sie mithilfe des Hautschutzplanes welche Handschuhe Sie für die jeweiligen Tätigkeiten tragen müssen.
8. Welche Maßnahmen ergreifen Sie im Salon unter den Aspekten des verantwortungsvollen Umweltschutzes. Tauschen Sie sich mit Ihren Mitschülerinnen aus.
9. Auszubildende Anja steht neben ihrer Kollegin Anke und gibt dieser Alufolie für Strähnen an. Dabei beobachtet Anja eine andere Kollegin, wie diese zum Skaten in die Mittagspause geht. Unbewusst wippt Anja mit den Füßen auf und ab. Die Kundin Frau Schmittberg beobachtet sie und fragt nach einiger Zeit, ob Anja nicht ruhig stehen bleiben könne oder es einen besonderen Sinn mache, dass sie sich bewege.
   Was würden Sie der Kundin antworten?

Lernfeld 2
Kunden empfangen und betreuen

Kunden empfangen und betreuen

In kaum einem anderen Beruf als dem der Friseurin ist die Nähe zur Kundin so ausgeprägt und bedeutsam für deren grundsätzliche Zufriedenheit. Die Voraussetzung dafür schafft die Friseurin, wenn sie ihrer Kundin gegenüber von Beginn bis zum Abschluss der Behandlung ein freundliches sowie höfliches Verhalten an den Tag legt und sich bei der Betreuung respektvoll, hilfsbereit und zuvorkommend zeigt.

Auch bei der Beratung sind Erkennen und Einfühlen (Empathie) in die persönlichen Vorstellungen und Bedürfnisse der Kundin von besonderer Bedeutung. Die Umsetzung des Kundenwunsches erfordert nicht nur theoretisches Wissen, praktisches Können und Kreativität, sondern vor allem die Fähigkeit des guten Zuhörens.

Schließlich hängt gute Kundenorientierung und -bezogenheit auch von den individuellen Fähigkeiten ab, kundengerecht zu kommunizieren. Das bedeutet natürlich nicht nur, sich bei der Beschreibung von Dienstleistungen und Handlungsschritten sowie Beratungsaspekten verständlich auszudrücken, sondern auch die alltäglichen Kommunikationssationen im Salon kompetent zu regeln. Diese reichen von dem Telefonat zur Terminvergabe, das Verkaufsgespräch über den Small Talk bis zu den Fachgesprächen unter Kolleginnen.

Bild 1 *Friseurin im Umgang mit der Kundin*

1 Rolle als Friseurin

Szenario

Wenn Kundinnen den Salon betreten, wissen sie manchmal nicht genau, was sie möchten oder was für sie das Beste ist. Sie erwarten von ihrer Friseurin eine fachkundige Beratung. Um eine qualifizierte Beratung durchführen zu können, bedarf es einer umfangreichen Fachkompetenz.

Anja weiß, dass sie als Berufsanfängerin noch nicht über die erforderlichen Kompetenzen verfügt. Sie erhofft sich jedoch, dass sie schon bald grundlegende Fähigkeiten erwirbt und damit die Erwartungen der Kundin erfüllen kann. Über ihre Kolleginnen hat sie erfahren, dass neben dem erfolgreichen Abschluss der Berufsausbildung der regelmäßige Besuch von Seminaren und Fortbildungen notwendig ist. Hierdurch werden die Fähigkeiten und das Fachwissen einer Friseurin zusätzlich geschult und weiterentwickelt.

Aber zunächst ist ebenso wichtig, dass ihr ein persönlicher Zugang zur Kundin gelingt und sie deren Vertrauen gewinnt. Das sind wichtige Voraussetzungen dafür, dass die Friseurin von der Kundin deren umfassende Erwartung an die Dienstleistung sowie ihre ehrliche Einschätzung des Arbeitsergebnisses erfährt.

Eine solch ausgepägte Beziehungsstruktur hängt wesentlich von dem Persönlichkeitsbild der Friseurin ab. Dieses Bild ergibt sich aus dem äußeren Erscheinungsbild, dem Verhalten und ebenso der Fachkompetenz einer Friseurin.

1.1 Erscheinungsbild der Friseurin

Für ihre Kundinnen hat die Friseurin eine Vorbildfunktion. Wenn eine Kundin den Salon betritt und noch eine kurze Zeit in der Warteecke Platz nimmt, ist der erste Eindruck, den die Friseurin der Kundin vermittelt, enorm wichtig.

Er ist oft mitentscheidend für Vertrauen und Sympathie (Bild 2). Daher muss die Friseurin verstärkt auf ihr äußeres Erscheinungsbild achten.

Bild 2 *Der erste Eindruck*

In den Salons gibt es unterschiedliche Einstellungen zur Berufskleidung. In vielen Salons gibt es eine salonspezifische Kleiderordnung, z.B. bestimmte Farben und Formen, in anderen Salons dürfen die Mitarbeiter ihre Berufskleidung ohne Vorgaben auswählen.

In jedem Fall ist es wichtig, dass die Berufskleidung immer gepflegt und zweckmäßig ist und dass sie dem Typ und dem Alter der Friseurin entspricht. Bedingt durch den täglichen Umgang der Friseurin mit Kundinnen ist die Körperpflege ebenso wichtig wie die Kleidung. Gepflegte Zähne und angenehmer Mundgeruch sind genauso selbstverständlich wie gepflegte Hände und Fingernägel. Für viele Kundinnen ist die Frisur, manchmal auch das Make-up, einer Friseurin ausschlaggebend für den eigenen Frisurenwunsch. Viele Kundinnen bekommen durch das Aussehen der Friseurin Impulse und Anregungen, aber auch eine bessere Vorstellung von ihrer Wunschfrisur.

Da sich der Friseurberuf stets mit Mode und Trends auseinander setzt, sollte die Friseurin ihr Make-up, ihre Frisur und Kleidung zwar typgerecht, aber auch nach modischen Gesichtspunkten auswählen (Bild 1).

Bild 1 *Ungepflegtes/gepflegtes Erscheinungsbild der Friseurin*

1.2 Umgangsformen der Friseurin

Gute Umgangsformen der Friseurin beeinflussen nicht nur das Betriebsklima, sondern auch das tägliche Miteinander von Kundin und Friseurin positiv. Dazu zählen:

- Freundlichkeit
- Taktgefühl
- Höflichkeit
- Etikette
- Verschwiegenheit
- Gestik und Mimik

Vieles lässt sich durch gute Umgangsformen einfacher erreichen. Werden im Salon gewisse Spielregeln von den Mitarbeitern untereinander eingehalten, verbessert dies die Atmosphäre im Salon. Diese Spielregeln setzten auch einen respektvollen Umgang mit Vorgesetzten voraus.

Das freundliche Miteinander des gesamten Salonteams wird von den Kundinnen als angenehm empfunden. Die Umgangsformen müssen natürlich auf die Kundin und Situation abgestimmt sein. Für die Friseurin bedeutet es, dass sie ein gewisses Maß an Flexibilität besitzen muss. Ihr Verhalten gegenüber Kundinnen, Kolleginnen oder Vorgesetzten sollte sie von den Antworten auf diese fünf Fragen abhängig machen:

- Wie sage ich etwas meinem Gegenüber?
- Wie antworte ich meinem Gegenüber?
- Wie bitte ich mein Gegenüber um etwas?
- Wie mache ich meinem Gegenüber etwas verständlich?
- Wie kann ich mein Gegenüber überzeugen?

Unter Berücksichtigung dieser vielen »Wies« wird der tägliche Umgang miteinander erleichtert.

1.3 Einstellung zum Friseurberuf

Die persönliche Einstellung zum Friseurberuf ist wichtig für den Erfolg. Dabei sollte man nachfolgende Aspekte berücksichtigen:

Einstellung zu sich selbst

Eine positive Einstellung zu sich selbst wird geprägt durch:

- Optimismus
- Gelassenheit
- Sicherheit
- Kritikfähigkeit
- Glaubwürdigkeit

Diese Eigenschaften stärken das Selbstbewusstsein der Friseurin, unterstreichen ihre positive Ausstrahlung und Überzeugungskraft. Sie haben einen bedeutenden Einfluss auf die Kommunikation, das Beraten und Verkaufen von Dienstleistungen sowie Produkten. Die Friseurin wird als Fachfrau und Expertin für gepflegte Haare und schönes Aussehen von den Kundinnen akzeptiert.

Bild 2 *Positive Ausstrahlung*

Auch das offene Verhalten gegenüber den Kundinnen, den Kolleginnen oder den Vorgesetzten wird durch ein gesundes Selbstbewusstsein gefördert.

Eine negative Einstellung zu sich selbst kann durch folgende Punkte geprägt sein:

- Pessimismus
- Ängstlichkeit
- Unsicherheit
- Zweifel
- Ungeduld

Sie mindern das Selbstwertgefühl, meistens sind Fehler in der Beratung und Behandlung der Kundinnen vorprogrammiert.

Diese Misserfolge können eine Friseurin verunsichern, oft entwickelt sich für sie daraus Verschlossenheit und Misstrauen.

Versucht eine Friseurin, ihre Unsicherheit zu verbergen, so wird dieses leicht von den Kundinnen als arrogantes Verhalten empfunden. Ebenso wenig darf die Friseurin ihre Unsicherheit gegenüber der Kundin zeigen, sonst verliert sie ihr Vertrauen in eine fachgerechte Behandlung.

Für Erfolg im Beruf ist es daher besonders wichtig, an einem gesunden Selbstbewusstsein zu arbeiten.

Einstellung gegenüber den Kundinnen

Ebenso wie die Einstellung zu sich selbst, ist die Einstellung der Friseurin gegenüber den Kundinnen für eine gute Kommunikationsebene von besonderer Bedeutung.

Eine positive Einstellung zu Kundinnen zeichnet sich durch folgende Charaktereigenschaften aus:

- Freude am Umgang mit Menschen und deren Problemen
- Hilfsbereitschaft
- Geduld
- Ehrlichkeit
- Empathie (Einfühlungsvermögen)

Diese Eigenschaften sind wichtig für ein erfolgreiches Beratungs- und Verkaufsgespräch. Sie ermöglichen ein vertrauensvolles Verhältnis zur Kundin, lassen aus einer Neukundin eine Stammkundin werden und bringen der Friseurin die Anerkennung als Problemlöserin.

Eine negative Einstellung zu Kundinnen kann durch folgende Eigenschaften zum Ausdruck kommen:

- Antipathie
- Desinteresse
- Ungeduld
- Unzureichende Konfliktfähigkeit

Wenn die ersten drei Punkte bei einer Friseurin sehr stark ausgeprägt sind, sollte sie die Ursachen erforschen und an ihrer Persönlichkeit arbeiten. Sind es Konflikte, die sie in ihrer täglichen Arbeit behindern, so sollte auch hier die Ursache erforscht werden. Dabei können die Ursachen für Unzufriedenheit auf verschiedenen Ebenen zu finden sein:

- Im privaten Bereich
- Im Verhältnis zu Kolleginnen und Kollegen
- Im Verhältnis zu der Vorgesetzten
- Im Verhältnis zur Kundin

Erst das Erkennen der Ursachen für die persönliche Unzufriedenheit und deren Beseitigung ermöglichen es der Friseurin, wieder gute Leistungen im Salon zu erbringen.

Einstellung zur Dienstleistung und Ware

Die Einstellung der Friseurin zu den Dienstleistungen und zur Ware im Salon muss positiv sein, damit ein erfolgreiches Verkaufsgespräch zustande kommen kann. Wichtige Voraussetzungen sind:

- Trend- und Modekenntnisse
- Spaß am Frisieren und Gestalten
- Einsatz der entsprechenden Produkte zur hilfreichen Unterstützung
- Kenntnisse der Inhaltsstoffe, Eigenschaften und Zweckmäßigkeit ihrer Anwendung

Nur wenn die Friseurin von den Dienstleistungen und Produkten im Salon überzeugt ist, kann sie ihre Kundinnen entsprechend beraten und behandeln, ihnen darüber hinaus wertvolle Tipps für die Pflege und das Styling zu Hause geben.

Bild 1 *Engagierte Produktberatung gegenüber der Kundin*

Um diese Überzeugungskraft zu erlangen, sollte die Friseurin neuen Trends und neuer Mode gegenüber aufgeschlossen sein und sie tragbar für ihre Kundinnen präsentieren. Die Kundinnen müssen merken, dass die Friseurin gerne kreativ und gestalterisch tätig ist und die im Salon angebotenen Produkte bei sich selbst anwendet. Nur so können sie zu der Überzeugung gelangen, dass sie mit den neuesten Techniken und Produkten versorgt werden sowie hilfreiche und wertvolle Tipps für das Styling zu Hause erhalten.

Auf keinen Fall sollte die Friseurin eventuelle negative Erfahrungen aus dem persönlichen Bereich der Kundin mitteilen. Dieses hätte nicht nur eine Verunsicherung der Kundin zur Folge, sondern auch die Glaubwürdigkeit und Akzeptanz der Friseurin würden nachlassen. Die negative Einstellung beruht in den meisten Fällen auf eigenen schlechten Erfahrungen, verursacht durch Nichtbeachtung bestimmter Regeln und Anleitungen.

2 Die Kundin im Friseursalon

Szenario

Zu Beginn ihrer Ausbildung wurde Anja von ihrer Chefin Frau Müller darüber aufgeklärt, dass die Kundinnen von ihrer Friseurin viel erwarten, wenn es um schönes Aussehen und Wohlbefinden geht. Sie setzen absolutes Vertrauen in die Friseurin und bauen darauf, nicht enttäuscht zu werden. »Daher müssen Sie ständig an sich arbeiten – auch schon als Berufsanfängerin – und in den Bereichen »Persönlichkeit«, »Kommunikation«, »Kundenumgang«, »Mode und innovative Techniken« ein eigenes Profil entwickeln!«, appelliert die Meisterin.

2.1 Kundenempfang

Die Kundin wird sofort, wenn sie den Salon betritt, von der Rezeptionistin oder Friseurin angesprochen und begrüßt. Beim Kundenempfang kann die Friseurin folgendermaßen vorgehen:

- Blickkontakt zur Kundin herstellen und halten, denn mit offenem Blick kann man den Blick der Kundin festhalten.
- Positive Gefühle bei der Kundin wecken, indem man eine freundliche Grundeinstellung zeigt.
- Kundin nicht hilflos im Salon stehen lassen.
- Eine angenehme Atmosphäre schaffen, in der sich die Kundin wohl fühlt (Mantel abnehmen, Platz anbieten, Zeitschriften oder Frisurenbücher reichen, Getränk anbieten).

Eine Stammkundin sollte mit ihrem Namen angesprochen werden. Diesen kann die Friseurin bei ihren Kolleginnen erfragen oder bei einer angemeldeten Kundin vorher in der Kundenkartei nachsehen. Die Anrede der Kundin mit ihrem eigenen Namen ist für viele Kundinnen wichtig und sollte deshalb zu den guten Umgangsformen einer Friseurin gehören.

Bild 1 *Kundenempfang*

Wenn die Kundin den Namen der Friseurin nicht kennt, muss sich die Friseurin vorstellen. Anschließend hilft sie der Kundin aus dem Mantel und bietet ihr einen Platz an.

Dabei sollte sie mit einer hinweisenden Geste der Kundin die Richtung angeben. Eine höfliche Form der Aufforderung gelingt, wenn man eine rhetorische Frage verwendet, z. B.: »Würden Sie bitte dort drüben Platz nehmen?«

Anschließend hilft sie der Kundin aus dem Mantel und bietet ihr einen Platz an.

Wenn eine Kundin warten muss, ist es wichtig, dass man ihr mitteilt, wie lange die Wartezeit dauern wird. Diese Zeit kann man durch Serviceleistungen, wie z. B. Getränke, frisches Obst, Zeitschriften, Frisurenbücher, Videos zu den neuesten Trends und Stylingideen, überbrücken.

2.2 Kundenbetreuung

Eine Betreuung der Kundinnen findet sowohl am Telefon als auch persönlich im Salon statt.

Die Friseurin sollte ihre Kundin unabhängig von Alter, Geschlecht, äußerem Erscheinungsbild, sozialer Schicht, Kundenwunsch und Besuchshäufigkeit betreuen. Sie muss beim Telefonieren stets freundlich und aufmerksam sein.

2.2.1 Betreuung am Telefon

In einigen Salons gibt es eine Rezeptionistin, die für die Bedienung des Telefons zuständig ist. In den meisten Salons muss jedoch die Friseurin zwischendurch zum Telefon gehen. Dieses sollte jedoch nicht geschehen, wenn sie gerade eine Kundin bedient. Durch eine Unterbrechung der Behandlung erhält die Kundin leicht das Gefühl, dass sie unwichtiger ist als das Telefongespräch. Die Kundin im Salon geht immer vor. Trotzdem verlangt professionelles Telefonieren, dass die Friseurin beiden Kundinnen gerecht wird.

Darum ist es wichtig, dass die Friseurin der Kundin erklärt, warum sie die Arbeit unterbricht und ihre Zustimmung einholt. Kehrt sie nach dem Telefonat zu der Kundin zurück, sollte sie sich bei der Kundin für ihr Verständnis bedanken. Dabei muss es selbstverständlich sein, dass die Friseurin das Telefonat so kurz wie möglich hält. Privatgespräche sollten während der Arbeitszeit nur in ganz dringenden Fällen geführt werden.

Beim Telefonieren können sich die Gesprächspartner nicht sehen. Alle Informationen, die z. B. durch die Körpersprache vermittelt werden, kommen beim Empfänger nicht an. Deshalb sollte man etwas langsamer und deutlicher sprechen als in normalen Gesprächen.

Das wichtigste Ausdrucksmittel im Telefongespräch ist die Stimme. An ihr muss die Kundin erkennen, dass die Friseurin freundlich und aufmerksam ist. Ein kleines Hilfsmittel hierzu ist, während des Telefonierens zu lächeln.

Auch wenn die Kundin das Lächeln der Friseurin nicht sieht, so überträgt es sich doch auf die Stimme und wird von der Kundin wahrgenommen.

Professionelles Telefonieren kann man leicht erlernen. Folgende Grundregeln sollten unbedingt beachtet werden:

- Seien Sie freundlich am Telefon.
- Lächeln Sie beim Telefonieren (Bild 1)
- Melden Sie sich immer zunächst mit dem Salonnamen, dann dem eigenen Namen und einer festgelegten Begrüßungsformel am Telefon.
- Falls erforderlich fragen Sie nach dem Namen des Anrufers.
- Im weiteren Gesprächsverlauf sollte der Anrufer mit seinem Namen angeredet werden.
- Erkundigen Sie sich nach dem Wunsch des Anrufers. Wichtige Informationen werden sofort notiert. Wenn der Anrufer einen Termin absagt oder verschiebt, bedanken Sie sich für den Anruf und bieten einen neuen Termin an.
- Bieten Sie einen Rückruf an, wenn Wünsche nicht direkt am Telefon erledigt werden können. Dafür wird die Telefonnummer erfragt und notiert.
- Wiederholen Sie zum Abschluss des Gesprächs wichtige Dinge, damit Missverständnisse ausgeschlossen werden.
- Beenden Sie das Gespräch mit einer freundlichen Verabschiedung. Es ist gut, wenn Sie dabei noch einmal das Anliegen des Telefonpartners ansprechen oder sich bei ihm für den Anruf bedanken.

Bild 1 *Lächeln am Telefon*

2.2.2 Betreuung der Kundentermine

Um die Wartezeit der Kundin zu verkürzen oder zu vermeiden, empfiehlt sich die Vergabe von Behandlungsterminen. Zusätzlich gewähren Sie einen Überblick über den Tagesablauf, ermöglichen dadurch eine gleichmäßige Verteilung der Kundinnen am Tag und eine bessere Auslastung der Friseurin.

Damit die Terminplanung für alle Mitarbeiter im Salon verständlich ist, sollten folgende Grundregeln beachtet werden:

- Die Terminwünsche der Kundin müssen berücksichtigt werden.
- Bei jeder Terminvereinbarung sollten Sie danach fragen, welche Wünsche die Kundin hat, von wem sie bedient werden möchte und unter welcher Telefonnummer sie eventuell zurückgerufen werden kann.
- Für regelmäßige Stammkundinnen sind Termine im Voraus einzutragen.
- Terminverschiebungen oder Terminstornierungen werden unmittelbar mit der betroffenen Kollegin besprochen und im Terminbuch vermerkt.
- Für die einzelnen Dienstleistungen sind festgelegte Blockzeiten einzutragen, wie z. B. Damenhaarschnitt 30 Minuten.
- Schon während der Behandlung sollten Sie mit der Kundin einen neuen Termin besprechen.
- Das Terminbuch sollte ordentlich und leserlich geführt werden.

2.2.3 Service an der Kundin

Allgemein versteht man unter Service Kundendienst, Bedienung sowie Kundenbetreuung. Im Friseurhandwerk hat der Service unterschiedliche Bedeutungen, wie z. B. die Tasse Kaffee, das Glas Sekt, die angenehme Salonatmosphäre, die Zeitschriften oder das kostenlose Nacharbeiten innerhalb einer bestimmten Frist. Diese Beispiele verdeutlichen auch, wie unterschiedlich die Auffassung von Service im Friseurhandwerk sein kann. Für die eine Kundin bedeutet Service die Art und Weise der Kundenbetreuung, für die andere sind es die Leistungen, die über die eigentlichen Friseurdienstleistungen hinausgehen.

Art und Weise der Kundenbetreuung

Unter erstklassigem Service verstehen die Kundinnen die vollständige Erfüllung ihrer Erwartungen. Die Erwartungshaltung der Kundin wird unter anderem geprägt durch:

- Bisher gemachte Erfahrungen
- Selbstdarstellung des Friseursalons
- Mündliche Empfehlungen
- Eigene persönliche Bedürfnisse

Jede Kundin hat also, wenn sie den Salon betritt, eine vorgeformte Erwartungshaltung. Das bedeutet für die Friseurin, dass sie die Erwartungen und Wünsche ihrer Kundin sehr gut kennen muss. Ein hervorragender Service kann also nur dann geleistet werden, wenn die Friseurin ein intensives Beratungsgespräch führt. Als Ergebnis der Befragung fanden amerikanische Meinungsforscher folgende Kundenkriterien für Servicequalität heraus:

Zuverlässigkeit

Die Kundin erwartet von ihrer Friseurin ein Leistungsversprechen. Die Friseurin hat die Vereinbarungen, die sie mit der Kundin getroffen hat, pünktlich, präzise und zuverlässig bedingungslos einzuhalten.

Entgegenkommen

Damit ist die Bereitschaft der Friseurin gemeint, auf die Kundin einzugehen, freundlich, sympathisch, ehrlich und hilfsbereit zu sein.

Einfühlungsvermögen

Die Friseurin sollte jeder Kundin Aufmerksamkeit und Verständnis entgegenbringen. Die Kundin muss sich verstanden und als Partnerin fühlen.

Souveränität

Die Friseurin sollte die Kundin durch ihre Fachkompetenz davon überzeugen, dass sie im richtigen Salon und in den besten Händen ist. Denn sie ist die Fachfrau, der die Kundin vertrauen kann.

Konkretes

Saloneinrichtung, Arbeitsmaterialien, technische Ausstattung, Hygiene, Schaufenster, Dekorationen, Außenfassade, Werbemittel und insbesondere das Erscheinungsbild der Friseurin und des gesamten Teams werden von der Kundin sehr bewusst wahrgenommen und prägen ihre Einstellung und Erwartung. Bei Beachtung und Einhaltung dieser Faktoren entwickelt sich sehr schnell aus der Neukundin eine Stammkundin. Fühlt sich die Kundin gleichgültig behandelt, so wird sie nicht wieder in den Salon zurückkommen. In ihren Augen stimmt dann der Service nicht mehr. Um dieses zuvermeiden, sollte die Friseurin neben den aufgeführten Punkten folgende Grundregeln beachten:

- Jede Kundin muss als eigene Persönlichkeit wahrgenommen werden.
- Die Wünsche der Kundin müssen respektiert werden.
- Die Friseurin sollte der Kundin gut zuhören.
- Die Kundin muss möglichst genau über die voraussichtliche Warte- und Behandlungszeit informiert werden.
- Die Friseurin sollte der Kundin Arbeitsschritte, Präparate und Unterbrechungen erklären.
- Die Friseurin sollte ihre Vorbildfunktion bewusst wahrnehmen.

Leistungen, die über die eigentliche Dienstleistung hinausgehen

Um die Kundinnen über einen langen Zeitraum zu begeistern, muss sich die Friseurin immer wieder etwas Neues einfallen lassen. Viele nützliche Ideen hierzu erhält sie auch durch zufriedene Kundinnen. Deshalb sollte das Salonteam in regelmäßigen Zeitabständen die Serviceleistungen aktualisieren.

Zusätzliche Leistungen zur Dienstleistung können wie folgt sein:

- Jede Haarwäsche wird mit einer angenehmen Kopfmassage verbunden.
- Jede Kundin bekommt nach der Haarwäsche einen Turban gewickelt, damit sie nicht mit nassen Haaren im Salon sitzen muss.
- Während einer großen Behandlung bekommt jede Kundin eine Hand- und Fingermassage zum Entspannen.
- Jede Kundin wird gefragt, ob sie sich wohl fühlt oder ob sie etwas benötigt.
- Jede Kundin wird mit frischem Kaffee und Zeitschriften versorgt.
- Für die Kundinnen steht immer ein Korb mit frischem Obst bereit.
- Nach dem Haarschnitt bekommt jede Kundin eine feuchtwarme Duftkompresse, damit die Arbeit mit *dem Nackenpinsel entfällt.*
- Jede Kundin erhält nach einer Frisurenveränderung ein kostenloses Service-Make-up.
- Bei Regenwetter wird die Kundin mit dem Schirm bis *zum Auto begleitet*
- Kostenloses Seminar zum professionellen Föhnen.
- Wellness-Rasur für den Mann
- Erinnerungsservice für regelmäßige Termine zur Dauerwelle oder Farbbehandlung

Die Liste der zusätzlichen Serviceleistungen kann beliebig erweitert werden. Wichtig ist jedoch, dass dieser Service sowohl kunden- als auch salongerecht ist und kontinuierlich ausgeführt wird.

Bild 1 *Angenehme Beratungsatmosphäre*

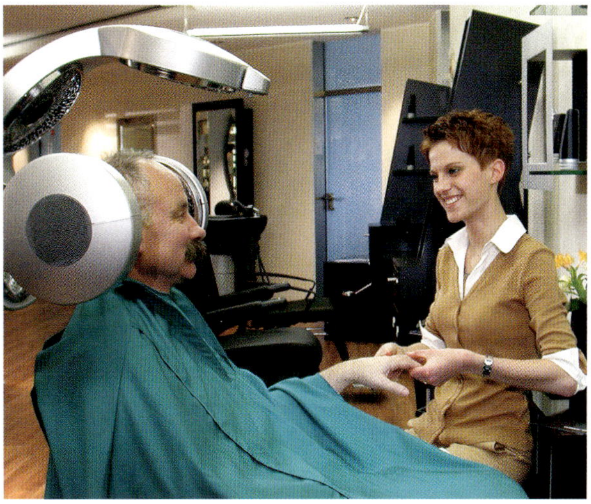

Bild 2 *Hand- und Fingermassage als Serviceleistung*

2.3 Kundenverabschiedung

Eine Kundin sollte immer freundlich verabschiedet werden, denn der letzte Eindruck wirkt noch lange nach. Wenn möglich sollte die Friseurin die Kundin zur Rezeption bzw. Kasse begleiten.

Bevor die Kundin den Salon verlässt, sollte die Friseurin ihrer Kundin im Spiegel an der Rezeption noch einmal erklären, wie sie ihre Haare zu Hause pflegen und frisieren kann. Hier kann sich die Kundin abschließend von allen Seiten betrachten und die Friseurin erhält die letzte Gelegenheit zur Überprüfung, ob ihre Kundin wirklich zufrieden ist.

Bild 1 *Kundin betrachtet sich von allen Seiten im Spiegel*

Danach sollte sie ihrer Kundin in den Mantel helfen und sie zur Tür begleiten. Dort wird die Kundin mit ihrem Namen verabschiedet und ihr die Tür aufgehalten. Erst nachdem sich die Kundin verabschiedet hat, darf sich die Friseurin einer neuen Kundin zuwenden.

Bild 2 *Verabschiedung der Kundin*

3 Kundencharaktere und Kundenpsychologie

Szenario

Anja hat im Laufe der noch recht kurzen Ausbildungszeit festgestellt, dass man die verschiedenen Kundinnen nicht alle über einen Kamm scheren kann.

Mit manchen von ihnen kommt sie gut zurecht, sie sind verständnisvoll und nett, andere dagegen können ihr die Arbeit schon erheblich erschweren.

Sie denkt dabei insbesondere an eine Person, der man gar nichts recht machen kann und die zudem sehr schnell ungehalten und aufbrausend wird.

Ihre Kolleginnen sehen das auch so und haben sich damit bereits abgefunden. »Wir haben in unserem Beruf nun einmal mit den unterschiedlichsten Charaktertypen zu tun und haben irgendwann gelernt, wie wir uns am besten darauf einzustellen haben!«, trösten sie Anja.

3.1 Charaktertypen und Kundenpsychologie

Beratung muss typbezogen ausgerichtet sein. Das betrifft nicht nur das Äußere der Kundinnen, sondern schließt auch Kenntnisse über deren verschiedene Wesensarten ein.

Beschränkt man sich dabei auf wenige Merkmale, z. B. das Verhalten der Person, wird das Typisierung genannt. Es gibt unterschiedliche Typisierungen.

3.1.1 Charaktertypen nach Hippokrates und Galeanus

Schon in der Antike wurden Untersuchungen durchgeführt, bei denen das besondere Augenmerk den Verhaltensweisen und Charaktereigenschaften der Menschen galt.

Hippokrates und Galeanus unterschieden vier Charaktertypen:

- Sanguinikerin, Phlegmatikerin, Melancholikerin, Cholerikerin

Sanguinikerin

Die Sanguinikerin entspricht nach Hippokrates und Galeanus dem Element Luft und dem Körpersaft Blut. Ihren Charakter beschreiben die Wissenschaftler als genussorientiert und oberflächlich. Als Kundin schätzt sie grundsätzlich die Dienstleistung beim Friseur, lässt sich gerne verwöhnen und sucht die Entspannung.

Bild 1 *Die Sanguinikerin*

Kundenpsychologischer Beratungsaspekt

Der Sanguinikerin kommt es vermutlich auf Details und Spitzfindigkeiten in der Ausführung nicht so sehr an. Ebenfalls muss aus ihrer Sicht eine intensive und ausführliche Beratung nicht unbedingt erfolgen, entscheidend ist vielmehr ein zufriedenstellendes Gesamtergebnis.

Phlegmatikerin

Die **Phlegmatikerin** wird mit dem Element Wasser und dem Körpersaft Schleim in Zusammenhang gebracht. Charakterlich präsentiert sie sich bequem und antriebsschwach. Für sie ist der Besuch beim Friseur eher ein notwendiges Übel.

Kundenpsychologischer Beratungsaspekt

Meist zeigt sie wenig Interesse an Veränderungsvorschlägen oder Empfehlungen für die Haar- und Kopfhautpflege. Auf die Frage »Haben Sie bestimmte Vorstellungen über die Frisurengestaltung?«, wird wahrscheinlich die Antwort »Wie immer!« oder »Alles im Ganzen etwas kürzer« folgen. Mit viel Engagement geführte Verkaufs- oder Beratungsempfehlungen können aber auch bei diesem Typen zu dem gewünschten Erfolg führen. Konkrete – mit der Kundin abgestimmte – Dienstleistungen – minimieren zudem Situationen, in denen sich aufgrund unterschiedlicher Erwartungen hinsichtlich der Gestaltungsgrundsätze und des tatsächlichen Arbeitsergebnisse Missstimmungen entwickeln. Der ansonsten scheinbar phlegematischen Kundin ist dann doch nichts mehr gleichgültig und sie wird in einer bestimmten Weise Konsequenzen daraus ziehen. Daher darf die Friseurin niemals der Verlockung erliegen, den vermeintlich bequemeren Weg zu gehen und in ihrem Beratungsengagement nachzulassen.

Bild 2 *Die Phlegmatikerin*

Melancholikerin

Der **Melancholikerin** werden das Element Erde und der Körpersaft schwarze Galle zugeordnet.

Das Wesen dieses Menschentyps zeichnet durch Schwermut und Introvertiertheit aus.

Kundenpsychologischer Beratungsaspekt

Soll die Beratung auf diesen Typ abgestimmt werden, ist eine einfühlsame Vorgehensweise angezeigt.

Eine konsequent höfliche Distanz zur Kundin sollte eingenommen wird, denn eine unmittelbare und unangekündigte Berührung oder eine unverbindliche Ansprache werden von ihr als unangenehm empfunden.

Vor der Haar- und Kopfhautdiagnose wird das Einverständnis der Kundin eingeholt, zum Beispiel durch die Frage:

»Darf ich mir zur Beurteilung des Ausgangszustandes Ihre Kopfhaut näher anschauen? Ich benötige diese Diagnoseergebnisse, um abschätzen zu können, inwieweit sich der Frisurenwunsch umsetzen lässt«.

Das Diagnoseergebnis sollte sie eher in umschreibender Weise formulieren, z. B.:

»Ihre Kopfhaut neigt zu einer verstärkten Talgproduktion.«

Dies ist bei diesem Charaktertyp eher angebracht als die Äußerung: »Ihre Kopfhaut ist fettig!«

Bild 3 *Die Melancholikerin*

Cholerikerin

Die **Cholerikerin** ist mit dem Element Feuer und dem Körpersaft gelbe Galle verbunden. Sie gilt als jähzorniger, aufbrausender, ungeduldiger und dominanter Typ.

Kundenpsychologischer Beratungsaspekt

Die Friseurin ist gut beraten, das Kundengespräch zielgerichtet, überlegt und selbstbewusst zu gestalten. Einwände dieser Kundin werden als konstruktive Beratungsaspekte aufgenommen und durch entsprechende Vorschläge zur Frisurengestaltung und für die Kosmetik bestätigt.

Durch regelmäßige Erläuterung und Kommentierung des momentanen Arbeitsprozesses versichert sich die Friseurin der Akzeptanz seitens der Kundin.

Bild 4 *Die Cholerikerin*

3.1.2 Kundentypen in der Verkaufs- und Beratungssituation

Jeder Kundenkontakt erfordert die Notwendigkeit abschätzen zu können, zu welcher Gruppe von Kundinnen die jeweilige Person gehört. Gemeint ist damit eine Typisierung nach dem spezifischen verbalen und nonverbalen Verhalten der Kundin in Verkaufs- und Beratungssituationen. Gelingt der Beraterin eine Zuordnung ihrer Kundin, ist es ihr möglich, sich schnell und effektiv auf die Person in ihrer Erwartung, Denk- und Verhaltensweise einzustellen. Das sichert den notwendige Zugang und die Nähe zur Kundin und ist in der Regel Garantie dafür, dass die Beraterin mit ihren Angeboten erfolgreich ist.

Je nachdem, auf welche Art sich die Kundin auf das Verkaufs- und Beratungsangebot einlässt, repräsentiert sie einen bestimmten Kundentypus:

- Die Traditionelle
- Die Qualitätsbewusste
- Die Preisbewusste
- Die Skeptische
- Die Unsichere und Unentschlossene
- Die Eilige
- Die Bedächtige

Die Traditionelle

Diese Kundin kennzeichnet eine herkömmliche, althergebrachte Lebens- und Denkweise, was sich unter anderem in einem klassischen bis konservativen Erscheinungsbild bezüglich Kleidung, Frisur und Schmuck zeigt. Ihr Augenmerk gilt insbesondere den Produkten einer besseren Qualität. Die Kundin ist bzw. gibt sich gewöhnlich sachkundig und hat eine klare Vorstellung von ihren Wünschen.

Bild 1 *Die Traditionelle*

Kundenpsychologischer Beratungsaspekt

Eine Beratung wird nur bedingt gewünscht, da die Kundin im Grunde auf Art, Qualität und Umfang der Dienstleistungen festgelegt ist.

Das Beratungsgespräch erfüllt hierbei lediglich die Funktion, den Kundenwunsch aufzunehmen, zu bestätigen und zu unterstützen. Mit Probierangeboten im Rahmen eines besonderen Kundenservices kann in der Zukunft möglicherweise eine Änderung des Kundenwunsches angestoßen werden.

Die Qualitätsbewusste

Bild 2 *Die Qualitätsbewusste*

Diese Kundin tritt selbstbewusst und selbstsicher auf, bevorzugt eine moderne und hochwertige Kleidung und schätzt eine gepflegte Sprache. Die Gesprächsthemen sind überwiegend ernsthaft und anspruchsvoll.

Kundenpsychologischer Beratungsaspekt

Die Kundin erwartet ein gehobenes und zum Teil ausgefallenes Dienstleistungsangebot, hochwertige Produkte und ein ansprechendes Salonkonzept (Ambiente, Mitarbeiterstruktur, Kundenservice).

Sie weiß, dass hochwertige Leistungen auch ihren Preis haben. Die Kundenbetreuung und -beratung müssen engagiert und mit großer Aufmerksamkeit geführt werden. Es können hochpreisige Artikel angeboten werden. Wichtig ist, dass dabei Qualität und Nutzen besonders eindeutig herausgestellt werden. Die Kundin ist offen für zeitgemäße und moderne Frisurenempfehlungen, wenn dabei deutlich gemacht wird, inwieweit das ihren Persönlichkeitstyp unterstreicht.

Die Preisbewusste

Diese Kundin möchte das Dienstleistungsangebot im gesamten Spektrum nutzen, entscheidet aber letztendlich nach preislichen Gesichtspunkten. Daher erwartet sie ein reelles Preis-Leistungs-Verhältnis und möchte nicht mit dem Gefühl den Salon verlassen, man habe sie »über den Tisch gezogen«. Auf Leistungen, die ihrer Ansicht nach nicht unbedingt erforderlich sind, verzichtet sie von vornherein. Sie wechselt bei einer sich ständig ändernden Preisstruktur oder für sie nicht durchsichtigen Abrechnung schnell den Dienstleister. Das gleiche gilt, wenn sie im Rahmen eines Preisvergleiches erhebliche Unterschiede feststellt.

Bild 3 *Die Preisbewusste*

Kundenpsychologischer Beratungsaspekt

Im Beratungsgespräch müssen in erster Linie Notwendigkeiten für bestimmte Arbeiten und Produktanwendungen herausgestellt werden. Wichtig ist dabei, dass die Friseurin offen auf die Preisstruktur für die angeratene Dienstleistung hinweist und diese gegebenenfalls mit dem notwendigen Aufwand begründet. Die Preisnennung ist auf jeden Fall verbindlich. Der Preis darf lediglich nach unten verändert werden.

Die Skeptische

Diese Kundin äußert in ihrer Grundhaltung Bedenken gegenüber allem Neuen und Unbekannten. Veränderungsvorschläge für ihr Äußeres nimmt sie zurückhaltend auf. An Neuem sucht sie zur Bestätigung ihrer Skepsis nach Mängeln oder Kritikpunkten. Äußerungen wie »ich gehe davon aus, dass das mit meinem Haar nicht zu machen ist« oder »ich habe schon so viele Sachen probiert, von denen man mir wer weiß was versprochen hat und die letztlich nichts bewirkt haben«, sind typisch.

Kundenpsychologischer Beratungsaspekt

Die Friseurin muss ihren Standpunkt, ihren Vorschlag selbstbewusst vertreten. Voraussetzung dafür ist, dass sie fachkompetent ist und mit Hintergrundinformationen überzeugen kann. Ungenaue Formulierungen und zögerliche Beschreibungen provozieren Skepsis.

Die Sachargumente sollten beim Verkaufs- und Beratungsgespräch im Vordergrund stehen und der Redeanteil insgesamt deutlich eingeschränkt werden. Es müssen darüber hinaus der Kundin Gelegenheit und ausreichend Zeit gegeben werden, Ware selbst zu prüfen und auszuprobieren.

Bild 1 *Die Skeptische*

Die Unsichere und Unentschlossene

Auftreten und Verhalten dieser Kundin sind insgesamt von großer Unsicherheit und mangelnder Entscheidungsfreudigkeit geprägt.

Mehrmaliges Rückversichern, ob die Beratungsempfehlung oder schließlich die getroffene Entscheidung auch wirklich die richtige war, ist für sie typisch.

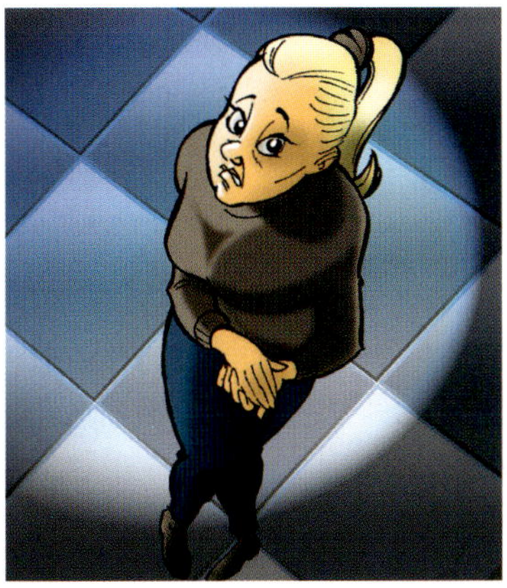

Bild 2 *Die Unsichere und Unentschlossene*

Kundenpsychologischer Beratungsaspekt

Die Beratung darf nur auf ein deutlich eingeschränktes Angebot an Alternativen aufbauen.

Das bedeutet zum Beispiel, dass bei einer grundsätzlichen Verständigung über einen Bobhaarschnitt nicht noch zusätzliche Varianten mit uniformer Stufung oder erweiternd verlaufenden Stufung, einer kompakten oder fransig, fedrige Kontur in die Überlegung einbezogen werden. Als Ermutigung zur Entscheidung für das jeweilige Dienstleistungs- und Verkaufsangebot ist es unabdingbar, wenn deren individuelle Vorteile oder persönliche Nutzen herausgestellt werden.

So ließe sich etwa mit der Frisurenempfehlung der Gesichtspunkt verknüpfen, dass der Schnitt zum einen die gegebene Gesichtskontur besonders hervorheben könne, zum anderen durch seine einfache Ausführung leicht zu stylen sei und schnell für unterschiedliche gesellschaftliche Anlässe umgestaltet werden kann.

Darüber hinaus muss der Kundin genügend Raum für den Entscheidungsprozess gegeben werden. Die Friseurin sollte nachfragen, wenn sie das Gefühl hat, dass die Kundin noch nicht völlig von ihren Vorschlägen überzeugt ist. Ein Bedrängen durch die Friseurin kann unter Umständen zu einer völligen Verweigerung des Angebotes führen. Vorteilhaft ist es, der Kundin anzubieten, die vorgeschlagene Veränderung im Moment noch einmal zurückzustellen und diese in Ruhe zu überdenken.

Die Eilige

Diese Kundin steht immer unter Zeitdruck und erwartet, dass sich alle auf ihren Zeitplan einstellen können. Betont langsames Arbeiten oder Bedienen durch die Friseurin machen sie nervös und gereizt. Auch eine umständliche oder langatmige Beratung lassen sie z. T. ungehalten werden.

Bild 3 *Die Eilige*

Kundenpsychologischer Beratungsaspekt

Die Friseurin muss der Kundin deutlich machen, dass sie um eine zügige Bearbeitung ihres Wunsches bemüht ist. Der gesamte Beratungs- und Verkaufsvorgang sollte beschleunigt werden. Das bedeutet für die Friseurin u. a. schneller und strukturierter zu sprechen, Anschauungsmaterialien griffbereit zu halten, sich bei der Anamnese und Diagnose auf die wesentlichsten Gesichtspunkte zu beschränken, Präparate zügig vorzulegen.

Die Bedächtige

Diese Kundin braucht Zeit für ihre Entscheidungen und nimmt sich diese auch. Sie spricht langsam und bedächtig, klärt ihre Fragen und Überlegungen bis ins Kleinste ab. Es ist kein Problem für sie, vermeintlich geklärte Dinge erneut anzusprechen und aus einem anderen Blickwinkel erneut auszuleuchten.

Bild 1 *Die Bedächtige*

Kundenpsychologischer Beratungsaspekt

Die Friseurin muss geduldig bleiben und die an sie gerichteten Fragen ernsthaft und gewissenhaft beantworten. Die Kundin darf nicht zu einer schnelleren Entscheidung gedrängt werden.

Aufgaben

1. Erklären Sie, warum die bewusste Selbstwahrnehmung für eine Friseurin wichtig ist.
2. Beschreiben Sie das optimale Erscheinungsbild einer Friseurin.
3. Erläutern Sie die Bedeutung guter Umgangsformen für Ihren Beruf.
4. Welche Bedeutung hat die Einstellung zum Friseurberuf für Ihren Erfolg im Salon?
5. Welche Eigenschaften fördern das vertrauensvolle Verhältnis zwischen Kundin und Friseurin?
6. Beschreiben Sie, warum das Erscheinungsbild der Friseurin für die Kundinnen wichtig ist.

4 Bewusste Wahrnehmung der Kundinnen

Szenario

Anja findet es sehr ermutigend, dass ihre Kolleginnen ihr zutrauen, sich schon sehr bald auf die unterschiedlichen Kundentypen einzustellen.

»Außerdem«, erklärt ihr Sahra, »wirst du dich selbst bei diesem Prozess in deiner Persönlichkeit weiterentwickeln, weil du dich stets neu auf die inviduellen Kundenwünsche ausrichten musst. Das gelingt nur, wenn man die vielen Kundinnen in ihren Erwartungen und Wünschen hinsichtlich der persönlichen Ansprache, der Dienstleitung und der Serviceleistungen genau zu beobachten vermag und einzuschätzen weiß.«

4.1 Ansprüche der Kundinnen

Der Kundenwunsch steht im Mittelpunkt der gesamten Friseurarbeit. Jede Kundin möchte ihre individuellen Bedürfnisse nach Schönheit oder Wohlbefinden befriedigen.

Die Kundin erwartet, dass die Friseurin ihr z. B. eine Frisur erstellt, die folgende Ansprüche erfüllt:

- Die Frisur sollte den Vorstellungen der Kundin entsprechen.
- Die Kundin möchte sich mit der Frisur wohlfühlen.
- Die Kundin will sich mit der Frisur identifizieren können (modern, sportlich, konservativ oder elegant).
- Der Typ der Kundin sollte durch die Frisur optimal zur Geltung kommen.
- Die Frisur muss von der Kundin allein wiederhergestellt werden können.

Deshalb ist zu Beginn der Beratung und Behandlung zuerst der Kundenwunsch zu ermitteln. Diese Aufgabe sollte die Friseurin ernst nehmen und dabei systematisch vorgehen.

Um die Wünsche der Kundin eindeutig zu ermitteln, sollte die Friseurin das Beratungsgespräch mit offenen Fragen beginnen und aktiv zuhören. Mit offenen Fragen erhält die Friseurin informative Antworten von der Kundin. Die ausgesprochenen Wünsche können dann anhand von Frisurenbildern, Farbkarten oder anderen visuellen Hilfsmitteln für die Kundin sichtbar gemacht werden. So lassen sich Missverständnisse vermeiden, zumal sich jeder unter ein und demselben Wort etwas anderes vorstellt.

Ist durch Wort und Bild geklärt, was die Kundin wünscht, kann die Friseurin gezielt und individuell beraten und verkaufen.

Die Erwartungsgründe für den Kauf bezeichnet man auch als **Ansprüche**. Die tieferen Beweggründe sind die **Motive**. Aus ihnen werden die Ansprüche entwickelt.

Die Kundenmotive kann man **rational** (verstandesmäßig) und **emotional** (gefühlsmäßig) unterteilen. Eine exakte Unterteilung ist aber nicht immer möglich, da die meisten Kaufentscheidungen gefühlsmäßig zustande kommen.

In der folgenden Tabelle sind die häufig vorkommenden Motive der Kundinnen aufgeführt.

Tabelle 1: Unterteilung der Motive

Rationale Motive	Emotionale Motive
Ersatz	Geltungsbedürfnis
Gesundheit	Ästhetik
Funktionalität	Nachahmung
Umweltschutz	Bequemlichkeit
Zeitersparnis	

4.1.1 Rationale Kundenansprüche

Zu den rationalen Kundenansprüchen zählen:

Ersatz

Bei diesem Anspruch möchte die Kundin von ihrer Friseurin keine vollkommen neue Frisur, sondern nur ihre alte Frisur nachgearbeitet haben. Die Kundin möchte in Bezug auf Haarlänge, Haarfarbe und Umformung keine Veränderungen.

Gesundheit

Bei vielen Kundinnen gewinnt die Gesundheit als Beweggrund zunehmend an Bedeutung. Daher sollen die Produkte der Gesunderhaltung von Haar und Haut dienen.

Funktionalität

Die Dienstleistungen oder Produkte sollen bestimmte Funktionen erfüllen oder bestimmte Wirkungen erzielen:

Durch eine Volumenwelle erwartet die Kundin mehr Fülle und Halt für ihre neue Frisur.

Umweltschutz

Die Kundin erwartet besonders umweltfreundliche Produkte und Verpackungen. Deshalb achtet sie beim Kauf auf umweltfreundliche Eigenschaften, z. B. Haarspray ohne Treibgas oder Shampoo zum Nachfüllen.

Zeitersparnis

Die Kundin möchte ohne Zeitverzögerungen, planmäßig ihre neue Frisur bekommen. Sie hat zu Hause wenig Zeit für ihr Styling und erwartet deshalb eine termingerechte Behandlung und ein pflegeleichtes Styling.

Preis

Die Kundin hat bestimmte Preisvorstellungen. Sie setzt sich ein Limit für ihre Geldausgaben beim Friseurbesuch, d. h., sie möchte Dienstleistung und Produkte preisgünstig einkaufen. Produkte sollen zudem günstig im Verbrauch sein.

4.1.2 Emotionale Kundenansprüche

Beispiele emotionaler Kundenansprüche sind:

Bequemlichkeit

Der Friseurbesuch soll angenehm und entspannend sein. Die Kundin hat keine Lust, ihre Haare selbst zu tönen oder zu föhnen, sie möchte sich lieber ausruhen und von der Friseurin verwöhnen lassen.

Ästhetik

Die Kundin wünscht eine Dienstleistung oder ein Produkt, das ihrem Schönheitsempfinden entspricht. Sie möchte z. B. eine neue Haarfarbe, weil sie die ersten grauen Haare stören.

Geltungsbedürfnis

Die Kundin will mithilfe der Dienstleistung oder Produkte Aufmerksamkeit erregen. Sie möchte z. B. durch Strähnen in einer Mehrfarbentechnik nicht nur ihre Frisur interessanter gestalten, sondern auch ihr gesamtes Erscheinungsbild in den Vordergrund stellen.

Bild 1 *Frisur ohne und mit Volumenwelle*

Bild 2 *Frisur mit und ohne Farbbehandlung der Haare*

Nachahmung

Viele Kundinnen sehen in Stars oder anderen Persönlichkeiten Vorbilder für ihr Aussehen. Nicht selten kommt eine Kundin mit dem Bild einer Schauspielerin zur Friseurin, um auszusehen wie diese (Bild 1).

Bild 1 *Nachahmung*

Erlebnis

Der Friseurbesuch soll für einige Kundinnen auch einen Erlebniswert besitzen. Sie möchten vom normalen Alltag abschalten oder Stress abbauen. Ihr Bedürfnis ist es, zu entspannen und verwöhnt zu werden.

Das kann die Friseurin z. B. durch ein ausführliches Beratungsgespräch, eine Kopfmassage oder andere Serviceleistungen bewirken. Auch das Ambiente eines Salons trägt entscheidend zum Erlebniswert für die Kundin bei.

Bild 2 *Erlebniswelt Friseursalon*

Auch Mode, Farbe, Duft oder Neugierde können Kundenansprüche sein. Wenn die Kundin einen modischen Haarschnitt wünscht, möchte sie damit signalisieren, dass sie modebewusst ist. Legt die Kundin Wert auf bestimmte Farben, z. B. bei ihrer Haarfarbe oder bei ihrem Lippenstift, so möchte sie ihre persönlichen Farbvorstellungen verwirklichen. Achtet die Kundin beim Kauf eines Haarfestigers auch auf die Duftnote, so ist für sie ein angenehmer Duft ein wichtiger Anspruch. Die Neugierde einer Kundin kann durch die Präsentation neuer Modefarben an der Kasse geweckt werden. Die Kundin verspürt dann möglicherweise den Wunsch, unbedingt die neuen Farben der Kosmetikprodukte auszuprobieren.

Bild 3 *Kundenansprüche: Mode, Farbe, Duft, Neugierde*

4.1.3 Haupt- und Nebenansprüche der Kundinnen

Kundinnen haben oft mehrere Ansprüche gleichzeitig. Die Friseurin muss die Haupt- und Nebenansprüche erkennen und ihr Beratungsgespräch darauf aufbauen.

Bei der Analyse muss zwischen deutlichen, unausgesprochenen und ungenauen Ansprüchen unterschieden werden.

Deutliche Ansprüche

Manche Kundinnen wissen sehr genau, welche Ansprüche sie an die Ware oder Dienstleistung stellen. Sie sind selbstbewusst und redegewandt und können ihre Ansprüche gezielt formulieren.
In diesen Fällen ist es leicht, die entsprechende Ware oder Dienstleistung herauszusuchen und passende Verkaufsargumente zu formulieren.

Beispiele:
»Ich möchte ein Shampoo, das ich täglich anwenden kann und das meine gefärbten Haare pflegt.«
»Meine ersten grauen Haare werden sichtbar. Ich möchte gerne Strähnen, damit sie nicht so auffallen. Meine Naturhaarfarbe möchte ich aber nicht großartig verändern.«

Ungenaue Ansprüche

Oft haben Kundinnen nur ungenaue Vorstellungen und Kaufwünsche. In diesen Fällen muss die Friseurin zuerst die Ansprüche der Kundin ermitteln, bevor sie die geeignete Ware oder Dienstleistung empfiehlt.

Beispiele:
»Ich möchte gerne eine neue Frisur.«
»Meine Haare benötigen dringend eine Kur.«

Unausgesprochene Ansprüche

Nur selten kommt es vor, dass eine Kundin alle ihre Ansprüche nennt. Oft erwartet sie, dass die Friseurin selbstständig bestimmte Ansprüche ihrerseits berücksichtigt.

Je besser sich die Friseurin in die Probleme und Erwartungen ihrer Kundin hineinversetzen kann, desto leichter kann sie unausgesprochene Ansprüche erkennen und in ihrer Argumentation berücksichtigen.

Eine gute Hilfe ist es, wenn sie dabei vom Problem, das gelöst werden soll,oder vom Verwendungszweck der Ware ausgeht. In den meisten Fällen lassen sich daraus bereits bestimmte Ansprüche ableiten.

Die einzelnen Ansprüche sind unterschiedlich intensiv. Starke Ansprüche müssen auf jeden Fall erfüllt werden. Bei schwächeren Ansprüchen ist die Kundin eher bereit, nachzugeben oder auszuweichen. Tabelle 1 zeigt ein Beispiel zur Ermittlung der Haupt- und Nebenansprüche.

Tabelle 1: Reißfestigkeit von Haaren

Situation	Kundenwunsch	Kundenanspruch
	Eine Kundin mit sehr feinen Haaren, klassischem Bob und mittelblonder Haarfarbe wünscht sich für ihren Mittelmeerurlaub eine Urlaubsfrisur. Sie möchte ihre Frisur schnell und unkompliziert selbst stylen und die Frisur verändern können.	Hauptansprüche: - Wenig Zeitaufwand - Pflegeleichte Frisur - Haltbare Frisur Nebenansprüche: - Variable Frisurengestaltung - Stylingtipps - Pflegetipps

4.2 Methoden der Anspruchsermittlung

»Wer fragt, führt das Gespräch.« Diese alte Weisheit gilt auch für jedes Beratungsgespräch. Die richtigen Fragen an der richtigen Stelle im Verlauf des Beratungsgesprächs verschaffen der Friseurin die Informationen, die sie benötigt, um ein anspruchsgerechtes Angebot machen zu können.

In vielen Fällen kann man unterschiedliche Produkte anbieten und zu jedem Produkt eine Vielzahl von Argumenten finden. Die Kundin möchte aber ein auf ihre Person zugeschnittenes Angebot bekommen und nur die Argumente hören, für die sie sich ganz persönlich interessiert.

Bei der Anspruchsermittlung ist es deshalb wichtig, herauszufinden, wo diese individuellen Interessen und Erwartungen der Kundin liegen. Wenn die Friseurin anschließend durch die Produktauswahl und in der Argumentation diesen Erwartungen entspricht, wird die Kundin mit der Beratung zufrieden sein. Kundenansprüche können direkt oder indirekt ermittelt werden.

4.2.1 Kundenansprüche direkt ermitteln

Eine direkte Ermittlung des Kundenanspruchs kann die Friseurin mithilfe von **Erkundungsfragen** (z. B. »Wie soll denn Ihr Pony geschnitten werden?») oder **Entscheidungsfragen** (z. B. »Möchten Sie eine Intensivkur oder ein Pflegebalsam?«) vornehmen.

Am Anfang des Beratungsgesprächs ist die Kundin nicht immer in der Lage, Entscheidungsfragen zu beantworten, da sie weitere Informationen von der Friseurin benötigt, um eine Entscheidung treffen zu können.

Für die Kundin ist es sehr hilfreich, wenn die Friseurin die geeignete Ware auswählt, sie der Kundin vorlegt, erklärt und das angestrebte Ergebnis demonstriert.

Beispiel:
Eine Kundin wünscht eine Haarkur. Die Friseurin zeigt ihr eine Intensivkur, eine Schnellkur sowie ein Pflegebalsam und erläutert die Unterschiede. Nach dieser Beratung entscheidet sich die Kundin für die Schnellkur. Die Friseurin legt daraufhin Schnellkuren für verschiedene Haarprobleme und in verschiedenen Preisklassen vor.

Die Entscheidungsfrage: »Möchten Sie eine Intensivkur oder ein Pflegebalsam?« hätte diese Kundin zu Beginn des Verkaufsgesprächs nicht sinnvoll beantworten können.

Entscheidungsfragen sind zum Beginn der Anspruchsermittlung nur in Ausnahmefällen, z. B. bei Stammkunden, deren Wissen man kennt, anzuwenden. Im späteren Verlauf kann man aber mit ihrer Hilfe die erkannten Ansprüche eingrenzen und ihre Wichtigkeit bestimmen.

Beispiel:
Frau Bunk, eine Stammkundin, ist zum Färben angemeldet. Die Friseurin fragt Frau Bunk während des Abwaschens der Haarfarbe: »Möchten Sie heute wieder die Intensivkur aufgetragen bekommen?«

4.2.2 Kundenansprüche indirekt ermitteln

Wenn sich die Kundin bereits mit einer Ware oder Dienstleistung beschäftigt, kann die Friseurin oftmals nur durch Beobachtungen herausfinden, welche Ansprüche die Kundin hat. Im Rahmen der Bedienung bringt die Friseurin die Kundin möglichst schnell mit der Ware in Kontakt und gibt Erläuterungen zu den einzelnen Produkten. Aus den Antworten und Reaktionen der Kundin kann die Friseurin die Kundenansprüche ableiten. Beim Verkauf von Dienstleistungen, z. B. Farbveränderungen der Haare, kann die Friseurin mithilfe der Farbkarten oder Farbsträhnen ausgewählte Farben vorstellen oder erläutern. Auch hier kann sie anhand der Kundenreaktionen die Kundenansprücheableiten. Diese Methode der Anspruchsermittlung verlangt, dass die Friseurin das Beratungsgespräch zielbewusst und konzentriert führt. Die Produkte, die sie auswählt und der Kundin vorstellt, müssen jeweils typisch für eine ganze Produktgruppe sein. Der Vorteil der indirekten Anspruchsermittlung ist, dass die Kundin nicht durch eine Serie von Fragen belästigt wird und sich »ausgefragt« fühlt.

4.3 Ermittlung der Ansprüche in Abhängigkeit vom Kundentyp

Eine Hilfe zur Ermittlung der Kundenansprüche bietet die Einteilung in bestimmte Kundentypen. Durch Typisierungen soll das Beratungsgespräch vereinfacht werden.

Bild 1

Jedoch sollte man alle Typisierungen, die einen engen Zusammenhang zwischen Kundin und Ware bzw. Dienstleistung herstellen, mit Vorsicht betrachten. Jede Kundin ist ein Individuum, das sich abhängig von der aktuellen Situation, Bedürfnislage oder Stimmung verhält. Die im Folgenden dargestellten Typologien haben sich im Friseursalon als brauchbar erwiesen.

4.3.1 Leitbilder

Diese Typologie geht davon aus, dass sich der Geschmack und damit der Kaufwunsch der Kundin wesentlich von bestimmten Personen des öffentlichen Lebens beeinflussen lässt. Filmschauspielerinnen oder Fernsehmoderatorinnen werden zum Vorbild genommen. Bekannte Personen werden als Leitbilder benannt. In den Branchen, in denen durch Äußerlichkeiten wie Frisuren oder Kleidung eine bestimmte Einstellung zum Leben oder ein bestimmter Lebensstil demonstriert wird, kann diese Typenbildung hilfreich sein. Die Friseurin muss aber in jedem Einzelfall herausfinden, ob das augenblickliche Aussehen der Kundin schon ihrem Leitbild entspricht oder ob sie sich an einem neuen Leitbild orientieren will. So kann es notwendig sein, dass eine lässige Kundin, die an ihrem neuen Arbeitsplatz mit korrekten oder eleganten Kunden in Kontakt kommt, ihr Outfit unter Umständen stärker verändern muss, als sie es von ihrer Grundeinstellung her möchte.

In vielen Fällen ist es auch so, dass durch die Leitbilder Trends gesetzt werden. Diejenigen, die diesen Leitbildern folgen, sind lediglich modisch interessiert.

4.3.2 Einstellungen

Einstellungen sind grundsätzliche Auffassungen, die das allgemeine Denken und Verhalten bestimmen. Sie entwickeln sich langsam und sind auch nicht kurzfristig im Beratungsgespräch zu verändern. Grundeinstellungen sind z. B. Qualitätsbewusstsein, Modebewusstsein, Geltungsdrang und das Bedürfnis, immer das Neueste zu besitzen oder zu tragen. So wird z. B. eine Kundin, die qualitätsbewusst ist, Wert auf einen exakten Haarschnitt legen, Pflegeprodukte mit hochwertigen Inhaltsstoffen verlangen und eine unsachgemäße Kopfmassage bei der Haarwäsche nicht akzeptieren.

Grundlegende Einstellungen beeinflussen die Ansprüche an ein konkretes Produkt. Kundinnen mit gleichen Ansprüchen kann man zu Gruppen zusammenfassen. Dies erleichtert das Beratungsgespräch, weil bei gleichen Ansprüchen häufig auch die gleichen oder ähnlichen Argumente verwendet werden können. Diese Gruppenbildung muss aber immer auf das konkrete Produkt ausgerichtet sein. Wünscht eine Kundin aus Gründen der Arbeitsersparnis oder Bequemlichkeit eine pflegeleichte Frisur, bedeutet das nicht, dass sie grundsätzlich in erster Linie an bequemen Produkten interessiert ist. Bei anderen Produkten können ganz andere Ansprüche im Vordergrund stehen. Die Hilfe für die Friseurin besteht darin, dass sie für alle Kundinnen, die eine Frisur wünschen, die ihnen wenig Arbeit verursacht, ähnliche Argumente in der Beratung verwenden kann.

Friseursalons, die sich auf eine bestimmte Kundenzielgruppe spezialisieren, haben damit auch häufig bereits eine Vorauswahl bei ihren Kundengruppen bzw. Kundentypen getroffen.

4.3.3 Typgerechte Dienstleistung

Jede Friseurin muss in der Lage sein, bei einer Kundin eine typgerechte Frisur oder ein typgerechtes Make-up zu erstellen. Dafür muss sie bei den Kundinnen Folgendes berücksichtigen:

- Kopf- und Gesichtsform
- Erscheinungsbild, Statur
- Farbtyp, z. B. Frühlings-, Sommer-, Herbst- oder Wintertyp
- Einstellung der Kundin und ihre Ansprüche an die Dienstleistung

Für die ersten drei Merkmale gibt es fachliche Grundregeln, die dazu führen, dass ein harmonisches Erscheinungsbild entstehen kann. In vielen Fällen haben die Kundinnen aber andere Ansprüche. Für sie steht nicht das harmonische Bild im Vordergrund. Sie wollen sich stärker an der Mode orientieren oder mit ihrer Erscheinung auffallen bzw. provozieren. Wenn dieses auffällige Aussehen zur Grundeinstellung der Kundin passt und ihre Lebenseinstellung widerspiegelt, ist auch die von ihr gewünschte Dienstleistung typgerecht.

Bezüglich der oben genannten Kriterien zur Bestimmung des Typs kann etwa einer Kundin, die viel Sport treibt und von sportlicher Statur ist, vom Grundsatz ein Kurzhaarschnitt angeboten werden. Hinsichtlich ihrer Gesichts- und Kopfform ist zusätzlich zu überlegen, ob bestimmte Frisurenelemente die Funktion des Ausgleichs übernehmen müssen.

4.3.4 Geschlecht

Haare haben bei Männern und Frauen gleichermaßen eine hohe emotionale Bedeutung.

Männer sehen aufgrund ihrer Erwartungen an konkrete Dienstleistungen die Friseurin mehr als Technikerin statt als Künstlerin. Das Beratungsgespräch dient zur Klärung der Aufgabe. In den meisten Fällen lautet der Kundenwunsch: »Schneiden bitte, wie immer!« Das Interesse an Umformung oder Farbveränderung ist bei männlichen Kunden geringer als bei weiblichen.

Für Tipps zur Haarpflege und zur Behandlung von Haarproblemen interessieren sie sich jedoch stärker, denn volles und gesundes Haar wünschen sich viele Männer an erster Stelle. Daher achten sie mehr noch als Frauen auf überzeugende Argumente und den Nutzen der empfohlenen Produkte. Männer sind oft zuverlässigere Kunden als Frauen. Sind sie zufrieden, bleiben sie ihrer Friseurin erhalten.

Frauen haben im Gegensatz zu den Männern oft anspruchsvollere Wünsche und Erwartungen. Deshalb kann es auch manchmal zu Missverständnissen zwischen Kundin und Friseurin kommen, da sich ihre Erwartungen und Vorstellungen in manchen Punkten unterscheiden.

Für Kundinnen sind nicht nur die fachlichen Leistungen der Friseurin von Bedeutung, sie legen auch großen Wert auf ihre kommunikativen und kreativen Fähigkeiten. Die Friseurin ist die Partnerin für Mode und Haarpflege. In Bezug auf Mode und Trends sind sie experimentierfreudig.

Daher ist es sehr wichtig, dass die Friseurin mit ihrer Kundin gemeinsam die optimale Frisur findet, die zum Typ passt und den persönlichen Stil unterstreicht.

Bild 1 *Typgerechte Dienstleistung*

Das Maß der Veränderungen muss an den Kundentyp angepasst werden. Eine konservative Kundin akzeptiert Veränderungen nur im Rahmen des bereits gefundenen persönlichen Stils, eine experimentierfreudige Kundin hat hingegen auch Mut zur kompletten Veränderung.

Die Friseurin kann eine Veränderung des Aussehens der Kundin durch den Haarschnitt, die Dauerwelle oder die Farbe bewirken. Bei der Veränderung durch den Haarschnitt, von lang auf kurz, muss die emotionale Schwelle überwunden werden, da die Kundin nicht genau weiß, wie sie mit der neuen Frisur aussieht.

Bei der Farbveränderung oder Dauerwelle kommen Bedenken der Kundin hinzu, dass ihre Haare stark strapaziert werden. Hier muss die Friseurin die Ängste der Kundin abbauen, indem sie sie über neueste Entwicklungen in diesem Bereich informiert.

Bild 2 *Verschiedene Altersgruppen*

4.3.5 Alter

Auch das Alter der Kundin kann eine Orientierungshilfe bei der Typisierung sein.

Kinder sollten genauso freundlich begrüßt werden wie Erwachsene. Nach Möglichkeit sollte die Friseurin sie beim Vornamen nennen, um Kontakt zu schaffen, aber auch, um Ängste und Hemmungen abzubauen. Für Kinder ist es außerdem sehr wichtig, dass sie in ihrer Erlebniswelt angesprochen werden. Das schafft Sympathie und Vertrauen. Die Friseurin sollte auch auf die richtige Reihenfolge des Bedienens achten. Denn Kinder, die einfach übergangen werden, »weil sie ja Zeit haben«, empfinden dieses Verhalten als ungerecht. Während der Behandlung kann die Friseurin durch Lob das Selbstbewusstsein des Kindes stärken und das gewonnene Vertrauen vertiefen. Sie sollte keinesfalls versuchen, dem Kind etwas Minderwertiges oder zu Teures zu verkaufen. Da die Frisur auch den Wünschen des Kindes entsprechen muss, sollte die Friseurin bei Meinungsverschiedenheiten zwischen Eltern und Kind vermitteln. Wichtig ist, dass den Kindern der Haarschnitt verständlich, geduldig, altersgemäß und anschaulich erklärt wird. Finden diese Punkte Berücksichtigung, so wird den Kindern ein positives Friseurbesuchserlebnis vermittelt und sie entwickeln sich im Laufe der Zeit zu Stammkunden.

Senioren verändern aufgrund ihres Alters und ihrer Erfahrungen ihre Ansprüche. Für sie ist es sehr wichtig, dass die Friseurin sie mit Namen anspricht und netteWorte für sie findet. Die Friseurin sollte Senioren gegenüber Verständnis zeigen sowie Geduld und Zeit für ihre Probleme finden. Denn für Senioren steht nicht der Wunsch nach neuester Mode oder das Geltungsbedürfnis an erster Stelle. Ihre Motive für einen Friseurbesuch sind neben der Frisur und Haarpflege auch Gesundheit, soziales Mitgefühl und Bequemlichkeit. Sympathie und Vertrauen.

Aufgaben

1. Die Friseurin hat gegenüber der Kundin eine Vorbildfunktion.
   a) Begründen Sie diese Aussage!
   b) Auf welche Art und Weise erfüllt die Friseurin diese Vorgabe?
2. Wie verhält sich die Friseurin richtig, wenn sie während einer Kundenbetreuung an das Telefon gerufen wird?
3. Welche Erwartungen hat eine Kundin im Zusammenhang mit Serviceleistungen?
4. Jeder Kunde/jede Kundin sollte selbstverständlich freundlich verabschiedet werden.
   a) Begründen Sie diese allgemeingültige Vorgabe!
   b) Wodurch wird eine Verabschiedung im Sinne der Kundenbindung nachhaltig gestaltet?
5. Beschreiben Sie, wie Sie sich in geeigneter Weise auf phlegmatische Kundinnen einstellen können!
6. Es gibt Kundinnen, denen Entscheidungen schwerfallen. Auf welche Weise können Sie diese in ihrer Entscheidungsfindung unterstützen?

5 Kommunikation im Salon

Szenario

Anja hat bereits erkannt, dass für die Atmosphäre im Salon und bei der Kundenbetreuung die Kommunikation eine bedeutende Rolle spielt. Eine wichtige Eigenschaft, so erklärt man ihr, sei dabei das genaue und aktive Zuhören. »Aber ich höre doch immer zu!«, erklärt sie ihrer Ausbilderin. »Das weiß ich doch«, sagt diese lächelnd, »aber aktives Zuhören bedeutet noch etwas mehr!«

Kommunikation bedeutet »Verständigung untereinander«. Dabei gibt es zwei unterschiedliche Möglichkeiten, sich zu verständigen:

- **Verbale Kommunikation:**
  Verständigung durch Sprache
- **Nonverbale Kommunikation:**
  Verständigung durch Körpersprache

Jedes Gespräch findet auf verschiedenen Ebenen statt. Es kommt nicht nur darauf an, **wer** etwas sagt, sondern auch **wie** er es sagt und **was** er sagt. Das »Wie« entspricht der Gefühls- oder Beziehungsebene und das »Was« der Sach- bzw. Verstandsebene (Bild 1).

Zu einer guten Verständigung gehört auch das aktive Zuhören, d.h., dass die Gesprächspartner einander bewusst zuhören. Man hört ihm aufmerksam zu, lässt ihn ausreden und fragt nach, falls etwas nicht verstanden wurde. Das aktive Zuhören ist ein wesentlicher Bestandteil der verbalen Kommunikation. Die Wirkung gesprochener Worte hängt nicht zuletzt davon ab, wie intensiv der Gesprächspartner zuhört.

Für die Friseurin bedeutet das, dass sie ihrer Kundin ihre vollständige Aufmerksamkeit widmen muss. Sie zeigt dieses der Kundin, indem sie Bestätigungsworte, wie z.B. »Wirklich?«, »Wie ungewöhnlich!«, »Bitte erzählen Sie weiter.« oder zustimmendes Kopfnicken einsetzt.

Die Friseurin sollte der Versuchung, viel zu sprechen, widerstehen und in erster Linie ihre Kundin reden lassen. Die Kundin muss spüren, dass sie akzeptiert und geschätzt wird, dass das, was sie sagt, die Friseurin interessiert.

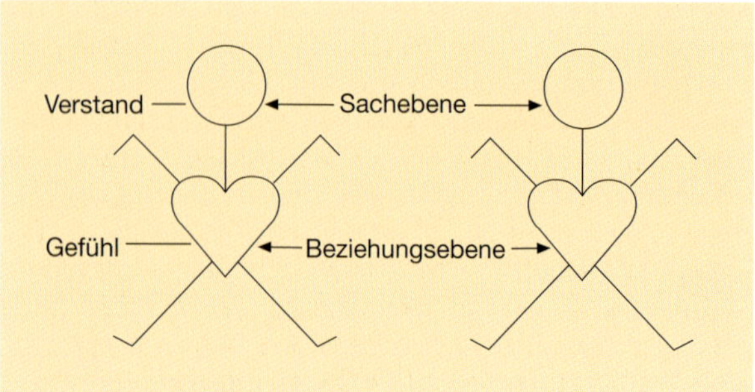

Bild 1 *Verschiedene Gesprächsebenen*

5.1 Nonverbale Kommunikation

Nonverbale Kommunikation bedeutet Sprache ohne Worte. Sie wird auch als Körpersprache bezeichnet. Immer dann, wenn Menschen in direkten Kontakt zueinander treten, spricht ihr Körper mit. Im täglichen Umgang miteinander sollte man sich dessen bewusst sein, dass man über den Körper Signale sendet. Dann kann man andere Menschen besser verstehen und die eigene Körpersprache bewusster einsetzen.

Die Ausdrucksbewegungen des Gesichts (Mimik) und des Körpers (Gestik, Körperhaltung, Körperbewegung usw.) informieren den Gesprächspartner z. B. über die Gefühle, Wahrnehmungen, Interessenslagen seines Gegenübers.

Die Ausdrucksbewegungen des Gesichts (Mimik) und des Körpers (Gestik) informieren den Gesprächspartner über die Gefühle seines Gegenübers. Diese Signale sind oftmals ehrlicher als das gesprochene Wort.

Die Friseurin sollte die Bedeutung der Körpersprache kennen. Dadurch kann sie ihre Kundinnen besser verstehen und sich den Kundinnen gegenüber verständlicher mitteilen. Anhand körpersprachlicher Signale kann sie Zustimmung, Ablehnung oder Unsicherheit der Kundinnen erkennen und dieses im Beratungsgespräch und bei der Behandlung berücksichtigen. Die Körpersprache der Friseurin ist natürlich auch für Kundinnen informativ. Die Friseurin muss sich um ein positives Auftreten bemühen, d. h., sie muss ihre Körpersprache trainieren und gezielt einsetzen.

Für den ersten Eindruck gibt es keine zweite Chance!
Es trifft häufig zu, dass der erste Eindruck, den man von einem Menschen hat, der treffendste ist. Ohne jegliche Informationen über einen Menschen beurteilt man ihn zuerst einmal aufgrund:

- seines Aussehens,
- seiner Kleidung,
- seiner Bewegungen.

Diese Situation tritt immer dann ein, wenn eine Friseurin eine Neukundin begrüßt. Die Phase des ersten Kontakts ist für die Friseurin genauso wichtig wie für die Kundin.

Deshalb muss die Friseurin der Neukundin gerade in dieser Phase viele positive Informationen über sich selbst vermitteln:

- Gepflegtes Erscheinungsbild
- Freundliches Lächeln
- Höflichkeit
- Offener Blick
- Einladende Hand

Wenn die Friseurin ihre Kundinnen länger kennt, nimmt die Bedeutung der Körpersprache ein wenig ab, doch sie wird weiterhin sowohl von der Kundin als auch von der Friseurin als wichtige Informationsquelle benutzt.

Körpersprache kommt entweder spontan aus dem Unterbewusstsein oder sie erfolgt gezielt über das Bewusstsein. Im letzteren Falle dient sie dazu, einen sprachlichen Beitrag zu verstärken und dadurch die Botschaft für den Angesporchenen zu verstärken und zu verdeutlichen. Ebenso fördert die gezielte Verwendung der Körpersprache durch die Friseurin das Vorstellungsvermögen der Kundin hinsichtlich der empfohlenen Dienstleistung etwa der Frisurengestaltung.

Bild 1 *Erster Eindruck*

Da Körpersprache in der Regel ein (spontanes) Spiegelbild der inneren Befindlichkeit liefert, kann an ihr auch unmittelbar abgelesen werden, welche Wirkungen der Gesprächspartner mit seinen Einlassungen beim Gegenüber erzielt hat. Hat die Friseurin beispielsweise eine komplizierte Frisurengestaltung erläutert, kann sie an dem Gesichtsausdruck der Kundin ziemlich genau ablesen, ob diese ihren Ausführungen folgen konnte.

Körpersprachliche Signale aufmerksam zu beobachten und richtig zu verstehen, bringen der Friseurin folgende Vorteile:

- Durch die **Beobachtung körpersprachlicher Signale** ihrer Kundin erfährt die Friseurin wortlos einiges über deren Wünsche, Empfindungen und Absichten.
- Durch die **Deutung körpersprachlicher Signale** kann die Friseurin bestehendes Interesse, Desinteresse oder Meinungsverschiedenheiten schneller erkennen.
- Durch die **richtige Reaktion auf körpersprachliche Signale** kann die Friseurin den Anforderungen der Kundin gerecht werden.

Um die mit Hilfe der Körpersprache ausgesendeten Signale richtig deuten zu können, muss man zunächst die unterschiedlichen Ausdrucksmittel kennen.

Diese sind:

- **Mimik:** Gesichtsbewegungen, Stellung und Bewegung der Augenbrauen, Mundhaltung, Stirnfalten
- **Blickkontakt:** Richtung, Länge und Art des Blicks
- **Gestik:** Armbewegungen, Kopfhaltung und Bewegung der Hände
- **Körperhaltung:** Stellung des gesamten Körpers, insbesondere des Rückens und der Beine beim Stehen, Gehen und Sitzen

Körpersprache ist immer ganzheitlich zu sehen, d. h., es müssen immer mehrere Ausdrücke der Körpersprache, z. B. Bewegung der Hände, Gesichtsbewegung, Stirnfalten und Körperhaltung, zusammen betrachtet werden.

In vielen Fällen lässt sich auch nicht aus dem Ausdruck, sondern aus der Veränderung des Ausdrucks die Information ableiten. Darüber hinaus muss man berücksichtigen, dass Körpersprache in verschiedenen Kulturen unterschiedlich gedeutet wird.

So kann z. B. ein langer Blick, der bei uns Interesse signalisiert, in anderen Kulturen bereits als aufdringlich oder aggressiv empfunden werden. Das Gleiche gilt auch für einige Gesten. In unserer Kultur werden einige körpersprachliche Ausdrücke ziemlich eindeutig bewertet. In der folgenden Tabelle sind ausgewählte Beispiele aufgelistet:

Tabelle 1: Wirkung körpersprachlicher Mittel

Körpersprachlicher Ausdruck	Wirkung
Offener Blickkontakt	Interesse
Kurzer Blickkontakt	Missachtung
Freundlich lächeln	Freundlichkeit, Zustimmung
Zusammengezogene Augenbrauen	Ablehnung
Leicht schräge Kopfhaltung	Interesse
Verschränkte Arme	Ablehnung
Hängende Körperhaltung	Unsicherheit
Zugewandter Oberkörper	Interesse, Zuwendungsbereitschaft
Angespannte Körperhaltung	Aufmerksamkeit, Konzentration
Lässige Körperhaltung	Desinteresse, Langeweile
Schleichender Gang	Müdigkeit, Lustlosigkeit
Forscher Gang	Dynamik, Aktivität, Schaffensdrang
Fester Stand	Sicherheit, Selbstbewusstsein

Im Beratungs- und Verkaufsgespräch, aber auch während der Behandlung, kann die Friseurin durch gezielten Einsatz ihrer Körpersprache der Kundin Signale senden. In den folgenden sechs Bildern sind entsprechende Beispiele dargestellt:

Einstellung: Freundlichkeit, Interesse, Bereitschaft

Körpersprache: sich sofort der Kundin zuwenden, lächeln, die Kundin aufmerksam ansehen, offene Handhaltung

Bild 1 *Freundlichkeit*

Einstellung: Desinteresse

Körpersprache: die Kundin unnötig lange warten lassen, gelangweilter Blick, kein Blickkontakt, das Kinn aufstützen, langsame Bewegungen

Bild 2 *Desinteresse*

Einstellung: Selbstsicherheit

Körpersprache: ruhige und angemessene Bewegungen, aufrechter Gang, gerade Körperhaltung

Bild 3 *Selbstsicherheit*

Einstellung: Unsicherheit

Körpersprache: nervöse Bewegungen, verkrampfte Körperhaltung, Augen zur Seite richten, kein Blickkontakt, unruhiger Blick, knetende Hände, verlegenes Lächeln

Bild 1 *Unsicherheit*

Distanzbereiche

Es gibt ein »ungeschriebenes Gesetz«, dass bei Kontakten zwischen Menschen Distanzbereiche eingehalten werden müssen.

Es werden vier Distanbereiche unterschieden:

- Öffentliche Distanz 4 – 8 m
- Gesellschaftliche Distanz 1,5 – 4 m
- Persönliche Distanz 0,4 – 1,5 m
- Intime Distanz 0 – 0,4 m

Im Salon spielt sich der Umgang mit Kunden in erster Linie im Bereich der persönlichen und intimen Distanzen ab (Bild 2 und Bild 3).

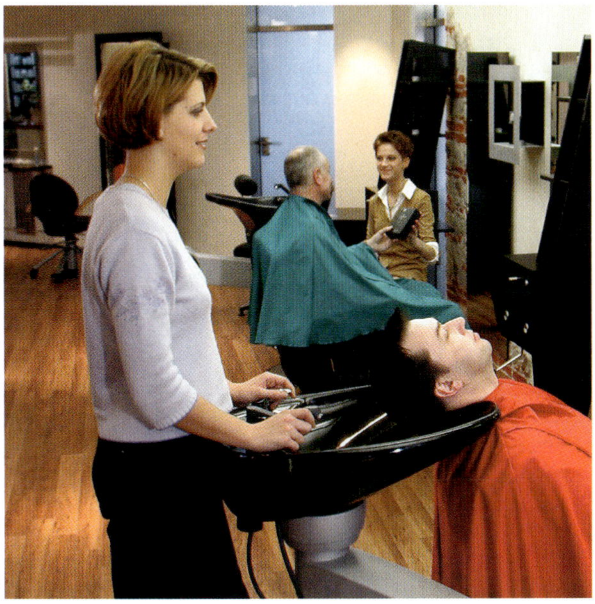

Bild 2 *Persönliche Distanz*

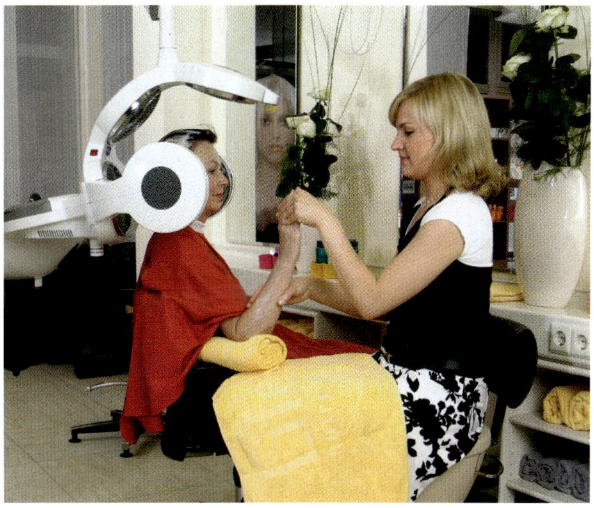

Bild 3 *Intimdistanz*

Insbesondere das Eindringen in den intimen Distanzbereich wird eigentlich nur persönlich nahe stehenden Personen gestattet. Bei der Diagnose und Ausführung von Facharbeiten ist es unerlässlich, dass die Friseurin in diesen Bereich vordringt. Dies macht deutlich, zu welch hohem Maß an Umsichtigkeit und Sensibilität die Friseurin verpflichtet ist.

Unabhängig davon wird den Salonkräften dieser Freiraum nur zugestanden, wenn sie zuvor durch ihr Verhalten das Vertrauen und die Zuneigung der Kundin gewonnen haben. Zuneigung und Vertrauen gewinnt man schnell über ein verbindliches Lächeln. Aber auch mit einer offenen und zuvorkommenden Haltung schafft sich die Friseurin einen Zugang zur Kundin. Im Gespräch mit ihr kann sie darüber hinaus durch aufmerksames und interessiertes Zuhören sowie durch Nachfragen die Bindung zur Kundin verstärken.

Zusätzlich versichert sich die Friseurin aber auch des Kundeneinverständnisses, wenn diese körperliche Nähe zur Kundin notwendig wird, etwa bei einer genaueren Diagnose von Haut und Haar. Dies geschieht in der Regel mit den nachfolgenden beispielhaften Fragen:

»Darf ich mir Ihre Haare/Haut einmal näher anschauen?«

oder

»Sind Sie damit einverstanden, dass ich mir auch persönlich einen Eindruck vom Pflegezustand Ihres Haares verschaffe? Dadurch kann ich genauer beurteilen, welche Reinigungs- und Pflegeprodukte ich gleich verwenden muss.«

Werden diese Gesichtspunkte bedacht, sind die wichtige Voraussetzungen für einen vertrauensvollen und kundenorientierten Umgang geschaffen.

5.2 Verbale Kommunikation

Mit dem Begriff »Verbale Kommunikation« ist das eigentliche Sprechen gemeint. Dazu bedarf es mindestens eines Sprechers und eines Hörers. Im Friseurberuf kommt der Kommunikation ein sehr hoher Stellenwert zu. Sie ist die wichtigste Voraussetzung dafür, dass die Kundinnen die angebotenen Dienstleistungen gerne in Anspruch nehmen.

Im Salon versteht man unter »Kommunikation« Folgendes:

- **Austausch von Informationen**, z. B. das Beratungsgespräch zwischen Kundin und Friseurin
- **Anbieten von Dienstleistungen**, z. B. Waschen, Schneiden, Föhnen, Einlegen, dekorative Kosmetik, Maniküre usw.
- **Anbieten von Produkten**, z. B. von Shampoos, Haarbädern, Haarkuren und Stylingprodukten, mit denen die Kundin im Salon in Kontakt kommt

Das bedeutet für eine erfolgreiche Friseurin, dass ihre kommunikative Leistung genauso gut sein muss, wie ihre fachliche Leistung. Damit die Botschaften der Friseurin bei all ihren Kundinnen auf große Resonanz treffen, muss sie in der Lage sein, ihre Kundinnen zeit- und zielgruppengerecht anzusprechen. So muss sie z. B. auf die Wünsche einer älteren Dame anders eingehen als auf die Wünsche einer sehr jungen trendorientierten Kundin. Dazu benötigt die Friseurin Grundkenntnisse der verbalen Kommunikation.

5.2.1 Grundzüge des Kommunikationsmodells

Kommunikation läuft nach bestimmten Grundregeln ab. Nur wenn die Friseurin diese Regeln kennt, kann sie ein vielleicht nicht so erfolgreich verlaufenes Kundengespräch überdenken. Sie kann ihre Fehler herausfinden und sie beim nächsten Gespräch vermeiden.

Das einfache Kommunikationsmodell

Bei einer Kommunikation wechseln mindestens zwei Personen ständig die Rollen. In einem Moment ist man Sprecher, im anderen Moment redet der andere, man selbst ist Empfänger. Für die Kommunikationspartner bedeutet das einen permanenten Wechsel zwischen Sprechen und Zuhören.

Bild 1 *Kommunikationsrollen*

Weitere wichtige Aspekte einer Kommunikation sind:

- Inhaltsaspekt
- Beziehungsaspekt

Inhaltsaspekt bedeutet, dass in einem Gespräch bestimmte Inhalte mithilfe der Sprache ausgetauscht werden. Damit diese Informationen den Empfänger wirklich erreichen, muss der Sprecher folgende Voraussetzungen erfüllen:

- Der Sprecher muss sich verständlich ausdrücken und die richtigen Worte wählen.
- Die Grammatik und der Satzbau (Sprachstruktur) müssen stimmen.
- Der Sprecher muss hinreichend laut und deutlich sprechen.

Wenn eine Botschaft nicht oder nur unvollständig ankommt, muss der Empfänger rückfragen oder sich auf andere Weise über das Gesagte informieren. Die Friseurin sollte deshalb während des Beratungsgesprächs immer wieder Rückfragen stellen und sich dadurch von der Kundin bestätigen lassen, dass man sich noch richtig versteht und nicht aneinander vorbeiredet. Diese Fragen werden auch als Bestätigungsfragen bezeichnet.

Auch **der Beziehungsaspekt**, die Sympathie oder Antipathie zwischen Friseurin und Kundin, beeinflusst den Ablauf der Kommunikation. Jede Mitteilung enthält Hinweise darauf, wie der Sender sie vom Empfänger verstanden wissen möchte. Die Mitteilung sagt somit etwas über die Beziehung zwischen dem Sender und dem Empfänger aus. Eine Friseurin kann eine Kundin sehr gerne bedienen, eine andere Kundin ist ihr hingegen unsympathisch. Die persönliche Grundhaltung wird im Gespräch schnell deutlich. Da die Kommunikation wechselseitig verläuft, gilt dies in gleichem Maße für die Empfindungen der Kundin.

Beispiel:
Eine Auszubildende wäscht einer Kundin am Rückwärtswaschbecken die Haare. Sie möchte, dass sich die Kundin entspannt und die Haarwäsche genießt. Damit der Kundin kein Wasser in das Gesicht läuft, sagt sie: »Würden Sie bitte den Kopf etwas weiter nach hinten zurücklegen?«

Der Inhaltsaspekt ist eindeutig: Die Kundin soll ihre Kopfhaltung verändern. Auf der Beziehungsebene könnte die Kundin aber unterschiedliche Empfindungen haben. Sie könnte denken: »Diese Auszubildende ist aber freundlich. Ihre Kollegin hat beim letzten Mal immer nur fest meinen Kopf zurückgedrückt.« In diesem Fall versteht die Kundin den Grund für den Wunsch der Friseurin; es besteht eine freundliche Beziehung.

Die Kundin könnte aber auch denken: »Die Auszubildende sagt das doch nur, damit sie es bei der Arbeit bequemer hat.« oder »Das ist doch eine Auszubildende im ersten Lehrjahr; die hat mir überhaupt nichts zu sagen.«

Die Folge ist eine unfreundliche Beziehung zwischen der Kundin und der Friseurin.

Viele Störungen in der Kommunikation entstehen, weil es Missverständnisse auf der Beziehungsebene gibt. Der Beziehungsaspekt überlagert dann den Inhaltsaspekt. Die Kundin hört und versteht zwar, was die Friseurin sagt, sie ist aber eigentlich nicht mehr gesprächsbereit. Hinweise auf die persönliche Einstellung des Sprechers bezieht der Empfänger in besonderer Weise aus der Art des Sprechens und aus dem Tonfall.

Wenn eine Friseurin ehrlich und kundenorientiert beraten will, wird das auch an ihrem Tonfall deutlich und die Kundin kann eine positive Beziehung zur Friseurin aufbauen. Auf dieser Grundlage werden dann auch die Inhalte des Gesprächs, die Sachargumente, besser verstanden.

Das erweiterte Kommunikationsmodell

Wenn man Kommunikationsstörungen noch besser analysieren und verstehen will, müssen neben dem Inhalts- und Beziehungsaspekt weitere für den Verständigungsvorgang bedeutsame Gesichtspunkte bedacht werden. Da sind zum einen der Appell, die Aufforderung, zum anderen der Hinweis über den Sprecher selbst (Selbstoffenbarung) zu nennen, die ebenfalls in jeder Aussage stecken.

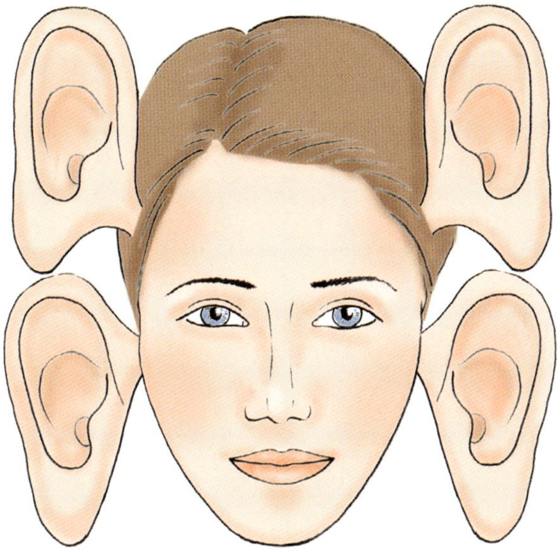

Bild 1 *Eine Nachricht – vier Botschaften hören*

Jede Aussage – oder «Nachricht», wie Kommunikationsforscher allgemein sagen – beinhaltet zugleich vier Botschaften. Welche davon der Empfänger verstärkt heraushört, liegt an ihm. Dies ist insbesondere abhängig von:

- Dem Sachinhalt
- Der Persönlichkeit des Empfängers
- Der Beziehung vom Empfänger zum Sprecher
- Der Gesprächssituation

Beispiel:

Eine Kundin sagt zu ihrer Friseurin: »Meiner Freundin haben Sie letzte Woche einen ganz tollen modischen Haarschnitt gemacht.«

Auf welche Weise die Friseurin diese Informationen verstehen kann, ist in Tabelle 1 zusammengefasst.

Tabelle 1

Kommunikationsebene	Information
Sachinhalt	Der Haarschnitt meiner Freundin hat mir sehr gut gefallen!
Beziehung	Ich halte Sie für eine sehr gute und fähige Friseurin.
Selbstoffenbarung	Ich würde auch gerne modischer aussehen.
Appell	Machen Sie mir auch einen entsprechenden Haarschnitt

Nimmt der Empfänger einen Aspekt übermäßig stark wahr und vernachlässigt die anderen Aspekte, so kommt es zur Kommunikationsstörung. Würde die Friseurin z. B. nur die Sachinformation aufnehmen, würde sie den wirklichen Wunsch der Kundin, der hinter dieser Aussage steht, nicht erkennen.

Die Kundin würde unzufrieden den Salon verlassen. Eine Friseurin, die stark auf den Appell achtet, vermutet in jeder Aussage zuerst einmal eine Aufforderung, etwas zu tun. Ist z. B. die Beziehung der Friseurin zu ihrer Kundin gespannt, vermutet die Friseurin unter Umständen in der Aussage einen Vorwurf, obwohl der Hinweis ganz anders von der Kundin gemeint war.

Eine Botschaft wird nur dann richtig verstanden, wenn alle Aspekte einer Nachricht in der Stärke wahrgenommen werden, wie es der Sprecher beabsichtigt hatte.

Die Friseurin sollte deshalb prüfen, ob die Kundin ihre Absichten wahrgenommen hat oder ob sie einen Aspekt übermäßig stark betont. Sie sollte aber auch ihre eigenen Empfindungen überprüfen. Besonders, wenn bei der Beziehung und Selbstoffenbarung Gefühle eine Rolle spielen, kann es schnell zu Missverständnissen kommen.

Oft führt auch eine ungeschickte Wortwahl in einem Gespräch dazu, dass der Gesprächspartner nur noch auf der Beziehungsebene wahrnimmt. Die negativen Gefühle führen dann dazu, dass der Sachinhalt überhaupt nicht mehr aufgenommen wird.

Beispiel für ungeschickte Wortwahl:

Eine Friseurin empfiehlt ihrer angemeldeten Kundin einen neuen Haarschnitt: »Zuerst werde ich die Nackenhaare graduieren. Dann werde ich das gesamte Haar auf Kinnlänge schneiden, damit Ihre dreieckige Gesichtsform abgeschwächt wird. Abschließend werde ich die Haare, die in das Gesicht fallen, effilieren. Das lässt Ihr Gesicht weicher erscheinen.«

Ehe die Friseurin den Haarschnitt weiter erklären kann, entscheidet sich die Kundin, den Haarschnitt nicht ausführen zu lassen. Sie antwortet der Friseurin: »Wenn Ihnen mein dreieckiges Gesicht nicht gefällt, dann bin ich wohl in falschen Händen bei Ihnen. Bitte waschen und föhnen sie mir nur meine Haare!« Danach verlässt die Kundin den Salon, ohne einen neuen Termin zu vereinbaren.

Die Friseurin muss wissen, dass das Verhalten der Kundin ihr gegenüber oft auch eine Reaktion auf ihr eigenes Verhalten ist. Es verändert sich mit ihr. Wenn die Friseurin ihr Gesprächsverhalten, ihre Signale ändert, verändert sich möglicherweise auch das Gesprächsverhalten der Kundin.

Das bedeutet konkret, je freundlicher und ungezwungener sie auf die Kundin zugeht beziehungsweise sie anspricht, desto größer ist die Chance auf ein spiegelbildliches (Rede)Verhalten der Kundin. Auf diesen Sachverhalt lässt sich passend die Redensart übertragen, »je lauter in den Wald gerufen wird, desto lauter schallt es auch wieder heraus.«

Ein Beratungsgespräch ist umso erfolgreicher, je besser die Friseurin sich auf die Kundin einstellt, d. h. je adressatenbezogener sie spricht. Gegenüber Kindern sind z. B. eine einfache Sprechweise sowie der Einsatz vieler veranschaulichender Hilfsmittel angezeigt. Das Reden miteinander besteht immer aus Sprechen und Zuhören. Dabei ist das Zuhören genauso wichtig wie das Sprechen. Ein gelungenes Beratungsgespräch ergibt sich im Idealfall aus dem Dialog Friseurin und Kundin.

5.2.2 Sprache als Medium

Die gesprochene und geschriebene Sprache ist ein Zeichensystem. Der Mensch kann mit diesem System seine Umgebung mit Namen versehen. Auf diese Weise kann er:

- sich mit anderen Menschen über Dinge und Sachverhalte **verständigen**,
- sein Wissen **weitergeben**,
- seine Gedanken, Gefühle und Absichten **mitteilen**,
- andere zu bestimmtem Handeln **auffordern**, **ermutigen**.

Dieses Zeichensystem mit den oben beschriebenen Grundfunktionen hat sich im Verlaufe der Menschengeschichte weiterentwickelt. Von allen Teilnehmern einer Sprachgemeinschaft werden für Gegenstände und Sachverhalte die gleichen Bezeichnungen benutzt.

Beispiel:
Alle Friseurinnen sagen zu dem Gegenstand, mit dem sie Haare schneiden »Schere«; genauso könnten sie aber auch den Gegenstand als »Schneide« bezeichnen. Irgendwann hat man sich auf Schere geeinigt, sodass niemand dafür ein anderes Wort benutzen würde. Nur durch diese konkrete Namensgebung ist eine sinnvolle Verständigung möglich.

In unserer Welt existieren für alle Dinge allgemein vereinbarte Begriffe. Wird in der Kommunikation so ein Wort benutzt, ruft es beim Gesprächspartner ein Bild von dem Gegenstand hervor.

Beispiel: Schneidekamm
Mit einem Schneidekamm verbinden wir einen Gegenstand mit ganz bestimmter Funktion, ein Hilfsmittel zur Erstellung eines Haarschnitts. An dieser Stelle endet aber schon die Allgemeinverbindlichkeit des hervorgerufenen Bildes. Denn wie der Kamm aussieht, welche Farbe er hat, wie groß er ist und aus welchem Material er besteht, darüber gibt der Begriff »Schneidekamm« keine Auskunft.

Das bedeutet, dass der Gesprächspartner, der den Begriff »Schneidekamm« nennt, ein völlig anderes Bild im Kopf haben kann als sein Kommunikationspartner, der diesen Begriff hört.

Die Ursache hierfür liegt darin, dass jeder Mensch andere Erfahrungen gemacht hat, die seine Vorstellungen prägen. Dadurch fällt das Verständnis der bezeichneten Dinge unterschiedlich aus.

Bei den Kommunikationspartnern können aber auch durch ein und dasselbe Wort völlig unterschiedliche Emotionen hervorgerufen werden. Deshalb ist es ganz wichtig, dass die Kommunikationspartner genau wissen, worüber sie sich verständigen.

Die Sprache wird auch entscheidend durch die Situation und die Art und Weise, wie man etwas sagt, geprägt. Eine klare Aussage, z. B. »Tolle Haarfarbe heute«, kann je nachdem, in welcher Situation und mit welchem Tonfall sie gesagt wurde, ganz Unterschiedliches zum Ausdruck bringen. Wurde die Kundin schlecht bedient und liegt Ironie in ihrer Stimme, so will sie damit ausdrücken, dass die Haarfarbe nicht gut ausgefallen ist. Eine zufriedene Kundin hingegen will mit der gleichen Aussage Lob aussprechen. Die Friseurin muss ihre Sprache stets an die Kundin und die spezielle Situation anpassen.

Folgende Aspekte sind dabei zu berücksichtigen:

Sprech- und Ausdrucksweise

Die Stimme kann überzeugend, sachlich, überheblich oder gleichgültig klingen. Die Friseurin muss ihre Stimme als Instrument einsetzen, das bei ihrer Kundin angenehme Empfindungen weckt.

Der Tonfall und die Sprachmelodie übermitteln in besonderem Maße die Gefühle der Sprecherin. Sie zeigen z. B. Sachlichkeit, Freude oder Ärger deutlicher als die dazu gesprochenen Worte. Durch Betonung oder durch eine kurze Pause vor einer Aussage kann man die Aufmerksamkeit erhöhen und die Aussagekraft verstärken.

Lautstärke

Spricht die Friseurin sehr leise, wirkt sie unsicher und nicht überzeugend. Die Kundin versteht aus rein akustischen Gründen einen Teil der Verkaufsargumente nicht. Spricht die Friseurin zu laut, fühlt sich die Kundin belästigt.

Viele Beratungsgespräche, vor allem bei Haar- und Hautproblemen, erfordern eine gewisse Intimität und somit eine leise, aber verständliche Lautstärke. Bei Verkaufsgesprächen im Behandlungsbereich muss die Friseurin ihre Stimme der jeweiligen Situation und Geräuschkulisse anpassen.

Aussprache

Sie muss klar, deutlich und fehlerfrei sein. Dies gilt besonders für fremdsprachliche Produktbezeichnungen.

Sprechtempo

Bei der Wahl des Sprechtempos muss die Friseurin die Besonderheiten der Kundin, z. B. ihr Alter, berücksichtigen.

Spricht die Friseurin zu langsam, wirkt sie gelangweilt und ermüdend auf die Kundin. Ist ihr Sprechtempo zu schnell, wirkt sie hektisch und nervös.

Auch komplizierte Sachverhalte dürfen nicht zu schnell erklärt werden. Die Friseurin muss Sprechpausen machen und der Kundin Gelegenheit zu Zwischenfragen geben. Stellt sie der Kundin eine Frage, muss sie ihr eine angemessene Zeit zum Nachdenken einräumen. Erst danach darf sie das Gespräch wieder aufnehmen.

Sprechweise

Die Friseurin sollte sich in ihrer Sprechweise dem Sprachniveau der Kundin anpassen. Die Worte bei einer jungen, modischen Kundin sind anders auszuwählen als bei einer konservativen, älteren Kundin. Generell gilt, dass man möglichst wenig Dialekt und Modewörter verwenden soll. Die gewählten Wörter müssen die Vorteile eines Produktes oder einer Dienstleistung anschaulich und wirkungsvoll darstellen. Fremdwörter und Fachausdrücke kann man nur verwenden, wenn man sich sicher ist, dass die Kundin sie versteht. Das wichtigste Mittel zur Verständigung ist also die Sprache. Damit die Friseurin beim Beraten und Bedienen störungsfreie und verkaufsfördernde Gespräche führen kann, sollte sie immer im Hinterkopf behalten, dass es **»Gesprächsstörer«** und **»Gesprächsförderer«** gibt.

Gesprächsstörer können Aussagen und Verhaltensweisen sein, die das Beratungs- oder Verkaufsgespräch stören bzw. abrupt beenden.

Dazu zählen z. B.:

- Killerphrasen
- Befehle
- Vorwürfe
- Überredungen

Killerphrasen sind Aussagen oder Feststellungen im Gesprächsverlauf, die den Gesprächspartner in ganz bestimmter Weise überfordern. Er sieht sich nämlich mit Behauptungen, Unterstellungen, Vorhaltungen konfrontiert, die so pauschal angelegt sind, dass sich eine ernsthafte und sachbezogene Auseinandersetzung nahezu ausschließt. Killerphrasen wirken daher auf den Angesprochenen herausfordernd und beeinträchtigen seine Gesprächsbereitschaft. Aus diesem Grunde sollten sie in einem Beratungs- und Verkaufsgespräch tunlichst vermieden werden. Es besteht die Gefahr, dass die Kundin ihre Bindung an die Mitarbeiterin ggf. an den Salon aufkündigt.

Beispiele für Killerphrasen:

»Das können Sie ja überhaupt nicht wissen.«
»Das sehen Sie total falsch.«
»Sie haben gar keine Ahnung davon.«

Durch **Befehle** nimmt die Friseurin ihrer Kundin die eigene Entscheidungsfreiheit, setzt sie unter Druck und löst oftmals Widerstände bei ihr aus. Befehle sollte eine Friseurin niemals verwenden, da sie erkennen lassen, dass sich die Friseurin der Kundin überlegen fühlt.

Beispiele für Befehle:

- *»Sie müssen noch einen Moment Platz nehmen. Sie sehen ja, dass ich noch beschäftigt bin.«*
- *»Entscheiden Sie sich doch endlich für eine neue Haarfarbe.«*
- *»Setzen Sie sich schon einmal ans Waschbecken. Ich bin gleich so weit.«*

Bild 1 *Gestörtes Beratungsgespräch*

Auch durch **Vorwürfe**, die die Friseurin gegenüber einer Kundin erhebt, wird eine Gesprächssituation stark belastet. Dabei ist unerheblich, ob die Friseurin in der Sache Recht hat und ein objektives Fehlverhalten der Kundin den Vorwurf begründet. Im Salonalltag ergeben sich solche Situationen z. B., wenn Kundinnen nach einer missratenen Heimbehandlung den Rat und die Hilfe der Friseurin suchen. Häme oder eine Von-Oben-Herab-Behandlung ist dann der falsche Ansatz. Stattdessen sollte die Friseurin der Kundin ruhig und verständlich erläutern, was sie falsch gemacht hat und wie der Schaden möglicherweise behoben werden kann.

Beispiele für Vorwürfe:

- *»Ich habe Ihnen doch genau erklärt, dass Sie den Kopf stillhalten müssen, da sonst der Pony schief wird.«*
- *»Hätten Sie nicht so mutig an Ihren Haaren herumgeschnitten, dann hätte ich vielleicht noch etwas retten können.«*
- *»Bei diesen porösen Haaren hätten Sie sich niemals Blondiersträhnen machen lassen dürfen. Jetzt hilft nur noch die Schere.«*

Wird die Kundin zu einer Entscheidung **überredet**, fühlt sie sich im Nachhinein überrumpelt.

Sie hat den Eindruck, im Beratungsgespräch fehlten ihr die Zeit und Informationen, um eine eigene Entscheidung treffen zu können.

Ist die Kundin zum Kauf einer Dienstleistung oder eines Produktes überredet worden, ist sie noch lange nach dem Kauf unsicher oder unzufrieden mit dieser Kaufentscheidung.

Die Unzufriedenheit überträgt sie auch auf das Vertrauensverhältnis zu ihrer Friseurin.

Beispiele für Überredungen:

»Die blonden Strähnen haben Sie doch schon so lange. Warum möchten Sie nicht mal eine neue Haarfarbe haben? Die neuen Brauntöne würden zu Ihrer neuen Herbst- und Wintergarderobe ganz toll aussehen. Ich halte Ihnen mal eine Haarsträhne zu Gesicht. Schauen Sie mal, dieser warme Braunton steht Ihnen ausgezeichnet. Er sieht viel hübscher und interessanter aus. Ich glaube, da brauchen Sie gar nicht lange zu überlegen, wir sollten die neue Haarfarbe einfach mal ausprobieren.«

Gesprächsstörer jeglicher Art sollte die Friseurin vermeiden, damit die Beratungs- und Verkaufsgespräche erfolgreich und konfliktfrei verlaufen.

Stattdessen sollte sie durch **Gesprächsförderer** die Chance erhöhen, dass die Kundin mehr über ihre eigentlichen Wünsche und Vorstellungen erzählt. Das erleichtert die Verständigung und die Friseurin kann gezielter auf die Kundin eingehen.

Gesprächsförderer

Gesprächsförderer sind Aussagen und Verhaltensweisen, die ein individuelles Beratungs- oder Verkaufsgespräch ermöglichen. Sie signalisieren der Kundin das Interesse der Friseurin und ihre Bereitschaft zu einem Gespräch.

Zu den Gesprächsförderern gehören:

- Zuhören
- Nachfragen
- Zustimmen

In einem Beratungs- oder Verkaufsgespräch ist es wichtig, den richtigen Moment zum Zuhören zu finden. Die Friseurin sollte schweigen, wenn die Kundin beginnt, ihre Vorstellungen, Wünsche, Meinungen, Absichten oder Einwände vorzubringen. Leicht merkt die Kundin, ob die Friseurin wirkliches Interesse an ihrem individuellen Problem hat oder ob die Aufmerksamkeit der Friseurin nur vorgetäuscht ist.

Insbesondere durch ihre Körpersprache kann eine Dienstleisterin nachhaltig deutlich machen, in welchem Maße sie die Hinweise der Kundin aufnimmt und verstanden hat. Aber auch mithilfe bestimmter sprachlicher Hinweise wird bewusst unterstrichen, dass dem Gedankengang des Gesprächspartners nachgegangen und so seinem Mitteilungsbedürfnis entsprochen wird. Solche Verhaltensweisen werden auch aktives Zuhören genannt.

Beispiele für Verhaltensweisen der Friseurin beim Zuhören:

- *Weit geöffnete Augen*
- *Blickkontakt*
- *Bestätigendes Nicken*
- *Wörter, die Anteilnahme zeigen, wie z. B. »tatsächlich«, »interessant«, »hm«, »ah ja«*

Durch Nachfragen bekundet die Friseurin Interesse für die Wünsche und Bedürfnisse ihrer Kundin. Sie macht es ihr leichter, darüber zu berichten.

Mit geeigneten Fragen kann die Friseurin somit den Informationsaustausch positiv fördern.

Nachfragen

Kundin: »Ich bin in zwei Wochen auf einer Hochzeit eingeladen und möchte eine Frisur und ein Make-up haben, das etwas festlicher aussieht.«

Friseurin: »Wissen Sie denn schon, welches Kleid Sie tragen werden? Das wäre für mich wichtig zu wissen, damit ich die Frisur und das Make-up dem Stil des Kleides anpassen kann. Ich könnte Ihnen bei einer Hochsteckfrisur farbliche Accessoires mit einarbeiten, die zur Farbe des Kleides passen und das Make-up mit winzigen Strasssteinchen betonen.«

Mithilfe der Gesprächsförderer kann die Friseurin zeigen, dass sie sich auf die Person der Kundin einstellt und versucht, ihr Problem oder ihren Wunsch zu verstehen. Zusätzlich eröffnet sie der Kundin die Möglichkeit, sich selbst über ihre Bedürfnisse und Wünsche Klarheit zu verschaffen. Vermittelt die Friseurin ihrer Kundin ausreichende Zustimmung und Anerkennung, empfindet die Kundin die Friseurin als sympathisch. Die Beratungsatmosphäre wird dadurch angenehm.

Beispiele für Zustimmung:

»Ja, richtig.«
»Das trifft zu.«
»Ich kann Sie sehr gut verstehen.«
»Das ist völlig richtig, aber bedenken Sie bitte, dass sich diese Farbe nicht auswaschen lässt.«

Ist die Friseurin anderer Meinung als die Kundin oder widerspricht der Wunsch der Kundin ihrem fachlichen Verständnis, darf sie der Kundin natürlich auf keinen Fall zustimmen. Sie sollte der Kundin in einem freundlichen Gespräch erläutern, worin die Nachteile der gewünschten Behandlung bestehen.

Beispiel:

»Zum Sommer sehen blondierte Strähnen toll aus, doch aufgrund der stark strapazierten Längen und Spitzen rate ich Ihnen von einer Strähnenbehandlung ab. Ihre Haare werden dadurch noch mehr strapaziert.«

»Eine Behandlung mit Pflanzenhaarfarbe schadet Ihrem Haar überhaupt nicht. Jedoch kann ich Ihren Wunsch nicht erfüllen, dass hiermit die grauen Haare 100%ig abgedeckt werden.«

»Eine Volumenwelle wäre sicherlich gut für die neue Frisur, jedoch würde Ihr feines, blondiertes Haar dadurch nur noch poröser. Es hätte zur Folge, dass die Haare abbrechen würden. Aus diesem Grund kann ich Ihrem Haar keine Volumenwelle zumuten.«

5.2.3 Rhetorik

Rhetorik bedeutet optimale Überzeugungskraft durch gezielten Einsatz von verbaler und non-verbaler Sprache. Dabei muss die Wortwahl stets an den Gesprächspartner und an die Situation angepasst sein. Mit Kindern redet man anders als mit Erwachsenen, mit Bekannten anders als mit Vorgesetzten.

Ein guter Rhetoriker zeichnet sich durch die Fähigkeit aus, sich **genau** auf den jeweiligen Gesprächspartner einstellen zu können. Er wählt seine Worte so gezielt, dass der Gesprächspartner ihn gut verstehen kann. Dementsprechend muss die Friseurin die Verwendung von Fachwörtern davon abhängig machen, ob eine Kundin die Grundkenntnisse besitzt, die für das gegenseitige Verstehen notwendig sind.

In den meisten Fällen sind diese Kenntnisse nicht vorhanden. Die Friseurin sollte dann mit einfachen bildhaften Vergleichen arbeiten, damit die Kundin sie richtig versteht. Durch solche Umschreibungen fördert sie das Vorstellungsvermögen und kann zugleich komplexe Zusammenhänge leicht darstellen.

Um den Kundinnen beispielsweise zur Struktur des Haares etwas zu erläutern, eignet sich der bildhafte Vergleich mit einem Tannenzapfen.

Beispiel:

»Stellen Sie sich die Haaroberfläche wie das Äußere eines Tannenzapfens vor. Ist der Tannenzapfen geschlossen, sieht er gesund und glatt aus. Er reflektiert das Licht, wodurch er leicht glänzt. Ist er jedoch geöffnet, so ist er aufgeraut und wirkt durch die großen Öffnungen matt. Das hat damit zu tun, dass in diesem Fall das Licht verschluckt wird. Genauso ist es mit trockenem, porösem Haar. Durch seine raue Oberfläche wird das meiste Licht verschluckt und das Ergebnis ist ein Haar, das nur wenig Glanz zeigt. Wir können mithilfe spezieller Pflegeprodukte erreichen, dass sich die Haaroberfläche glättet und sich wieder ein natürlicher Haarglanz einstellt.«

Hinter jedem Gespräch steckt die Absicht, beim Kommunikationspartner etwas zu bewirken, z. B.:

- Interesse wecken
- Informationen weiterleiten
- Selbstdarstellung der eigenen Person

Jemanden zu überzeugen, ist die Absicht vieler Gesprächspartner. Das gelingt aber nur, wenn man selbst akzeptabel und glaubhaft wirkt.

Darum sollte die Friseurin folgende Regeln für erfolgreiche Gespräche mit ihren Kundinnen berücksichtigen:

- Die Friseurin sollte sich grundsätzlich in ihren Aussagen selbst vertreten, d. h., dass sie auch »ich« sagt und sich nicht hinter dem unpersönlichen »man« oder »wir« versteckt.
- Wenn sie eine Frage stellt, sollte sie erklären, warum sie fragt und was die Frage für sie bedeutet. Damit wird der Kundin aufrichtiges Interesse vermittelt und der Eindruck eines Verhörs vermieden.
- Die eigene Meinung sollte nicht im Vordergrund stehen. Vielmehr sollte das Gespräch mit Aussagen begonnen werden, denen die Kundin zustimmen kann.

Die Friseurin sollte zu Anfang des Gesprächs das Ziel haben, ihre Kundin zum Sprechen zu bringen, um möglichst viele Informationen zu erhalten.
Sie sollte vor allem offene Fragen stellen.

- Während des Zuhörens sollte die Friseurin der Kundin Zustimmung zeigen, um ihr zu vermitteln, dass ihre Aussagen aufgenommen werden. Durch Reaktionen des Erstaunens, z. B. »Ach was?!« oder »Tatsächlich?« wird die Kundin bestärkt, ihre Rede fortzusetzen.
- Die Wörter sollten so geschickt gewählt werden, dass die Kundin die Friseurin als Fachfrau akzeptiert und Gefallen an den Vorschlägen der Friseurin findet.

Vermittelt die Friseurin ihrer Kundin das Gefühl, dass ihre Aussagen wichtig sind und aktiv aufgenommen werden, findet sie in der Kundin eine aufgeschlossene Kommunikationspartnerin.

5.2.4 Fragetechniken

Der Erfolg eines Beratungs- und Verkaufsgesprächs hängt wesentlich von der richtigen Fragestellung ab. Durch gezielte Fragen können die Wünsche der Kundin in ihren Einzelheiten ermittelt werden. Deshalb sollten zur Formulierung von Fragen folgende Regeln berücksichtigt werden:

- Fragewörter immer an den Anfang der Frage setzen
- Kettenfragen vermeiden
- Verschiedene Fragetechniken taktisch richtig einsetzen

Für das Beratungsgespräch sollte sich die Friseurin ausreichend Zeit nehmen, um zu ermitteln, was die Kundin wirklich möchte. Damit die Kundin sich nicht ausgefragt fühlt und ihre Wünsche ausführlich beschreibt, kann die Friseurin beim Verkauf von Produkten im Beratungsgespräch und auch während der Behandlung verschiedene Fragetechniken einsetzen (vgl. nachfolgende Tabelle).

Tabelle 1: Verschiedene Fragetechniken

Fragetechniken	Beispiele	Ziel
Offene Fragen (W-Fragen = Erkundungsfragen	Welches Shampoo benutzen Sie zu Hause? Was halten Sie von einer Volumenwelle? Wie kommen Sie mit Ihrer neuen Frisur zurecht?	Die Kundin wird persönlich angesprochen. Sie liefert der Friseurin viele Informationen über ihre Motive und Wünsche.
Geschlossene Fragen (Entscheidungsfragen)	Möchten Sie die Haare geschnitten haben? Haben Sie das neue Haarspray ausprobiert? Benutzen Sie Stylingprodukte?	Auf diese Fragen wird mit Ja oder mit Nein geantwortet. Sie schränken den Dialog zwischen Friseurin und Kundin ein.
Alternativfragen	Möchten Sie lieber das Haarspray oder den Haarlack mitnehmen? Gefällt Ihnen die rote oder die braune Haarfarbe besser? Benutzen Sie lieber Schaumfestiger oder Sprühfestiger?	Durch die Vorgabe von Alternativen wird das Thema gelenkt und somit eingeschränkt
Suggestivfragen	Sie möchten sicher einen neuen Termin mitnehmen? Ich darf Ihnen doch bestimmt die neuen Make-up-Farben empfehlen?	Da diese Fragen eigentlich nur mit Ja beantwortet werden können, wird der Kundin die gewünschte Antwort in den Mund gelegt.
Rhetorische Fragen	Denken Sie nicht auch, dass eine Intensivpflegekur Ihrem Haar gut tut? Darf ich Ihnen schon einmal die Haare shampoonieren?	Rhetorische Fragen sind keine richtigen Fragen, weil man eigentlich keine Antwort erwartet oder sie selbst gibt.
Kontaktfragen	Wie ist denn Ihr selbst entworfener Teppich ausgefallen? Waren Sie schon in dem neuen Kino? Wie ist Ihr Polterabend am letzten Samstag verlaufen?	Diese Fragen stellen den persönlichen Kontakt zwischen Friseurin und Kundin her, bevor das eigentliche Beratungsgespräch beginnt.
Bestätigungsfragen	Prima, also möchten Sie jetzt die neue Volumenwelle und anschließend den neuen Haarschnitt?	Anhand der Bestätigungsfrage kann die Friseurin Teilergebnisse festhalten, um das Gespräch entsprechend weiterführen zu können.

5.2.5 Small Talk

Bild 1 *Small Talk oder Weltpolitik*

Die wenigsten Gesprächssituationen im Salon sind ausschließlich fach- und sachbezogen ausgerichtet. Meist werden vor, nach und bisweilen während der unterschiedlichsten Kommunikationsanlässe nachrangige Themen, wie z. B. das Wetter, angesprochen.

Dieser eher lockere Teilbereich der Unterhaltung, das oberflächliche und belanglose Geplauder, wird **Small Talk** genannt. Er erfüllt den Sinn, dass sich Gesprächspartner auf ungezwungene Weise kennen lernen, ihre Beziehung zueinander ausloten oder behutsam aufbauen können. Der Small Talk ist neben der wichtigen Orientierung an körpersprachlichen Signalen eine weitere Möglichkeit für eine ungezwungene Kontaktaufnahme.

Für eine Friseurin, die einen Small Talk führen kann, ergeben sich aber auch ganz persönliche Nutzen. Mit dieser Fähigkeit sorgt sie gleichzeitig für eine sympathische Ausstrahlung. Das erleichtert auf ihre Art den Zugang zu anderen Menschen.

Hat man herausgefunden, nach welchem einfachen »Strickmuster« der Small Talk funktioniert, kann es sogar Spaß bereiten, auf diese Weise zu kommunizieren. Für den Small Talk sind folgenden Gesichtspunkte bedeutsam:

- Themen des Small Talks
- Techniken des Small Talks
- Grundregeln beim Small Talk

Themen des Small Talks

Entscheidende Voraussetzung für den Small Talk ist zunächst einmal die richtige Einstellung dazu. Der Gesprächsinhalt muss nicht besonders geistreich, witzig oder die Sprecherin nicht zwingend schlagfertig sein. Wäre das die Voraussetzung für Small Talk, könnten die Gesprächspartner innerlich verkrampfen. Außerdem widerspräche dies dem ursprünglichen Sinn des Small Talks. Der Small Talk nimmt einen spontanen, situationsbezogenen und zufälligen Kommunikationsverlauf und schafft eine innere Lockerheit. Jede Planung und Vorüberlegung von inhaltlichen Aussagen verbieten sich danach. Small Talk bedeutet folglich über etwas zu reden, auf das man ohne großes Nachdenken kommt. Meist sind dies ganz naheliegende Themen wie z. B.:

- Wetter
- Zeit (Jahreszeit, Zeitgeschehen, persönliche Zeit, Freizeit, Urlaub usw.)
- Ort der Kommunikation und seine Gegebenheiten (im Salon die Veränderungen bei der Einrichtung, dem Personal, den Dienstleistungsangeboten usw.
- Persönliche Situation (Beruf, Familie, Gesundheit, Interessen usw.)

Eigentlich darf alles Gesprächsgegenstand sein, was unmittelbar in dem Moment der Begegnung von unseren Sinnen (Sehen, Hören, Riechen, Fühlen, Schmecken) wahrgenommen wird.

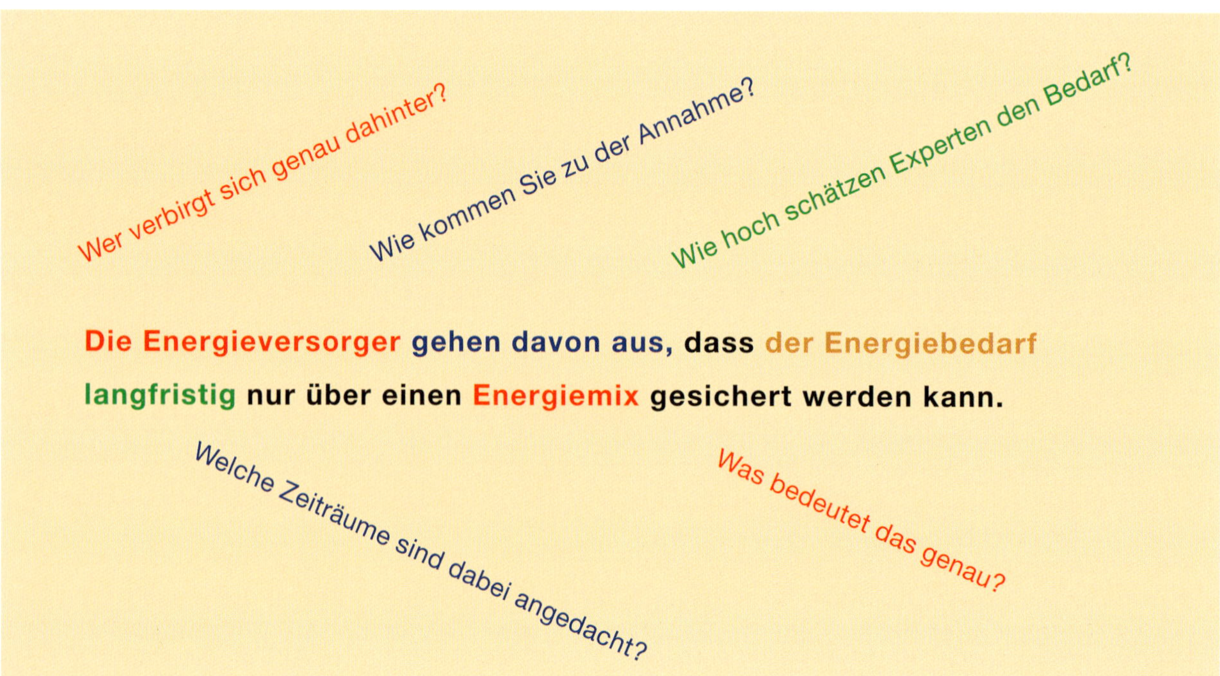

Bild 2 *W-Fragen zu einzelnen Wörtern einer Aussage*

Im Grunde sollten sich die Gesprächspartner vom Standort inspirieren lassen, an dem sie gerade sind, um so ganz selbstverständlich die möglichen Themen für den Small Talk zu finden.

Neben diesen Möglichkeiten ist auch der Beruf des Gesprächspartners ein dankbares Thema. Die meisten Menschen erzählen gerne über die Betätigungen und Aufgaben in ihrem Beruf, die Mitarbeiter, den Chef, die hergestellten Produkte, den Vertrieb der Produkte oder die Konkurrenzsituation in der Branche.

Die verschiedenen Facetten eines solchen Themenbereiches bieten daher zahlreiche Gelegenheiten, mit dem eigenen Beruf oder anderen Berufssparten zu vergleichen, Unterschiede und Gemeinsamkeiten herauszustellen, Unbekanntes erklären zu lassen. Auch auf die Frage nach der Freizeitbeschäftigung, dem Hobby, geben viele Personen bereitwillig Auskunft und freuen sich über das Interesse.

Technik des Small Talks

Durch das Anwenden von **»W-Fragen«** wird der Gesprächspartner eingeladen, ein Thema weitreichender und tiefgreifender auszuführen. Die Anwendung dieser Fragetechnik hilft auch häufig in Situationen, in denen man persönlich zum Thema nichts oder nur wenig sagen kann.

Bezieht man seine W-Fragen auf **einzelne Wörter** des Satzes oder der Satzaussagen, wirkt das auf den Angesprochenen sachorientiert und interessiert. Am Beispiel des Satzes in Bild 2 auf der vorherigen Seite soll diese Technik verdeutlicht werden. Die einzelnen Wörter der Aussage und die Fragen, die sich auf diese Wörter beziehen, werden jeweils durch dieselbe Farbe gekennzeichnet.

Beispiele für W-Fragen zur **Satzaussage** in Bild 2 auf der vorherigen Seite:

- Wodurch ergeben sich denn insbesondere mögliche Engpässe?
- Welche Alternativen sind denkbar?
- Wird diese Ansicht auch von der Politik getragen?
- Welche Bedeutung hat diese Einschätzung für den Umweltschutz?
- Wie schätzen die Umweltverbände diesen Sachverhalt ein?

Eigenen Unzulänglichkeiten in der Thematik werden auf diese Weise nicht so offenkundig wie etwa beim ratlosen Schweigen oder der inhaltsleeren Kommentierung, wie z. B.: »Mmh«, »Aha« oder »Ja?«.

Grundregeln beim Small Talk

Obwohl der Small Talk von Lockerheit, Spontaneität und Zufälligkeit bestimmt sein soll, gibt es auch hier Grundsätzliches zu beachten:

- Diejenige, die einen Small Talk anstrebt, leitet das Gespräch. Das bedeutet, dass von ihr Impulse ausgehen müssen, die als Anstoß für Redebeiträge aufgenommen werden können. Die Steuerung eines Small Talks gleicht somit den Aufgaben, die ein Moderator zu erfüllen hat.
- »Springt« die Kundin auf diese Impulse an, werden ihre Beiträge möglichst nicht unterbrochen. Oberstes Ziel ist es schließlich, die Kundin zum Reden zu bringen. Ist das gelungen, gilt bei ihr das Gleiche wie für viele Menschen; sie redet gerne selbst und genießt es, wenn sie in der Friseurin eine aufmerksame Zuhörerin gefunden hat. Unterbrechungen werden daher als Störung empfunden und beeinträchtigen die Redebereitschaft.
- Ein Redefluss wird auch dann zum Versiegen gebracht, wenn in der Weise nachgefragt wird, dass nur mit »ja« oder ein »nein« geantwortet werden kann. Dadurch ergibt sich für die Angesprochene keine zwingende Notwendigkeit einer weiteren Ausführung des Themas.
- Beim Small Talk gilt auch der körpersprachliche Grundsatz, niemals die Distanz zum Gesprächspartner zu überschreiten. Damit ist gemeint, niemanden auszuhorchen oder durch Nachfragen bis in seine Intimsphäre vorzudringen.

5.3 Argumentation

Im Beratungsgespräch soll die Kundin davon überzeugt werden, dass die angebotene Ware oder Dienstleistung die optimale Lösung für ihre Wünsche darstellt. Die Art und Weise, wie die Friseurin die Kundin wirkungsvoll von ihrem persönlichen Nutzen überzeugt, wird Argumentation genannt. Deshalb muss die Friseurin ihre Argumentation so wählen, dass sie zu den Ansprüchen der Kundin passt.

Die Argumentation muss

- **anspruchsgerecht** sowie
- für die Kundin **einsichtig**
- und **nachvollziehbar** sein.

Im Verlauf des Beratungsgesprächs versucht die Friseurin durch gut gewählte Argumente möglichst viele Übereinstimmungen zwischen ihren Aussagen und denen der Kundin zu erzielen. Durch Bestätigungs- oder Suggestivfragen kann sie die Übereinstimmung überprüfen.

Da die Suggestivfrage eine Beeinflussung enthält, muss sie sehr vorsichtig verwendet werden. Keinesfalls sollte die Kundin durch Argumente überredet oder überrumpelt werden. Eine Kundin, die diese Erfahrung gemacht hat, verliert das Vertrauen zu ihrer Friseurin. Die allgemeine Bedarfsermittlung und die spezielle Anspruchsermittlung sind die Grundlage einer anspruchsgerechten Argumentation.

5.3.1 Grundlagen der Argumentation

Die klassische Argumentation besteht aus folgenden Schritten:

1. Behauptung
2. Begründung
3. Beweis

In vielen Fällen besteht das Ziel der Argumentation darin, dem Gesprächspartner zu beweisen, dass man selbst Recht hat.

Beispiel:

1. Behauptung:
Dieser Schaumfestiger ist sehr preiswert,
2. Begründung
Weil die Dose größer ist und 100 ml Schaumfestiger mehr beinhaltet.
3. Beweis
Der Schaumfestiger ist zur Zeit im Angebot. Die 400 ml Dose hat den gleichen Preis wie die 300 ml Dose.

Um überzeugend argumentieren zu können, sollte die Friseurin über folgende Fähigkeiten verfügen:

- Ausreichende Warenkenntnisse
- Beherrschen optimaler Präsentationstechniken
- Einfache, verständliche Ausdrucksweise
- Beherrschen bestimmter Fragetechniken
- Kenntnisse verbaler und nonverbaler Kommunikation und deren gezielter Einsatz

5.3.2 Verkaufsargumentation

Das Ziel der Verkaufsargumentation besteht darin, die Kundin entscheidungsfähig zu machen. Die Friseurin bereitet die Argumentation vor, indem sie ermittelt, welche Ansprüche die Kundin hat. Auf dieser Basis überlegt sie, welches Angebot sie der Kundin machen will und welche Produktmerkmale zu diesen Ansprüchen passen. Auf diese Ansprüche richtet sie ihre Argumentation aus. Eine Verkaufsargumentation besteht deshalb aus drei Stufen.

1. Allgemeine Aussage
Beispiel: »Strähnen würden Ihnen sehr gut stehen.« Die Friseurin nennt das Produktmerkmal.

2. Ableiten einer speziellen Eigenschaft oder eines Produktnutzens
Beispiel: »Die Strähnen geben Ihrem Haar mehr Halt und Fülle.« Die Friseurin nennt die Produkteigenschaft.

3. Schlussfolgerung aus Stufe 1 und 2
Beispiel: »Durch die Strähnen wirkt die Haarfarbe lebendiger. Gleichzeitig bekommen Ihre feinen Haare mehr Halt und Fülle.« Die Friseurin verbindet Kundenanspruch und Produkteigenschaft zu einer Begründung oder Empfehlung.

In einigen Fällen ist auch eine vierte Stufe, der Beweis, möglich. Der Beweis gelingt, wenn die Aussage direkt überprüfbar ist.

Beispiel:
Zu dem oben aufgeführtem 3-Stufen-Modell würde die Friseurin in der 4. Stufe der Kundin Musterfarbsträhnen in das Haar einkämmen. Hier kann sie der Kundin beweisen, wie sich die Haarfarbe positiv verändert.

Im normalen Beratungsgespräch kann aber oftmals der Beweis nicht angetreten werden. Die Friseurin ist darauf angewiesen, dass die Kundin ihr glaubt. Sie hat aber die Möglichkeit, die Kundin von der Wirksamkeit eines Produkts zu überzeugen, indem sie das Produkt auch bei ihren Dienstleistungen verwendet.

Wenn die Kundin die versprochene Wirkung bei einem Produkt selbst sehen und fühlen kann, vertraut sie der Friseurin auch bei anderen Angeboten.

Die Reihenfolge der Stufen kann beliebig verändert werden. Grundsätzlich sollten immer die drei Stufen verwendet werden.

5.3.3 Formulierung der Argumente

Die Formulierung von Argumenten sollte grundsätzlich positiv, informativ, kundenbezogen und verständlich sein.

Eine gute Argumentation wird immer positiv ausgedrückt. Negative Formulierungen beeinträchtigen die Kaufstimmung. Sind mit einem Produkt neben einer Reihe von Vorteilen auch Nachteile verbunden, müssen diese genannt werden. Den Nachteilen sollten aber immer entsprechende Vorteile gegenübergestellt werden, damit es nicht zu einer Abwertung des Produkts kommt.

Nach Abwägung der Vor- und Nachteile kann die Kundin dann entscheiden, ob ihre Ansprüche erfüllt werden, und eine begründete Kaufentscheidung treffen.

In Tabelle 1 sind entsprechend formulierte Argumente beispielhaft dargestellt.

Tabelle 1: Formulierung der Argumente

Art der Formulierung	Beispiel
Positiv	*»Diese Haarkuren enthalten natürliche Pflegestoffe, die Ihre Haare vor Witterungseinflüssen, wie z. B. Sonne und Wind,schützen. Sie können unter zwei Größen auswählen.«*
Negativ	»Diese Haarkuren gibt es leider nur in einer Größe.«
Gegenüberstellung	»Es ist richtig, Ihr Haar benötigt im Urlaub mehr Pflege. Mit dem kleineren Tiegel kommen Sie im Urlaub aus. Aber Ihre Haare müssen sicherlich auch noch nach dem Urlaub verwöhnt werden, daher wäre der Kauf des größeren Tiegels ratsamer.«

Die Verkaufsargumente sollen der Kundin Entscheidungshilfen geben. Deshalb müssen die Produktvorteile präzise gekennzeichnet werden. Nichts sagende Floskeln, wie z. B. »Das ist eine gute Haarkur« oder »Das ist ein schöner Farbton«, helfen der Kundin nicht und sollten deshalb nicht verwendet werden.

Zu allen Produkten und Dienstleistungen gibt es eine Vielzahl an Verkaufsargumenten. Die Friseurin muss die Argumente gezielt auswählen, um den Ansprüchen der Kundin gerecht zu werden. Dabei können die Vorteile des Produktes selbst, z. B. bestimmte Inhaltsstoffe, die Vorteile bei der Verwendung oder auch der Preis des Produkts im Vordergrund der Argumentation stehen.

Produktbezogene Argumentation

Produktbezogene Argumente sind positive Aussagen über das Produkt.

Beispiele:

»Diese Haarkur enthält Pflegestoffe.«
»Diese Haarkur enthält drei verschiedene Kräuterwirkstoffe.«

Produktbezogene Argumente sollte die Friseurin nur einsetzen, wenn die Kundin Vorkenntnisse besitzt und ihr bestimmte Fakten für ihre endgültige Entscheidung fehlen.

Das bedeutet, die Friseurin muss in ihrer Wortwahl die Vorkenntnisse und Erfahrungen der Kundin berücksichtigen.

So kann sie z. B. mit einer Stammkundin, die bereits seit mehreren Jahren regelmäßig die gleiche Farbveränderung der Haare bekommt, anders reden als mit einer Kundin, die bisher noch keine Farbveränderung der Haare erhalten hat. Die Stammkundin kennt unter Umständen bereits Begriffe wie »Ansatzfärbung«, »Vorpigmentieren« oder »Farbausgleich«. Einer Neukundin müssen die notwendigen Inhalte erst in einer kundengerechten Sprache erklärt werden. Die Argumente sollten für die Kundin verständlich sein. Dabei hat die Friseurin darauf zu achten, dass sie die Kundin nicht mit zu vielen Einzelheiten überschüttet.

Verwendungsbezogene Argumentation

Im Normalfall besitzt die Kundin genügend Kenntnisse über die Inhaltsstoffe von Produkten. In dem Fall ist es verkaufsfördernder, der Kundin zu sagen, welche Vorteile sie persönlich durch die Verwendung des Produkts hat.

Dabei muss die Friseurin auf die bisher geäußerten Ansprüche und Erwartungen eingehen.

Verwendungsbezogene Argumente sind positive Aussagen über die Eigenschaften des Produkts.

Beispiele:

»Diese Haarkur ist wegen ihrer Pflegestoffe bei diesem Sommerwetter besonders geeignet.«
»Diese Haarkur ist durch ihre speziellen Wirkstoffkombinationen besonders gut für sonnengestresstes Haar geeignet.«

Preisbezogene Argumentation

Der Preis ist eines von den vielen Produktmerkmalen der Waren und Dienstleistungen. Keine Kundin kauft Produkte, ohne auf den Preis zu achten. Aufgrund des besonderen Vertrauensverhältnisses zwischen Friseurin und Kundin ist der Preis bei einer Dienstleistung aber nur selten das wichtigste und entscheidende Produktmerkmal.

Trotzdem kommt in einigen Fällen ein Kaufabschluss nicht zustande, weil die Kundin im entscheidenden Moment den Preis nicht kennt. Wenn sich die Kundin z. B. für eine neue Frisur entschieden hat, könnte die Friseurin ihr zusätzlich Strähnen anbieten, um die Frisur individueller und ausdrucksstärker zu gestalten.

Hat die Kundin aber keine genaue Vorstellung vom Preis der Strähnen, wird sie häufig erst einmal ablehnend reagieren.

Die Kundin muss also über den Preis informiert werden, damit sie entscheidungsfähig wird. In seltenen Fällen fragt die Kundin nach dem Preis und bekommt die gewünschte Auskunft. Meistens entscheidet die Friseurin im Verlauf des Beratungsgesprächs, wann sie den Preis nennen will.

Eine Kundin kauft die Ware oder Dienstleistung nur, wenn sie überzeugt ist, dass Warenwert und Geldwert übereinstimmen. Den Geldwert kann sie aus dem Preis ablesen, den vollständigen Warenwert kennt sie in der Regel nicht. Dazu fehlen ihr das Fachwissen und die Übersicht über das Angebot. Die Friseurin sollte deshalb der Kundin im Beratungsgespräch die Produktvorteile nennen, um somit das nötige Wertbewusstsein aufzubauen.

Auch in der Preisargumentation gilt der Grundsatz, dass die Aussage positiv sein soll. Begriffe wie »billig« oder »sehr teuer« sollten daher nicht verwendet werden. Der Friseurin stehen verschiedene Methoden zur Preisinformation zur Verfügung.

Für Beratungsgespräche eignet sich besonders die **Sandwich-Methode**. Bei dieser Methode wird der Preis zwischen Verkaufsargumenten eingepackt.

Wenn die Friseurin den Zeitpunkt selbst bestimmt, an dem sie den Preis nennen will, kann sie vorher einige Verkaufsargumente nennen und damit die Kundin vom Wert der Ware oder Dienstleistung überzeugen. Nachdem sie den Preis genannt hat, sollte sie einen weiteren Produktvorteil nennen, damit der Preis nicht als letzte Aussage stehen bleibt und zu stark nachwirkt.

Beispiel:

»Dieses Sonnenschutzspray bietet dem Haar und der Haut Schutz und Pflege während des Sonnenbades. Der wasserfeste Lichtschutzfaktor 14 schützt Haar und Haut vor intensiver Sonneneinstrahlung. Der Preis dieses Sprays beträgt 11,90 €. Sie können das Sonnenschutzspray vor dem Sonnenbad direkt ins nasse oder trockene Haar und auf den Körper sprühen. Zusätzlich enthält es auch noch Minzextrakt, was gleichzeitig erfrischend wirkt.«

Fragt die Kundin nach dem Preis, muss die Friseurin reagieren. Auch in diesem Fall kann sie ein gewisses Wertbewusstsein aufbauen. Kaum eine Kundin kennt alle Produktvorteile, die eine Ware bietet. Die Friseurin kann deshalb auch hier den Preis zwischen Verkaufsargumenten einpacken Ist der Preis ein wesentlicher Produktvorteil, z. B. bei Sondergrößen, wird er nicht verpackt, sondern bewusst herausgestellt. In diesem Fall soll gerade der günstige Preis im Bewusstsein der Kundin nachwirken.

Beispiel:

»Hallo Frau Berken, ich habe einige Produkte Ihrer dekorativen Kosmetik im Angebot. Möchten Sie nachher noch einen Lippenstift passend zu Ihrer neuen Garderobe mitnehmen?«

Aufgaben

1. Warum sollte eine Friseurin auf ihren eigenen körpersprachlichen Ausdruck viel Augenmerk legen?
2. Geben Sie drei Beispiele für körpersprachliche Ausdrucksformen und deren Botschaft(en)!
3. Beschreiben Sie sämtliche körpersprachliche Ausdrucksmittel und-formen bei einer Friseurin, die damit den Eindruck von ›Lustlosigkeit‹ am Arbeitsplatz vermittelt.
4. Welche Vor- und Nachteile sehen Sie in der bewussten Wahrnehmung von Körperpsprache?
5. a) Was verstehen Sie unter dem »Inhalts- und Beziehungsaspekt« einer Kommunikation!
   b) Erläutern Sie diesen Zusammenhang an einem geeigneten Beispiel!
6. Beschreiben Sie, welche Folgen sich bei einer Störung auf der Beziehungsebene für die weitere Kommunikation ergeben (können)!
7. Stellen Sie an der Aussage einer Meisterin »Anja, das Waschbecken ist schmutzig!« die verschiedenen Kommunikationsebenen dar!
8. a) Welche Kriterien gelten für eine angemessene Sprechweise im Salon?
   b) Begründen Sie die jeweiligen Kriterien!
9. Geben Sie Beispiele für Gesprächsförderer und Gesprächsstörer in der alltäglichen Salonkommunikation!
10. Welche Vorteile ergeben sich, wenn der Kundenwunsch durch »offene« Fragen ermittelt wird?
11. a) In welchen Situationen sind aus Ihrer Sicht geschlossene Fragen angezeigt?
    b) Begründen Sie Ihre Beispiele!
12. Inwieweit unterscheiden sich rhetorische Fragen und Bestätigungsfragen voneinander?
13. »Nach einer Studie der Polizei sind Jugendliche heute gewaltbereiter als noch vor einigen Jahren!«
    Wenden Sie auf diese Aussage Techniken des Small Talks an!
14. Entwickeln Sie zu dem Begriff »Haarstruktur« eine vollständige Argumentation!
15. a) Was verstehen Sie unter einer »produktbezogenen« Argumentation?
    b) Geben Sie ein Beispiel für das Produkt »Shampoo«!
16. Geben Sie ein Beispiel für eine »verwendungsbezogene« Argumenation zum Thema »Packung«!
17. Entscheiden Sie, welche der nachfolgenden Formulierungen kunden-, waren- oder verwendungsbezogen ist:
    a) »Bei einem Badeurlaub sollte man diese Haarkur mit UV-Schutz verwenden. Sie lässt sich schnell und bequem auftragen.«
    b) »Diese Haarkur enthält einen UV-Schutz.«
    c) »Wenn Sie einen Badeurlaub machen, sollten Sie dies Haarkur mit UV-Schutz verwenden. Ihre Haare werden gepflegt und gleichzeitig vor der Sonnenstrahlung geschützt.«
18. Geben Sie an, wie Argumente formuliert werden sollten.
19. Erklären Sie den Begriff »Sandwich-Methode«. Wann wird sie angewendet?
20. In welchen Fällen ist es bei der Preisnennung sinnvoll, die Sandwich-Methode nicht anzuwenden?
21. Geben Sie die Bedeutung des Begriffs »Kundenansprüche« im Beratungsgespräch an.
22. Eine Stammkundin wünscht einen neuen Haarschnitt. Sie sagt: »Ich möchte gerne eine neue Frisur haben. Irgendwie gefällt mir mein Haar so nicht mehr. Was würden Sie mir empfehlen?«
    a) Schreiben Sie einen Dialog für die Anspruchsermittlung.
    b) Beschreiben Sie, welche Hilfsmittel Sie dabei einsetzen.

Lernfeld 3
Haare und Kopfhaut pflegen

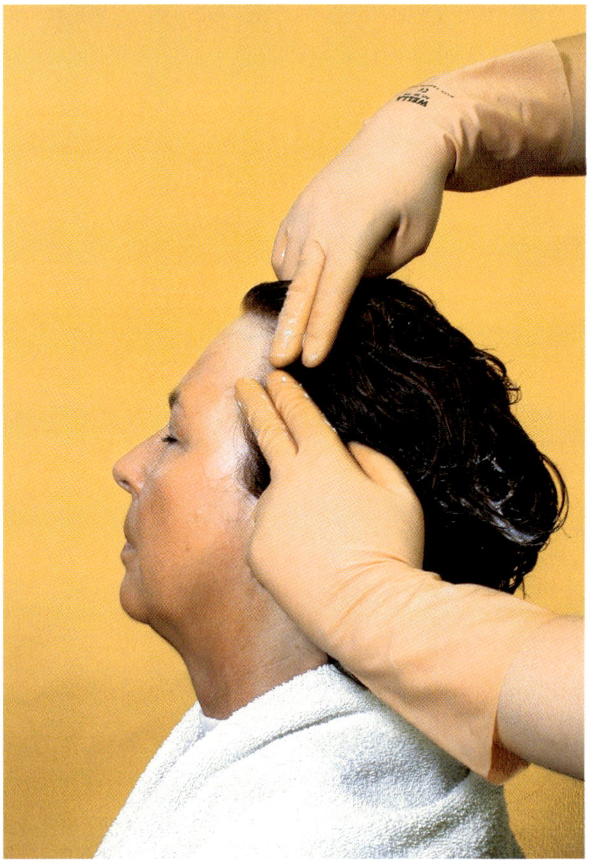

Haare und Kopfhaut pflegen

1 Behandlungspläne zur Haar- und Kopfhautpflege erstellen

Szenario

Anja begrüßt eine Neukundin, die sich eine andere Frisur wünscht. Eine Friseurin übernimmt die Kundin. Anja hört interessiert dem Beratungsgespräch zu und beobachtet, wie die Haar- und Kopfhautdiagnose durchgeführt wird.

Bild 1 *Begrüßung der Kundin*

Das gewissenhafte Aufstellen von Behandlungsplänen in Zusammenarbeit mit der Kundin ist eine wesentliche Voraussetzung für den Erfolg eines Beratungs- und Verkaufsgespräches. Die Kundin fühlt sich mit ihren Problemen und Wünschen ernst genommen und sieht, dass von der Friseurin konkrete Lösungsvorschläge gemacht werden. Das fördert das Vertrauen und die Kundenbindung.

Für dieses Vertrauen ist es sehr wichtig, dass sich die Friseurin Zeit für die Kundin nimmt und während des Beratungsgespräches alle Schritte, auf die darauf folgenden Behandlungen bezogen, begründet und erläutert. Der Bezug, den die einzelnen Bestandteile des Behandlungsplanes zueinander haben, muss für die Kundin deutlich werden.

Ein **Behandlungsplan** setzt sich aus folgenden Gliederungspunkten zusammen:

- Personalien der Kundin
- Kundenwunschermittlung
- Haar- und Kopfhautdiagnose
- Behandlungsberatung für den Salon
- Präparateempfehlungen für zu Hause

Jeder dieser Gliederungspunkte wird in seinen Inhalten individuell auf die Behandlung im Salon abgestimmt.

Demzufolge werden innerhalb dieses Lernfeldes der grundsätzliche Aufbau eines Behandlungsplanes und seine Durchführung am Behandlungsbeispiel »Haar- und Kopfhautpflege« erläutert. In den Lernfeldern 5 »Haare schneiden«, 7 »Haare dauerhaft umformen«, 8 »Haare tönen« und 9 »Haare färben und blondieren« werden die speziell für die dort beschriebenen Behandlungen zu ergänzenden Inhalte erläutert.

1.1 Personalien der Kundin

Die Personalien der Kundin ermöglichen der Friseurin eine individuelle Betreuung, auch bei nachfolgenden Besuchen im Salon.

Zu den Personalien gehören:

- Name
- Anschrift
- Telefonnummer
- Geburtsdatum

Wichtig für die Kundin ist in diesem Zusammenhang, dass die Friseurin ihr erläutert, dass die erhobenen Daten nur für den internen Gebrauch bestimmt sind und nicht an Dritte weitergegeben werden.

Name

Der Name der Kundin ermöglicht es der Friseurin, Ihre Kundin gezielt damit anzusprechen. Das verbessert die Beziehungsebene zwischen Friseurin und Kundin und schafft Vertrauen.

Anschrift

Die Anschrift ermöglicht der Friseurin, der Kundin auch zu Hause spezielle Angebote und Aufmerksamkeiten zukommen zu lassen. Das verbessert die Kundenbindung.

Telefonnummer

Die Telefonnummer dient vor allem der schnellen Kontaktaufnahme, wenn z. B. Termine verschoben werden müssen oder sonstige unvorhergesehene Begebenheiten einen Termin gefährden.

Geburtsdatum

Durch das Geburtsdatum weiß die Friseurin zum einen, wie alt die Kundin ist, was eventuell spezielle Behandlungen notwendig macht. Zum anderen kann die Friseurin so der Kundin zum Beispiel zum Geburtstag gratulieren, was als nette Aufmerksamkeit ebenfalls die Kundenbindung und das Vertrauensverhältnis verbessert.

1.2 Kundenwunschermittlung

Der Kundenwunsch muss, auf die Behandlung bezogen, so genau wie möglich erfolgen. So werden Missverständnisse und damit falsche Empfehlungen vermieden

Eine möglichst exakte Ermittlung des Kundenwunsches für eine Pflegeberatung umfasst also:

- Probleme mit der Kopfhaut
- Probleme mit Haar und Frisur

Durch die Erfragung dieser zwei Punkte erhält die Friseurin eine Vorabinformation, welche Pflegebedürfnisse der Kundin aktuell wichtig sind. Sie kann sich dann, auch wenn sie bei der Haar- und Kopfhautdiagnose noch andere Probleme feststellt, im Beratungsgespräch darauf beziehen.

Bild 1 *Ermittlung des Kundenwunsches*

1.3 Haar- und Kopfhautdiagnose

Mit der Haar- und Kopfhautdiagnose werden die individuellen natürlichen Gegebenheiten, die bei der Kundin vorliegen, ermittelt, um sie dann mit dem Kundenwunsch abzugleichen. Nur dann ist die Entscheidung möglich, welche Haar- und Kopfhautprobleme der Kundin am dringlichsten behandelt werden müssen.

Jede Haar- und Kopfhautdiagnose gliedert sich in folgende Unterpunkte:

- Pflegegewohnheiten
- Kopfhautdiagnose
- Haardiagnose
- Ermittlung sonstiger Gegebenheiten

1.3.1 Pflegegewohnheiten

Die Ermittlung der Pflegegewohnheiten schließt nahtlos an den Kundenwunsch an und verschafft der Friseurin einen Überblick darüber, wann sich die Kundin das letzte Mal die Haare gewaschen hat, wie oft sie sich in der Regel die Haare wäscht und welche Präparate sie dafür verwendet.

- Zeitpunkt der letzten Haarwäsche
- Häufigkeit der Haarwäschen und Gründe dafür
- Verwendete Präparate zur Haarreinigung, Haarpflege, Styling und Finish

Die Frage nach der letzten Haarwäsche zeigt der Friseurin, ob Talgablagerungen auf der Haut überhaupt erkennbar sind. Hat die Kundin sich gerade an diesem Morgen die Haare gewaschen, kann der Zustand der Kopfhaut und die Haarstruktur nur erfragt werden.

Die Häufigkeit der Haarwäschen gibt der Friseurin Aufschluss über die Gründe, warum sich die Kundin die Haare wäscht. Muss sie jeden zweiten Tag waschen, weil die Frisur nicht mehr sitzt und die Haare fettig aussehen, kann das daran liegen, dass die Kundin eine schnell fettende Kopfhaut hat. Muss sie aber jeden zweiten Tag waschen weil dann zu viele Stylingpräparate im Haar sind, können Rückschlüsse auf das Stylingverhalten gezogen werden.

Die Frage nach den verwendeten Präparaten präzisiert das Gesamtbild der Pflegegewohnheiten. Die Friseurin erhält wichtige Hinweise für spätere Pflegeempfehlungen.

1.3.2 Kopfhautdiagnose

Die Kopfhautanalyse gehört zum Standardprogramm einer jeden Haar- und Kopfhautdiagnose und ist in ihrem Inhalt unabhängig von der angestrebten Behandlung.

Folgende Gegebenheiten müssen untersucht oder erfragt werden:

- Zustand der Kopfhaut
- Besonderheiten der Kopfhaut
- Empfindlichkeit
- Allergien

Zustand der Kopfhaut

Der Zustand der Kopfhaut hängt von der Talgproduktion und von der Abschuppung der Oberhaut ab. Er kann entweder trocken oder fettig sein. Zusätzlich können sich Horn- oder Talgschuppen darauf befinden.

Um den Zustand der Kopfhaut zu ermitteln, scheitelt die Friseurin die Haare und fährt leicht mit dem Finger darüber. Verbleibt ein leichter Fettfilm auf dem Finger, kann von einer fettigen Kopfhaut ausgegangen werden. Auch Schuppen werden auf ähnliche Weise untersucht. Fettschuppen lassen sich zwischen den Fingern verreiben, trockene Schuppen springen weg.

Diese Informationen sind für die spätere Empfehlung von Pflege- und Stylingpräparaten wichtig, um Kopfhautprobleme sinnvoll zu verringern.

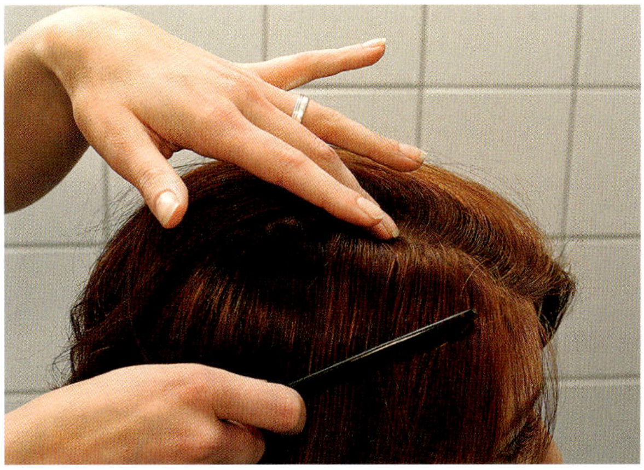

Bild 2 *Ermittlung des Kopfhautzustandes*

Besonderheiten der Kopfhaut

Zu den Besonderheiten, die eine Kopfhaut aufweisen kann, gehören neben Verletzungen auch Narben, Atherome (Grützbeutel), Furunkel und Krankheiten, wie Schuppen- oder Pilzflechte. Viele Besonderheiten verlangen einen sorgsamen Umgang, damit sie nicht verletzt werden und aufbrechen oder sich verschlimmern. Bei ansteckenden Krankheiten wie der Pilzflechte ist von einer Behandlung abzusehen und die Kundin zum Arzt zu schicken, sofern sie dort nicht schon in Behandlung ist. (s. S. 78)

Um die Besonderheiten zu ermitteln, wird die gesamte Kopfhaut scheitelweise sorgfältig untersucht und abgetastet.

Empfindlichkeit

Die Kopfhaut kann auf verschiedene Reize unterschiedlich stark empfindlich reagieren.

Zu diesen Reizen zählen:

- Druck und Stoß
- Reibung
- Chemikalien

Die individuelle Empfindlichkeit ist abhängig von der genetisch vorgegebenen Empfindlichkeit der in der Haut befindlichen einzelnen Sinnesrezeptoren für diese Reize. Während der Durchführung der Behandlung müssen diese Faktoren beachtet werden, um die Haut nicht zu stark mechanisch und chemisch zu reizen. Wichtig ist hierbei, die natürliche Empfindlichkeit der Haut gegenüber Chemikalien von der Allergie abzugrenzen. Während bei der natürlichen Empfindlichkeit die Menge der Chemikalien, die auf die Haut aufgebracht wird, die Stärke der Hautreaktion bestimmt, reichen bei einer Allergie kleinste Mengen der Chemikalie um die Haut überproportional stark reagieren zu lassen.

Die Empfindlichkeit der Kundin kann nicht durch Untersuchungen überprüft werden. Die Friseurin muss sie erfragen.

Allergien

Allergien sind meist von einem Arzt diagnostiziert worden und in einem Allergiepass eingetragen. Da bei einer Allergie die Haut auf winzigste Mengen extrem stark reagiert, ist eine Behandlung mit in einem Allergiepass stehenden Substanzen strikt zu vermeiden. (s. S. 24 ff.)

1.3.3 Haardiagnose

Die Haardiagnose steht in direktem Zusammenhang mit der angestrebten Behandlung. Sie besteht daher sowohl aus Inhalten, die bei jeder Behandlung ermittelt werden, als auch aus solchen, die speziell für die Erstellung der jeweiligen Behandlung von Bedeutung sind.

Folgende Gegebenheiten müssen für eine Pflegeberatung untersucht oder erfragt werden:

- Chemische und thermische Vorbehandlungen
- Haarstruktur am Ansatz, in den Längen und Spitzen
- Haarqualität
- Sprungkraft
- Besonderheiten der Haare
- Haarstärke und -form
- Haarlänge
- Haarfülle
- Wellung
- Aktuelle Haarfarbe

Chemische und thermische Vorbehandlungen

Die zu erfragenden chemischen und thermischen Vorbehandlungen lassen Rückschlüsse auf die Haarstruktur zu.

Bei den chemischen Vorbehandlungen wie Farb- oder Formveränderungen ist es daher wichtig zu wissen, wann diese Behandlungen stattgefunden haben. Die Friseurin kann dann abschätzen, wie stark die Restschädigung noch ist: Eine Dauerwelle, die drei Jahre zuvor gemacht wurde, ist bei kinnlangem Haar nicht mehr von Belang, eine oxidative Haarfarbe ein halbes Jahr zuvor aber schon.

Die Erfragung der thermischen Vorbehandlungen ermöglicht ebenfalls Rückschlüsse auf die Haarstruktur. Durch zu heißes Föhnen oder den tägliche Einsatz eines Glätteisens wird die Schuppenschicht stark strapaziert und die Haare trocknen sehr stark aus. Die Folge sind Strukturschäden, die mithilfe von Pflegepräparaten gemildert werden müssen.

Haarstruktur

Die Haarstruktur ist zunächst durch die Veranlagung vorgegeben. Beeinflusst wird sie durch:

- den Hauttyp, durch den bestimmt wird, wie stark das Haar mit natürlichem Fett versorgt wird und
- durch äußere Einflüsse, wie chemische und thermische Vorbehandlungen sowie Sonneneinstrahlung und Salzwasser

Alle diese Faktoren haben einen direkten Einfluss auf die Schuppenschicht des Haares, die die Haarstruktur maßgeblich ausmacht.

Die Haarstruktur wird an der Haarlänge und in der Haarspitze untersucht. Hierzu wird an unterschiedlichen Stellen des Kopfes jeweils ein einzelnes Haar genauer betrachtet. Zusätzlich wird das Haar vom Ansatz bis zur Spitze vorsichtig mit Daumen und Zeigefinger abgetastet, um die Abspreizung der Schuppenschicht zu überprüfen.

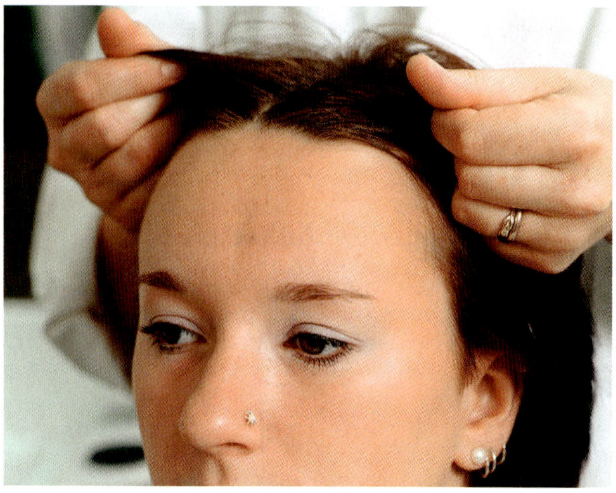

Bild 1 *Ermittlung der Haarstruktur*

Haarqualität

Die Haarqualität gibt an, ob es sich bei dem Haar der Kundin um weiches, hartes oder ein borstiges Haar handelt.

Während sich weiches Haar zwar leicht frisieren lässt, aber auch schnell seine Form wieder verliert, ist hartes, borstiges Haar schwerer zu frisieren, dafür aber sehr formstabil.

Hinzu kommt, dass weiches Haar sehr empfindlich auf ein Zuviel an Stylingpräparaten reagiert, auf der anderen Seite aber durchaus etwas mehr davon benötigt, wenn es seine Form länger behalten soll.

Hartes, borstiges Haar steht oft senkrecht von der Kopfhaut ab und lässt sich schwer frisieren. Sie benötigen daher mehr Pflege- und auch Stylingprodukte.

Sprungkraft

Die Sprungkraft des Haares bestätigt die Untersuchung der Haarstruktur und lässt darüber hinaus Rückschlüsse auf Schädigungen der Faserschicht zu.

Zur Ermittlung der Sprungkraft wird ein Knoten in eine dünne Haarsträhne gemacht und dann beobachtet, ob und wie schnell der Knoten wieder aufspringt.

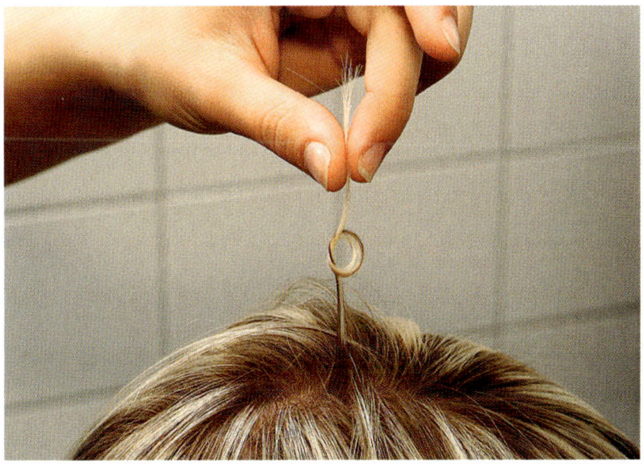

Bild 1 *Prüfung der Sprungkraft*

Während ein gesundes Haar eine gute Sprungkraft aufweist und der Testknoten schnell wieder aufspringt, bleibt er in strukturgeschädigtem Haar fest zusammengezogen und kann oft nur von Hand wieder gelöst werden.

Besonderheiten der Haare

Zu den Besonderheiten der Haare zählen Haarschaftveränderungen, also vor allem Haarschäden, wie Knickstellen, Spliss und Haarbruch, sowie Haaranomalien wie Haarknötchen, gedrehte Haare, Spindelhaar und Bandhaar.

Haarschäden sind meistenteils nicht reparabel und müssen weggeschnitten werden. Bei jeder der genannten Haaranomalien empfiehlt sich vor allem eine Kurzhaarfrisur, weil die Haare so schwer form- und frisierbar sind, dass das Stylen von langen Haaren nicht möglich ist.

Haarstärke

Die Haarstärke des einzelnen Haares ist eine der wichtigsten Inhalte einer Haar- und Kopfhautdiagnose. Sie wird mithilfe eines Haarstärkenmessgerätes ermittelt:

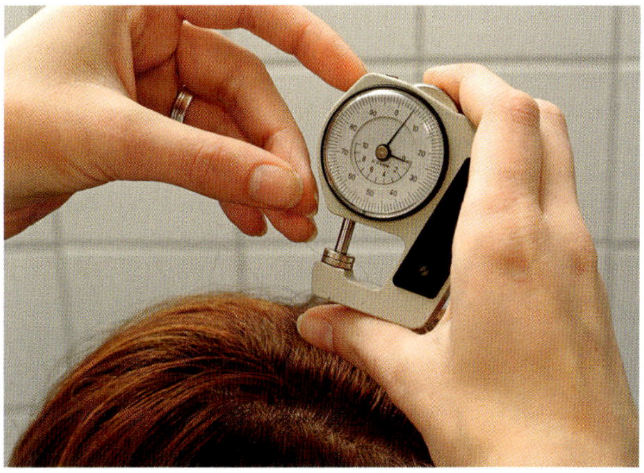

Bild 2 *Ermittlung der Haarstärke*

- Feines Haar $< 0{,}05$ mm
- Normales Haar 0,05–0,07 mm
- Starkes Haar $> 0{,}07$ mm

Für eine Pflegeempfehlung muss die Haarstärke aus folgenden Gründen beachtet werden:

- Feines Haar kann durch zu schwere Pflegepräparate »erdrückt« werden. Es ist dann nicht mehr frisierbar. Die Friseurin spricht in diesem Falle von »überpflegten« Haaren.
- Kräftiges, dickes Haar benötigt oftmals erheblich mehr Pflege, um frisierbar zu sein.

Die Haarstärke hat zudem auch Auswirkungen auf die Auswahl der Stylingpräparate: Präparate mit »starkem Halt« eignen sich meist nicht für feine Haare. Sie beschweren die Haare zu sehr und erschweren dadurch die Frisierbarkeit.

Haarlänge

Die Haarlänge verschiedener Haarpartien ist für die Auswahl und Menge der zu empfehlenden Präparate von Belang. Lange Haare benötigen wegen ihres Alters in den Längen und Spitzen oftmals mehr Pflege als kurze Haare und auch speziellere Präparate.

Haarfülle

Unter Haarfülle, Haardichte bzw. Haarvolumen versteht man die Anzahl der Haare in einem festgelegten Bereich. An dieser Stelle werden auch Lichtungen und Kahlstellen ermittelt.

Die Haarfülle hat Auswirkungen auf die Auswahl der Pflege- und Stylingpräparate. An Stellen mit geringer Haarfülle können spezielle volumengebende Präparate angewandt werden.

Bei anderen Behandlungen bestimmt die Haarfülle vor allem die Menge der zu verwendenden Präparate.

Wellung

Die Wellung der Haare ist von Bedeutung, da es spezielle Pflege- und Stylingpräparate auf dem Markt gibt, die Wellen und Locken wieder auffrischen. Außerdem dürfen bei Wellen und Locken keine zu stark beschwerenden Präparate eingesetzt werden. Dies gilt für die natürliche Wellung und die künstliche Umformung.

Aktuelle Haarfarbe

Die aktuelle Haarfarbe wird mithilfe der Farbkarte oder Farbsträhnen am Ansatz und in den Längen und Spitzen der Haare überprüft. Sie gibt Aufschluss darüber, ob farbauffrischende Pflegepräparate empfohlen werden können.

Bild 1 *Ermittlung der aktuellen Haarfarbe*

Sonstige Gegebenheiten

Zu den sonstigen Gegebenheiten zählt der Parasitenbefall von Haar und Kopfhaut. Haarparasiten wie Läuse (s. S. 79), sind sehr leicht von Mensch zu Mensch übertragbar. Eine Behandlung einer Kundin mit Lausbefall darf daher im Salon nicht erfolgen. Eine Ausnahme besteht dann, wenn der Friseursalon über ein medizinisches Shampoo zur Bekämpfung von Lausbefall verfügt.

Ebenfalls dürfen keine Personen mit ansteckenden Hauterkrankungen im Salon bedient werden. Zu diessen Erkrankungen gehören Pilzflechten (s. S. 78) aber auch die Bartflechte, eine schuppende Hauterkrankung im Gesichtsbereich. In allen Fällen muss die Kundin über die Ansteckungsgefahr informiert und in die nächstgelegene Apotheke verwiesen werden. Bei den ansteckenden Hauterkrankungen ist ein Arztbesuch unumgänglich. Eventuell eingesetzte Arbeitsmittel und der Arbeitsplatz müssen gründlich desinfiziert werden.

1.4 Behandlungsberatung

Für die Kundenzufriedenheit ist es von größter Wichtigkeit, vor Beginn der Behandlung ganz konkret zu erfahren, wie genau und womit die Behandlung durchgeführt wird. Die Friseurin gibt der Kundin damit eine Vorstellung davon, in wie weit ihr spezieller Wunsch auf Grundlage der ermittelten Gegebenheiten aus der Haar- und Kopfhautdiagnose umgesetzt wird.

Die Behandlungsberatung bezüglich eine Haar- und Kopfhautpflege gliedert sich in folgende Bereiche:

- Haarreinigung
- Haarpflege
- Haarstyling und Finish

Für jeden Bereich werden die einzusetzenden Präparate und deren Wirkungsweisen erläutert. Gleichzeitig werden die Methoden erklärt, mit denen die ausgewählten Präparate zum Einsatz kommen.

1.5 Pflege- und Stylingpräparate empfehlen

Die individuelle Präparatempfehlung bezieht sich auf die Behandlung der Haare der Kundin zu Hause.

Grundlage dafür bilden folgende Faktoren:

- Der ermittelte Kundenwunsch
- Die Ergebnisse der Haar- und Kopfhautdiagnose
- Die zuvor im Salon erfolgte Behandlung

Zu den zu empfehlenden Präparategruppen gehören:

- Reinigungspräparate
- Pflegepräparate
- Styling- und Finishpräparate

Für jede dieser Präparategruppen ist es notwendig, der Kundin zu erläutern, warum diese Empfehlung erfolgt, welches der Kundennutzen ist und wie sie das Präparat zu Hause anzuwenden hat.

Beachtet werden muss außerdem, dass die Präparate in ihrer Wirkung aufeinander abgestimmt sind und sich gegenseitig ergänzen, damit der Kundennutzen möglichst groß und umfassend ist.

Grundsätzlich ist es schwierig, einer Kundin mehr als drei Präparate auf einmal zu empfehlen, sodass die Auswahl sehr gezielt und durchdacht erfolgen muss.

Im Falle einer Pflegeberatung können Behandlungsberatung und Präparateempfehlung auch zusammen erfolgen, wenn die Präparate, die im Salon zum Einsatz kommen, identisch sind mit denen, die für die Heimbehandlung empfohlen werden.

Aufgaben

1. Erläutern Sie die Notwendigkeit der Aufstellung von Behandlungsplänen vor einer Behandlung.
2. Erläutern Sie die Methoden zur Ermittlung folgender Inhalte der Haar- und Kopfhautdiagnose:
   a) Zustand der Kopfhaut
   b) Besonderheiten der Kopfhaut
   c) Haarstruktur
   d) Haarstärke
   e) aktuelle Haarfarbe
3. Listen Sie die Inhalte eines Behandlungsplanes auf, die nur von der Kundin erfragt werden können.
4. Erstellen Sie einen Behandlungsplan für eine Haar- und Kopfhautpflegeberatung.
5. Führen Sie mit einer Mitschülerin eine Begrüßung und ein Beratungsgespräch zur Haar- und Kopfhautpflege durch.
6. Warum sollte die Friseurin bei Neukundinnen vor einer Haarwäsche die Haarstärke ermitteln?
7. Welche Bedeutung hat die Ermittlung der Haarqualität für die Auswahl der Reinigungs- und Pflegepräparate?
8. Warum ist es sinnvoll, vor der Haarwäsche die Kopfhaut genauer zu untersuchen?

Muster eines Behandlungsbogens zur Haar- und Kopfhautpflege

1. Personalien

Name: ______ Anschrift: ______

Telefonnummer: ______ Geburtsdatum: ______

2. Kundenwunschermittlung

Probleme mit der Kopfhaut: ______

Probleme mit Haar und Frisur: ______

3. Haar- und Kopfhautdiagnose

3.1. Pflegegewohnheiten

Zeitpunkt der letzten Haarwäsche: ○ heute morgen ○ gestern ○ vor 2 Tagen ○ vor 1 Woche

Häufigkeit der Haarwäschen: ○ jeden Tag ○ jeden 2 Tag ○ 2x/Woche ○ jede Woche ○ sonstiges: ______

Gründe für die nächste Haarwäsche: ______

Verwendete Präparate: Haarreinigung: ______ Haarpflege: ______ Styling und Finish: ______

3.2. Kopfhautdiagnose

Zustand der Kopfhaut: ○ trocken ○ normal ○ fettig ○ trockene Schuppen ○ fettige Schuppen

Besonderheiten der Kopfhaut:
- ○ Narben wo? ______
- ○ Pigmentmale wo? ______
- ○ Atherome wo? ______
- ○ Warzen wo? ______
- ○ Infektiöse Hauterkrankungen: ______
- ○ Sonstiges: ______ wo? ______

Empfindlichkeit der Kopfhaut:

	Druck /Stoß	Reibung	chemische Substanzen: ______
gering	○	○	○
mittel	○	○	○
stark	○	○	○

Allergien: ○ nein ○ ja wogegen? ______

3.3. Haardiagnose

Chemische und thermische Vorbehandlungen:

chemisch		thermisch	
○ Dauerwelle	wann? ______	○ Föhnen	Häufigkeit: ______
○ Haarfarbe	wann? ______	○ Glätteisen	Häufigkeit: ______
○ Blondierung	wann? ______	○ Lockenstab	Häufigkeit: ______
○ Tönung	wann? ______	○ Sonstiges: ______	
○ Sonstiges: ______	wann? ______		Häufigkeit: ______

Haarstruktur:

	eng anliegend	leicht abgespreizt	stark abgespreizt
Haarlängen	○	○	○
Haarspitzen	○	○	○

Haarqualität: ○ weich ○ mittel ○ hart/glasig

Besonderheiten des Haarschaftes:

Haarschäden: ○ Haarspliss ○ Knickstellen ○ Haarbruch ○ Sonstiges: ______

Haaranomalien: ○ Ringelhaar ○ Gedrehtes Haar ○ Spindelhaar ○ Haarknötchen

Sprungkraft: ○ stark ○ mittel ○ gering

Haarstärke: ○ stark ○ normal ○ fein

Haarlänge: ○ kurz ○ schulterlang ○ überschulterlang ○ sonstiges: ______

Haarfülle: ○ groß ○ mittel ○ gering ○ Lichtungen/Kahlstellen wo? ______

Wellung: ○ stark ○ mittel ○ gering

Momentane Haarfarbe:

	blond	braun	schwarz
aschig	○	○	○
rot/gold	○	○	○

3.4 Ermittlung sonstiger Gegebenheiten:

Parasitenbefall: ○ ja ○ nein

4. Behandlungsberatung und Präparateempfehlung

		Präparat 1	Präparat 2
Haarreinigung:	Name/Firma:	______	______
	Anwendung:	______	______
Haarpflege:	Name/Firma:	______	______
	Anwendung:	______	______
Styling und Finish:	Name/Firma:	______	______
	Anwendung:	______	______
		______	______

2 Aufbau der Kopfhaut

Szenario

Anja weiß, dass die Haut wächst. Sie wundert sich, dass diese dabei nicht ständig dicker wird. Deshalb möchte sie einiges über den Aufbau der Haut erfahren.

Die Kopfhaut ist aus drei unterschiedlichen Schichten aufgebaut, der **Oberhaut**, der **Lederhaut** und dem **Unterhautfettgewebe**.

Sie ist durch Sehnen sehr straff mit den Schädelknochen verbunden.

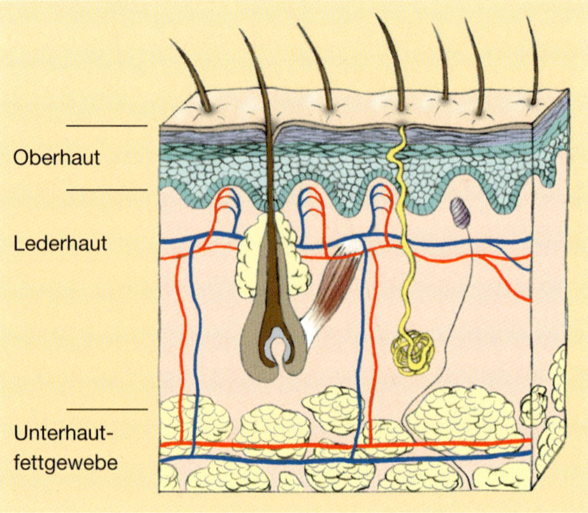

Bild 1 *Aufbau der Haut*

2.1 Oberhaut (Epidermis)

Die Oberhaut ist die äußere Schicht der Haut. Sie umschließt den Körper. Durch ihren hohen Anteil an Keratin erreicht die Oberhaut eine Festigkeit, die sie vor äußeren Belastungen schützt. Die Oberhaut ist ein **Deckgewebe**, das aus den folgenden fünf Schichten besteht (von innen nach außen dargestellt).

- Basalzellenschicht
- Stachelzellenschicht
- Körnerzellenschicht
- Leuchtschicht
- Hornschicht

Die **Basalzellenschicht** ist die unterste Schicht der Epidermis. Sie besteht aus einer Lage von Zellen, den Keratinozyten. Die Basalzellenschicht ist die Grenzschicht zur Lederhaut, von der die Zellen durch die nährstoffreiche Gewebsflüssigkeit versorgt werden. Die neugebildeten Zellen werden laufend in Richtung Hautoberfläche verschoben. Auf dem Weg nach oben flachen sie ab, verhornen und werden schließlich nach einer Gesamtzeit von durchschnittlich vier Wochen als feine Hornschüppchen abgestoßen. Zwischen den Basalzellen befinden sich **Melanozyten**, die das Hautpigment Melanin herstellen.

Die **Stachelzellenschicht** besteht aus acht bis zehn Lagen von Zellen, die mit stachelförmigen Ausläufern untereinander verbunden sind. Die nährstoffreiche Lymphflüssigkeit erreicht auch noch die Zellen dieser Schicht, sodass noch Zellteilungen möglich sind. Die Zellen sondern Eiweiß- und Fettstoffe ab. Diese Stoffe bilden die kittartige Zwischenzellsubstanz, die die Einzelzellen zusätzlich verbindet. Auf diese Weise bildet sich bereits ein festes Gewebe.

Weil in der Basalzellenschicht und der Stachelzellenschicht Zellteilungen ablaufen, werden diese Schichten auch als **Keimzone** der Oberhaut bezeichnet.

Die **Körnerzellenschicht** besteht aus drei bis fünf Lagen abgeflachter Zellen. Diese scheiden eine ölige Substanz aus, durch die die Epidermis geschmeidig wird. Unter dem Mikroskop erkennt man körnige Einlagerungen, die aus einer Vorstufe des Keratins bestehen und auf die beginnende Verhornung hinweisen.

Die **Leuchtschicht** setzt sich aus wenigen Lagen durchscheinder Zellen zusammen. Sie ist an den Handinnenflächen und Fußsohlen stärker ausgeprägt als an der übrigen Haut. Dort dient sie zum Schutz der Oberhaut vor starken mechanischen Belastungen.

Die Hornschicht besteht aus 15 bis 20 Lagen flacher, vorwiegend mit Keratin gefüllter Zellen, die zu einer festen Schicht verbunden sind. Die Zellen der oberen Lagen lösen sich auf und werden schließlich als feine, kaum sichtbare Hornschüppchen abgestoßen.

Die Hornschicht weist neben dem hohen Keratinanteil auch Fett und Wasser auf. Diese haben folgende Funktionen:

- Fett hält die Hornschicht ebenfalls geschmeidig und verhindert, dass Wasser von außen in die tieferen Schichten der Oberhaut eindringt und dass das Wasser der Haut nach außen abgegeben wird.
- Wasser hält die Hornschicht geschmeidig und verhindert, dass sie brüchig und rissig wird.

Körnerzellenschicht, Leuchtschicht und Hornschicht werden zusammen als **Verhornungszone** bezeichnet.

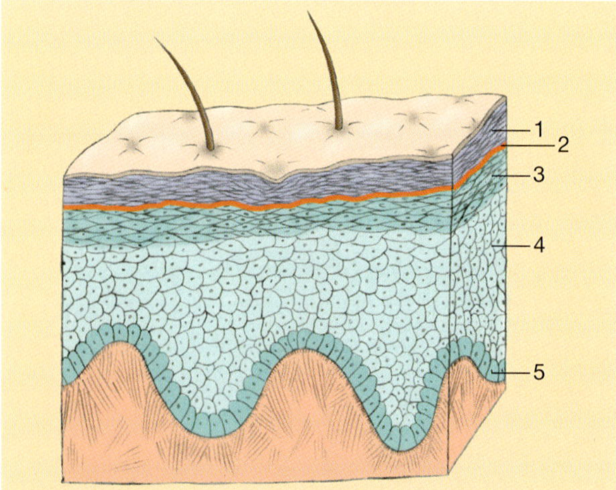

Bild 2 *Schichten der Oberhaut*

Auf der Oberhaut befindet sich ein natürlicher saurer Schutzfilm, der auch als **Säureschutzmantel** bezeichnet wird. Er wird aus dem Talg und dem sauer eingestellten Schweiß gebildet.

Der Säureschutzmantel

- hemmt das Wachstum von Krankheitserregern und
- schwächt die Wirkung von alkalischen Substanzen ab.

Wird der Säureschutzmantel durch Waschen entfernt oder durch Alkalien neutralisiert, so wird er von einer gesunden Haut in wenigen Stunden wieder hergestellt.

Dagegen wird der Säureschutzmantel durch das Auftragen von Pflegepräparaten wie Packungen und Kuren sowie Gesichtscremes sofort wieder erneuert.

2.2 Lederhaut (Corium)

Die Lederhaut ist mit der Epidermis durch die Hautpapillen verzahnt. In den Papillen verlaufen die Kapillaren, die die Oberhaut mit Nährstoffen versorgen.

Die Lederhaut ist ein **Bindegewebe**. Es besteht im Wesentlichen aus elastischen und kollagenen Fasern, die folgende Funktionen haben:

- Die elastischen Fasern geben der Lederhaut Elastizität und Festigkeit.
- Die kollagenen Fasern geben der Lederhaut Elastizität und Feuchtigkeit.

Beide Fasern bestimmen die Gewebsspannung und das Aussehen der Haut.

Das Kollagen wird im Laufe der Jahre durch Vernetzung fester und seine Fähigkeit, Wasser zu binden, nimmt ab. Gleichzeitig verlieren die elastischen Fasern einen Teil ihrer Elastizität. Beides trägt zur Faltenbildung bei.

Die Lederhaut der Kopfhaut ist durch die große Dichte von Haarfollikeln und Talgdrüsen gekennzeichnet.

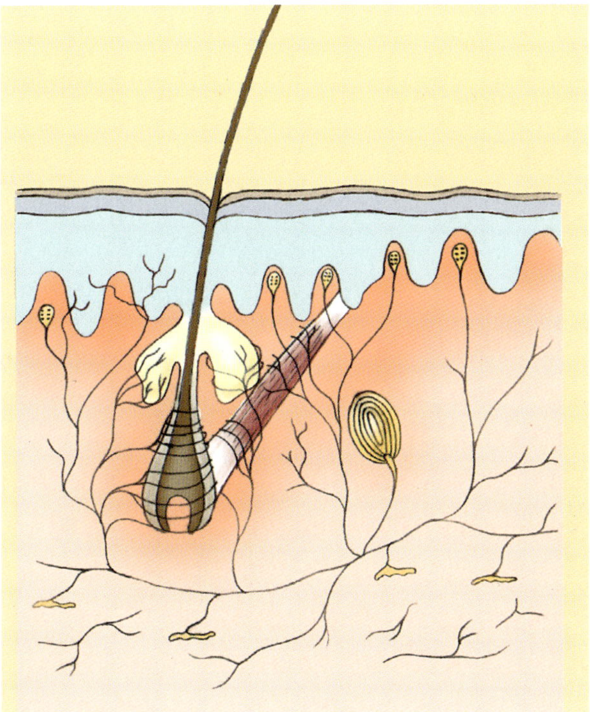

Bild 1 *Hautnerven*

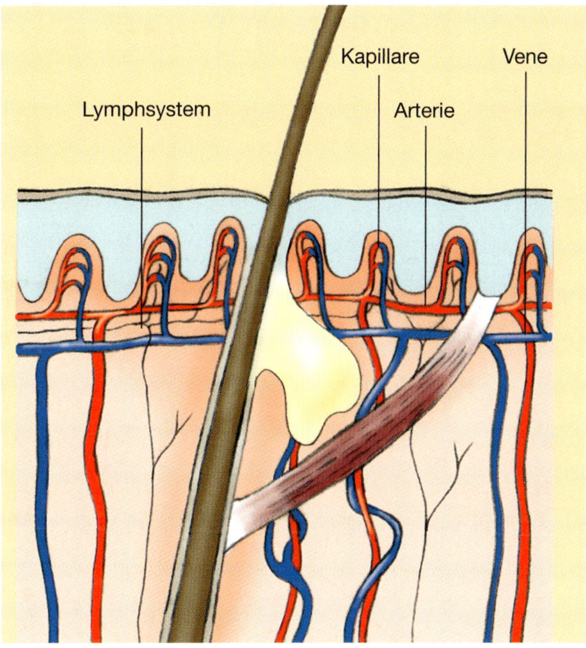

Bild 2 *Blutgefäße in der Haut*

2.3 Unterhaut (Subcutis)

Die Unterhaut besteht aus einem lockeren **Bindegewebe**, das mit Fettzellen gefüllt ist. Man bezeichnet die Unterhaut deswegen auch als **Unterhautfettgewebe**.

Die Unterhaut ist die dickste der drei Hautschichten. Bei einem normalgewichtigen Menschen beträgt ihr Gewicht ca. 13 bis 15 kg. Im Alter lagert die Unterhaut weniger Fett ein. Wegen der geringeren Unterpolsterung wird die Haut schlaffer und faltig.

Die Unterhaut hat im Wesentlichen folgende Aufgaben:

- Im Bauchbereich schützt sie die inneren Organe vor Druck und Stoß.
- Fett wirkt isolierend. Deshalb schützt das Unterhautfettgewebe den Körper vor Auskühlung.
- Sie dient als Nährstoffspeicher.

Aufgaben

1. Nennen Sie die drei Hauptschichten der Haut.
2. Aus welchen Gewebearten bestehen die drei Hautschichten?
3. Nennen Sie die Schichten der Oberhaut.
4. Innerhalb welcher Zeit erneuert sich die Epidermis?
5. Warum werden die unteren Hautschichten der Oberhaut auch als Keimzone und die oberen als Verhornungszone zusammengefasst?
6. Welche Aufgaben haben die Melanozyten?
7. Aus welchen Fasern besteht die Lederhaut?
8. Wie ist das Unterhautfettgewebe aufgebaut?
9. Welche Aufgaben hat die Unterhaut?

3 Erscheinungsbild der Kopfhaut

Szenario

Anja weiß, dass die Kopfhaut der Kundinnen oftmals sehr unterschiedlich aussieht, manchmal auch krankhafte Veränderungen aufweist. Sie interessiert sich für die Erscheinungsformen der Kopfhaut, deren Ursachen und mögliche Behandlungen.

3.1 Talgproduktion

Die Talgproduktion erfolgt in den Talgdrüsen. Ihre Wände bestehen aus teilungsfähigen Zellen, die vorwiegend fettende Substanzen herstellen. Nach der Zellteilung zerfallen die entstandenen Tochterzellen und bilden das talgartige Sekret, das auch **Sebum** genannt wird.

Zwei Faktoren beeinflussen im Wesentlichen die Menge der Talgproduktion:

- Die genetisch festgelegte Talgdrüsengröße
- Die männlichen Geschlechtshormone (Androgene)

Unter dem Einfluss der männlichen Hormone erreichen die Talgdrüsen die genetisch vorbestimmte Größe. Wegen des höheren Androgenspiegels kommt bei Männern die vermehrte Talgproduktion häufiger vor als bei Frauen.

Der Talg gelangt in den Haarfollikel und fettet Haut und Haar. Er erfüllt dabei mehrere Aufgaben:

- Talg hält Haut und Haar geschmeidig.
- Er sorgt für natürlichen Glanz.
- Er schützt vor äußeren Einflüssen.
- Er verhindert das Austrocknen von Haut und Haar.

In Abhängigkeit von der Talgproduktion werden folgende Erscheinungsbilder der Haut unterschieden:

- Normale Haut
- Trockene Haut
- Fettige Haut

Bei der **normalen Haut** weist das Haar einen natürlichen Glanz auf; die Kopfhaut ist weder trocken noch übermäßig empfindlich.

Die Gesichtshaut ist mittel- bis feinporig, hat einen matten Glanz, einen klaren, reinen Teint und wird gut durchblutet. Bei diesem Hauttyp treten kaum Hautunreinheiten auf.

Bei der **trockenen Haut (Sebostase)** liegt eine Unterfunktion der Talgdrüsen vor. Das Haar ist trocken und glanzlos, die Kopfhaut ist eher empfindlich.

Die Gesichtshaut ist feinporig, ebenfalls glanzlos und wegen ihres Fettmangels spröde und rau.

Die Kunden klagen besonders nach der Haarwäsche über Rötungen und Spannungsgefühle.

Bei der **fettigen Haut (Seborrhö)** liegt eine Überfunktion der Talgdrüsen vor. Je nach der Konsistenz des Talgs ergeben sich die Unterformen:

- Seborrhö oleosa (ölige Seborrhö)
- Seborrhö sicca (trockene Seborrhö)

Bei der **Seborrhö oleosa** ist der Talg ölig. Das Fett verteilt sich auf der Kopfhaut, wird vom Haar aufgenommen und gelangt in kurzer Zeit vom Ansatz bis zu den Spitzen. Das Haar sieht fettig und strähnig aus.

Die Gesichtshaut neigt verstärkt zu Hautunreinheiten. Die seborrhoische Zone (Stirn, Nase, Kinn) ist der Bereich der größten Talgproduktion. Die Wangenpartie ist feinporiger und häufig sehr trocken.

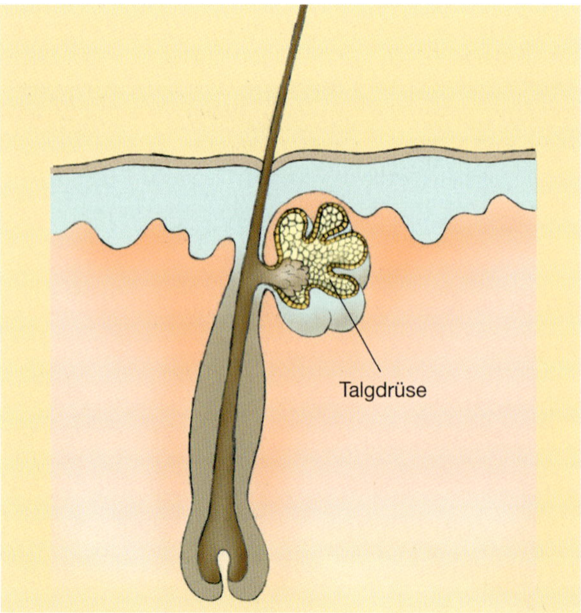

Bild 1 *Haarfollikel mit Talgdrüse*

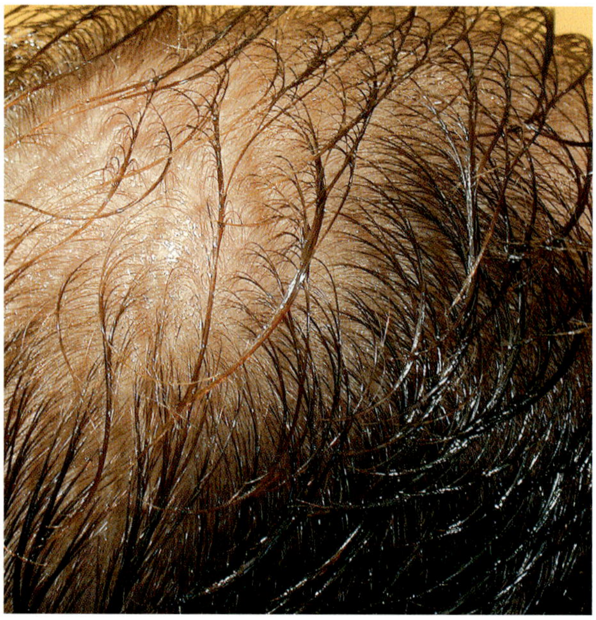

Bild 2 *Seborrhoe oleosa*

Die Talgproduktion kann mit kosmetischen Mitteln nicht reduziert werden.

Bei der **Seborrhö sicca** ist der Hauttalg fester. Er gelangt deshalb nur auf die Kopfhaut und den Haaransatz. Die Längen und Spitzen sind eher trocken. Mit den abschuppenden Hornteilchen der Oberhaut bildet der Talg die sogenannten Talgschuppen.

Die Gesichtshaut ist im Bereich von Stirn, Nase und Kinn fettig, die Wangenpartie ist dagegen eher trocken und leicht schuppig.

Der **Hautzustand** beschreibt das augenblickliche Aussehen der Haut. Er ist das Ergebnis unterschiedlicher Einflüsse, wie z. B. Alter, Stress, berufliche Tätigkeit, häufiger Aufenthalt im Freien oder in Räumen etc.

3.2 Schuppenbildung

Die Oberhaut wächst durch Teilung der Basalzellen und der Stachelzellen. Die neugebildeten Zellen werden durch die nachfolgenden Zellen immer weiter in Richtung der Hautoberfläche geschoben, wo sie in Form von sehr kleinen, kaum sichtbaren Hornteilchen abgeschuppt werden. Dieser Vorgang kann durch Krankheiten und durch äußere Faktoren gestört sein. Es kommt zu beschleunigter Zellteilung und zur Schuppenbildung.

3.2.1 Gewöhnliche Schuppen

Bei den gewöhnlichen Schuppen, die auch als Hornschuppen bezeichnet werden, ist das Zellwachstum erheblich beschleunigt. Innerhalb von einer Woche durchlaufen nun die Zellen von ihrer Entstehung bis zur Abschuppung die Schichten der Oberhaut. Das Zellmaterial hat nicht genügend Zeit, vollständig zu verhornen und sich aufzulösen. Es verklebt zu Zellkomplexen von mehr als 500 Zellen, den sichtbaren Schuppen. Der Grund für die beschleunigte Zellteilung ist in den meisten Fällen ein Hefepilz namens Pityrosporum ovale.

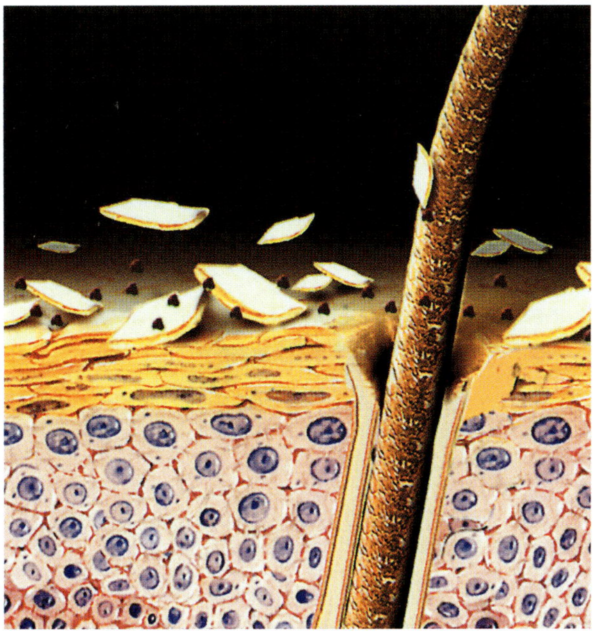

Bild 1 *Schematische Darstellung der Schuppenbildung*

Dieser Pilz gehört neben anderen Pilzen und Bakterien zur Flora einer jeden Kopfhaut. Erreicht er jedoch einen höheren Anteil an der Gesamtflora, bilden sich die gewöhnlichen Schuppen. Folgende Faktoren begünstigen die Vermehrung dieses Pilzes:

- Talg und Schuppen sind Nährstoffe für Pilze.
- Stress und allgemeines Unwohlsein schwächen das Immunsystem. Pilze können sich stärker vermehren.
- Genetische Faktoren begünstigen die Vermehrung des Pilzes.

Bei gleichzeitigem Vorliegen einer Seborrhoe saugen die Schuppen das Fett auf. Es entstehen Talgschuppen.

Die Friseurin verfügt über wirksame Präparate mit entsprechenden Substanzen, die die Schuppen und ihre Begleiterscheinungen bekämpfen:

- Schwefel und die noch besser geeigneten neueren Wirkstoffe (Pyrithionverbindungen) wirken keratolytisch (hornlösend).
- Salicylsäure wirkt ebenfalls keratolytisch und fungizid (pilztötend).
- Teerverbindungen und Menthol lindern den Juckreiz.

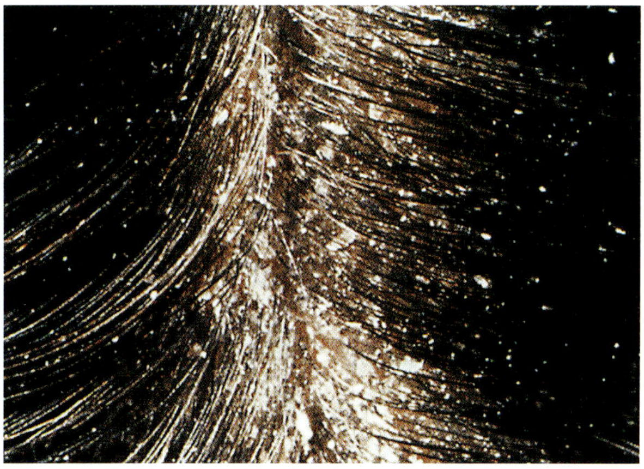

Bild 2 *Gewöhnliche Schuppen*

Diese Wirkstoffe sind vor allem in Spezialshampoos enthalten, sodass in einem Arbeitsgang Haar und Kopfhaut gereinigt und die Schuppen entfernt werden. Damit ist die Schuppenbildung jedoch nicht beseitigt. Nach wenigen Tagen entstehen die Schuppen erneut. Deshalb ist eine regelmäßige Behandlung erforderlich.

3.2.2 Schuppenbildung durch Einwirkung von Chemikalien

Wird die Haut von Chemikalien angegriffen, so neigt sie zum Abschuppen.

Die Gesichtshaut kann bereits bei Überempfindlichkeit gegenüber Seifen mit Schuppenbildung reagieren.

Die Kopfhaut wird häufig stärkeren Chemikalien ausgesetzt. Hierzu gehören ungeeignete Haarwaschmittel, aber auch Dauerwellflüssigkeit oder Blondierpräparate, die auf die Kopfhaut gelangen.

Eine besondere Behandlung ist bei den aufgeführten Formen der Schuppenbildung nicht erforderlich, da sich die Haut selbstständig regeneriert.

3.2.3 Schuppende Hauterkrankungen

Im Bereich der behaarten Kopfhaut treten vorwiegend zwei unterschiedliche schuppende Hauterkrankungen auf, die Schuppenflechte und die Pilzflechte.

Die **Schuppenflechte** (Psoriasis) kann die Kopfhaut und den ganzen Körper befallen. Beim Ablösen von Schuppenteilen wird die gerötete Haut sichtbar. Die Schuppenflechte ist genetisch bedingt. Sie kann in jedem Lebensalter auftreten.

Die Friseurin sollte Folgendes beachten:

- Die Schuppenflechte ist nicht ansteckend. Der Kunde darf bedient werden.
- Die Schuppenflechte ist eine Krankheit, die nur vom Arzt behandelt werden darf.

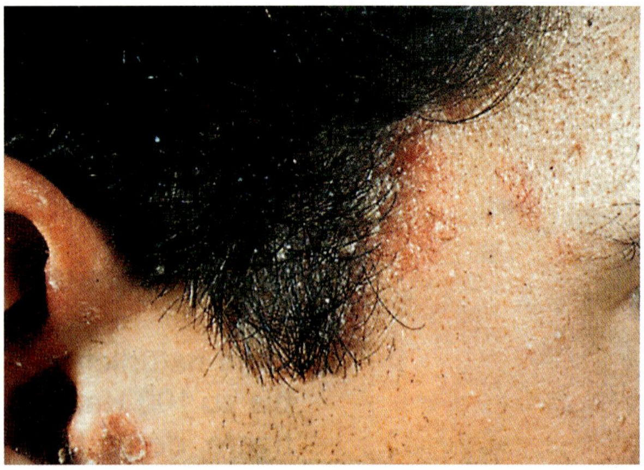

Bild 1 *Schuppenflechte*

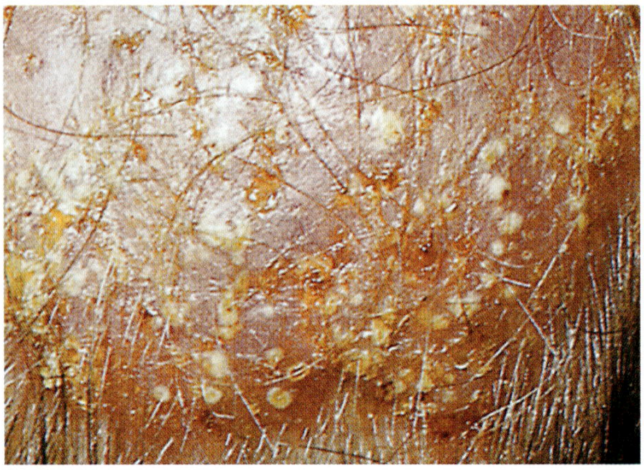

Bild 2 *Pilzflechte*

Pilzflechten (Dermatomykosen) sind schuppende Hautkrankheiten, die durch Pilzinfektion hervorgerufen werden. Spezielle Pilze befallen die behaarte Kopfhaut. An den befallenen Stellen brechen die Haare ab. Die entstandenen Kahlstellen sind mit Schuppen belegt.

- Die Pilzflechten sind ansteckend. Deshalb dürfen die Kunden mit dieser Erkrankung im Salon nicht bedient werden.
- Wird der Pilzbefall erst während der Behandlung entdeckt, muss die Arbeit so schnell wie möglich beendet werden. Die benutzten Werkzeuge und Textilien müssen desinfiziert werden.

3.3 Grützbeutel (Atherom)

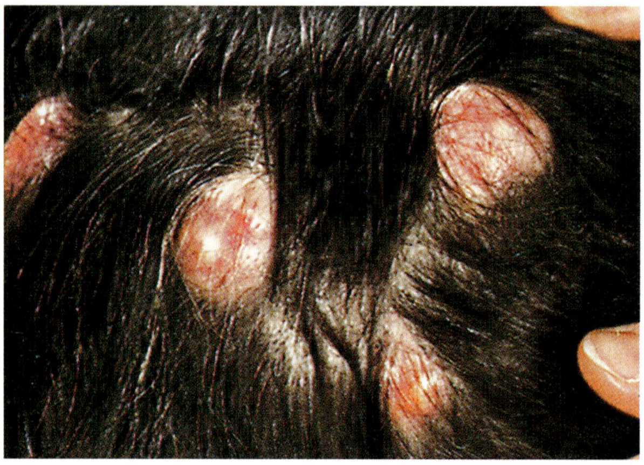

Bild 3 *Grützbeutel*

Grützbeutel sind Zysten, die mit Talg und Hornmaterial gefüllt sind. Grützbeutel kommen vorwiegend auf dem Kopf vor. Zunächst sind sie flach, erlangen aber mit zunehmendem Inhalt eine rundliche Form. Auf Grund des Drucks, den sie auf die Haarwurzeln ausüben, entwickeln sich die Haare zurück, sodass die Grützbeutel in der Regel kahl sind.

Bei der Durchführung von Facharbeiten können Grützbeutel stören. Die Friseurin sollte besonders vorsichtig arbeiten, damit es nicht zu Verletzungen und Infektionen kommt.

Im Gespräch mit betroffenen Kunden sollte sie darauf hinweisen, dass Grützbeutel vom Arzt operativ entfernt werden können.

3.4 Warzen

Es werden ansteckende und nicht ansteckenden Warzen unterschieden. Zu den ansteckenden Warzen gehören die **gewöhnlichen** und die **jugendlichen** Warzen.

Gewöhnliche Warzen sind Wucherungen der Epidermis, die durch eine Virusinfektion hervorgerufen werden. Man erkennt sie an ihrer grau- bis gelbschwarzen Farbe und an ihrer charakteristischen höckerigen Form.

Die jugendlichen Warzen sind in der Regel hautfarbene Knötchen, die vorwiegend bei Kindern und Jugendlichen auftreten.

Die Friseurin muss auf ausreichenden Hautschutz achten und alles, was in Kontakt mit den Viruswarzen gekommen ist, gründlich desinfizieren.

Zu den nicht ansteckenden Warzen zählen die **seborrhöischen Warzen.** Sie entstehen in Bereichen, in denen sich auch vermehrt Talgdrüsen befinden.

Es sind bräunliche bis schwarze, meist breite Bindegewebswucherungen, die in der Regel erst nach dem 40. Lebensjahr entstehen. Sie werden deshalb auch als **Alterswarzen** bezeichnet.

Warzen sind oftmals nur ein kosmetisches Problem.

Sie können vom Arzt durch Abschleifen, Auskratzen, Vereisen, Verätzen oder mit Laserstrahlen beseitigt werden.

3.5 Pigmentflecken

Pigmentmentflecken auf der behaarten Kopfhaut werden oftmals von den Kunden nicht bemerkt. Die Friseurin sollte deshalb die Kopfhaut gewissenhaft auf Pigmentflecken untersuchen und gegebenenfalls die Kundin informieren. Pigmentflecken der Kopfhaut können **Muttermale**, **Leberflecken** und seltener **maligne** (bösartigen) **Melanome** sein.

- **Muttermale** sind braune, gutartige Hautveränderungen, die über das Hautniveau hinausragen. Bei chemischen Behandlungen besteht die Gefahr, dass sich beim Kontakt mit den Chemikalien aus einem Muttermal ein malignes Melanom entwickelt. Die Friseurin sollte ihre Kundin immer darüber informieren.
- **Leberflecken** sind braune Flecken, die sich im Hautniveau befinden. Ihr Name geht auf die leberartige Färbung zurück.
- **Maligne Melanome** sind bösartige Pigmentflecken. Sie können »aus dem Nichts« entstehen oder sich aus Muttermalen entwickeln. Typisch für ein malignes Melanom sind folgende Merkmale (ABCD-Regel):
  A Sie sind **a**symmetrisch
  B Die **B**egrenzungslinie ist ausgefranst
  C Die Farbe (**C**olour) ist dunkler
  D Der **D**urchmesser ist größer als 6 mm
  Maligne Melanome können vom Hautarzt entfernt werden. Bleiben sie unentdeckt, bilden sie Metastasen, die sich im ganzen Körper ansiedeln können und Krebs hervorrufen. Ein nicht behandeltes malignes Melanom führt in der Regel zum Tod.

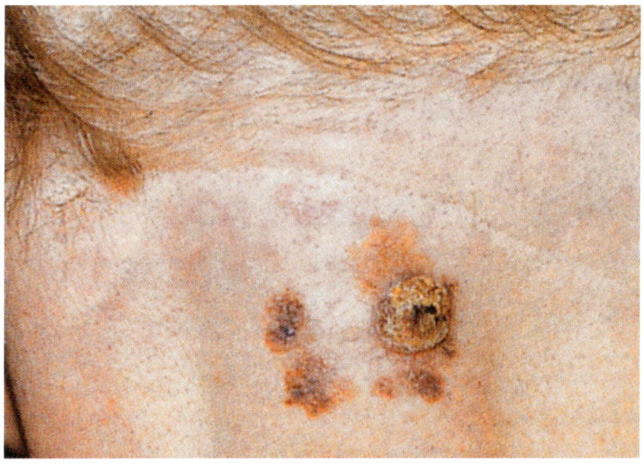

Bild 1 *Melanom*

3.6 Kopfläuse

Kopfläuse befallen ausschließlich die behaarte Kopfhaut. Mit ihren krallenartigen Beinen klammern sie sich an den Kopfhaaren fest, sodass sie beim Kämmen nicht entfernt werden. Sie ernähren sich vom Blut, das sie im Abstand von zwei bis drei Stunden aus der Kopfhaut saugen.

Die weiblichen Kopfläuse legen täglich bis zu vier Eier, die sie mit einem Klebesekret am Haar befestigen. Aus diesen Nissen entwickeln sich in etwa 18 Tagen geschlechtsreife Läuse, die dann noch eine Lebenserwartung von drei Wochen haben.

Die folgenden Merkmale deuten auf einen Befall mit Kopfläusen hin:

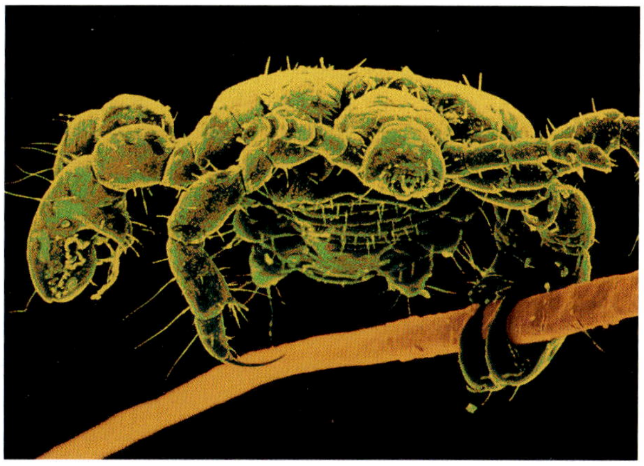

Bild 2 *Kopflaus*

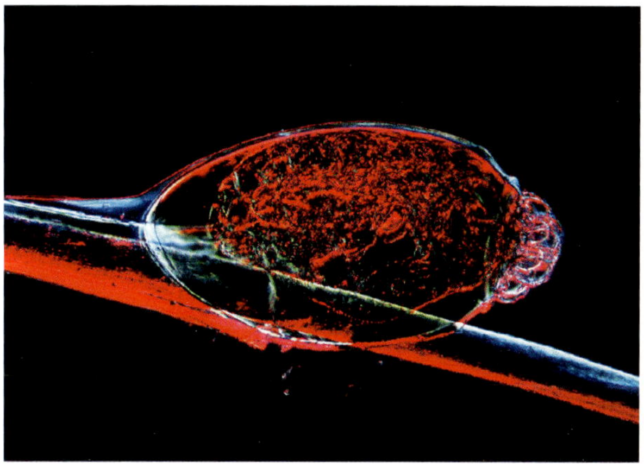

Bild 3 *Haar mit Nissen bei Kopflausbefall*

- Starker Juckreiz
- Häufiges Kratzen, besonders bei Kindern
- Entzündungen an den Einstichstellen
- Hellgraue Nissen am Haar

Mit Kopfläusen infizierte Kunden dürfen im Salon nicht behandelt werden. Die Friseurin sollte sie aber beraten und auf Präparate aus der Apotheke hinweisen.

Falls der Kopflausbefall erst während der Behandlung bemerkt wird, müssen die Haare vorschriftsmäßig entsorgt und das Werkzeug desinfiziert werden.

Aufgaben

1. Nennen Sie die Faktoren, durch die die Talgproduktion bestimmt wird.
2. Beschreiben Sie das Erscheinungsbild der Seborrhö oleosa der Kopfhaut.
3. Was kann die Friseurin einem Kunden empfehlen, der unter schnell fettendem Haar leidet?
4. Beschreiben Sie die Behandlung der gewöhnlichen Schuppen.
5. Wie sollte sich die Friseurin verhalten, wenn sie auf dem Kopf eines Kunden eine ansteckende Kopfhauterkrankung oder Kopfläuse feststellt?
6. Warum sollte eine Friseurin bei der Untersuchung der Kopfhaut besonders auf Pigmentflecken achten?

4 Das menschliche Haar

Szenario

Anja möchte wissen wie das Haar in der Haut gebildet wird, wie es aufgebaut ist und aus welchem Material es besteht, damit es alle Aufgaben erfüllen kann.

4.1 Aufgaben des menschlichen Haares

Die ursprünglich wichtigste Aufgabe des menschlichen Haares bestand darin, den Körper vor Kälte, Wärme und UV-Strahlen zu schützen. Im Laufe der Evolution entwickelte sich die Behaarung zurück, aber ein Teil der Restbehaarung übernimmt weiterhin Schutzaufgaben. So schützen z. B. Augenbrauen und Wimpern das Auge vor Schweiß und Staub. Die Nasenbehaarung hält wie ein Filter Schmutzteilchen aus der eingeatmeten Luft zurück.

Die wichtigste Aufgabe des Kopfhaares ist seine schmückende Wirkung.

4.2 Haararten

Das menschliche Haarkleid wird nach Länge und Stärke in **Langhaar**, **Kurzhaar** und **Wollhaar** unterteilt:

- Zum Langhaar gehören Kopfhaar, Barthaar, Achsel- und Schambehaarung.
- Zum Kurzhaar gehören Augenbrauen, Wimpern sowie Nasen- und Ohrenbehaarung. Es wird wegen seiner kräftigen Struktur auch als Borstenhaar bezeichnet.
- Das dünnere Wollhaar bedeckt die übrigen Körperstellen mit Ausnahme der Handinnenflächen, der Fußsohlen und der Lippen.

Nach dem Zeitpunkt seines Entstehens gliedert es sich in **Primär-**, **Sekundär-** und **Terminalbehaarung**:

- Die Primärbehaarung entsteht bereits während der Embryonalzeit. Sie fällt entweder vor oder nach der Geburt aus. Die Primärbehaarung kann deutlich dunkler sein als das nachfolgende Haar.
- Die Sekundärbehaarung ist das nachfolgende Haarkleid. Es ersetzt die Primärbehaarung. Die einzelnen Haararten der Sekundärbehaarung entwickeln sich nach und nach zur endgültigen Form. So kann die Entwicklung des Kopfhaares bereits im ersten Lebensjahrzehnt abgeschlossen sein. Es hat dann die endgültige Stärke und Form erreicht. Die Bartbehaarung hingegen entsteht nach der Pubertät und erreicht ihre endgültige Stärke erst im dritten Lebensjahrzehnt.
- Als Terminalbehaarung wird das endgültige Haarkleid bezeichnet. Erst im 6. Lebensjahrzehnt erreicht es seine letzte Ausprägung. Bis dahin können z. B. bei Männern die Augenbrauen buschiger werden und die Ohrenbehaarung zunehmen.

4.3 Haarfollikel

Als **Haarfollikel** wird die schlauchartige Hautvertiefung bezeichnet, aus der das Haar wächst. Er entsteht beim Embryo bereits im 3. Schwangerschaftsmonat, indem die Oberhaut durch ständige Zellteilung in die Lederhaut hineinwächst.

Der Haarfollikel besteht aus **Epidermisgewebe** und dem umgebenden **Bindegewebe** der Lederhaut.

- Das Epidermisgewebe wird als **Wurzelscheide** bezeichnet. Diese gliedert sich in zwei Bereiche. Die **innere Wurzelscheide** ist fest mit dem Haar verzahnt und wächst mit ihm gemeinsam nach oben. An der **äußeren Wurzelscheide** gleitet die innere Wurzelscheide mit dem Haar entlang.
- Das Bindegewebe bildet den **Haarbalg**, der die Wurzelscheide umgibt.

Im unteren Teil des Haarfollikels liegt die **Haarpapille**. Darin befinden sich die **Kapillaren**, aus denen die nährstoffreiche Lymphflüssigkeit austritt. Die Nährstoffe gelangen in die darüber liegende **Haarmatrix**, eine Schicht teilungsfähiger Zellen, die so genannten **Keratinozyten**. Sie nehmen die Nährstoffe auf und stellen aus den Aminosäuren (Eiweißbausteinen) körpereigenes Eiweiß her, dem Hauptbestandteil der weichen Haarzellen.

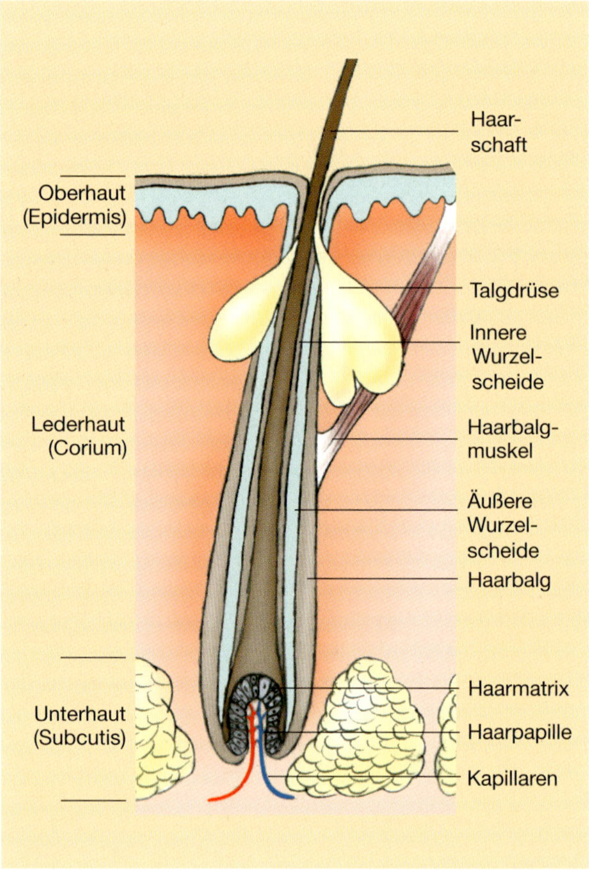

Bild 1 *Schematische Darstellung des Haarfollikels*

Zu den Anhangsgebilden des Follikels gehören die **Talgdrüse** und der **Haarbalgmuskel**.

- Die Talgdrüse mündet in den Haarfollikel. Ihr Sekret überzieht Haut und Haar mit einem Fettfilm.
- Der Haarbalgmuskel wird durch die vegetativen Nerven gesteuert. Unter dem Einfluss von Kälte und Gemütsregungen kann er sich zusammenziehen. Dadurch wird der Follikel aus seiner Schräglage gezogen, das Haar richtet sich auf und es entsteht die Gänsehaut.

Die Vorgänge von der Bildung der Haarzellen bis zur endgültigen Formgebung des Haares laufen in den drei Zonen des Haarfollikels ab (Bild 1).

- In der **Wachstumszone** des Follikels befinden sich die Keratinozyten, die die Haarzellen bilden. Diese werden durch die nachwachsenden Zellen ständig nach oben geschoben.
- In der **Verformungszone** werden die zuvor rundlichen Zellen verformt. Dabei entstehen drei unterschiedliche Zellformen, nach denen das Haar in drei Schichten unterteilt wird.
- In der **Verhornungszone** entsteht aus dem weichen Protein das festere Keratin. Der Verhornungsprozess setzt sich auch außerhalb des Follikels fort, sodass das Haar mit zunehmender Länge fester wird.

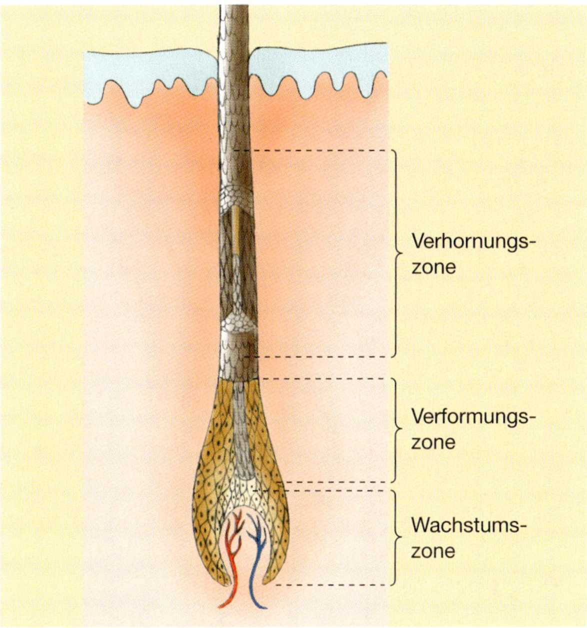

Bild 1 *Zonen des Haarfollikels*

4.4 Schichten des Haares

Das Haar besteht aus drei Schichten:

- Schuppenschicht
- Faserschicht
- Mark

Schuppenschicht (Cuticula)

Die Schuppenschicht besteht aus sechs bis acht Lagen übereinanderliegender Cuticulazellen, die durch eine Kittsubstanz miteinander verbunden sind.

Bei anliegenden Cuticulazellen weist das Haar eine glatte Oberfläche auf. Das auffallende Licht wird gleichmäßig reflektiert, dadurch entsteht der natürliche Glanz des Haares.

Die Schuppenschicht umgibt die darunter liegende Faserschicht und verhindert das Aufspleißen des Haares. Bei Facharbeiten wie Blondieren und Färben wird die Schuppenschicht durch alkalisch eingestellte Präparate gelockert. Dieser Vorgang wird auch als Öffnen der Schuppenschicht bezeichnet.

Ein Haar mit geöffneter Schuppenschicht sieht glanzlos aus, weil es das auffallende Licht ungleichmäßig reflektiert (s. Bild 2 LF 8 S. 208). Nach einer alkalischen Behandlung wird die Cuticula durch eine saure Nachbehandlung wieder geschlossen.

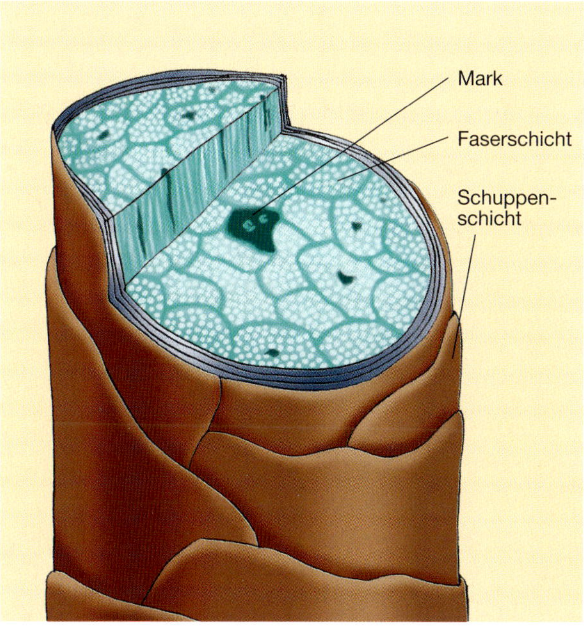

Bild 2 *Schichten des Haares*

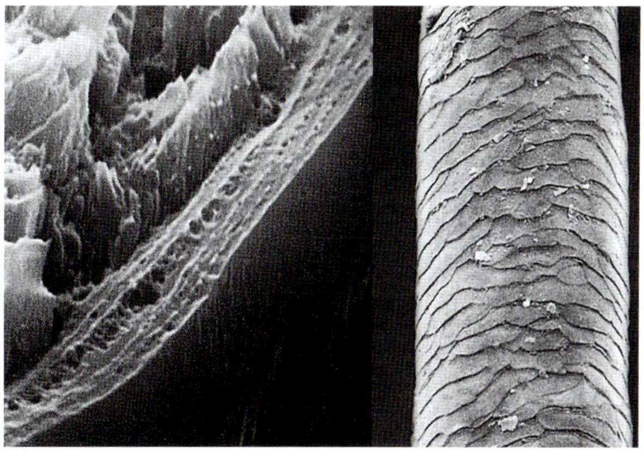

Bild 3 *Cuticulazellen*

Faserschicht (Cortex)

Die Faserschicht besteht aus Zellen von einer spindelähnlichen Form. Sie werden deshalb auch als Spindelzellen bezeichnet. Die ineinander geschobenen Zellen sind durch die Kittsubstanz miteinander verbunden. Je nach Haarstärke besteht die Faserschicht aus 100–200 Spindelzellen. Wird ein Haar mit einer Bruchstelle unter dem Mikroskop betrachet, so sind faserförmige Strukturen zu erkennen. Deshalb wird diese Schicht als Faserschicht bezeichnet (s. Bilder 1 u. 4, S. 82).

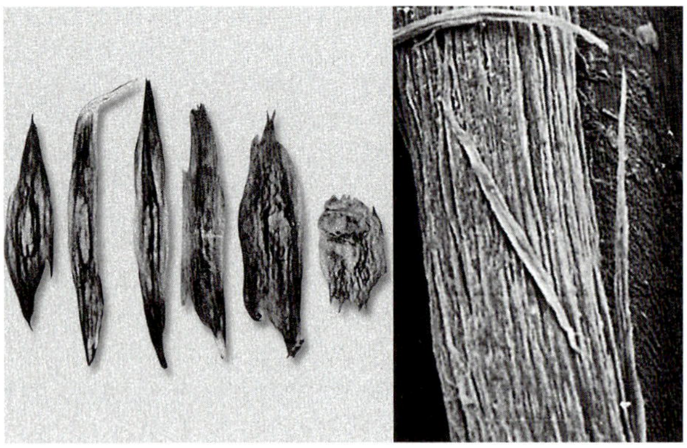

Bild 1 *Spindelzellen*

Die Faserschicht ist mit einem Anteil von ca. 80 % die wichtigste Schicht des Haares. Sie ist für die Farbe, die Reißfestigkeit und die Elastizität des Haares verantwortlich.

In der Faserschicht laufen die chemischen Vorgänge der Form- und Farbveränderung ab.

Mark (Medulla)

In der Mitte eines Haares befindet sich das Mark, das aus schwammigem Zellmaterial besteht.

Bei sehr dünnem Haar kann das Mark vollständig fehlen. Dünnes Haar besteht deshalb häufig nur aus zwei Schichten, der Schuppenschicht und der Faserschicht.

4.5 Haarkeratin

Für den Bereich der Haar- und Kopfhautpflege sind zusätzliche Kenntnisse über das **Keratin** erforderlich.

Keratin ist die Grundsubstanz, aus der das Haar, die Hornschicht der Oberhaut und die Nägel bestehen. Es gibt dem Haar die Festigkeit, Elastizität und Sprungkraft.

Das Keratin entsteht in den Keratinozyten. Das sind beim Haar die Matrixzellen und bei der Oberhaut die Basalzellen. Dort werden die **Aminosäuren** zu **Proteinmolekülen** verknüpft, aus denen **Peptidspiralen** entstehen. Diese Peptidspiralen können die drei unterschiedlichen Keratinarten bilden:

- Sie können sich zu Fasern anordnen. Aus diesem faserigen Keratin bestehen die Spindelzellen.

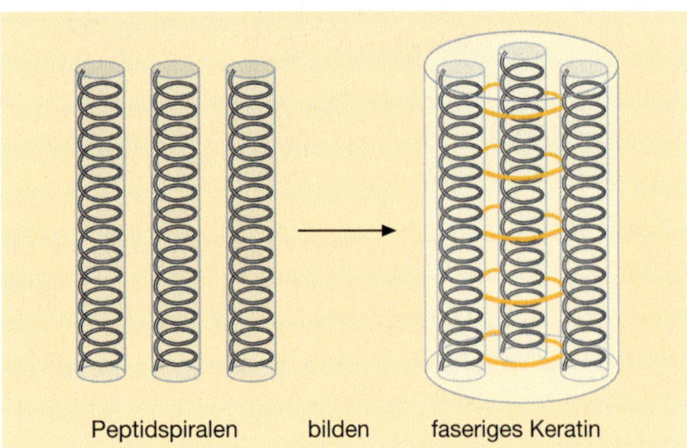

Bild 2 *Bildung des faserigen Keratins*

- Sie können sich zu Flächen anordnen aus diesem flächigen Keratin bestehen die Schuppenschicht, die Hornschicht der Oberhaut und die Nägel.

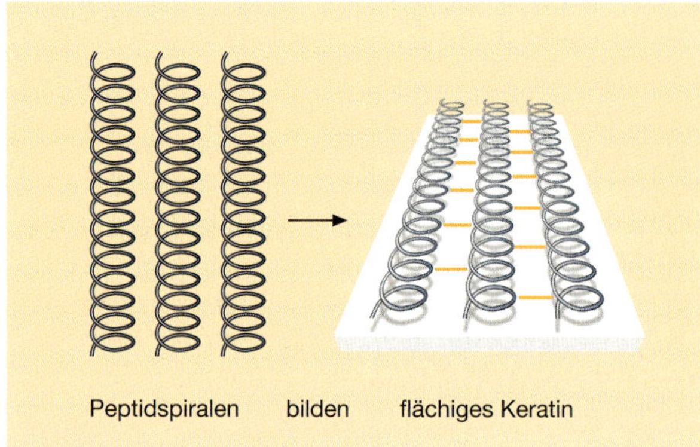

Bild 3 *Bildung des flächigen Keratins*

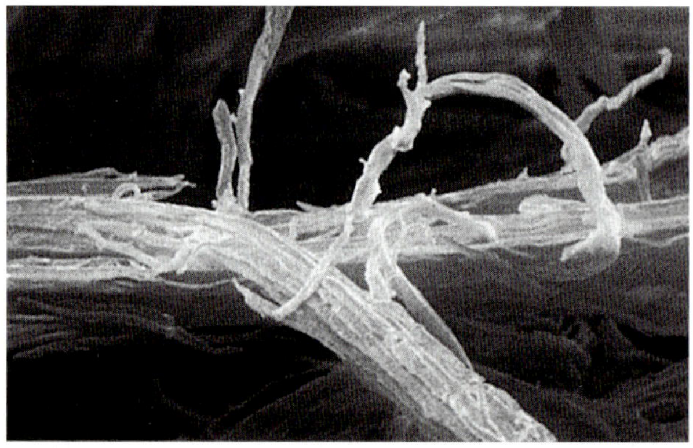

Bild 4 *Faseriges Keratin*

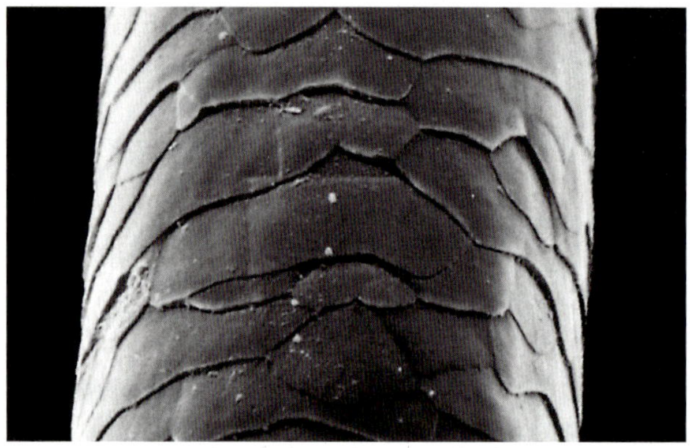

Bild 5 *Flächiges Keratin*

- Sie können sich zu einer formlosen Kertinmasse anordnen, dem amorphen (formloses) Keratin. Es verbindet die Fasern in den Spindelzellen miteinander und verklebt die Cuticulazellen untereinander.

Aufgaben

1. Erläutern Sie die Begriffe Primär-, Sekundär- und Terminalbehaarung.
2. Wie ist der Haarfollikel aufgebaut?
3. Recherchieren Sie, welche Aufgabe die Gänsehaut hatte.
4. Welche Aufgaben hat die Schuppenschicht?
5. Wie reagiert die Cuticula auf Alkalien und Säuren?
6. Beschreiben Sie den Aufbau und die Aufgaben der Faserschicht.
7. Welche Keratinarten kennen Sie?

5 Eigenschaften des Haares

Szenario

Anja hat eine Abbildung gesehen, in der eine Artistin an ihrem eigenen Haarschopf hing. Außerdem fragt sie sich, wieso die Haare sich elektrisch aufladen können.

Sie möchte wissen, ob diese Eigenschaften auch bei den täglichen Facharbeiten von Bedeutung sind.

5.1 Reißfestigkeit

Die Reißfestigkeit eines Haares ist abhängig von seiner Stärke und seiner Struktur. Strukturgeschädigtes Haar hat eine geringere Reißfestigkeit als gesundes Haar.

Zur Ermittlung der Reißfestigkeit wird ein Haar mit einem Kunststoffbecher verbunden, an einem Stativ befestigt und vorsichtig gefüllt, bis es reißt. Das Gewicht des gefüllten Bechers gibt die Reißfestigkeit des Haares in Gramm an.

Die folgende Tabelle zeigt die Reißfestigkeit von gesunden Haaren unterschiedlicher Stärke.

Tabelle 1: Reißfestigkeit von Haaren

Stärke in mm	Belastung in g
0,03	25
0,04	40
0,05	65
0,06	90
0,07	120
0,08	160
0,09	200

Werden die Reißpunkte in Abhängigkeit von der Haarstärke in ein Diagramm eingetragen, so erhält man die Reißfestigkeitskurve. Je tiefer der Reißpunkt eines Haares unter der Reißfestigkeitskurve von gesundem Haar liegt, desto schlechter ist seine Struktur.

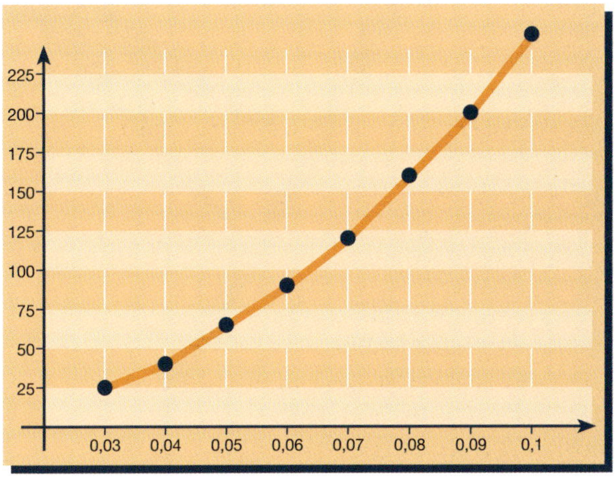

Bild 1 *Reißfestigkeitskurve gesunder Haare*

5.2 Elektrische Ladungen

Das Haar weist elektrisch positive und negative Ladungen auf. Sie sind jedoch nicht gleichmäßig im Haar verteilt. Im inneren Bereich des Haares befinden sich mehr positive und außen mehr negative Ladungen.

Die Anziehung unterschiedlicher elektrischer Ladungen kann die Friseurin bei ihren Arbeiten sinnvoll nutzen. Pflegestoffe und Tönungsmittel, die besonders gut am Haar haften sollen, sind mit einer positiven Ladung versehen.

Bild 2 *Elektrostatische Aufladung der Haare*

Sie haften am äußeren, negativ geladenen Haarbereich. Wirkstoffe, die eine positive Ladung tragen, werden als kationisch oder kationaktiv bezeichnet.

Das Ladungsgleichgewicht des Haares kann durch äußere Einflüsse gestört werden. Beim Kämmen und Föhnen kann sich das gesamte Haar negativ aufladen. Die Haare stoßen sich gegenseitig ab, sie sind schwer frisierbar. Durch kationaktive Substanzen, die im Shampoo und Pflegemitteln enthalten sind, wird die überschüssige negative Ladung ausgeglichen, das Haar ist nun »frisierwillig«.

Aufgaben

1. Von welchen Faktoren hängt die Reißfestigkeit eines Haares ab?
2. Welche Aussagen zur Haarstruktur können Sie mithilfe der Reißfestigkeit machen?
3. Wie kann die störende Wirkung elektrisch aufgeladener Haare beseitigt werden?
4. Wie nutzt die Friseurin die ungleiche Verteilung elektrischer Ladungen im Haar aus?
5. Ermitteln Sie die Reißfestigkeit von chemisch vorbehandeltem Haar.

6 Haarschaftveränderungen

Szenario

Anja wird häufig von Kundinnen angesprochen, die Probleme mit ihren Haaren haben. Sie möchte wissen, welche Veränderungen ein Haar aufweisen kann und in welchen Fällen sie mit den Friseurpräparaten und speziellen Techniken den Kundinnen helfen kann.

6.1 Haarschäden

Das Haar wird oftmals durch folgende Einflüsse geschädigt.

- **Chemische Einflüsse**
  Die chemischen Vorgänge beim Dauerwellen, Blondieren und hochgradigen Hellerfärben greifen die Haarstruktur an und führen zu einem unvermeidbaren Strukturverlust.
- **Mechanische Einflüsse**
  Beim Kämmen, Bürsten und Toupieren können bei chemischer Vorschädigung Teile aus der Cuticula herausbrechen, Haare abbrechen oder aufspleißen.
- **Thermische Einflüsse**
  Durch zu langes und heißes Trocknen wird ein Teil der Restfeuchtigkeit des Haares entfernt. Die Hornsubstanz wird spröde und brüchig.
- **Sonnenlicht**
  UV-Strahlen schaden dem Haar ebenfalls. Das Melanin und das Haarkeratin werden dadurch geschädigt. Das Haar wird spröde, brüchig und glanzlos.

Die häufigsten Haarschäden sind strukturgeschädigtes Haar, Haarbruch und Haarspliss.

Strukturgeschädigtes Haar

Stukturschäden umfassen alle Veränderungen des Haarkeratins und der Haarschichten. Sie reichen von leichter Porosität bis zu starken Strukturverlusten. Mit zunehmender Haarschädigung verändern sich die Eigenschaften des Haares. Es wird glanzlos und stumpf, es verliert an Elastizität und Reißfestigkeit.

Haarbruch

Bild 1 *Haarbruch*

Haarbruch liegt vor, wenn ein großer Teil der Haare abgebrochen ist. Besonders bruchgefährdet ist stark strukturgeschädigtes Haar, da es bereits bei geringer mechanischer Belastung wie beim Ausbürsten reißt.

Haarspliss (Trichoptilosis)

Beim Haarspliss ist das Haar in Längsrichtung aufgespalten, sodass die Faserstrukturen des Cortex zu erkennen sind (Bild 2).

Zum Haarspliss neigt strukturgeschädigtes Haar, wenn stumpfe Scheren, scharfkantige Kämme und Bürsten eingesetzt werden oder wenn es oft auf Kleidung aufstößt.

Bild 2 *Haarspliss*

Folgende Behandlungsmöglichkeiten haben sich als hilfreich erwiesen:

- Durch einen Splissschnitt werden viele der gespaltenen Spitzen abgeschnitten (Bild 3).
- Beim Schneiden mit der »heißen Schere« werden die Haare in einem Arbeitsgang geschnitten und bei einer Temperatur von 170 bis 210° Celsius versiegelt.

Bild 3 *Spitzenhaarschnitt*

6.2 Haaranomalien

Unter dem Begriff Haaranomalien werden alle wachstumsbedingten Veränderungen des Haarschafts zusammengefasst. Sie sind angeboren, also genetisch bedingt. Im Gegensatz zu den Haarschäden kommen sie sehr selten vor.

Haarknötchen (Trichorrhexis nodosa)

Es handelt sich bei dieser Haaranomalie um knötchenförmige Verdickungen und Aufsplitterungen des Haarschafts. Das Haar bricht an diesen Stellen leicht ab und franst pinselförmig aus.

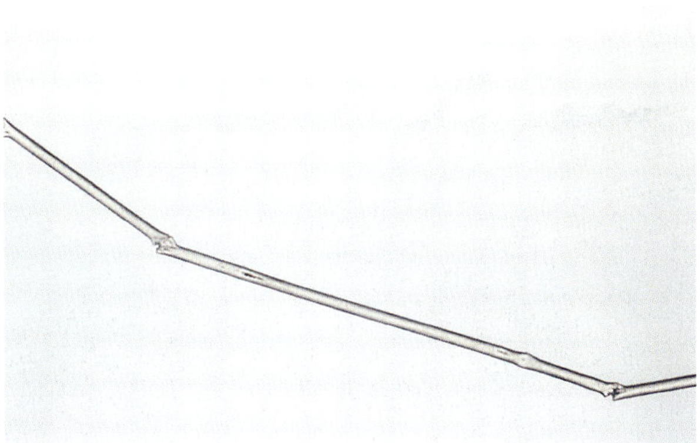

Bild 1 *Haarknötchen*

Gedrehtes Haar (Pili torti)

Das einzelne Haar ist abgeflacht und um seine Längsachse gedreht. Das Gesamthaar erzeugt auffällige Lichtreflexe.

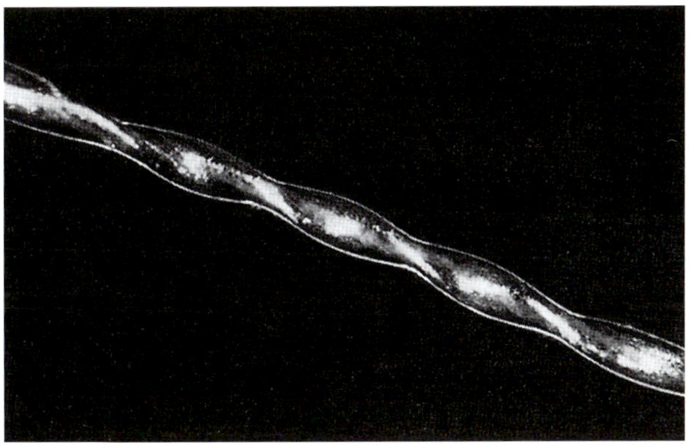

Bild 2 *Gedrehtes Haar*

Ringelhaar (Pili anulati)

Die Farbe des Ringelhaars ist uneinheitlich. Helle und dunkle Stellen wechseln sich ab. Dadurch erscheint das Gesamtbild scheckig.

Spindelhaar (Monilethrix)

Am einzelnen Haar wechseln Einschnürungen und spindelförmige Verdickungen ab. Diese Haaranomalie ist nur im Kindesalter zu beobachten. Sehr bald entwickelt sich bleibende Kahlheit. Aus den Follikeln entstehen kleine Hornkegel.

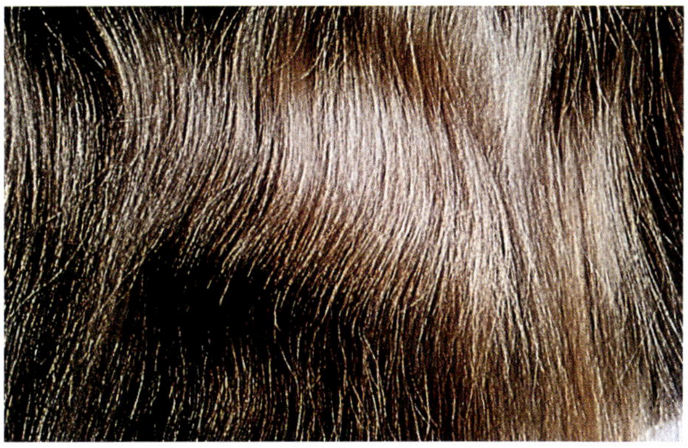

Bild 3 *Ringehaar*

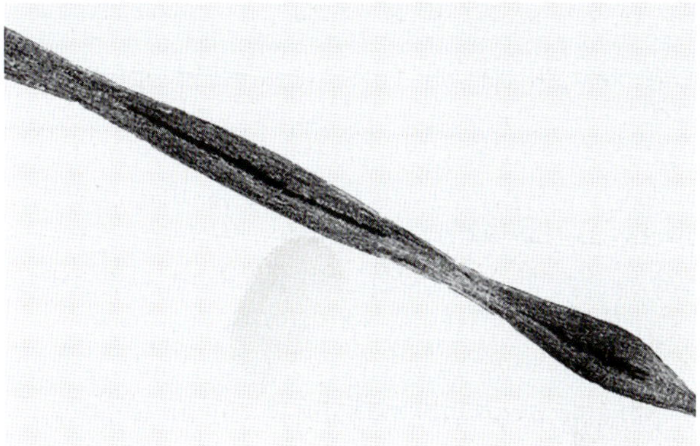

Bild 4 *Spindelhaar*

Bandhaar

Das Bandhaar ist stark abgeflacht. Es hat keinen Stand und ist kaum form- und frisierbar. Deshalb empfiehlt sich das Tragen einer Kurzhaarfrisur.

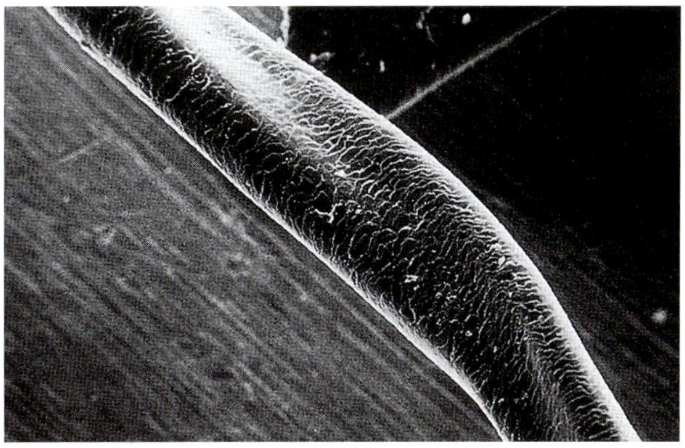

Bild 5 *Bandhaar*

Aufgaben

1. Geben Sie einen Überblick über Haarschaftveränderungen.
2. Durch welche Einflüsse werden Haarschäden hervorgerufen?
3. Wie werden gespaltene Haarspitzen (Haarspliss) behandelt?
4. Welche Haaranomalien kennen Sie, und wodurch werden sie verursacht?

7 Präparate zur Reinigung und Pflege

Szenario

Anja hat sich das Haar und die Kopfhaut der Kundin gründlich angesehen. Nun muss sie sich für die richtigen Präparate zur Reinigung und Pflege entscheiden.

7.1 Reinigungspräparate

Zur Reinigung von Haar- und Kopfhaut dienen Shampoos. Alle Shampoos enthalten Basiswirkstoffe und spezielle Wirkstoffe zur Lösung individueller Haarprobleme, wie z. B. trockenes Haar oder Schuppen.

7.1.1 Basiswirkstoffe

Basiswirkstoffe sind die in allen Shampoos enthaltenen **Tenside, Rückfetter** und **Konditionierungsmittel.**

Tenside als Hauptwirkstoffe von Shampoos

Haar und Kopfhaut sind in der Regel mit einem Fettschmutz verunreinigt, in dem mehrere Substanzen enthalten sind:

- Natürliche Komponenten wie Talg, Schweiß und Hornpartikel
- Fremdsubstanzen aus der verschmutzten Luft
- Rückstände haarkosmetischer Produkte, wie Haarspray, Festiger, Frisiercreme und Gel

Da Fett Wasser abweisend ist, wird Fettschmutz vom Wasser nicht entfernt. Tenside können in Verbindung mit Wasser Fettschmutz entfernen. Sie sind als Hauptwirkstoffe in allen Shampoos enthalten. Tenside sind langkettige Moleküle mit einer hydrophilen (wasserfreundlichen) und einer lipophilen (fettfreundlichen) Seite.

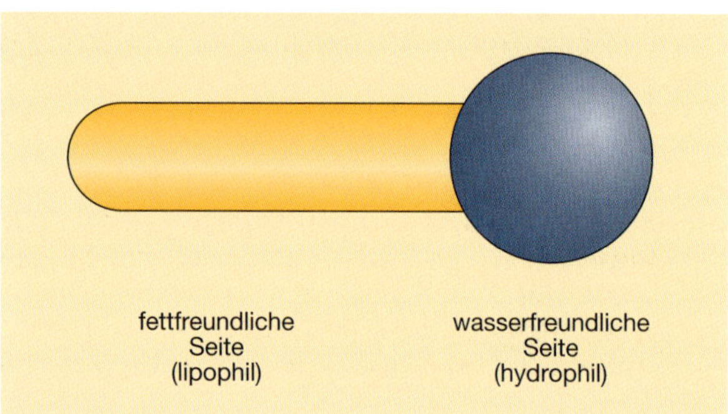

Bild 1 *Tensidmolekül*

Die Bezeichnungen der Tenside ergeben sich aus den elektrischen Ladungen, die die Moleküle tragen (Bild 2).

- Ein anionisches Tensidmolekül trägt eine negative Ladung, es ist ein Anion.
- Kationische Tenside bestehen aus positiv geladenen Ionen.
- Amphotere Tensidmoleküle tragen sowohl eine positive als auch eine negative Ladung.
- Nichtionogene Tenside sind neutral, ihre Moleküle tragen keine Ladungen.

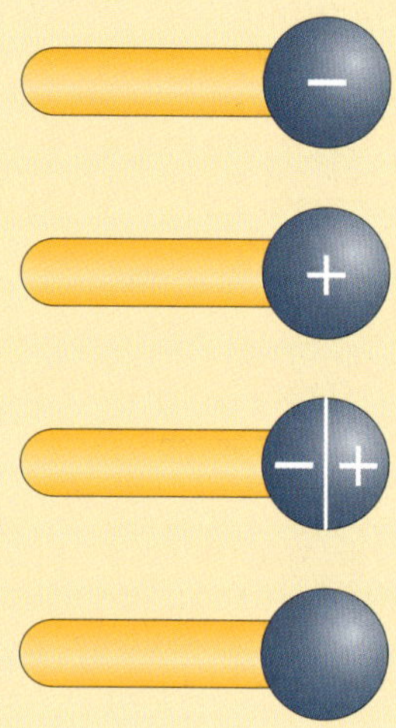

Bild 2 *Unterschiedliche Tensidmoleküle*

Die Waschwirkung eines Tensids entfaltet sich im Wasser. Es dringt mit dem fettfreundlichen Teil in den Fettschmutz ein, während der wasserfreundliche Teil in das umgebende Wasser eintaucht und es festhält. Dabei werden die Schmutzteilchen vom Wasser eingeschlossen (Bild 3).

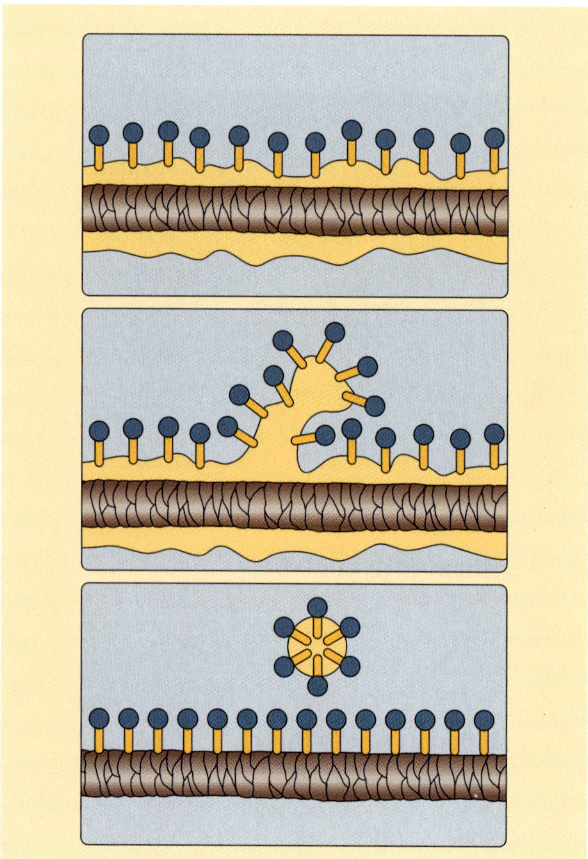

Bild 3 *Reinigungswirkung der Tenside*

Durch die Waschbewegungen entsteht Schaum, der die abgelösten Schmutzpartikel aufnimmt und bis zum Abspülen trägt. Bei starker Verschmutzung kann der Schaum den Schmutz nicht tragen, es entsteht wenig Schaum. Eine gute Schaumbildung beim zweiten Waschvorgang zeigt an, dass Haar und Kopfhaut sauber sind.

Rückfetter zur Pflege von Haut und Haar

Bei der Haar- und Kopfhautreinigung wird auch ein Teil des Hautfetts entzogen. Es ist deshalb wichtig, dass Shampoos Fettstoffe enthalten, die beim Waschvorgang der Haut wieder zugeführt werden. Dadurch werden Juckreiz und Spannungsgefühle auf der Kopfhaut verhindert. Dem Haar wird auch ein Teil des entzogenen Fettes zurückgegeben, sodass ein natürlicher Glanz erzielt wird.

Konditionierungsmittel

Haare, die ausschließlich mit Tensiden gereinigt werden, weisen folgende Mängel auf:

- Nasse Haare verhaken sich mit ihrer Schuppenschicht aneinander. Sie lassen sich nur mit größerem Kraftaufwand durchkämmen. Dabei wird das Haar durch die mechanischen Kräfte geschädigt.
- Das getrocknete Haar ist elektrostatisch aufgeladen, Haare stehen ab, sie lassen sich nicht frisieren.

Die im Shampoo enthaltenen Konditionierungsmittel verbessern die Kämmbarkeit des Haares und verhindern eine elektrostatische Aufladung.

7.1.2 Rezeptur für ein Standardshampoo

In der folgenden Tabelle ist die Rezeptur für einen Liter eines Standardshampoos angegeben.

Tabelle 1: Zusammensetzung eines Standardshampoos

Inhaltsstoffe	Aufgaben	Menge
Tenside	Reinigen das Haar und die Kopfhaut	450 ml/l
Rückfetter	Verhindern Austrocknen der Haut, vermeiden Juckreiz	40 ml/l
Konditionierungsmittel	Verbessern die Kämmbarkeit, verhindern elektrostatische Aufladung	10 ml/l
Verdickungsmittel	Verhindern das Ablaufen	10 ml/l
Komplexbildner	Binden die Mineralien des Wassers wie z. B. Kalk	10 ml/l
UV-Filter	Schützen vor photochemischen Schäden	10 ml/l
Konservierungsmittel	Verhindern Besiedlung mit Keimen	10 ml/l
Parfümöle	Geben spezielle Duftnote	10 ml/l
Wasser	Löst und verdünnt Wirkstoffe	450 ml/l

7.1.3 Unterschiedliche Shampoos

Die auf dem Markt angebotenen Shampoos sind auf die unterschiedlichen Haare und die Kopfhauttypen abgestimmt. Sie werden somit den verschiedensten Anforderungen der Kundinnen gerecht. Voraussetzung für die Wahl des richtigen Shampoos ist jedoch eine gewissenhafte Beurteilung von Haar und Kopfhaut.

Folgende Shampoos werden angeboten:

Shampoo für normales Haar

Das Shampoo für normales Haar weist ein ausgewogenes Verhältnis von Tensiden, Rückfettern und Konditionierungsmitteln auf. Die eingesetzten Tenside sind überwiegend anionisch. Durch diese Kombination werden Haut und Haar besonders mild gereinigt. Deshalb eignet es sich für den häufigen Gebrauch.

Shampoo für fettiges Haar

Es enthält einen höheren Anteil an anionischen Tensiden mit großer Waschkraft. Zusätzlich Wirkstoffe binden das Fett in Kopfhautnähe und verhindern so ein schnelles Nachfetten. Der geringere Anteil an Pflegestoffen soll die Haare nicht zusätzlich beschweren, sodass die Frisur länger hält.

Shampoo gegen Schuppen

Schuppenshampoos enthalten keratolytische Wirkstoffkombinationen, die die Schuppen auflösen. Zusätzliche pilztötende (fungizide) Wirkstoffe reduzieren die Pilze der Kopfhaut, die die Schuppenbildung in erster Linie verursachen. Die Schuppenshampoos sollten nur bei Bedarf eingesetzt werden, damit Kopfhaut nicht mehr als nötig gereizt wird.

Shampoo für trockenes Haar

Die bei diesen Shampoos eingesetzten Tenside sind sehr mild, damit eine zu starke Entfettung ausgeschlossen wird. Das Shampoo enthält feuchtigkeitsspendende Wirkstoffe und mehr Pflegestoffe als das normale Shampoo. Diese Stoffe lagern sich bei der Haarwäsche an den Haarschaft an. So wird verhindert, dass es spröde und brüchig wird.

Shampoo für strapaziertes Haar

Sie enthalten besondere Pflegemittel und zusätzliche Rückfetter. Zu den Wirkstoffen gehören haarfreundliche Fette und Substanzen, die in ihrem Aufbau dem Keratin ähnlich sind (keratinaffine Stoffe). Zusätzlich verleihen sie dem Haar mehr Widerstandskraft und verbessern die Kämmbarkeit.

Shampoo für feines Haar

Auch dieses Shampoo enthält milde Tenside, um das Haar möglichst sanft zu reinigen. Haarkräftigende Pflegesubstanzen bauen das feine auf und stabilisieren es. Somit erhält es mehr Standfestigkeit, sodass mehr Volumen entsteht und die Frisur länger hält.

Shampoo für coloriertes Haar

Farblich behandelte und blondierte Haare benötigen eine farb- und strukturschonende Reinigung. Darum enthalten die Shampoos für colorierte Haare Farbschutzmoleküle und ein hohes Maß an Pflegestoffen. Diese Wirkstoffe gelangen tief ins Haar und binden dort die künstlichen Farbpigmente. Dadurch behält das Haar seine Farbintensität.

Shampoo für dauergewelltes Haar

Das dauergewellte Haar ist durch die chemische Behandlung mehr oder weniger strukturgeschädigt und benötigt deshalb eine besonders schonende und pflegende Reinigung. Die in dem Shampoo enthaltenen pflegenden Substanzen verbessern die Elastizität des Haares und geben dem Haar die gewünschte Sprungkraft und Geschmeidigkeit.

Color-Reflex-Shampoos

In erster Linie sorgen die direktziehenden Farbpigmente, die in den Color Reflex Shampoos enthalten sind, für eine Farbauffrischung von Naturhaar und farblich behandeltem Haar. Bei regelmäßiger Anwendung werden Farbintensität und Farbglanz des Haares verstärkt.

7.2 Pflegepräparate

- Pflegepräparate für das Haar werden zur Verbesserung der Haarqualität ausgewählt. Besondere Einsatzbereiche für Pflegepräparate sind:

- dünnes Haar
- trockenes, strapaziertes Haar
- poröses, strukturgeschädigtes Haar
- koloriertes Haar
- dauergewelltes Haar

Die Pflegepräparate gelangen auch auf die Kopfhaut und verbessern gleichzeitig den Hautzustand.

- Spezielle Pflegepräparate für Kopfhaut stehen für folgende Einsatzbereiche zur Verfügung:

- Schuppenbildung
- Kopfhautjucken

7.2.1 Basiswirkstoffe

Durch die Haarwäsche wird dem Haar und der Kopfhaut Fett entzogen. Das Haar fühlt sich häufig rau und spröde an, lässt sich nicht gut kämmen und ist elektrostatisch aufgeladen. Bei chemischen Eingriffen wie Dauerwellen, Blondieren und Färben treten Veränderungen am Haar verstärkt auf. Außerdem ist das Haar oft gequollen und seine Struktur kann durch die chemischen Eingriffe geschädigt sein.

Die Haarpflegepräparate enthalten Wirkstoffe, die diese Haarveränderungen wieder beheben und ihm Glanz und Kämmbarkeit zurückgeben.

Wesentliche Inhaltsstoffe der Pflegepräparate sind:

- **Organische Säuren**
  Häufig eingesetzte organische Säuren sind Weinsäure, Zitronensäure, Gerbsäure und Milchsäure. Sie neutralisieren im Haar vorhandene Alkalireste und adstringieren das Haar.
- **Kationaktive Substanzen**
  Hierbei handelt es sich um positiv geladene Verbindungen. Sie lagern sich am negativ geladenen Haar an und gleichen den negativen Ladungsüberschuss aus. Auf diese Weise wird das »Fliegen« der Haare verhindert und das Haar wird »frisierwillig«.
- **Keratinaffine Substanzen**
  Es sind Stoffe, die von ihrem chemischen Aufbau dem Haar ähnlich sind. Sie lagern sich an den geschädigten Stellen des Haares an und gleichen so die Strukturschäden aus. Aufgrund ihrer Ähnlichkeit mit dem Haarkeratin geben sie dem Haar das natürliche Aussehen zurück und ermöglichen weitere Haarbehandlungen.
- **Fettähnliche Substanzen**
  Zu ihnen gehören Lanolin, Lezithin, Walrat, Nerzöl, Kakaobutter etc. Sie geben dem Haar und der Haut das durch die Haarwäsche entzogene Fett zurück und sorgen so für den natürlichen Glanz des Haares und verhindern das Austrocknen der Haut.
- **Feuchthaltefaktoren**
  Es sind Stoffe, wie z. B. Harnstoff, Glyzerin, Hyaluronsäure, die ins Haar und in die Haut eindringen und dort kleine Mengen von Wasser binden. Sie sorgen so für das Feuchtigkeitsgleichgewicht von Haar und Haut. Auf diese Weise wird die Elastizität der Haare verbessert.
- **Haltgebende Substanzen**
  Hierzu gehören Filmbildner und Kunstharze. Sie legen sich um das Haar und geben ihm Halt, Festigkeit und Volumen.
- **Pflanzenextrakte**
  Bisabol ist der Hauptwirkstoff der Kamille. Es wirkt entzündungshemmend.
  Aloe vera ist der Saft aus den Blättern der gleichnamigen Pflanze. Es soll in besonderer Weise Haar und Haut pflegen.
  Hamamelis wird bei trockenem Haar und trockener Haut eingesetzt.
- **Vitamine**
  Folgende Vitamine werden in Pflegepräparten häufig eingesetzt:
  Panthenol ist wirksam gegen Seborhoe und verzögert den männlichen Haarausfall.
  Biotin (Vitamin H) fördert die Durchblutung und den Stoffwechsel der Haut.
  Vitamin E ist ein Antioxidant, das restliches Wasserstoffperoxid im Haar unwirksam macht. Es verhindert so eine schleichende Oxidation.
- **Ö/W-Emulsionen**
  Bei der Ö/W-Emulsion sind feine Öltröpfchen im Wasser fein verteilt. Sie werden durch einen Emulgator stabilisiert.
  Diese Emulsionen dienen in der Haar- und Hautpflege als Trägersubstanz. In der äußeren Phase sind die wasserlöslichen Inhaltsstoffe der Präparate gelöst. Dagegen befinden sich die fettlösliche Substanzen in der Fettphase.
  Durch ihren Fettanteil pflegen sie das Haar. Sie lassen sich leicht wieder auswaschen.

7.2.2 Unterschiedliche Pflegepräparate

Je nach vorhergehender Behandlung und Pflegebedarf des Haares entscheidet sich die Friseurin für das geeignete Präparat. Im Wesentlichen stehen ihr die folgenden Präparate zur Verfügung:

- **Spülungen**
  Sie werden nach der Haarwäsche im handtuchtrockenen Haar gleichmäßig verteilt. Nach einer kurzen Einwirkzeit von ca. 3–5 Minuten wird die Spülung gründlich ausgespült.
- **Intensivkuren Packungen**
  Sie werden nach Haarwäschen, besonders als Abschluss von chemischen Behandlungen eingesetzt. Das Präparat wird entweder direkt aus der Tube oder scheitelweise mit deinem Flachpinsel aufgetragen und dann eingearbeitet.
  Während der Einwirkzeit von 5–15 Minuten wird das Haar abgedeckt. So wird das Austrocknen verhindert. Zusätzliche Wärme verringert die Einwirkzeit und intensiviert die Wirkung der Haarkur. Die Intensivkuren werden mehrfach mit Wasser aufemulgiert und gründlich ausgespült.

Bild 1 *Auftragen einer Haarkur in Scheiteltechnik*

- **Kurschäume**
  Sie werden nach der Haarwäsche im handtuchtrockenen Haar verteilt. Die Kurschäume werden nicht wieder ausgespült. Das Haar wird abschließend durchgekämmt und wie gewohnt gestylt.
- **Schnellkuren (Strukturanten)**
  Sie werden nach der Haarwäsche gleichmäßig im Haar verteilt. Außerdem sind Schnellkuren als Zwischenbehandlung geeignet.
- **Pflegelotionen**
  Sie werden im gereinigten Haar verteilt und gezielt auf die Kopfhaut aufgetragen, leicht einmassiert und nicht wieder ausgespült. Für die pflegende Wirkung sind vor allem Fettstoffe wie Lanolion und Cholesterin sowie feuchtigkeitsbindene Inhaltsstoffe verantwortlich.
- **Flüssighaar**
  Es wird nach der Haarwäsche gleichmäßig auf dem handtuchtrockenen Haar verteilt, eingearbeitet und nicht wieder ausgespült. Wesentliche Bestandteile sind keratinaffine Stoffe, die Strukturunterschiede der Haare ausgleichen.
- **Haaröle/Fluids**
  Das Öl oder Fluid wird auf das trockene oder handtuchtrockene Haar gegeben und in das strukturgeschädigte Haar gezielt eingearbeitet. Es verbessert die Feuchtigkeitsbalance des Haares.

7.3 Haar- und Kopfhautwässer

Haarwässer- und Kopfhautwässer werden zur Pflege der Kopfhaut und des Haares sowie bei speziellen Kopfhautproblemen, wie z. B. Schuppenbildung, Juckreiz oder bei Problemen des Haarwuchses, eingesetzt.

7.3.1 Basiswirkstoffe

- **Menthol**
  Es ist ein ätherisches Öl, das aus der Pfefferminze gewonnen wird. Es wirkt kühlend, juckreizlindernd, erfrischen, belebend und desinfizierend.
- **Koffein**
  Regt die Durchblutung an und soll so den Haarwuchs fördern.
- **Organische Schwefelverbindungen**
  Hierzu gehören Pyrithione und Octopyrox. Sie wirken keratolytisch (hornlösend). Auf Grund dieser Eigenschaft lösen sie die Kopfschuppen.
- **Alkohol-Wasser-Lösungen**
  Alkohol löst Wirkstoffe, wirkt erfrischend, durchblutungsfördernd und entzündungshemmend und ab ca. 60%-iger Konzentration desinfizierend. In alkoholischen Lösungen werden **Ethanol** und **Isopropanol** eingesetzt.
  Ethanol ist geruchsneutral und eignet sich besonders für Haarwässer bzw. Duftwässer.
  Isopropanol hat einen strengeren Eigengeruch. Er wird vorwiegend für medizinische Kopfhautwässer verwendet.
- **Minoxidil**
  Hierbei handelt es sich um einen medizinischen Wirkstoff, der die Versorgung der Papille mit Nährstoffen verbessern und so dem androgenetischen Haarausfall entgegen wirken soll. Kopfhautwässer mit diesem Wirkstoff sind in Apotheken rezeptfrei erhältlich.
- **Duftstoffe**
  Verwendet werden pflanzliche und synthetische Duftstoffe. Sie geben dem Haar eine angenehme Duftnote.
- **Pflanzenextrakte**
  Sie dienen zur Beruhigung der Kopfhaut und wirken leicht desinfizierend. Hierzu gehören Kamille, Aloe vera, Brennessel, Ginseng.

7.3.2 Unterschiedliche Haar- und Kopfhautwässer

Haarwässer dienen der Haarpflege, erhöhen den Glanz des Haares und die Frisierbarkeit. Sie wirken erfrischend und geben dem Haar einen angenehmen Duft.

Kopfhautwässer werden nach ihren Funktionen unterteilt.

Kopfhautwässer zur Verbesserung der Kopfhautfunktionen
Sie fördern die Durchblutung der Kopfhaut. Dadurch wird die Versorgung des Haares mit Nährstoffen verbessert und das Haarwachstum angeregt. Sie binden das Fett und verzögern das Nachfetten des Haares.

Kopfhautwässer für hautspezifische Probleme
Sie beseitigen die Kopfhautschuppen, lindern den Juckreiz der Kopfhaute.

Medizinische Kopfhautwässer
Sie enthalten den Wirkstoff Minoxidil, durch den der Haarausfall vom männlichen Typ gestoppt oder verzögert werden soll.

Kopfhautwässern auftragen

Das Kopfhautwasser wird nach der Haarwäsche scheitelweise auf die Kopfhaut aufgetragen. Das Auftragen erfolgt entweder direkt aus der Flasche, der Ampulle oder es wird mit einer Pipette appliziert. Nach dem Auftragen wird das Kopfwasser auf der Kopfhaut verteilt. Die nachfolgende Kopfmassage erhöht die Wirksamkeit des Tonikums.

7.4 Nomenklatur von Inhaltsstoffen

Die Kosmetikverordnung (KVO) schreibt die weltweit einheitliche Angabe aller in einem Präparat enthaltenen Inhaltsstoffe verbindlich vor. Hierzu werden EU-weit laut INCI-Deklaration (International Nomenclature Cosmetic Ingredients) die englischen Bezeichnungen für einzelne Wirkstoffe verwendet. Allergiker können so z. B. erkennen, ob die für sie bedeutsamen Inhaltsstoffe in den Produkten enthalten sind.

Die wichtigsten Inhaltsstoffe von Haarpflegemitteln und ihre möglichen INCI-Deklarationen sind in der folgenden Tabelle festgehalten.

Tabelle 1: INCI-Bezeichnungen für Inhaltsstoffe in Haarpflegemitteln

Alkohol	Alcohol Denat isopropyl alcohol
Allantoin	Allantoin
Aloe vera	Aloe Baebadensis
Campher	Camphor
Duftstoffe	Parfum
Farbstoffe	C.I. 12345
Feuchtigkeitsspender:	Glycerine Sorbitol
Filmbildner, Kunstharze	Chitosan (Formate) Carbomer
Kationische Substanzen	Quaternium-18 Stearamidopropyl
Kamille (Bisabolol)	Bisabolol Chamomilla Recutita
Koffein	Coffein
Konservierungsmittel	Methylparaben
Menthol	Menthol
Öle, Fette	Paraffinum Liquidum Castor Oil Paraffin Lanolin Cera Cera Alba
Organische Säuren	Citric Acid Lactic Acid
Panthenol (Provitamin B5)	Panthenol
Proteine (Keratin, Eiweißhydrolysat Aminosäuren)	Hydrolyzed keratin Hydrolyzed Silk Silk Amino Acids
Salicylsäure	Salicylic Acid
Schuppenwirkstoffe	Climbazole Zinc Pyrithione
Schwefel	Sulfur
Silikonöle	Silicones Dimethicone
Teer	
Tocopherol (Vitamin E)	Tocopherol
UV-Filter	Benzophenone-3 (-4) PEG-25 PABA
Wasser	Aqua
Waschaktive Substanzen	Sodium Lauryl Sulfate Ammonium Laureth Sulfate

Aufgaben

1. Nennen Sie die Basiswirkstoffe eines Shampoos und deren Aufgaben.
2. Beschreiben Sie die Reinigungswirkung von Tensiden.
3. Welche Funktion hat der Schaum bei der Haarwäsche?
4. Welche speziellen Wirkstoffe sind in einem Schuppenshampoo enthalten?
5. Nennen Sie weitere Spezialshampoos, die Sie in Ihrem Salon führen.
6. Beschreiben Sie den Unterschied zwischen Spülungen und Intensivkuren.
7. Welcher Unterschied besteht zwischen Haarwässern und Kopfhautwässern?

8 Haar- und Kopfhautpflege ausführen

Szenario

Anja weiß, dass eine fachlich korrekte Haarwäsche zur vollsten Zufriedenheit der Kundin kein einfacher Arbeitsablauf ist und dass bei der Vorbereitung und Durchführung einiges zu beachten ist.

8.1 Haarwäsche

Nach der Wahl des geeigneten Shampoos muss entschieden werden, wie intensiv das Haar gereinigt werden soll. Die Friseurin muss Folgendes beachten:

- Leicht verschmutztes Haar wird in der Regel nur einmal gewaschen.
- Bei starker Verschmutzung des Haares ist eine Vorwäsche erforderlich.
- Bei fettigem Ansatz und trockenen Längen und Spitzen wird eine Ansatzwäsche durchgeführt
- Vor der Dauerwelle werden die Haare nur einmal vorsichtig gewaschen.
- Vor Färbungen und Blondierungen werden die Haare in der Regel nicht gewaschen.

Der Arbeitsablauf der Haarwäsche schließt auch die Vor- und Nachbereitung mit ein. Die Friseurin steht während des gesamten Vorgangs mit der Kundin im Kontakt. Dadurch erfährt sie, ob die einzelnen Arbeitsschritte für die Kundin angenehm sind.

8.1.1 Haarwäsche vorbereiten

Bevor die Haarwäsche durchgeführt werden kann, müssen folgende Vorbereitungen getroffen werden:

- Kundin Platz nehmen lassen
- Werkzeuge und Hilfsmittel bereitstellen
- Halskrause und Umhang umlegen
- Haare kämmen oder bürsten
- Beurteilung von Haar und Kopfhaut durchführen
- Shampoo auswählen und bei Bedarf verdünnen
- Waschhandschuhe anziehen (siehe TRGS 530)

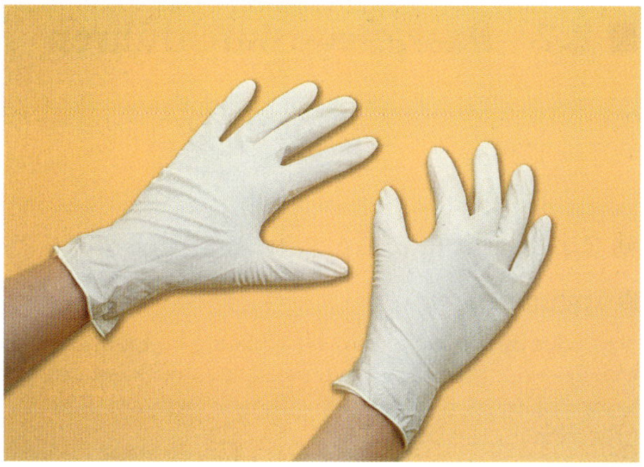

Bild 1 *Waschhandschuhe*

- Sitzposition und Sitzhöhe der Kundin einrichten
  Die Haarwäsche kann als Vorwärts- oder Rückwärtswaschwäsche durchgeführt werden.
  Die folgende Tabelle zeigt die Vor- und Nachteile der jeweiligen Reinigungsmethode auf.

Tabelle 1: Vorwärts/Rückwärtswäsche

Vorwärtswäsche	Rückwärtswäsche
Friseurin steht seitlich neben der Kundin und beugt sich nach vorne. Der Rücken wird belastet.	Friseurin steht hinter oder neben der Kundin. Sie arbeitet in aufrechter Körperhaltung. Der Rücken wird wenig belastet.
Kundin beugt sich nach vorne. Die Haltung ist für sie unbequem. Ihr Make up kann verschmiert werden.	Kundin beugt den Nacken nach hinten. Die Sitzhaltung ist für sie bequem. Ihr Make up wird geschont.
Reinigungsmassage verläuft vom Nacken zur Stirn.	Reinigungsmassage verläuft von der Stirn zum Nacken.

8.1.2 Haarwäsche ausführen

Die Haarwäsche wird in folgenden Schritten durchgeführt:

- Kopf der Kundin an den Waschbeckenrand beugen
- Wassertemperatur regulieren
- Haare anfeuchten
- Shampoo gleichmäßig verteilen
- Reinigungsmassage durchführen
- Ausspülen und restliches Wasser entfernen
- Kämmen der Haare

8.1.3 Ansatzwäsche

Die Ansatzwäsche empfiehlt sich bei häufiger Wäsche von langem Haar, das am Ansatz fettig ist und dessen Längen und Spitzen sauber und trocken sind.
Die Ansatzwäsche erfolgt in folgenden Schritten:

- Shampoo mit Wasser verdünnen
- Shampoo auf die trockenen Haaransätze auftragen, leicht einmassieren und evtl. einwirken lassen
- Spezialshampoo für die Längen und Spitzen auftragen und leicht einmassieren
- Gründlich ausspülen

8.1.4 Trockenreinigung

Zur oberflächlichen Reinigung der Haare oder einzelner Bereiche, wie z.B. Pony oder Scheitelpartien, kann man so genannte Trockenshampoos verwenden. Sie enthalten keine Tenside und sind deshalb im strengen Sinn auch keine Shampoos. Sie werden als Puder oder Pudersprays angeboten. Man gibt das Präparat auf das Haar und bürstet es nach kurzer Einwirkzeit kräftig aus. Die Puderstoffe saugen lediglich das Fett auf, das sich am Haar befindet. Die Kopfhaut wird kaum gereinigt. An dunklem Haar ist nach der Trockenreinigung ein grauer Belag von Puderrückständen festzustellen. Diese Art der Haarreinigung ist jedoch nur eine Notlösung.

8.2 Haarpflege durchführen

Zur Pflege der Kopfhaut gehören das Auftragen der Präparate und die Kopfmassage.

8.2.1 Pflegepräparate auftragen

Spülungen

Nach der Haarwäsche wird die Spülung im handtuchtrockenen Haar gleichmäßig verteilt. Die Einwirkzeit beträgt je nach Bedarf 3–5 Minuten. Danach wird die Spülung gründlich ausgespült.

Intensivkuren/Packungen

Eine Intensiv-Haarkur wird nach der Haarwäsche und zum Abschluss einer chemischen Behandlung, auf das frottierte Haar aufgetragen und eingearbeitet. Sie benötigt eine EWZ von ca. 5–15 Minuten. Das Haar sollte während des Einwirkens abgedeckt werden, damit die Körperwärme zurückgehalten und das Austrocknen verhindert wird.

Kurschäume

Kurschaum wird nach jeder Haarwäsche im handtuchtrockenen Haar verteilt und nicht wieder ausgespült.
Das Haar wird abschließend durchgekämmt und kann wie gewohnt gestylt werden.

Bild 1 *Auftragen einer Schaumkur*

Schnellkuren/Strukturanten

Nach der Haarwäsche oder einer chemischen Behandlung werden Strukturanten gleichmäßig im Haar verteilt. Sie verbleiben im Haar. Aus diesem Grund entfällt die Einwirkzeit.

Pflegelotionen

Die Pflegelotionen werden nach Bedarf im gereinigten Haar verteilt oder gezielt auf die Kopfhaut aufgetragen, leicht einmassiert und nicht wieder ausgespült.

Flüssighaar

Nach der Haarwäsche wird Flüssighaar gleichmäßig auf das handtuchtrockene Haar verteilt, eingearbeitet und nicht wieder ausgespült.

Kopfhautwasser

Die Anwendungshäufigkeit richtet sich nach den Kopfhaut- und Haarproblemen. Das Kopfhautwasser bzw. das Tonikum wird nach der Haarwäsche oder in das trockene Haar scheitelweise auf die Kopfhaut und den Haaransatz aufgetragen.

Das Auftragen erfolgt entweder direkt aus der Flasche, der Ampulle oder das Kopfhautwasser wird mit einer Pipette appliziert.

Nach dem Auftragen und Verteilen des Kopfhautwassers erfolgt die Kopfmassage.

8.2.2 Kopfmassage ausführen

Bei der Durchführung der Kopfmassage ist immer auf eine sinnvolle Reihenfolge der Griffe zu achten. Die Kopfmassage wird mit streichenden Massagegriffen (Effleurage) eröffnet. Dadurch wird die Kundin aufnahmebereit für die nachfolgenden Massagegriffe.

Der Abschluss der Kopfmassage wird der Kundin durch streichende Massagegriffe signalisiert.

Während der gesamten Kopfmassage sollten nach anregenden Massagegriffen immer beruhigende Massagegriffe folgen. Dadurch wird erst die Durchblutung angeregt und dann werden die Muskeln gelockert und Ruhe und Entspannung vermittelt.

Eine Kopfmassage kann wie folgt durchgeführt werden:

- Beidseitiges Ausstreichen der Nackenmuskulatur
- Einseitiges Ausstreichen der Nackenmuskulatur von oben nach unten
- Ausstreichen des Hinterkopfes und der Nackenpartie
- Friktionen in den Nackenkuhlen
- Plissieren der Kopfhaut = Lockerungsmassage
- Massage im Bindegewebe = Durchblutungsmassage
- Ausstreichen des vorderen Haaransatzes
- Großer Ausstreichgriff

Die einzelnen Griffe der Kopfmassage sind auf den folgenden Seiten dargestellt.

Die Griffe einer Kopfmassage im Überblick:

1. Beidseitiges Ausstreichen der Nackenmuskulatur
2. Einseitiges Ausstreichen der Nackenmuskulatur von oben nach unten
3. Ausstreichen des Hinterkopfes und der Nackenpartie
4. Friktionen in den Nackenkuhlen
5. Plissieren der Kopfhaut = Lockerungsmassage
6. Massage im Bindegewebe = Durchblutungsmassage
7. Ausstreichen des vorderen Haaransatzes
8. Großer Ausstreichgriff

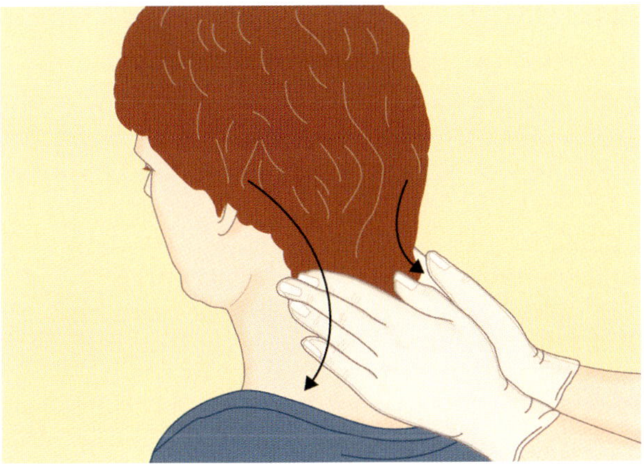

1. Beidseitiges Ausstreichen der Nackenmuskulatur von oben nach unten

- Beide Hände hinter den Ohren ansetzen.
- Mit Zeige-, Mittel- und Ringfinger entlang der hinteren Haargrenze zu den Schultern ausstreichen.

Wichtig

- Finger liegen beim Ausstreichen flach an.
- Ohne Druck arbeiten.
- Griff dreimal wiederholen.
- Hände abwechselnd umsetzen.

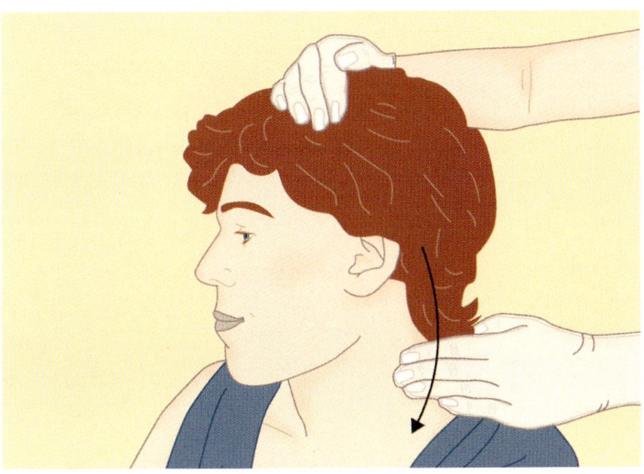

2. Einseitiges Ausstreichen der Nackenmuskulatur von oben nach unten

- Mit einer Hand, links und rechts im Wechsel, von der Nackenkuhle entlang der Halswirbelsäule streichen.

Wichtig

- Ohne Druck arbeiten.
- Jede Seite dreimal ausstreichen.
- Eine Hand stützt den Kopf, die andere Hand arbeitet.
- Hände abwechselnd umsetzen.

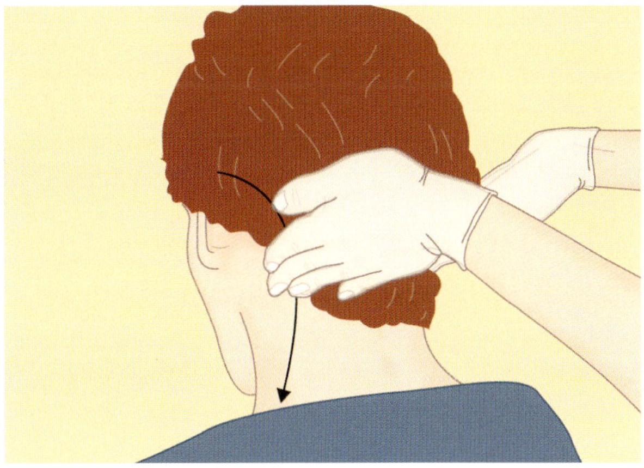

3. Ausstreichen des Hinterkopfes und der Nackenpartie

- Daumen beidseitig hinter den Ohren ansetzen, die restlichen Finger zeigen auf dem Hinterkopf zueinander.
- Erst mit dem Daumen, dann mit dem Handballen sichelförmig vom Ohr über die Nackenkuhlen zum Hinterkopf streichen.

Wichtig

- Mit mäßigem Druck arbeiten.
- Die Handballen müssen spürbar durch die Nackenkuhlen gleiten.
- Griff dreimal wiederholen.
- Finger halten stetigen Kontakt zum Kopf.

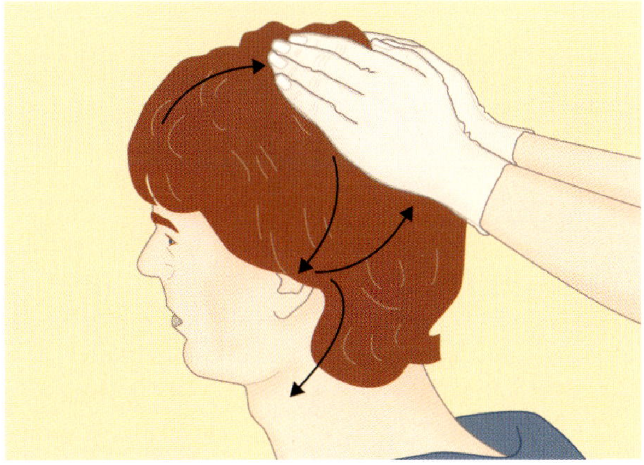

4. Friktionen in den Nackenkuhlen

- Handballen liegen in den Nackenkuhlen.
- Kreisende Bewegungen mit den Handballen in den Nackenkuhlen in Schwimmrichtung.

Wichtig

- Mit leichtem Druck arbeiten.
- Dauer ca. 7 Sekunden

5. Plissieren der Kopfhaut = Lockerungsmassage

- Die Fingerkuppen werden auf die Kopfhaut aufgesetzt.
- Sie stehen zueinander und halten einen Abstand von 2 cm.
- Die Kopfhaut wird mit leichtem Druck zügig und locker in die Mitte zusammengeschoben.

Wichtig
- Gelockert wird nur der Oberkopf zwischen Stirn- und Atlasknochen in W-Form von Schläfe zu Schläfe
- Während der gesamten Massage sind die Finger gestreckt, bleiben geschlossen und stehen nicht weiter als 2 cm auseinander.

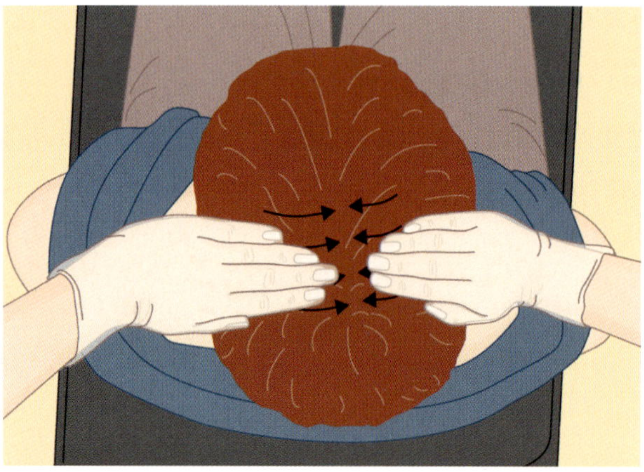

6. Massage im Bindegewebe auf der Kopfhaut = Durchblutungsmassage

- Mit fest aufgesetzten Fingerkuppen die Kopfhaut kreisend gegen die Schwimmrichtung massieren.
- Am vorderen mittleren Haaransatz beginnen und zum Nacken arbeiten.
- Die Seiten werden im Wechsel von der vorderen Haarkontur zum Nacken massiert.

Wichtig
- Die Fingerkuppen massieren nur die Kopfhaut und dürfen nicht die Haare hin- und herschieben.
- Die Finger sollten leicht angewinkelt sein, um den Druck je nach Wunsch der Kundin anzupassen.
- Nach 7 Sekunden die Hände im Wechsel versetzen.
- In drei Bahnen vom Haaransatz zum Nacken massieren.

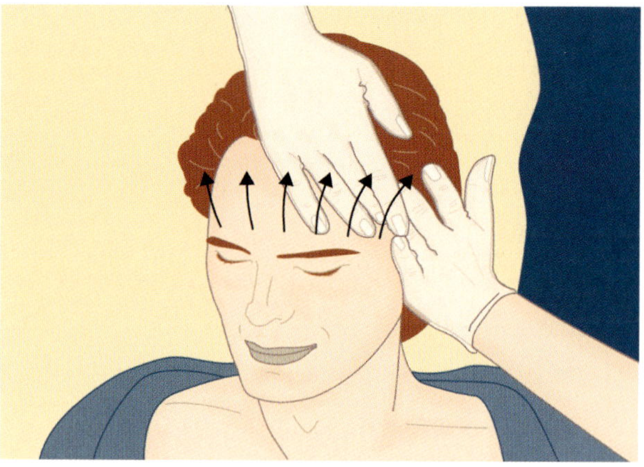

7. Ausstreichen des vorderen Haaransatzes

- Der vordere Haaransatz wird mit zwei Fingerkuppen nach hinten ausgestrichen.
- Im Wechsel wird der vordere Haaransatz von Ohr zu Ohr ausgestrichen.

Wichtig
- Es werden die Fingerkuppen des Mittel- und Ringfingers oder Mittel- und Zeigefingers eingesetzt.
- Die Fingerkuppen massieren langsam und ohne Druck.
- Es wird im Wechsel dreimal nach links und dreimal nach rechts gearbeitet.

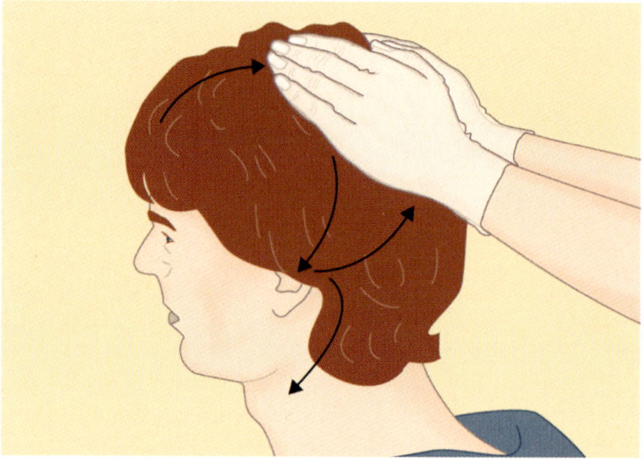

8. Großer Ausstreichgriff

- Beide Hände liegen flach nebeneinander auf dem Vorderkopf. Die Fingerkuppen berühren leicht den vorderen Haaransatz.
- Die Hände streichen mit leichtem Druck zurück bis zum Hinterkopf.
- Die Hände bzw. die Handballen werden nach außen gedreht, sodass die Daumen hinter dem Ohr (s. Griff 3) aufgesetzt werden können.
- Die Daumen und die Handballen gleiten durch die Nackenkuhlen hoch zum Hinterkopf.
- Die Daumen bleiben auf dem Kopf liegen und die Finger werden nach außen geführt und streichen von dort aus herunter zu den Schultern.

Wichtig
- Mit leichtem Druck der Hände auf den Schultern wird bei der dritten Wiederholung die Massage beendet.

Tabelle 1: Verschiedene Arten der Massagegriffe

Massageart	Durchführung	Wirkung
Streichende Griffe (Effleurage)	Je nach Griff streicht man mit der flachen Hand oder den Fingerflächen, mit sehr mäßigem Druck in Richtung Herz, über die Haut.	■ dient zur Kontaktaufnahme, ■ beruhigend und entspannend, ■ verbessert Lymphstrom und Durchblutung,
Reibende Griffe (Friktionen)	Unter leichtem Druck reibt man kreisförmig mit den Fingerkuppen auf der Kopfhaut in Schwimmrichtung.	■ dient zur Verteilung des Präparates, ■ verbessert die Durchblutung, ■ lockert verspannte Muskeln, ■ trainiert die Bindegewebsfasern.
Massage im Bindegewebe	Mit fest aufgesetzten Fingerkuppen verschiebt man die Kopfhaut kreisförmig mit erhöhtem Druck gegen die Schwimmrichtung.	■ intensive Steigerung der Durchblutung, ■ trainiert die Bindegewebsfasern, ■ intensivere Zufuhr der Wirkstoffe in die Haut.
Lockernde Griffe (Plissieren, Walken)	Mit fest aufgesetzten Fingerkuppen verschiebt man zügig und locker die Haut und Muskeln gegeneinander.	■ steigert die Durchblutung, ■ lockert die Muskulatur und das Bindegewebe.
Klopfende Griffe (Tapotelement)	Mit senkrecht gehaltenen Fingerkuppen trommelt man auf der Kopfhaut.	■ aktiviert die Hautnerven, ■ erhöht die Muskelspannung.
Nervenpunktmassage	Mit den Kuppen der Mittelfinger übt man Druck auf die Austrittsstellen der Nervenäste aus.	■ belebt durch Reizung der Nerven

Die folgende Tabelle gibt einen Überblick über die bereits aufgeführten Präparate zur Haar- und Kopfhautpflege

Tabelle 2: Präparate zur Haar- und Kopfhautpflege

Präparate	Anwendungsgebiete	Wirkung
Spülungen	Nach chemischen Behandlungen Nach jeder Haarwäsche	■ Verbessern die Kämmbarkeit und den natürlichen Glanz ■ Reduzieren die statische Aufladung ■ Neutralisieren restliche Alkalien
Intensivkuren / Packungen	Kopfhautprobleme, wie z. B. Rötungen, Schuppenbildung, chemisch behandeltes Haar, strukturgeschädigtes Haar	■ Versiegeln die Haarstruktur ■ Verbessern Kämmbarkeit, Geschmeidigkeit, Elastizität und Glanz ■ Reduzieren statische Aufladung ■ Neutralisieren Restalkalien
Kurschäume	Strukturgeschädigtes Haar, chemisch behandeltes Haar, feines Haar	■ Stellen die natürliche Feuchtigkeitsbalance wieder her ■ Gleichen Strukturschäden aus ■ Verbessern Kämmbarkeit, Glanz und Elastizität ■ Geben mehr Halt und Volumen ■ Mindern die statische Aufladung
Schnellkuren / Strukturanten	Für Zwischenbehandlungen und Pflege mit geringem Zeitaufwand	■ Machen das Haar geschmeidiger und glänzender ■ Verbessern die Struktur
Pflegelotionen	Strukturgeschädigtes Haar, Kopfhautprobleme	■ Schützen vor äußeren Belastungen ■ Verbessern Glanz und Kämmbarkeit ■ Sorgen für größere Haltbarkeit der Frisuren
Flüssighaar	Feines Haar	■ Verstärkt Vitalität und Glanz der Haare ■ Schützt vor äußeren Einflüssen
Haaröle	Strukturgeschädigtes Haar, Haarspliss	■ Verbessern Glanz, Elastizität und Sprungkraft ■ Gleichen Strukturschäden aus
Kopfwässer	Kopfhautprobleme	■ Regen Kopfhautfunktionen an ■ Verbessern Kämmbarkeit, Glanz und Fülle

Aufgaben

1. Welche Bedeutung hat die Haar- und Kopfhautbeurteilung vor einer Reinigungs- und Pflegebehandlung?
2. Entwerfen Sie einen eigenen Beurteilungsbogen für die Diagnose von Haar- und Kopfhaut, mit dem der Bereich Reinigen und Pflegen abgedeckt wird.
3. Erklären Sie, warum nach einer Haarwäsche die Shampooreste gründlich ausgespült werden müssen.
4. Beschreiben Sie Ihre Vorgehensweise bei einer Haarwäsche.
5. Eine Kundin möchte wissen, warum Sie in Ihrem Salon Vorwärts- und Rückwärtswaschbecken haben.
   Erklären Sie ihr die Vorteile der Rückwärtswäsche.
6. Eine Kundin leidet unter stark fettendem Haar. Sie kann sich nicht tagsüber die Haare waschen. Aus diesem Grunde will sie ein Trockenshampoo ausprobieren.
   Schildern Sie der Kundin die Vor- und Nachteile einer Haarreinigung mit einem Trockenshampoo.
7. Sie lesen auf einem Nachbehandlungspräparat, dass Vitamine darin enthalten sind. Erklären Sie die Funktion von Vitamin E in Friseurpräparaten.
8. Nach einer oxidativen Farbehandlung führen Sie eine Nachbehandlung durch. Die Kundin beobachet Ihre Vorgehensweise und fragt schließlich, welchen Sinn die Nachbehandlung eigentlich hat. Geben sie Ihr eine verständliche aber fachlich korrekte Antwort.
9. Beschaffen Sie Informationen über die Pflegepräparate aus Ihrem Salon (Flyer, Prospekte, Handbücher usw.). Bilden Sie kleine Arbeitsgruppen und vergleichen Sie das vorhandene Informationsmaterial.
   a) Suchen Sie die beste Pflegeserie heraus und begründen Sie Ihre Auswahl.
   b) Erstellen Sie abschließend in der Klasse eine Kurzübersicht, aus der die Vollständigkeit der Pflegeserien ersichtlich ist.
10. Bei einer Neukundin erstellen sie die Haar- und Kopfhautdiagnose, um die richtigen Pflegepräparate auswählen zu Können.
   Sie stellen fest, dass der Haaransatz leicht fettig ist, die Haarlängen trocken und die Spitzen strapaziert sind. Während der Diagnose erzählt Ihnen die Kundin, dass ihr verstärkt die Haare ausfallen und sie Kahlstellen befürchtet.
   a) Welche Pflegepräparate empfehlen Sie der Neukundin?
   b) Worauf achten Sie bei der Auswahl der o.g. Pflegepräparate?
   c) Formulieren Sie zu jedem Pflegepräparat, das Sie ausgewählt haben, ein positives Verkaufsargument.

Aufgaben zur Mathematik

Einfacher Dreisatz

1. Die Wirkstoffe im Schuppenshampoo sind Pyrithionverbindungen und Salicylsäure. In 250 ml sind 8,75 g dieser Wirkstoffe enthalten.
   Wie viel Gramm befinden sich in einer Portion von 12 ml?
2. Der Kräuteranteil in 60 ml Kräutershampoo beträgt 0,48 g.
   Wie viel Gramm sind in 125 ml enthalten?
3. Bei einem durchschnittlichen Verbrauch von 15 ml Shampoo pro Haarwäsche liegen die monatlichen Shampookosten eines Salons bei 57,30 €. Bei sparsamerem Umgang mit dem Shampoo werden durchschnittlich 12 ml Shampoo benötigt.
   Wie viel Euro werden in diesem Fall eingespart?
4. In 125 ml eines Standardshampoos sind 45 g Tenside und 2 g UV-Filter eingearbeitet.
   Wie viel Gramm dieser Wirkstoffe sind in einer 0,75 Literflasche enthalten?
5. Der Inhalt einer 0,5 Liter Flasche Spülung reicht durchschnittlich für 30 Behandlungen.
   Für wie viele Spülungen reicht eine Flasche mit $\frac{1}{5}$ Liter Spülung?

Zusammengesetzter Dreisatz

1. Eine bestimmte Menge einer Kräuterspülung im Werte von 9,50 € steht zur Verfügung. Werden 8 ml für eine Behandlung verbraucht, so reicht die Menge für 42 Kundinnen.
   Wie teuer sind die Kräuterspülungen für 35 Kundinnen, wenn bei sparsamerem Umgang jeweils nur 6 ml verbraucht werden?
2. Zur Herstellung eines Kopfhautwassers kauft eine Friseurmeisterin kosmetisch vorbehandeltes Ethanol, das wegen seiner Zusätze nicht trinkbar ist, aber für alle kosmetischen Präparate genommen werden kann. Sie zahlt für 1 Liter des 95%igen Alkohols 12,50 Euro.
   Wie teuer sind die 120 ml 45%igen Alkohol, den sie daraus herstellt?
3. Das Schuppenshampoo für 18 Haarwäschen kostet 3,10 € bei einem Verbrauch von 8 ml pro Haarwäsche.
   Wie viele Haarwäschen sind bei einem Verbrauch von 6 ml Shampoo möglich, wenn für 9,30 € Shampoo zur Verfügung steht?
4. Das Shampoo für 24 Haarwäschen kostet bei einem Verbrauch von 12 ml je Haarwäsche 6,40 €.
   Wie teuer ist das gleiche Shampoo, für 36 Haarwäschen, wenn nur 10 ml je Waschgang verbraucht werden?
5. Eine Menge an Shampoo, die bei einem Verbrauch von 15 ml je Haarwäsche für 36 Haarwäschen ausreicht, kostet 8,10 €.
   Wie teuer ist das Shampoo für 17 Haarwäschen, wenn jeweils 12 ml verbraucht werden?

Lernfeld 4
Frisuren empfehlen

Frisuren empfehlen

Um Frisuren empfehlen zu können, muss die Friseurin die gestalterischen Schwerpunkte kennen und anwenden können. Auf Grund dieser Kenntnisse und unter Berücksichtigung des Kundenwunsches, kann die Friseurin eine fachkompetente Beratung durchführen und ein optimales Ergebnis erzielen.

Hierbei bedarf es eines gewissen Fingerspitzengefühles (Sensibilität). Die Friseurin muss durch rhetorische Fähigkeiten den Kundenwunsch ermitteln und mit den vorliegenden kundenspezifischen Gegebenheiten abgleichen. Hierbei kann es zu Abweichungen kommen. Dadurch muss die Friseurin einfühlsam und argumentativ der Kundin Änderungswünsche unterbreiten. Damit die Friseurin dazu in der Lage ist, ist es unerlässlich, sich mit den naturgegebenen Voraussetzungen und den gestalterischen Grundlagen auseinanderzusetzen. Dadurch entwickelt sich Geschmackssicherheit und Kreativität.

Folgende Fragen sollten vor dem Haarschnitt ausführlich geklärt werden:

- Welche Erwartungen und Wünsche hat die Kundin?
- Welche naturgegebenen Grundlagen sind bei der Kundin gegeben, z. B. Haarmenge oder Haarstruktur, Profil?
- Welche Frisurarten sind bei der Haarqualität anzuraten?
- Welche gestalterischen Grundlagen unterstreichen die Persönlichkeit der Kundin?

1 Naturgegebene Grundlagen analysieren

Szenario

Anja hört, wie die Chefin Frau Müller während des Beratungsgespräches zu Frau Süß sagt: »Wir kaschieren Ihre Problemzonen mit der neuen Frisur und Ihre Freundinnen werden begeistert sein.« Anja wendet sich an Sarah und möchte wissen, was Frau Müller damit meint. Sarah erklärt ihr die naturgegebenen Voraussetzungen einer Person und wie Anja diese ausgleichen kann.

1.1 Haarkontur

Die äußere Umrisslinie der Haargrenze wird natürliche **Kontur** genannt. Der Verlauf der natürlichen Haarkontur ist bei jedem Kunden anders. Bei der Haarkontur werden Tampeln und Ansätze unterschieden. Als Tampel bezeichnet der Friseur den hervorspringenden Teil und als Ansatz die entsprechende Verbindungslinie zwischen den Tampeln. Dadurch werden acht Bereiche unterteilt.

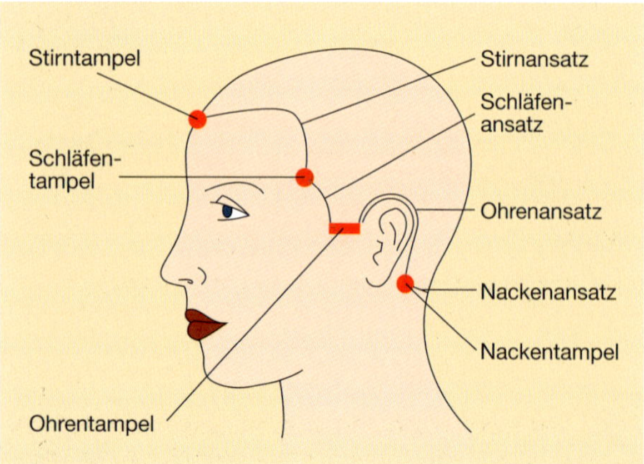

Bild 1 *Die Haarkontur*

1.2 Haarqualität

Die Haarqualität sollte bei der Frisurempfehlung berücksichtigt werden, da man zwar durch eine bestimmte Schneidetechnik (LF 5, S. 136) Einfluss nehmen kann, doch sollten die Grundvoraussetzungen stimmen. Unter Haarqualität werden die Haarstärke, die Haarmenge, die Wirbel, die Haaranomalien sowie der Hautsekretionstyp verstanden. Die Auswirkungen der Wirbel (LF 5, S. 123) und der verschiedenen Haaranomalien (LF 3, S. 85) werden in den anderen Kapiteln beschrieben.

Hier soll speziell nur auf die Auswirkung des **Volumens** eingegangen werden, welches nicht über die Schneidetechnik, sondern über die natürlichen Gegebenheiten entsteht. Unter natürlichem Haarvolumen versteht man die Haarmenge im Verhältnis zur Haarstärke. Die **Haarstärke** wird in drei Bereiche unterteilt:

- feines Haar mit einem Durchmesser bis 0,04 mm,
- mittleres Haar von 0,05–0,07 mm und
- dickes Haar ab 0,08 mm

Bei der **Haarmenge** muss der gesamte Kopf berücksichtigt werden, das heißt Vorderkopf, Oberkopf, Hinterkopf und Seiten. Die Haarmenge wird unterteilt in sehr voll, normal voll oder spärlich, wobei hier die Kopfhaut durchschimmert.

Dieses natürliche Haarvolumen beeinflusst die spätere Frisur. Hat die Kundin feine und spärliche Haare, sollte die Friseurin ihr von Langhaarfrisuren abraten, da die Wirkung der Frisur verloren geht. Oder die Friseurin muss, bei entsprechendem Wunsch der Kundin, zu einer Haarverdichtung raten.

Der **Hautsekretionstyp** spielt auch bei der Frisurempfehlung eine Rolle. Neigt eine Kundin beispielsweise zu Sebborhoe oleosa (fettiger Haut) sind Langhaarfrisuren nicht empfehlenswert, da das schnelle Nachfetten des Ansatzes die Haare schnell strähnig aussehen lassen und die Haare im Laufe des Tages an Volumen verlieren. Somit sieht die Frisur ungepflegt aus (s. LF 3, S. 76).

1.3 Betonung und Ausgleich

Als ideale Gesichts- und Kopfform gilt das klassische Oval. Größere oder geringere Abweichungen von dieser Norm sind die Regel. Die individuelle Gesichts- und Kopfform der Kundin sollte bei der Frisurengestaltung in jedem Fall berücksichtigt werden. Sie sollte entweder betont oder abgeschwächt und ausgeglichen werden.

Unvorteilhafte **Kopfformen** kann die Friseurin durch die Haarlänge, aber auch durch die Lage und Fülle des Volumens innerhalb der Frisur abschwächen oder ausgleichen. In Bild 1 werden beispielhafte Lösungen dargestellt.

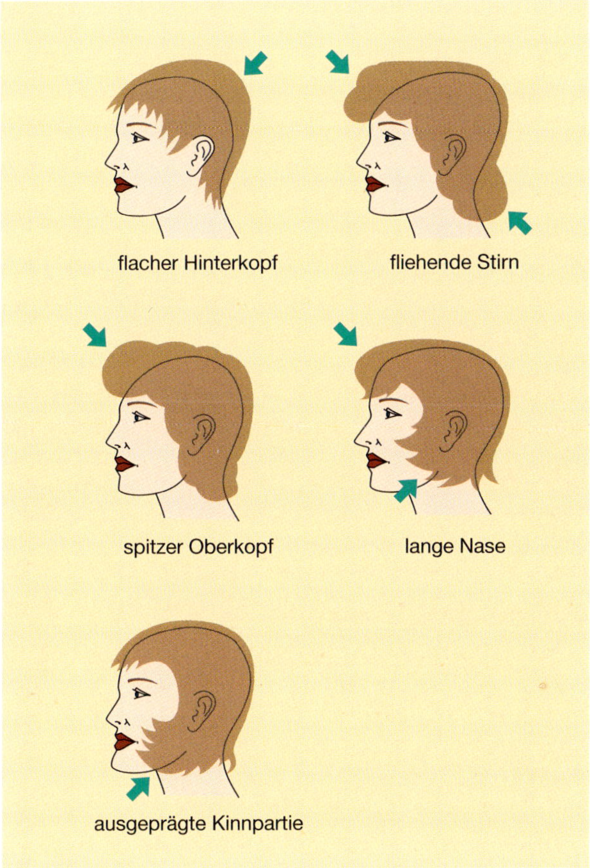

Bild 1 *Frisurengestaltung bei ungünstiger Kopfform*

Bei den **Gesichtsformen** ist das Oval die Idealform. Alle davon abweichenden Gesichtsformen (Bild 2) werden durch Haarlänge und auch durch Lage und Fülle des Volumens betont oder ausgeglichen. Das Verhältnis einer geformten Frisur zur jeweiligen Gesichtsform ist entscheidend dafür, ob ein Gesicht durch eine Frisur vorteilhaft zur Geltung gebracht wird.

Um Gesicht und Frisur vorteilhaft in Einklang zu bringen, muss die Friseurin in der Typenlehre die verschiedenen Gesichtsformen unterscheiden können und sie in der Frisurenberatung berücksichtigen. Hierbei sollte die Frisur so gestaltet werden, dass der innere und äußere Umriss der Frisur (siehe Seite 108) der Idealform des Ovals nahe kommen. Beispiele: Bei einem runden Gesicht werden die Haare mindestens schulterlang gelassen und durch Fransen, die in das Gesicht fallen wird die runde Form in die ovale ausgeglichen.

Eckige Gesichter wirken durch rundlich fallende Formen des Haarschnittes harmonischer.

Allgemein kann festgehalten werden, dass durch unterschiedliche Akzentuierung des Volumens immer die Idealform angestrebt werden soll.

Wenn Kopf- oder Gesichtsform von dem klassischem Oval abweichen, dann kann die Friseurin je nach Wunsch der Kundin eine Betonung oder aber einen Ausgleich durch gezielte Frisurengestaltung bewirken. Da in der Regel von Kundinnen ein Ausgleich gewünscht wird, muss eine Friseurin über umfassende Kenntnisse und Fertigkeiten bei der Frisurengestaltung verfügen. Bild 3 zeigt ein Beispiel für eine modische Abwandlung einer Frisur.

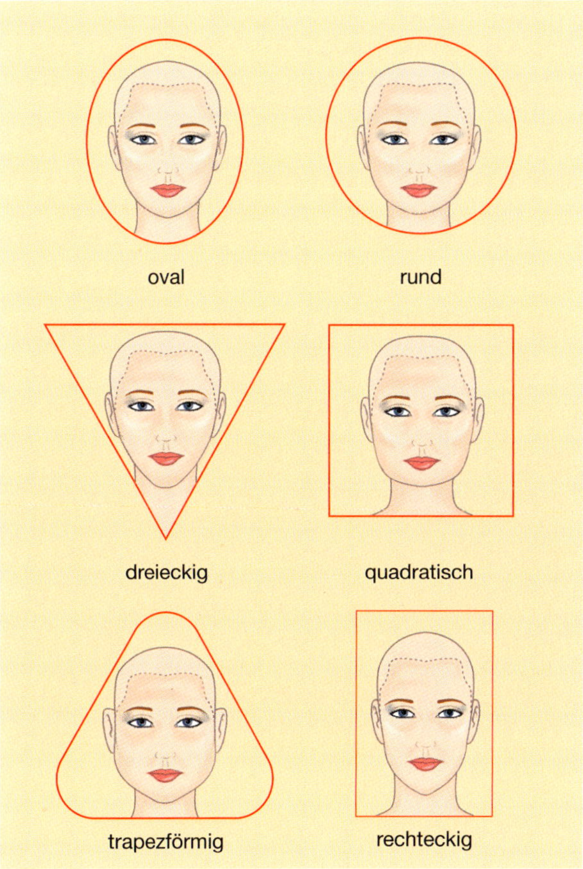

Bild 2 *Verschiedene Gesichtsformen*

Bild 3 *Ausgleich einer nicht ovalen Gesichtsform durch die Frisur*

Es darf nicht vergessen werden, dass unvorteilhafte Augen-, Mund- oder Nasenformen auch durch die Frisurgestaltung kaschiert werden können (s. Bild 1).

1.4 Haarwechsel und Haarverluste

Szenario

Anja beobachtet, dass beim Waschen und Auskämmen häufig Haares ausfallen. Sie wundert sich, dass dabei keine kahlen Stellen auftreten.

1.4.1 Haarwechsel

Von den ca. 100 000 Kopfhaaren fallen täglich etwa 60 bis 80 Haare aus. Durch den Haarwechsel wird vermieden, dass die Haare die genetisch vorbestimmte Länge überschreiten. Die Haare sind in Wachstumsgruppen angeordnet. Innerhalb einer solchen Gruppe fallen die Haare zeitlich versetzt aus, sodass keine Kahlstellen entstehen können.

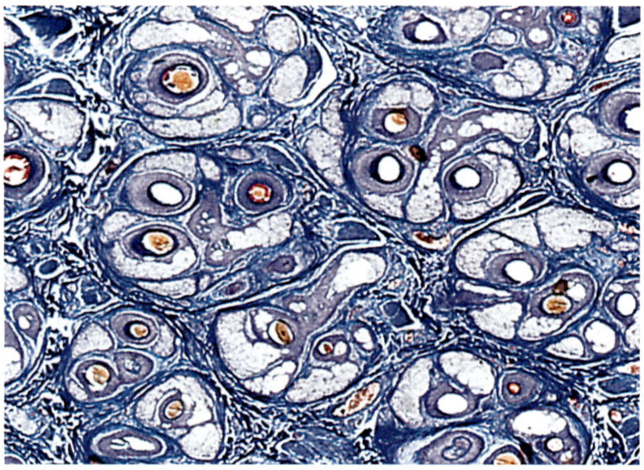

Bild 1 *Wachstumsgruppen im Hautquerschnitt erkennbar*

Der Haarwechsel vollzieht sich in drei Phasen:

- **Wachstumsphase (Anagenphase)**
  In der Haarmatrix werden ständig neue Zellen gebildet, das Haar **wächst**. Es ist mit der **Haarpapille** verbunden. Deshalb wird das Haar dieser Phase, die beim Kopfhaar 4 bis 6 Jahre dauert, als **Papillarhaar** bezeichnet (Bild 2). Der Anteil der Papillarhaare am gesamten Kopfhaar beträgt 80 bis 90 %.

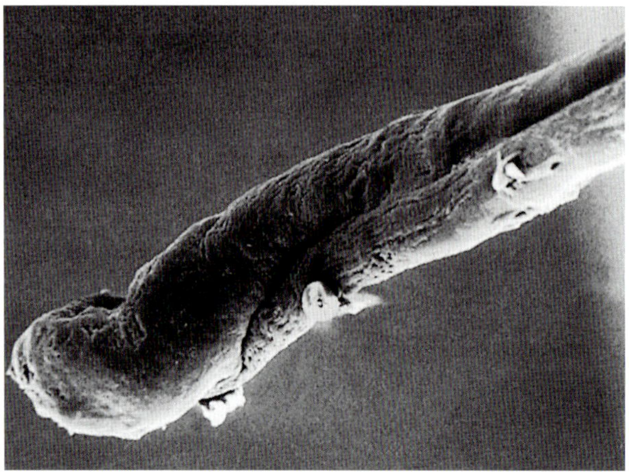

Bild 2 *Wurzel eines Papillarhaares (Anagene Haarwurzel)*

Bei einer Wachstumsphase von ca. sechs Jahren kann ein Haar eine Länge von 70 cm bis 80 cm erreichen. Extrem langes Kopfhaar, das bei Frauen gelegentlich vorkommt, ist auf eine außergewöhnlich lange Wachstumsphase zurückzuführen.

- **Übergangsphase (Katagenphase)**
  Sie stellt den Übergang von der Wachstumsphase zur nachfolgenden Ruhephase dar. Papille und Follikel bilden sich zurück. Die Papille füllt noch den entstehenden Hohlraum mit Zellmaterial aus. Dabei verändert sich das Ende der Haarwurzel (Bild 3), es macht in der 2- bis 4-wöchigen Übergangsphase alle Übergänge vom Papillarhaar bis zum Kolbenhaar durch. Man bezeichnet das Haar in dieser Phase deshalb als **Übergangshaar (Beethaar)**. Der Anteil der Übergangshaare liegt bei ca. 1 %.

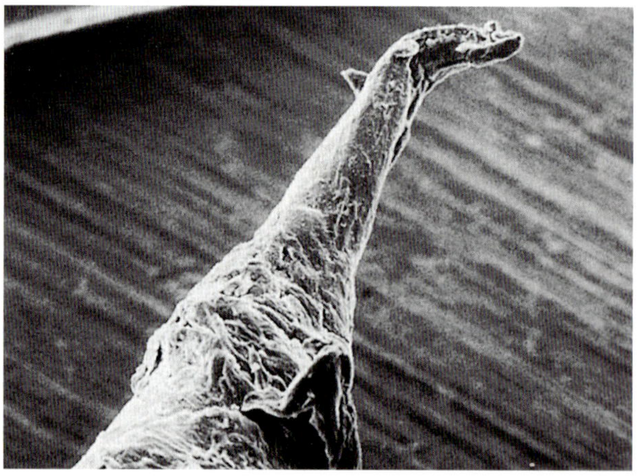

Bild 3 *Wurzel eines Übergangshaares (Katagene Haarwurzel)*

- **Ruhephase (Telogenphase)**
  Das von der Papille losgelöste Haar ruht als **Kolbenhaar** (Bild 4) im Follikel. In der Ruhephase erlangen Follikel und Papille ihre alte Größe und ihre Funktionsfähigkeit zurück. Es wird ein neues Haar gebildet. Das Kolbenhaar wird am Ende der dreimonatigen Ruhephase entweder beim Waschen und Kämmen herausgezogen oder von dem neuen Haar aus dem Follikel geschoben.
  Der Anteil der Kolbenhaare am gesamten Kopfhaar beträgt ca. 9 % bis 19 %.

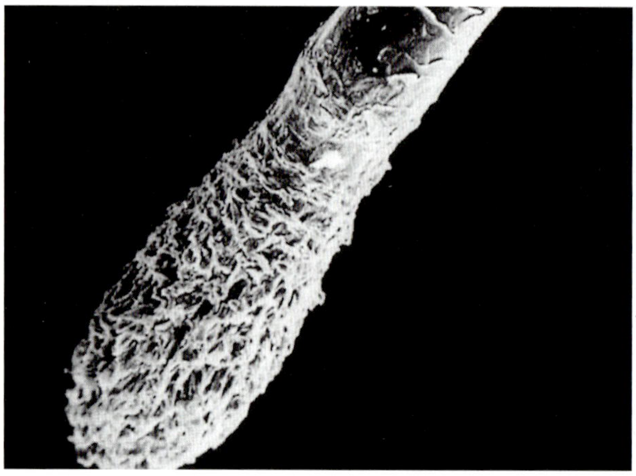

Bild 4 *Wurzel eines Kolbenhaares (Telogene Haarwurzel)*

Wachstumskreislauf des Haares (Haarzyklus)

Die drei Phasen des Haarwachstums bilden den Wachstumskreislauf des Haares, der auch Haarzyklus genannt wird. Dieser Haarzyklus kann sich beim Kopfhaar bis zu 15-mal im Laufe eines Menschenlebens wiederholen.

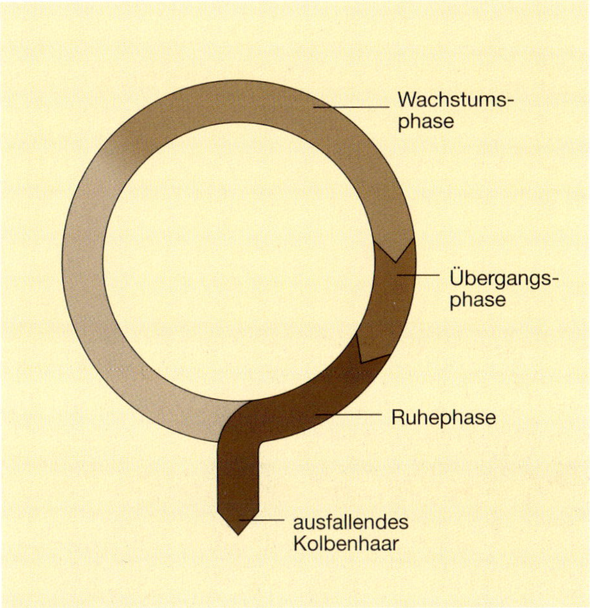

Bild 1 *Haarzyklus*

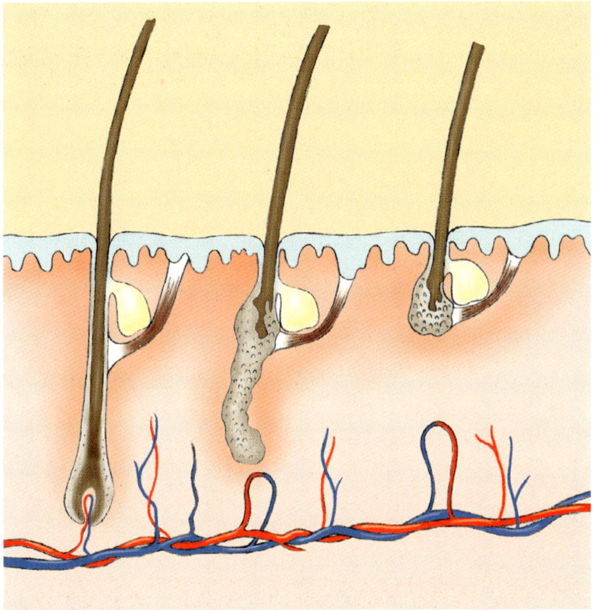

Bild 2 *Phasen des Haarwechsels*

Arbeitsauftrag

1. Untersuchen Sie mithilfe eines Mikroskops die Haarwurzeln von ausgekämmten und ausgezogenen Haaren.
2. Zeichnen Sie die Haarwurzeln des ausgekämmten und ausgezogenen Haares.

1.4.2 Haarausfall

Die beim natürlichen Haarwechsel ausfallenden Haare sind stets Kolbenhaare, deren Lebenszeit abgelaufen ist und die durch gleichwertige Haare ersetzt werden.

Fallen zusätzlich zum natürlichen Haarwechsel weitere Haare aus, so entstehen kahle oder gelichtete Stellen. Der vermehrte Haarausfall wird als **Effluvium** bezeichnet, die entstandenen Kahlstellen als **Alopecia**.

Entsprechend ihrer Ursachen und Erscheinungsformen werden drei Gruppen des Haarausfalls unterschieden:

- Haarausfall des männlichen Typs
- Kreisrunder Haarausfall
- Symptomatisch-diffuser Haarausfall

Haarausfall des männlichen Typs

Der Haarausfall dieses Typs ist die Glatze mit ihren unterschiedlichen Erscheinungsformen:

- Kahlstellen im Bereich des Wirbels
- Geheimratsecken
- Stirnglatze
- Glatze mit verbleibendem Haarkranz

Der Haarausfall des männlichen Typs setzt ein, wenn folgende zwei Faktoren zusammenkommen:

- Androgene (männliche Geschlechtshormone)
- Erbliche Veranlagung

Weil die männlichen Hormone wesentlich an der Entstehung der Glatze beteiligt sind, wird sie auch als **androgenetischer Haarausfall** bezeichnet.

Entstehung einer Glatze

Bei einer Veranlagung zur Glatze befinden sich an den Haarfollikeln Rezeptoren, die männliche Hormone aufnehmen. Unter dem Einfluss der Hormone bilden sich die Haarfollikel zurück. Der natürliche Haarwechsel findet noch statt, aber die neuen Haare werden in den folgenden Wachstumsphasen immer dünner und ihre Lebenszeit kürzer. Am Ende dieses andauernden Schrumpfungsprozesses hat sich der gesamte Follikel zurückgebildet.

Die Glatze kann sich bereits wenige Jahre nach der Pubertät durch erste Lichtungen an den beschriebenen Stellen ankündigen. Bis die endgültige Form der Glatze ausgebildet ist, vergehen dann noch mehrere Jahre bis Jahrzehnte.

Behandlung einer Glatze

Gegen die Glatze beim Mann gibt es keine erfolgversprechende Behandlung mit kosmetischen Mitteln.

Medizinische Kopfhautwässer mit dem Wirkstoff Minoxidil wirken der Glatzenbildung entgegen bzw. verzögern die Entstehung einer Glatze. Diese Kopfhautwässer sind rezeptfrei in Apotheken erhältlich.

Dagegen greift ein spezielles rezeptpflichtiges Medikament in den männlichen Hormonhaushalt ein und verhindert so den androgenetischen Haarausfall. Wird das Medikament abgesetzt, fallen die Haare wieder aus. Vor Nebenwirkungen wird ausdrücklich gewarnt.

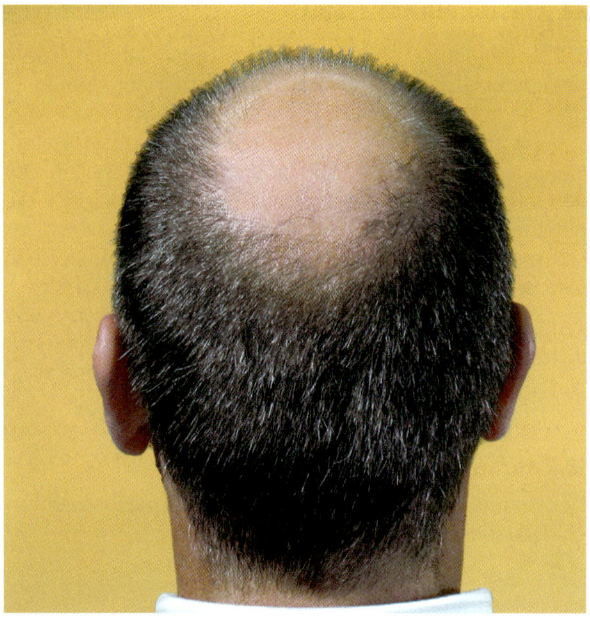

Bild 1 *Männliche Glatze*

Glatzenbildung des männlichen Typs bei der Frau

Der weibliche Körper stellt sowohl weibliche als auch männliche Hormone her. Nach dem Klimakterium (Wechseljahre) nimmt die Produktion der weiblichen Hormone ab, der Anteil der Androgene am Hormonhaushalt nimmt dadurch zu.

Bei einem sehr hohen Androgenanteil und entsprechender Veranlagung zur Glatze kann sich auch bei der Frau das Haar lichten. Dabei entstehen an den Stellen, an denen beim Mann das Haar ausfällt, die Haarlichtungen. Zu ausgeprägten Kahlstellen kommt es jedoch äußerst selten.

Treten die Symptome einer Glatze bei einer Frau bereits vor den Wechseljahren auf, so ist das häufig auf eine Störung im Hormonhaushalt zurückzuführen.

Die Entstehung einer Glatze bei der Frau kann durch Hormonbehandlungen verhindert werden. Bereits vorhandene Kahlstellen sind jedoch auch durch medizinische Behandlungen kaum rückgängig zu machen.

Die Friseurin erklärt der betroffenen Kundin die Ursachen der weiblichen Glatzenbildung und empfiehlt ihr eine ärztliche Behandlung. Bei bereits bestehen Kahlstellen können Haarteile oder eine Perücke empfohlen werden.

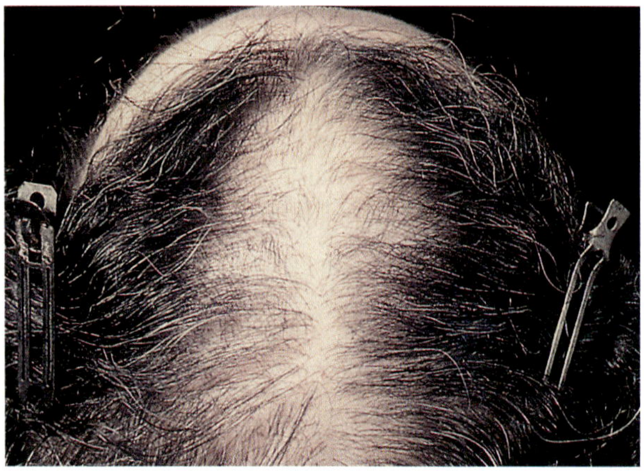

Bild 2 *Weibliches Gegenstück der männlichen Glatze*

Kreisrunder Haarausfall (Alopecia areata)

Beim kreisrunden Haarausfall fallen die Haare innerhalb kurzer Zeit aus. Dabei entstehen mehr oder weniger runde Kahlstellen, die diesem Haarausfall ihren Namen gegeben haben.

Der kreisrunde Haarausfall wird durch eine Rückbildung der gesamten Haaranlage auf die Größe eines Körperhaarfollikels eingeleitet. Der sich verkleinernde Follikel stellt eine immer dünner werdende Haarwurzel her. So entsteht die nach unten spitz auslaufende Form des Haares, die der Form eines Kommas ähnelt. Die vom kreisrunden Haarausfall betroffenen Haare werden deshalb als **Kommahaare** bezeichnet.

Am Rand der Kahlstelle befinden sich häufig 2 mm bis 3 mm lange abgebrochene Haarstümpfe. Sie haben sich bereits von der Papille gelöst und lassen sich deshalb leicht und schmerzlos ausziehen. Sie sind für die Friseurin ein zusätzlicher Nachweis für den kreisrunden Haarausfall.

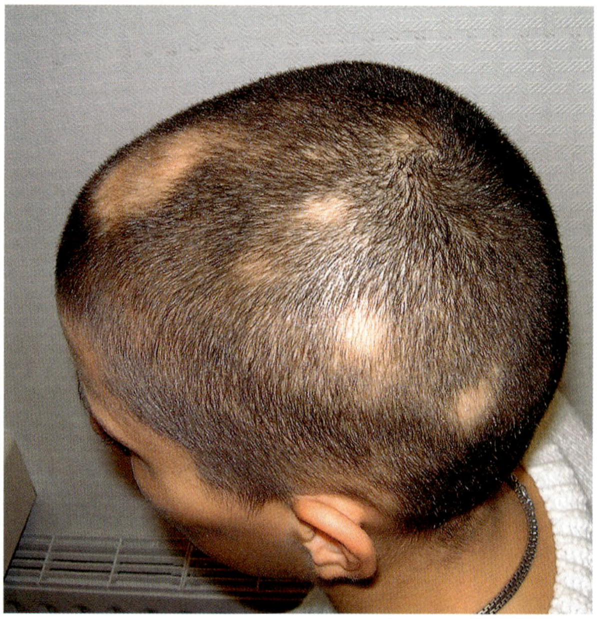

Bild 3 *Kreisrunder Haarausfall*

Aus der Alopecia areata kann sich die erheblich schlimmere **Alopecia totalis** entwickeln, bei der in wenigen Monaten am ganzen Kopf alle Haare einschließlich der Wimpern und Augenbrauen ausfallen. Wenn die Körperhaare auch noch ausfallen, liegt die **Alopecia universalis** vor.

Die Ursachen der Alopecia areata sind bisher nicht bekannt. Die Heilungschancen sind für die verschiedenen Formen des kreisrunden Haarausfalls sehr unterschiedlich.

Bei der einfachen Form mit den kreisförmigen Kahlstellen wachsen die Haare nach einigen Monaten wieder nach. Das neue Haar ist noch flaumartig und farblos. Sobald die gesamte Haarlänge ihre alte Größe und Funktionsfähigkeit zurückerlangt hat, erreicht das Haar die alte Stärke und Farbe wieder. Für die anderen Formen des kreisrunden Haarausfalls, sind die Heilungschancen sehr gering.

Die Behandlung der Alopecia areata darf nur durch den Arzt erfolgen.

Symptomatisch-diffuser Haarausfall

Alle Arten des Haarausfalls, die auf Krankheiten oder Veränderungen im Körper zurückzuführen sind, werden unter dem Begriff symptomatisch-diffuser Haarausfall zusammengefasst. Der Haarausfall gilt als **Symptom** (Zeichen), das auf eine Krankheit hinweist. Die Haare fallen oft **diffus** (nicht vollständig) aus.

Ursachen des symptomatisch-diffusen Haarausfalls:

- Fiebrige Infektionskrankheiten
- Einnahme von Medikamenten zur Verzögerung der Blutgerinnung, von Ovulationshemmern (Antibabypille) oder von Zytostatika (Chemotherapie)
- Vergiftungen durch Schwermetalle (Thallium)
- Schwere seelische Belastungen (psychogene Alopecie)
- Hormonumstellung nach Entbindung

Die aufgeführten Ursachen für diesen Haarausfall greifen in den Wachstumsprozess des Haares ein und beeinflussen die Wachstumsphase. Dabei treten folgende Störungen im Wachstumsprozesses auf:

- **Unterbrechung der Wachstumsphase**
  Thallium und Zytostatika stoppen die Zellteilung und unterbrechen so die Wachstumsphase. Die Haare fallen nach zwei bis drei Wochen aus. An den Haarwurzeln ist ein Bruchende erkennbar. Sobald der schädigende Einfluss nachlässt, erholt sich die Haarmatrix wieder, und nach zwei bis drei Monaten wird die Wachstumsphase fortgesetzt.

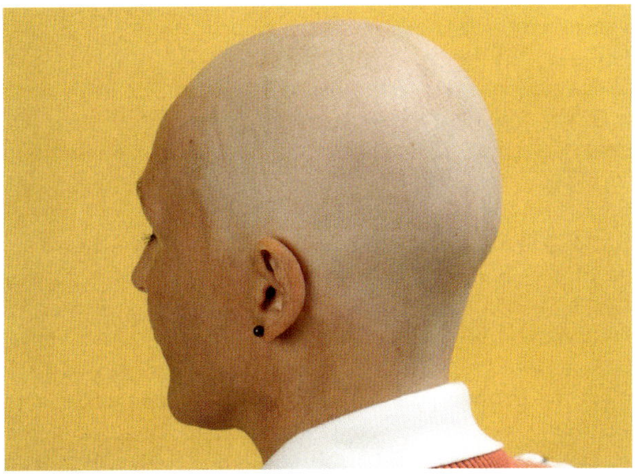

Bild 1 *Haarausfall nach Chemotherapie*

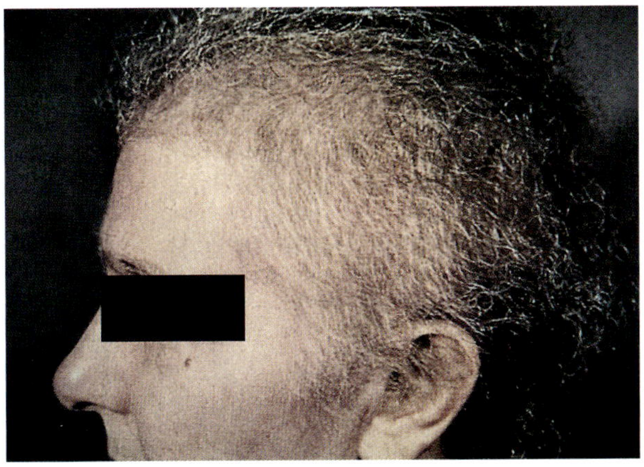

Bild 2 *Haarausfall nach Medikamenteneinnahme*

- **Vorzeitige Beendigung der Wachstumsphase**
  Durch die aufgeführten Krankheiten wird die Wachstumsphase vorzeitig beendet. Das Haar durchläuft noch die Übergangs- und Ruhephase und fällt nach ca. drei Monaten als Kolbenhaar aus. Es entstehen Lichtungen oder kahle Stellen. Sobald die Ursachen für den Haarausfall beseitigt sind, beginnt eine neue Wachstumsphase.
- **Verlängerung der Wachstumsphase**
  Weibliche Hormone, die bei der Schwangerschaft gebildet werden, aber auch in Ovulationshemmern enthalten sind, können die Wachstumsphase verlängern. Sobald sich der Hormonhaushalt wieder normalisiert, beginnt für diese Haare die Übergangsphase. Die Haare fallen z. B. nach der Entbindung als Kolbenhaare aus. Im Schläfenbereich können vorübergehend Lichtungen auftreten.

1.4.3 Kahlstellen durch äußere Einflüsse

Mechanische, chemische und thermische Einwirkungen auf die Haut und die Haarfollikel können zu Kahlstellen führen. Bereits durch anhaltenden Zug wird das Haar von der Matrix oder der Papille getrennt und aus dem Follikel gezogen.

Ein typisches Beispiel hierfür ist die **Pferdeschwanzfrisur**.

Durch die **Haarrupfsucht** (Trichotillomanie), bei der die Haare einzeln oder in Büscheln ausgerissen werden, kommt es auch zu Kahlstellen.

Ätzende Chemikalien und **Verbrennungen** können die gesamte Haut zerstören. Die sich bildende Sekundär- oder Narbenhaut bleibt für immer haarlos.

Aufgaben

1. Warum kommt es beim natürlichen Haarwechsel nicht zu Kahlstellen?
2. Nennen Sie die drei Phasen des Haarwechsels.
3. Welche unterschiedlichen Formen des Haarausfalls kennen Sie?
4. Beschreiben Sie den Vorgang der Glatzenbildung.
5. Unter welchen Umständen kann bei Frauen eine Glatze entstehen?
6. Welche Behandlungsmöglichkeiten kennen Sie für einen Haarausfall vom männlichen Typ?
7. Nennen Sie Formen des kreisrunden Haarausfalls.
8. Wie erkennen Sie am ausgefallen Haar, ob eine Alopecia areata vorliegt?
9. Nennen Sie Ursachen für den symptomatisch-diffusen Haarausfall.
10. Nennen Sie äußere Einflüsse, die zu Kahlstellen führen können.

1.5 Kundentyp

Bei der Beratung und Auswahl sollte auch auf den Kundentyp und seine Motive geachtet werden. Hierbei sollten verschiedene Fragen eine Rolle spielen:

- Wie viel Zeit möchte die Kundin mit dem Styling und Finish der Frisur verbringen?
- Handelt es sich um einen sportlichen Typ, bei dem eine kurze und pflegeleichte Frisur von Vorteil wäre?
- Welcher Anlass liegt dem Friseurbesuch zu Grunde?
- Möchte die Kundin eine Typveränderung?
- Welche Motive hat die Kundin, z. B. Individualität, Nachahmung eines bestimmten Typs?
- Welchen Beruf übt die Kundin aus?

Bild 1 *Sportlicher Typ*

2 Gestalterische Schwerpunkte kennen und anwenden

Szenario

Seit einigen Wochen beobachtet Anja ihre Kolleginnen bei der Beratung von Frisuren. Immer wieder hört sie, dass über die Kopfform der Kundin gesprochen wird und auf verschiedene Wirkungen von unterschiedlichen Frisuren. Anja bittet die Gesellin Sarah, ihr die Grundlagen und Einflüsse zu erklären.

2.1 Dreidimensionalität bei der Frisurerstellung und -gestaltung

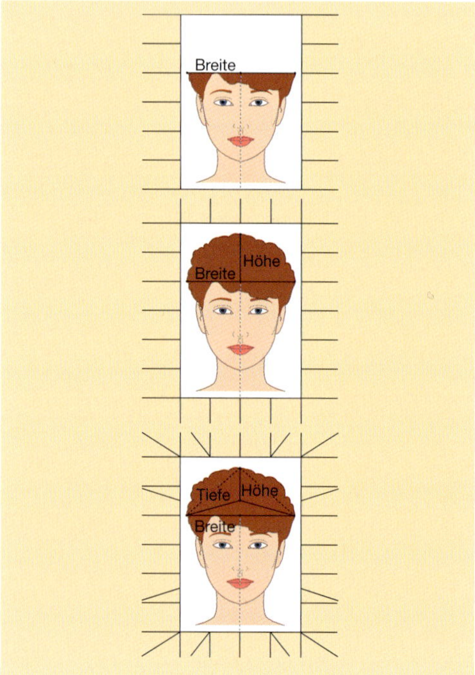

Bild 2 *Drei Dimensionen in der Frisurgestaltung*

Die Friseurin muss sich bei der Erstellung der Frisur bewusst sein, dass sie in drei Dimensionen arbeitet (Bild 2). Nur so kann sie die Form der Frisur an die Kopfform und Gesichtsform der Kundin anpassen und eine Frisur schaffen, die mit dem Typ der Kundin **Harmonie** schafft. Als Harmonisch wird vom Betrachter jeglicher Ausgleich von unerwünschten Kopf- oder Gesichtsformen zur Idealform (Oval) verstanden. Unter **Dimensionen** (D) versteht man die Abmessung eines Körpers in Breite, Höhe und Tiefe.

Da der Mensch nicht als Ideal zur Welt kommt, hat er z. B. ein dreieckig-längliches Gesicht mit einem sehr flachen Hinterkopf. Nun ist es an der Friseurin, zu erkennen, das die dreieckige Gesichtsform die Breite darstellt, das Längliche für die Einflüsse auf die Höhe stehen und der flache Hinterkopf sich auf die Tiefe auswirken. Somit ist es an der Friseurin, die Kundin von allen Seiten zu betrachten und solche Unregelmäßigkeiten zur Idealform wahrzunehmen. Nur dann kann die Friseurin im zweiten Schritt den Ausgleich durch die entsprechenden Verhältnisse **(= Proportion)** der Dimensionen zueinander vornehmen.

Wichtig ist, dass die Friseurin ein Gefühl für Harmonie entwickelt. Sie darf sich nicht sklavisch daran halten immer die Idealform anzustreben. Sondern durch die sich im Laufe der Zeit entwickelnde Kreativität, muss sie in der Lage sein zu erkennen, wann die Individualität durch Disharmonie positiv hervorgehoben wird und somit Reize schafft.

2.2 Proportion

Unter Proportionen versteht man das Verhältnis der einzelnen Linien, Flächen oder Körper zueinander und zum Gesamten.

Auch Frisuren haben gedachte Linien, die in einem gewissen Verhältnis zueinander stehen sollten, damit die Frisur harmonisch wirkt. Das Gleiche gilt für die Proportionen zwischen Frisur und Gesicht oder das Verhältnis vom gesamten Körper zum Kopf.

In der Frisurengestaltung werden überwiegend folgende Teilungen berücksichtigt:

1. Halbierende Teilung

Das Prinzip dieser Teilung wird zum Beispiel bei einem Mittelscheitel und gleicher Frisurengestaltung auf beiden Seiten des Kopfes eingesetzt (Bild 1).

Derartige Frisuren sind unproblematisch zu erstellen. Sie symbolisieren Gleichmäßigkeit und helfen beispielsweise sehr ungleiche Gesichtshälften oder unterschiedlich große Augen zu kaschieren.

Bild 1 *Halbierende Teilung*

2. Freie Teilung

Die freie Teilung kommt zur Anwendung, wenn Frisurenteile nach ihrer Bedeutung zueinander proportioniert werden (Bild 2). Dabei treten die wichtigen Frisurenteile, wie z. B. der Mikropony, Seitenscheitel oder Haarschmuck, in den Vordergrund. Aber auch die individuelle Frisurengestaltung und Modetrends, wie z. B. modische Haarfarben, werden oft von diesen Proportionen bestimmt.

Bild 2 *Freie Teilung*

3. Teilung nach dem Goldenen Schnitt

In der Kunst und auch in der Natur gilt **»der Goldene Schnitt«** als ideale Proportion. Damit ist die Teilung einer Strecke in zwei Abschnitte von unterschiedlicher Länge gemeint, die man als harmonisch empfindet. Das als harmonisch empfundene Teilungsverhältnis einer kleineren zur größeren Strecke lässt sich annähernd mit den Zahlenverhältnissen 3:5, 5:8, 8:13 oder 13:21 ausdrücken.

Der Goldene Schnitt beschreibt die Teilung einer Strecke in zwei Abschnitte von verschiedener Länge, die auf den Menschen harmonisch wirken. In der Praxis bedeutet dies, dass der kleine Abschnitt A–B sich zum großen Abschnitt B–C verhält, wie der größere Abschnitt B–C zur gesamten Strecke A–C (Bild 3). Hierbei verhalten sich die Strecken folgendermaßen

- A–B entspricht dem höchsten Punkt des Kopfes bis zur Taille (kleine Strecke) = 3 cm
- B–C entspricht der Taille bis zu den Fußspitzen (große Strecke) = 5 cm
- A–C entspricht der gesamten Körpergröße = 8 cm

  Somit ergibt sich folgendes Zahlenverhältnis 3 cm : 5 cm steht im Verhältnis 5 cm : 8 cm (entnommen aus den unterschiedlichen Streckenlängen). Die Harmonie entsteht, weil der kleinere Abschnitt sich zum größeren Abschnitt ähnlich verhält wie der größere Abschnitt zur Gesamtlänge. Im Idealfalle immer im Faktor 1 zu 1,6.

Diese Teilungen führen bei einem gut durchdachten Einsatz, möglicherweise auch in Kombination miteinander, zu erstaunlichen Ergebnissen. Wichtig ist, dass nicht nur die Frisur für sich gesehen wird. Die Proportionen der Frisur müssen in einem harmonischen Verhältnis zum Gesicht, zur Halspartie und zum Gesamtkörper der Kundin stehen.

Der goldene Schnitt mit seinen Verhältnissen von 1 zu 1,6 gilt hierbei als ausgewogen und stellt Harmonie her. Doch zeigt der Wandel von Schönheitsidealen in den einzelnen Stilepochen, dass sich Einstellungen zur Harmonie und Ästhetik modischen Diktaten unterwerfen.

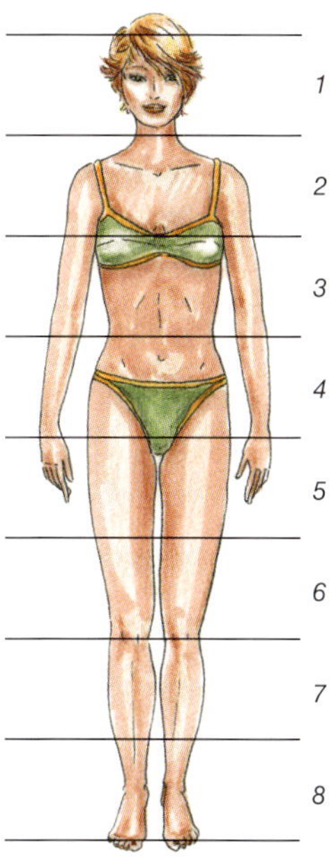

Bild 3 *Goldener Schnitt*

Beispiele hierfür sind:

- **Das Verhältnis von Frisur zu Gesicht**

Bild 1 *Proportion Frisur–Gesicht*

Ein längliches Gesicht (Bild 1) wird durch eine flach anliegende Langhaarfrisur betont. Um die längliche Gesichtsform zu kaschieren und die Proportionen von Gesicht und Frisur harmonisch aufeinander abzustimmen, sollte die Haarlänge wie in Bild 2 ca. auf Kinnlänge gekürzt werden.

- **Das Verhältnis von Frisur zum Körper**

Bild 2 *Proportion Frisur–Oberkörper*

Auch in diesem Verhältnis spielt die Frisur bezogen auf das gesamte Erscheinungsbild eine wichtige Rolle. So muss z. B. das Volumen der Frisur und die Haarlänge auf das Volumen bzw. die Größe der Kundin abgestimmt werden. Die Frisurengestaltung nimmt nicht nur Einfluss auf das gesamte Erscheinungsbild der Kundin, sondern sie kann auch die Ausstrahlung der Kundin unterstützen. Den Bildbeispielen 1 und 2 ist diese Wirkung zu entnehmen.

Bild 3 *Proportion Frisur–Gesamtkörper*

Für eine harmonische Gestaltung ist der Goldene Schnitt als Orientierung oder Kontrollinstrument hilfreich. Dabei ist das Gefühl für Harmonie modischen Tendenzen unterworfen.

2.3 Formen

Linien haben nur eine Dimension, die Länge. Flächen haben zwei Dimensionen, die Länge und die Breite. Mögliche Formen des Gesichts sind das **Rechteck**, das **Quadrat**, das **Dreieck** oder der **Kreis**.

Tabelle 1: Flächen und Körper

2D-Form, z. B. Gesicht	3D-Form, z. B. Kopf
Rechteck	Quader
Quadrat	Würfel
Kreis	Kugel
Dreieck	Pyramide

Wird der Fläche eine weitere Dimension, die Tiefe, hinzugefügt, erhält man den Körper. Körper sind somit dreidimensional. Sie können unterschiedliche Formen haben. Gleichmäßige Körperformen sind Quader, Würfel, Pyramide und Kugel (Tabelle 1, Seite 106).

Da Frisuren drei Dimensionen aufweisen, zählen sie auch zu den geometrischen Körpern. Ebenso wie der gleichmäßig geformte Würfel haben Frisuren aber auch Linien, insbesondere die Begrenzungslinie. In Frisuren treten aber auch Flächen auf. Diese typischen Merkmale sind in Bild 1 deutlich erkennbar.

Bild 1 *Merkmale geometrischer Frisurenformen*

Mithilfe dieser geometrischen Formen kann sowohl die Kopf- und Gesichtsform positiv beeinflusst werden, als auch der Hals- und Nackenbereich. Hat die Kundin beispielsweise einen vier- oder rechteckigen Kopf, sollten diese »Kanten« durch Rundungen ausgeglichen werden. Somit sollte die Friseurin der Kundin die runde Schnittform empfehlen. Dadurch wird wieder die Idealform des Ovalen angestrebt.

Ein breiter Nacken darf keinesfalls noch durch eine rechteckige Frisurenform negativ beeinflusst werden. Er würde noch breiter wirken. Hier wäre es ideal die Haare kurz zu tragen (Bild 3) oder die Nackenhaare zur Wirbelsäule spitz zusammenlaufend zu gestalten.

Hingegen wirkt sich eine rechteckige Form positiv auf einen langen Hals aus und verkürzt ihn optisch. Bei einem kurzen Hals wäre das Quadrat oder der Kreis zu wählen. Mischformen sind auch möglich.

Die Friseurin muss das Gesamtbild der Kundin betrachten, um die richtige Entscheidung zu treffen. Auch hier zeigt es sich, dass Kreativität und Harmoniegefühl sich entwickeln müssen.

Da geometrische Formen in ihrer Wirkung und Aussagekraft sehr unterschiedlich sind, ist es wichtig, dass die Friseurin Kenntnisse darüber besitzt. Bereits bei der Frisurenberatung kann sie auf die natürlichen Gegebenheiten der Kundin eingehen und durch die passende Wahl der geometrischen Form der Frisur ausgewogene Proportionen erzielen. Die Bilder 1 bis 4 geben einen Überblick über die häufig verwendeten geometrischen Frisurenformen und ihre Wirkungen:

Rechteck

Die Frisur wirkt streng und sachlich. Je nach Anordnung des Rechtecks nimmt der Kopf an Höhe oder Breite zu. In der Fläche und in der Tiefe ähnelt die Form dem Quader.

Bild 2 *Rechteckige Form*

Quadrat

Bedingt durch die Gleichmäßigkeit wirkt diese Frisur eckig, fast quadratisch. Betrachtet man diese Frisurenform jedoch von allen Seiten, so wirkt sie wie ein Würfel.

Bild 3 *Quadratische Form*

Kreis

Von vorne betrachtet wirkt diese Frisur wie ein Kreis. In ihrer Gesamtheit ähnelt sie einer Kugel. In sich wirken diese Frisurenformen geschlossen, füllig und gleichmäßig (Bild 4).

Bild 4 *Runde Form*

Dreieck

Diese Frisur wirkt von vorne wie ein Dreieck, spitz und scharfkantig (Bild 1). Je nach Anordnung des Dreiecks in der Frisur findet die Betonung statt:

- Zeigt die Spitze nach unten, wirkt die Frisur insgesamt aufsteigend.
- Zeigt die Spitze nach oben, werden Gesichtspartien umrandet oder teilweise verdeckt. In dieser Umkehrung wirkt die Frisur fülliger und geschlossener.

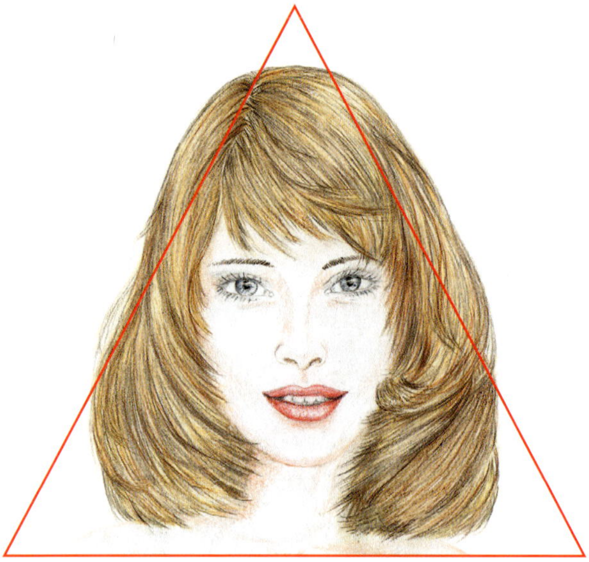

Bild 1 *Dreieckige Form*

2.4 Umriss

Der Umriss ist die flächige Darstellung einer Frisur in Breite und Länge. Man unterscheidet zwischen inneren und äußeren Umrisslinien. Die Gesichtsform wird dabei durch den inneren Umriss, die Kopfform durch den äußeren Umriss beeinflusst.

Die **äußere Umrisslinie** ergibt sich aus der Volumenzone nach außen. Diese Linie wird auch als äußere Silhouette der Frisur bezeichnet. Verändert man die äußere Umrisslinie z. B. durch Kürzen der Haarlängen unter Beibehaltung der Frisurenform und des Frisurentyps, so erscheint die Gesichtsform verändert.

Bild 2 *Innere und äußere Umrisslinien*

Der **innere Umriss** einer Frisur wird durch die Haarkonturenlinie zur Gesichtshaut begrenzt (= innere Silhouette). Diese Linie ist von besonderer Bedeutung für den Charakter einer Frisur, weil je nach Gestaltung der inneren Silhouette unterschiedliche Wirkungen erzielt werden. Die in der Friseurpraxis gebräuchlichsten Umrisslinien sind in Tabelle 1 s. S. 109 beispielhaft dargestellt.

Der Verlauf der inneren Umrisslinie prägt zusätzlich auch stark den Bezug einer Frisur zu Gesicht und Hals. Den folgenden Bildbeispielen können die unterschiedlichen Wirkungen entnommen werden:

- Gerundete Konturen wirken weich.

Bild 3 *Gerundeter Verlauf der inneren Umrisslinie*

- Je stärker die Kontur graduiert und effiliert ist, umso stärker ist der Bezug der Frisur zu Gesicht und Hals.

Bild 4 *Effilierter Verlauf der inneren Umrisslinie*

- Gerade verlaufende Umrisslinien wirken hart.
- Je stumpfer die Kontur geschnitten ist, umso gesichts- und halsferner wirkt die Frisur.
- Spitze Winkel verstärken den Eindruck der Härte.

Tabelle 1: Innere Umrisslinien

Klar, abgegrenzt, geschlossen	Leicht geöffnet	Tiefer geöffnet, jedoch im Wechsel mit klarer Abgrenzung	Stark geöffnet, aufgelöst

2.5 Richtung und Linienverlauf

Der gesamte Haarschopf kann als eine Vielzahl von Linien angesehen werden. Der Verlauf einer Linie wird dabei als Richtung bezeichnet. Der Linienverlauf kann sowohl gerade als auch gerundet sein. Je nach Verlauf erwecken sie im Auge des Betrachters unterschiedliche Eindrücke – von strengen bis weichen Akzenten.

2.5.1 Gerade Linien

Die vier geraden Grundlinien verlaufen horizontal, vertikal, diagonal nach links und diagonal nach rechts. Es kann sich um den Scheitel oder um den Konturenverlauf der Frisur handeln. Eine gerade Linie kann unterschiedlich dick und unterbrochen sein. Hierdurch können gerade Linien einen Eindruck von Härte, Stärke, Schwäche, Brutalität, Empfindsamkeit zum Ausdruck bringen. Während vertikale und horizontale Linien eher starr wirken, bringen diagonale Linien Bewegung in eine Frisur.

Bild 1 *Geradliniger und gebogener Verlauf der inneren Umrisslinie*

In Tabelle 1 s.S.106 werden die vier Grundlinienarten sowohl in der Zwei-Dimensionalität als auch in der Drei-Dimensionalität mit entsprechendem Frisurenbeispiel und jeweiliger Wirkung dargestellt.

2.5.2 Gezackte Linien

Gezackte Linien werden auch Sägelinien oder Zick-Zack-Linien genannt. Der Friseur findet diese im Zick-Zack-Scheitel oder gefransten Umrisslinien wieder. Diese Linienform wirkt extrovertiert, auffallend, modern und erzeugt Dynamik. Je nach Styling können diese zu einem Blickpunkt werden. In kurzhaarige Männerfrisuren werden zackige Linien als Muster einrasiert (= Tribal). Sie können weich oder hart erscheinen, dies hängt von ihrer Form und dem Haar-Haut Kontrast ab.

2.5.3 Gebogene Linien

Gebogene Linien bringen durch ihren Verlauf Bewegung und Dynamik in eine Frisur. Sie wirken meistens harmonisch und weich. Wichtige Beispiele hierfür sind die Konturlinien beim Haarschnitt oder die Kreislinien bei Wellen und Locken.

Bild 2 *Unterschiedliche gebogene Linien*

Je nach Öffnung des Bogens werden konkave und konvexe Linien unterschieden.

Das **Konkav** begrenzt eine nach innen gebogene Oberfläche. Die Haarlänge nimmt im Bogen nach außen zu.

Das **Konvex** begrenzt eine nach außen gebogene Oberfläche. Die Haarlänge nimmt im Bogen nach außen ab.

Bild 1
Gebogene Linie nach innen

Bild 2
Gebogene Linie nach außen

Tabelle 1: Richtung der vier Grundlinien

Horizontal	Vertikal	Diagonal nach rechts	Diagonal nach links
2 D	2 D	2 D	2 D
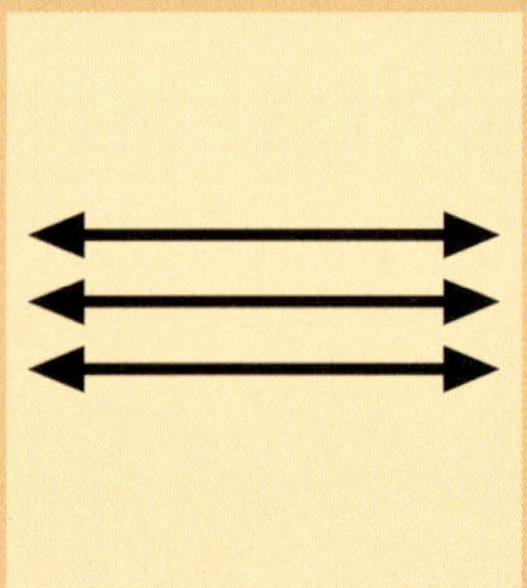	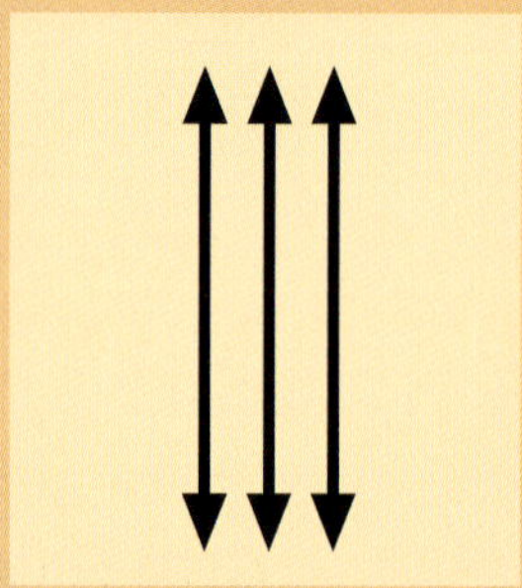	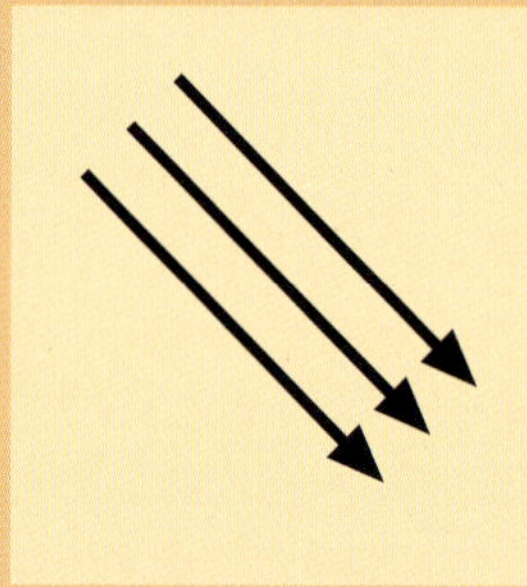	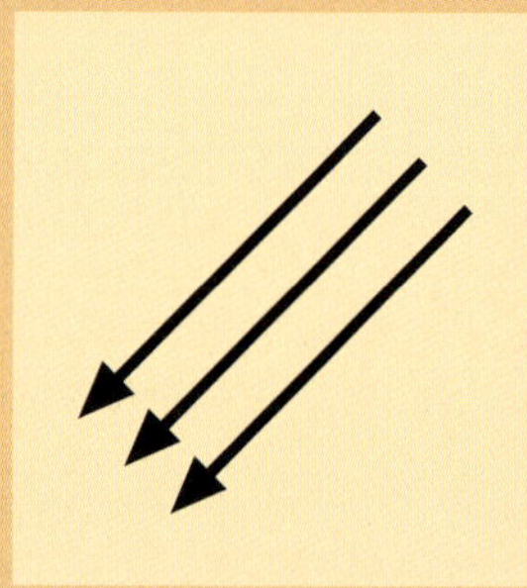
3 D	3 D	3 D	3 D
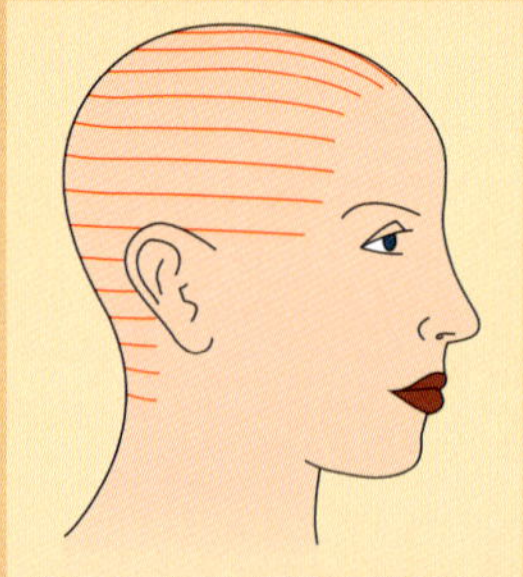	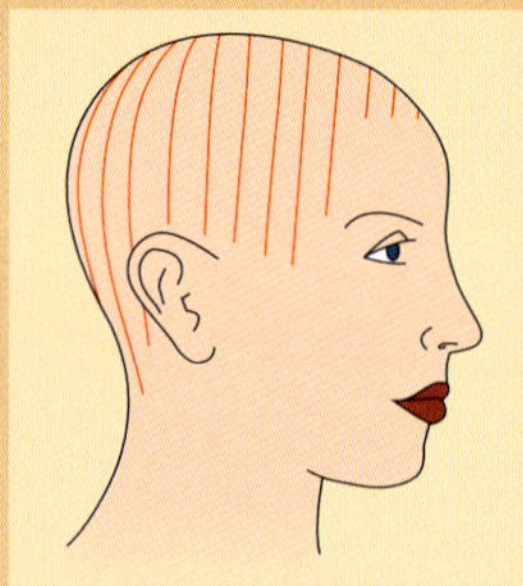	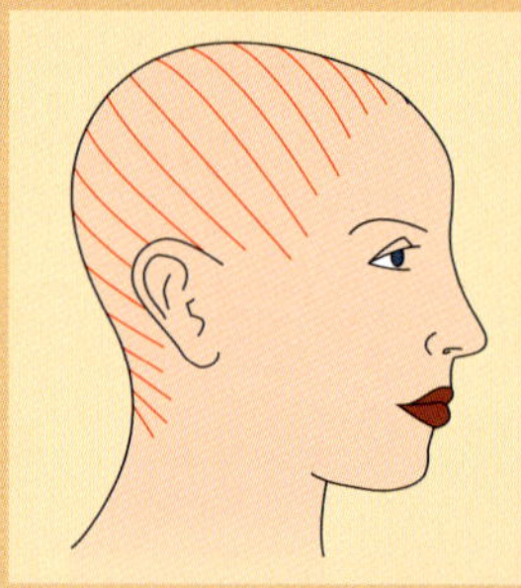	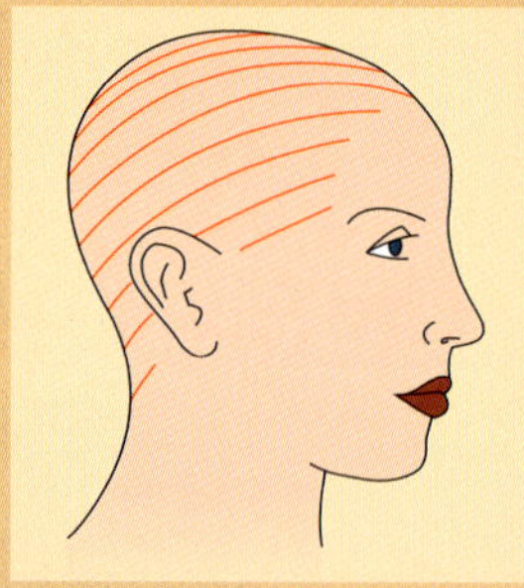
Horizontale Linien wirken geschlossen und kompakt (s. 2D). Bedingt durch die Kopfrundung (s. 3D) verlieren sie an Härte.	Vertikale Linien wirken in jeder Hinsicht (Schnitt-, Begrenzungs- oder Kammführungslinie) klar, hart und bestimmend	Der Verlauf der diagonalen Linie gibt die Richtung an: – in 2 D von oben nach unten, – in 3 D vom Hinterkopf nach vorne. Grundsätzlich wirken sie im Gegensatz zu horizontalen und vertikalen Linien dynamischer.	

Bei fast allen praktischen Tätigkeiten muss die Friseurin sowohl die geraden Linien wie auch die gebogenen Linien in der Drei-Dimensionalität berücksichtigen. Dies erfolgt z. B. bei

- sämtlichen Abteillinien (Haarschnitt, Einlegen usw.),
- der Verteilung der Haare,
- der Fingerhaltung beim Schneiden der Haare,
- allen Arbeitswinkeln,
- den Neigungswinkeln (Winkel zwischen 0° und 90° im natürlichen Fall der Haare),
- inneren und äußeren Designlinien (Führungslinien),
- der Kämmrichtung der Haare (Kammführungslinie).

In der Praxis ergeben sich unzählige Kombinationsmöglichkeiten zwischen geraden und gebogenen Linien, die eine sehr interessante und kreative Frisurengestaltung ermöglichen. Um die unzähligen Kombinationsmöglichkeiten in der Frisurenerstellung optimal nutzen zu können, muss die Friseurin die Auswirkung von Linien auf die gesamte Frisur (3 D) stets berücksichtigen.

2.6 Textur

Die **Textur** ist die Oberfläche der Frisur, die man sehen und auch fühlen kann. Der Gesamteindruck einer Frisur wird wesentlich von der Oberflächengestaltung der Haare bestimmt. Die Textur wird vorrangig durch den Haarschnitt geprägt. Aber auch die vielen technischen Möglichkeiten, z. B. Kreppeisen, Glätteisen, Lockenstab, prägen die Oberflächengestaltung der Textur mit. Man kann grundsätzlich zwei Arten der Textur unterscheiden:

Aktivierte Textur

Die Oberfläche der Frisur ist aufgelockert. Diese Textur wird durch die Graduierung im Haarschnitt oder durch vollständig gestufte Haarschnitte erzielt. Bei sehr kurzen gestuften Haaren, gelockten bis krausen Deckhaaren oder sehr leger frisierten Haaren ist eine bewegte und geöffnete Textur sichtbar (Bild 1).

Bild 1 *Aktivierte Textur*

Nichtaktivierte Textur

Bei der nichtaktivierten Textur ist die Oberfläche der Frisur glatt, sie zeigt eine kompakte Form. Diese glatte und geschlossene Textur ist ein typisches Merkmal für Frisuren mit glatten Deckhaaren. Die Gestaltung der Oberfläche zeigt einen Linienverlauf nach unten (Bild 2).

Bild 2 *Nichtaktivierte Textur*

Durch gezielte Arbeitstechniken erhält man bei einigen Frisuren zugleich eine aktivierte und nichtaktivierte Textur, z. B. die Kombination einer Graduierung und einer kompakten Form beim Haarschnitt. Die dadurch entstehende Textur wird auch als **teilaktivierte Textur** bezeichnet (Bild 3).

Bild 3 *Teilaktivierte Textur*

2.7 Formanordnungen (= Anordnung einzelner Formelemente)

Formelemente einer Frisur können wie folgt sein:

- punktförmig, wie Wirbel und Perlenschmuck,
- linienförmig, wie Fransen und Wellenbögen,
- flächig, wie Blocksträhnen und Schnittmuster
- oder dreidimensional, wie Zopfabteilungen und Hochsteckgebilde

Deren Anordnung in der Frisur bezeichnet man als Formanordnung. In der Praxis unterscheidet man diese Formanordnungen:

- Symmetrie
- Asymmetrie
- Reihung
- Steigerung
- Rhythmus
- Kontrast

Bei einer Symmetrie sind beide Seiten spiegelbildlich deckungsgleich. Haarschnitte bzw. Frisuren mit diesem Gleichgewichtsprinzip wirken geordnet, gleichmäßig, klar und ausgewogen.

Bild 1 *Symmetrische Frisur*

Asymmetrie ist der Gegensatz von Symmetrie, d.h. die Frisurenhälften sind nicht deckungsgleich. Bei Haarschnitten bzw. Frisurenformen mit einer Asymmetrie treten durch Gewichtsverlagerung Dynamik und Spannung auf. Andere Formenelemente können die Gewichtsverlagerung auffangen.

Für Tagesfrisuren ist diese leicht spannungsgeladene, reizvolle Frisurenart sehr gut geeignet.

Durch eine interessante und ausgewogene Gestaltung können Gesichter vorteilhafter erscheinen.

Bild 2 *Leichte Asymmetrie in der Gesamtform*

Werden die Frisurenteile sehr unterschiedlich gestaltet, spricht man von einer stark asymmetischen Anordnung.

Bild 3 *Starke Asymmetrie durch den langen Pony auf der linken Seite*

Bei der **Steigerung** sind alle Formelemente gleich. Jedoch ändern sie sich in ihren Proportionen. Diese Veränderung bewirkt eine gleichmäßige Folge von proportionalen Schritten, die zum Ende hin ab- oder zunehmen. Gesteigerte Bereiche einer Frisur müssen harmonisch aufeinander abgestimmt sein.

Bild 4 *Steigerung der flächigen Haarpartien am Hinterkopf*

Bei der **Reihung** sind alle sich wiederholenden Formelemente in der Frisur in Form und Größe gleich. Die Wiederholung der Gestaltungselemente kann sowohl linear als auch flächig auftreten. Die Reihung bewirkt klare, ruhige Effekte in der Frisur.

Bild 1 *Reihung der gedrehten Partien in der Seitenansicht*

Unter **Rhythmus** ist die Wiederholung zweier oder mehrerer Formelemente in gleicher Reihenfolge zu verstehen. Die Formelemente können dabei unterschiedlich in Form und Größe sein. Rhythmus kann linear im Konturenbereich oder flächig in der Frisurenanlage eingesetzt werden. Das Abwechseln der Gestaltungselemente erzielt bewegte dynamische Effekte.

Bild 2 *Rhythmus im Auf und Ab der Strähnen innerhalb des geflochtenen Zopfes.*

Unter **Kontrasten** versteht man die Beziehung von Gegensätzen in der Form- und Farbanordnung. Kontrastmöglichkeiten in der Frisurengestaltung sind beispielsweise:

- Kurzes und langes Haar
- Lockiges und glattes Haar
- Kleine und große Frisurenelemente
- Hellere und dunklere Haarfarben
- Auf- und absteigende Haarpartien

Bild 3 *Kontrastwirkung durch Farbe*

Jede Frisur setzt sich immer aus mehreren Formstrukturen zusammen, sodass bei deren Beschreibung die Konkretisierung sehr wichtig ist (vgl. die Bilder zu Reihung, Rhythmus und Steigerung).

Es muss deutlich werden, woran genau die beschriebene Formstruktur zu erkennen ist, zumal ein Kontrast auch gleichzeitig eine Asymmetrie sein kann und auch andere Überschneidungen möglich sind.

Bild 4 *Rhythmus der Strähnen im Zopf, Steigerung der zum Zopf laufenden Strähnen und Reihung der Kordeln an den Kopfseiten*

3 Haarersatz empfehlen

Haarersatz wird heute überwiegend in speziellen Haarwarenfabriken hergestellt. Die Aufgabe der Friseurin ist es, die Kunden zu beraten und den Haarersatz individuell anzupassen. Deshalb muss die Friseurin den Haarersatz fachgerecht pflegen und eventuell kleinere Reparaturen selber durchführen können.

3.1 Haararten

Der Haarersatz kann je nach Bedarf in Echt- oder Kunsthaar mit den entsprechenden Materialien gefertigt werden.

Menschenhaar

Europäisches Haar ist bei uns sehr begehrt, weil es in Stärke, Form und Farbe dem Durchschnittshaar der Mitteleuropäer entspricht. Es wird daher für hochwertigen Haarersatz verwendet. Allerdings ist es nur in geringen Mengen im Handel und daher recht teuer.

Asiatisches Haar wird durch chemische Prozesse so verändert, dass es ähnlich wie das europäische Haar aussieht. Das geschieht durch:

- Entfernen eines Teils der Schuppenschicht
- Aufhellung der Pigmente
- Einfärbung mit Textilfarben

Synthetikhaar

Statt Echthaar werden heute vielfach vollsynthetische Fasern für die Herstellung von Haarersatz und Haarzusatz verwendet. Synthetikhaar ist mit speziellen Farbstoffen spinngefärbt, d.h. der Farbstoff wird bei der Herstellung in die Fasern eingeschmolzen. Man kann die Farben nicht mit Haarfarben oder Blondiermitteln verändern.

Synthetikhaar besteht im Gegensatz zu Naturhaar nicht aus Keratin. Deshalb können Dauerwellmittel nicht für Formveränderungen benutzt werden. Wegen der fehlenden Schuppenschicht kann es nicht verfilzen.

Damit Synthetikhaar natürlich wirkt, muss die Oberfläche so aufgeraut werden, dass sie eine ähnliche Lichtreflexion und Lichtbrechung hervorruft wie die Schuppenschicht des gesunden Naturhaares.

3.2 Materialien

Zur Herstellung von Haarersatz werden Bespannstoffe und Bänder benötigt. Sie bilden das Gerüst einer Haararbeit. Die Bänder bestimmen die Form des Haarersatzes und auf dem Bespannstoff werden die Haare befestigt.

- Bespannstoffe
  Steiftüll besteht aus Baumwolle, Nylon oder Seide. Durch Imprägnieren erhält er seine Festigkeit.
  Gaze ist ein feinmaschiger Stoff. Sie wird für Partien verwendet, die besonders echt wirken sollen, z.B. Wirbel oder Scheitel.
  Folien aus Kunststoff werden für Toupets verwendet.
- Bänder
  Die Bänder sind passend in Farbe und Material (Seide, Baumwolle, Perlon) zu den Stoffen erhältlich (Bild 1).

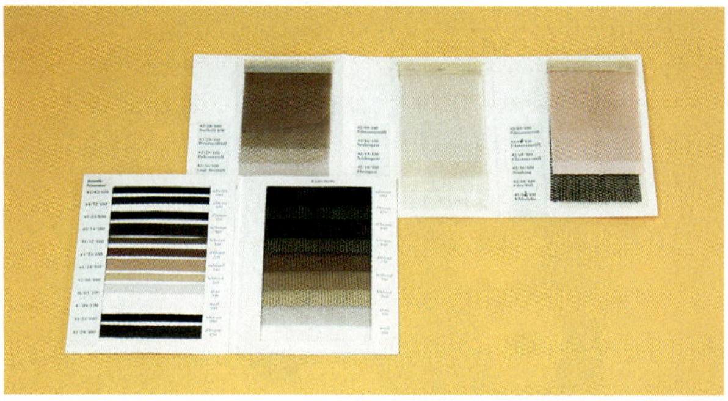

Bild 1 *Bänder und Stoffe*

3.3 Formen von Haarersatz

In der Praxis werden folgende Arten von Haarersatz angeboten:

- Haarteile
- Perücken
- Toupets
- Haarergänzung (Extensions)
- Haartransplantation

Haarteile

Haarteile haben die Aufgaben, fehlendes Eigenhaar teilweise zu ersetzen oder für modische Akzente zu sorgen.

Sie sind in verschiedenen Größen, Haararten und -farben erhältlich. Je nach Art des Haarteils erzielt man fülligere Frisurenformen oder modische Frisurenvariationen (Bild 2).

Bild 2 *Haarteile*

Perücken

Sie haben die Aufgabe, fehlendes Eigenhaar ganz oder teilweise zu ersetzen. Durch Erkrankungen, Verletzungen und medizinische Behandlungen kann es zur Kahlheit oder zur Volumenverminderung des Haarschopfes kommen. Eine natürlich wirkende Perücke fördert die Selbstsicherheit des Betroffenen und unterstützt so die ärztliche Behandlung. Um eine natürlich wirkende Perücke fertigen zu können, muss man sich an den natürlichen Gegebenheiten des Betroffenen orientieren. Besonders im Krankheitsfall ist dies rechtzeitig zu berücksichtigen (Bild 1).

Bild 1 *Perücken*

Toupets

Sie ersetzen bei den Männern fehlendes oder schütteres Eigenhaar an Ober- und Hinterkopf. Das Toupet wird unter gleichen Bedingungen wie eine Perücke gefertigt (Bild 2).

Bild 2 *Toupets*

Haarergänzung

Haarverdichtung und Haarverlängerung erfreuen sich immer größerer Beliebtheit.

Gegenüber dem Haarersatz haben sie folgende Vorteile:

- Ermöglichen eine Hautatmung
- Führen nicht zum Wärmestau
- Sehen natürlich aus

Eine Haarverlängerung bzw. Haarverdichtung muss darüber hinaus folgende Kriterien erfüllen:

- Verbindungsstelle darf nicht sichtbar sein
- Verbindung muss ohne Beschädigung des Eigenhaars lösbar sein
- Strähnen müssen wiederverwendbar sein

Haarverdichtung

Sie wird vor allem bei feinem und brüchigem Haar angewandt. Durch die Haarverdichtung wird der Frisur mehr Volumen gegeben. Außerdem können lichte Haarstellen durch Haarverdichtung kaschiert werden.

Die Haarverdichtung ist eine federleichte Netzkonstruktion, die in das Haar integriert wird. Sie wird fest oder abnehmbar eingefügt.

Haarverlängerung (Hairextension)

Die Haarverlängerung wird eingesetzt, wenn für das Frisurenbild, wie z. B. Hochsteck- oder Langhaarfrisur, deutlich längeres Haar erforderlich ist.

Oder um der Kundin den Übergang zwischen kurzem und langem Haar einfacher zu gestalten.

- Verwendete Haararten

Am besten geeignet ist unbehandeltes, europäisches Schnitthaar. Häufig wird auch indisches Schnitthaar verwendet, das durch Vorbehandlung dem europäischen Haar farblich angepasst wird.

Für preiswerte Arbeiten wird auch Synthetikhaar verwendet, das von den Herstellern in allen modischen Farbtönen angeboten wird.

Bild 3 *Vor der Haarverlängerung und Verdichtung*

Bild 1 *Haar verlängert und verdichtet*

Befestigungstechniken

Die Haarsträhnen werden im Abstand von ca. 2 cm oberhalb der Kopfhaut mit dem Eigenhaar verbunden. Diese Verbindung wird auch als Bonding bezeichnet.

Das Wort »bond« (englisch) bedeutet Verbindung. Für diese Haarverbindungen sind unterschiedliche Verfahren entwickelt worden:

a) Verbinden durch Verklebung
Als Werkzeug dienen aufheizbare Spezialzangen, mit denen gleichzeitig durch Wärmezufuhr der Kleber oder eine Keratinsubstanz verflüssigt und die Strähne durch Druck am Echthaar verklebt wird. Durch Erwärmen oder mithilfe eines Lösungsmittels (Remover) werden die Strähnen wieder entfernt, wenn sie rausgewachsen sind.

b) Verbinden mit Hülsen
Um das Haar und die Haarsträhne wird eine Kunststoff beschichtete Hülse gelegt und mit einer Zange zusammengepresst. Vor der nächsten Behandlung werden die Hülsen mithilfe eines speziellen Werkzeugs wieder gelöst.

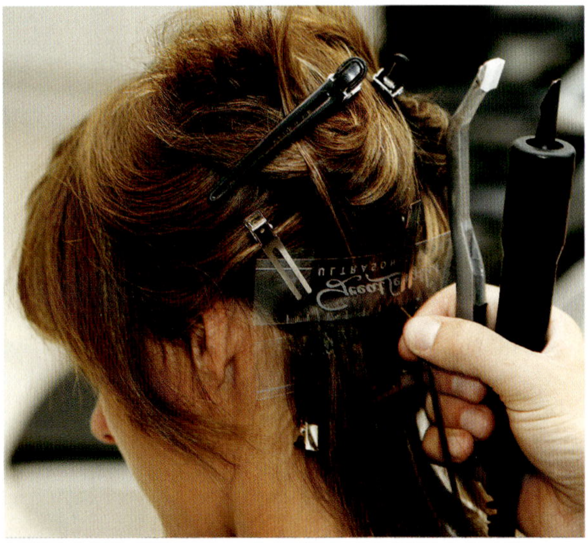

Bild 2 *Eingearbeitete Strähnen*

Haartransplantation

Kommt es zu einen dauerhaften Haarausfall, z. B. durch Alopecia areata hilft nur noch die Haartransplantation. Sie ist keine Aufgabe der Friseurin, sondern wird in Fachkliniken durch einen Arzt ausgeführt. Die besten Erfolge erzielt der Arzt durch die Transplantation von Eigenhaar. Bei Fremd- oder Kunsthaar kommt es meist zu Abstoßungsreaktionen, d. h. der Körper akzeptiert das fremde Gewebe der Haarwurzeln nicht. Es gibt zwei Methoden der Haartransplantation.

Strip-Technik

Bei dieser wird ein Streifen (engl. Strip) von Haaren aus dem Hinterhauptsbereich entfernt. Diese Stelle muss wieder vernäht werden, sodass eine dezente Narbe entsteht. Diese hat den Nachteil, dass sie bei späterer Glatzenbildung sichtbar ist. Die Haarwurzeln dieses Haarstreifens werden aufgearbeitet und einzeln an der entsprechenden Stelle der Glatze wieder eingesetzt. Dazu werden kleine Schnitte oder Löcher an die entsprechende Stelle gebohrt.

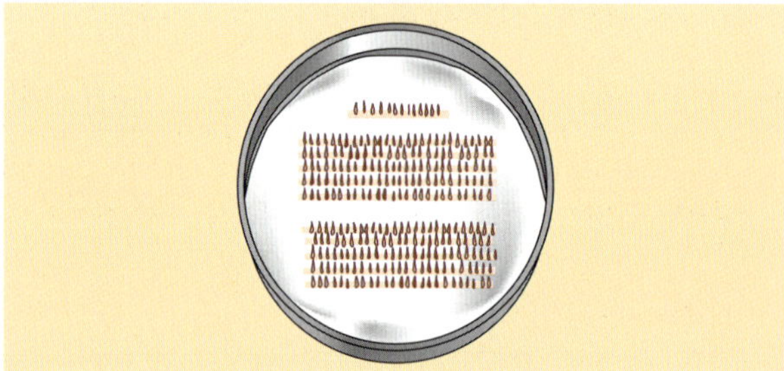

Bild 3 *Aufgearbeitete Haarwurzel nach der Strip-Technik*

FUE-Technik (Follicular Unit Extraction)

Der Name leitet sich wieder aus der Entnahmetechnik ab. Follicular bezieht sich auf den Haarschlauch (= Follikel) und Unit ist die Einheit. Es bedeutet, dass Haargruppen entnommen werden (engl. Extraction). Dies geschieht, indem direkt an unterschiedlichen Stellen Haarwurzeln mithilfe eines Bohrers ausgestanzt und in dem Bereich der Glatze implantiert (= eingepflanzt) werden.

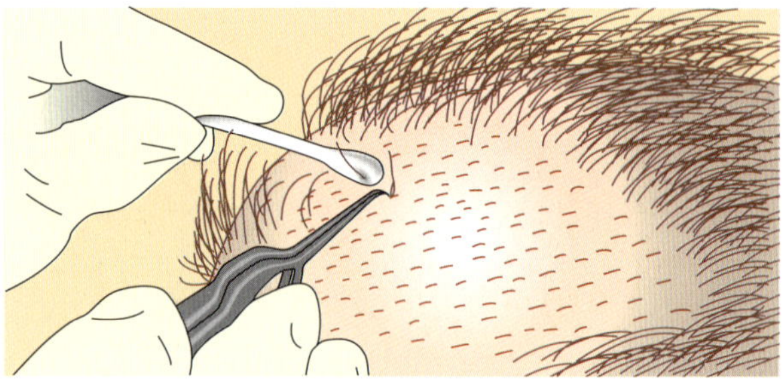

Bild 4 *Haartransplantation mit FUE-Technik*

Es dauert zwei bis drei Tage bis die implantierten Haarwurzeln angewachsen sind. Zuerst bildet sich Schorf, wie bei normalen Wunden. Bei der Strip-Technik muss der Arzt nach zehn bis 14 Tagen die Fäden ziehen. Erfolge sieht der Patient erst nach etwa einem Monat, da die neu gebildeten Haare erst nachwachsen müssen. Äußert der Kunde den Wunsch nach einer Haartransplantation, sollte die Friseurin ihn darauf hinweisen, dass er erfahrene Ärzte aufsucht. Somit kann das Risiko von Komplikationen, wie z. B. Infektionen und Abstoßungen möglichst gering gehalten werden.

4 Frisuren empfehlen

Szenario

Anja hat die Grundlagen für eine Frisurempfehlung erarbeitet. Doch möchte sie wissen, wie sie die Vorstellungen der Kundin noch besser empfehlen kann. Frau Müller sagt: »Natürlich können Sie jede Frisur visualisieren. Dies hilft der Kundin, sich ein genaueres Bild ihrer Frisur vorzustellen und Sie sind sicher, dass Ihr Vorschlag der Kundin gefällt.« Frau Müller bittet Sarah, Anja alle Möglichkeiten darzustellen.

4.1 Bildvorlage

Nach den neusten Modetrends, der Modevorführungen und klassischen Gesichtspunkten werden Frisurenfachzeitschriften und Bildbände erstellt. In der Fachzeitschrift Top Hair werden monatlich die neusten Modetrends teilweise mit Arbeitsanweisungen veröffentlicht. Aber auch auf speziellen Internetseiten können sich Friseurin und Kundin über die Vielfalt unterschiedlichster Frisuren informieren.

Beispieladressen sind:

- www.cosmoty.de
- www.hairweb.de

Der Vorteil ist, dass die Kundin einen ersten Eindruck ihrer späteren Frisur auf einem Bild sieht und gegebenenfalls Änderungen sofort besprochen werden können. Der Nachteil ist, dass es sich meist um eine zweidimensionale Vorlage handelt.

Bild 1 *Fachzeitschriften*

4.2 Frisurenprogramme

Frisurprogramme arbeiten so, dass zuerst ein Bild mit einer Digitalkamera fotografiert wird. Dabei muss die Kundin alle Haare glatt am Kopf und aus dem Gesicht frisiert haben.

Über diese Vorlage werden die einzelnen Frisuren mithilfe des Computerprogramms gelegt.

Die einzelnen Ergebnisse können ausgedruckt werden, falls die Kundin sich nicht entscheiden kann und Bedenkzeit oder einen weiteren Rat benötigt.

Im Gegensatz zur Bildvorlage haben Frisurenprogramme den Vorteil, dass die Kundin das Ergebnis schon vor der Fertigstellung an sich sehen kann. Somit kommt es gerade bei starken Typveränderungen, wie von lang nach kurz oder einer Farbveränderung nicht zu unerwünschten Überraschungen kommen.

Zusätzlich ist die moderne Software meist so ausgelegt, dass zusätzlich noch Style-Varianten und Accessoires, wie z. B. eine Brille angezeigt werden. Somit dienen diese Programme einer individuellen Typberatung. Der Nachteil ist der Kostenfaktor, da sowohl die Kamera, als auch der Computer, das Programm sowie der Drucker erworben werden müssen. Diese Dienstleistung wird in der Branche meist extra berechnet, da sie neben den Anschaffungskosten mit einem Zeitaufwand und einer Schulung der Mitarbeiter verbunden ist. Außerdem muss der Friseur die richtige Wahl des Programms treffen, da er sich sicher sein muss, dass es regelmäßig aktualisiert wird. Vor dem Kaufentscheid sollte man sich ausreichend informieren und es auch praktisch ausprobieren, um sicher zu sein, dass es benutzerfreundlich ist.

Beispiele für Software sind:

- Hair Concept von art & coiffeur
- Beauty Studio von dtp Entertainment AG

Bild 2 *Screenshot*

Bild 3 *Screenshot*

5 Bartformen empfehlen

Szenario

Anjas Vater kommt heute als Modell in den Salon. Während sie ihm die Haare wäscht, erzählt er ihr, dass er früher einen Bart hatte, den er sich beim Friseur pflegen ließ. Anja möchte sich daraufhin informieren, warum man einen Bart trägt und welche Bartformen es gibt.

5.1. Bedeutung des Bartes

Obwohl der Bart zu den Langhaaren gehört, entwickelt er sich als sekundäres Geschlechtsmerkmal in der Pubertät. Dies wird durch das männliche Hormon (Testosteron) ausgelöst. Im Gegensatz zu den Kopfhaaren, ist das Haar meist langsamer im Wachstum und besitzt einen dickeren Schaft.

Je nach Epoche und Erscheinungsbild galt der Bart als politisches Erkennungszeichen für Umstürzler und Demokraten oder in gepflegter Form als hoffähig. Des Weiteren gilt er in einigen Kulturen als Symbol für Manneskraft und Weisheit. Während in der Antike und Mittelalter der Friseur mit der Rasur und dem modischen Gestalten sein Geld verdiente, ist das heute nicht mehr möglich – die Kunden pflegen ihren Bart selbst. Dies hängt auch mit der modernen Technik des Rasierapparates zusammen.

Heutzutage steigt wieder das Interesse am Bart, da es vom Mann nicht nur zum Ausgleich unterwünschter Makel im Gesicht, sondern auch als Ausdruck von Mode, Individualität (Persönlichkeitsmerkmal) und Aufmerksamkeit genutzt wird. Das Bartverhalten wird auch von der jeweiligen Kultur des Mannes geprägt. Hierzu zählt die typische Bartform, wie man sie in jüdischen und muslimischen Religionsgemeinschaften kennt, wobei sich die jüdischen Bartformen durch die Kotlettenlocken kennzeichnen.

Bild 1 *Jüdischer Bart*

Mithilfe des Bartes kann der Kunde seine Gesichtsform beeinflussen oder optische Mängel, wie z. B. eine Hasenscharte oder ein fliehendes Kinn, ausgleichen.

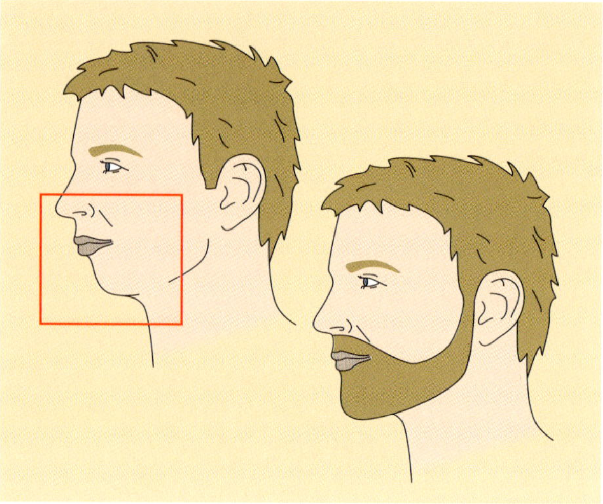

Bild 2 *Ausgleich eines fliehenden Kinns*

5.2 Bartformen

Bei den Bartformen sind keine Grenzen gesetzt. Es werden die vier Gruppen Backen-, Kinn-, Oberlippen- und Vollbart unterschieden, wobei auch Kombinationen möglich sind. Aus modischen Anlässen trägt der jüngere Mann einen Dreitagebart oder eine Kombination aus Oberlippen- und Kinnbart. Dabei setzen Idole, wie Rockstars oder Schauspieler Trends. Gerade für junge Leute ist der Bart modisches Accessoire und wird zum Kult. Dies zeigen die Bilder 3 und 4, wobei der junge Mann durch die Bartvariationen seine Individualität gestaltet.

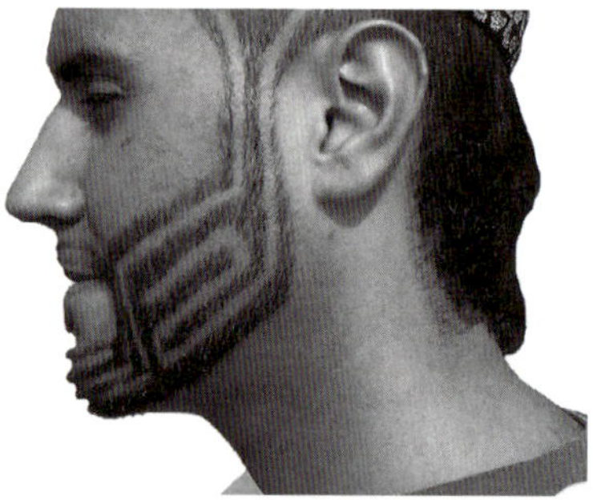

Bild 3 *Bartvariation 1* *Quelle: Gürcan Eriklili*

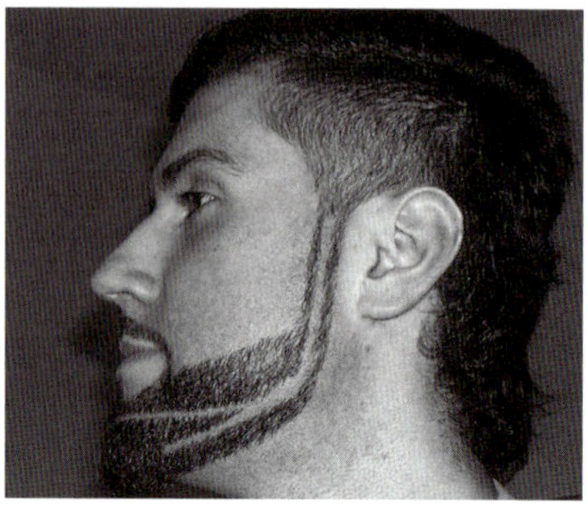

Bild 4 *Bartvariation 2* *Quelle: Gürcan Eriklili*

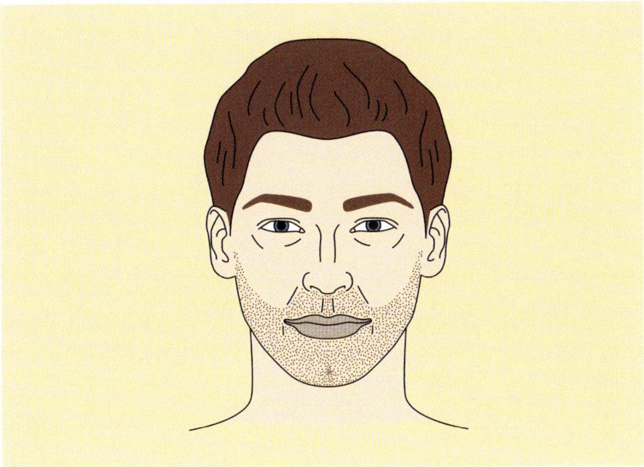

Bild 1 *Drei-Tage-Bart*

Bild 2 *Victor-Emanuel-Bart*

Bild 3 *Henri-Quatre-Bart*

Dient der Bart der Korrektur der Gesichtsform ist auch die Farbe des Bartes entscheidend. Kleine Gesichter werden durch einen hellen Vollbart optisch vergrößert. Umgekehrt sorgen dunkle Farben für weniger Fülle. Neben dem Verdecken von Narben, kann ein Vollbart ein Doppelkinn oder ein fliehendes Kinn kaschieren. Jede Gesichtsform kann nach dem Einsatz entsprechender gestalterischer Grundlagen optisch ausgeglichen werden.

Während des Beratungsgespräches ist es wichtig die Form und die Länge genauestens festzulegen, da schon geringe Veränderungen sich auf das Gesamtbild des Gesichtes auswirken. Außerdem sollte das Pflegeverhalten sowie die Dichte des Bartwuchses berücksichtigt werden. Bei filigranen Mustern, muss der Kunde öfter den Bart nacharbeiten. Bei ungleichmäßigem Wuchs, eignet sich nicht alle Bartformen.

Aufgaben

1. Analysieren Sie bei Ihrem Mitschüler die naturgegebenen Grundlagen.
2. Suchen Sie aus Zeitschriften verschiedene Haarkonturen heraus und kennzeichnen Sie diese.
3. Nehmen Sie ein weißes Blatt Papier und zeichnen Sie drei kreative Ohrentampeln.
4. Beschreiben Sie die ungünstigen Kopfformen und ihren Ausgleich, siehe Seite 99, Bild 1.
5. Beschreiben Sie, wie Sie mithilfe der Frisur ein schiefes Auge ausgleichen können.
6. Überlegen Sie, wie eine Frisur gestaltet werden muss, die ein fliehendes Kinn ausgleicht.
7. Erklären Sie den Begriff Dreidimensionalität in Ihren Worten.
8. Suchen Sie aus Zeitschriften Beispiele für die verschiedenen Gesichtsformen.
9. Erstellen Sie eine Übersichts-Mind-map zu den naturgegebenen Grundlagen und den gestalterischen Schwerpunkten.
10. Suchen Sie unter www.cosmoty.de drei verschiedene Frisuren heraus und kennzeichnen Sie den inneren und äußeren Umriss farblich.
11. Beschreiben Sie die Frisuren nach den bekannten gestalterischen Schwerpunkten.
12. Geben Sie Möglichkeiten an, wie mithilfe des Gestaltungselementes »Volumen« bei verschiedenen Gesichtsformen einen Ausgleich erzielt wird.
13. Suchen Sie sich verschiedene Frisurenbeispiele aus und beschreiben Sie den Kundentyp.
14. Erklären Sie, warum Kreativität für die Friseurin wichtig ist und nennen Sie Beispiele.
15. Informieren Sie sich im Internet über Frisurenprogramme und wenden Sie eine Demo-Version an.
16. Informieren Sie sich im Internet über verschiedene Arten der Haartransplantation und erstellen Sie im Anschluss eine Pro- und Contra-Liste.
17. Führen Sie ein Beratungsgespräch mit einem Kunden, der eine beginnende Glatze hat, zu unterschiedlichen Methoden des Haarersatzes.
18. Informieren Sie sich im Internet über weitere verschiedene Bartformen.
19. Zeigen Sie anhand verschiedener Bartformen, wie unterschiedliche Gesichtsformen ausgeglichen werden können.
20. Suchen Sie verschiedene Beispiele von Musikern, Schauspielern oder anderen Persönlichkeiten, die einen Bart tragen.
21. Suchen Sie auf der Seite www.bartfrisuren.de drei unterschiedliche Bärte und zeichnen Sie diese ab.
22. Welche Gründe gibt es einen Bart zu tragen?

6 Projekte planen am Beispiel »Frisurenempfehlung«

Nachdem Sie sich theoretisch das Lernfeld »Frisuren empfehlen« erarbeitet haben, sollen die gewonnen Informationen nun in eine praktische Handlung umgesetzt werden! Diese soll Ihnen nicht nur im Alltag Sicherheit geben, sondern auch die berufliche Kompetenz für die bevorstehenden Gesellenprüfungen vermitteln. Je teamfähiger und zielorientierter Sie arbeiten, desto motivierter sind Sie und desto erfolgreicher ist Ihr Handeln.

Ein Projekt gliedert sich in sechs Schritte:
1. Projektplanung vorbereiten
2. Projektziel prüfen und festlegen
3. Projektplan erstellen
4. Projektdurchführung nach den Vorgaben
5. Projektpräsentation darstellen
6. Projektreflexion durchführen

Projektplanung vorbereiten

Zuerst sollten Sie sich auf eine sinnvolle Gruppengröße einigen. Bedenken Sie, dass alle beteiligt werden sollten, d. h. Sie benötigen eine Kundin, einen Zeitwächter, einen Protokollführer, jemanden der präsentiert und ggf. einen Organisator. Doch sollten alle gleich viel arbeiten und Starke sollten Schwächere unterstützen. Denn nur gemeinsam sind Sie stark. Wenn Sie Ihr Team gefunden haben, sollten Sie das Organisatorische zuerst klären. D. h.

- Welche Mittel stehen uns zur Verfügung?
- Welches Material benötigen wir (Eddings, Plakate, Klebe, Schere usw.)?
- Welche Medien benötigen wir (Computer, Drucker, Fotoapparat, Kopien usw.)?
- Wer hilft uns bei Problemen, wie z. B. Rechtschreibschwierigkeiten, Umgang mit Medien?

Projektziel prüfen und festlegen

Klare und eindeutige Ziele sind eine wichtige Voraussetzung, um erfolgreich und gemeinsam zu arbeiten. Das Grobziel ist es, eine Frisur zu empfehlen. Über folgende Punkte sollten Sie sich klar werden:

- Wem empfehlen Sie eine Frisur? (realem Gruppenmitglied oder einer fiktiven Person)
- Wie ermitteln Sie den Kundenwunsch? (Fragetechniken, Kundentyp, Motive und Anlässe)
- Welche kundenspezifischen Gegebenheiten liegen vor? (Betrachten, Befühlen, Analysieren)
- Welche Möglichkeiten setzen Sie ein, um Lösungsvorschläge zu entwickeln? (Gespräch, Bildvorlage, Frisurenprogramm)
- Wie dokumentieren Sie die einzelnen Schritte und Ihr Ergebnis?
- Welche Zeit steht Ihnen zur Verfügung und wie gestalten Sie diese?
- Welche Kosten entstehen? (s. Kalkulation S. 371 ff.)

Projektplan erstellen

Hierbei gilt das Prinzip: »Keep it small and simple«, also: »Je einfach, desto besser!« Verteilen Sie die Aufgaben. Jeder sollte eine Aufgabe haben, aber alle sollten auf jeden achten und im Besonderen auf die Zeit.

Beispiel:
Während einer im Internet Informationen sammelt, sollte ein anderer aus Ihrer Gruppe Informationen aus Büchern heraussuchen und ein weiterer könnte erklärende Skizzen anfertigen. Aber diese Aufteilung sollte sich nach Ihren persönlichen Stärken richten!

Projektdurchführung

Nun werden nach den Vorgaben ergebnisorientiert und zielstrebig

- der Ist-Zustand (= Kundenwunsch, naturgegebene Grundlagen, gestalterische Schwerpunkte) und
- der Soll-Zustand (Frisurvorschlag mit Argumentation) dokumentiert.

Dabei sollte jedes Mitglied noch einmal auf die Verständlichkeit und die inhaltliche Umsetzung achten.

Projektpräsentation ausführen

Im Vorfeld sollten Sie sich schon Gedanken machen, wie Ihre Gruppe der Klasse das Ergebnis präsentiert.

- Gestalten Sie ein Plakat, sollten die Informationen groß, übersichtlich und klar strukturiert sein.
- Drehen Sie einen Videofilm, benötigen Sie viel Zeit, können aber die Präsentation entspannt genießen.
- Simulieren (= künstliches Vorführen) Sie ein Beratungsgespräch, müssen Sie langsam, deutlich und entspannt auftreten. Ggf. müssen kurze Ausschnitte von mehreren Schülerinnen übernommen werden.
- Erarbeiten Sie eine Power-Point-Präsentation, müssen Sie den Umgang mit dem Medium beherrschen und es erfordert von den Zuschauern die Motivation, Inhalte zu lesen. (Eignet sich für die Demonstration von Frisurenprogrammen).

Wichtig ist, egal welche Form die Gruppe wählt, die Präsentation muss: **ansprechend, unterhaltsam, verständlich, informativ und kurzweilig** sein.

Projektreflexion erstellen

Das Projekt soll Ihnen berufliche Handlungskompetenz vermitteln. Um diese zu erlangen, müssen Ihnen die Mitschüler eine Rückmeldung über positive und negative Aspekte Ihrer Projektarbeit geben. Machen Sie sich bewusst, dass Sie nicht nur bewertet werden, sondern im Anschluss auch andere bewerten. Damit diese Bewertung fair und hilfreich ist, sollten Sie sich im Vorfeld einen Bewertungsbogen zur Reflexion erstellen, der für alle Gruppen gilt.

Der Bewertungsbogen sollte folgendes beinhalten:

- Auftreten der Gruppe (verbal/non-verbal),
- Präsentation der Ergebnisse,
- Informationsgehalt,
- Verständlichkeit.

Diese Bewertung sollte in Form eines Notensystems abgegeben werden, aber auch Platz für freie Meinungen enthalten.

Lernfeld 5
Haare schneiden

Haare schneiden

Der Haarschnitt ist zusammen mit Form und Farbe die Grundlage für jede Frisur. Daher ist es für die Friseurin wichtig, sich mit dem Grundwissen und den Basistechniken des Haarschnitts ausführlich auseinander zu setzen. Erst wenn sie diese Kenntnisse und Fertigkeiten beherrscht, sind der Kreativität in der typgerechten Frisurengestaltung keine Grenzen gesetzt.

1 Haarschnitte planen und vorbereiten

Szenario

Anja ist jetzt seit fast einem Jahr in ihrem Salon und hat schon einige Schneideübungen am Medium gemacht. Heute kommt ihre Freundin Regine als Modell. Ihre Chefin Frau Müller möchte gerne, dass Anja Regine einen neuen Haarschnitt empfiehlt. Sie erklärt ihr in einem Vorgespräch, wie sie bei der individuellen Planung des Haarschnitts vorzugehen hat.

Bild 1 *Beratungsgespräch*

1.1 Beratungsgespräche zu Haarschnitten führen

Ein gutes **Beratungsgespräch** zeigt der Kundin sehr genau, wie der neue Haarschnitt später aussehen soll und wie sie ihn zu Hause pflegen und stylen kann, um lange Freude an der neuen Frisur zu haben.

Hierzu ermittelt die Friseurin mithilfe von gezielten Fragestellungen den Kundenwunsch und analysiert mit der Kundin Haut und Haar. Danach beschreibt die Friseurin der Kundin den zu erstellenden Haarschnitt und die Frisur und erläutert mögliche Stylingvarianten. Zusätzlich empfiehlt sie ihr auf Kopfhaut, Haar und Schnitt abgestimmte Pflege- und Stylingpräparaten für zu Hause.

Um den Haarschnitt bei einem wiederholten Besuch nachvollziehbar zu machen, werden die Ergebnisse des Beratungsgespräches auf Behandlungsplänen bzw. Karteikarten festgehalten. So werden wichtige Informationen über die Kundin notiert, die später für andere Behandlungen verwendet werden können.

Haarschneidekonzepte sind Kurzversionen von Behandlungsplänen, die nur die Umsetzung des Haarschnittes beschreiben. (s. Kapitel 1.2, S. 124)

Ein **Behandlungsplan** enthält folgende Angaben:

- Personalien der Kundin
- Kundenwunschermittlung
- Haar- und Kopfhautdiagnose
- Frisuren- und Haarschnittbeschreibung mit Stylingvarianten
- Präparateempfehlung

1.1.1 Kundenwunsch ermitteln

Viele Kunden kommen mit konkreten Vorstellungen zu ihrer Friseurin in den Friseursalon. Sie bringen entweder Bilder aus Zeitschriften mit oder äußern doch zumindest detaillierte Wünsche. Daneben gibt es aber auch eine hohe Anzahl an Kunden, die mit ihrer Frisur unzufrieden sind, aber keine genauen Vorstellungen davon haben, wie der ideale Haarschnitt für sie aussehen kann. Bei beiden Kundentypen ist eine möglichst konkrete Erfragung der Vorstellungen sehr wichtig, um spätere Enttäuschungen zu vermeiden.

In diesem Zusammenhang ist es auch notwendig, die Stylinggewohnheiten der Kundin zu erfragen. Einer Kundin, die nur wenig Zeit für die tägliche Frisurengestaltung aufbringt, kann kein aufwendiger Haarschnitt empfohlen werden, dessen Styling morgens sehr zeitintensiv ist.

Auch ist es wichtig zu wissen, welche Stylingmethoden die Kundin zu Hause anwendet, um die Realisierbarkeit der gewünschten Frisur zu ermitteln. Einer Kundin, die nur föhnt, sollte keine Stylingvariante empfohlen werden, für deren Realisierung sie Volumenwickler und eine Trockenhaube benötigt.

Die Wandelbarkeit der gewünschten Frisur ist ein weiterer wichtiger Punkt. Eine Kundin, die gerne ihr Aussehen verändert, wäre mit einem Haarschnitt, der nur eine Stylingvariante zulässt, wahrscheinlich sehr unzufrieden.

Eine möglichst exakte Ermittlung des Kundenwunsches umfasst also:

- Vorstellungen, die die Kundin von der Frisur hat
- Probleme, die die Kundin mit ihrer jetzigen Frisur hat
- Zeitaufwand für das tägliche Styling
- Verwendete Stylingmethoden
- Wandelbarkeit der Frisur

1.1.2 Haar- und Kopfhautdiagnose durchführen

Mit der Haar- und Kopfhautdiagnose werden die individuellen natürlichen Gegebenheiten der Kundin ermittelt, um sie dann mit dem Kundenwunsch abzugleichen. Nur dann ist die Entscheidung möglich, ob und mit welchen notwendigen Abänderungen der Kundenwunsch realisierbar ist.

Zusätzlich zu den in Lernfeld 3 »Haar- und Kopfhaut pflegen« beschriebenen Inhalten der Haar- und Kopfhautdiagnose für eine Pflegeberatung müssen für einen Haarschnitt folgende Informationen eingeholt werden:

- Wuchsrichtungen und Wirbel
- Konturenverlauf
- Sonstige Gegebenheiten

Wuchsrichtungen und Wirbel

Die Haarwuchsrichtung und die Wirbel fallen bei jeder Kundin sehr unterschiedlich aus. Der Ausgangspunkt für die Wuchsrichtungen der Haare auf dem Kopf ist immer ein Wirbel, der die Richtung für den Haarwuchs vorgibt.

Die Friseurin unterscheidet:

- Gerade Wirbel
- Gedrehte Wirbel

Die Wuchsrichtung der Haare beim geraden Wirbel verläuft sternförmig vom Wirbel ausgehend.

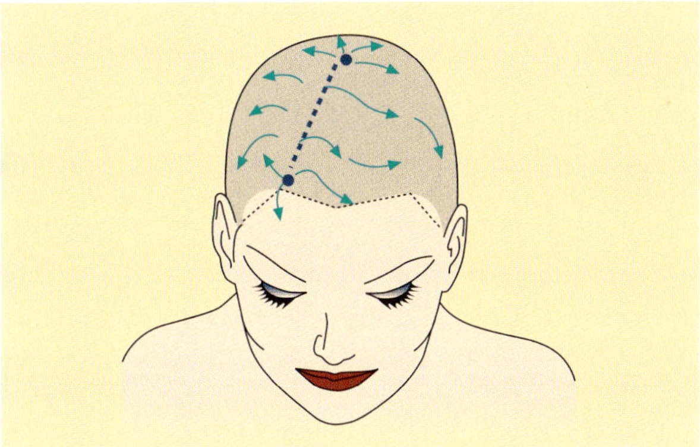

Bild 1 *Gerader Wirbel am Oberkopf und in der vorderen Kontur*

Beim gedrehten Wirbel hingegen verläuft die Wuchsrichtung der Haare kreisförmig um den Wirbel herum. Von der Hauptwuchsrichtung können einzelne Haare oder Haarpartien abweichen.

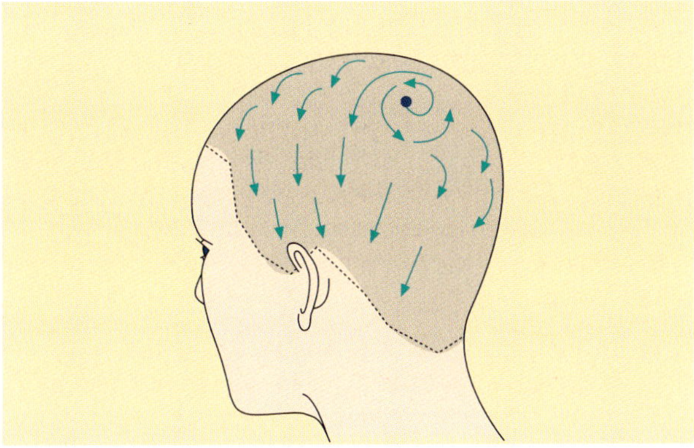

Bild 2 *Gedrehter Wirbel am Hinterkopf*

Extreme Abweichungen treten besonders an den Konturen und im Nackenbereich auf. Dort können sogar zusätzliche Wirbel ausgebildet sein.

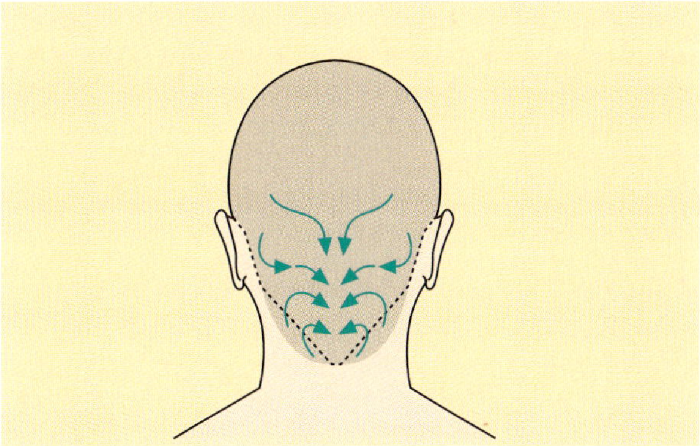

Bild 3 *Wirbel im Nackenbereich*

Haarwirbel, natürliche Scheitelungen und ungewöhnliche Ausrichtungen des Haarfollikels beeinflussen den Fall der Haare. Sie können die Gestaltungsmöglichkeiten einer Frisur wesentlich einschränken. Oft erfordern sie einen neuen Frisurenentwurf oder spezielle Haarschneidetechniken.

Wird in der Vorüberlegung zum Haarschnitt die Haarwuchsrichtung berücksichtigt, so entstehen natürlich wirkende und haltbare Frisuren.

Konturenverlauf

Auch der Verlauf der Haarkontur ist von Kundin zu Kundin individuell unterschiedlich. Er ist vor allem bei Kurzhaarfrisuren und Anschnitten zu beachten, bei denen die Kontur freigelegt ist.

Ein Fasson z. B. wirkt nur bei einer formschönen Nackenkontur und eine stark ausgeprägte Stirnkontur kann, wenn sie freigelegt wird, wie Geheimratsecken wirken.

Sonstige Gegebenheiten

Neben der Beschaffenheit von Kopfhaut und Haar müssen für einen typgerechten Haarschnitt noch weitere Faktoren berücksichtigt werden. Zu diesen so genannten »sonstigen Gegebenheiten« zählen

- Kopf- und Gesichtsform der Kundin
- Besonderheiten der Kopfform oder des Gesichtes
- Körperform der Kundin
- Kundenstil

Vor allem ein Haarschnitt kann diese Gegebenheiten entweder unterstreichen oder auch kaschieren, je nach Kundenwunsch.

In erster Linie in den Augen der Kundin unvorteilhafte Merkmale des Gesichtes oder Kopfes, wie z. B. eine zu lange Nase, können leicht durch einen langen voluminösen Pony kaschiert werden. (s. Lernfeld 4 »Frisuren empfehlen«, S. 99)

Der Kundenstil gibt Auskunft über die Frisur, die der Kundin empfohlen werden kann. Eine eher konservativ gekleidete Kundin ist oft wenig empfänglich für flippige Kurzhaarschnitte. Dieser Eindruck kann aber auch täuschen, sodass es in diesem Falle sehr wichtig ist, den Kundenstil im Zusammenhang mit dem Kundenwunsch genau zu hinterfragen.

1.1.3 Frisuren und Haarschnitte beschreiben

Für die Kundenzufriedenheit ist es von größter Wichtigkeit, vor Beginn der Behandlung ganz konkret zu erfahren, wie nun genau der Haarschnitt und die Frisur, die daraus erstellt werden soll, aussehen wird. Die Friseurin gibt der Kundin damit eine Vorstellung davon, in wie weit ihr spezieller Kundenwunsch auf Grundlage der ermittelten Gegebenheiten aus der Haar- und Kopfhautdiagnose umgesetzt wird.

Kundenorientierte Frisurenbeschreibung

Um einer Kundin die neue Frisur zu beschreiben muss die Kundin sie sich bildlich vorstellen können. Daher empfiehlt sich eine auf die Kundin zugeschnittene Frisurenbeschreibung, bestehend aus folgenden Gliederungspunkten:

- **Eindruck bzw. Wirkung der Frisur**, z. B. sportlich oder elegant,
- **Grundform und -länge**, z. B. kinnlanger Bob oder schulterlanger Pagenkopf,
- **Aufteilung der Frisur**, z. B. von einem Seitenscheitel links aus frisiert oder von einem Punktscheitel am höchsten Punkt des Kopfes aus frisiert,
- **Beschreibung der einzelnen Partien: Vorderkopf/Pony, Seiten, Hinterkopf/Nacken und Oberkopf**, z. B. fransiger Pony bis Augenbrauenhöhe oder Ohren halb bedeckt.

Dabei ist es sehr wichtig, möglichst präzise Angaben, vor allem bezüglich der Längen und der Volumenverteilung zu machen, um der Kundin ein genaues Bild der fertigen Frisur zu vermitteln. Bildmaterial erleichtert die Vorstellung der Frisur.

Stylingvarianten

Die Stylingvarianten zeigen der Kundin die Vielseitigkeit ihres neuen Haarschnittes auf.

Je wandelbarer ein Haarschnitt ist, desto mehr Möglichkeiten hat die Kundin, sich dem Anlass entsprechend zu frisieren. Vielen Kunden fehlen allerdings die Ideen, wie sie ihre Frisur umstylen können. Die Friseurin fungiert hier als Ratgeber, was die Kundenzufriedenheit und auch die Kundenbindung verbessert.

Schnittbeschreibung

Die Schnittbeschreibung grenzt sich von der Frisurenbeschreibung dadurch ab, dass sie in Fachsprache genaue Angaben zur Schnitterstellung liefert und so der Schnitt für weitere Besuche der Kundin nachvollziehbar gemacht wird.

Eine genaue Schnittbeschreibung beinhaltet:

- Schnittform
- Abteillinien
- Schneidewinkel
- Grund- und Führungslinien
- Schneidetechniken und Werkzeuge

Auf die einzelnen Aspekte einer Schnittbeschreibung wird in Kapitel 2 »Haarschnitte erstellen« noch näher eingegangen. (s. S. 125 ff.)

1.1.4 Pflege- und Stylingpräparate empfehlen

Grundlage für eine individuelle Präparateempfehlung sind neben den Ergebnissen der Haar- und Kopfhautdiagnose die Art des neuen Haarschnittes und dessen Stylingvarianten.

Zu den zu empfehlenden Präparategruppen gehören:

- Haarreinigungspräparate
- Pflegepräparate
- Styling- und Finishpräparate

Für jede dieser Präparategruppen ist es notwendig, der Kundin zu erläutern, warum diese Empfehlung erfolgt, welches der Kundennutzen ist und wie sie das Präparat zu Hause anzuwenden hat.

Beachtet werden muss außerdem, dass die Präparate in ihrer Wirkung aufeinander abgestimmt sind und sich gegenseitig ergänzen, damit der Kundennutzen möglichst groß und umfassend ist. (s. Lernfeld 3, S. 86 ff. und Lernfeld 6, S. 165)

Grundsätzlich können einer Kundin bis zu drei Präparate auf einmal empfohlen werden, sodass die Auswahl sehr gezielt und durchdacht erfolgen muss.

1.2 Schnittpläne erstellen

Ein Schnittplan ist die Kurzform eines Behandlungsplans für einen Haarschnitt, wie er z. B. als Vorlage im 1. und 2. Teil der gestreckten Gesellenprüfung gefordert wird.

Ein solcher Schnittplan muss kurz und übersichtlich folgende Angaben enthalten:

- Die **Frisurenvorlage** besteht aus einem Bild, das durch eine schriftliche Frisurenbeschreibung ergänzt wird, um kundenspezifische Abweichungen von der Vorlage, wie z. B. längerer oder kürzerer Pony als auf dem Bild, deutlich zu machen.
- Die **Schnittbeschreibung** erfolgt am sinnvollsten und übersichtlichsten durch Einzeichnen der Grund- und Führungslinien, ergänzt durch die angewandten Schneidetechniken und Werkzeuge.
- Die **Stylingvariante** zeigt, wie die Frisur im Nachhinein frisiert werden soll.

Aufgaben

1. Listen Sie die Inhalte eines Behandlungsplanes auf.
2. Begründen Sie die Inhalte einer Haar- und Kopfhautdiagnose in Bezug auf die durchzuführende Behandlungsberatung.
3. Erstellen Sie einen Behandlungsplan für Haarschneidebehandlungen.
4. Fertigen Sie eine kundenorientierte Frisurenbeschreibung für eine Frisur Ihrer Wahl an.
5. Erstellen Sie einen Schnittplan für Ihre Gesellenprüfung.
6. Vergleichen Sie die Inhalte eines Behandlungsplans und eines Schnittplans miteinander.

2 Haarschnitte erstellen

Szenario

Anja muss sich nun überlegen, wie sie den gewünschten Haarschnitt umsetzt und informiert sich mithilfe von Fachliteratur und dem Internet über unterschiedliche Schnittformen, Werkzeuge und deren Anwendungsmöglichkeiten, sowie Möglichkeiten der Schnittumsetzung.

Zum besseren Verständnis der Fachbegriffe benutzt sie das Fachwörterverzeichnis auf Seite 141.

2.1 Schnittformen

Die Festlegung der zu gestaltenden Schnittform ist die erste Entscheidung, die die Friseurin treffen muss. Er basiert auf dem Kundenwunsch und den Ergebnissen der Haar- und Kopfhautdiagnose.

Perfekte Haarschnitte erfordern neben ständiger Übung und Routine ein vertieftes Wissen über die form- und typgerechte Veränderung der Haarlänge. Die jährlichen Modeempfehlungen des Friseurhandwerks machen deutlich, dass die Friseurin ihre Arbeitstechniken ständig kontrollieren und weiterentwickeln muss, um den individuellen Frisurenwünschen ihrer Kundschaft gerecht zu werden.

Jede Schnittform kann mithilfe folgender Angaben charakterisiert werden:

- Grund- und Führungslinien (s. S. 139 ff.)
- Schneidetechnik (s. S. 135 ff.)
- Verwendete Werkzeuge (s. S. 130 ff.)

Alle anderen Merkmale der Umsetzung (s. S. 138), wie Abteillinien (s. S. 138) und Schneidewinkel (s. S. 138), ergeben sich aus diesen Angaben.

Die folgenden vier Schnittformen stellen die Grundlagen eines jeden Haarschnittes dar.

- Kompakte Form
- Graduierte und gestufte Formen
- Uniforme Stufung
- Erweiternd verlaufende Stufung

Entweder kann ein gesamter Kopf mit einer Schnittform gestaltet werden oder aber die einzelnen Partien unterschiedlich. Die einzelnen Schnittformen können je nach Frisurenwunsch abgewandelt und gestalterisch miteinander kombiniert werden. So entstehen individuell unterschiedliche Haarschnitte mit einer, der modischen Vielfalt angemessenen Variationsbreite.

Bild 1 *Die vier Basisformen des Haarschnitts*

2.1.1 Kompakte Form

Die kompakte Form eignet sich vor allem für glattes mittellanges und langes feines Haar.

Ein typisches Beispiel für eine kompakte Form in der Gesamtfrisur ist der **Pagenkopf**:

Bild 1 *Kompakte Form beim Pagenkopf*

Ein Beispiel für eine kompakte Form im Deckhaarbereich ab der Hutlinie zeigt folgende Frisur:

Bild 2 *Kompakte Form im Deckhaarbereich*

Alle Abteilungen der zu schneidenden Partie werden auf eine stationäre Grundlinie geschnitten, deren Länge bei Bild 1 an den Konturen und bei Bild 2 auf der Hutlinie bestimmt wird.

Arbeitsanleitung zur Erstellung der kompakten Form

1. Kämmen Sie die Haare der zu schneidenden Partie in Fallrichtung.
2. Teilen Sie das erste Passee ca. 1 cm dick ab. Das Passee wird in Fallrichtung gekämmt und auf der Haut parallel zur Abteillinie stumpf mit der Haarschneideschere gekürzt. Die Grundlinie für alle weiteren Passees ist erstellt.
3. Die folgenden Passees teilen Sie ebenso ab, kämmen die Haare in Fallrichtung und kürzen sie parallel zur Abteillinie auf die Grundlinie.

Durch die extremen Längenunterschiede im Konturen- und Deckhaarbereich verkürzen sich Haare beim Trocknen unterschiedlich stark und eine kompakte Grundlinie ist nicht mehr gegeben.

Es empfiehlt sich daher, wenn eine wirklich klare, kompakte Grundlinie gewünscht wird, oder sogar eine leichte Innenrolle, den Haarschnitt mit einem Schneidewinkel zwischen –30° und 0° zu schneiden, damit das Deckhaar auch wirklich länger bleibt. Gleichzeitig ist es wichtig, nicht unter Spannung zu schneiden, um den natürlichen Fall und hervortretenden Kopfteile, wie z. B. die Ohren, zu berücksichtigen.

Charakterisierung der kompakten Form am Beispiel des Pagenkopfes

Grund- und Führungslinien:

Die Haarlängen werden zum Deckhaarbereich hin immer länger, sodass der längste Punkt des Haarschnittes am höchsten Punkt des Kopfes ist.

Im Nacken ist die Grundlinie beim Pagenkopf konkav und wird an den Seiten diagonal nach vorne zum Gesicht hin länger.

Die zu bestimmende Haarlänge ist überall die Distanz zwischen Längenmessungspunkt und Frisurenkontur. Grund- und Führungslinien können daher auf zwei verschiedene Arten eingezeichnet werden:

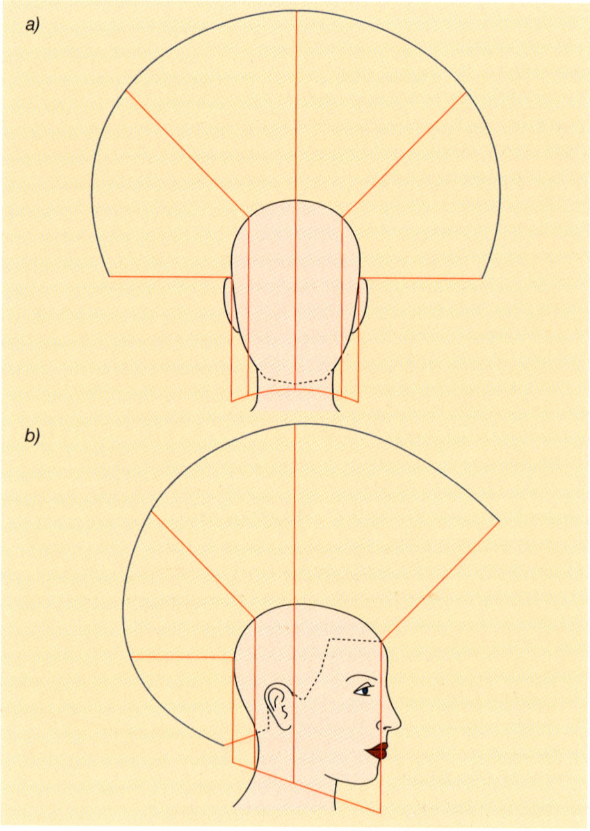

Bild 3 *Grund- und Führungslinien beim Pagenkopf a) hinten b) Seite*

Schneidetechnik:

Der gesamte Kopf wird im Stumpfschnitt geschnitten um eine möglichst kompakte Grundlinie zu erhalten

Werkzeuge:

Der gesamte Kopf wird mit der Haarschneideschere geschnitten. Alle anderen Umsetzungsmöglichkeiten können frei variiert werden.

Eine Abwandlung des Pagenkopfes ist der **Bob**, bei dem im Spitzenbereich leicht graduiert wird, um einen volumige Form zu erzielen.

2.1.2 Graduierte/gestufte Formen

Die graduierte oder gestufte Form ist durch die unterschiedlichen Schneidewinkel die variabelste Schnittform. Sie eignet sich sowohl für kurzes, als auch für langes Haar.

Ein typisches Beispiel ist folgende Frisur:

Bild 1 *Graduierte bzw. gestufte Form*

Deutlich zu sehen ist, dass die Stufung im Konturenbereich der Frisur stärker ist als im Deckhaarbereich. Durchgängig wird hier mit mobilen Grundlinien gearbeitet, deren Längenbestimmung zum einen an den Konturen, aber auch an der Hutlinie und am Wirbel erfolgt. Die Verbindung dieser Grundlinien kann sowohl durch horizontale, als auch durch vertikale Abteilungen erfolgen.

Arbeitsanleitung zur Erstellung einer graduierten oder gestuften Form mit horizontalen Abteilungen

1. Teilen Sie das erste Passee in Kontur ab und schneiden Sie diese kompakt.
2. Das zweite Passee teilen Sie parallel zum ersten Passee ab. Kämmen Sie beide Passees zusammen in den vorher bestimmten Winkel hoch. Kürzen Sie nun die Haare des zweiten Passees parallel zur Grundlinie des ersten Passees.
3. Mit dem Abteilen der folgenden Passees verfahren Sie ebenso. Jedes Passee legen Sie dann unter Beibehaltung des Schneidewinkels auf das zuletzt geschnittene Passee und kürzen es parallel zur Grundlinie.
4. Diese Graduierung führen Sie bis zur Hutlinie durch.
5. Ab der Hutlinie verringern Sie den Schneidewinkel auf ca. 20° und arbeiten sich so bis über den Wirbel vor. Damit bleibt die Fülle am Hinterkopf erhalten.
6. Die Seiten und der Oberkopfbereich werden dahingegen wieder mit einem Schneidewinkel von ca. 80° geschnitten, der Vorderkopf im 90°-Winkel, damit sie nicht zu voll werden und damit flach am Kopf anliegen.
7. Während der gesamten Graduierung sollten Sie zwischendurch den Schneidewinkel überprüfen, damit Sie einen gleichmäßigen Längenanstieg in den Partien erzielen.
8. Den Kontrollschnitt führen Sie durch vertikales Abkämmen der Haare vom Kopf durch.

Bei Erstellung mit vertikalen Abteilungen wird der Schneidewinkel mithilfe der Fingerstellung verändert.

Charakterisierung der graduierten und gestuften Form

Grund- und Führungslinien:
Die Hauptlängenbestimmung erfolgt an den Konturen, vorgegeben durch die Frisurenkontur, an der Hutlinie und am Wirbel als längsten Punkt der Frisur. Am Oberkopf sind die Längen fast einheitlich.

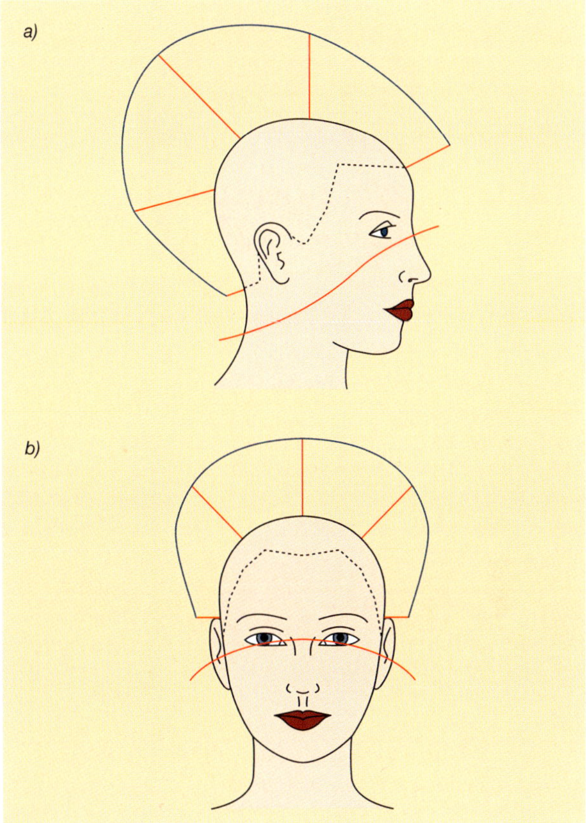

Bild 2 *Grund- und Führungslinien bei gestuften Formen a) Seite b) vorne*

Schneidetechnik:
Die Schneidetechniken können variieren, je nachdem, wie fransig der Haarschnitt gestaltet werden soll. Bei dem Frisurenbeispiel in Bild 1 ist der gesamte Haarschnitt, bis auf den Vorderkopf, stumpf geschnitten. Der Pony wird ausgedünnt und gefranst.

Werkzeuge:
Als Werkzeuge können alle Möglichkeiten genutzt werden, wieder abhängig von der Haarfülle und der gewünschten Fransigkeit. Alle andern Umsetzungsmöglichkeiten sind frei kombinierbar.

Gestufte und graduierte Schnittformen sind sehr variabel in ihrem Aussehen, da der Stufungsgrad in den einzelnen Partien sehr unterschiedlich sein kann.

Eine Sonderform der gestuften Form stellt der **Fasson** dar. Bei ihm ist der Längenunterschied zwischen Kontur- und Deckhaarbereich am größten. Die Frisurenkontur ist die natürliche Haarkontur und an der Hutlinie muss die gewünschte Länge des Deckhaarbereiches erreicht sein. Den Haarschnitt im Konturenbereich des Fassons über den Kamm bezeichnet man als **Übergangsschneiden**.

Der Fasson wird am einfachsten mit der Haarschneidemaschine geschnitten, wobei die Längenunterschiede durch die unterschiedlichen Aufsteckkämme gestaltet werden.

2.1.3 Uniforme Stufung

Die uniforme Stufung eignet sich vor allem für trendige Kurzhaarvarianten. Bei langem Haar würde der Deckhaarbereich zu lang bleiben und so zu flach am Kopf anliegen.

Ein typisches Beispiel ist folgende Frisur:

Bild 1 *Uniforme Stufung*

Deutlich zu sehen ist die gleiche Längenverteilung um die gesamte Kopfrundung: Das Haar an der Nackenkontur ist genauso lang wie am Oberkopf, über den Ohren und an der Stirnkontur.

Wo die Längenbestimmung am Kopf vorgenommen wird, bleibt der Friseurin überlassen. Die uniforme Stufung kann sowohl vom Oberkopf ausgehend, als auch von den Konturen aus geschnitten werden.

Arbeitsanleitung zur uniformen Stufung:

1. Erstellen Sie je nach Vorgehensweise zuerst die Grundlinie innerhalb der Frisur oder in der Kontur. Diese Grundlinie gilt dann als Leitlänge für die Erstellung des Haarschnitts und wird mobil eingesetzt.
2. Teilen Sie das nächste Passee ab. Kämmen Sie das Passee im 90°-Winkel zur Kopfrundung hoch und kürzen Sie die Haare entsprechend der Grundlänge.
3. Ihre Fingerhaltung passen Sie dabei der Kopfrundung an, die Richtung der Abteillinien ist frei wählbar.
4. Alle weiteren Passees teilen Sie ebenso präzise ab. Kämmen Sie die Haare des Passees im 90°-Winkel hoch und kürzen Sie die Haare entsprechend der Grundlänge. Das zuvor geschnittene Passee dient Ihnen jeweils als Längenanhaltspunkt (mobile Grundlinie).
5. Ein zwischenzeitliches Überprüfen des 90°-Winkels und der abgerundeten Fingerhaltung zur Kopfrundung dient Ihnen zur Selbstkontrolle und Fehlervermeidung.
6. Den Kontrollschnitt führen Sie im rechten Winkel zu den zuvor gewählten Abteillinien durch. Das heißt, wenn Sie den gesamten Schnitt mit horizontalen Abteillinien erstellt haben, überprüfen Sie den Schnitt nun, indem Sie vertikal abteilen und umgekehrt. So wird gewährleistet, dass die mobile Grundlinie exakt genutzt wurde und keine Überziehungen einzelner Passees erfolgte.

Je nach Frisurenwunsch kann diese Schnittform an einzelnen Haarpartien oder für den gesamten Kopf angewendet werden.

Charakterisierung der uniformen Stufung

Grund- und Führungslinien:

Die Grundlinien werden, ausgehend von der ersten Längenbestimmung, entweder innerhalb der Frisur oder an den Konturen, immer einheitlich lang eingezeichnet. Der Schneidewinkel beträgt dadurch 90°.

Die Führungslinien als Verbindungen der Grundlinien verlaufen exakt parallel zur Kopfform. Bei horizontaler Abteilung dienen sie dem Kontrollschnitt als Vorlage.

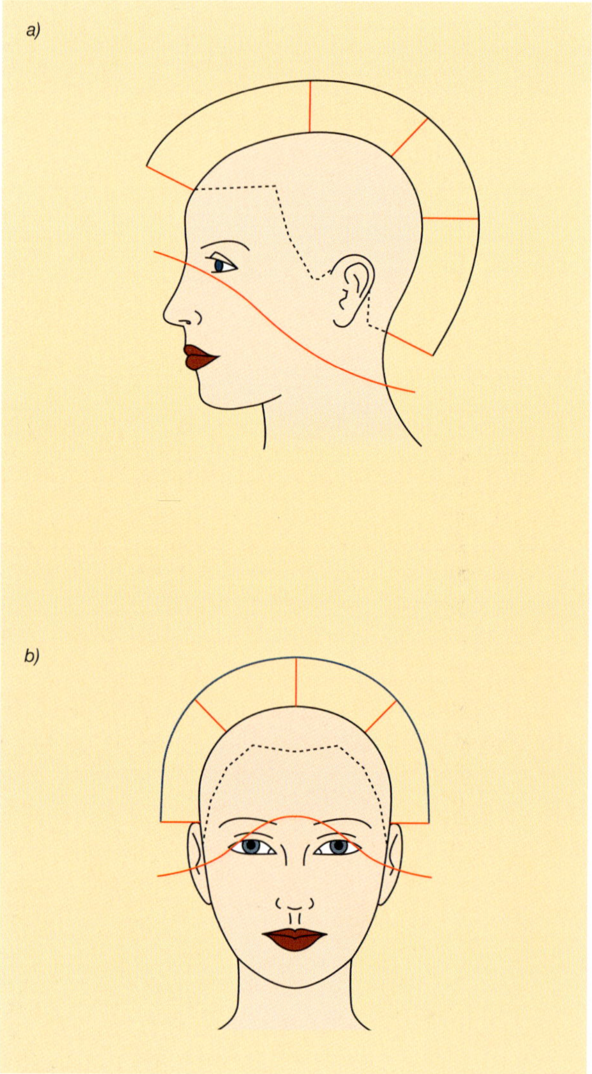

Bild 2 *Grund- und Führungslinien bei der uniformen Stufung a) Seite b) vorne*

Schneidetechnik:

Die Schneidetechniken können variieren, je nachdem, wie fransig der Haarschnitt gestaltet werden soll.

Damit der Haarschnitt nicht zu kompakt erscheint, sollte er im Ganzen ausgedünnt und an den Konturen geslicet oder gepointet werden.

Der gesamte Haarschnitt erfolgt entweder über den Fingern oder in der Hand.

Werkzeuge:

Die Wahl der Werkzeuge richtet sich ebenfalls nach dem der gewünschten Fransigkeit. Der Grundschnitt erfolgt mit der Haarschneideschere oder mit dem Messer. Für die Ausgestaltung kann dann zusätzlich die Effilierschere verwendet werden.

2.1.4 Erweiternd verlaufende Stufung

Die erweiternd verlaufende Stufung wird auch Pyramidenhaarschnitt oder Vokuhila (»**vo**rne **ku**rz, **hi**nten **la**ng«) genannt. Sie ist, neben der kompakten Form, vor allem für Langhaarschnitte geeignet, die stufig und fransig gestaltet werden sollen.

Ein typisches Beispiel ist folgende Frisur:

Bild 1 *Erweiternd verlaufende Stufung*

Deutlich ist die genau umgekehrte Längenverteilung am Kopf, im Gegensatz zur gestuften Form, erkennbar: Der längste Punkt der Frisur befindet sich an der Kontur und der kürzeste Punkt am Oberkopf bzw. im Ponybereich.

Arbeitsanleitung zur erweiternd verlaufenden Stufung:

1. Bestimmen Sie zuerst den kürzesten Punkt der Frisur. An diesem Punkt legen Sie die stationäre Grundlinie fest.
2. Schneiden Sie das erste Passee präzise. Es gilt als Maßstab für alle folgenden Abteilungen.
3. Es empfiehlt sich eine sternförmige Abteilung, ausgehend vom kürzesten Punkt der Frisur, vorzunehmen, um einen gleichmäßigen Längenzuwachs zur Kontur hin zu gewährleisten.
4. Alle weiteren Passees, die Sie abteilen, kämmen Sie zur stationären Grundlinie hoch. Die Haare werden parallel dazu gekürzt.
5. Setzen Sie das Abteilungsschema solange fort, bis Sie den äußeren Haaransatz erreicht haben.
6. Um die Gleichmäßigkeit der Längenerweiterung zu kontrollieren, wird das gesamte Haar im 90°-Winkel von der Kopfhaut weg gekämmt und überprüft.

Eine extreme Methode, die erweiternd verlaufende Stufung zu schneiden, ist der **Haarschnitt über den Kopf**. Der kürzeste Punkt liegt dabei im Ponybereich und die Haare werden alle nach und nach über den Kopf der Kundin hinweg nach vorne gezogen und auf die Grundlinie gekürzt.

Auf diese Weise wird eine sehr starke Stufung mit extremen Längenunterschieden zwischen Deckhaar und Konturenbereich erzielt, die noch dadurch verstärkt werden kann, dass die einzelnen Passees nach und nach immer länger gelassen werden. Gleichzeitig fällt das Haar bei dieser Methode im Nacken leicht v-förmig, da die Haare im Seitenbereich kürzer als im Nackenbereich bleiben.

Limitiert wird die erweiternd verlaufende Stufung durch die Länge der Nackenkontur. Meistenteils haben die Haare dort nicht die Länge, die nötig wäre, um den begonnenen Schneidewinkel konsequent bis in den Nacken hinein durchzusetzen. Haare im Nacken, die nicht auf die stationäre Grundlinie hochgezogen werden können, werden daher nicht mehr gekürzt. Dadurch wird auch verhindert, dass der Nackenbereich zu dünn ausfällt, was vor allem bei feinem Haar vermieden werden sollte.

Charakterisierung der erweiternd verlaufenden Stufung

Grund- und Führungslinien:

Die Grundlinien werden, vom kürzesten Punkt der Frisur ausgehend, eingezeichnet. Der Schneidewinkel beträgt dadurch über 90°.

Die Führungslinien verbinden die Grundlinien.

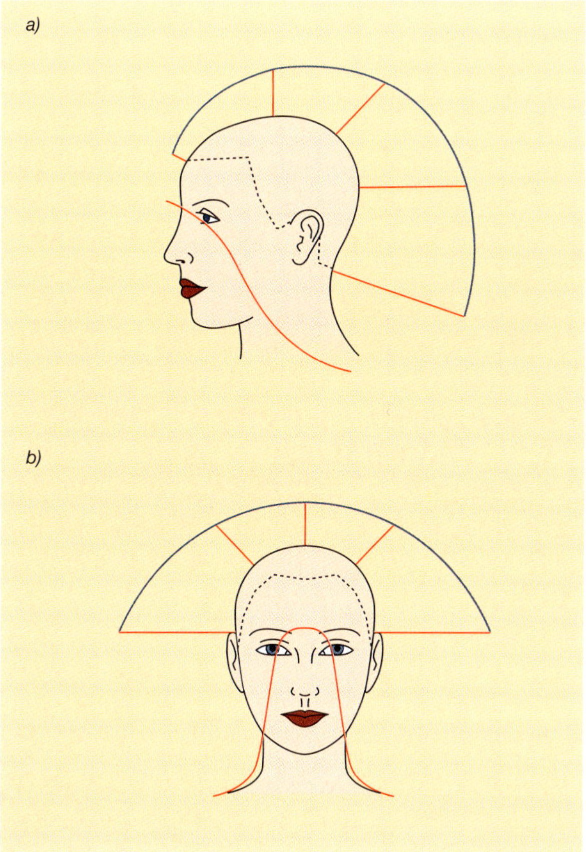

Bild 2 *Grund- und Führungslinien bei erweiternd verlaufender Stufung a) Seitenansicht b) Vorderansicht*

Schneidetechnik:

Die Schneidetechniken können variieren, je nachdem, wie fransig der Haarschnitt gestaltet werden soll. Wichtig ist aber, vor allem im Nackenbereich bei dünnem Haar eher kompakter zu schneiden.

Der gesamte Haarschnitt wird entweder über den Fingern oder in der Hand geschnitten.

Werkzeuge:

Die Wahl der Werkzeuge richtet sich ebenfalls nach dem der gewünschten Fransigkeit. Der Grundschnitt erfolgt mit der Haarschneideschere oder mit dem Messer. Für die Ausgestaltung kann dann zusätzlich die Effilierschere verwendet werden.

2.2 Arbeits- und Hilfsmittel

Zum Schneiden der Haare werden je nach Frisurenziel in der Praxis unterschiedliche Scheren, Messer, Effiliergeräte und Haarschneidemaschinen eingesetzt.

Das Messer ist das älteste Schneidegerät. Erst Mitte des 20. Jahrhunderts kam die Haarschneideschere ergänzend dazu, da mit ihr exaktere Grundlinien geschnitten werden können, wie sie z. B. für die geometrischen Schnittformen von Vidal Sassons charakteristisch sind.

2.2.1 Haarschneidescheren

Haarschneidescheren bestehen vorwiegend aus rostfreiem Edelstahl. Es gibt sie aber auch noch in weiteren Qualitätsausführungen wie z. B. Keramik oder Titan. Je nach Anspruch und Vorlieben der Friseurin finden sie in der Praxis Verwendung.

Aufbau einer Haarschneideschere

Eine Schere setzt sich aus folgenden Bestandteilen zusammen:

- Scherenblätter mit Schneiden
- Schloss beziehungsweise Schraube
- Holme
- Augen

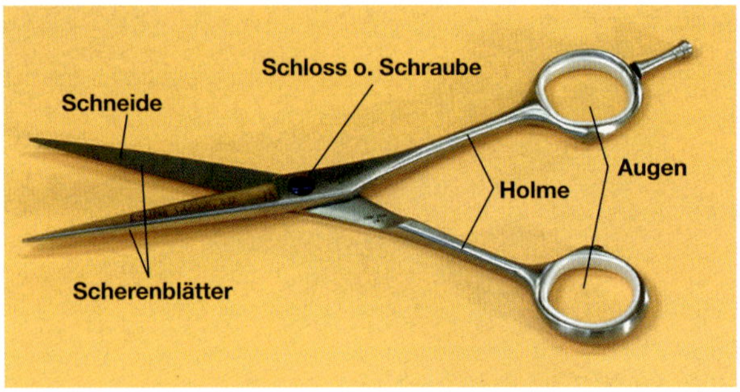

Bild 1 *Bestandteile einer Haarschneideschere*

Qualitätsmerkmale einer Haarschneideschere

Puffer

Der **Puffer** sitzt zwischen den Augen oder Holmen der Haarschneideschere. Er vermindert die Klappergeräusche beim Schneiden. Man unterscheidet zwischen Standard-Puffer mit einem gedämpften Anschlag und Soft-Puffer der durch elastisch gedämpfte Abfederung einen geräuschlosen Anschlag hat.

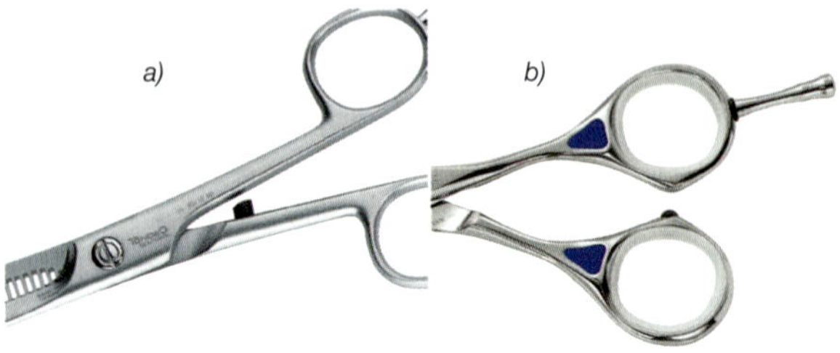

Bild 2 *a) Standard-Puffer* *b) Soft-Puffer*

Augen und Fingerhaken

Die **Augen** einer Haarschneideschere müssen der Fingerdicke des Benutzers angepasst sein, um die Schnittführung kontrollieren zu können. Gummiringe ermöglichen die individuelle Anpassung der Augen an die Fingerdicke und verhindern gleichzeitig den ständigen Kontakt mit dem Material der Schere, was eventuell Allergien auslösen könnte. Der **Fingerhaken** bewirkt eine höhere Führungssicherheit der Schere und eine gute Ergonomie.

Bild 3 *Augen mit Gummiring und Fingerhaken*

Schneidentypen

Mikrogezahnte Schneiden ermöglichen einen genaueren Schnitt, da die Zahnung die glatten trockenen und auch die nassen Haare festhält. Sie sind aber nicht zum Ausdünnen oder Slicen geeignet, weil die Mikroverzahnung verhindert, dass die Schere widerstandslos am Haarschaft entlang gleitet.

Bild 4 *Mikrogezahnte Schneide*

Ungezahnte Schneiden haben einen weichen Schnitt und eine optimale Slicefähigkeit. Sie sind für alle Schnitttechniken geeignet, bereiten aber beim glatten Schnitt im trockenen Haar Schwierigkeiten, da die Haare nach vorne zwischen den Scherenblättern heraus geschoben werden.

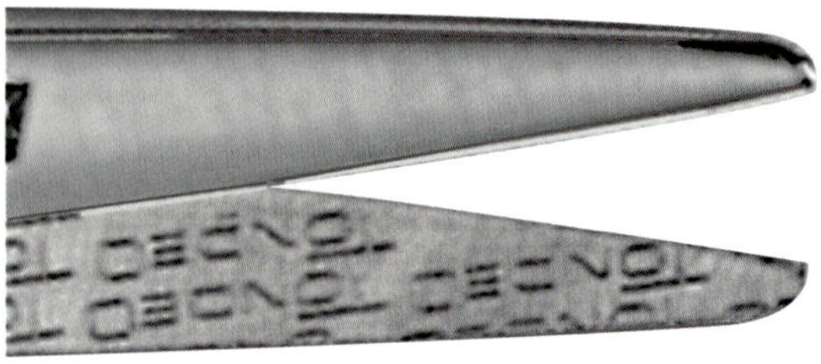

Bild 5 *Ungezahnte Schneiden*

Scherengröße

Bei den Haarschneidescheren gibt es verschiedene Größen. In der Praxis reichen die gebräuchlichsten Maße von 5–6 ½ Zoll, das sind 12,7–16, 5 cm. Die Auswahl der Scherengröße richtet sich vorrangig nach der Handgröße, erst dann nach dem Einsatzgebiet. Eine Haarschere sollte nicht länger sein als die ausgestreckte Hand der Friseurin, die damit arbeitet.

Kleine Haarschneidescheren eignen sich besonders zum Schneiden der Haare in der Hand und für die Konturen, vor allem im Ohrbereich. Auch zum Slicen lässt sich eine kleine Schere leichter handhaben.

Große Haarschneidescheren eignen sich in erster Linie zum Schneiden über Kamm und Finger sowie zum Schneiden von Übergängen.

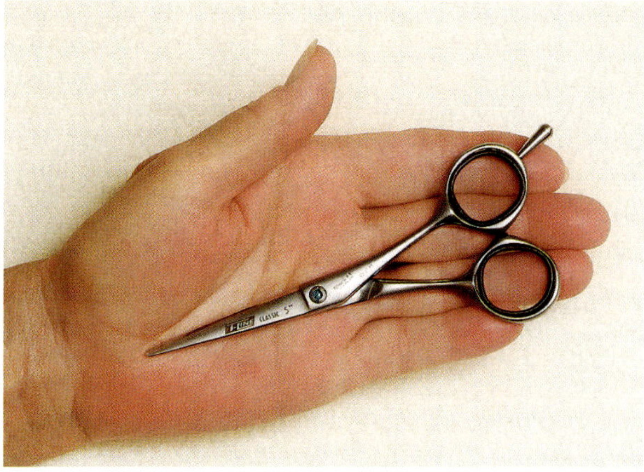

Bild 1 *Die richtige Größe einer Haarschneideschere*

Scherenformen

Bei den Haarschneidescheren gibt es eine Vielzahl unterschiedlicher Formen. Die drei Grundformen sind die **klassische Form**, die **Chiroform** und die **Ergoform**.

Klassische Form

Bei dieser Scherenform sind Holme und Scherenblätter gleich lang. Die Augen bilden die direkte Verlängerung der Holme. Sie eignen sich für alle Schneideanwendungen.

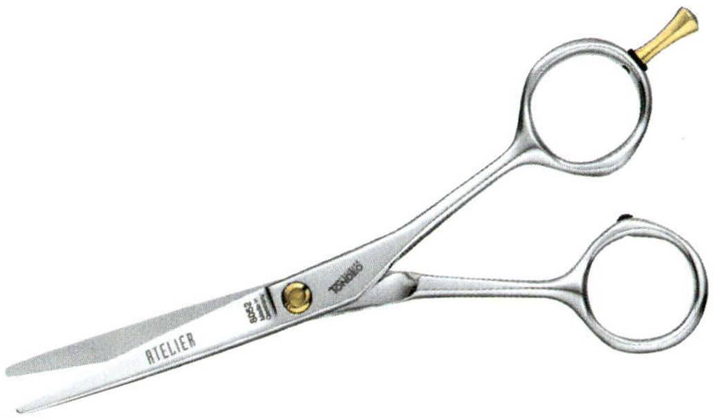

Bild 2 *Klassische Form*

Chiroform

Der Name »Chiroform« leitet sich von den gleichartig gestalteten chirurgischen Instrumenten ab. Die Augen liegen hier außen an den Holmen. Gleichzeitig ist der Abstand von der Schraube zu den Augen länger als die Scherenblätter. Dadurch wird eine größere Hebelwirkung erzielt und der Kraftaufwand beim Schneiden verringert. Gleichzeitig wird die Daumenmuskulatur entlastet, da die Schließpunkte weiter auseinander liegen.

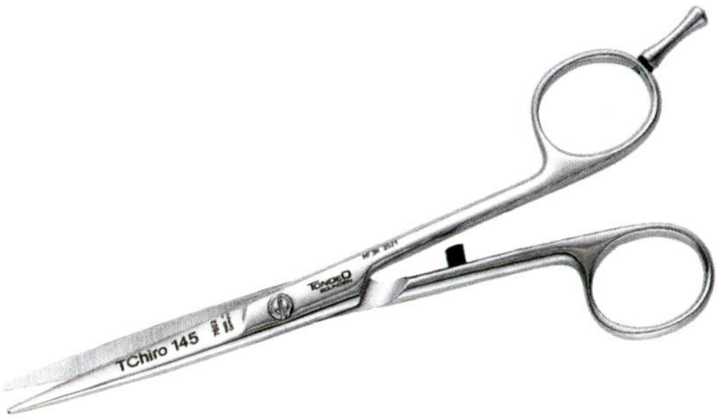

Bild 3 *Chiroform*

Ergoform

Ergonomisch geformte Scheren berücksichtigen die natürlichen Bewegungsabläufe der Hand. Der Daumenring ist ein Stück weit nach vorne versetzt, was zum einen eine angenehmere Handhaltung ermöglicht und zum anderen ein permanentes Eindrehen des Handgelenks beim Schneiden erübrigt. Gleichzeitig ist am Ringfingerholm eine Erhebung für die Führung des Mittel- und Zeigefingers angebracht, wodurch die Hand erheblich ruhiger gehalten werden kann.

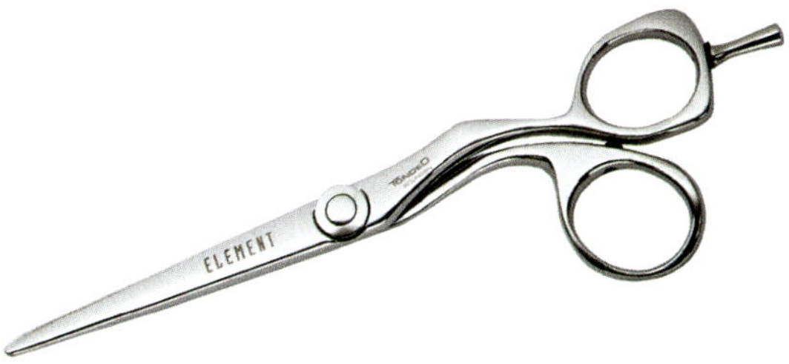

Bild 4 *Ergoform*

»Off-set-Form«

»Offset« ist das englische Wort für »Versatz« bzw. »Verschiebung«. Bei Scheren werden so Formen bezeichnet, deren Daumenholm um ein Auge kürzer ist als der andere Holm. Der Weg des Daumens wird dadurch noch weiter verkürzt und die Schneidebewegung schneller. Gleichzeitig bleibt die Hand noch entspannter als bei der Ergoform.

Eine Haarschneideschere ist ein Präzisionswerkzeug, das besonderer Wartung und Pflege bedarf (s. S. 151).

In der Praxis sollte jede Friseurin ihre eigenen Scheren verwenden. Die Schneideeigenschaften einer Schere passen sich mit der Benutzung der individuellen Handhabung der Friseurin an.

Schneidewerkzeuge werden so aufbewahrt, dass sie niemanden verletzen können. Im Handel werden dafür besondere Scherentaschen angeboten. So wird gleichzeitig verhindert, dass eine Schere auf den Boden fällt, wodurch die empfindlichen Schneiden geschädigt und die Schere unbrauchbar werden kann.

Bild 5 *Off-set-Form*

»Heiße Schere – ThermoCut-System«

Bei der »Heißen Schere – ThermoCut-System« werden die Klingen der Schere auf bis zu 150 °C erhitzt. Beim Schneiden wird dadurch die Kitsubstanz an den Haarspitzen ausgehärtet. Durch diese Versiegelung der Haarspitzen bleiben die natürlichen Feuchtigkeits- und Pflegesubstanzen erhalten und das Haar gegen Austrocknen und Ausfasern der Haarspitzen geschützt. Das Haar gewinnt an Glanz, Volumen und Elastizität. Auch Spliss kann durch mehrfache Anwendung vermieden werden. Neben der Schere wird dieses Prinzip der Hitzeversiegelung auch als Modellierschere und Messer angeboten.

2.2.2 Effilierscheren und -geräte

Effilierscheren

Effilierscheren haben gezahnte Schneideblätter. Die Zähne sind an den Spitzen eingekerbt, damit die Haare nicht von den Zähnen abrutschen. Aufgrund der Zahnung erfassen die Effilierscheren nicht alle Haare eines Passees. Die Haarpartie wird effiliert (ausgedünnt).

Einseitig gezahnte Effilierschere (Modellierschere)

- Sie ist nur auf einem Scherenblatt gezahnt.
- Sie schneidet beim einmaligen Schließen je nach Zahnungsabstand ungefähr die Hälfte der Haare ab.
- Sie wird überwiegend zum Schneiden von Übergängen verwendet.

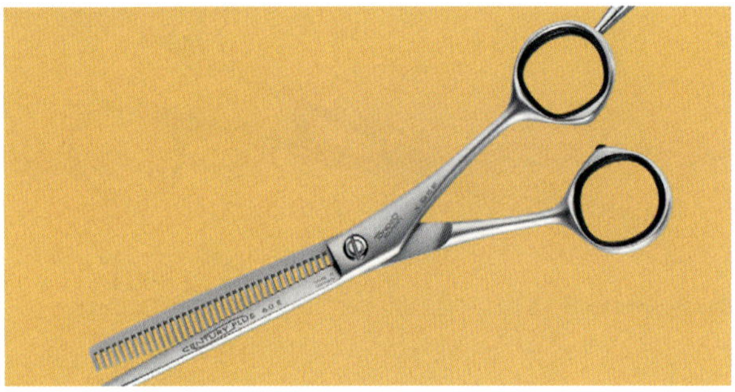

Bild 2 *Modellierschere*

Zweiseitig gezahnte Effilierschere (Effilierschere)

- Sie ist auf beiden Scherenblättern gezahnt.
- Sie schneidet beim einmaligen Schließen etwa ein Drittel aller erfassten Haare ab.
- Sie ist vorwiegend zum Ausdünnen am trockenen Haar geeignet.

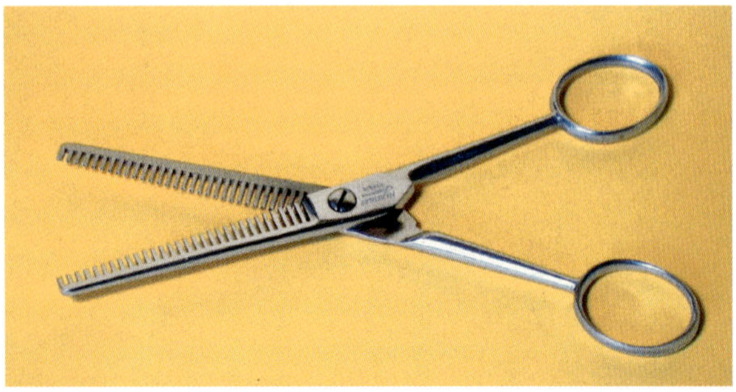

Bild 3 *Effilierschere*

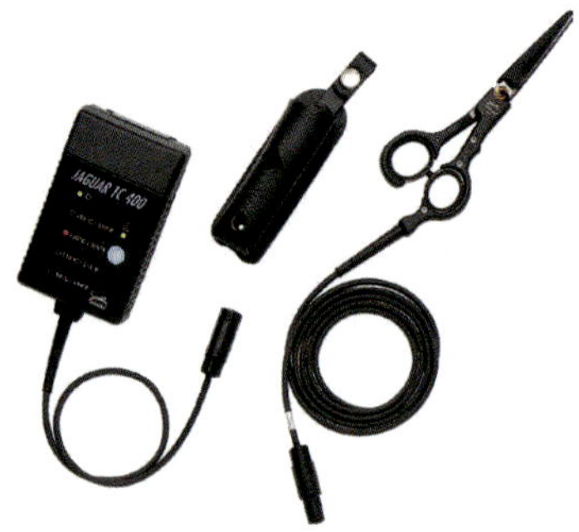

Bild 1 *Heiße Schere*

Effiliergeräte

Effiliergeräte können wie die Effilierscheren zum Übergangsschneiden und Ausdünnen verwendet werden. Man unterscheidet zwischen dem Modellierer und dem Effilierer.

Beide Arten sind mit auswechselbaren Rasierklingen ausgestattet. Durch den Druck und Winkel des Effiliergerätes auf die Haarpartie wird der Ausdünnungsgrad bestimmt. Mit Effiliergeräten wird ausschließlich am nassen Haar gearbeitet.

Modellierer

- Er hat die Kammzahnung nur auf einer Seite.
- Die glatte Seite des Modellierers ermöglicht ein Stumpfschneiden mit geringer Graduierung/Stufung.
- Die gezahnte Flachseite wird zum Effilieren eingesetzt.

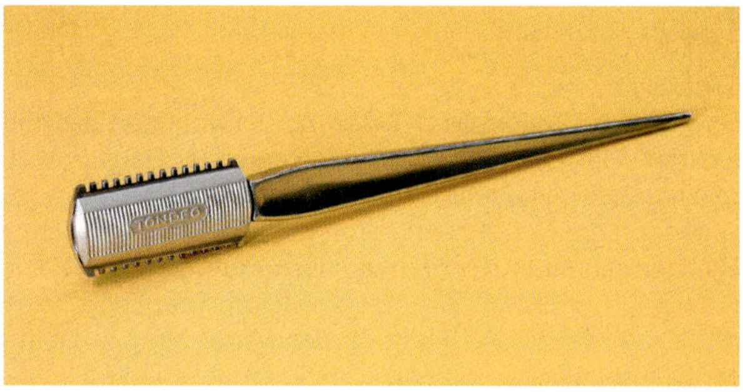

Bild 4 *Modellierer*

Effilierer

- Er hat auf beiden Flachseiten der eingespannten Rasierklinge eine kammartig gezahnte Platte.
- Durch die schabenden Bewegungen des Effiliergerätes zur Haarspitze hin werden die Haare ausgedünnt.

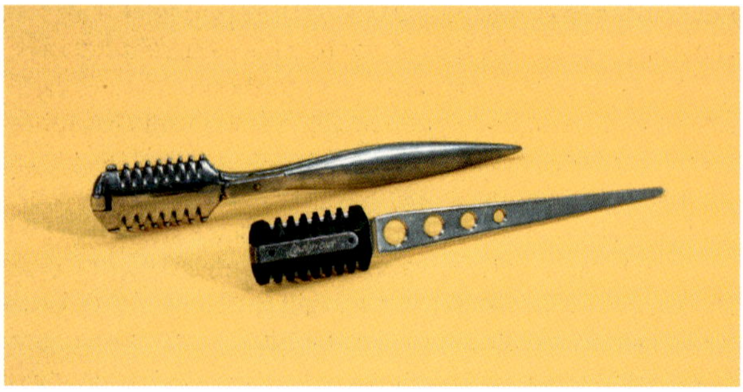

Bild 5 *Effilierer*

2.2.3 Messer

Man unterscheidet in der Praxis das Rasiermesser und das Klingenmesser. Beide Werkzeuge sind Klingengeräte, die für folgende Tätigkeiten eingesetzt werden:

- Rasieren der Barthaare
- Ausrasieren der Konturenlinie
- Ausrasieren der Nackenhaare
- Messerhaarschnitt
- Effilieren

Beim Effilieren mit dem Rasier- oder Klingenmesser erzielt man weiche und sanft verlaufende Konturen in der Frisur. Das Haar erhält eine lockere Fülle.

Für die tägliche Arbeit mit diesen Geräten benötigt man scharfe Klingen. Dadurch werden Schädigungen des Haarschaftes vermieden und die Haarschnitte gelingen sauber.

Das **Rasiermesser** verfügt über eine feste Klinge, die vor jeder Rasur mithilfe eines Streichriemens und Streichpaste vom Grat befreit und regelmäßig geschärft werden muss (s. S. 148).

Beim **Klingenmesser** kann dagegen eine stumpfe Klinge ausgewechselt werden, sodass das arbeitsaufwendige Entgraten und Schärfen entfällt. Gleichzeitig wird dadurch die Einhaltung der Hygieneverordnung erleichtert, die für jeden Kunden die Benutzung einer neuen oder desinfizierten Klinge vorsieht (s. S. 151). Man unterscheidet hier die Kurzform und die Langform. Für den **Sifter** gibt es zusätzlich einen kleinen Aufsteckkamm. Dieser ermöglicht der Friseurin ähnliches Arbeiten wie mit dem Modellierer.

Alternativ dazu wird in der Praxis der **Razer** eingesetzt.

2.2.4 Haarschneidemaschinen

Elektrische Haarschneidemaschinen benutzt man für

- Das Ausrasieren der Konturen
- Das Konturenschneiden
- Das Übergangsschneiden mit dem Kamm
- Maschinenhaarschnitte

Durch auswechselbare Schneideköpfe und Aufsätze sind verschiedene Schnittlängen möglich. Für das Übergangsschneiden werden hauptsächlich Schneideköpfe in den Bereichen $^{1}/_{20}$ mm, $^{1}/_{10}$ mm, 1 mm und 3 mm verwendet. Für eine zusätzliche Verlängerung des Schnittabstandes gibt es Aufsteckkämme.

Haarschneidemaschinen mit einem festen Schneidekopf besitzen eine stufenlose Schnittstellenverlängerung. Sie machen das Wechseln der Kämme überflüssig.

Die Haarschneidemaschinen verfügen in der Regel über zwei Laufgeschwindigkeiten. Der Langsamlauf ist ideal zum Ausarbeiten der Konturen, zum Übergangsschneiden und zum Schneiden feiner Haare. Der Schnelllauf eignet sich für alle Nass- und Trockenhaarschnitte.

Kabellose, aufladbare Haarschneidemaschinen ermöglichen durch die Unabhängigkeit vom Stromkabel mehr Bewegungsfreiheit. Sie sind auf Grund ihrer geringen Größe ergonomischer, durch den eingebauten Akku aber auch erheblich schwerer.

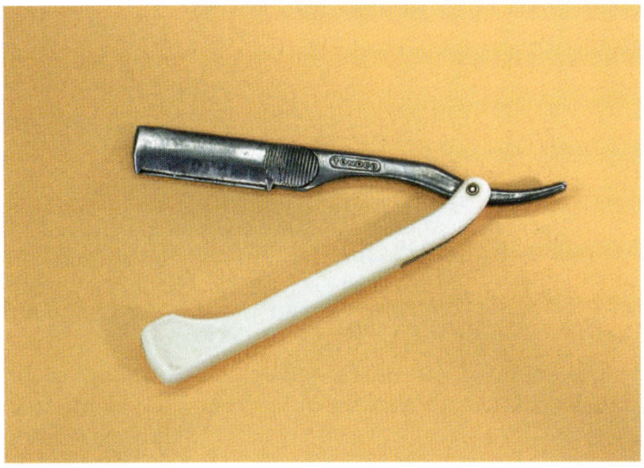

Bild 1 *Rasiermesser*

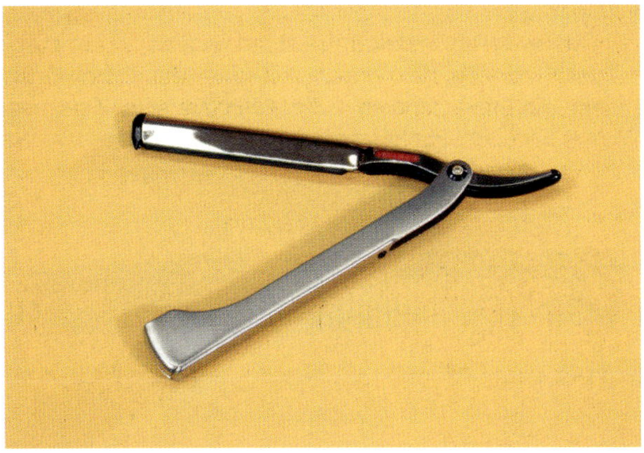

Bild 2 *Klingenmesser*

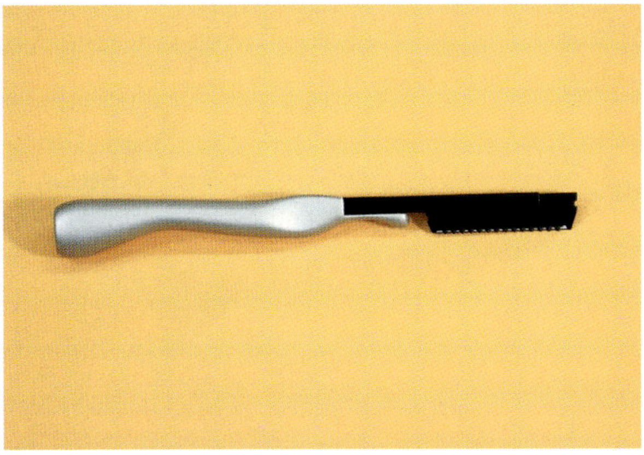

Bild 3 *Razer*

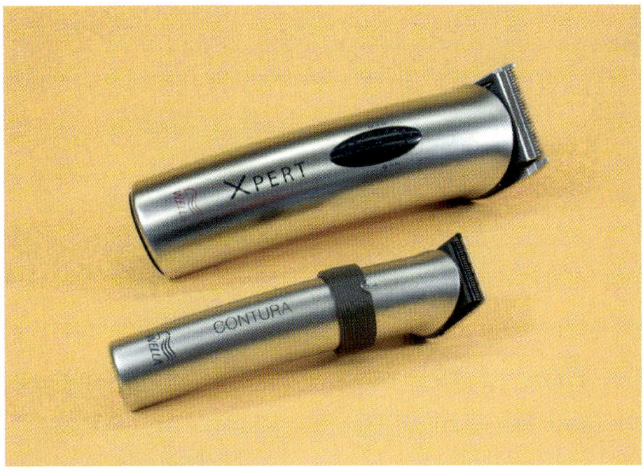

Bild 4 *Haarschneidemaschine*

2.2.5 Haarschneidekämme

Haarschneidekämme sind neben der Schere die wichtigsten Werkzeuge für einen Haarschnitt. Mit ihrer Hilfe kann man die Haare zum einen abteilen und zum anderen innerhalb eines Passees möglichst parallel nebeneinander anordnen. Je exakter diese Ordnung ist, desto gerader und genauer ist auch der Schnitt. Das ist vor allem für Haarschnitte mit kompakten Grundlinien und exakten geometrischen Formen, wie z. B. einem Pagenkopf, sehr wichtig, damit kein Haar der Grundlinie in der Länge abweicht.

Die Zahnung von Haarschneidekämmen ist daher auf der einen Seite sehr fein, um möglichst jedes Haar einzeln zu erfassen. Eine gute Qualität des Kammes ohne scharfe Gussränder ist wichtig, um die empfindliche Schuppenschicht der Haare, vor allem im nassen Haar, nicht zu beschädigen.

- Der **Haarschneidekamm** ist am feinen und am grobgezahnten Teil fast gleich dick und relativ stabil, um eine gerade Linie beim Schneiden über den Kamm zu gewährleisten. Er ist universell für fast alle Haarschnitte einsetzbar.

Bild 1 *Haarschneidekamm*

- Der **Fassonkamm** ist eine spezielle Abwandlung des Haarscheidekamms. Sein feinzahniges Ende wird extrem schmal und er ist sehr biegsam. Dadurch ist gewährleistet, dass er an den Konturen eng an die Haut angelegt werden kann und so die Haare sehr dicht über der Kopfhaut gekürzt werden.

Bild 2 *Fassonkamm*

Je fransiger ein Haarschnitt ausfallen soll, desto unwichtiger wird die Ordnung der Haare innerhalb des Passees. Ganz im Gegensatz zu den exakten Haarschnitten eines Vidal Sassons wird hier durch freihändiges Schneiden ohne Kamm oder die Benutzung grober Kämme, wie Griffkamm und Styler, möglichst viel Unruhe und Egalität in die Schnittlinie gebracht, wobei trotzdem die Führungslinie gewahrt werden muss. Dadurch wird der Fall möglichst fransig und natürlich, damit keine harten Schneidekanten zu sehen sind.

2.2.6 Hilfsmittel

Neben Haarschneideschere und Haarschneidekamm benötigt die Friseurin weitere Hilfsmittel:

- Schneideumhang
- Schneidekragen
- Halskrause
- Watte
- Nackenpinsel
- Schneidehocker

Diese Hilfsmittel haben arbeits- und gesundheitsschutztechnische Funktionen:

Der **Schneideumhang** dient vor allem dem Schutz der Kleidung der Kundin. Er sollte möglichst eng am Hals anliegen, um zu verhindern, dass Schnitthaare in den Nacken fallen und sich zwischen Kleidung und Haut festsetzen. Diese Haare können sich, wenn sie sehr klein und fein sind, regulär in die Haut hinein bohren und dort zu schmerzhaften Entzündungen führen.

Der **Schneidekragen** unterstützt die Wirkung des Umhangs, in dem er ihn mit seinem Gewicht eng auf die Schultern der Kundin anlegt. Zudem bietet er der Friseurin eine glatte Unterlage für Schnitte, die überschulterlang sind und kompakt auf eine Grundlinie geschnitten werden.

Die **Halskrause** besteht aus einem sehr dehnbaren Gemisch aus Krepppapier und Gummi. Sie wird vor Anlegen des Schneideumhangs eng um den Hals des Kunden gelegt und dann über den Umhang geschlagen. Dadurch wird verhindert, dass selbst kleinste Härchen zwischen Haut und Kleidung des Kunden gelangen und sich dort festsetzen.

Watte wird vor allem bei Herrenhaarschnitten gerne zum Schutz vor feinen Schnitthaaren in die Ohren gesteckt.

Der **Nackenpinsel** befreit die Haut von den feinen Schnitthaaren, die sich schmerzhaft in die Haut bohren könnten. Alternativ kann aus hygienischen Gründen ein warmes, feuchtes Handtuch verwendet werden.

Der **Schneidehocker** ist höhenverstellbar und die Sitzfläche ergonomisch geformt. Er ermöglicht der Friseurin, immer auf Augenhöhe schneiden zu können, ohne sich bücken zu müssen. Dies ist vor allem beim Schneiden von Übergängen wichtig, um eine exakte Schnittfläche ohne erkennbare Kanten zu erzielen. Die Friseurin kann mit geradem Rücken in Augenhöhe schneiden. So werden Deformierungen und Schädigungen der Wirbelsäule mit starken Rückenschmerzen vermieden.

Ergänzt werden kann die Wirkung des Schneidehockers durch höhenverstellbare Bedienstühle.

Bild 3 *Hilfsmittel zum Haarschnitt*

2.3 Schnittumsetzung

Vor Erstellung des Haarschnitts müssen Entscheidungen zu folgenden Fragestellungen getroffen werden:

- Wird im trockenen oder nassen Haar geschnitten?
- Wird direkt auf der Haut geschnitten oder aber werden die Passees mithilfe von Hand oder Kamm fixiert?
- Welche Schneidetechniken sollen angewendet werden und womit führe ich sie aus?
- Wie soll abgeteilt werden?
- Welche Schneidewinkel werden wo am Kopf verwendet?

Einige dieser Fragestellungen werden schon alleine durch die gewählte Schnittform entschieden, andere dahingegen bleiben der Friseurin überlassen. Oftmals kann ein und derselbe Haarschnitt auf viele unterschiedliche Arten und Weisen erstellt werden.

Während die letzten drei Fragen große Auswirkungen auf die Schnittform und seine Ausgestaltung haben, sind vor allem die ersten beiden Fragen sehr stark von den individuellen Vorlieben und Fertigkeiten der Friseurin abhängig:

Grundsätzlich kann jeder Haarschnitt im nassen oder trockenen Haar ausgeführt werden.

Nasses Haar bietet den Vorteil, dass man es durch die Feuchtigkeit erheblich besser fixieren kann und somit ein präziserer Schnitt möglich ist. Allerdings muss immer beachtet werden, dass sich das Haar beim Trocknen verkürzt und damit der gesamte Haarschnitt kürzer erscheint, als im nassen Zustand geschnitten wurde. Hinzu kommt, dass der natürliche Fall und Besonderheiten, wie Vorsprünge durch die Ohren, im nassen Zustand nicht so gut beachtet werden können.

Bild 1 *Schneiden von nassem Haar*

Trockenes Haar bietet den Vorteil, dass der natürliche Fall, das Haarvolumen und auch die Auswirkungen, die z. B. die Ohrform auf die Haarlänge haben, genau zu sehen sind. Gezieltes, frisurengerechtes Ausdünnen, Slicen und Fransen sollte daher immer am trockenen Haar ausgeführt werden.

Allerdings muss auch beachtet werden, dass die Haare im trockenen Zustand nicht so sicher fixiert werden können. Das führt dazu, dass die Haare trotz Mikroverzahnung vorne zwischen den Scherenblättern rausrutschen. Daher sind die Schnittlinien nicht so exakt wie im nassen Haar.

Bild 2 *Schneiden im trockenen Haar*

In der Praxis wird die Grundform eines Haarschnitts wegen der Schnittgenauigkeit oft im nassen Haar geschnitten. Am trockenen Haar erfolgt dann die kreative und typgerechte Ausgestaltung der Frisur.

Eine Friseurin kann einen Haarschnitt ausführen, indem sie die einzelnen **Passees zwischen Zeige- und Mittelfinger fixiert** und dann in der Hand oder über den Fingern kürzt. Vor allem für Graduierungen und Stufungen, wo ein gleichmäßiger Verlauf der Führungslinie wichtig ist, wird diese Methode bevorzugt, da so durch die Handhaltung der Schneidewinkel bestimmt wird und ein Teil des schon geschnittenen Passes als Längenvorlage dient. Auf dem Oberkopf wird meist über den Fingern und an Hinterkopf und Seiten aus ergonomischen Gründen in der Hand geschnitten.

Bild 3 *Schneiden über den Fingern*

Alternativ besteht die Möglichkeit, das **Passee mit dem Kamm zu fixieren**. Diese Methode findet vor allem beim Übergangschneiden Verwendung.

Eine ruhige und gleichmäßig abhebende Kammführung ist erforderlich, damit ein fehlerfreier Übergang geschnitten wird. Die Schneidebewegungen dahingegen sind sehr kurz und schnell und werden nur vom Daumen ausgeführt. Das untere Scherenblatt bleibt als Führungsglied für eine saubere Schnittkante absolut ruhig. Die Schere ist zusätzlich immer parallel zum Kamm zu führen. So werden sichtbare »Löcher« und Kanten in den Übergängen vermieden.

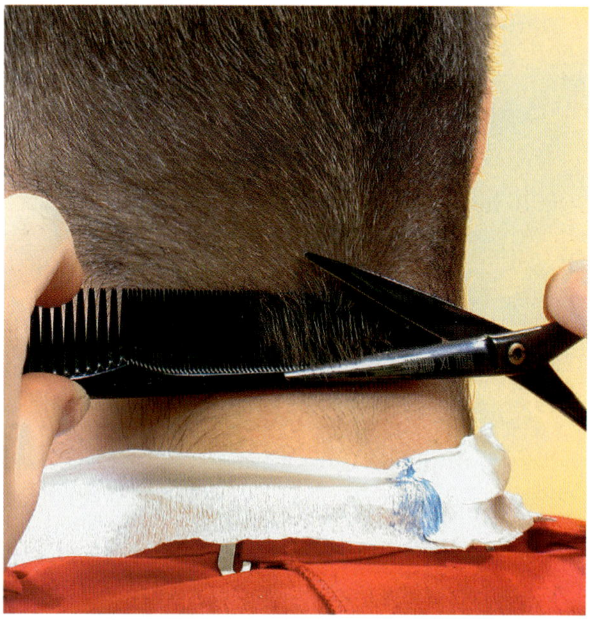

Bild 1 *Schneiden über den Kamm mit der Haarschneideschere*

Für Konturenschnitte und die Bestimmung der Grundlinien an den Seiten und im Nackenbereich wird das Passee glatt **auf der Haut fixiert** und dann gekürzt.

Bild 2 *Konturenschneiden auf der Haut*

2.3.1 Schneidetechniken

Schneidetechniken variieren die Schnittlinie. Die Friseurin unterscheidet folgende Formen:

- Glatte Schnittlinie beim Stumpfschnitt
- Ungleichmäßige Schnittlinie durch Effilieren, Pointen und Slicen.

Stumpfschnitt

Beim Stumpfschneiden werden alle Haare eines Passees erfasst und auf eine einheitliche Länge gekürzt. Die Haarfülle bleibt erhalten und die Haarsträhne fällt dadurch stumpf und breit auseinander. Es entsteht eine harte Schnittkante.

Diese Technik eignet sich vor allem zur Längebestimmung, also dem Schneiden von Grundlinien, und zum Konturenschneiden. Aber auch bei feinem Haar wird gerne stumpf geschnitten, um das Haar fülliger erscheinen zu lassen.

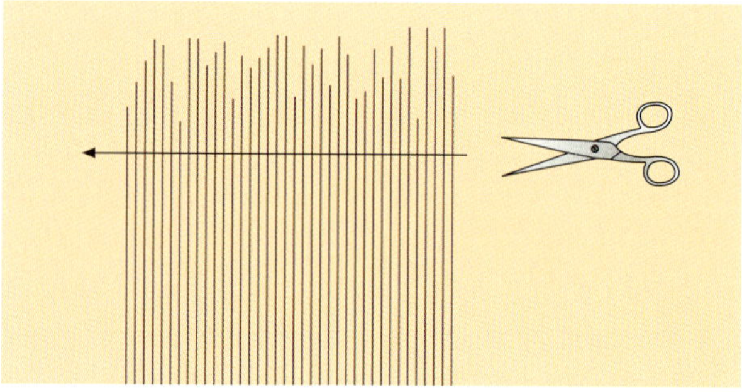

Bild 3 *Stumpfschnitt*

Effilieren

Beim Effilieren wird aus einer Haarsträhne eine bestimmte Menge Haare herausgeschnitten. Die Haarfülle wird verringert, man erhält innerhalb der Haarsträhne unterschiedliche Haarlängen. Im Folgenden werden je zwei Grundvarianten und zwei Spezialtechniken der Effilation vorgestellt.

Wurzeleffilation

Die Wurzel- oder auch Stützeffilation wird in der Nähe des Haaransatzes durchgeführt. Kurze Haare als Stützhaare geben der Frisur Stand und Volumen und erleichtern das Toupieren. Die Wurzeleffilation sollte nur bei kräftigen Haaren ausgeführt werden.

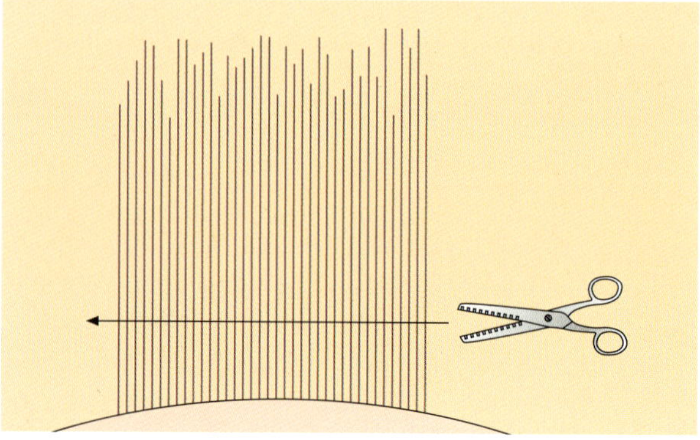

Bild 4 *Wurzeleffilation*

Kordeleffilation
Bei der Kordeleffilation werden kleine quadratische Passees von ca. 1 × 1 cm abgeteilt und fest verkordelt. Anschließend wird mit der Spitze der Modellierschere vorsichtig in unterschiedlichen Abständen vom Haaransatz in die gekordelte Strähne geschnitten.

Diese Methode eignet sich vor allem für die Erzeugung von Stützhaaren im Wirbelbereich und ist somit eine Sonderform der Wurzeleffilation.

Längen- und Spitzeneffilation
Die Spitzeneffilation wird im oberen Drittel der Abteilung durchgeführt. Die Haarsträhne wird ungleichmäßig gekürzt. Man erzielt, je nach dem, wie tief angesetzt wird, entweder fedrige, fransige Spitzeneffekte oder aber dünnt das gesamte Haarpassee aus.

Zum Fransen der Spitzen eignet sich vor allem der so genannte **Stechschnitt**. Hierbei wird die Schere in unterschiedlich großem Winkel von oben in das Passee geführt. Je nach Schnittwinkel und -tiefe werden unterschiedlich große Mengen an Haar aus der Strähne herausgeschnitten.

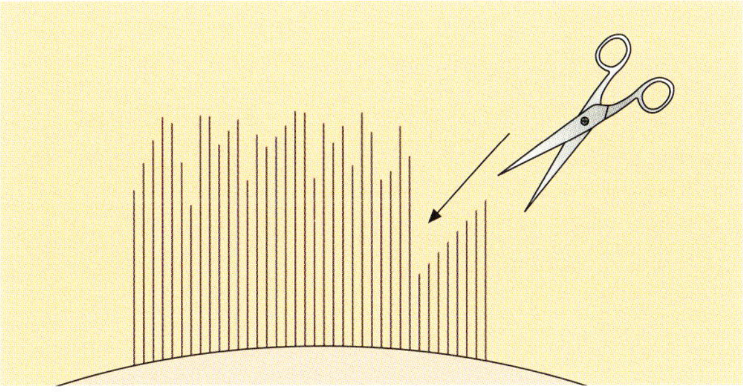

Bild 1 *Stechschnitt*

Toupiereffilation
Die Toupiereffilation ist eine gesonderte Technik der Spitzeneffilation, die nur im trockenen Haar ausgeführt werden kann. Hierbei werden die Haare einer Strähne zuerst locker toupiert, wodurch viele Längen und Spitzen in die Toupage gezogen werden. Dann werden die übrig gebliebenen Haare entweder mit der Haarschneideschere oder aber der Modellierschere abgeschnitten. Die Friseurin erreicht dadurch eine größtmögliche unsystematische Variabilität der Haarlängen innerhalb einer Strähne.

Pointen
Mit Pointen bezeichnet man das gezielte, passeeweise Einschneiden von auffälligen Lücken in den Haaransatz, die Längen und die Spitzen. Man kann dazu die Haarschneideschere oder die Point-Cut-Schere benutzen:

- Durch das Pointen am Haaransatz und in der Länge erhält man kurze Stützhaare, die den verbliebenen längeren Haaren Stand geben.
- Das Pointen in den Haarspitzen führt zu unruhig wirkenden Frisurenoberflächen, weil unterschiedliche Längen entstehen.
- Harte Schnittkanten, z. B. im Konturenbereich, können durch das Pointen der Spitzen gebrochen werden.
- Die Haarfülle wird stark vermindert.

Zum Ausdünnen zu kompakter Strähnen eignet sich der so genannte **Webschnitt**: Von der Seite wird im 90°-Winkel in unterschiedlicher Entfernung vom Haaransatz in das Passee geschnitten. Pro Strähne werden mehrere kleine Schnitte in unterschiedlichen Abständen ausgeführt.

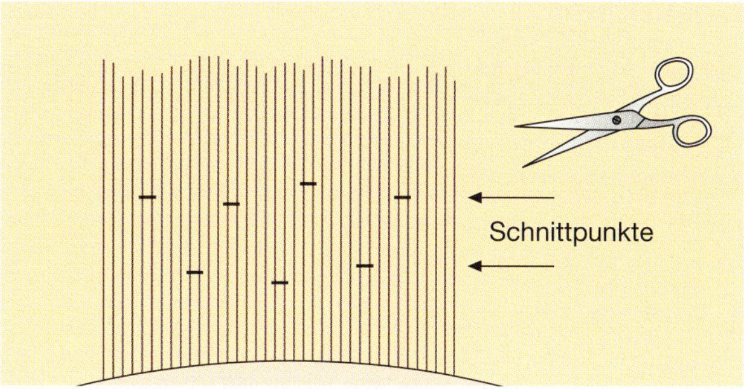

Bild 2 *Webschnitt/Pointen*

Slicen
Beim Slicen wird die geöffnete Schere in Richtung des natürlichen Falls der Haare durch die Oberfläche der Frisur geführt. Die verwendete Schere muss slicefähig und nicht mikrogezahnt sein. Dabei kann die Friseurin entweder ohne führendes Hilfsmittel arbeiten oder die Haarpartie kaum merklich durch die Hand oder den Kamm halten.

- Das Slicen erzielt eine stärkere Bewegung als das Effilieren oder Pointen in der Frisur.
- Es bringt verstärkt Unter- und Zwischenlängen in eine Frisur.
- Durch starkes Slicen erzielt man das Aufspringen bzw. das Aufstellen der Haare.
- Das Slicen kann sowohl im trockenen als auch im nassen Haar durchgeführt werden.
- Die Öffnung der Schere beim Slicen bestimmt den Grad der Bewegung in der Frisur.

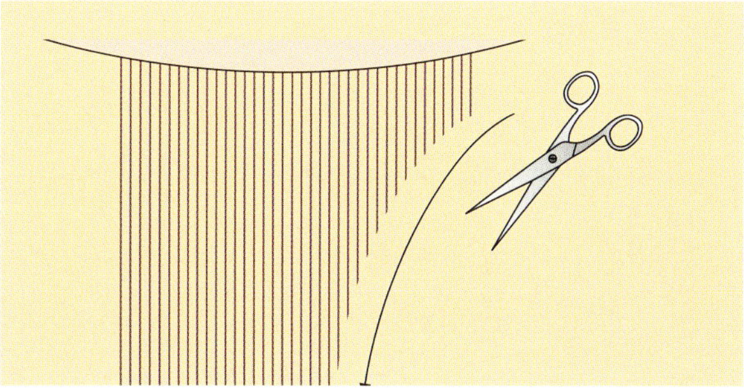

Bild 3 *Slicen*

Effilation mit Effiliergeräten und Klingenmesser
Eine weitere Möglichkeit Haare auszudünnen, ist das Effilieren der Haare mit Effiliergeräten oder dem Klingenmesser. Bei dieser Technik muss Folgendes berücksichtigt werden: Setzt man das Effiliergerät oberhalb der Haarsträhne an, so kürzt man die Haare auf der Strähne. Die Haarspitzen können leicht aufspringen. Wird das Effiliergerät unterhalb der Haarsträhne angesetzt, so erzielt man eine glatte Oberfläche mit Stützhaaren von der Unterseite, z. B. um eine Innenrolle zu verstärken.

Bei beiden Methoden wird der Ausdünnungsgrad von der Stärke des Drucks und der Länge des Strichs mit dem Klingenmesser oder Effilierer bestimmt.

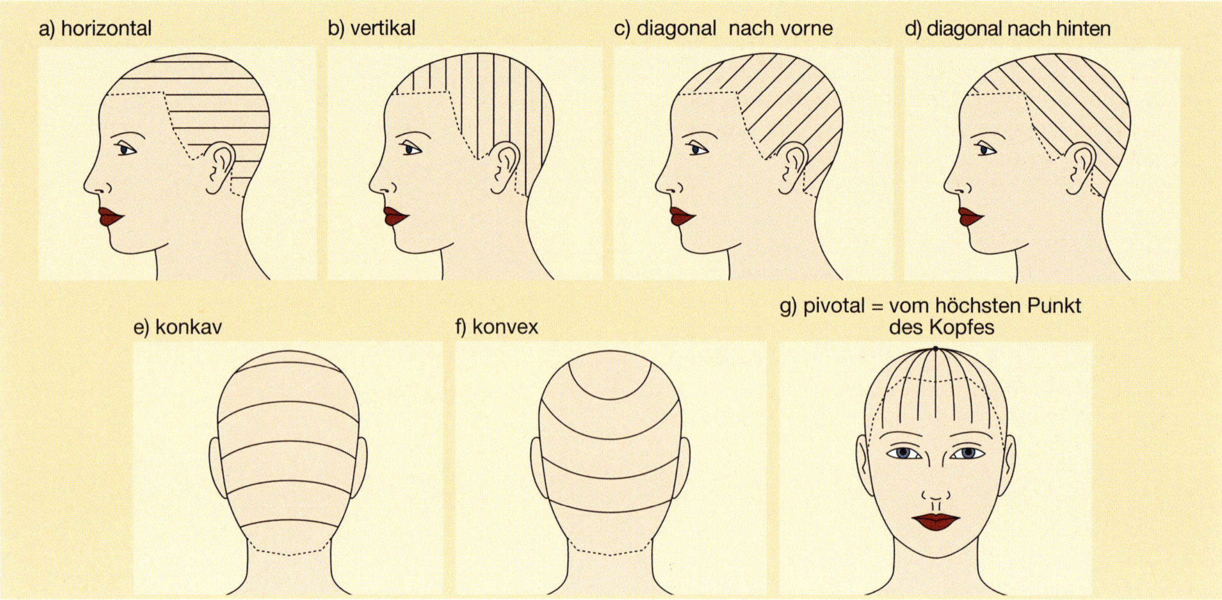

Bild 1 *Abteillinien*

2.3.2 Passes abteilen

Die **Abteillinien** bestimmen die Unterteilung der einzelnen Partien des Kopfes zur Erstellung des Haarschnittes. Sie können entweder für den gesamten Kopf einheitlich sein oder aber von Partie zu Partie unterschiedlich.

Abteillinien verlaufen entweder parallel zu der für diesen Bereich gültigen Grundlinie der Frisur und übertragen deren Länge so auf jeden Teil der zu schneidenden Partie. Oder aber sie verlaufen im rechten Winkel zu der Grundlinie und somit parallel zur Führungslinie. Dies ist vor allem dann sinnvoll, wenn starke Längenunterschiede in einer Partie erzielt werden sollen.

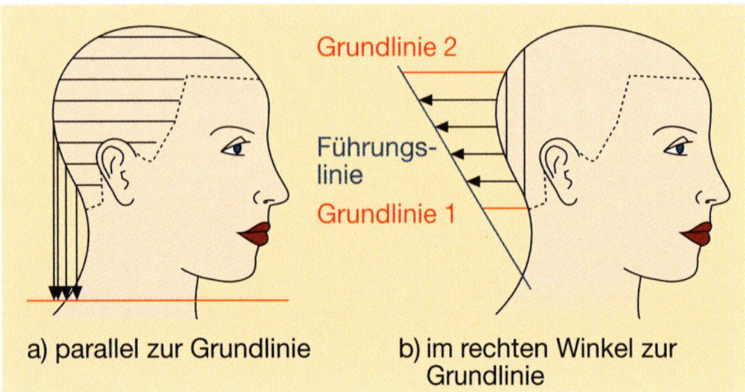

Bild 2 *Verläufe von Abteillinien*

2.3.3 Schneidewinkel

Der Schneidewinkel ergibt sich aus der Richtung, in der das abgeteilte Passee gekämmt wird oder aber der Stellung von Hand bzw. Kamm und Schere zur Abteilung.

Bei der Erstellung eines Haarschnittes kann je nach Frisurenwunsch entweder mit einem oder mit verschiedenen Schneidewinkeln gearbeitet werden.

Je größer der Schneidewinkel ist, umso größer sind die Längenunterschiede und somit die Stufung innerhalb des Passees und auch Partie. In einer Schnittbeschreibung wird der Schneidewinkel durch die **Führungslinie** angegeben.

Schneidewinkel zwischen –30°und 0°

Alle Schneidewinkel unter 0° werden dadurch erzielt, dass die Haarsträhne entweder zum Kopf hingezogen oder aber bei vertikaler Abteilung stark nach unten hin überzogen wird. Dadurch wird das Deckhaar sowohl im Schnitt als auch im natürlichen Fall länger gelassen als das Konturenhaar.

Das Ergebnis ist ein weicher Fall der Frisur nach innen, der eine leichte Innenrolle ermöglicht.

Schneidewinkel von 0°

Bei einem Schneidewinkel von 0° wird die Haarsträhne nicht vom Kopf abgewinkelt sondern liegt am Kopf an. Dementsprechend werden alle Haare auf eine Grundlinie geschnitten. Hierbei ist das Deckhaar beim Schnitt zwar das längste Haar, bildet aber im natürlichen Fall mit allen anderen Haaren eine kompakte Grundlinie.

Die Frisur erhält einen leichten Schwung nach außen und Volumen im Spitzenbereich.

Schneidewinkel zwischen 0° und 45°

Alle Abhebewinkel der Haare vom Kopf zwischen 0° und 45° zählen zu den niedrigen Schneidewinkeln. Sie werden auch leichte Stufung oder leichte Gradation bezeichnet. Die Längenunterschiede sind gering und nur in den äußeren Spitzen wahrnehmbar.

Das Deckhaar ist weiterhin beim Schnitt länger als das Konturenhaar, fällt aber im natürlichen Fall leicht stufig.

Schneidewinkel zwischen 45° und 90°

Sämtliche Schneidewinkel zwischen 45° und 90° stellen einen hohen Schneidewinkel dar. Hier spricht man von einer variablen Stufung oder variablen Gradation und die Längenunterschiede werden größer.

Auch hier bleibt das Deckhaar beim Schnitt länger als das Konturenhaar, die Stufung im natürlichen Fall wird aber größer.

Schneidewinkel von 90°

Bei einem Schneidewinkel von genau 90° wird die Haarsträhne im rechten Winkel zur Kopfrundung gehalten und gekürzt. Die Haare sind dadurch überall in der so geschnittenen Haarpartie gleich lang und man spricht von einer uniformen Stufung.

Schneidewinkel größer als 90°

Schneidewinkel von über 90° werden erzielt, wenn die Haarsträhne nach oben hin überzogen wird. Die Friseurin erreicht damit eine extreme Stufung mit großen Längenunterschieden. Das Deckhaar ist sowohl beim Schnitt, als auch im natürlichen Fall kürzer als das Konturenhaar. Die Stärke der Stufung kann auch hier wieder mit dem Grad des Schneidewinkels variiert werden.

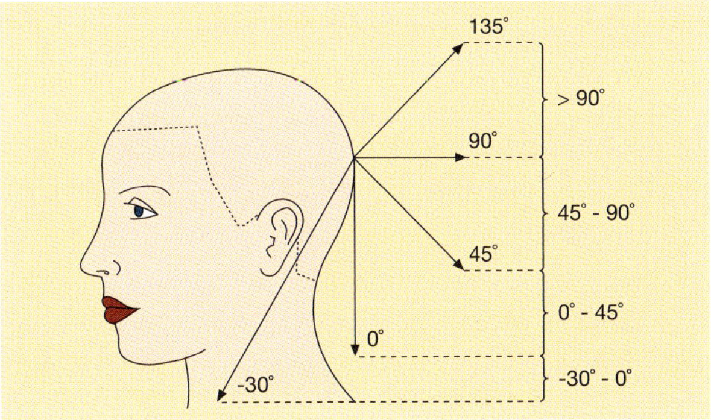

Bild 1 *Schneidewinkel*

2.3.4 Grund- und Führungslinien

Die **Grundlinien** sind die Längenangaben für die einzelnen zu schneidenden Haarpartien. Die wichtigsten Grundlinien sind die der **Frisurenkontur**. Darüber hinaus werden aber auch an unterschiedlichen Stellen des Kopfes weitere Grundlinien angegeben, um die Abstufungen innerhalb der Frisur zu verdeutlichen. Jede Grundlinie kann entweder stationär oder mobil sein.

Stationäre Grundlinie

Die stationäre Grundlinie ist eine konstante, stabile Leitlänge einer Partie, auf die alle anderen Abteilungen innerhalb der Partie hingezogen werden. Dadurch entsteht eine Längenzunahme von der Leitlänge weg.

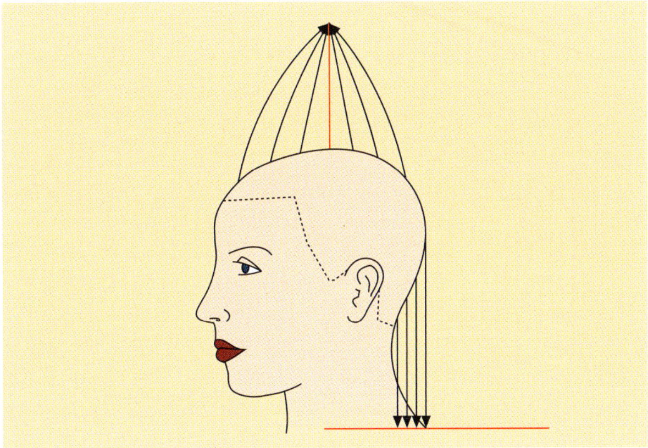

Bild 2 *Stationäre Grundlinien*

Mobile Grundlinie

Die mobile Grundlinie dahingegen ist variabel und wandert mit den einzelnen Abteilungen mit. Sie kann für eine einheitliche Länge innerhalb der Haarpartie genutzt werden, aber auch für eine Längenzu- oder -abnahme.

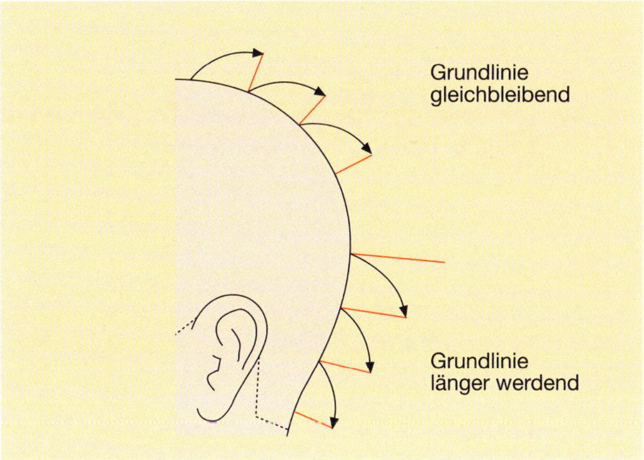

Bild 3 *Mobile Grundlinien*

Grundlinien haben ihren Namen nicht zu Unrecht. Sie sind die Grundlage eines jeden Haarschnittes, auf den sich die Friseurin bei der Erstellung immer wieder bezieht und die daher auch zu allererst bestimmt werden müssen.

Während Grundlinien die Längenverteilung der Haare an unterschiedlichen Stellen des Kopfes wiedergeben, stellen die **Führungslinien** die Verbindungen zwischen den einzelnen Grundlinien her. Sie zeigen dadurch den Grad der Stufung in den einzelnen Partien an und geben Auskunft über die für die Formgebung erforderlichen Schneidewinkel.

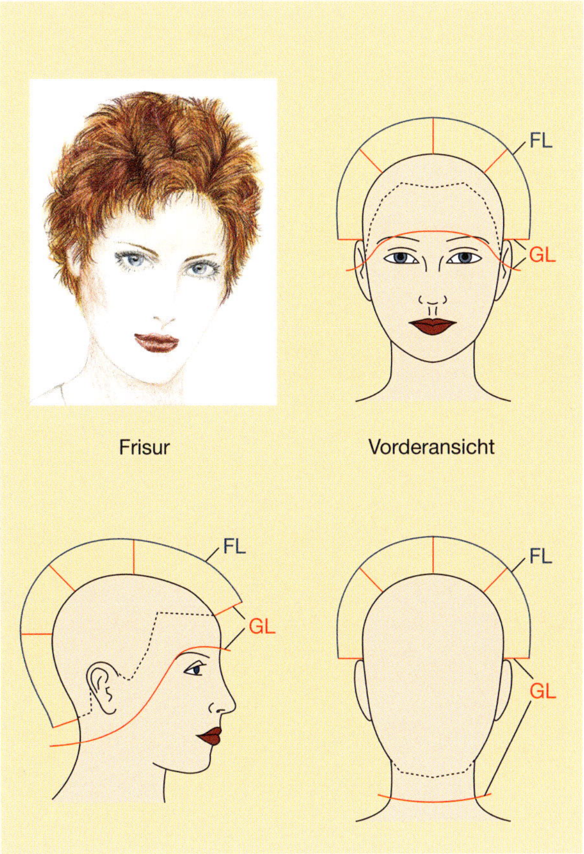

Bild 4 *Grundlinien (rot) und Führungslinien (blau)*

Grundlinien bestimmen

Grundlinien werden als Frisurenkontur und an ausgewählten Stellen des Kopfes als Längenangabe im 90°-Winkel von der Kopfhaut weg, eingezeichnet. Die Längenmessungspunkte liegen auf dem Kreuzscheitel, also der A- und B-Achse des Kopfes, an den markantesten Stellen.

Hierbei ergeben sich die Längenangaben für die Konturen über den Ohren, an der Stirn und im Nacken zwingend aus der Frisurenkontur. Die Längenangabe für den Pivot Point (= höchster Punkt des Kopfes) muss sowohl auf der A-, wie auch auf der B-Achse identisch sein.

Tabelle 1: Grundlinien

Frisurenkonturen				
Vorderansicht 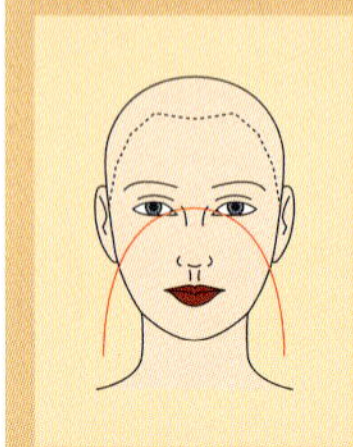		Seitenansicht 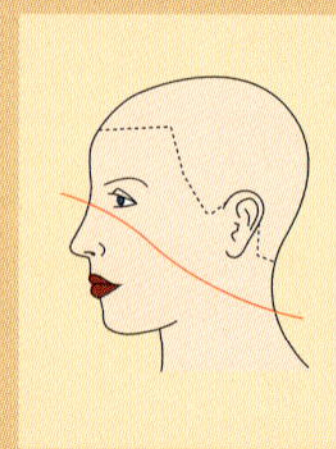	Rückansicht 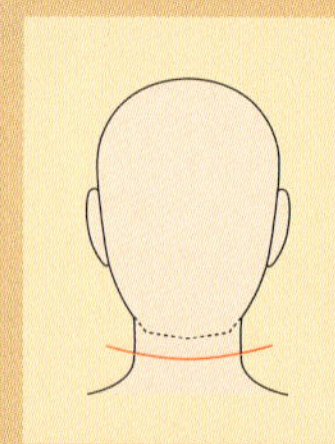	
A-Achse				
Stirnkontur 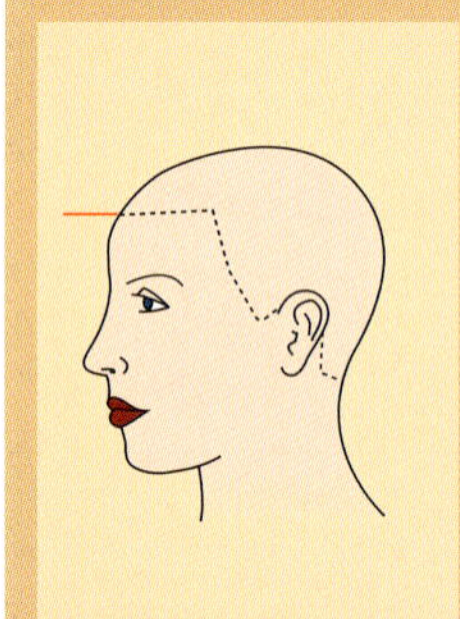	Höchster Punkt des Kopfes 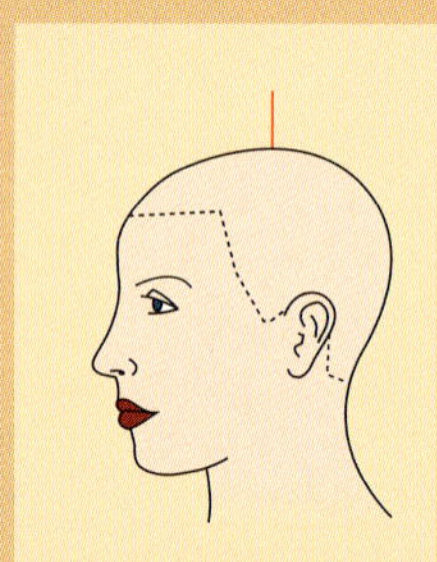	Wirbel 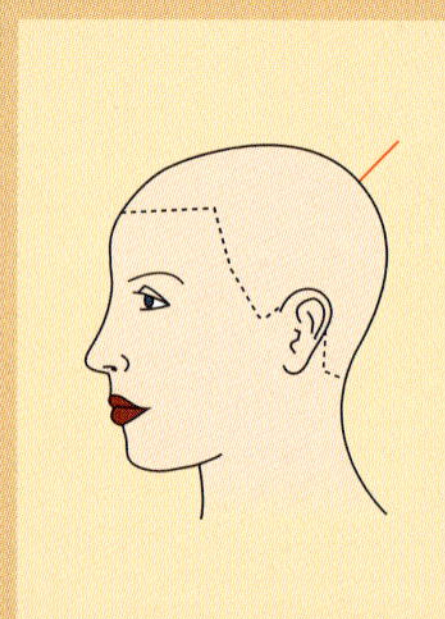	Hutlinie/Atlasknochen 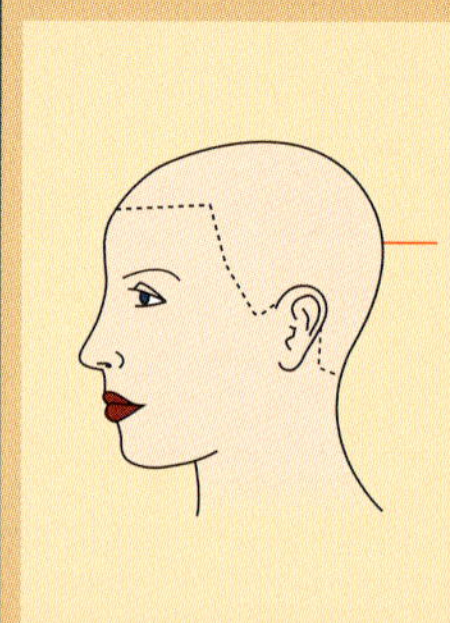	Nackenkontur 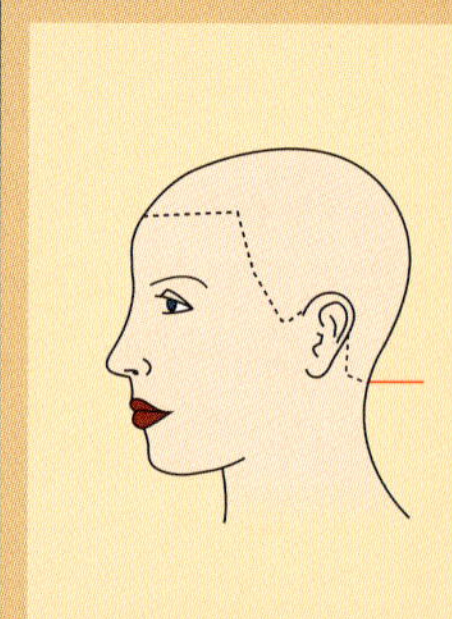
B-Achse				
Ohrbogen rechts 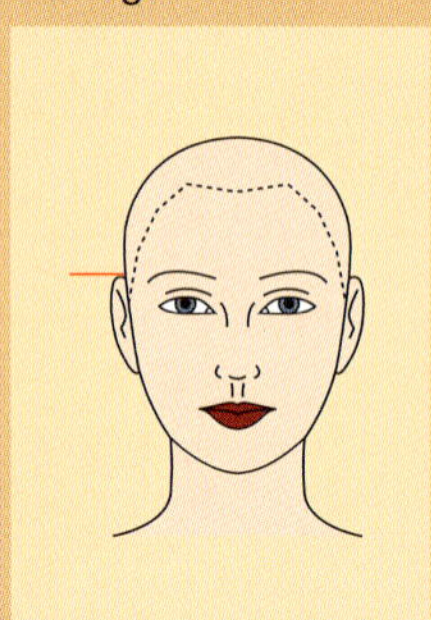	Hutlinie rechts 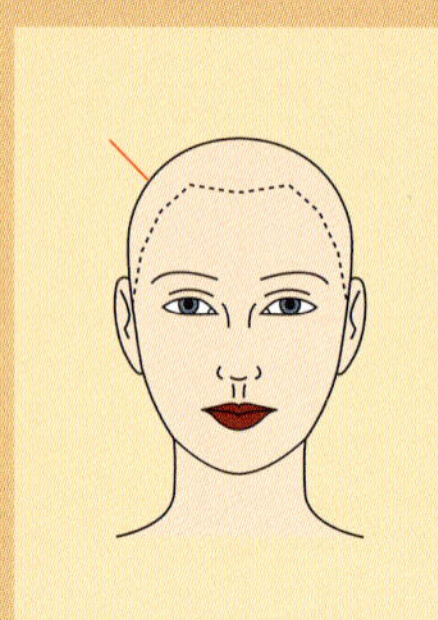	Höchster Punkt des Kopfes 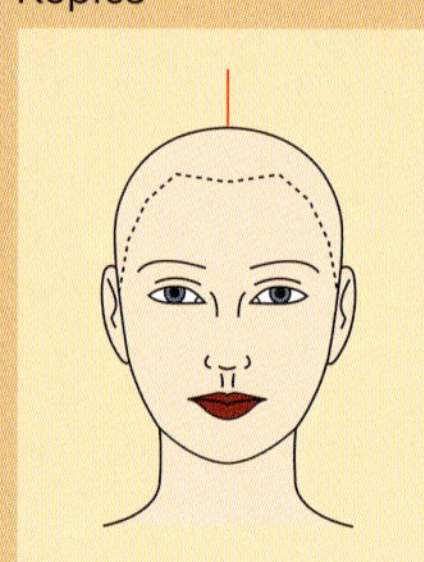	Hutlinie links 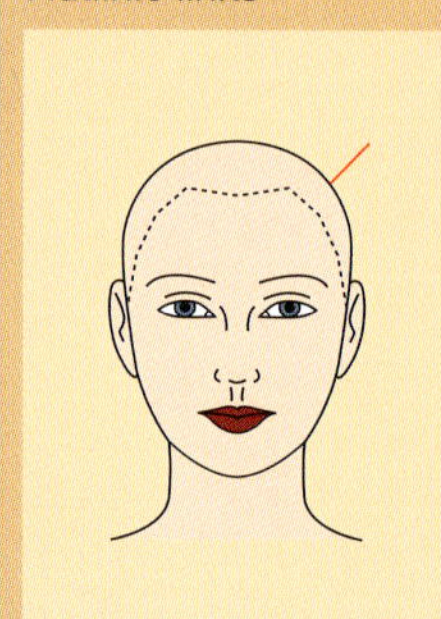	Ohrbogen links 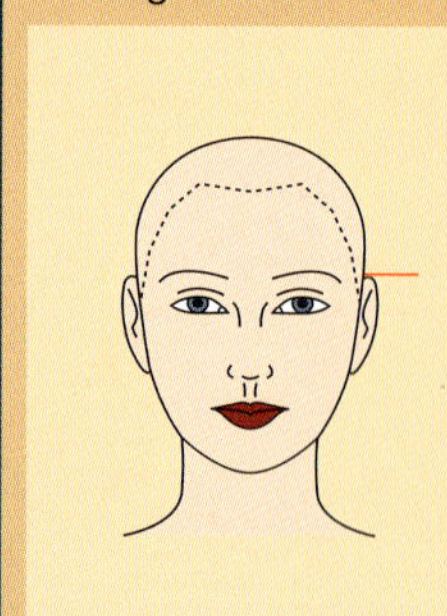

Führungslinien festlegen

Führungslinien verbinden die einzelnen Grundlinien miteinander. Eine Ausnahme bilden die Frisurenkonturen, die nicht in die Verbindung mit einbezogen werden, da die Grundlinien an den Konturen deren Länge wiedergeben.

Die Führungslinien verlaufen parallel zur A- und zur B-Achse. Sie sind von der Form her der Kopfform angepasst und damit leicht gerundet. Gerade Führungslinien würden an einigen Stellen zu kurze Grundlinien vorspiegeln.

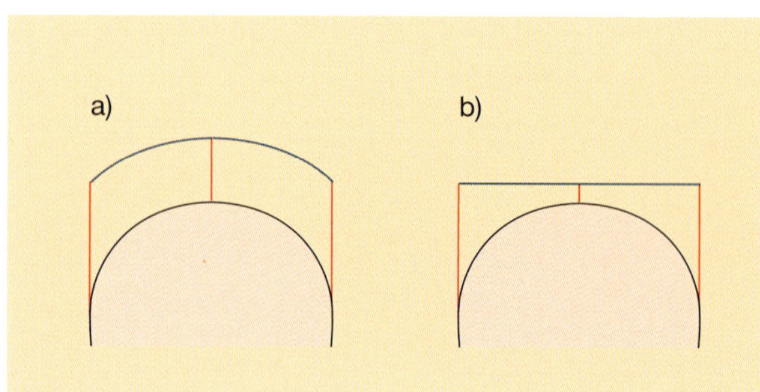

Bild 1 *a) gebogene Führungslinie* *b) gerade Führungslinie*

2.4 Fachwörterverzeichnis

Tabelle 1

Fachwort	Bedeutung
Schneidewinkel	
Kompakt	Schneidewinkel –30°–0°
Graduiert	Schneidewinkel 0°–22,5°
Gestuft	Schneidewinkel 22,5°–89,9°
Uniform/einheitlich gestuft	Schneidewinkel 90°
Erweiternd verlaufend gestuft/ansteigend gestuft	Schneidewinkel größer als 90°
Aufteilung des Kopfes	
Pivot Point	Höchster Punkt des Kopfes
Atlasknochen	Übergang von der Halswirbelsäule zum Schädel → Kreuzungspunkt zwischen A-Achse und Hutlinie
A-Achse	Scheitel von der Stirnmitte zur Nackenmitte → teilt den Kopf in die rechte und linke Kopfhälfte
B-Achse	Scheitel von Ohr zu Ohr → teilt den Kopf in Vorderkopf- und Hinterkopfbereich
Hutlinie/C-Achse	Weitester Umfang des Kopfes
Kreuzscheitel	A-Achse + B-Achse
Kontur	Natürliche Haarwuchsgrenze
Deckhaarbereich	Haarbereich oberhalb der Hutlinie → Stirn, Oberkopf- und Wirbelpartie
Konturenbereich	Haarbereich unterhalb der Hutlinie → Seiten-, Hinterkopf- und Nackenpartie
Partie	Bereich des Kopfes
■ Stirnpartie	Stirnbereich → vorderster Teil des Oberkopfes
■ Oberkopfpartie	Oberkopfbereich zwischen Stirn- und Wirbelpartie
■ Wirbelpartie	Wirbelbereich zwischen Oberkopf- und Hinterkopfpartie
■ Hinterkopfpartie	Hinterkopfbereich zwischen Wirbel- und Nackenpartie
■ Nackenpartie	Nackenbereich → unterster Teil des Hinterkopfes
■ Seitenpartie	Seitenbereich über den Ohren
Passee	Abteilung des Haares
Frisurenkontur	Grenzlinie zwischen Frisur und Gesicht
Linienführung	
Horizontal	Waagerecht
Vertikal	Senkrecht
Diagonal	Schräg (nach vorne, hinten oben oder unten)
Konkav	Bogenförmig mit Innenwölbung → die Haare werden zu den Seiten länger
Konvex	bogenförmig mit Außenwölbung → die Haare werden zu den Seiten hin kürzer
Natürlicher Fall	Fall der Haare, bedingt durch die eigene Schwerkraft und den Haarwuchs
Schneidetechniken	
Effilieren	Haarfülle wird verringert indem ca. 30 % des Haarpassees herausgeschnitten wird
Modellieren	Haarfülle wird verringert indem ca. 50 % des Haarpassees herausgeschnitten wird
Slicen	Haarfülle wird verringert, indem die Schere oder das Messer in Passeeverlauf an der Haarsträhne entlang geführt wird
Pointen	Haarfülle wird verringert, indem mit der Schere an unterschiedlichen Stellen in das Passee im 90°-Winkel hinein geschnitten wird

2.5 Schneideergebnisse überprüfen

Der erstellte Haarschnitt sollte grundsätzlich kontrolliert werden. Hierzu stehen unterschiedliche Kontrollmöglichkeiten zur Verfügung:

- der Kontrollschnitt
- die Kopfbewegungen
- die Spiegelkontrolle
- die Perspektivenkontrolle.
- die Gleichmäßigkeitskontrolle

Kontrollschnitt

Der Kontrollschnitt erfolgt nicht wie der Haarschnitt am einzelnen Passee, sondern das Haar wird im rechten Winkel gegensätzlich zur Abteil- bzw. Grundlinie, also parallel zur Führungslinie, durchgekämmt und kontrolliert. Dabei werden die überstehenden Haarspitzen und unerwünschten Kanten abgeschnitten.

Wichtig ist es dabei zu beachten, dass bei einem fransigen Haarschnitt der Kontrollschnitt nicht stumpf durchgeführt werden darf, da ansonsten alle Fransen wieder herausgeschnitten werden. Auch muss die Friseurin daran denken, dass jeder Schnitt die Haare weiter verkürzt. Der Kontrollschnitt darf die Gesamtlänge des Haarschnitts nicht verändern.

Einige Haarschnitte teilen den Kopf in zwei Hälften, die vollständig unabhängig voneinander geschnitten werden. Zwischen den Hälften werden nur grobe Übergänge geschaffen. Das muss beim Kontrollschnitt berücksichtigt werden.

Ein Pagenkopf oder Bob wird auf Scheitel geschnitten. Zwischen beiden Scheitelseiten werden ebenfalls nur grobe Übergänge eingearbeitet. So wird verhindert, dass später beim Kämmen, wenn der eingearbeitete Scheitel nicht direkt getroffen wird, die Frisurenform verloren geht. Daher ist auch bei diesen Schnitten im Scheitelbereich keine klare Kontrolllinie erkennbar.

Bild 1 *Kontrollschnitt*

Kopfbewegungen

Die Friseurin kann die Kundin bitten, nach dem Haarschnitt den Kopf kräftig zu schütteln. Durch das Schütteln werden Schnittfehler sichtbar, da ein Haarschnitt so geschnitten sein muss, dass das Haar, egal in welche Richtung es fällt, in der Frisurenform bleibt.

Je nach Haarschnitt kann die Friseurin die Kundin auch bitten, den Kopf zu beugen. Wird der Kopf nach vorne gebeugt, werden z. B. beim Bob unerwünschte Unterlängen sichtbar.

Bild 2 *Kontrolle durch Kopfbewegung*

Spiegelkontrolle

Bei dieser Möglichkeit wird der Handspiegel unter eine oder mehrere Schnittlinien gehalten. Im Spiegel werden nicht erwünschte Abstufungen sichtbar, die vielleicht nach dem Haarschnitt nicht unbedingt stören, jedoch später das Frisurenbild beeinträchtigen.

Diese Form der Kontrolle empfiehlt sich vor allem bei Übergangshaarschnitten, wie dem Fasson.

Bild 3 *Spiegelkontrolle*

Perspektivenkontrolle

Der Haarschnitt sollte aus verschiedenen Blickwinkeln betrachtet werden. Was aus der Sicht der Friseurin symmetrisch und sauber erscheint, kann aus verschiedenen Positionen und Abständen ganz anders wirken.

Neben der Kontrolle über den Spiegel für den Vorderkopfbereich sollte sich die Friseurin durchaus mal ein paar Schritte vom Kunden weg bewegen und den Schnitt aus dieser Perspektive betrachten.

Gleichmäßigkeitskontrolle

Die Friseurin stellt sich dabei hinter die Kundin und hebt an jeder Seite des Kopfes eine Haarsträhne im gleichen Winkel parallel an und überprüft dabei die Gleichmäßigkeit der Seiten.

Gleichermaßen verfährt sie bei einem Pagenkopf oder Bob mit den längsten Strähnen im Gesichtsbereich. Sie werden gleichmäßig an beiden Seiten gleichzeitig nach unten gezogen und so auf eine einheitliche Länge kontrolliert.

Bild 1 *Perspektivenkontrolle*

Bild 2 *Gleichmäßigkeitskontrolle*

Aufgaben

1. Benennen Sie die Bestandteile einer Haarschneideschere.
2. Vergleichen Sie Modellier- und Effilierschere miteinander bezüglich
   a) Aufbau
   b) Schneidewirkung
3. Nennen Sie die Unterschiede eines Fassonkamms gegenüber einem Haarschneidekamm.
4. Listen Sie Hilfsmittel auf, die für einen Haarschnitt benötigt werden und begründen Sie deren Notwendigkeit.
5. Beschreiben Sie drei Möglichkeiten, die Haarfülle in einem Passee zu verringern.
6. Nennen Sie die Schnittformen, für die folgende Schneidewinkel charakteristisch sind:
   a) –30°–0°
   b) 22,5°
   c) 0°–89,9°
   d) 90°
   e) über 90°
7. Charakterisieren Sie die kompakte Form.
8. Beschreiben Sie die Erstellung einer uniformen Stufung.
9. Zeichnen Sie an einem Kopf die Grund- und Führungslinien für folgende Frisuren ein.
   a) kompakte Form
   b) uniforme Stufung
   c) erweiternd verlaufende Stufung
10. Beschreiben Sie drei Möglichkeiten, einen Haarschnitt zu überprüfen.
11. Erstellen Sie eine Schnittbeschreibung für eine aktuelle Modeempfehlung. Gehen Sie dabei auf folgende Punkte ein:
    a) Schnittform(en)
    b) Schneidewinkel
    c) Grund- und Führungslinien
    d) Schneidetechniken
    e) Werkzeuge

3 Rasur und Bartformung planen und durchführen

Szenario

Anjas Kunde möchte sich seinen Vollbart zu einem hippen, modernen Bart umgestalten lassen. Dazu muss ein Teil des Bartes abrasiert werden, um die neue Form zu erzielen und der Bart im Ganzen gestutzt werden. Sie erkundigt sich mithilfe von Fachliteratur und dem Internet über die möglichen Vorgehensweisen bei einer Rasur und die benötigten Arbeits- und Hilfsmittel.

3.1 Beratungsgespräche zur Rasur und Bartformung führen

Rasur und Bartformung gehören seit dem Altertum zu den Aufgaben der Barbiere und später Friseure. Heutzutage ist die Kunst einer professionellen Rasur bei vielen Friseuren aber fast ausgestorben, da viele Friseure das Übertragungsrisiko von Infektionen wie AIDS und Hepatitis fürchten. Für den Kunden bedeutet eine professionell durchgeführte Messerrasur allerdings einen starken Zugewinn an Gründlichkeit und Wohlbefinden und die Einhaltung der Hygienevorschriften verhindert die Übertragungsmöglichkeiten von Infektionen (s. S. 19 ff.).

Bild 1 *Beratungsgespräch zur Rasur*

Die Gründe, warum sich Männer Bärte stehen lassen, sind vielfältig:

- Ausgleich von Kopf- und Gesichtsformen
- Überdecken von Hautveränderungen
- Älter aussehen
- Zugehörigkeit zu bestimmten Personengruppen, z. B. mit religiösem Hintergrund
- Zusätzlicher Schmuck des Gesichtes
- Nacheifern von Idolen
- Modetrends und Bartmoden

Während Bärte vor allem im Altertum und Mittelalter ein Statussymbol waren oder aber die Zugehörigkeit zu bestimmten Berufsständen oder religiösen Gruppen herausstellte, dienen Bärte heutzutage vor allem der Verschönerung des Gesichtes und setzen Modetrends.

3.1.1 Kundenwunsch ermitteln

Neben der Kreation neuer Bartformen bestehen die Hauptaufgaben einer Friseurin allerdings meistenteils darin, nachgewachsene Bartansätze zu beseitigen und/oder bestehende Bärte zu stutzen und nachzuformen. Zusätzlich werden heutzutage immer mehr auch farbliche Veränderungen wie Färben und Blondieren an Bärten vorgenommen.

Die Friseurin muss daher ganz gezielt nachfragen, zu welchem Zweck der Kunde seinen Bart trägt:

- Gehört der Kunde z. B. einer speziellen Glaubensgemeinschaft an, ist von da her die Bartform und Länge vorgegeben.
- Dient der Bart vor allem der Verschönerung des Gesichtes, muss er neben den Kriterien Männlichkeit und Kreativität, vor allem die Kopf- und Gesichtsform unterstreichen und unschöne Besonderheiten verdecken.
- Viele Kunden bringen auch ein Bild der Bartgestaltung mit, wie sie sie z. B. bei einem Pop- oder Filmstar gesehen haben und möchten die gleiche Form erhalten.

Bild 2 *Moderne Bartgestaltung*

3.1.2 Hautdiagnose durchführen

Auch vor einer Rasur muss eine Diagnose der Haut und des Gesichtes durchgeführt werden. Sie ermöglicht die typgerechte Vorbereitung und Pflege der Haut. Zusätzlich werden Besonderheiten ermittelt, die bei der Rasur beachtet werden müssen.

Zu den zu ermittelnden Inhalten einer Hautdiagnose für eine Bartformung und Rasur gehören:

- Hauttyp und Hautzustand
- Empfindlichkeit
- Allergien
- zu verdeckende Hautveränderungen
- Kopf- und Gesichtsform
- Konturenverlauf des Bartes
- Wuchsrichtungen der Barthaare

Hauttyp und Hautzustand

Während der Hauttyp genetisch festgelegt ist, ändert sich der Hautzustand mit der Zeit und ist nicht zuletzt von den Lebensumständen des Kunden abhängig. (s. LF 11 »Haut dekorativ gestalten«, S. 255 ff.)

Vom Hauttyp und -zustand ist abhängig, wie die Haut auf die Rasur vorbereitet wird und welche Präparate verwendet werden müssen.

Empfindlichkeit

Die Empfindlichkeit der Haut ist eng mit dem Hauttyp und Hautzustand verbunden. Sie muss beachtet werden, damit der Kunde nach der Rasur nicht mit einer irritiert-roten Gesichtshaut den Salon verlässt

Allergien

Allergien auf bestimmte Inhaltsstoffe von Pflegepräparaten schließen deren Anwendung aus. Alternativen müssen ausgesucht werden.

Zu verdeckende Hautveränderungen

Das Gesicht ist der Teil des menschlichen Körpers, der von den Mitmenschen als erstes wahrgenommen wird. Unschöne Hautveränderungen im Gesicht werden daher verstärkt als störend eingestuft. Zu diesen Hautveränderungen gehören

- Große Pigmentmale
- Hyper- oder Depigmentierungen der Haut, wie Vitiligo (= Weißfleckenkrankheit)
- Veränderungen der Blutgefäße, wie Teleangiektasien (= Äderchenzeichnung) oder Blutschwamm
- Hauterhebungen, wie Hyperkeratosen oder Warzen
- Infektiöse Hauterkrankungen, wie Bartflechte, Pilzflechte oder Herpes

Bild 1 *Pilzflechte*

Eine Frau kann »optischen Makel« mithilfe von Make-up kaschieren. Ein Mann nutzt diese Möglichkeit eher seltener. Er überdeckt sie lieber mithilfe eines Bartes.

Neben diesen rein optischen Hautveränderungen können sich aber auch Hautveränderungen unter dem Bart befinden, die entweder eine Verletzungsgefahr darstellen, oder aber, wie durch Pilze oder Bakterien hervorgerufene Flechten oder Herpesbläschen, eine Behandlung im Friseursalon ausschließen.

Kopf- und Gesichtsform

Die Kopf- und Gesichtsform kann mithilfe von Bartformen individuell entweder optisch ausgeglichen oder hervorgehoben werden. (s. LF 4 »Frisuren empfehlen«, S. 118 f.)

Konturenverlauf des Bartes

Der Konturenverlauf eines Bartes kann individuell sehr unterschiedlich sein. Einige Männer haben sehr großflächigen und auch dichten Bartwuchs, während andere eher wenig Haarwuchs im Gesicht haben.

Einige Bartformen, wie z. B. ein Vollbart, sehen bei wenig Barthaar und engen Konturen unvorteilhaft aus.

Auf einzelne Inhalte einer Hautdiagnose, wie Hauttyp und Hautzustand und Hautveränderungen wird in Lernfeld 11 »Haut dekorativ gestalten« noch vertiefend eingegangen. (s. S. 256)

Wuchsrichtungen der Barthaare

Die Wuchsrichtung der Barthaare ist meistenteils bis auf den Bereich unterhalb des Kehlkopfes einheitlich nach unten. Er muss für die Klingenführung bei der Rasur beachtet werden, da, um Hautirritationen zu vermeiden, immer in Richtung des Bartwuchses rasiert werden muss.

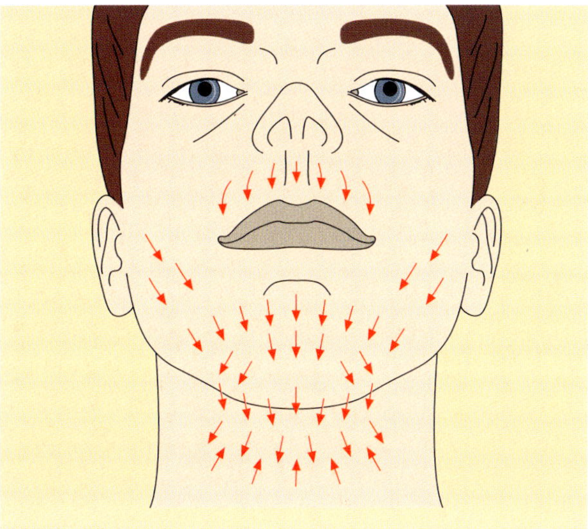

Bild 2 *Wuchsrichtungen von Barthaaren*

3.1.3 Bartformen beschreiben

Die zu erstellende Bartform richtet sich nach dem Kundenwunsch und den Ergebnissen der Hautdiagnose.

Um dem Kunden die angestrebte Form möglichst genau beschreiben zu können, richtet die Friseurin sich nach folgenden Punkten:

- **Gesamtform**, z. B. Vollbart oder Oberlippenbart
- **Gesamtlänge**, z. B. in mm
- **Beschreibung der einzelnen Ansichten: Wangenbereich, Oberlippe, Kinnbereich, Halsbereich**, z. B. bezüglich Konturenverlauf und Haarlänge

3.1.4 Pflegepräparate empfehlen

Pflegepräparate für die Rasur dienen der Vorbereitung der Haut auf die Rasur, helfen bei der Durchführung und pflegen die Haut im Nachhinein.

Sie werden in drei Präparategruppen unterteilt:

- Preshave-Präparate
- Rasierpräparate
- Aftershave-Präparate

Jede dieser Präparategruppen hat ihre spezifische Aufgabe, die für die erfolgreiche Durchführung der Rasur unerlässlich ist.

Preshave-Präparate

»Preshave« bedeutet »vor der Rasur«. Preshave-Präparate sollen die Haut auf die Rasur vorbereiten. Dazu soll die Haut gestrafft werden, um die Gleitfähigkeit zu erhöhen. Gleichzeitig sollen die Barthaare aufgerichtet und erweicht werden, um sie dichter über der Haut abtrennen zu können.

Da diese Aufgaben bei der Nassrasur die Rasierpräparate übernehmen, werden Preshave-Präparate für die elektrische Trockenrasur angeboten. Sie sind meistenteils auf Alkoholbasis aufgebaut. Weitere Inhaltsstoffe sind Filmbildner, Gleitmittel, Wasser, Parfumöle und Farbstoffe.

Tabelle 1: Inhaltsstoffe von Preshave-Präparaten

Inhaltsstoff	Wirkungsweise
Alkohol z. B. Isopropanol	Verdunstungskälte → Aufrichten der Haare und Glättung der Haut Verfliegt sehr schnell → kein nasser Film auf der Haut Lösungsmittel für alle nicht wasserlöslichen Inhaltsstoffe
Filmbildner z. B. Polymere wie in Haarspray	Erhöhen die Festigkeit des Haares
Wasser	Gleitmittel
Parfümöle	Für einen angenehmen Geruch des Präparates
Farbstoffe	Für ein ansprechendes Aussehen des Präparates

Rasierpräparate

Das Rasierpräparat unterstützt das Messer bei der Rasur, indem es die Haut und die Barthaare erweicht und einen Gleitfilm für die Klinge bildet, um Hautirritationen vorzubeugen

Die Friseurin unterscheidet

- Rasierseife,
- Rasiercreme,
- Rasierschaum und
- Rasiergel.

Rasierseife ist entweder in Stiftform oder in einem Tiegel im Handel, **Rasiercreme** wird immer in Tiegeln oder Tuben angeboten. Beide Präparate müssen mithilfe eines Rasierpinsels oder aber mit den Fingern aufgeschäumt und dann im Gesicht verteilt werden. Der so entstehende Schaum ist alkalisch und quillt die Haut und das Barthaar auf. Die Haare werden weiter aus dem Follikel heraus geschoben und durch den sehr feinporigen Schaum in ihrer Position festgehalten. Die Klinge kann so das Barthaar sehr dicht über der Haut abschneiden und das Ergebnis ist eine sehr gründliche, lang anhaltende Rasur. Rasierseife und -creme werden heutzutage nur noch selten angeboten und meist durch die leichter zu handhabenden Rasierschäume und -gels ersetzt.

Bild 1 *Rasierpräparate*

Rasierschaum ist flüssige Rasierseife, die mithilfe eines Aerosols und Schütteln der Dose zu feinem Schaum wird. Er kann direkt mit der Hand auf die Haut aufgetragen werden.

Rasiergel wird erst auf der Haut durch kreisende Bewegungen zu Schaum. So ergibt eine kleine Menge Gel eine große Menge Schaum.

Allen Rasierpräparaten gemeinsam ist ihre hohe Alkalität von bis zu pH 10. Sie müssen daher nach der Rasur wieder sehr gründlich abgespült und die Haut neutralisiert werden. Allerdings werden heutzutage auch seifenfreie Rasierschäume und -gels angeboten, deren Wirksamkeit im Vergleich zu alkalischen Präparaten allerdings umstritten ist, da sie die Haut nicht so stark quellen.

Aftershave-Präparate

»Aftershave« heißt »nach der Rasur«. Aftershave-Präparate neutralisieren und pflegen die Haut nach der Rasur.

Wie die Preshave-Präparate sind sie meist auf Alkoholbasis aufgebaut und in flüssiger Form oder als Lotion im Handel. Sie enthalten zusätzlich weitere neutralisierende, adstringierende, beruhigende und pflegende Inhaltsstoffe.

Tabelle 2: Inhaltsstoffe von Aftershave-Präparaten

Inhaltsstoff	Wirkungsweise
Alkohol	s. Tabelle 1 zusätzlich: Desinfizierend
Organische Säuren	Adstringierend Neutralisierend
Menthol	Erfrischend
Aloe Vera oder Panthenol	Beruhigend
Fettalkohole	Rückfettend
Glycerin	Feuchigkeitsspendend

3.2 Die Gesichtshaut rasieren

Die Rasur ist für die meisten Männer eine alltägliche Handlung. Aus Bequemlichkeits- und Zeitgründen wird daher meist auf die elektrische Trockenrasur zurückgegriffen.

Eine professionelle Nassrasur ist daher für den Mann ein absolutes Wohlfühlerlebnis, das dementsprechend von der Friseurin zelebriert werden sollte.

3.2.1 Arbeits- und Hilfsmittel auswählen

Neben den Pflegepräparaten für eine Rasur, wie Preshave oder Rasierpräparat und Aftershave, werden folgende Arbeitsmaterialien und Hilfsmittel für eine Rasur benötigt:

- Rasierapparat oder -messer,
- Sonstige Hilfsmittel, wie z. B. Kompressen, Handtuch, Rasierpinsel.

Rasierapparate und -messer

Die Frage, welche Form eines Rasierers benutzt werden soll, hängt von der Art der Rasur ab, ob trocken oder nass, der Gründlichkeit und dem Stil.

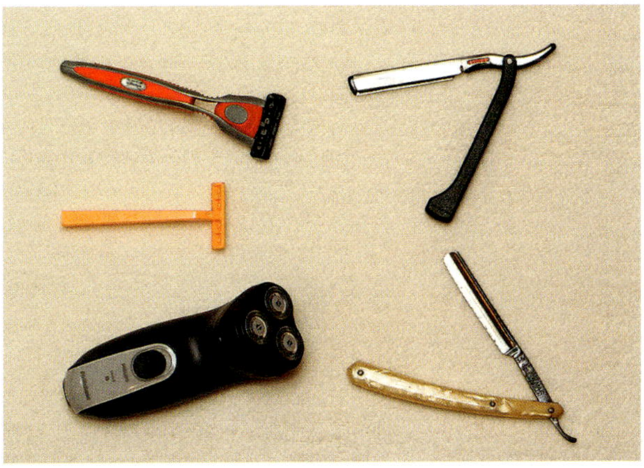

Bild 1 *Rasierapparate und -messer*

Elektrische Rasierapparate eignen sich für die Trockenrasur. Sie arbeiten mit rotierenden und meist flexibel gelagerten Klingensystemen, die sich möglichst gut an die Kopfform anpassen sollen, um das Haar so dicht wie möglich über der Haut abzuschneiden. Sie sind allerdings bei weitem nicht so effektiv wie die Nassrasur und die Haut wird stärker gereizt, da die Gleitmittel eines Preshaves dem Schaum in seiner Wirkung nicht ebenbürtig sind Daher gibt es auch schon kombinierte elektrische Nass-Trocken-Rasierer auf dem Markt, die die Anwendung von Rasierschaum ermöglichen.

Sicherheitsrasierer für die Nassrasur bekommt man im Handel entweder als Einweg-Rasierer oder mit Wechselklingensystem. Sie haben meist mehrere hintereinander gesetzte Klingen, die oft durch auf den Klingen aufgelagerte Bügel die Haut schützen. Daher ist die Rasur mit einem Sicherheitsrasierer sehr sicher, zumal der bewegliche Klingenkopf ein Verkanten und damit Verletzen der Haut verhindert. Sicherheitsrasierer sind einfach zu handhaben und erfordern keine besondere Übung. Für die professionelle Nassrasur sind sie allerdings nicht gründlich genug.

Rasiermesser sind für die professionelle Nassrasur am besten geeignet, da sie am gründlichsten rasieren. Sie sind in der Handhabung allerdings aufwendiger als Sicherheitsrasierer oder Elektrorasierer. Rasiermesser werden entweder als Klingenmesser mit Wechselklingen oder als reguläre Rasiermesser mit fester Klinge angeboten. (s. Bild 1)

Sonstige Hilfsmittel

Die für eine Rasur benötigten Hilfsmittel richten sich nach der Art der Rasur und der im Salon vorhandenen Ausstattung:

Handtuch und **Umhang** dienen bei jeder Rasur vor allem dem Schutz der Kleidung vor Wasser, Schaum und Barthaaren. Ergänzt werden kann der Schutz durch Kosmetikservietten, die in den Halsausschnitt des Umhangs gesteckt werden und leicht entfernt und entsorgt werden können. Zum Abtrocknen des Gesichtes und dem Entfernen von Schaumresten wird ein zusätzliches Handtuch benötigt.

Kompressen sollen die Gesichtshaut vor der Rasur erweichen und vorbereiten und nach der Rasur wieder adstringieren. Hierzu werden spezielle Kompressenhandtücher aus der Kosmetik verwendet.

Streichriemen und **Schleifpaste** werden benötigt, um Rasiermesser vor der Rasur zu entgraten und so die Klinge für die Rasur zu schärfen. Ein Streichriemen besteht aus Leder, welches üblicherweise am einen Ende in einen Metallring zum Einhängen und am anderen Ende in einen Griffring oder einen richtigen (Kunst-)Ledergriff endet. Seine Breite sollte der Länge der Klinge des Rasiermessers entsprechen. Schleifpasten gibt es in unterschiedlichen Körnungsstufen. Sie werden zum Feinschliff auf die rückseitige Leinen- oder Hanfschicht des Streichriemens aufgetragen. Eine andere Form des Streichriemens ist der nur aus Leder bestehende **Stoßriemen**. Auf ihm wird der Grad des Rasiermessers regulär abgestoßen.

Rasierschale und **Rasierpinsel** verwandeln Rasierseife oder -creme in einen möglichst feinporigen Schaum. Rasierschalen sind meist aus Keramik oder Hartgummi, das nicht mit der alkalischen Rasierseife oder -creme reagiert. Rasierpinsel sind aus Dachshaar, womit der feinste und beständigste Schaum erzielt wird.

Bild 2 *Sonstige Hilfsmittel*

3.2.2 Durchführung einer Rasur

Die Friseurin wird sich bei einer professionellen Rasur immer für die Nassrasur mit Rasierseife oder -creme und einem Klingen- oder Rasiermessers entscheiden.

Vorbereitung der Rasur

Vor der Rasur mit Rasierschaum oder -gel muss die Haut mit einer Waschemulsion von störenden Creme- und Fettresten gereinigt werden, damit der Rasierschaum seine volle Wirkung entfalten kann. Wird für die Rasur Rasierseife oder Rasiercreme verwendet, muss aufgrund der Alkalität auf eine Reinigung der Haut verzichtet werden. Bei stark empfindlicher Haut sollte sogar eine leichte Tagescreme zum Schutz aufgetragen werden. Anschließend wird eine warme, feuchte Kompresse auf die zu rasierenden Hautpartien gelegt. Die warme Feuchtigkeit erweicht Haut und Barthaar und regt die Durchblutung an. Die Haarbalgmuskeln werden entspannt und das Barthaar schiebt sich weiter aus dem Haarfollikel raus. Die Kompresse verbleibt ein paar Minuten auf der Haut. In der Zwischenzeit werden das Rasiermesser und der Rasierschaum vorbereitet.

Die Klinge eines Rasiermessers ist extrem scharf und dementsprechend dünn. Daher bildet sich bei der Lagerung und auch bei der Rasur an der äußersten Kante ein kleiner Grat. Dieser Grat muss vor jeder Rasur aufgerichtet bzw. entfernt werden. Diesen Vorgang nennt man **»Abziehen«**. Die Friseurin benutzt dazu einen Streichriemen.

Das Rasiermesser wird mit dem Messerrücken voran in zwei langen, gleichmäßigen Strichen so über die Lederseite des Streichriemens geführt, dass sowohl der Rücken wie auch die Schneide auf dem Riemen aufliegen. Am Ende wird das Messer über den Rücken gewendet und die andere Schneidenseite abgezogen.

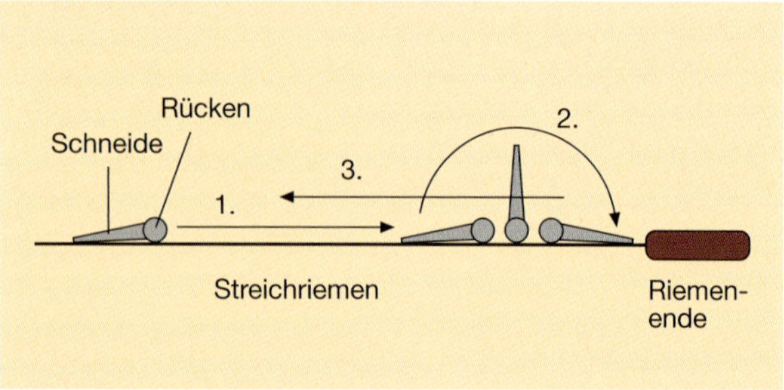

Bild 1 *Abziehen eines Rasiermessers*

Schleifpaste wird nur dann auf die Rückseite des Streichriemens aufgetragen, wenn das Abziehen des Messers auf der Lederseite nicht mehr ausreicht, um das Messer ausreichend zu schärfen.

Klingenmesser brauchen nicht entgratet oder geschärft werden. Vor jeder Rasur wird einfach eine neue Klinge eingeschoben.

Zur Vorbereitung des Rasierschaums wird die Rasierseife oder die Rasiercreme mit etwas warmem Wasser in die vorgewärmte Rasierschale gegeben. Mit dem Rasierpinsel wird daraus ein möglichst feinporiger, steifer Schaum geschlagen, der dann sofort mit dem Pinsel oder mit den Händen auf der zu rasierenden Haut aufgetragen wird. Das Einseifen sollte zwei- bis dreimal wiederholt werden, um das Barthaar gut zu erweichen.

Fertiger Rasierschaum aus der Dose oder Rasiergel wird mit der Hand in kreisenden Bewegungen verteilt.

Nach dem Einseifen müssen eventuell gefährdete Stellen wie Warzen, Narben usw. durch Abstreifen des Schaums kenntlich gemacht.

Rasur

Bei der **Trockenrasur** wird der elektrische Rasierapparat ohne Druck in leicht kreisenden Bewegungen über die Haut geführt. Die rotierenden Klingenköpfe erfassen die Barthaare und schneiden sie dicht über der Haut ab.

Bei der **Nassrasur** mit dem Sicherheitsrasierer wird in gleichmäßigen Bahnen und leicht schrägem Winkel in Richtung des Bartwuchses gearbeitet. Der bewegliche Klingenkopf passt sich von alleine der Gesichtsform an und bestimmt so automatisch den idealen Schnittwinkel.

Die Gründlichkeit der Nassrasur mit dem Klingen- oder Rasiermesser ist entscheidend vom Anstellwinkel des Messers abhängig. Ist er zu flach, wird das Barthaar zu weit von der Haut weg gekürzt. Ist er zu steil, kann es zu Schnittverletzungen kommen. Das Messer wird aufgeklappt und mit Daumen, Zeige-, Mittel- und Ringfinger am Hals gehalten. Der kleine Finger stabilisiert die Haltung, indem er hinter der Schale in die Angel gelegt wird. Dieser Griff wird als **»Vorhandgriff«** bezeichnet und ermöglicht für einen Rechtshänder die Führung des Messers nach links. Durch die Drehung des Handgelenkes wird aus dem »Vorhandgriff« ein **»Rückhandgriff«** und das Messer kann nach rechts geführt werden.

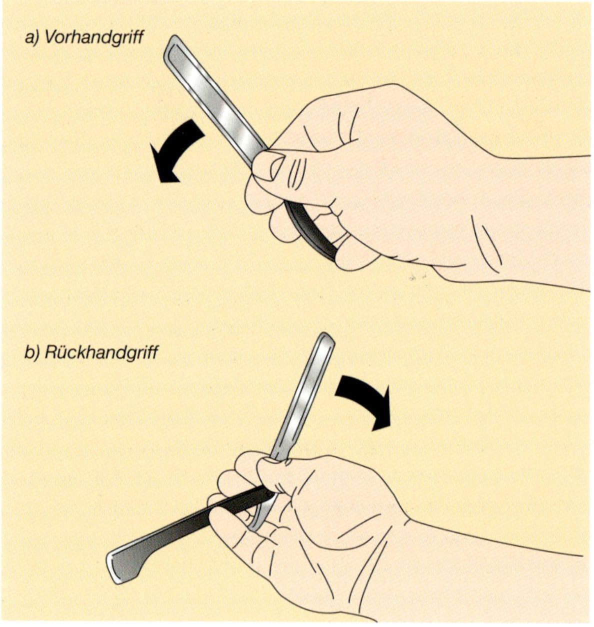

Bild 2 *Rasur im Vorhand- und Rückhandgriff*

Rasiert wird prinzipiell in Richtung des Bartwuchses, um Hautirritationen zu vermeiden. Die freie Hand spannt dabei die Gesichtshaut in die Gegenrichtung, damit die Haare sich möglichst weit aufrichten. Auf ein Nachrasieren bei starkem Bartwuchs gegen die Wuchsrichtung sollte verzichtet werden, da die Barthaare danach leicht in die Haut einwachsen können, was sehr schmerzhaft ist.

Der Rasierschaum erleichtert die Orientierung an den schon rasierten Bahnen und nimmt die abgeschnittenen Barthaare auf. Deswegen muss der Rasierer oder das Messer nach jedem Strich von Schaumresten und Barthaaren befreit werden, indem man es entweder mit Wasser abspült oder an der Serviette abstreift.

Nachbereitung der Gesichtshaut nach der Rasur

Nach der Rasur werden zunächst Schaum- und Barthaarreste mithilfe eines Handtuchs aus dem Gesicht entfernt.

Eine kalte Kompresse beruhigt die Haut und wirkt adstringierend. Sie sollte 1–2 min auf der Haut liegen bleiben. Das nachfolgend aufzutragende Aftershave-Präparat ergänzt diese Wirkung, neutralisiert die Haut zusätzlich und wirkt rückfettend. Durch das alkalische Rasierpräparat ist die Haut aufgequollen und der schützende Säureschutzmantel der Haut wurde entfernt. Ein Aftershave stellt den natürlichen pH-Wert der Haut von 5,5 – 6,5 wieder her und unterstützt die Haut beim Wiederaufbau des Säureschutzmantels. Erst nach seiner Verwendung ist die Haut wieder vor Umwelteinflüssen geschützt.

Aftershave-Präparate sollten nur leicht in die Haut eingeklopft oder leicht streichend verteilt werden, um die Haut nicht weiter durch Reibung zu irritieren.

Bild 1 *Dreitagebart*

3.3 Bartformung

Die Formung eines schon vorhandenen Bartes richtet sich nach dem Kundenwunsch und den Ergebnissen der Hautdiagnose. In den meisten Fällen weiß der Kunde, welche Bartform er tragen möchte.

Für eine schöne Form müssen die Konturen sauber ausgearbeitet und das Barthaar auf die gewünschte Länge gestutzt werden:

- Zur Formung der Konturen wird das Rasier- oder Klingenmesser verwendet, um eine möglichst saubere Schnittkante zu erzielen.
- Die Bartlänge wird mithilfe der Haarschneidemaschine oder Haarschneideschere in Über-Kamm-Technik bestimmt.

In die Formung des Bartes werden meistenteils die Koteletten, die die natürliche Verbindung zwischen Kopfhaar und Bart darstellen, mit einbezogen.

Eine Sonderstellung nimmt der so genannte Dreitagebart ein. Er hat keine sauber ausgearbeiteten Konturen und eine Länge von ca. 3 mm. Da seine Konturen die natürliche Bartwuchsgrenze sind, kann er nur von Männern mit entsprechend vollem Bartwuchs getragen werden.

Bild 2 *Kreative Bartformung*

Aufgaben

1. Listen Sie die Inhalte eines Behandlungsplanes für eine Rasur auf.
2. Nennen Sie drei mögliche Ergebnisse einer Hautdiagnose und beschreiben Sie jeweils deren Einfluss auf eine Rasur.
3. Beschreiben Sie einem Kunden einen Bart Ihrer Wahl.
4. Nennen Sie die Funktionen von
   a) Preshave-Präparaten
   b) Aftershave-Präparaten.
5. Erstellen Sie eine Arbeitsanleitung für eine Rasur.
6. Begründen Sie die Notwendigkeit eines Aftershaves nach der Nassrasur.

Bild 3 *Vollbart*

4 Haarschnitte und Rasuren nachbereiten

Szenario

Beim Haarschnitt hat Anja dem Kunden eine leichte Schnittverletzung am Ohr zugefügt, die leicht blutet. Nun muss sie sich informieren, wie solche Schnittverletzungen zu versorgen sind und was aus hygienischer Sicht zu beachten ist.

4.1 Schnittverletzungen versorgen

Die gesetzliche Basis für den Umgang mit Schnittverletzungen bildet das Infektionsschutzgesetz (IfSG), das 2001 das alte Bundes-Seuchengesetz abgelöst hat. Auf seiner Grundlage haben die einzelnen Bundesländer Hygieneverordnungen (HygieneVO) oder ähnlich lautenden Verordnungen erlassen, die das Gesetz weiter spezifizieren und seine Ausführung konkretisieren (vgl. LF 1, S. 19 ff.).

Da es sich bei Schnittverletzungen um blutende Wunden handelt, sind in diesem Zusammenhang vor allem die durch Blut, Körperflüssigkeiten oder direkten Hautkontakt übertragbaren Krankheiten von Bedeutung. Eine Übersicht über diese Infektionen gibt folgende Tabelle:

Tabelle 1: Durch Blutkontakt, Körperflüssigkeiten oder direkten Hautkontakt übertragbare Infektionen

Virusinfektionen:
AIDS
Hepatitis B
Hepatitis C
Warzen
Herpes
Pilzinfektionen:
Pilzflechte
Bakterieninfektionen:
Haarbalgentzündungen (Bartflechte)

Kunden, die an einer dieser Krankheiten leiden und in den zu behandelnden Bereichen offene Wunden aufweisen, dürfen dort nicht behandelt werden.

Alle hygienischen Maßnahmen, die die Friseurin ergreift, dienen der Vorbeugung von Übertragungen, also der Prophylaxe. Sie gliedern sich in folgende Bereiche:

- Schutz des Kunden,
- Schutz der Friseurin,
- Schutz vor Ausbreitung der Keime durch verunreinigte (= kontaminierte) Arbeitsmittel.

Nach einer Verletzung steht der direkte Schutz des Kunden und der Friseurin an erster Stelle. Der Schutz vor Ausbreitung innerhalb des Salons erfolgt nach Beendigung der Behandlung.

Bevor also der Haarschnitt oder die Rasur zu Ende geführt werden kann, muss die blutende Wunde versorgt werden, um eine weitere Verteilung möglicher Krankheitserreger zu verhindern.

Vorgehensweise zur Versorgung von Schnittverletzungen:

1. Hände mit einem Händedesinfektionsmittel desinfizieren und ca. 30 Sekunden einwirken lassen (s. LF 1, S. 21).
2. Flüssigkeitsundurchlässige und allergenarme Schutzhandschuhe anziehen
3. Blutung über einen Druckverband, z. B. mit einer Mullbinde, die auf die Wunde gedrückt wird, stillen. Bei sehr kleinen Wunden kann die Blutung mithilfe eines Allaunstiftes gestillt werden.
4. Wunde mit einem sterilen Pflaster oder Verband abdecken.
5. Kann die Blutung nicht gestillt werden, sollte die Chefin informiert und der Notarzt gerufen werden.
6. Arbeitsmittel, die mit dem Blut oder der Körperflüssigkeit in Kontakt gekommen sind, mithilfe einer Sprühdesinfektion kurzfristig reinigen oder entsorgen.

Erst nach diesen Maßnahmen darf der Haarschnitt oder die Rasur zu Ende geführt werden.

Tabelle 2: Zusatzinformationen »Allaun«

Chemische Zusammensetzung:
Salz von Kalium, Aluminium und Schwefelsäure
Wirkungsweise:
Adstringierend, wodurch kleinere Wunden sich zusammenziehen und die Blutung so gestoppt wird
Desinfizierend, wodurch kleinere Mengen an Krankheitserregern vernichtet werden
Handelsformen:
Als Stift oder Kristall in Apotheken

4.2 Arbeitsmittel reinigen und pflegen oder entsorgen

Grundsätzlich dürfen Arbeiten, bei denen es zu einer Verletzung der Haut kommen könnte, nur mit desinfizierten Arbeitsmitteln durchgeführt werden.

Für jedes Arbeitsmittel gibt es unterschiedliche Desinfektionsmethoden (s. LF 1, S. 22). Die Desinfektion sollte nach jeder Behandlung erfolgen, ist aber vor allem nach Schnittverletzungen absolut notwendig und bezieht sich auf alle Arbeitsmittel, die mit dem Blut oder der möglicherweise infektiösen Körperflüssigkeit oder Haut in Kontakt gekommen sein könnten.

Vorgehensweise beim Schutz vor Ausbreitung von Keimen durch verunreinigte Arbeitsmittel:

- Flüssigkeitsundurchlässige und allergenarme Einmalhandschuhe anziehen
- Scheren, Schneideköpfe Rasierapparate, Haarklemmen und Kämme grob von Schnitthaaren reinigen und in ein Desinfektionsbad legen
- Umhang mit einem desinfizierenden Waschmittel waschen
- Arbeitsflächen und Stuhl mit Sprühdesinfektion desinfizieren
- Rasierklingen, Kosmetikservietten, Watte Einmalhandschuhe und evtl. Haare in einem Plastikbeutel luftdicht verpacken und entsorgen
- Scheren, Schneideköpfe und Rasierapparate nach der Desinfektion nachreinigen und gegebenenfalls mit Spezialöl pflegen.

Ist es bei der Behandlung zu keinerlei Verletzungen gekommen, reicht oftmals eine gründliche Reinigung der Geräte und Arbeitsflächen. Ausgenommen davon sind allerdings Scheren, Scherköpfe, Rasiermesser und Haarklammern, die prinzipiell nach jeder Benutzung desinfiziert werden müssen. Allerdings reicht dann das Abwischen dieser Arbeitsmittel mit einem mit Desinfektionsmittel getränktem Tuch nachdem sie von Schnitthaarresten befreit wurden.

Pflege einer Haarschneideschere:

- Die Schere leicht öffnen und mit einem weichen Tuch oder feinen Pinsel von anhaftenden Schnitthaaren befreien.
- Die Schneiden von hinten mit einem desinfektionsmittelgetränkten Tuch umfassen und zur Spitze hin abwischen
- Das Scherenschloss mit zwei Tropfen Scherenöl zwischen den Scherenblättern ölen.
- Die Schere mehrmals öffnen und schließen, um das Öl zu verteilen.
- Eine Schere sollte bei häufigem Gebrauch mindestens einmal im Jahr vom Fachmann nachgeschliffen werden.

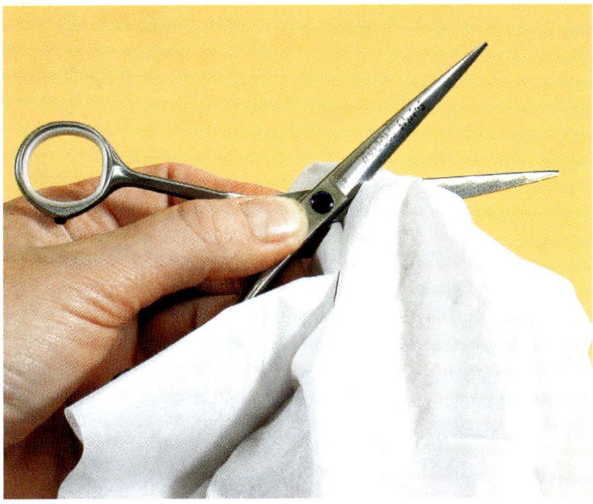

Bild 1 *Reinigen der Haarschneideschere*

Pflege einer Haarschneidemaschine:

- Vor der Reinigung und Pflege ist das Gerät auszuschalten.
- Mit einem feinen Pinsel werden die Haare von dem Gehäuse entfernt.
- Bei starker Verschmutzung ist das Gehäuse mit einem leicht angefeuchteten Tuch abzuwischen und anschließend trockenzureiben.
- Verschmutzungen an den Ladekontakten oder Kontaktstecker werden mit einem in Alkohol getauchten Tuch gereinigt.
- Der Messerkopf muss gründlich desinfiziert und geölt werden

Bild 2 *Ölen des Messerkopfes*

Pflege eines Klingen- und Rasiermessers:

- Die Klinge des Klingenmessers nach jeder Benutzung austauschen.
- Das Messer mit einem weichen, mit Desinfektionsmittel getränkten Tuch gründlich abwischen.
- Die Schale ebenfalls gründlich von Haarresten befreien und mit Desinfektionsmittel auswischen.
- Das Nachschleifen der Klinge eines Rasiermessers sollte von einem professionellen Instrumentenschleifer durchgefrührt werden, um die empfindliche Klinge zu schützen.

Aufgaben

1. Nennen Sie die Gesetze, die den Infektionsschutz auf Bundes- und Landesebene regeln.
2. Nennen Sie je eine durch Blut, Körperflüssigkeiten oder direkten Hautkontakt übertragbare Krankheiten, deren Ursachen
   a) Viren sind.
   b) Pilze sind.
   c) Bakterien sind.
3. Erstellen Sie eine Arbeitsanweisung zur Versorgung von Schnittverletzungen.

Exkurs:
Ein Plädoyer für eine traditionelle Technik – Die Wellnessrasur für den Mann

Wellness – das englische Wort für »Güte« – ist im heutigen Sprachgebrauch das Synonym für Entspannung, Genuss und sich wohlfühlen. In der Hektik von Heute eine Notwendigkeit, um das Morgen entspannt erleben und genießen zu können.

Für die Frau ist Wellness mittlerweile eine Selbstverständlichkeit. Beim Friseurbesuch wird sie ihr z. B. in Form von Massagen, Masken, Aromahauben geboten. Aber was ist mit dem Mann? Eine Handmassage? Eher selten. Eine Kopfmassage? Ja, wenn ein Haarwasser einmassiert werden soll. Damit erschöpft sich das Wellness-Angebot häufig. Und dabei kann es so einfach sein, auch für den Mann den Friseurbesuch zu einem Wellness-Erlebnis zu machen. Entdecken Sie die Wellnessrasur für den Mann von heute wieder neu!

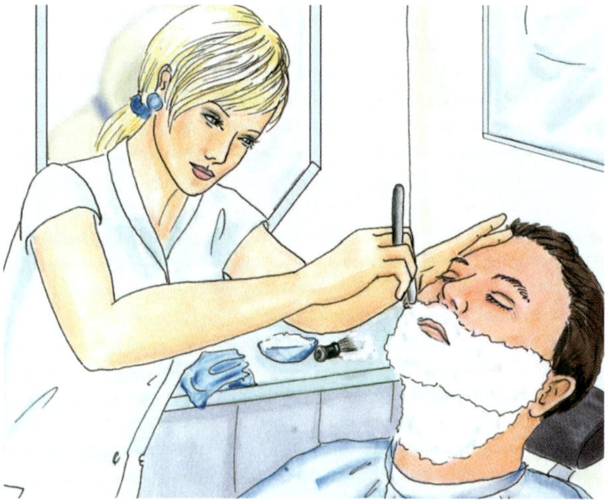

Bild 1 *Anja bei der Durchführung einer Wellnessrasur*

Schauen Sie Anja im Salon Haargenau bei der Durchführung einer Wellnessrasur über die Schulter und lassen Sie sich inspirieren:

Nach der Begrüßung führt Anja den Kunden in den hinteren Teil des Salons, wo ein Bereich speziell für die Rasur abgeteilt wurde. Ruhige, leise Hintergrundmusik entspannt den Kunden. Anja lässt ihn in einem bequemen Stuhl mit Nackenlehne Platz nehmen und bietet ihm Getränke an. Sie erklärt ihm, dass der angegebene Preis für die Rasur all-inclusiv ist und so durch Getränke oder für die Rasur notwendige Sonderbehandlungen keine weiteren Kosten anfallen.

Auf einem kleinen Nebentisch sind die für die Rasur benötigten Arbeitsmittel dekorativ aufgebaut und an der Wand hängen Bilder von Männern mit gepflegten Bärten. Über dem Spiegel ist ein kleiner Monitor angebracht, auf dem, wenn der Kunde es wünscht, ein Video oder die neuesten Börsennachrichten eingespielt werden können.

Der Kunde lehnt sich entspannt zurück und genießt sein Getränk, während Anja mit ihm das Beratungsgespräch führt. Dabei wird auch geklärt, ob sich der Kunde während der Rasur mit Anja unterhalten, ein Video schauen oder lieber die Augen schließen und entspannen möchte.

Anja bereitet in Ruhe die warmen Kompressen, das Rasiermesser und den Rasierschaum vor den Augen des Kunden vor und lässt so dem Kunden die Zeit, sich auf die Behandlung einzustimmen.

Bei der Durchführung der Rasur achtet Anja darauf, dass alles in entspannter Atmosphäre stattfindet. Störungen durch Kollegen sollten ausgeschlossen werden. Die warmen Kompressen dürfen gerne etwas länger auf dem Gesicht bleiben, da sie die Haut und den Kunden sehr entspannen. Der Rasierschaum ist mit warmem Wasser zubereitet und hat eine cremig-leichte Konsistenz, die sich angenehm auf der Haut anfühlt. Während der Rasur achtet Anja darauf, dass sie systematisch vorgeht und mit ruhigen, gleichmäßigen Bewegungen arbeitet.

Nach der Rasur desinfiziert und reinigt Anja die benutzten Arbeitsmittel in einem Nebenraum. Derweil darf der Kunde gerne noch etwas verweilen, in Ruhe die Zeitung oder eine Zeitschrift lesen, im Internet surfen und seinen Kaffee genießen.

Bild 2 *Die Wellness-Oase für den Mann von heute*

Ein Blick in die Geschichte des Friseurberufes belegt: Rasieren gehörte immer schon zum Handwerk des Friseurs. Heute beherrschen nur noch wenige den Umgang mit dem Rasiermesser, denn Rasuren werden eher selten im Salon angeboten. Teilweise aus der unbegründeten Angst vor Infektionen (s. S. 12 f.), teilweise aber auch, weil dieses sehr alte Handwerk nicht mehr gelehrt wird. Die »echte« Rasur ist zeitaufwendig und der fachgerechte Umgang mit dem Rasiermesser erfordert viel Übung. Jedoch birgt sie Vorteile: Der Kunde fühlt sich wohl, ist entspannt und hat ingesamt eine gründlichere Rasur, als er sie selbst zu Hause mit den üblichen Mitteln erreichen könnte.

Lernfeld 6
Frisuren erstellen

Frisuren erstellen

Damit ein entsprechendes Frisurenbild entsteht, benötigt die Friseurin Kenntnisse über die entsprechenden technologischen Voraussetzungen, wie Eigenschaften des Haares, Auswahl des Werkzeuges zur kurzfristigen Umformung, Wirkung und Anwendung verschiedener Techniken, Einsatz der Präparate, sowie handwerkliches Geschick und Kenntnisse über aktuelle Trends. Aber auch für besondere Anlässe braucht sie Grundlagen über geschichtliche Epochen (= Stilkunde).

Die Formveränderung der Haare wird eingeteilt in die kurzfristig haltbare Umformung, die auch als **Wasserwelle** bezeichnet wird, und in die dauerhafte Umformung, die Dauerwelle. Die Techniken der kurzfristigen Umformung, auch nicht-permanente Umformung genannt, waren schon 3000 v. Chr. bekannt, aber das Finish wurde durch entsprechende Präparate und Werkzeuge immer einfacher und weniger zeitaufwendig.

1 Geschichtliche Entwicklung der Frisurerstellung begreifen

Szenario

Die Chefin von Anja möchte sich zu Karneval als Römerin verkleiden. Nun fehlt noch die Frisur. Sie bittet die Gesellin, die entsprechende Frisur zu erstellen und Anja soll ihr dabei helfen. Anja ist ganz erstaunt, welche Kenntnisse zu ihrem Beruf gehören. Sie bittet Randa, die Gesellin, ihr mehr zu erzählen.

Bereits im Altertum (3000 v. Chr. bis 300 v. Chr.) wurden glatte Haare auf erhitzte Tonwickler gedreht und dadurch gewellt. Die **Ägypter** galten als »Erfinder« der Dauerwelle Sie legten größten Wert auf Körper- und Haarpflege. Zu dieser Zeit wurde der Beruf des Friseurs geboren. Damit die Haare glänzten, trugen die Ägypter Balsamkegel auf dem Kopf, die in der heißen Sonne schmolzen. Dadurch wurde ihren schwarzen Haaren Glanz und Duft verliehen und die Haare hatten gleichzeitig einen natürlichen Schutz vor der intensiven Sonnenbestrahlung.

Zuerst trugen die **Ägypter** Frisuren in Form eines Pagenkopfes. Im Verlauf der Entwicklung ihrer Hochkultur veränderten sich die Frisuren zu Stufen, Zöpfen oder es wurden sogar Perücken getragen. Für die Perücken rasierten sich die Ägypter ihre eigenen Kopfhaare ab. Mit der Pflege von Haut und Haar, sowie der Rasur sämtlicher Körperhaare waren Sklaven beschäftigt, so genannte Kosmeten.

Bild 1 *Ägyptische Frisuren und Perücken*

In der Epoche der **Griechen** (1500 v. Chr. bis 150 n. Chr.) wurde mehr Wert auf natürliche Schönheit gelegt. Es hieß »Schönheit kommt von innen.« In dieser Zeit wurden Flecht-, Locken- und Hochsteckfrisuren bevorzugt (Bild 2).

Bild 2 *Typische Flämmchenfrisur einer Griechin*

Zur Zeit der **Römer** (500 v. Chr. bis 500 n. Chr.) formte man die Haare mit dem **Calamistrum** um (Bild 3). Dabei wurden die Haare um ein Röhrchen gewickelt, in das ein erhitzter Stab geschoben wurde oder es wurde eine Metallhülse um den Stab geschoben. Da im Altertum Metall ein kostbares Gut war, konnten sich solche Frisurtechniken nur die Reichen erlauben. Hierzu hatten sie Diener, die diese Schönheitspflege übernahmen.

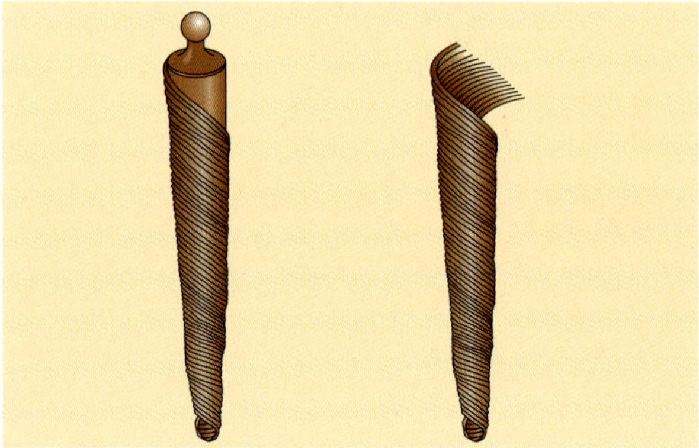

Bild 3 *Calamistrum*

Im **Mittelalter** (500 n. Chr. bis 1500 n. Chr.) entwickelte sich der Beruf des **Baders** (siehe S. 12).

Während dieser Zeit nahm die Frisurengestaltung eine entscheidende Wende ein. Nachdem sich das Christentum ausgebreitet hatte, war es für verheirate Frauen verpönt, die Haare unbedeckt zu zeigen. Sie wurden unter Schleiern und Hauben versteckt. Sichtbare Haare wurden abrasiert. Nur junge Mädchen zeigten ihre Haare noch geflochten oder in Zöpfen. Die Kirche hatte großen Einfluss auf die Bevölkerung. Somit wollte diese das Modediktat übernehmen. Doch da Frauen von jeher sich der Schönheit und Ästhetik verschrieben, galt auch hier, dass sie die Haare verdeckt trugen, aber auf die Gestaltung der Schleier, Hauben und zuckerhutförmigen Hennins großer Wert gelegt wurde. Des Weiteren entsprach die Haarfarbe Rot dem Teufelswerk. Frauen mit roten Haaren versteckten diese oder färbten sie um, aus Angst als Hexen verbrannt zu werden.

Adlige Männer trugen die Haare zu einem kurzen Pagenkopf geschnitten. Aber sie waren auch nicht abgeneigt, die Haare zu Zöpfen zu flechten oder sie mithilfe des Brenneisens in Locken zu wellen.

In der **Neuzeit** (ab 1500) wurde die Haartracht wieder geschätzt. Die Frisuren wurden ab der **Renaissance** (= Wiedergeburt) bis hin zum **Rokoko** (1720 bis 1789) immer aufwendiger und pompöser. Das Berufsbild des Friseurs wurde wieder aufgewertet.

Bild 1 *Frisur a la Fontanage (1670–1710)*

Die Epoche des **Barocks** (= unregelmäßige Perle) gestaltete sich durch üppige Proportionen und das Tragen von Perücken. Selbst die Männer ließen sich die Haare abrasieren und trugen eine Allonge-Perücke (= Löwenmähne).

Bild 2 *Frisur Lamballe (= Rosenkranzfrisur um 1780)*

Es gab richtige Haarkünstler unter den Friseuren. Sie bauten zur Zeiten des **Rokoko** turmartige Perücken, so dass die Trägerin sie nur im Sitzen präsentieren konnte, da diese so schwer waren. Das Hygieneverhalten ließ immer noch zu wünschen übrig. Wasser galt als Überträger von Krankheiten. Um unangenehme Gerüche zu überdecken, wurde der Körper täglich mehrmals parfümiert. Die Frauen trugen so genannte Flohfallen, um den übermäßigen Stichen des Ungeziefers zu entgehen und bedeckten Hautunreinheiten mit Schönheitspflastern.

Die Erkenntnis, dass man mit Wärme die Haare umformen kann, führte zu den verschiedensten Formen von Krepp- und Brenneisen. Damit wurden glatte Haare in Wellen und Locken gelegt. Dieses Verfahren erreichte jedoch nie das Aussehen von Naturlocken.

Erst um 1750 setzte sich eine Methode durch, bei der die Haare mit einem erhitzten Quetsch- oder Papillotiereisen mit recht guten Ergebnissen umgeformt werden konnten. Die von dem Franzosen **Marcel Grateau** um 1880 entwickelte Ondulation ermöglichte es, natürlich wirkende, länger haltbare Wellen in das Haar zu legen. Bei all diesen Verfahren wurden trockene Haare durch Zugabe von Wärme umgeformt.

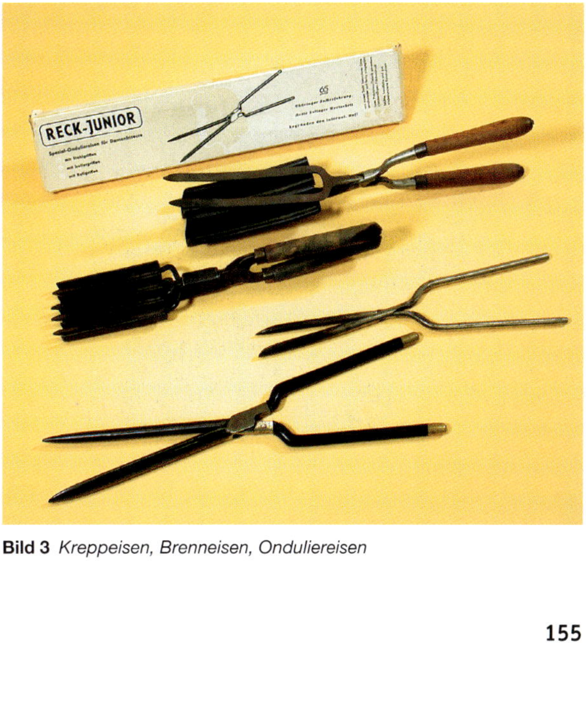

Bild 3 *Kreppeisen, Brenneisen, Onduliereisen*

Die **Französische Revolution** (1789–1795) bereitete dem luxuriösem Leben der Adligen ein jähes Ende.

Es wird behauptet, die Französische Revolution wurde angezettelt, weil die Reichen den Armen das Mehl wegnahmen, um damit ihre Frisuren weiß zu pudern. Dadurch fehlte den Armen das Mehl, um Brot zu backen und sie mussten Hunger leiden. Diese Schmach führte dazu, dass die einfachen Leute sich gegen den Adel erhoben und für ihre Menschenrechte kämpften. Der Adel wurde gestürzt. Die Bevölkerung besann sich auf einen einfacheren, bürgerlichen Stil. Die pompösen Auswüchse der Frisurkunst sahen wieder ruhigeren Zeiten entgegen. Es wurde mehr Wert auf Körperhygiene gelegt.

Der Höhepunkt der Bürgerlichkeit zeigte sich während des **Biedermeiers** (1815 bis 1848). Typisch waren zu dieser Zeit aufwändige Scheitel- und Ohrenpartien, sowie pomadisierte Haare. Hier zeigten sich kontrastreiche, verspielte Frisuren mit glatten, lockigen und geflochtenen Anteilen, die mit Blüten und Ketten ergänzt wurden.

Bild 1 *Biedermeierfrisur (um 1845)*

Der **Biedermeier** stand, wie der Name schon sagt, für Spießbürgertum, Romantik und Verspieltheit. Es wurde sich auf natürliche Weise geschminkt.

In der **Gründerzeit** (um 1900) war das Friseurtechnische Zeitalter der Krepp- und Onduliereisen. Bedingt durch den 1. Weltkrieg wurde aus dem typischen Männerberuf »Friseur«, der Frauenberuf »Friseurin«, da die Männer an die Front ziehen mussten. Insgesamt wandelte sich das Frauenbild. Stark gesteuert durch die **Reformerinnen** wurde für die Gleichberechtigung von Mann und Frau eingetreten. Die Frisur der Reformerin (emanzipierte Frau) war gekennzeichnet durch die einfach eingeschlagene Haarrolle.

Bild 2 *Die Reformerin*

Um 1920 entwickelte sich die **handgelegte Wasserwelle**. Hierbei müssen die Haare gut befeucht sein, um umgeformt werden zu können. Durch das Trocknen bei Raumtemperatur wurde die Umformung stabilisiert. In der Folgezeit wurden weitere Techniken zur Haarumformung entwickelt. Alle Verfahren haben jedoch gemeinsam, dass die Umformung des Haares nur **kurzfristig haltbar** ist. So geht die Umformung bereits unter Einwirkung von Feuchtigkeit wieder verloren.

Nach dem ersten Weltkrieg kamen die Kurzhaarfrisuren **(Bubikopf)** in Mode. Bedingt durch die Mode der Kurzhaarfrisuren, wurde der regelmäßige Friseurbesuch Pflicht. Der Bubikopf wurde auch durch bestimmte Musikrichtungen mit beeinflusst und führte somit zu Extremen in den Tampelformen.

Bild 3 *Charleston-Bubikopf*

Ab dieser Zeit wurde die Moderichtungen in der Frisur von Trendsettern, wie Musikern, Schauspielern und Modemachern; mit geprägt.

Auch heutzutage wird die aktuelle Frisurenmode zu jeder Saison auf Modemessen und Modeproklamationen sowie in Fachzeitschriften präsentiert. Doch ist der Einfluss nicht mehr so stark, da die moderne Frau trägt was ihr gefällt. Sie unterwirft sich nicht mehr so strikt einem Modediktat wie früher.

Aufgaben

1. Benennen Sie Besonderheiten der Haargestaltung, Kosmetik und Köperpflege einzelner Epochen und suchen Sie Bildbeispiele.
2. Mit welchen Techniken wurden früher Haare umgeformt?
3. Wann und warum wurde rasiert?
4. Welche Umformungstechnik wurde von Marcel Grateau entwickelt?
5. Suchen Sie aus Fachbüchern oder dem Internet die 4 verschiedenen Scheitelformen des Biedermeier heraus und zeichnen Sie diese.
6. Erklären Sie einer Kundin den Begriff »kurzfristig haltbare Umformung«.
7. Dokumentieren Sie, wie sich die Frisurengeschichte nach dem Biedermeier entwickelt hat.

2 Wichtige Merkmale des Haares für die kurzfristige haltbare Umformung beschreiben

Szenario

Anja lässt sich abends von Randa die Haare flechten. Am nächsten Morgen sagt Anja: »Ich habe die gleichen Locken wie Frau Süß!« Randa antwortet: »Nein, Frau Süß hat Naturlocken.« Anja möchte nun wissen, warum Locken unterschiedlich sein können.

Aufgrund seines Aufbaus und seiner physikalischen Eigenschaften kann das Haar umgeformt werden.

2.1 Aufbau des Haares

Das Haar besteht aus **Keratin**, **Fett** und **Wasser**. Keratin ist die wichtigste Substanz, weil sie dem Haar die Struktur sowie Elastizität und Festigkeit gibt. Das Fett schützt das Haar vor äußeren Einflüssen, hält es geschmeidig und gibt ihm den natürlichen Glanz. Der Wasseranteil, der selbst im getrockneten Haar enthalten ist, trägt ebenfalls zur Geschmeidigkeit des Haares bei. Diese Restmenge an Wasser ermöglicht die Umformung von trockenem Haar.

Die kurzfristig haltbare Umformung ist mit einer Veränderung im Keratin zu erklären. Die **Peptidspiralen**, aus denen das Keratin aufgebaut ist, sind durch Wasserstoffbrücken stabilisiert (Bild 1) und durch Salz- und Schwefelbrücken untereinander zu Fasern verknüpft.

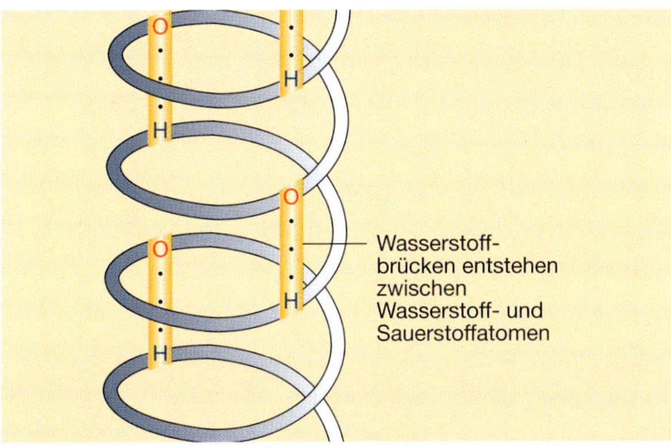

Bild 1 *Peptidspiralen mit Wasserstoffbrücken*

Wasserstoffbrücken sind lockere Verbindungen, die bereits durch Wasseraufnahme gelöst werden. Im nassen Zustand kann das Haar bedingt dauerhaft verformt werden. Beim Trocknen wird das Wasser wieder entzogen und die Wasserstoffbrücken geschlossen (Bild 2). Hierbei ist zu beachten, dass die Umformung erst dann stabilisiert ist, wenn das Haar vollständig durchgetrocknet ist.

Beim Umformen von trockenem Haar wird durch Wärmezufuhr, z. B. durch den Lockenstab, die Restfeuchtigkeit des Haares aktiviert. Dadurch öffnen sich die Wasserstoffbrücken und das Haar wird verformt. Durch weitere Wärmeeinwirkung werden die Haare im gleichen Arbeitsgang wieder geschlossen. Die Umformung ist gefestigt. Tabelle 1 zeigt den Anteil von Wasser und Wärme bei den unterschiedlichen Wasserwelltechniken.

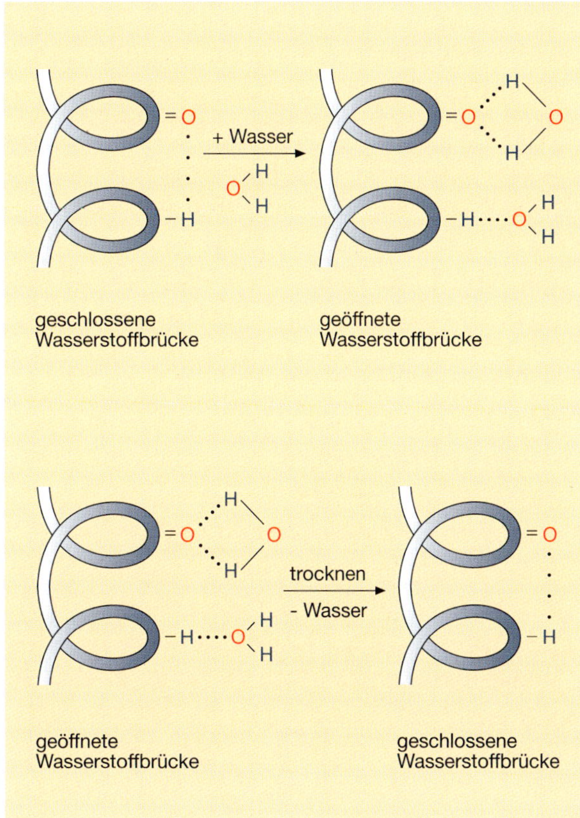

Bild 2 *Lösen und Schließen der Wasserstoffbrücken*

2.2 Eigenschaften des Haares

Die Umformung der Haare und die Haltbarkeit der erstellten Frisur werden von den folgenden Haareigenschaften beeinflusst:

- Elastizität
- Plastizität
- Dehnbarkeit
- Wasseraufnahmefähigkeit

Tabelle 1: Wasser und Wärme bewirken die Umformung

Wasserwellfrisuren	Anteil von Wasser und Wärme
	Wärme
Handgelegte Wasserwelle	
Papillote	
Eingelegte Frisur	
Föhnfrisur	
Lockenstabfrisur	
	Wasser

2.2.1 Elastizität

Das Haar ist ein elastischer Körper. Im trockenen Zustand lässt es sich drehen und verbiegen, springt aber sofort in seine alte Form zurück. Je besser der Zustand des Haarkeratins und je dicker das Haar ist, desto größer ist seine Elastizität.

Die Elastizität eines Haares wird mit den Begriffen **Spannkraft** und **Sprungkraft** näher beschrieben.

Die Spannkraft wirkt der Verformung entgegen. Bei kurzem Haar ist die Spannkraft besonders gut zu erkennen. Wird es gegen die Fallrichtung gekämmt, sorgt die Spannkraft dafür, dass es sofort wieder in die alte Form zurückspringt.

Die Elastizität eines gelockten Haares wird als Sprungkraft bezeichnet. Locken können glatt gekämmt, auseinander gezogen oder zusammen gedrückt werden, sie springen anschließend wieder in ihre ursprüngliche Form zurück.

2.2.2 Plastizität

Plastizität heißt Verformbarkeit. Bei der Wasserwelle wird das Haar durch Lösen der Wasserstoffbrücken vom elastischen Zustand in den plastischen Zustand versetzt. Durch das Trocknen werden die Wasserstoffbrücken wieder geschlossen und das Haar erlangt seine volle Elastizität zurück.

Bei der Dauerwelle erzielt man durch zusätzliches Lösen der Salz- und Schwefelbrücken einen noch höheren Grad der Plastizität.

2.2.3 Dehnbarkeit

Das Haar kann gedehnt werden, bis es schließlich reißt. Solange sich ein gedehntes Haar nach dem Entspannen auf seine ursprüngliche Länge zurückzieht, spricht man von elastischer Dehnung (reversible Dehnung). Sie ist mit dem Aufbau des Haares aus Peptidspiralen zu erklären. Wird das Haar jedoch über diese Elastizitätsgrenze hinaus gedehnt, reißen die Wasserstoffbrücken und die Keratinstruktur wird verändert. Das Haar zieht sich nicht mehr auf seine Ausgangslänge zurück. Die Dehnung über die Elastizitätsgrenze hinaus ist irreversibel, es bleibt ein Dehnungsrückstand. Bei weiterer Dehnung reißen die Peptidspiralen und schließlich das gesamte Haar. Die verschiedenen Formen der Haardehnung sind abhängig von der Haarstärke und der Haarstruktur. Für gesundes Haar mittlerer Stärke gelten in etwa die in Tabelle 1 angegebenen Werte.

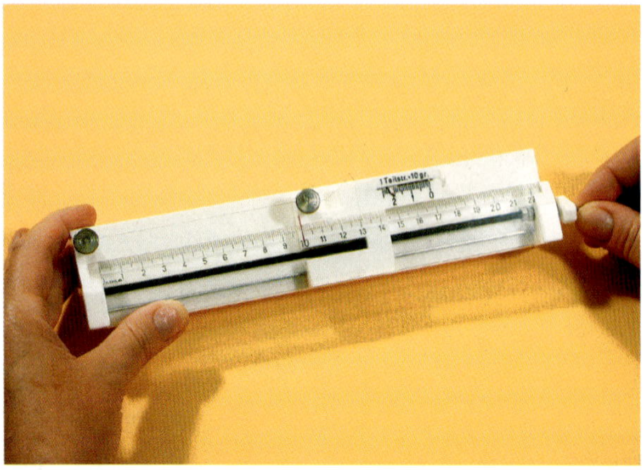

Bild 1 *Haardehnungsgerät*

Tabelle 1: Arten der Haardehnung

Arten der Dehnung	Dehnung in % der Haarlänge	Veränderung des Haares
Elastische Dehnung	Bis ca. 10%	Keine Veränderung
Irreversible Dehnung	Ab 10% bis ca. 30%	Schädigung des Keratins
Reißdehnung	Ab 30%	Das Haar reißt

Im nassen Zustand sind die Wasserstoffbrücken im Haar gelöst. Die Peptidspiralen verlieren an Stabilität. Dadurch verändert sich das Dehnungsverhalten des Haares.

Sobald das Haar Wasser aufnimmt, dehnt es sich ohne Krafteinwirkung, es wird länger. Beim Stumpfschneiden von nassem Haar, z. B. im Nackenbereich, entsteht nach dem Trocknen eine leichte Graduierung, weil das längere Deckhaar sich beim Trocknen stärker verkürzt als die darunter liegenden kürzeren Haarpartien.

Die Dehnung von nassem Haar kann durch Zugwirkung verstärkt werden. Beim Schneiden des Ponys wird das Haar oft sehr straff geführt, wodurch es zusätzlich gedehnt wird. Beim Trocknen verkürzt es sich wieder. Wegen seiner Sprungkraft hängt das trockene Haar nicht mehr glatt herunter. Der Pony der fertigen Frisur ist erheblich kürzer als im nassen Zustand.

In folgenden Fällen muss durch die richtige Arbeitstechnik eine Überdehnung vermieden werden:

- Beim Föhnen wird feuchtes Haar mit der Bürste gespannt und dabei zusätzlich gedehnt. Wird das Haar während des Trocknens in zu starker Spannung gehalten, kann es sich nicht in seine Ausgangslänge zurückziehen. Es wird überdehnt, die Dehnung ist irreversibel.
- Blondiertes Haar ist im nassen Zustand besonders leicht dehnbar. Es darf beim Föhnen auf keinen Fall stark gezogen werden.

Arbeitsauftrag

1. Versuchen Sie die Elastizitätsgrenze Ihres Haares durch Steigerung der Dehnung zu ermitteln.
2. Um wie viel Prozent ist Ihr Haar bei maximaler Ausdehnung länger als ursprünglich?
3. Stellen Sie fest, bei welcher prozentualen Dehnung Ihr Haar reißt.

2.2.4 Wasseraufnahmefähigkeit

Das Haar kann Wasser aufnehmen. Diese Eigenschaft ergibt sich aus der Struktur des Wassermoleküls und der Struktur des Keratins. Das Wassermolekül hat einen elektrisch positiven und einen elektrisch negativ geladenen Bereich.

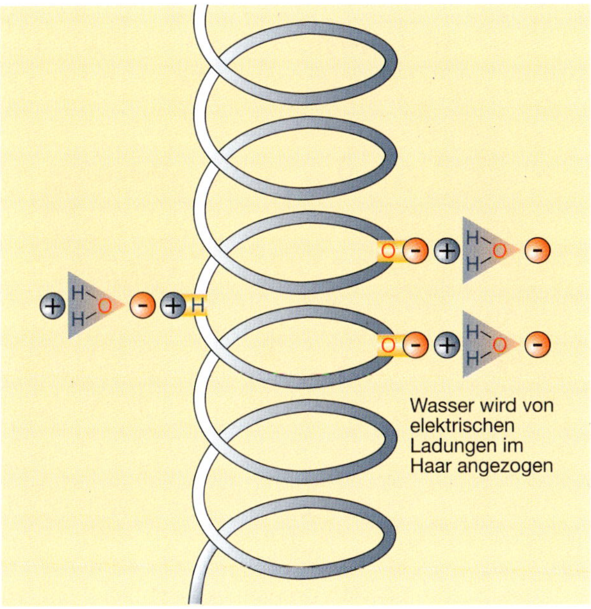

Bild 1 *Wasser wird von elektrischen Ladungen im Haar angezogen*

- Das Haar weist elektrische Ladungen auf, die Wasser anziehen.
- Im Haar befindet sich Wasser, durch das weitere Wassermoleküle angezogen werden.

Dies liegt daran, dass das Wassermolekül einen Dipol besitzt. Das bedeutet, dass aufgrund der höheren Anziehungskraft des Sauerstoffatoms (O) die Elektronen der Wasserstoffatome (H) rübergezogen werden. Somit entstehen im Molekül Teilladungen.

Es sind zwei Formen der Wasseraufnahme zu unterscheiden:

- **Hygroskopizität**
- **Saugfähigkeit**

Das Haar kann aus feuchter Luft Wasser aufnehmen. Diese Eigenschaft wird als Hygroskopizität bezeichnet. Das aufgenommene Wasser löst die Wasserstoffbrücken. Dadurch verliert das Haar die Form, die es beim Trocknen erhalten hat. Die Frisur fällt zusammen, die Dauerwelle oder die Naturkrause »schlägt durch«. Mit wasserabweisenden Substanzen in den Finishprodukten kann das Haar vor der Luftfeuchtigkeit geschützt werden.

Sobald das Haar direkt mit Wasser in Berührung kommt, saugt es sich damit voll. Diese Eigenschaft wird als Saugfähigkeit bezeichnet. Bei einer Wasserwelle muss sich das Haar mit Wasser voll saugen, damit alle Wasserstoffbrücken gelöst werden und das Haar plastisch wird.

Mithilfe der Saugfähigkeit des Haares werden auch chemische Präparate ins Haarinnere transportiert.

Arbeitsauftrag

1. Eine Haarsträhne wird gewogen, dann über Wasserdampf gehalten und nochmals gewogen. Berechnen Sie die prozentuale Gewichtszunahme.
2. Eine Haarsträhne wird gewogen und dann einige Minuten in Wasser gelegt. Im handtuchtrockenen Zustand wird wieder das Gewicht bestimmt. Berechnen Sie die prozentuale Gewichtszunahme.

2.3 Haarwuchs und Form des Haares

Zusätzlich sind die weiteren Faktoren für die Erstellung kurzfristig haltbarer Umformungen von Bedeutung:

- Wuchsrichtung der Haare
- Natürliche Wellung der Haare
- Haarquerschnitt

2.3.1 Wuchsrichtung

Die Wuchsrichtung des Haares wird durch die Lage des Haarfollikels in der Haut bestimmt. Der Ausgangspunkt für die Hauptwuchsrichtung des Kopfhaares und auch der Körperbehaarung ist der Wirbel.

Von der Hauptwuchsrichtung können einzelne Haare oder Haarpartien (Wuchsbereiche) abweichen. Extreme Abweichungen treten besonders an den Konturen und im Nackenbereich auf. Hier können zusätzliche Wirbel sein.

Wird die Wuchsrichtung des Haares bei der Frisurengestaltung berücksichtigt, entstehen natürlich wirkende und haltbarere Frisuren.

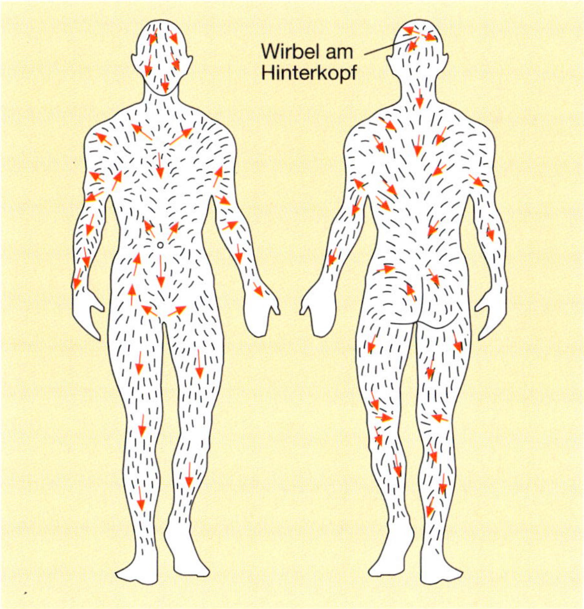

Bild 2 *Wuchsrichtungen des Haares*

2.3.2 Natürliche Wellung

Das Haar kann von Natur aus glatt, gewellt oder gelockt sein. Diese vorgegebene Form spielt bei der Erstellung von Frisuren und für ihre Haltbarkeit eine wichtige Rolle. Für die Entstehung von natürlichen Locken und Wellen gibt es folgende Erklärungen:

- **Gebogene Form des Haarfollikels**
  Je nach Ausbildung des Follikels kann ein glattes, welliges, lockiges oder gekraustes Haar entstehen. In der Verformungszone eines gekrümmten Follikels nimmt das Haar eine gebogene Form an, dabei werden die Zellen im äußeren Bogen stärker gestreckt als im inneren. In der Verhornungszone wird diese Form stabilisiert.

- **Stark gekrümmte Form des Haarfollikels**
  Das naturkrause Haar der Afrikaner entsteht durch einen sehr stark gekrümmten Haarfollikel (Bild 1).
- **Unterschiedlich schnelle Zellteilung**
  Für die Fälle, bei denen das Haar im Laufe des Lebens seine Wellung verliert oder erst später kraus wird, z. B. nach medizinischen Behandlungen oder nach der Pubertät, wird das naturkrause Haar mit unterschiedlich schneller Zellteilung in der Wachstumszone erklärt. An der Seite des Follikels, an der mehr Zellen gebildet werden, wird das Haar länger, so dass es zwangsläufig eine gebogene Form annimmt.

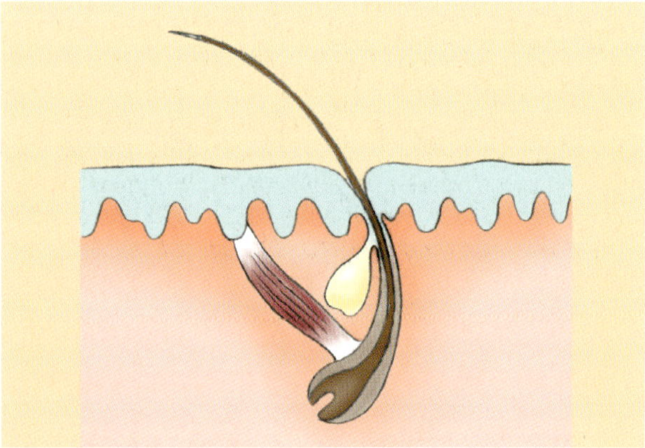

Bild 1 *Sichelförmiger Follikel*

2.3.3 Stärke des Haares

Als Haarstärke wird der Durchmesser des Haares bezeichnet. Es werden für Mitteleuropa drei Haarstärken unterschieden:

- Dünnes Haar (fein) 0,03 mm–0,04 mm
- Normales Haar (mittel) 0,05 mm–0,07 mm
- Dickes Haar (stark) 0,08 mm–0,10 mm

Die Friseurpräparate der einzelnen Hersteller sind für den westeuropäischen Markt auf die mittlere Haarstärke abgestimmt. In der Regel lassen sich alle Arbeiten mit diesen Präparaten gemäß Herstellerangaben durchführen. Bei extrem dünnen oder extrem dicken Haaren kann die Konzentration der Präparate oder aber die Einwirkzeit bei der Behandlung verändert werden, um die gewünschten Ergebnisse zu erzielen.

Die einzelnen Haararten eines Menschen haben unterschiedliche Stärken. Die Körperbehaarung ist feiner, das Borstenhaar ist dicker als das Kopfhaar.

Im Laufe des Lebens ändert sich die Stärke der **Sekundärbehaarung**. Das dünne Kopfhaar des Kleinkindes entwickelt sich in den ersten Lebensjahren zur vollen Stärke. Im Laufe des Lebens kann das Haar wieder dünner werden. Blondes Haar ist häufig dünner als schwarzes oder rotes Haar.

Die Keratinmenge eines Haares hängt von seiner Stärke ab. Mit der Verdopplung des Durchmessers eines Haares vervierfacht sich seine Querschnittsfläche. Dickeres Haar enthält also ein Mehrfaches an Keratin, das für die Elastizität verantwortlich ist. Aus diesem Grund lässt sich dickes Haar gut umformen. Um die Spannkraft eines dünnen Haares zu verbessern, werden Finishprodukte mit einer stärker festigenden Wirkung eingesetzt.

Bild 2 *Primär- und Sekundärbehaarung*

Bild 3 *Kopfbehaarung eines älteren Menschen*

2.3.4 Querschnittsformen

Das Haar weist die folgenden drei Querschnittformen auf:

- Rund
- Oval
- Stark abgeflacht (Bandhaar)

Der Querschnitt eines Haares wird mit dem Haarmessgerät festgestellt. Es wird eine Planmessung und eine Schlaufenmessung durchgeführt. Sind die Ergebnisse beider Messungen gleich, so liegt ein Haar mit rundem Querschnitt vor. Je größer der Unterschiede zwischen den beiden Messungen ist, desto flacher ist das Haar.

Haar mit einem runden Querschnitt lässt sich problemlos umformen, es hat einen guten Stand. Mit zunehmender Abflachung verliert das Haar diese positiven Eigenschaften. Es legt sich flach auf den Wickler, so dass seine Umformungsdicke einem dünneren Haar entspricht. Der Extremfall ist das selten vorkommende stark abgeflachte Bandhaar, in dem keine Umformung hält.

Sollte eine Frisur trotz fachgerechter Arbeitsdurchführung nicht halten, so kann ein stark abgeflachtes Haar vorliegen. In diesem Fall ist eine Querschnittsmessung des Haares zu empfehlen (s. LF 7, S. 178 f.).

Die Haarquerschnitte unterscheiden sich auch nach der geographischen Herkunft der Menschen. Es wird grundsätzlich zwischen drei Haartypen unterschieden, die auch in der Wellung und Farbe voneinander abweichen:

- **Kaukasisches Haar (europäisch)**
  Der Querschnitt ist oval bis rund. Das Haar ist glatt oder wellig, die Haarfarbe reicht von lichtblond bis nahezu schwarz.
- **Mongolisches Haar (süd- und nordasiatisch, indianisch, grönländisch)**
  Der Querschnitt ist rund, das Haar ist glatt, sehr dick und fest. Die Farbe ist blauschwarz.
- **Negroides Haar (afrikanisch)**
  Der Querschnitt ist ein abgeflachtes Oval. Das Haar ist sehr fest und kraus. Die Haarfarbe ist schwarz.
  Es enthält, wie das mongolische Haar viel Melanin.

Tabelle 1: Haartypen und ihre Merkmale

Kaukasisches Haar	Mongoloides Haar, rund	Negroides Haar, bandförmig

2.4 Medizinische Haaranalyse

Das Haar eines Menschen ist so einzigartig, wie sein Fingerabdruck. Dies liegt an zwei Dingen. Zum einen enthalten die Zellen DNS (Desoxiribonucleinsäure = Erbmaterial). Zum anderen speichert es alle aufgenommenen Substanzen. Dies erfolgt über die Matrixzellen. Da Nähr- und Giftstoffe über das Blut bei der Versorgung der Haarwurzel in die Matrixzellen gelangen und dort eingelagert werden.

Wird das Haar abschnittsweise untersucht, können Aussagen über Stoffwechselvorgänge von länger zurückliegenden Zeiträumen gemacht werden. Dagegen erlaubt eine Blutanalyse nur Aussagen über den momentanen Zustand des Körpers. Die Haaranalyse hingegen gibt Auskunft über die Ernährung und Versorgung des Körpers mit Mineralien und Spurenelementen sowie den Medikamenten- und Drogenkonsum.

In der Gerichtsmedizin dient das Haar als Beweismittel. Länger zurückliegende Vergiftungen können durch Haaranalysen nachgewiesen werden. Mit Hilfe eines einzelnen Haares kann eine DNS-Analyse durchgeführt werden und ein Verbrechen noch nach Jahren aufgeklärt werden.

In der Arbeitsmedizin werden Haaranalysen durchgeführt, um z. B. gesundheitliche Belastungen am Arbeitsplatz zu untersuchen.

Aufgaben

1. Erklären Sie die Begriffe Hygroskopizität und Saugfähigkeit.
2. Wie wird das Haarkeratin plastisch gemacht?
3. Welche Formen der Dehnung trockener Haare kennen Sie?
4. Aus welchen Gründen kann das Haar Wasser anziehen?
5. Beschreiben Sie die Entstehung von natürlichen Wellen und Locken?
6. Welche unterschiedlichen Querschnittsformen von Haaren gibt es.
7. Erklären Sie, wie Haarstärke und Querschnittsform ermittelt werden kann?
8. Welche Bedeutung hat der Haarquerschnitt für die Gestaltung einer Frisur?
9. Geben Sie die unterschiedlichen Bezeichnungen für Haare nach ihrer Herkunft an.
10. Erklären Sie, was unter Haaranalyse verstanden wird und geben Sie einige aktuelle Beispiele an.

3 Werkzeuge und Finishpräparate auswählen

Szenario

Frau Schönlein will auf eine Galaveranstaltung. Dazu will sie sich von der Gesellin eine kunstvolle Abendfrisur erstellen lassen. Randa bittet Anja die Werkzeuge und benötigten Präparate herauszusuchen. Anja bittet Randa ihr die einzelnen Werkzeuge und Präparate zu erläutern.

Kämme, Bürsten, Wickel und Finishpräparate sind nicht nur das Handwerkzeug des Friseurs, sondern sie sind auch Verkaufsartikel. Somit muss die Friseurin die entsprechenden Fachkenntnisse über diese Produkte nicht nur zur Gestaltung der Frisur einsetzen, sondern ihre Kompetenz im Beratungsgespräch zeigen, um die Kundin zu informieren.

3.1 Ansprüche an Werkzeuge

An jedes Werkzeug der Friseurin wird erst einmal der Anspruch gestellt, dass es leicht zu säubern, ergonomisch in der Bedienung und haltbar sein muss, da es im ständigen Gebrauch ist. Da Reibung zu negativen Veränderungen an der Kutikula (Schuppenschicht) führt werden noch andere Ansprüche an die einzelnen Werkzeuge gestellt:

3.1.1 Kämme

Kämme können aus unterschiedlichen Materialien bestehen, wie Holz, Hartgummi, Kunststoff (Celuloid, Perlon, Nylon), Metall oder Horn. Je nach Material werden diese bei der Herstellung gesägt, gepresst oder gegossen. In der Friseurpraxis haben sich Kämme aus **Hartgummi** bewährt. Dies liegt daran, dass **Kunststoffkämme** sich leicht elektrostatisch aufladen. Außerdem werden sie im Spritzgussverfahren herstellt, was zu scharfkantigen Gräten führt. Diese verletzen das Haar und die Haut. Der Vorteil dieser Kämme ist ihr Preis.

Kämme aus **Horn** sind hingegen sehr teuer. Aber dafür sind sie sehr haarschonend, da das Material aus Keratin wie das Haar besteht. Sie werden handgesägt.

Holzkämme bestehen meist aus Ebenholz. Dieses wird gesägt. Holzkämme sind nicht so beständig gegen Feuchtigkeit, zerbrechlich und teuer.

Metallkämme können bei Kunden Allergien auslösen und sind zu hart, das heißt beim Kämmen nicht flexibel genug. Da sie antistatisch wirken, werden diese in der Haarteil- und Perückenherstellung eingesetzt.

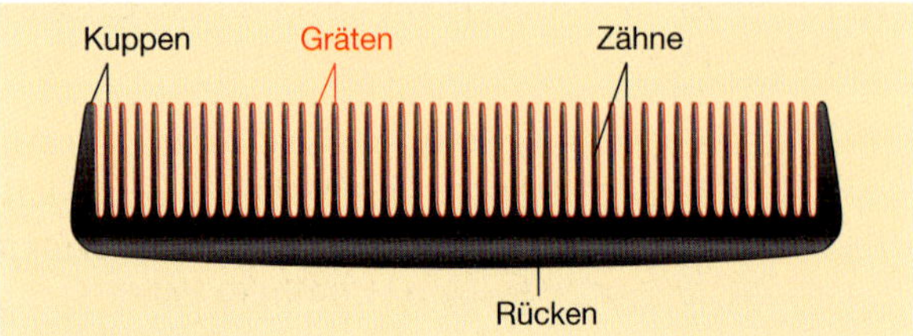

Bild 1 *Beschriftung Kamm*

Ein echter **Profikamm** sollte folgende Eigenschaften haben:

- Haarschonend sein
- Gut in der Hand liegen und ein ermüdungsfreies Arbeiten ermöglichen
- Leicht zu reinigen sein
- Tägliche, längere Belastungen aushalten
- Beständig gegen Wasser und Chemikalien sein
- Feingeschliffene Zähne, Gräte und Kuppen besitzen
- Zähne müssen an der Kuppe abgerundet sein
- Sich nicht elektrostatisch aufladen lassen
- Hohe Elastizität besitzen
- Geringe Wärmeempfindlichkeit haben

3.1.2 Bürsten

Wie bei den Kämmen gelten die gleichen Qualitätskriterien.

Hierbei gibt es aber auch Unterschiede im Material, sowie in der Befestigung der Borsten. Bürsten werden unterteilt in den Bürstenkörper und die Borsten. Der Bürstenkörper kann aus Holz (meist glasiert), Metall oder Kunststoff bestehen. Die Borsten können aus Schweineborsten, Metall oder Kunststoff sein. Auch hier gilt das gleiche wie beim Kamm. Naturmaterial, wie Schweineborsten ist teuer, aber haarschonend. Es gibt aber auch Mischformen aus Kunststoff- und Naturborsten. Metallbürsten werden meist aus sehr dünnen Drahtstiften gefertigt. Damit diese flexibel sind, werden sie in Gummiplatten eingelassen. Diese Stifte geben beim Bürsten nach. Praktisch ist, dass sie das Haar nicht elektrostatisch aufladen und beim Föhnen die Wärme leiten. Dagegen spricht, dass sie auf der Kopfhaut kratzen. Für alle Borsten gilt, dass sie flexibel, aber hart genug sein müssen, damit diese bis zur Kopfhaut dringen und das Haar durchbürsten. Außerdem sollten sie abgerundete Borsten besitzen, um schonend zu Haar und Kopfhaut zu sein.

Unterschiede gibt es auch in der Befestigung der Borsten. Hier wird unterschieden in eingezogen, geklebt oder gestanzt. Wobei die erste Variante die haltbarste und teuerste ist.

3.2 Einsatz der Werkzeuge

3.2.1 Volumenwickel

Volumenwickel sind Werkzeuge für die Formgebung der Haare. Zur Größenunterscheidung der Wickeldurchmesser sind sie durch verschiedene Farben gekennzeichnet. Die Frisur erhält je nach Wickeldicke eine geringere oder stärkere Sprungkraft. Die Wickel werden mit Haltenadeln aus Draht oder Kunststoff befestigt.

Im Gebrauch sind:

- Vollkunststoffwickel
- Drahtwickel (oft mit Borsteneinsätzen)
- beflockte Metallwickel
- Klettwickel
- Heizwickel

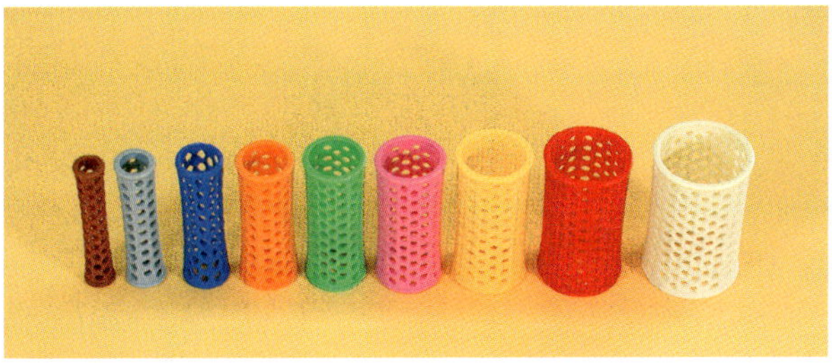

Bild 1 *Volumenwickel*

Außerdem kann die Friseurin auch Locken und Wellen mit Hilfe von Dauerwell- und Papillotierwickeln erzeugen. Hierbei werden die feuchten Haare aufgewickelt und mit dem Climazon getrocknet.

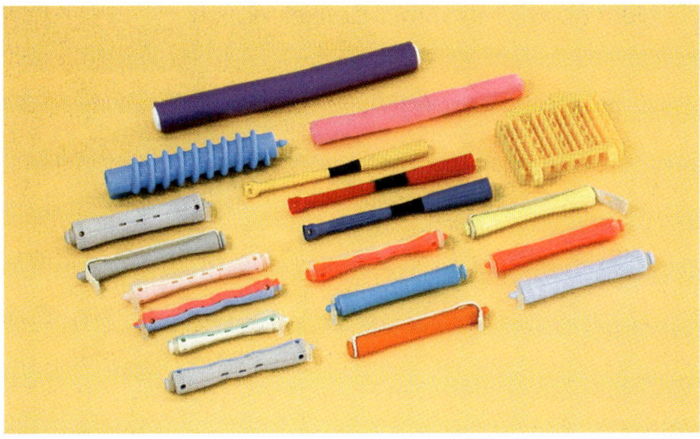

Bild 2 *Papillotier- und Dauerwellwickel*

3.2.2 Bürsten

Bei Bürsten werden Föhn- und Frisierbürsten unterschieden.

Nur zur Vervollständigung sollte im Sinne des Wellnessgedankens erwähnt werden, dass es **Massagebürsten** für Haar und Kopfhaut gibt. Diese werden entweder während der Haarwäsche zur Durchblutungsanregung und Lockerung festsitzender Pflegeprodukte und Schuppen angewandt. Oder zur Durchblutungsanregung und Entspannung im trocknen Haar. (Bild 3)

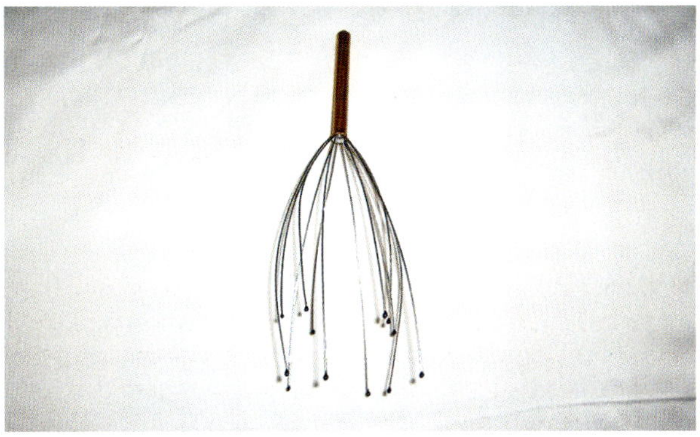

Bild 3 *Massagebürste*

Föhnbürsten (Bild 4) bestehen aus Metall- oder Kunststoffborsten. Sie haben weniger Borsten als Frisierbürsten, da sie sich leicht im Haar drehen lassen müssen. Außerdem sollten sie hitzebeständig sein, damit die Borsten nicht schmelzen und mit dem Haar verkleben. Sie sollten auch Luft durchlassen, damit es nicht zu einem Wärmestau kommt, da die extreme Wärme das Haarkeratin schädigt. Somit sind sie mit Löchern im Bürstenkörper ausgestattet.

Bild 4 *Föhnbürsten*

Frisierbürsten (Bild 5) nimmt die Friseurin zum Durchbürsten vor der Haarwäsche, zum Ordnen der Haare vor dem Eindrehen oder zum Ausbürsten der Frisur vor der Toupage.

Außerdem dienen Frisierbürsten dazu, bei längeren Haaren den Hauttalg bzw. Pflegemittel über das Haar zu verteilen, so dass es glänzt und geschmeidig wird. Bürsten für Männer sind kleiner als für Frauen.

Bild 5 *Frisierbürsten*

3.2.3 Kämme

Die Kämme sind neben Scheren und Bürsten das wichtigste Werkzeug der Friseurin. Der Verwendungszweck bestimmt die Kammform.

Neben den in Kap. 3.2.3 beschriebenen Haarschneidekämmen können die Kämme nach ihren Einsatzgebieten unterschieden werden. Dabei unterscheiden sie sich durch Zahn- und Griffform.

Der **Griffkamm** (Bild 6) wird zum Durchkämmen vor und nach der Haarwäsche sowie zum Einkämmen von Haarpackungen und Haarfarbe in die Haarlängen benutzt. Dementsprechend muss er besonders beständig gegen Chemikalien sein.

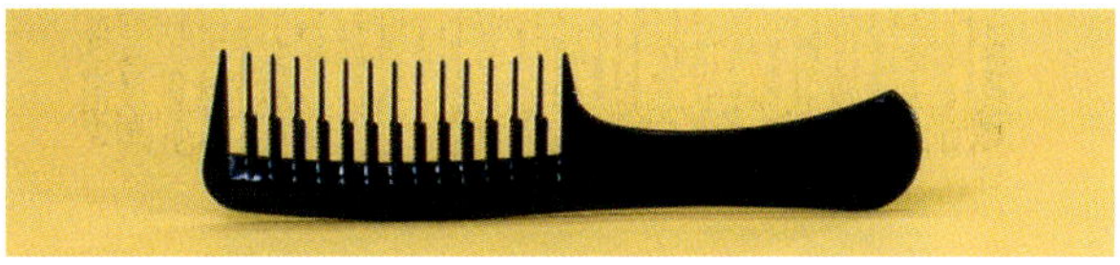

Bild 6 *Griffkamm*

Der **Universalkamm** (Bild 1) ist zum Frisieren, Ondulieren und zum Erstellen der handgelegten Wasserwelle geeignet. Er kann aber auch als Hitzeschutz zwischen Kopfhaut und Lockenstab genommen werden.

Bild 1 *Universalkamm*

Der **Wasserwellkamm** (Bild 2) ermöglicht wegen seiner gebogenen Form das Erstellen von Wasserwellen, ohne die bereits fertigen Wellenpartien wieder zu zerstören.

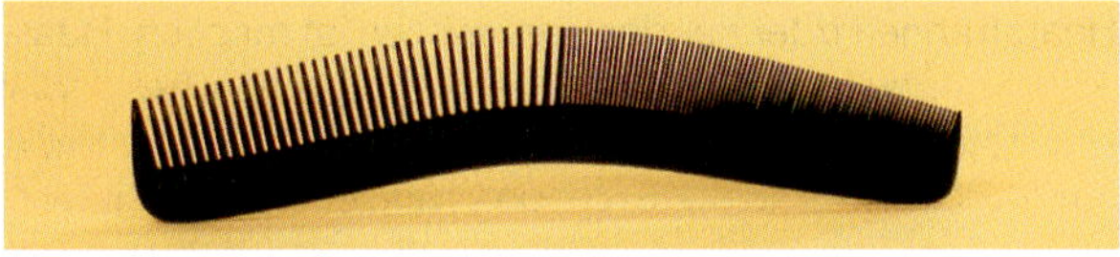

Bild 2 *Wasserwellkamm*

Der **Stielkamm** (Bild 3) dient zum Abteilen und zum Auflockern und Anheben von Haarpartien.

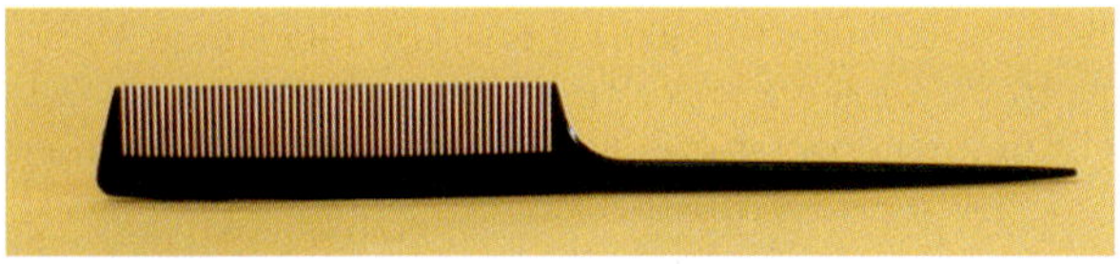

Bild 3 *Stielkamm*

Der **Toupierkamm** (Bild 4) mit seinen kurzen und langen Kammzähnen ermöglicht, dass beim Toupieren nur ein Teil der Haare als Stützhaare zurückgeschoben werden.

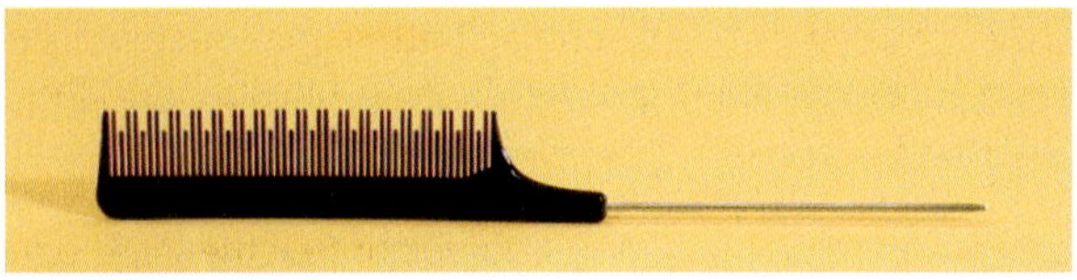

Bild 4 *Toupierkamm*

Der **Nadelkamm** (Bild 5) wird zum feineren Abteilen von Wickelsträhnen gebraucht. Mit der Nadel lassen sich Haarspitzen sauber um die Wickel legen.

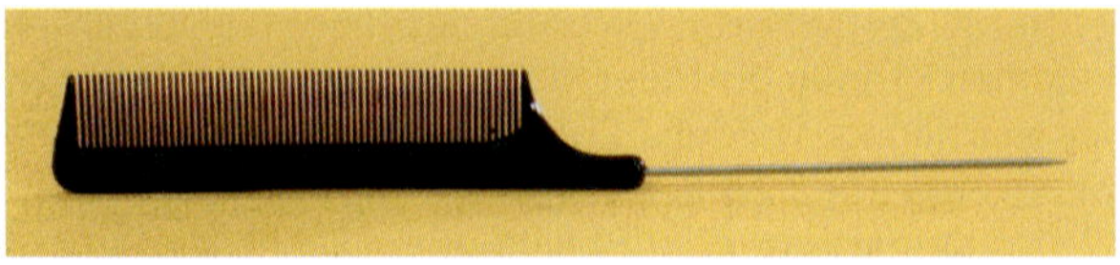

Bild 5 *Nadelkamm*

Der **Styler** (Bild 6), auch Meschenkamm genannt, dient zum Auflockern von Frisuren.

Bild 6 *Styler*

3.3 Reinigung des Werkzeuges

Stellen Sie sich vor, Sie werden mit Werkzeugen bedient, in denen sich noch die Haare des zuvor bedienten Kunden befinden. Wie fühlen Sie sich? Dementsprechend ist bei dem Werkzeug auf Hygiene zu achten.

Die **Kämme** sollten nach jeder Kundin von den Haaren befreit werden. Am Ende des Arbeitstages sollten sie mit Wasser und Shampoo gewaschen und mit einem Desinfektionsmittel desinfiziert werden. Horn- und Holzkämme verbiegen sich durch Wärme und Feuchtigkeit, diese dürfen somit nicht längere Zeit in der Waschlauge liegen.

Bürsten müssen ebenso wie Kämme von Haaren befreit werden. Hinzu kommt, dass in Bürsten noch schneller Schuppen, Reste von Pflege- und Stylingprodukten, sowie Staub und Mirkoorganismen hängen bleiben. Sie müssen genauso gereinigt werden wie Kämme. Die Friseurin sollte darauf achten, dass die Bürste nur in der Waschlösung geschwenkt wird, da sonst je nach Material der Bürstenkörper aufquillt. Außerdem darf eine Bürste nicht zu heiß gewaschen werden, da sich bei geklebten Borsten, diese lösen können. Zum Trocknen wird der Bürstenkörper nach unten gelegt, damit die Feuchtigkeit aus dem Bürstenkörper entweicht.

Sollte während der Behandlung einer Kundin festgestellt werden, dass sie an einer Mykose (Pilzinfektion) oder an Läusen leidet, muss das Werkzeug sofort entsprechend desinfiziert werden.

Wickel sollten von losen Haaren befreit, gründlich gespült und getrocknet werden.

Aufgaben

1. Nennen Sie Merkmale für gutes Profiwerkzeug.
2. Erläutern Sie den Begriff »antistatisch«.
3. Was verstehen Sie unter ergonomisch geformtem Werkzeug?
4. Fertigen Sie in Ihrem Arbeitsheft Zeichnungen der verschiedenen Kämme an und schreiben Sie stichpunktartig die Anwendungsgebiete dahinter.
5. Worauf sollte bei den Borsten einer Bürste geachtet werden?
6. Zeichnen Sie eine Bürste und benennen Sie die Bestandteile.
7. Erläutern Sie, warum Naturprodukte besonders empfehlenswert für die Haarpflege sind.
8. Führen Sie ein Beratungsgespräch über Haarbürsten.
9. Informieren Sie sich über Kosten verschiedener Kämme und Bürsten.
10. Diskutieren Sie in der Gruppe, wie es zu den Preisunterschieden kommt.
11. Wodurch unterscheiden sich die unterschiedlichen Wickel?
12. Beschreiben Sie, wie Sie die verwendeten Werkzeuge säubern müssen.
13. Welche Vorschrift gilt für die Reinigung?

3.4 Finishpräparate

Die Präparate, die bei der Gestaltung der Frisur eingesetzt werden und ihre Haltbarkeit verbessern sollen, werden als Finishpräparate bezeichnet. Sie haben die folgenden Aufgaben:

- Stabilisieren der Frisur
- Schutz des Haares vor Witterungseinflüssen
- Schutz vor Feuchtigkeitsverlust
- Ausgleich der elektrostatischen Aufladung
- Verstärken des Glanzes
- Rückfetten bei trockenem Haar

Die einzelnen Finishprodukte unterscheiden sich aber wesentlich in ihrer Zusammensetzung, Anwendung und Wirkung.

3.4.1 Haarfestiger

Sie werden für Einlegefrisuren verwendet und enthalten Kunstharze als Hauptwirkstoffe, die in Alkohol gelöst sind. Diese geben dem Haar Elastizität, Volumen und Halt. Außerdem schützen sie das Haar vor Luftfeuchtigkeit. Weichmacher geben den Filmbildnern die erforderliche Geschmeidigkeit. Der Kunstharzfilm soll nicht brüchig und spröde werden, er muss sich leicht wieder ausbürsten lassen.

Weitere Inhaltstoffe sind Pflegestoffe zur Verbesserung der Haarstruktur, kationische Wirkstoffe für eine gute Kämmbarkeit, UV-Filter und Duftstoffe. Haarfestiger werden auf das handtuchfeuchte Haar aufgetragen und gleichmäßig verteilt. Anschließend wird die gewünschte Frisur eingelegt, das Haar getrocknet und ausfrisiert. Farbfestiger enthalten direktziehende Farbstoffe, die sich mit den Filmbildnern auf dem Haar ablagern oder in geringem Maße die Schuppenschicht anfärben. Sie beleben die Ausgangsfarbe, erzielen modische Reflexe, beleben und nuancieren ergraute Haare oder Strähnen.

Bild 1 *Finishpräparate*

3.4.2 Schaumfestiger

Sie sind wie die Haarfestiger zusammengesetzt. Sie enthalten jedoch zusätzlich spezielle Tenside als Schaumbildner und ein Treibgas. In der Flasche steht der Festiger unter Druck. Beim Öffnen des Ventils presst das Treibgas den Festiger aus der Flasche und bildet mit dem Schaumbildner den Schaum, in dem die Wirkstoffe enthalten sind. In der Praxis kommen Schaumfestiger überwiegend bei Föhnfrisuren zur Anwendung. Sie können sowohl auf nassem wie auch auf trockenem Haar aufgetragen werden. Schaumfestiger lassen sich leicht verteilen und laufen nicht ab. Sie werden auch mit Farbzusätzen angeboten.

3.4.3 Haargel

Hierbei handelt es sich um Stylingprodukte von flüssiger bis dickflüssiger Konsistenz. Je nach Präparat werden sie auf das trockene oder handtuchfeuchte Haar gegeben. Durch die Einarbeitung über den gesamten Kopf erzielt man einen Wet-Look. Aber auch die Betonung einzelner Haarsträhnen oder nur der Haarspitzen ist möglich. Haargele werden aus Gelbildnern und alkoholischen oder wässrigen Flüssigkeiten hergestellt. Durch Zusatzstoffe können Glitter-, Glanz-, Farb- und Nasseffekte erzielt werden.

Folgende Gele sind im Handel erhältlich:

- **Kompaktgel:** festere Konsistenz, starke Stützwirkung. Zum Modellieren von Haarsträhnen oder Einarbeiten der gesamten Frisur.
- **Cremegel:** mittlere Konsistenz, normale Stützwirkung. Es ist ideal zum Modellieren einzelner Haarsträhnen oder der gesamten Frisur. Es verleiht dem Haar intensive Pflege und Brillanz.
- **Flüssiggel:** flüssigere Konsistenz, leichte Stützwirkung. Zum Formen, Kneten, Modellieren und Akzentuieren geeignet. Es gibt Glanz, Volumen und Stand.

3.4.4 Haarwachs

Haarwachs ist ein Gemisch von Fetten und Wachsen. Je nach Grundsubstanz gibt es diese in unterschiedlichen Härtegraden. Gutes Haarwachs darf nicht kleben und lässt sich leicht wieder auswaschen. Es wird mit den Fingerspitzen in das trockene oder leicht feuchte Haar eingearbeitet. Haarwachs eignet sich zum Modellieren der gesamten Frisur oder einzelner Haarsträhnen. Es verleiht dem Haar Stand und intensiven Glanz.

Ein weiteres wachshaltiges Pflegeprodukt ist die Pomade. Ihre Wirkweise entspricht dem Haarwachs.

3.4.5 Frisiercreme

Frisiercremes sind Emulsionen mit speziellen Zusätzen. Sie werden überwiegend als Ö/W-Emulsionen angeboten. Dieser Emulsionstyp hinterlässt einen natürlichen Glanz. Eine Ö/W-Emulsion lässt sich leicht wieder auswaschen.

3.4.6 Haarspray

Haarsprays sind ähnlich wie Haarfestiger aufgebaut. Als Lösungsmittel dürfen sie jedoch kein Wasser enthalten, weil sonst die beim Trocknen geschlossenen Wasserstoffbrücken wieder gelöst würden.

Haarspray wird auf die fertige Frisur aufgesprüht. Der Kunstharzfilm legt sich um das Haar und bildet zwischen den Haaren feine Kunstharzbrücken. Der Kunstharzüberzug gibt der Frisur Halt, schützt sie vor Witterungseinflüssen und erhöht den Glanz der Haare. Haarsprays werden mit und ohne Treibgas angeboten.

Das Haarspray ohne Treibgas ist mit einem Micro-Pumpsystem versehen. Es eignet sich sowohl für die gesamte Frisur wie auch für das Stylen einzelner Haarpartien.

Haarsprays mit Treibgas ermöglichen eine feinere Zerstäubung.

Treibgase sind unter Druck verflüssigte Gase, die bei Zimmertemperatur verdampfen. Dosen mit Treibgas stehen unter Druck. Sie dürfen nicht gewaltsam geöffnet oder Temperaturen über 60 °C ausgesetzt werden. Der Sprühkopf sorgt für eine gleichmäßige Verteilung des Haarsprays auf dem Haar.

3.4.7 Haarlack

Haarlacke sind ähnlich wie Haarsprays zusammengesetzt. Sie werden mit unterschiedlich festigender Wirkung angeboten:

- Stark
- Extra stark
- Ultra stark

Im Gegensatz zum Haarspray wird Haarlack sowohl auf trockenes wie auf feuchtes Haar gesprüht. Haarlack gibt dem Haar dauerhaften Stand, Volumen, Halt und natürlichen Glanz. Er eignet sich aber auch zum Modellieren einzelner Haarsträhnen.

Gesundheits- und Umweltschutz:
Bedenken Sie, dass Inhaltsstoffe von Haarsprays, Haarlacken und Schaumfestigern die Raumluft und somit auch die **Atemluft** belasten. Diese können sich gesundheitsschädlich auf Ihre Lungen auswirken. Somit sollten Sie auch an kalten Wintertagen auf ein regelmäßiges Durchlüften des Salons achten.

Treibgase (Butan und Propan), die in Sprays und Schäumen eingesetzt werden, wirken sich auch auf die Atemluft aus. Achten Sie auf **umweltfreundliche Pumpsysteme**.

3.5 Inhaltstoffe von Finishpräparaten

Neben den speziellen Inhaltstoffen sollten die in jedem Produkt vorkommenden erwähnt werden.

Hierzu gehören die:

- Tenside
- Pflegestoff- und Rückfetter
- Konservierungsstoffe
- Konsistenzgeber
- Duftstoffe
- Farbstoffe

Eine Friseurin sollte sich mit den Inhaltstoffen intensiv auseinandersetzen. Zum einen kann sie hier im Fachgespräch ihr Wissen präsentieren.

Zum anderen nehmen Allergien heutzutage immer mehr zu. Dementsprechend ist es für die Friseurin aufgrund ihres Fachwissens wichtig, die Kundin nach Allergien zu befragen. Falls Allergien bei einer Kundin vorliegen sollten, meist Duft- und Konservierungsstoffallergien, muss die Friseurin das entsprechend geeignete Produkt für die Kundin auswählen und ihr anbieten. Eine gute und kompetente Beratung schafft Vertrauen.

Im Folgenden sollen die wichtigsten Aufgaben der Inhaltstoffe nochmals erläutert werden:

- **Tenside** in Finishpräparaten werden als Netzmittel und Emulgator eingesetzt. Sie dienen der besseren Verteilung auf dem Haar sowie dem Verteilen der einzelnen Inhaltsstoffe miteinander im Produkt. Es handelt sich um kationische und amphothere Tenside.
- **Pflegestoff- und Rückfetter** haben einen pflegenden Effekt für Haut und Haar. Sie sollen das Haar vor zu heißer Föhnluft schützen und die Schuppenschicht des Haares glätten.
- **Konservierungsstoffe** machen das Produkt haltbar und verringern die Keimzahl.
- **Konsistenzgeber** haben zwei Aufgaben, zum einen verfestigen sie Produkte wie Schaumfestiger und Haargel. Zum anderen dienen sie aber auch dazu, dass das Präparat nicht austrocknet.
- **Duftstoffe** überdecken unangenehme Gerüche von anderen Inhaltstoffen und geben dem Produkt eine persönliche Note.
- **Farbstoffe** können z. B. in Farbfestiger unerwünschte Farbtöne mattieren. Dienen aber auch einen Wiedererkennungseffekt oder sollen, wie z. B. Perlglanz oder Glitzer, einen Schimmer auf das Haar legen.

Aufgaben

1. Welche Aufgaben haben Finishprodukte?
2. Nennen Sie die wesentlichen Aufgaben eines Festigers.
3. Welche besonderen Vorteile hat ein Schaumfestiger?
4. Worin liegt die unterschiedliche Wirkung von Haarspray und Festigern?
5. Warum werden Haargele auch als Stylingprodukte bezeichnet?
6. Welche Gefahren bestehen beim Umgang mit Treibgasen?
7. Welche Lungen belastenden Tätigkeiten üben Sie noch aus?
8. Warum sind Kenntnisse über Inhaltstoffe wichtig? Nennen Sie zwei Gründe.
9. Welche Inhaltstoffe in Friseurprodukten lösen am häufigsten Allergien aus?
10. Fertigen Sie in Ihrem Arbeitsheft eine Tabelle mit den Inhaltsstoffen und Ihrer Wirkung an.
11. Führen Sie ein Beratungsgespräch zu Finishpräparaten.
12. Suchen Sie im Internet Informationen über Haarwachs und Pomade.

4 Durchführungen kurzfristiger Umformungen beschreiben

Szenario

Nachdem Werkzeuge und Präparate bereit liegen, soll jetzt Frau Schönleins Galafrisur ausgeführt werden. Anja will auch Anregungen für ihre Gesellenprüfung erhalten und bittet Randa, ihr ausführlich darüber zu berichten.

Der Wunsch nach gelocktem Haar bestand schon seit der Antike. Die Friseurin kann sich heute über aktuelle Modetrends in der festlichen und Abendfrisur kann sich die Friseurin in entsprechenden Fachzeitschriften oder im Internet bei bekannten Friseurfirmen informieren. Für die Umsetzung stehen der Friseurin folgende Methoden der kurzfristigen Umformungen (nichtpermanente) zur Verfügung:

- Welltechniken
- Lockentechniken
- Föhntechniken

Nach der Anwendung der entsprechenden Technik muss die Friseurin durch entsprechende Frisier- und Finishtechniken die Frisur ausstylen. Dieses muss form- und typgerecht erfolgen.

4.1 Welltechniken

Wellen als einzelne Frisurenelemente oder als komplette Wellenfrisuren können durch folgende Arbeitstechniken erstellt werden:

- Ondulation
- Handgelegte Wasserwelle
- Föhnwelle

4.1.1 Ondulation

Der Name leitet sich aus dem französischen Wort für Welle (= onde) ab. Der Erfinder war Marcel Grateau. Die Ondulation erfolgt im trockenen Haar mithilfe von Kamm und Brenneisen. Hierbei werden gleichmäßige Wellen mit intensiven Wellenkanten geformt. Dieses Verfahren wurde hauptsächlich um 1900 eingesetzt und ist heute nicht mehr üblich.

4.1.2 Handgelegte Wasserwelle

Beim Wellenlegen mit der Hand wird das nasse Haar in den gewünschten Wellenverlauf gekämmt. Bevor die Ansatzwelle gelegt wird, schiebt man das Haar etwas an, damit der natürliche Fall des Haares ermittelt werden kann.

Die Ansatzwelle muss mit der Wachstumsrichtung der Haare nach links oder nach rechts übereinstimmen (Bild 1). Werden Wellen über den ganzen Kopf gelegt, so wird die Welle immer von einer Seite zur anderen gelegt.

Erst dann wird mit der nächsten Welle in die entgegengesetzte Richtung begonnen. Mit Clipsen oder Wasserwellkämmchen wird die Form der Wellen gehalten (Bild 2).

Die wichtigsten Merkmale einer handgelegten Wasserwelle sind:

- Halbkreisförmig angeordnete **Wellenbögen**
- In abwechselnder Richtung verlaufende Wellenbögen
- Sauber ausgearbeitetes **Wellental** mit entsprechender **Wellenkante**

Die ersten Übungen zur handgelegten Wasserwelle sollten an einem schmalen Haarteil durchgeführt werden, damit zuerst die Fingerfertigkeit erlernt wird. Erst danach ist es sinnvoll, die handgelegte Wasserwelle am Übungskopf zu erstellen, um auch das Legen der Übergänge zu den Seitenpartien zu erlernen (Bild 1).

Bild 1 *Ansatzwelle*

Bild 2 *Handgelegte Wasserwelle*

Bild 1 *Handgelegte Wasserwelle am Haarteil*

Bild 2 *Handgelegte Wasserwelle am Übungskopf*

Arbeitsplan beim Legen einer Wasserwelle

1. Schieben Sie das Haar etwas nach vorne, bestimmen Sie die natürliche Fallrichtung der Ansatzwelle.
2. Formen Sie mit dem Kamm die Ansatzwelle vor, legen den gestreckten Mittelfinger auf den geformten Ansatz und den Zeigefinger vor die sich bildende Wellenkante. Zwischen Mittel- und Zeigefinger wird die Wellenkante festgehalten.
3. Kämmen Sie die Haare vor Ihrem Zeigefinger vom Ansatz her sauber in die entgegengesetzt gerichtete Wellenform. Das neugebildete Wellental halten Sie mit dem Mittelfinger fest. Kämmen Sie anschließend die neue Wellenkante. Die Wellenkante wird wieder mit Mittel- und Zeigefinger festgehalten.
4. Die folgenden Wellen werden ebenso geformt bis zu den »Geheimratsecken«, dann beginnt das Formen der Wellen am Ohr. Arbeiten Sie z. B. eine nach rechts gerichtete Welle, so sollte die Welle auf der linken Seite etwas schmaler beginnen und auf der rechten Seite über bzw. auf dem Ohr als rechte Ohrenwelle etwas breiter auslaufen. Die folgende nach links verlaufende Welle ist gegenläufig zu arbeiten. Die Wellen über den Ohren sollten nach Möglichkeit auf beiden Seiten gleich groß sein und über den Hinterkopf verlaufen.
5. Führen Sie die restlichen Wellen nun wieder in etwa gleicher Wellenbreite in wechselnder Richtung weiter.
6. Befestigen Sie die Wellen mit Wellenkämmchen oder Clipsen. Achten Sie darauf, dass die Wellentäler nicht auseinandergezogen oder in ihrer Form beeinträchtigt werden. Clipse sind in Wellenrichtung zu setzen.

4.1.3 Wellen mit Föhnwellkamm

Das Erstellen einer Wellenfrisur mit dem Föhnwellkamm erfolgt in ähnlicher Weise wie die handgelegte Wasserwelle. Für das Föhnwellen ist das Beherrschen der handgelegten Wasserwelle eine wichtige Voraussetzung. Bei der geföhnten Welle erhält man mehr Volumen als bei der handgelegten Wasserwelle und die Wellenkanten fallen nicht so scharf aus. Dadurch wirken die Wellen natürlicher und weicher.

Bild 3 *Formen der Welle mit Föhnwellkamm*

4.2 Lockentechnik

Mit den folgenden Techniken erzielt man Locken, die auch zu Wellen frisiert werden können.

4.2.1 Papillotiertechnik

Papilloten sind Locken, die mit den Fingern geformt werden. Man unterscheidet folgende Techniken:

Liegende Papilloten

Sie ergeben flachanliegende Frisurenteile. Werden sie reihenweise in wechselnder Richtung angeordnet, so entstehen wellenförmige Frisurenteile oder Wellenfrisuren. Für sehr langes und krauses Haar ist diese Technik nicht geeignet. Der Durchmesser der Papilloten bestimmt die Größe der abzuteilenden Haarpartie, die Sprungkraft der Haare und die Wellenbreite (Bild 1).

Bild 1 *Liegende Papilloten*

Stehende Papilloten

Sie erzeugen volumige, füllige Frisurenteile. Je mehr Volumen am Ansatz gewünscht wird, umso größer muss der Winkel zwischen Haarpartie und Kopf sein. Der Durchmesser der Papilloten bestimmt die Größe der Abteilungen. Er ist entscheidend für das Volumen der Frisur und für die Sprungkraft der Haare (Bild 2).

Bild 2 *Stehende Papilloten*

Neben den oben aufgeführten Techniken gibt es noch weitere Varianten des Papillotierens, die von den liegenden oder stehenden Papilloten abgeleitet sind. Die gebräuchlichsten Techniken darunter sind z. B. die Ansatzpapilloten und die Spitzenpapilloten.

Grundsätzlich werden alle Papilloten mit Clipsen befestigt. Um Druckstellen an der Locke zu vermeiden, darf der Clip nicht über die gesamte Papillote gesetzt werden. Beim Papillotieren ist das Clipsen die klassische Befestigungstechnik. Papilloten können aber auch mit Steilform- oder Volumenwickel erarbeitet werden (Bild 3 und 4). Beide Möglichkeiten eignen sich gut für langes, dauergewelltes oder naturkrauses Haar. Das Papillotieren gehört mit zu den klassischen Arbeitstechniken der Formveränderung von Haaren, aber auch hier sind der Kreativität des Friseurs keine Grenzen gesetzt.

Bild 3 *Papillotiertechnik mit Steilformwickeln*

Bild 4 *Papillotiertechnik mit Volumenwickeln*

Der Durchmesser der Wickler ist auch hier entscheidend für die Sprungkraft und die Wellenbreite bzw. die Größe der Locken. Die Auswahl des Wickeldurchmessers und die Anordnung der Wickel richtet sich nach der gewünschten Frisur.

4.2.2 Einlegen mit Volumenwickel

Sie sind die gebräuchlichsten Hilfsmittel zur Erstellung fülliger Frisurenbereiche. Der Durchmesser des Volumenwickels bestimmt die Sprungkraft der Locken und Wellen:

- Kleiner Durchmesser – starke Sprungkraft
- Großer Durchmesser – geringere Sprungkraft

Das Wickeln der Haare auf Volumenwickel erfolgt unter Berücksichtigung

- des erforderlichen Winkels zwischen Haarpartie und Kopfhaut,
- der richtigen Breite und Dicke der Haarpartien.

Der Haltewinkel zwischen Haarsträhne und Kopfhaut bestimmt das Volumen der geplanten Frisur:

Rechtwinkliger Haltewinkel (Bild 1)

Dieser Haltewinkel eignet sich für Frisuren, bei denen viel Volumen am Ansatz erforderlich ist.

Stumpfwinkliger Haltewinkel (Bild 2)

Bei Frisuren mit sehr starkem Ansatzvolumen ist dieser Haltewinkel erforderlich.

Spitzwinkliger Haltewinkel (Bild 3)

Dieser Haltewinkel hat kein Ansatzvolumen zur Folge.

Beim Setzen der Volumenwickel sollte Folgendes beachtet werden:

- Das Abteilen der Haarsträhne erfolgt entsprechend den Ausmaßen des Wickels:
  Breite des Passees – Wickellänge
  Dicke des Passees – Wickeldurchmesser
- Die Haarsträhne ist sauber durchzukämmen
- Die Haarspitzen sind rund und nicht geknickt um die Mitte des Volumenwickels zu legen.
- Das Haar ist gleichmäßig fest und verteilt aufzuwickeln.
- Der Haltewinkel der Haarsträhne zur Kopfhaut ist auf die geplante Frisur abzustimmen und einzuhalten.

Bild 1 *Haarsträhne im rechten Winkel zur Kopfhaut*

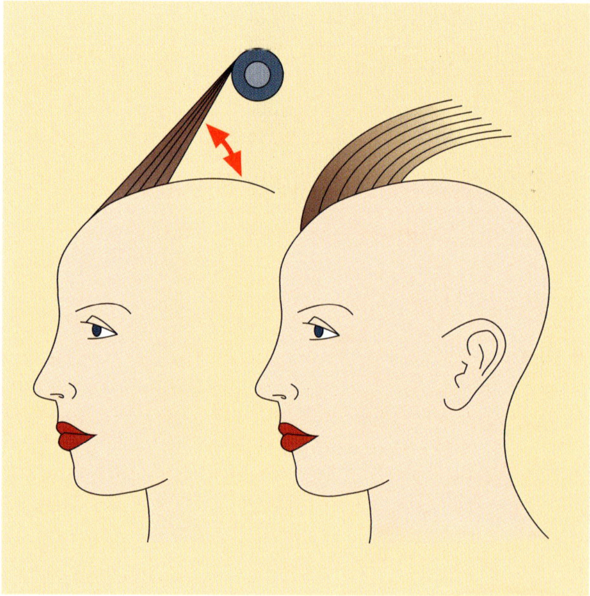

Bild 3 *Haarsträhne im spitzen Winkel zur Kopfhaut*

Bild 2 *Haarsträhne im stumpfen Winkel zur Kopfhaut*

Bild 4 *Abteilen nach Ausmaßen des Wickels*

Die Anordnung der Volumenwickel muss der Wuchsrichtung und der Frisur entsprechen. Die Volumenwickeltechnik kann auch mit anderen formgebenden Arbeitstechniken, z.B. Papilloten oder handgelegter Wasserwelle, kombiniert werden (Bild 1).

Bild 1 *Kombinierte Einlegetechnik*

4.3 Föhntechniken

Das Föhnen ermöglicht der Friseurin eine vielseitige Frisurengestaltung. Auf diese Weise lassen sich sowohl wellige, flache wie auch lockige Formen erstellen. Je nach Frisurenwunsch und vorhandener Haarlänge können verschiedene Föhntechniken mit entsprechenden Föhnbürsten (runde, halbrunde, kleine bis große) eingesetzt werden.

Bei allen Föhntechniken ist Folgendes zu beachten:

- Kleine Rundbürsten führen zu starker Sprungkraft.
- Größere Rundbürsten führen zu geringerer Sprungkraft.
- Der Haltewinkel der Föhnbürste zur Kopfhaut bewirkt unterschiedliche Ergebnisse (s. Haltewinkel bei den Volumenwicklern).
- Haare sollen beim Föhnen nur leicht angefeuchtet sein.
- Durch das Abteilen dünner Haarpartien zum Föhnen wird die Trockenzeit verkürzt und die Haare erhalten eine bessere Sprungkraft.
- Der Warmluftstrahl muss immer vom Haaransatz in Richtung der Haarspitzen geführt werden.
- Der Föhn darf nicht zu nah an die Kopfhaut und die Haare gehalten werden.
- Bei strukturgeschädigtem, feinen Haar und in Kopfhautnähe sollte eine niedrige Föhntemperatur gewählt werden. Bei gesundem, dicken Haar ist dagegen eine höhere Temperatur zu wählen, damit das Haar besser durchtrocknet.
- Föhnschaum und Föhnlotionen schützen die Haare vor zu großer Hitzeeinwirkung.

4.3.1 Formgebung am Ansatz

Das gezielte Föhnen des Haaaransatzes erfolgt, um Volumen zu erzeugen oder bestimmte Frisurenschwerpunkte, z.B. Scheitel oder Wirbel zu betonen. Zum Föhnen von Wölbungen und Kanten wird eine halbrunde Föhnbürste oder Skelettbürste eingesetzt (Bild 2).

Bild 2 *Betonung des Scheitels*

Bei Problemzonen, z.B. abfallendem Hinterkopf oder zu schmalem Gesicht, benötigt man oft mehr Volumen und verstärkten Stand am Ansatz. Hier sollte die Friseurin zuerst ganz gezielt gegen die Wuchsrichtung der Haare und anschließend die Haare in Wuchsrichtung föhnen (Bild 3).

Bild 3 *Föhnen gegen die Wuchsrichtung der Haare*

4.3.2 Formgebung von Haarlängen und Spitzen

Das Haar wird unter Spannung gleichzeitig geformt und getrocknet. Mit dieser Technik können Innen- und Außenrollen sowie Locken geformt werden. Zum Föhnen von

Innen- und Außenrollen sowie zum Föhnen der Locken können je nach Frisurenwunsch runde und halbrunde Föhnbürsten benutzt werden.

Bild 1 *Formgebung der Längen und Spitzen*

Um Bewegung in das Haar zu bringen, erfolgt das Trocknen und Formen der Haare mit einer Skelettbürste.

Bild 3 *Bewegung ins Haar föhnen*

4.3.3 Volumen und Bewegung in das Haar föhnen

Soll das Haar beim Föhnen Volumen erhalten, so werden die Haare zuerst am Ansatz mit einer Skelettbürste in Stand gebracht. Je stärker die Haare zu Beginn der Föhnarbeit am Ansatz entgegengesetzt der Haarwuchsrichtung geföhnt werden, um so volumiger wird die Frisur. Danach wird das Haar mit einer Rundbürste geformt. Beim Föhnen mit der Rundbürste ist genau wie beim Setzen der Volumenwickel auf den Haltewinkel zu achten (s. S. 170 f.). Ebenso ist die Größe der Rundbürste mitentscheidend für das Volumen der Frisur. Größere Rundbürsten erzielen viel Volumen, kleinere Rundbürsten erreichen wenig Volumen, aber dafür mehr Locken.

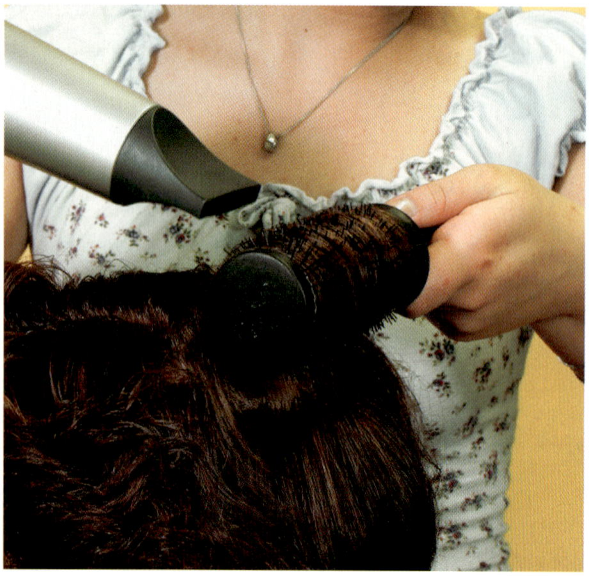

Bild 2 *Volumen ins Haar föhnen*

4.3.4 Gestalten der Frisur mit den Fingern

Für das Formen der Haare mit den Fingern ist das Vortrocknen mit einem Föhn unerlässlich, da eine Restfeuchtigkeit im Haar verbleiben muss. Diese Gestaltungsmöglichkeit kann die Friseurin zum Ausarbeiten oder Betonen für bestimmte Details einer Frisur einsetzen.

Werden die Haare beim Föhnen mit den Fingern geformt, so erzielt man legere Frisuren.

Das abschließende Frisieren kann mit einem grobzahnigen Kamm erfolgen. Einzelne Strähnen werden mit den Fingern in die gewünschte Richtung gezupft. Um die erstellte Frisurenform wirkungsvoller zu gestalten, sollte die Friseurin entsprechende Finishprodukte einsetzen.

Bild 4 *Fingerföhntechnik*

4.4 Frisiertechniken

Bedingt durch den stetigen Wechsel in der Frisurenmode kommen die verschiedenen Frisiertechniken unterschiedlich stark zum Einsatz. Kundinnen haben jedoch immer den Wunsch nach einer problemlosen Frisur. Sie möchten ihre Haare so frisiert haben, dass die Frisur

- gepflegt und typgerecht aussieht,
- sehr gut und lange hält,
- problemlos nachgearbeitet werden kann.

Um diesen Ansprüchen gerecht zu werden, muss die Friseurin schon beim Einlegen oder Föhnen der Haare auf die Frisurenform und besondere Schwerpunkte der Frisur hinarbeiten.

4.4.1 Haare ausbürsten und kämmen

Bevor die Friseurin die Haare nach dem Einlegen bzw. Föhnen ausbürstet und kämmt, sollte sie sich davon überzeugen, dass die Haare vollkommen trocken und ausgekühlt sind. Ansonsten verliert das Haar beim Ausfrisieren an Sprungkraft.

Durch das Ausbürsten wird das Haar entspannt und gelockert. Wie stark das Haar entspannt wird, ist von den folgenden Faktoren abhängig:

- Qualität und Vorbehandlung der Haare
- Einlegetechnik
- Festigerart
- Intensität des Durchbürstens und Durchkämmens der Haare
- Borstendichte der Frisierbürste
- Zahnung des Kamms
- Häufigkeit des Kämmens und Bürstens

Um die unerwünschten Abteilscheitel zu beseitigen, kann das Haar in alle Richtungen gebürstet werden. Die Form der eingelegten Frisur geht nicht verloren. Das kräftige Bürsten der Haare erleichtert das Formen der Frisur. Werden die Haare abschließend in die gewünschte Frisurenform gebürstet, so dürfen sie nicht mehr zurückspringen. Danach wird das Haar mit einem Frisierkamm nachgearbeitet und je nach Frisurenziel erfolgt die Feinarbeit des Frisierens.

Als Frisierhilfsmittel gegen das »Fliegen« der Haare und für den Glanz eignen sich Frisiercremes, Glanzsprays, Wachse und gelförmige Finishprodukte.

4.4.2 Haare toupieren und in Form frisieren

Das Toupieren ist eine spezielle Frisiertechnik. Mit dieser Technik kann die Friseurin gezielt Volumen und Stand in die vorgeformte Frisur bringen (Bild 1). Zum Toupieren und Ausfrisieren sind folgende Kenntnisse wichtig:

- Haare unterschiedlicher Länge (z. B. effilierte Haare) lassen sich besonders gut toupieren.
- Poröse Haare lassen sich sehr leicht toupieren, da die aufgeraute Schuppenschicht gut miteinander »verhakt«.
- Haare mit sehr glatter Oberfläche (z. B. Kunsthaare) und Haare gleicher Länge lassen sich schwer toupieren.
- Einzelne Frisurenteile können fülliger als der Rest der Frisur, aber auch anliegender frisiert werden.
- Das Toupierergebnis ist abhängig von der Zahnung des Kamms und der Häufigkeit der Toupierbewegung.

Arbeitsanweisung

Beim Toupieren geht man folgender Weise vor:

1. Die Haarpartie großzügig abteilen. Der Abteilungsscheitel sollte nicht mit dem der vorherigen Einlegetechnik übereinstimmen.
2. Die Haarpartie nach oben kämmen und die Haarspitzen unter Spannung festhalten.
3. Den Kamm ca. 3 cm von der Kopfhaut entfernt in die untere Seite der Haarpartie ansetzen.
4. Den Kamm bis zur Kopfhaut zurückschieben. Den Vorgang je nach gewünschtem Volumen wiederholen, dabei den Kamm immer etwas höher in die Haarpartie einsetzen.
5. Weitere Haarpartien gleicher Größe und auf Lücke versetzt abteilen.
6. Toupiervorgang wiederholen.
7. Nach der zuletzt toupierten Haarpartie erfolgt das »Glätten« und Frisieren der Haare.
8. Die toupierte Haarpartie auf die flache Hand legen, glatt frisieren und danach in die gewünschte Frisurenform kämmen.
9. Die Haare Partie für Partie weiter ausfrisieren bis das Frisurenziel erreicht ist.

Bild 1 *Stand und Volumen in das Haar toupieren*

Werden flachanliegende Frisurenteile gewünscht, so hält man die Haarpartie in Frisurenrichtung flach am Kopf anliegend unter Spannung fest. Die Haarpartie wird nun von oben toupiert und in die gewünschte Frisurenform gekämmt (Bild 1). Bei lockigen Frisurenteilen erfolgt das Toupieren je nach gewünschtem Volumen im Bereich der Längen und Spitzen. Die Spitzen dürfen nur leicht toupiert werden, damit die Toupage der Frisur nicht sichtbar wird.

Unabhängig von der Vorgehensweise beim Toupieren und Ausfrisieren sollte die Friseurin ihre Arbeit folgendermaßen beenden:

- Verbindung einzelner Frisurenteile kontrollieren und Übergänge sauber frisieren (Bild 2).
- Form der Frisur im Spiegel kontrollieren. Zu flach anliegende Partien mit dem Stielkamm anheben – zu volumige Partien mit der Hand flach andrücken.
- Finishprodukte benutzen, um der Frisur Halt zu geben.

4.4.3 Flecht- und Steckfrisuren erstellen

Je nach Anlass, Geschmack und Mode wünschen die Kundinnen Flecht- oder auch Steckfrisuren. Bei diesen Frisuren ist die Kreativität der Friseurin besonders gefordert. Hier kommen viele gestalterische Elemente zum tragen, die die Wirkung der Flecht- oder Steckfrisur zur Geltung bringen. Um die Wirkung zu verstärken, kann man je nach Frisurenwunsch Fremdhaar und Haarschmuck einarbeiten.

Das Flechten ist eine besondere Art der Frisurenformung, bei der eine ausreichende Haarlänge zur Verfügung stehen muss. Zöpfe und Flechten können aus drei oder mehreren Strähnen hergestellt werden (Bild 3).

Ähnlich wie bei den Flechtfrisuren muss auch bei den Steckfrisuren eine ausreichende Haarlänge vorhanden sein. Die Gestaltung effektvoller Steckfrisuren ergibt sich aus der Kombination von Steck- und Drehelementen (Bild 4).

4.4.4 Besondere Finishtechniken

Für das Nacharbeiten einer Frisur, oder um eine Frisur stärker zu akzentuieren, kann die Friseurin je nach Frisurenwunsch verschiedene technische Geräte und Hilfsmittel einsetzen. Alle Geräte formen das Haar durch Druck und Hitze im trockenen Zustand. Die natürliche im Haar

Bild 1 *Anliegende Frisurenteile toupieren*

Bild 3 *Flechtfrisur*

Bild 2 *Sauber ausfrisierte Frisur*

Bild 4 *Steckfrisur*

Bild 1 *Finish mit dem Kreppeisen*

Bild 2 *Fingerstyling mit Finishprodukten*

vorhandene Feuchtigkeit ermöglicht den Umformungsvorgang.

Unter besonderen Finishtechniken im trockenen Haar versteht man

- Das Entspannen und Nacharbeiten mit dem Föhn, um nach dem Einlegen die übermäßige Sprungkraft zu verringern und weichere Übergänge, z. B. am Hinterkopf/Nacken, zu schaffen
- Das Einlegen mit Heißwickel, um Lockenfrisuren mit möglichst glatten Ansätzen zu erstellen
- Das Kreppen der Haare mit dem Kreppeisen, um modische Akzente zu setzen (Bild 1)
- Das Formen der Haare mit dem Lockenstab, um Wellen, Locken, Innen- und Außenrollen in eine Frisur einzuarbeiten
- Das Glätten der Haare mit dem Glätteisen, um modische Akzente zu setzen

Bei den hier aufgeführten Techniken sollte darauf geachtet werden, dass weder die Haut der Kundin noch die Haut der Friseurin durch Hitzeeinwirkung verletzt werden.

Aufgaben

1. Mit welchen Arbeitstechniken werden Wellen und mit welchen Techniken Locken erzielt?
2. Welche unterschiedliche Wirkung erzielen Sie mit liegenden und stehenden Papilloten?
3. Warum wird das Haar vor dem Ausfrisieren durchgebürstet?
4. Warum sollen Haarpartien nach dem Trocknen vor den nachfolgenden Arbeitsschritten auskühlen?
5. Welche Wirkung erreichen Sie durch das Toupieren?

Die umgeformten Haarpartien müssen gut ausgekühlt sein, bevor sie durch Fingerstyling oder Ausfrisieren bearbeitet werden (Bild 2). Finishprodukte, wie z. B. Wachs, Gel oder Spray, geben der Frisur abschließend den letzten Schliff.

Mathematikaufgaben

Prozentrechnen II: Grundwert

1. Der Preis für »Waschen und Legen« ist um 6,5 % erhöht worden, was einer Teuerung von 1,30 € entspricht.
   Wie hoch war der Preis vor der Erhöhung?
2. Im Bereich der nicht dauerhaften Umformung sind folgende Dienstleistungen an einem Tag in Anspruch genommen worden:
   6 Mal »Waschen und Legen«
   14 Mal Föhnfrisuren
   4,76 % handgelegte Wasserwellen
   Wie viele Dienstleistungen sind an diesem Tag erbracht worden?
3. Einer Friseurmeisterin sind die Räume eines Friseursalons zur Miete oder zum Kauf angeboten worden. Die Monatsmiete des Salons beträgt 1.200 €. Der Jahresmietzins entspricht 8 % des Immobilienwerts.
   Wie viel Geld müsste die Meisterin für den Kauf aufbringen?
4. Nach einer Preiserhöhung von 8 % beträgt der Bedienungspreis für einen Haarschnitt 13,50 €.
   Wie hoch war der Preis vor der Erhöhung?
5. Während einer Angebotswoche reduziert eine Friseurmeisterin alle Dienstleistungen um 20 %. Ein Trockenhaarschnitt kostet nun 12,00 €.
   Wie viel € spart ein Kunde, wenn er das Angebot nutzt?
6. Der Haarschnitt soll von 10 € auf 12 € erhöht werden. Wie viel Prozent beträgt die Erhöhung?

5 Projekt Stilkunde »Schönheit im Wandel der Zeit«

Bei diesem Projekt sollen die Schülerinnen theoretisch und praktisch in Gruppen die Stilepochen durchleben. Als Grundlage zur Projektarbeit soll noch einmal auf LF 4, Seite 120 hingewiesen werden, auf der ein theoretischer Hinweis zur Projektarbeit stattfindet.

Das Projekt »Schönheit im Wandel der Zeit« ist ein fächerübergreifendes Projekt, bei dem jedes Fach inhaltliche Schwerpunkte setzt, die im Folgenden näher erläutert werden. Das Fach Deutsch kann die Plakate und die Präsentationstechnik bewerten. Politik und Wirtschafts- und Betriebslehre können die Darstellungen der politischen sowie der sozialen Lage bewerten. Technologie und Gestalten können die inhaltlichen Aspekte bewerten. Gleichzeitig wird auch die Sozial- und Methodenkompetenz der Schülerinnen gestärkt. Bei Parallelklassen kann auch klassenübergreifend gearbeitet werden.

Es wird, je nach Schülerzahl, in Gruppen mit je drei bis fünf Schülerinnen gearbeitet.

Folgende Epochen können bearbeitet werden:

- Ägypter
- Griechen
- Römer
- Germanen
- Romanik
- Gotik
- Renaissance
- Barock
- Rokoko
- Biedermeier
- Jugendstil
- 20er–30er Jahre
- 50er Jahre (Rock 'n' Roll)
- 60er Jahre (Hippies)
- 80er Jahre (Popper)

Bild 1 *Elvis Presley – Rock 'n' Roll Idol aus den 50er Jahren*

Neben dem Zugang zum Computerraum benötigen die Schülerinnen des Weiteren:

- Bücher
- Kopien
- Plakate
- Dicke Filzstifte
- Kleber
- Scheren
- Wolle oder Kunsthaare
- Draht
- Finishpräparate
- Stylingwerkzeuge
- Übungsköpfe

Neben der theoretischen Arbeit der Recherche und Gestaltung von Informationsplakaten zu ihrer Epoche, sollen die Schülerinnen Frisuren und Kleidung stilecht nachbilden. Dieses kann durch den Fundus auf elterlichen Dachböden und Kellern improvisiert werden oder professionell mithilfe eines Kostümverleihs erfolgen. Die Präsentation der Ergebnisse kann als würdiger Abschluss beispielsweise am Ende eines Schuljahres stattfinden, während eines Sommerfestes oder der Verabschiedung von Abschlussklassen. Hier könnten die Schülerinnen ihr Projekt als »Modenschau im Wandel der Zeit« präsentieren und gleichzeitig vor einem größeren Publikum das freie Reden üben, indem einer oder zwei aus der Gruppe die wichtigsten Erkenntnisse aus ihrer Epoche referieren.

Fächerübergreifende Fragestellungen zu den Epochen könnten sein:

- Welche Proportionen und gestalterischen Elemente standen im Vordergrund?
- Welche Hilfsmittel wurden zur Frisurerstellung genutzt?
- Welche Rollenbilder hatten Mann und Frau?
- Wie gestaltete sich die Körperhygiene?
- Wie sahen die wirtschaftlichen und sozialen Verhältnisse aus?
- Welche Erfindungen prägten die Menschen zu dieser Zeit?
- Welche besonderen Bauwerke/Bauweisen gab es?
- Welche klimatischen und geografischen Gegebenheiten liegen vor?

Bild 2 *Teamarbeit*

Lernfeld 7
Haare dauerhaft umformen

Haare dauerhaft umformen

Die dauerhafte Umformung des Haares wird als Dauerwelle bezeichnet. Sie unterscheidet sich von der kurzfristig haltbaren Umformung dadurch, dass sie gegenüber Wassereinwirkung widerstandsfähig ist. Sie wird deshalb auch als irreversible (nicht umkehrbare) Umformung bezeichnet.

1 Behandlungspläne zur Dauerwelle erstellen

Szenario

Anja hat in ihrem Terminbuch für heute Frau Müller stehen. Frau Müller ist seit Jahren Stammkundin im Salon »Haargenau« und bekommt immer eine Dauerwelle. Dieses Mal möchte sie aber eine Beratung, da sich ihre Vorstellungen von der Frisur, die sie tragen möchte, verändert haben. Anja erstellt einen Behandlungsplan für eine Dauerwelle

1.1 Kundenwunschermittlung

Die Ermittlung des Kundenwunsches für eine dauerhafte Umformung der Haare umfasst folgende Bereiche:

- Ziel der Umformung
- Haltbarkeit
- Stylingwünsche für die Umformung

Das **Ziel der Umformung** ermittelt die Wünsche der Kundin bezüglich der Dauerwelle. Das kann sein, dass sie einen Wirbel hat, der überdeckt werden soll oder sie mehr Volumen am Ansatz haben möchte. Auch wird hier erfragt, welcher Art die Wellen oder Locken hinterher sein sollen. Es können große, möglichst natürliche Wellen oder aber kleine Löckchen oder auch Spirallocken gewünscht sein. Die Friseurin entscheidet daraufhin, welche Präparate, Wickler und Wickeltechniken sie anwenden wird.

Die **Haltbarkeit** der gewünschten Umformung lässt Rückschlüsse auf die zu verwendenden Präparate zu. Bei den unterschiedlichen Dauerwell-Präparaten entscheidet der Reduktionsmittel-Anteil über die Haltbarkeit (s. S. 186).

Die **Stylingwünsche** sind ebenfalls entscheidend für die Auswahl der Präparate und Wickler. Möchte die Kundin z. B. hinterher die Haare jeden morgen glattföhnen, darf die Krause nicht zu stark sein. Auf der anderen Seite zeigt eine luftgetrocknete Dauerwelle die Locken und Wellen genau so, wie sie gewickelt wurden.

1.2 Haar- und Kopfhautdiagnose

Mit der Haar- und Kopfhautdiagnose werden die individuellen natürlichen Gegebenheiten, die die Kundin mitbringt, ermittelt, um sie dann mit dem Kundenwunsch abzugleichen. Zu den für die Pflegeberatung ermittelten Inhalten wurden im Behandlungsplan für einen Haarschnitt schon die Stichpunkte »Wuchsrichtungen und Wirbel« und unter »Sonstige Gegebenheiten« die »Kopf und Gesichtsform« ergänzt (s. S. 123). Beide Inhalte sind auch für eine dauerhafte Haarumformung wichtig. Desweiteren muss allerdings hier noch der Stichpunkt »Haarquerschnitt« hinzugefügt werden:

Haarquerschnitt

Der Haarquerschnitt zeigt an, ob das Haar rund, oval oder sogar bandförmig ist. Je ovaler ein Haarquerschnitt ist, desto ungleichmäßiger wird die Wellung. Ein bandförmiges Haar (s. S. 179) lässt sich überhaupt nicht gleichmäßig umformen.

Die Ermittlung des Haarquerschnitts erfolgt immer zusammen mit der Haarstärke mithilfe des Haarstärkenmessgerätes, in zwei Schritten, an unterschiedlichen Stellen des Kopfes:

Zuerst wird die Haarstärke gemessen, indem das Haar ohne Zug glatt zwischen die beiden Stempel des Haarstärkenmessgerätes gelegt wird. Das Haar legt sich plan hin und es wird der geringste Haardurchmesser gemessen

Bild 1 *Planmessung*

Für die zweite Messung wird das Haar zu einer Schlaufe gelegt und die Haarstärke in der Mitte der Schlaufenbiegung gemessen. Das Haar richtet sich bei einer Schlaufenbildung auf. Es wird der größte Haardurchmesser gemessen.

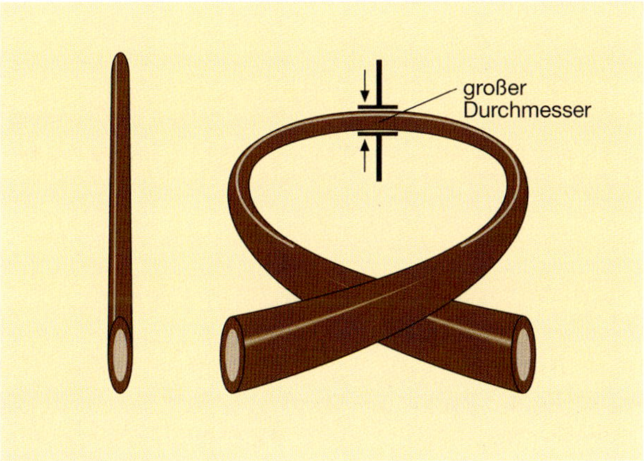

Bild 1 *Schlaufenmessung*

Sind die Ergebnisse beider Messungen gleich, so liegt ein Har mit rundem Querschnitt vor. Je größer der Unterschied zwischen den beiden Messungen ist, desto flacher ist das Haar.

Je ovaler ein Haar ist, desto unterschiedlicher fallen die erste und die zweite Messung aus:

- Der Wert der zweiten Messung entspricht dem Wert der ersten Messung → das Haar hat einen runden Querschnitt.
  Beispiel: 1. Messung: 0,05 mm
  2. Messung: 0,05 mm
- Der Wert der zweiten Messung ist größer als der Wert der ersten Messung → das Haar hat einen ovalen Querschnitt
  Beispiel: 1. Messung: 0,05 mm
  2. Messung: 0,08 mm
- Der Wert der zweiten Messung ist doppelt so groß wie der Wert der ersten Messung → das Haar hat einen bandförmigen Querschnitt
  Beispiel: 1. Messung: 0,05 mm
  2. Messung: 0,10 mm

1.3 Behandlungsberatung

Die Behandlungsberatung umfasst die Punkte

- Vorbehandlung
- Dauerwell-Präparate
- Wicklerart und -größe
- Wickeltechniken
- Nachbehandlung

Der Hauptschwerpunkt liegt hier bei den Wickeltechniken, die frisurenbezogen sein sollten und auch mithilfe von Wickelplänen oder Skizzen dokumentiert werden sollten.

1.4 Pflege- und Styling-präparate empfehlen

Die Abstimmung der Pflege- und Stylingpräparate für die Kundin zu Hause erfolgt auf Grundlage der Haar- und Kopfhautdiagnose und der erfolgten Behandlung.

Ein dauergewelltes Haar ist durch die Anwendung von Chemikalien in seiner Struktur verändert worden. Es bedarf einer besonderen Pflege, damit es weiterhin gesund glänzt und die Wellung möglichst lange erhalten bleibt. Dementsprechend müssen die Pflege- und Stylingprodukte ausgewählt werden.

Aufgaben

1. Beschreiben Sie, wie der Haarquerschnitt ermittelt wird.
2. Erstellen Sie einen Behandlungsplan für eine dauerhafte Haarumformung.
3. Begründen Sie die Inhalte des Behandlungsplans.

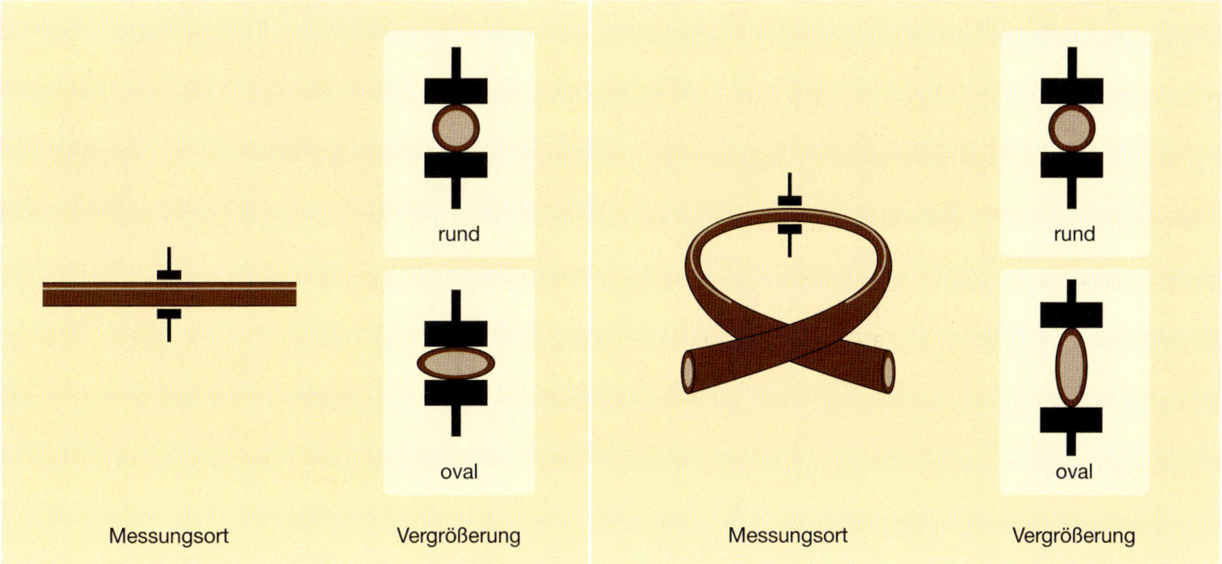

Bild 2 *Ermittlung des Haarquerschnitts*

2 Geschichte der Dauerwelle

Szenario

Anja möchte wissen, seit wann es die Dauerwelle gibt und ob es in der früheren Geschichte schon Versuche gab, das Haar dauerhaft zu krausen.

2.1 Umformen von Haaren in früheren Epochen

Bild 1 *Lockenfrisur einer Römerin um 20 n. Chr.*

Kunstwerke aus den verschiedenen Epochen belegen, dass Locken und Wellen seit jeher ein beliebtes Gestaltungselement von Frisuren waren. Alle damaligen Wellverfahren hatten den Nachteil, dass die Umformung nur begrenzt haltbar war.

Im 19. Jahrhundert wurde schließlich ein Kochverfahren entwickelt, mit dem abgeschnittene Haare dauerhaft umgeformt werden konnten. Man wickelte das Haar auf Kraushölzer und kochte es einige Stunden in einer alkalischen Lösung, um das Haarkeratin zu erweichen. In diesem Zustand nahm das Haar die Form des Wickels an.

Durch anschließendes Behandeln mit Essiglösung und durch Abkühlen wurde das Keratin in der neuen Form gefestigt. Diese Umformungsmethode wurde jedoch ausschließlich bei Haarteilen oder Perücken angewendet.

2.2 Heißwelle

Für die Behandlung des Kopfhaares entwickelte Karl Nessler (1872 bis 1951) die Heißwelle. Er präsentierte 1906 die erste Dauerwelle und erhielt 1910 ein Dauerwellpatent. Seine Idee war, nach dem Prinzip des Kochverfahrens das Kopfhaar dauerhaft umzuformen.

Bei seinem Wellverfahren von 1906 wurde das Haar partienweise mit einer alkalischen Lösung angefeuchtet und spiralförmig auf einen Stabwickel gedreht. Die Wickel standen senkrecht auf dem Kopf. Angefeuchtete Flanellstreifen wurden um die Haare gebunden, um sie feucht zu halten, das Ablaufen zu verhindern und das Haar vor Verbrennungen zu schützen.

Die Wickel standen auf einem Isolierring, der Hautverbrennungen verhindern sollte. Auf je zwei Wickel wurden vorgeheizte Hülsen gestülpt, die der Friseur während des Kochverfahrens festhielt. Durch Abkühlen und Behandeln mit sauren Präparaten wurde die neue Form gefestigt.

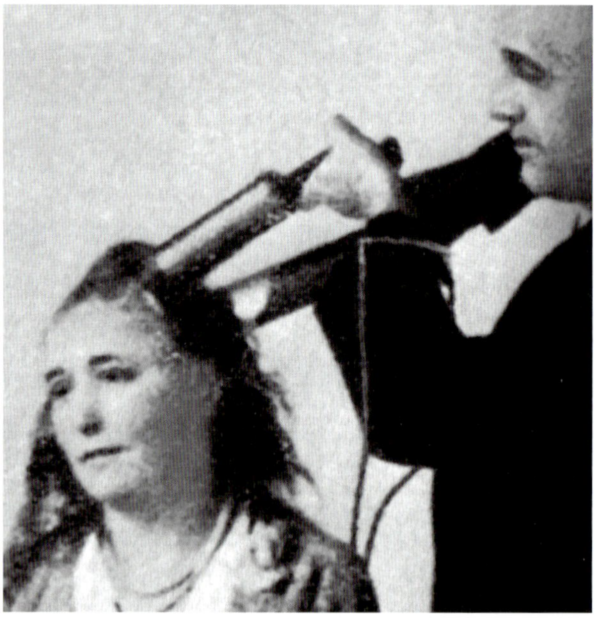

Bild 2 *Karl Neßler demonstriert das Heißwellverfahren*

Eine Dauerwellbehandlung nach diesem Verfahren dauerte etwa fünf Stunden. Die Haare waren häufig überkraust und ausgetrocknet.

Bild 3 *Wellergebnis der Spiralwicklung*

Im Jahre 1909 stellte Nessler erstmals einen Dauerwellapparat vor, bei dem die Heizhülsen direkt durch elektrischen Strom beheizt wurden.

Im Jahre 1924 stellte der Friseur Josef Mayer eine grundlegende Veränderung des Heißwellsystems vor, die so genannte **Flachwicklung** mit beheizten Wickeln und Klammern, die zu einer Vielzahl von Verbesserungen führte:

- Wickel waren erheblich leichter.
- Kurze Haare konnten gewellt werden.
- Wickeln wurde vereinfacht, der Arbeitsablauf dadurch erheblich verkürzt.
- Wickel und Klammern wurden durch elektrischen Strom beheizt. Dadurch konnte der Umformungsgrad der einzelnen Haarabschnitte gesteuert werden.
- Wickelschema konnte auf die geplante Frisur abgestimmt werden.

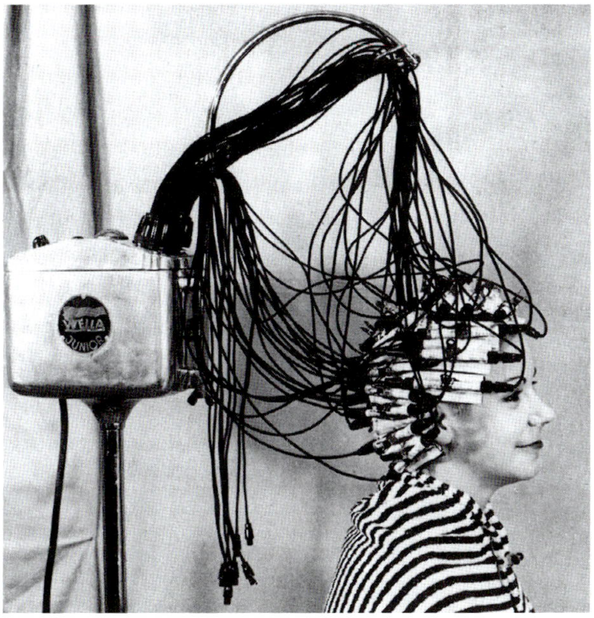

Bild 1 *Heißwellgerät – Flachwicklung*

Bild 2 *Wellergebnis der Flachwicklung*

Bereits in den 30er Jahren hatte sich die Dauerwelle durchgesetzt und gehörte von nun an zum Arbeitsalltag eines jeden Damenfriseurs.

2.3 Kaltwelle

1942 ließen sich amerikanische Chemiker das so genannte Kaltwellverfahren patentieren, mit dem ohne zusätzliche Wärme das Haar dauerhaft umgeformt werden konnte. Die Erweichung des Haarkeratins wurde durch den chemischen Vorgang der Reduktion erreicht. Als Chemikalien dienten dazu **Thioglykolsäure** und ein **Alkali**.

Das erweichte Haarkeratin nahm die Form des Wickels an. Die Umformung wurde durch die anschließende Fixierung dauerhaft gefestigt. Als Fixiermittel diente eine **saure Wasserstoffperoxidlösung**.

Inhalt des Patents:	
Ammoniumthioglykolat + Alkalien	Umformung bei Raumtemperatur
Wasserstoffperoxid	Festigung der erreichten Umformung

Die ersten Wellmittel dieser **klassisch-alkalischen Dauerwelle** lagen im pH-Bereich von pH 9,2 bis pH 9,6. Diese hohe Alkalität führte häufig zu Haar- und Hautschäden und zu überkraustem Haar.

Aufgaben

1. Wie wurde bereits im 19. Jahrhundert abgeschnittenes Haar dauerhaft umgeformt?
2. Beschreiben Sie den Dauerwellvorgang nach dem von Karl Neßler entwickelten Verfahren.
3. Beurteilen Sie die erste Heißwelle in Bezug auf das Wellergebnis und die Haarstruktur.
4. Ab 1909 wurden die Heizhülsen durch den elektrischen Strom beheizt. Welche Vorteile hatte dieses Verfahren?
5. Welche Verbesserungen im Arbeitsablauf und im Ergebnis wurden durch die Einführung der Flachwicklung beim Heißwellen erzielt?
6. Nennen Sie die Chemikalien, mit denen eine dauerhafte Umformung ohne zusätzliche Wärme erzielt werden kann?
7. Beurteilen Sie die Alkalität der klassisch-alkalischen Dauerwellen.
8. Welche Vorteile hatte die erste Kaltwelle gegenüber der Heißwelle?
9. Geben Sie die Nachteile der ersten Kaltwelle im Vergleich zu den modernen Dauerwellen an.
10. Wann wurden die unterschiedlichen Dauerwellverfahren vorgestellt?
    a) Heißwelle – Spiralwicklung
    b) Heißwelle – Flachwicklung
    c) Kaltwelle

3 Eigenschaften des Haares

Szenario

Anja möchte wissen, welche Kenntnisse sie vom Haar haben muss, um die Vorgänge beim Dauerwellen verstehen zu können.

Die Friseurin teilt ihr mit, dass sie die folgenden Merkmale und Eigenschaften des Haares kennen muss:

- Feinbau des Haares
- Kapillarität
- Saugfähigkeit
- Haarstärke und Querschnittsform
- Haarstruktur

3.1 Feinbau des Haares

Die technologischen Vorgänge beim Dauerwellen finden in der Faserschicht des Haares statt. Die Schuppenschicht und das Mark haben für die Umformung nur eine untergeordnete Bedeutung.

Wie bereits im Lernfeld 3 beschrieben, besteht die Faserschicht aus Spindelzellen, die einen hohen Keratinanteil aufweisen. Es liegt hier als Faserkeratin und als amorphes Keratin vor.

Keratin setzt sich aus Proteinmolekülen zusammen:

- Beim Faserkeratin sind die Proteinmoleküle zu Peptidspiralen geordnet.
- Dagegen besteht das amorphe (formlose) Keratin aus kürzeren Proteinabschnitten, die keine feste Ordnung aufweisen. Es wird auch als Kittsubstanz bezeichnet.

Beide Formen des Keratins werden durch Wasserstoff-, Salz- und Schwefelbrücken stabilisiert.

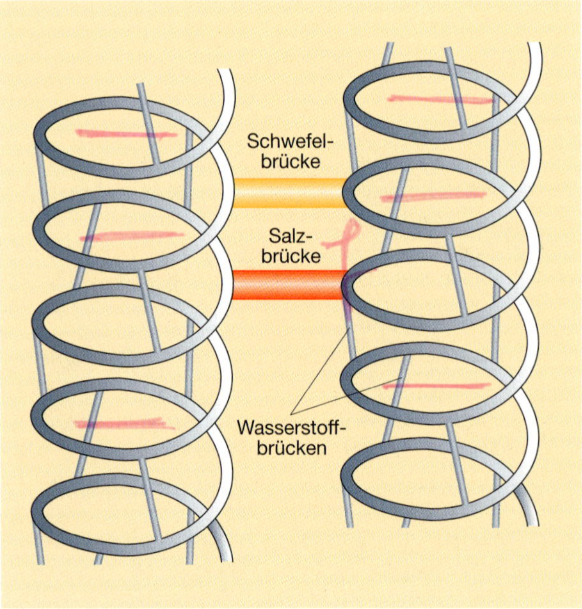

Bild 1 *Peptidspiralen mit den chemischen Bindungen*

Wasserstoffbrücken bilden sich zwischen Wasserstoff- und Sauerstoffatomen aus. Sie befinden sich innerhalb der Peptidspiralen und sind lockere Verbindungen, die bereits durch Wasseraufnahme gelöst werden. Dabei schieben sich die Wasssermoleküle zwischen die Wasserstoffbrücken. Das Haar quillt und dehnt sich. Diese Ausdehnung muss beim Schneiden nasser Haare besonders im Bereich des Ponys berücksichtigt werden. Beim Trocknen wird das Wassser wieder entzogen. Die Wasserstoffbrücken schließen sich und das Haar erreicht seine ursprüngliche Form und Länge.

Salzbrücken entstehen zwischen positiv und negativ geladenen Atomgruppen von benachbarten Peptidspiralen. Sie sind erheblich stabiler als Wasserstoffbrücken. Salzbrücken werden durch Wasser teilweise und durch Alkalien vollständig gelöst und durch Säuren wieder geschlossen.

Schwefelbrücken (Disulfidbrücken) bilden sich zwischen einzelnen Schwefelatomen verschiedener Peptidspiralen aus. Sie sind die stabilsten Verbindungen im Haar. Schwefelbrücken werden durch das Ammoniumthioglykolat (Seite 181) des Wellmittels gelöst und durch das H_2O_2 der Fixierung wieder geschlossen.

Das amorphe Keratin umhüllt die Fasern und stabilisiert so das Haar. Die Dauerwellflüssigkeit durchdringt folglich zuerst das amorphe Keratin und löst in erster Linie dort die Schwefelbrücken.

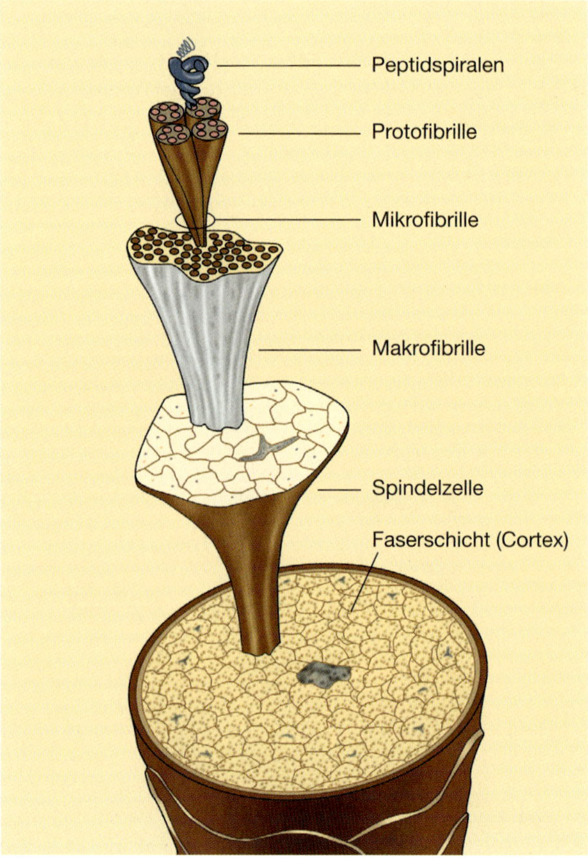

Bild 2 *Feinbau der Faserschicht*

Der Feinbau der Faserschicht im Überblick

Die kleinste Einheit der Faserschicht sind die spiralförmigen **Proteinmoleküle**, die **Peptidspiralen**. Sie bestehen aus etwa 20 verschiedenen Aminosäuren.

Zwei bis fünf Peptidspiralen sind untereinander durch die Brücken verbunden. Sie bilden die **Protofibrille**, die kleinste Faser.

Zirka zehn Protofibrillen schließen sich zur nächst größeren Faser zusammen, der Mikrofibrille.

Aus den Mikrofibrillen bauen sich die größten Fasern des Haares auf, die **Makrofibrillen**.

Die Makrofibrillen sind die Bausteine der **Spindelzellen**, die auch als **Faserstrangbündel** bezeichnet werden.

100 bis 200 Spindelzellen bilden die **Faserschicht**.

3.2 Kapillarität und Saugkraft

Die Dauerwellflüssigkeit muss das gesamte Haar vom Ansatz bis zur Spitze erreichen und dann ins Haarinnere gelangen, um dort wirksam zu werden. Das ist nur möglich aufgrund der folgenden beiden Eigenschaften des Haares:

- Kapillarität
- Saugkraft

Kapillarität

Kapillaren sind enge Röhrchen, in denen Wasser hochsteigt. Je enger die Kapillaren sind, desto höher steigt das Wasser. Dieses Verhalten von Flüssigkeiten in engen Röhren wird als Kapillarität bezeichnet.

Zwischen den einzelnen Haaren einer Haarsträhne befinden sich Hohlräume, die wie enge Röhrchen wirken. Sie sorgen für die Kapillarität von Haarsträhnen.

Bild 1 *Kapillarität einer Haarsträhne*

Nach dem Anfeuchten erreicht das Wellmittel aufgrund der Kapillarität das gesamte aufgewickelte Haar. Netzmittel in der Dauerwellflüssigkeit beschleunigen diesen Vorgang. Exakte Arbeitstechniken, wie sauber durchgekämmtes Haar und gleichmäßig straffe Wickel begünstigen ein gleichmäßiges Durchdringen der Haarsträhnen mit Wellflüssigkeit.

Saugkraft

Kommt das Haar mit Wasser in Berührung, saugt es sich damit voll. Beim Dauerwellen gelangen aufgrund der Saugfähigkeit des Haares die im Wasser gelösten bzw. fein verteilten Wirkstoffe der Dauerwellflüssigkeit und der Fixierlösung ins Haarinnere. Das Wasser dient hier als Transportmittel.

Die Saugkraft der Haare ist abhängig von der Struktur und dem Wassergehalt der Haare. Chemisch vorbehandeltes Haar ist wegen seiner gelockerten Haarstruktur saugfähiger als unbehandeltes. Friseurpräparate können in kürzerer Zeit ins Haar eindringen und ihre Wirkung schneller entfalten. Sehr nasse, mit Wasser gesättigte Haare, sind nicht mehr saugfähig. Es gelangt zu wenig Wellflüssigkeit ins Haar. Vor dem Auftragen der Wellflüssigkeit sollten Haare deshalb handtuchtrocken sein.

3.3 Stärke und Querschnitt

Normal starke Haare mit rundem Querschnitt können problemlos umgeformt werden. Nach der Umformung weisen sie eine gute Sprungkraft auf. Haare mit stark ovalem bis bandartigem Querschnitt verhalten sich wie feine Haare. Da diese Haare nach der Umformung weniger Sprungkraft aufweisen, empfiehlt es sich, dünnere Wickel für die Umformung einzusetzen.

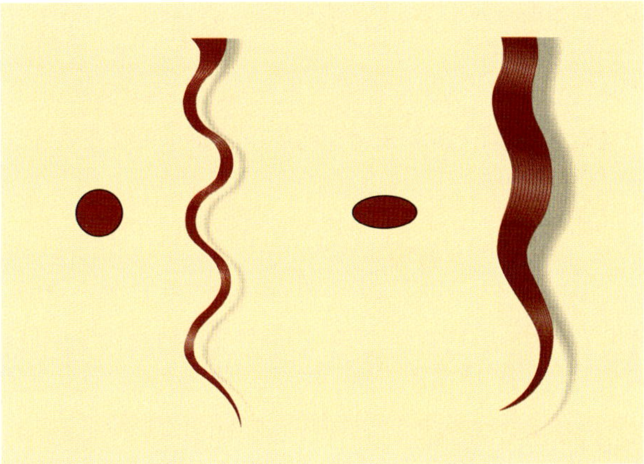

Bild 2 *Wellergebnis bei unterschiedlichem Querschnitt*

Je stärker die Haare zur ovalen bis bandartigen Querschnittsform tendieren, desto kürzer sollten die Haarlängen und dünner die Wickel sein, um das Standvermögen der Haare zu verbessern.

Bild 2 zeigt das Wellergebnis von Haaren mit rundem und stark abgeflachtem Querschnitt, die mit gleichen Wickeln, derselben Wellflüssigkeit und gleich langer Einwirkzeit umgeformt wurden.

Deshalb sollte der Haarquerschnitt bei Kundinnen, die zum ersten Mal ihr Haar umformen lassen, festgestellt werden. Auch bei Kundinnen, die im Beratungsgespräch erwähnen, dass bei ihr Dauerwellen nicht gut halten, sollte der Haarquerschnitt festgestellt werden. Dafür müssen Haare von mehreren Kopfpartien gemessen werden. Bei Abweichungen von mehr als 25 % bei der Plan- und der Schlaufenmessung liegt ein ovales Haar vor, bei Abweichungen von mehr als 50 % handelt es sich um ein Bandhaar. Haarstärke und Haarquerschnitt bestimmen die Wickelstärke.

3.4 Haarstruktur

Die einzelnen Haare unterscheiden sich in ihrer Struktur vom Ansatz bis zur Spitze. Je länger ein Haar wird, desto stärker wird der Unterschied.

Verantwortlich für die Strukturschäden sind die mechanischen, chemischen und thermischen Belastungen des Haares sowie auf das Haar einwirkende UV-Strahlen. Die unterschiedlichen Haarstrukturen an einem Haarschopf müssen beim Dauerwellen berücksichtigt werden. Andernfalls erzielt man in den gesunden Haarbereichen, wie z. B. am Haaransatz, eine zu schwache und in den strukturgeschädigten Spitzen eine zu starke Umformung. Damit ein einheitliches Wellergebnis vom Ansatz bis zur Spitze erzielt wird, werden spezielle Dauerwellpräparate oder spezielle Arbeitstechniken eingesetzt.

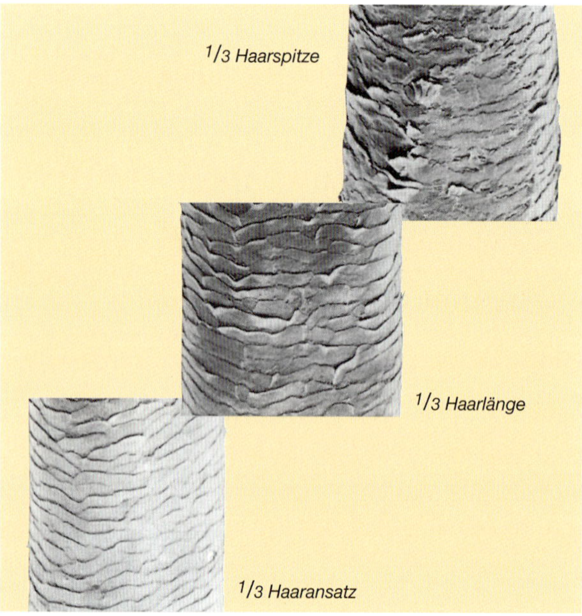

Bild 1 *Unterschiedliche Haarstruktur vom Ansatz bis zur Spitze*

Aufgaben

1. Welche Keratinarten kommen in der Faserschicht vor?
2. Nennen Sie alle Fasern (Fibrillen), aus denen die Spindelzellen der Faserschicht zusammengesetzt sind.
3. Nennen Sie die Brücken, durch die die Peptidspiralen der Faserschicht untereinander verbunden sind.
4. Durch welche Substanzen können die unterschiedlichen Brücken zwischen den Peptidspiralen gelöst werden?
5. Erklären Sie, warum in jedem Fall die Wellflüssigkeit zuerst das amorphe Keratin erreicht und dann erst die Faserstrukturen.
6. Warum soll des Haar vor dem Auftragen der Wellflüssigkeit handtuchtrocken sein?
7. Welche Bedeutung haben Kapillarität und Saugfähigkeit beim Auftragen und Eindringen der Wellflüssigkeit ins Haar?
8. Wie werden unterschiedliche Haarstärken beim Dauerwellen berücksichtigt?
9. Welche Bedeutung hat die Struktur des Haares beim Dauerwellen?

4 Theorie der Dauerwelle

Szenario

Anja weiß nun, welche Eigenschaften des Haares beim Dauerwellen berücksichtigt werden müssen oder gar eine Voraussetzung für das Umformen sind. Nun möchte sie aber wissen, welche Chemikalien in den Präparaten enthalten sind und was sie genau im Haar bewirken.

4.1 Technologische Vorgänge bei der Dauerwelle

Die Dauerwellpräparate der verschiedenen Hersteller reagieren alle nach dem gleichen Prinzip und zwar in drei Teilschritten:

- Quellen und Erweichen des Haarkeratins
- Umformung des Haarkeratins
- Festigung der Umformung

Je nach Haarstruktur empfiehlt es sich, eine entsprechende Vor- und eine Nachbehandlung durchzuführen.

4.1.1 Vorbehandlung bei der Dauerwelle

Eine Vorbehandlung ist bei strukturgeschädigtem Haar unerlässlich. Als Präparate werden Pflegeemulsionen oder spezielle Vorbehandlungsmittel angeboten. Man trägt sie je nach Gebrauchsanweisung auf das gesamte Haar oder nur auf die strukturgeschädigten Haarbereiche wie Spitzen und aufgehellte Strähnen auf. Die kationaktiven Schutzstoffe lagern sich besonders an den strukturgeschädigten Stellen des Haares an, weil diese eine stärkere negative Ladung aufweisen Dauerwellvorbehandlungen haben folgende Aufgaben:

- Herabsetzen der Wellwirksamkeit in den strukturgeschädigten Haarpartien
- Vermeidung von weiteren Haarschäden bei strukturgeschädigtem Haar
- Verbesserung der Kämmbarkeit
- Wickelhilfe

4.1.2 Quellen und Erweichen

Bereits während der Haarwäsche quillt das Haar durch die Einwirkung von Wasser auf. Hierbei werden die Wasserstoffbrücken vollständig und die Salzbrücken zum Teil gelöst. Damit jedoch eine dauerhafte Umformung erzielt werden kann, müssen auch die stabileren Schwefelbrücken im Haar geöffnet werden. Dies wird beim Einwirken der Dauerwellflüssigkeit erreicht.

Die Wellflüssigkeit spaltet Wasserstoffatome ab. Diese verbinden sich mit den Schwefelatomen zwischen den Peptidspiralen. Dieser Vorgang wird in der Chemie als **Reduktion** bezeichnet. Das Haar wird dadurch plastisch und verformbar.

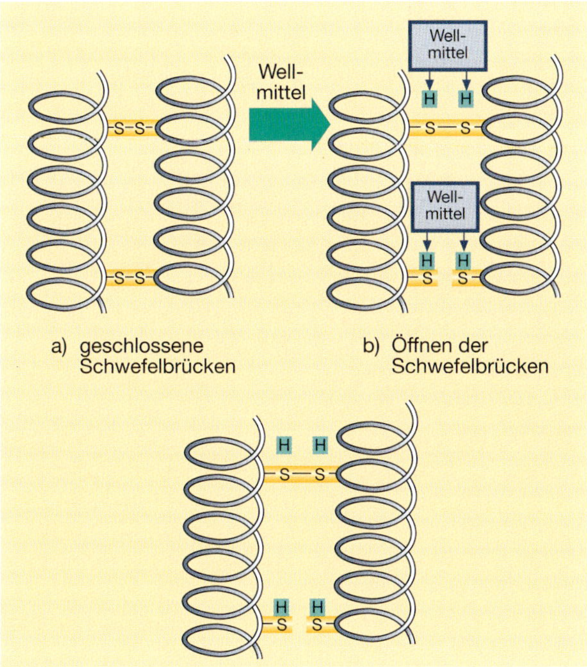

Bild 1 *Lösen der Schwefelbrücken*

4.1.3 Umformung des Haarkeratins

Das durch die Wellflüssigkeit erweichte Haarkeratin passt sich der Form des Wickels an. Dabei werden die nicht mehr miteinander verbundenen Peptidspiralen gegeneinander verschoben.

- Die Peptidspiralen im äußeren Bereich des Haares werden auseinandergezogen.
- Die Peptidspiralen im inneren Bereich des Haares werden gestaucht.

Ist die gewünschte Umformung erreicht, wird die Wellflüssigkeit sorgfältig mit Wasser abgespült. Die Haare werden anschließend mit einer Serviette oder einem Handtuch abgetupft.

Der hohe Salzgehalt mancher Dauerwellflüssigkeiten bewirkt, dass das Wasser beim Abspülen »explosionsartig« ins Haar eindringt. Manche Hersteller von Dauerwellpräparaten empfehlen deshalb vor dem Abspülen der Wellflüssigkeit die Verwendung eines Zwischenbehandlungsmittels. Hierdurch soll erreicht werden, dass die Haare durch die starke Wasseraufnahme beim Abspülen nicht zu stark aufquellen. Ein »Quellschock« soll dadurch vermieden werden.

4.1.4 Festigung der Umformung

Die Festigung der Umformung erfolgt durch das Fixieren der Haare. Dabei ist es wichtig, dass alle Wickel gründlich mit Fixierflüssigkeit benetzt werden. Sie bewirkt, dass sich neue Schwefelbrücken ausbilden, und dass das Haar in der durch den Wickel vorgegebenen Form gefestigt wird.

Die folgende Abbildung zeigt, wie der Sauerstoff des Fixiermittels die zwei Wasserstoffatome von den geöffneten Schwefelbrücken abtrennt und sich mit ihnen zu Wasser verbindet. Die Schwefelatome können sich zu neuen Schwefelbrücken verbinden.

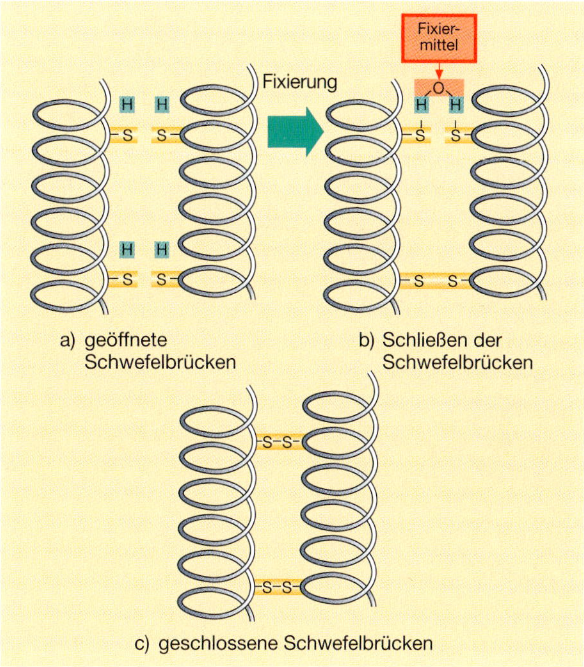

Bild 2 *Schließen der Schwefelbrücken*

Das Schließen der Schwefelbrücken ist eine **Oxidation**.

Je mehr neue Schwefelbrücken wieder entstehen, desto besser ist die Haltbarkeit der Dauerwelle.

4.1.5 Nachbehandlung

Der Dauerwellvorgang muss durch eine Nachbehandlung abgeschlossen werden. Als Präparate können Spülungen oder spezielle Nachbehandlungsmittel (Apres-Curl-Lotion) eingesetzt werden. Sie haben die Aufgabe, das Haar in seinen natürlichen Zustand zurückzuversetzen. Das wird durch die nachfolgenden Inhaltsstoffe erreicht:

- Organische Säuren neutralisieren restliche Alklalien, entquellen das Haar und adstringieren es.
- Antioxidantien wie Vitamin E binden restliches H_2O_2 der Fixierung und verhindern eine schleichende Oxidation, die zu einer Aufhellung des Haares führen kann.
- Keratinhärter festigen das erweichte Keratin, geben dem Haar so wieder Festigkeit und verbessern die Elastizität des Haares.
- Fette und Wachse geben dem Haar Geschmeidigkeit und den natürlichen Glanz.

4.1.6 Umformungsergebnis

Eine optimale Umformung wird erzielt, wenn ca. 20 % aller Schwefelbrücken gelöst und an anderer Stelle wieder geschlossen werden. Dies wird durch

- die geeignete Wellflüssigkeit,
- eine angemessene Einwirkzeit und
- entsprechende Wärmeeinwirkung erreicht.

Nur das genaue Zusammenspiel dieser drei Faktoren ermöglicht eine gute Umformung. Die Friseurin muss deshalb unbedingt die Hinweise zu den Präparaten beachten und sich zusätzlich durch einen Probewickel vom Grad der Umformung überzeugen. Werden erheblich mehr als 20 % der Schwefelbrücken gelöst, wird das Haar überkraust und strukturgeschädigt. Liegt die Anzahl der gelösten Schwefelbrücken erheblich unter 20 %, so ist die Umformung schwächer

4.2 Inhaltsstoffe

Bei den Dauerwellpräparaten handelt es sich mindestens um zwei Substanzen, das Wellmittel, das die Schwefelbrücken im Haar löst, und die Fixierung, die sie nach dem Umformen durch den Wickel an anderer Stelle wieder schließt.

4.2.1 Inhaltsstoffe der Wellmittel

Die wellwirksamen Inhaltsstoffe einer Wellflüssigkeit sind Ammoniumthioglykolat und Alkalisierungsmittel. Sie sind also für das Lösen der Schwefelbrücken verantwortlich. Die übrigen Wirkstoffe optimieren den Wellvorgang. Sie sind auch für das Aussehen, die Konsistenz und den Geruch verantwortlich. In Tabelle 1 sind die gebräuchlichsten Inhaltsstoffe von Dauerwellpräparaten aufgeführt.

Tabelle 1: Wesentliche Inhaltsstoffe von Wellmitteln

Bestandteile	Aufgaben
Reduktionsmittel: Ammoniumthioglykolat (ATG)	Lösen die Schwefelbrücken, dadurch Plastifizieren (Erweichen) des Keratins
Alkalisierungsmittel: Ammoniumcarbonat, Ammoniumhydrogencarbonat	Lösen die Salzbrücken, dadurch zusätzliches Erweichen des Keratins und quellen des Haares; Steuern den chemischen Vorgangs durch pH-Regulierung
Tenside, Emulgatoren, Lösungsvermittler	Emulgieren die Pflegestoffe und schwer löslichen Duftstoffe
Schutz- und Pflegestoffe: Fettstoffe, Proteine, Polymere	Halten die Haarschäden gering
Destilliertes oder entmineralisiertes Wasser	Lösen und Verdünnen die Wirkstoffe; transportieren die Wirkstoffe ins Haar
Schaumbildner	Verhindern das Ablaufen; erzeugen die Schaumkappe
Farbstoffe	Dienen der Unterscheidung verschiedener Wellmittel; verbessern das Aussehen
Duftstoffe	Überdecken den unangenehmen Geruch des Ammoniumthioglykolats

4.2.2 Inhaltsstoffe der Fixiermittel

Zur Festigung des Keratins wird eine H_2O_2-Lösung als Wirkstoff eingesetzt, die jedoch ihre volle Wirkung erst im Zusammenspiel mit den übrigen Bestandteilen entfalten kann. Einen Überblick über die Inhaltsstoffe und deren Aufgaben gibt (Tabelle 2).

Zur Beschleunigung des Fixiervorgangs kommen auch Schnellfixierungen zum Einsatz, die aufgrund spezieller Netzmittel schneller in das Haar eindringen und so den Fixiervorgang erheblich verkürzen.

Tabelle 2: Wesentliche Inhaltsstoffe von Fixierungen

Bestandteile	Aufgaben
Oxidationsmittel: 1,5 bis 2%ige H_2O_2-Lösung	Schließen die Schwefelbrücken
Säuerungsmittel: Weinsäure, Zitronensäure oder Milchsäure	Stabilisieren das Wasserstoffperoxid während der Lagerung, neutralisieren die Alkalireste im Haar, adstringieren das Haar (schließen die Salzbrücken)
Tenside	Ermöglichen gutes Verteilen auf dem Haar und schnelles Eindringen ins Haar
Verdickungsmittel: Ö/W-Emulsionen, Gelbildner	Verhindern das Ablaufen
Schaumbildner	Verhindern das Ablaufen, erzeugen eine Schaumkappe
Destilliertes oder entmineralisiertes Wasser	Lösen und verdünnen die Wirkstoffe, transportieren die Wirkstoffe ins Haar

4.3 Dauerwellarten

Bei der Wahl der Dauerwellflüssigkeiten stehen unterschiedliche Präparate zur Verfügung, die jeweils auf eine bestimmte Haarstruktur abgestimmt sind. Sie unterscheiden sich:

- in der Konzentration des Reduktionsmittels,
- in der Alkalität des Wellmittels,
- in dem Anteil der Schutzstoffe.

4.3.1 Mildalkalische Dauerwellen

Die mildalkalischen Dauerwellpräparate sind die eigentlichen Standarddauerwellen der modernen Friseurpraxis. Ihre Alkalität und der Anteil des Reduktionsmittels sind auf die jeweilige Haarstruktur abgestimmt.

In der Regel werden unter einem Produktnamen drei unterschiedliche Wellflüssigkeiten für die folgenden Haarstrukturen angeboten

- gefärbtes/blondiertes Haar
- normales Haar
- schwer wellbares Haar

Zu den mildalkalischen Dauerwellen gehören auch die **Schaumwellen**. Ihr sind besondere Schaumbildner zugesetzt.

Aus der mildalkalischen Dauerwelle sind weitere alkalische Dauerwellsysteme entwickelt worden, die sich durch zusätzliche Merkmale unterscheiden.

Zu ihnen gehören die

- Thermogesteuerte Dauerwellen und die
- Zwei-Phasen-Dauerwellen.

Für alle mildalkalischen Dauerwellprodukte kann die Wasserstoffperoxid-Standardfixierung, die auch als Schaumfixierung angeboten wird, verwendet werden. Zur Beschleunigung des Fixiervorgangs kommen auch Schnellfixierungen zum Einsatz, die aufgrund spezieller Netzmittel schneller in das Haar eindringen und so den Fixiervorgang erheblich verkürzen.

4.3.2 Thermogesteuerte Dauerwellen

Unter dem Begriff thermogesteuerte Dauerwelle sind alle Dauerwellsysteme zusammengefasst, bei denen eine erhöhte Temperatur für die Umformung erforderlich ist.

Durch die Temperaturerhöhung werden die chemischen Vorgänge im Haar beschleunigt. Deshalb sind für die Umformung weniger wellwirksame Substanzen erforderlich, sodass das Haar weniger stark belastet wird.

Die Temperaturerhöhung kann erreicht werden durch:

- chemische Reaktionen von zwei Zusatzstoffen,
- Trockenhaube oder Strahler,
- Erwärmen des Wellmittels.

Bei einer zu geringen Temperatur wird das gewünschte Umformungsziel nicht erreicht. Eine zu starke Temperaturerhöhung wirkt dagegen haarschädigend.

4.3.3 Zwei-Phasen-Dauerwellen

Die Zwei-Phasen-Dauerwelle berücksichtigt die Strukturunterschiede des Haares von Ansatz bis zur Spitze:

- Der Ansatz ist nachgewachsen und deshalb normal bis schwer wellbar.
- Die Längen sind porös. Deshalb gelangt die Wellflüssigkeit schneller ins Haar.
- Die Spitzen sind am stärksten vorgeschädigt und deshalb besonders empfindlich.

Die erste Phase dieser Präparate ist flüssig, ihre Wellwirksamkeit ist auf die Haarstruktur der Längen und Spitzen abgestimmt. Sie wird als erstes aufgetragen und gelangt deshalb in das gesamte Haar.

Die zweite Phase ist in der Konsistenz gelförmig und enthält eine höhere Konzentration an wellwirksamen Substanzen. Sie ist auf die festere Struktur des Haaransatzes abgestimmt.

Die zweite Phase wird am Ansatz aufgetragen und ist auch nur dort wirksam. Sie kann aufgrund der festeren Konsistenz nur im Ansatzbereich wirksam werden.

Die Zwei-Phasen-Dauerwellpräparate sind wie die mildalkalischen Präparate für unterschiedliche Haarqualitäten (normale, gefärbte und schwer wellbare Haare) erhältlich.

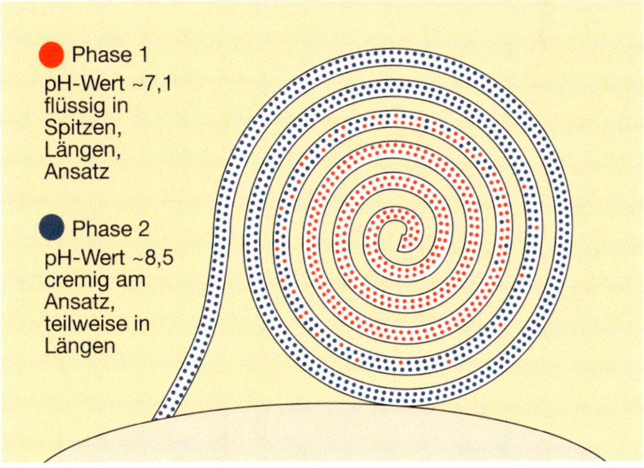

Bild 1 *Prinzip der Zwei-Phasen-Dauerwelle*

Aufgaben

1. Mit welchen Ergebnissen müssen Sie rechnen, wenn bei einer Dauerwelle
   a) erheblich weniger als 20 %,
   b) erheblich mehr als 20 % der Schwefelbrücken gelöst werden?
2. Beschreiben Sie den chemischen Vorgang, der beim Festigen des Haarkeratins während des Fixiervorgangs abläuft.
3. Welche Aufgaben haben die Inhaltsstoffe eines Wellmittels?
4. Nennen die Inhaltstoffe einer Fixierung und ihre Aufgaben.
5. Welche Aufgaben hat ein Vorbehandlungsmittel?
6. Nennen Sie die Aufgaben von Nachbehandlungspräparaten.

5 Dauerwellbehandlung durchführen

Szenario

Anja hat den theoretischen Hintergrund des Dauerwellens verstanden.

Nun möchte sie wissen, was sie weiterhin wissen und können muss, um eine gute Dauerwelle zu erstellen und die Kundin zufrieden zu stellen.

5.1 Dauerwellbehandlung vorbereiten

Voraussetzung für einen reibungslosen Arbeitsablauf der Dauerwellbehandlung ist eine gute Vorbereitung. Hierzu gehört, dass die notwendigen Arbeitsmaterialien und Präparate auf einem Arbeitswagen bereitgestellt und übersichtlich angeordnet sind.

Für eine Dauerwellbehandlung werden folgende Werkzeuge und Präparate benötigt:

- Schutzkleidung
- Frottiertücher
- Shampoo
- Griffkamm
- Hautschutzmittel
- Schutzhandschuhe
- Dauerwellvorbehandlung
- Spitzenpapier
- Wickel
- Dauerwellpräparat
- Wärmezufuhr/Abdeckhaube
- Zeitmesser
- Fixierung
- Applikator
- Nachbehandlungsmittel

5.2 Maßnahmen zum Gesundheitsschutz durchführen

Hautschutz für die Friseurin

Für alle Arbeitsschritte wie Auftragen des Wellmittels, Befeuchten der Wickel, Prüfen des Umformungsgrades und Fixieren sowie beim Auswaschen der verwendeten Chemikalien müssen in jedem Fall Einmalhandschuhe getragen werden, die für die verwendeten Chemikalien undurchlässig sind.

Einen zuverlässigen Schutz für die Haut bieten Vinyl- oder Polyethylenhandschuhe.

Dagegen dürfen Latexhandschuhe nicht benutzt werden, weil sie nicht gegen alle Chemikalien, die in der Dauerwellflüssigkeit und im Fixiermittel enthalten sind, undurchlässig sind.

Einige Bestandteile von Dauerwellflüssigeiten können neben Hautreizungen auch Allergien hervorrufen.

Die Gesundheit der Kundin wird durch folgende Maßnahmen geschützt.

- Keine Verwendung saurer Dauerwellen
  In der **TRGS 540** ist ausdrücklich ein für die Wellflüssigkeit verbotene Wirkstoffe aufgeführt (Glycerinmonothioglycolsäureester). Die meisten Hersteller von Friseurpräparaten verzichten deshalb auf die Herstellung dieser Präparate.
- Sanfte Haarwäsche
  Die Kopfhaut wird vor der Dauerwelle nicht gereinigt, sondern nur das Haar. So bleibt ein schützender Fettfilm auf der Kopfhaut.
- Die Wellflüssigkeit wird nicht in Kopfhautnähe aufgetragen.
- Die Konturen werden durch Eincremen geschützt.
- Der mit Wellflüssigkeit vollgesogene Wattestreifen wird nach dem Auftragen der Flüssigkeit entfernt. (Genaue Vorgehensweise beim Auftragen von Wellflüssigkeit und Fixierung Kapitel 5.7 und 5.9)

5.3 Haarwäsche

Vor der Dauerwellbehandlung sollte das Haar nur einmal gewaschen und die Kopfhaut dabei nicht massiert werden. So verbleibt der Hauttalg als schützender Film auf der Kopfhaut und verhindert Rötungen und Reizungen. Außerdem wird vermieden, dass Wellflüssigkeit in den oberen Bereich des Haarfollikels eindringt und das dort noch schwächer verhornte Haar schädigt.

Nach der Haarwäsche wird das überschüssige Wasser mit einem Frottiertuch aus den Haaren entfernt. Wenn zu viel Wasser im Haar verbleibt, kann es nicht genügend Wellflüssigkeit aufnehmen. Die aufgenommene Flüssigkeit wird zu stark verdünnt und die Wellwirksamkeit herabgesetzt.

5.4 Vorbehandlungen

Bei strapaziertem und strukturgeschädigtem Haar muss in jedem Fall eine Vorbehandlung durchgeführt werden.

Vorbehandlungspräparate werden je nach Gebrauchsanweisung gleichmäßig im Haar verteilt oder gezielt auf die strukturgeschädigten Haarbereiche gegeben. Die Menge des Präparats richtet sich nach der Haarlänge und Haarfülle. Poröse Haarbereiche nehmen mehr von dem Präparat auf. Dadurch wird die Wellflüssigkeit dort stärker verdünnt und das Haar zusätzlich durch die Pflegesubstanzen vor den Wirkstoffen der Wellflüssigkeit etwas geschützt. Wird zu viel Vorbehandlungsmittel aufgetragen, ist das Haar mit Flüssigkeit übersättigt, was eine zu schwache Umformung zur Folge hat.

Durch das Vorbehandlungspräparat wird die Wellflüssigkeit jeweils auf die strukturgeschädigten Haarbereiche abgestimmt.

5.5 Haarschnitt

Wird der Haarschnitt vor der Umformung durchgeführt, muss Folgendes berücksichtigt werden:

- Bei einer Kurzhaarfrisur lässt sich das Haar schwieriger wickeln.
- Die Wickelstärke kann unter Umständen zu klein ausfallen.
- Die Spitzenumformung fällt bei Längen- und Spitzeneffilationen zu kräftig aus. Deshalb sollte die Effilation nach der Umformung erfolgen.
- Bei stumpf geschnittenem Haar wird eine gleichmäßige Umformung von Ansatz bis Spitze erzielt.

Wird der Haarschnitt nach der Umformung durchgeführt, ist Folgendes zu beachten:

- Das längere Haar lässt sich leichter wickeln.
- Mit dem Haarschnitt werden Wickelfehler, wie z. B. umgeknickte Haarspitzen korrigiert.

5.6 Wickeln der Haare

Für das Wickeln sind grundsätzlich folgende Kenntnisse und Fertigkeiten erforderlich:

- Kenntnisse über die Wickelarten
- Setzen der Wickel (Arbeitstechnik)
- Anordnen der Wickel auf dem Kopf (Wickeltechnik)

5.6.1 Wickelarten

Bei Schemawicklungen und vielen Spezialtechniken wird der Standardwickel (Formwickel) eingesetzt. Mit diesen Wickeln wird ein gleichmäßiger Wellenverlauf erzielt.

Bild 1 *Verschiedene Größen der Dauerwellwickel*

Die Formwickel werden in verschiedenen Durchmesserstärken und in zwei unterschiedlichen Längen angeboten. Die verschiedenen Stärken werden durch Farben gekennzeichnet.

Die Oberfläche der Formwickel ist speziell behandelt. Dadurch wird der Formwickel griffig, das Haftvermögen gesteigert und die Arbeit erleichtert.

Die Hohlräume in den Formwickeln:

- Schützen die Haarspitzen zusätzlich vor einer Überkrausung
- Erleichtern das Ausspülen der Wellflüssigkeit
- Ermöglichen gutes Verteilen der Fixierlösung

Eine Verbesserung sind Formwickel mit Höhen und Tiefen. Durch die wechselnden Wickelquerschnitte wird erreicht, dass:

- jedes Haar unterschiedlich gewellt wird,
- die Längen und Stärken der Wellen wechseln,
- der Ansatz viel Stand bekommt.

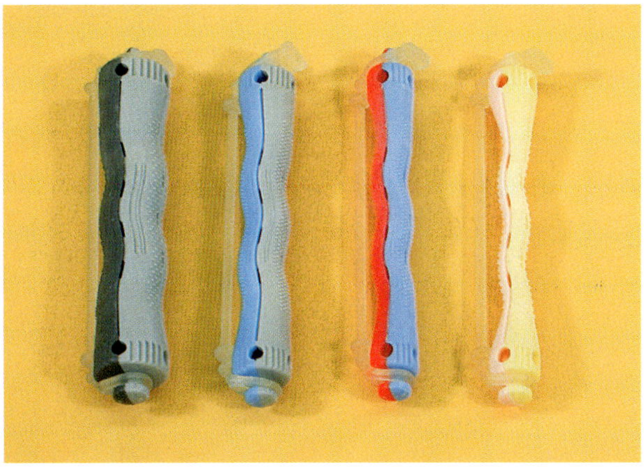

Bild 2 *Dauerwellwickel mit Höhen und Tiefen*

Diese Wickel fördern einen natürlichen Wellenverlauf. Zusätzlich wird einer Schlaufenbildung entgegengewirkt.

Spezielle Dauerwellwickel

Neben den Formwickeln gibt es eine Vielzahl an verschiedenen Wickeln, um spezielle Effekte zu erzielen.

Die Auswahl richtet sich nach dem Modetrend, dem Frisurenwunsch und der Haarlänge.

Bild 3 *Spezielle Dauerwellwickel*

5.6.2 Auswahl der Dauerwellwickel

Die Dauerwellwickel werden in verschiedenen Stärken angeboten. Die Wahl der Wickelstärke richtet sich nach

- Haarstärke und dem Haarquerschnitt,
- Grad der gewünschten Umformung,
- Gewünschter Frisurenform.

Bei der Wahl des Wickels gelten folgende Regeln:

- Dünnere Wickel ergeben eine kleinbogige Welle mit starker Sprungkraft.
- Größere Wickel ergeben eine großbogige Welle mit geringer Sprungkraft.

Bild 1 *a) Welleregebnis mit dünnen Dauerwellwickeln*
b) Wellergebnis mit großen Dauerwellwickeln

Das Wickeln wird durch die Verwendung von Spitzenpapier erleichtert. Es trägt dazu bei, dass die Haarspitzen glatt und ohne Knickstellen auf dem Wickel liegen.

Das Setzen des ersten Dauerwellwickels gliedert sich in folgende Arbeitsschritte:

Bild 2 *Abteilen der Haare*

1. Haare abteilen

- Zwei parallel verlaufende Scheitel von der Stirn zum Nacken ziehen
- Das entstandene Feld durch einen Querscheitel unterteilen und das übrige Haar festklammern

2. Wickelpartie abteilen

- Das Passee entsprechend der Wickellänge und -breite abteilen
- Die abgeteilte Wickelpartie gleichmäßig durchkämmen und im 90° Winkel zum Kopf halten

Bild 3 *Erstes Passee abteilen*

3. Spitzenpapier anlegen

- Das vorgefalzte Spitzenpapier am mittleren Teil der straff gehaltenen Haarpartie anlegen
- Mit dem Spitzenpapier zu den Haarspitzen hingleiten, sodass sich diese vollständig zwischen dem Papier befinden

Bild 4 *Spitzenpapier anlegen*

4. Wickel ansetzen und wickeln

- Wickel dicht unter dem Daumen parallel zur Abteillinie ansetzen
- Daumen auf den Wickel legen und Wickel bis zu den Haarspitzen ziehen

Bild 1 *Dauerwellwickel eindrehen*

- Das Haar mit leichter Spannung bis zum Haaransatz aufwickeln und stets mit dem Daumen nachfassen, damit sich alle Haarspitzen der Rundung des Wickels anpassen.
- Beim Drehen darauf achten, dass der Wickel waagerecht bleibt und die Haare unter gleichmäßiger Spannung glatt aufgewickelt werden.

5. Wickel befestigen

- Gummilasche mit Daumen und Zeigefinger halten und befestigen
- Wickel nicht zu locker setzen

Bild 2 *Befestigung des Wickels*

5.6.3 Anordnen der Wickel

Grundsätzlich können die Wickel nach dem klassischem Schema oder individuell nach der zu erstellenden Frisur angeordnet werden.

Klassische Wickeltechnik

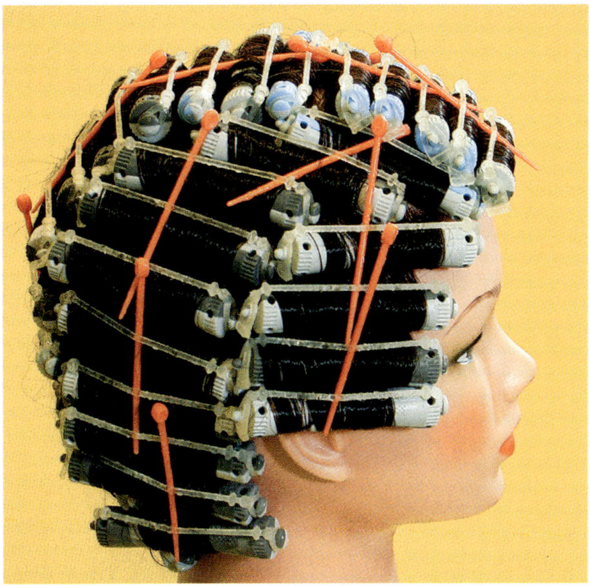

Bild 3 *Klassische Wickeltechnik*

Die klassische Wickeltechnik wird auch als Standard-, Schema- oder Kreuzwicklung bezeichnet. Sie ist das am häufigsten angewandte Wickelschema. Bei dieser Technik werden Haarwuchsrichtung und die Frisurenform nicht berücksichtigt.

Frisuren bezogene Wickeltechniken

Sie werden auch als Formwicklungen bezeichnet. Die Wickelrichtung entspricht genau dem geplanten Verlauf der Frisur. Dadurch erhält die neue Frisur mehr Halt und erleichtert der Kundin das Stylen der Frisur. Die einfachste frisurenbezogene Wickeltechnik erfolgt bei einer Scheitelfrisur.

Bild 4 *Frisurenbezogene Wickeltechnik*

Spiralwicklung

Die Spiralwicklung eignet sich für längere Haare. Sie erzielt eine gleichmäßige Wellung vom Ansatz bis in die Spitzen. Es entstehen korkenzieherartige Locken.

Bei dieser Technik wird jede einzelne Haarpartie vertikal abgeteilt. Das lange Haar wird spiralförmig auf Spiralwickel gewickelt.

Die Friseurin muss dabei beachten, dass sich die Wickelfläche an der Länge des Haares orientiert. Je länger die Haare sind, desto mehr Wickelfläche wird benötigt.

Die Wicklung beginnt im Nacken. Jede neue Reihe wird entgegengesetzt gewickelt.

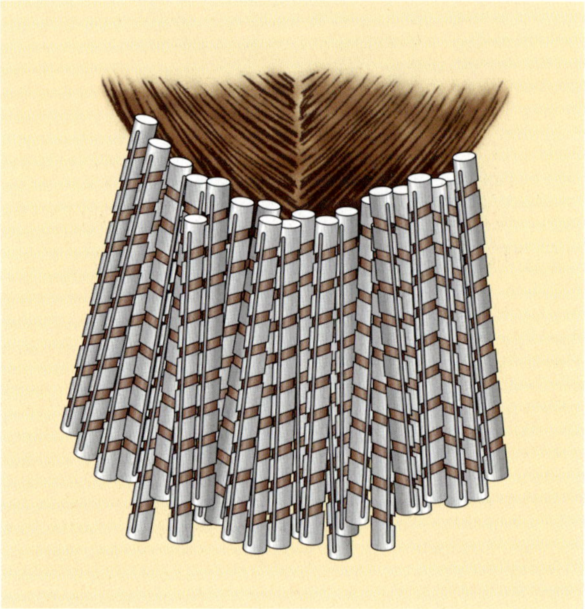

Bild 1 *Spiralwicklung*

Pyramidenwicklung

Diese Wickeltechnik ist besonders für längeres Haar geeignet.

Man erzielt mit ihr lange glatte Ansätze und viel Bewegung und Fülle in den Haarlängen und Spitzen.

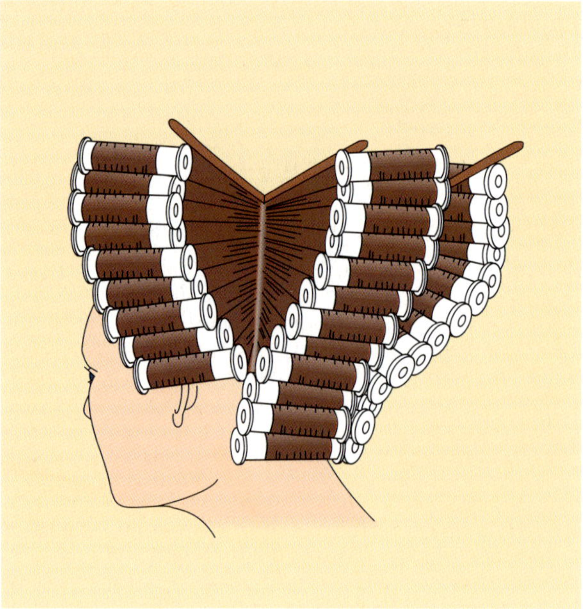

Bild 2 *Pyramidenwicklung*

Die Wickeltechnik beginnt im Nacken, wobei von der Nackenpartie an in einem immer größer werdenden Abstand zur Kopfhaut gewickelt wird. Die Abstände um den Kopf herum müssen gleichmäßig sein, damit die Proportionen in der Frisur gleichmäßig verlaufen. Diese Wickeltechnik ist sehr zeitaufwendig und setzt viel Erfahrung und Sicherheit im Dauerwell-Wickeln der Friseurin voraus.

Weitere Wickeltechniken

Für Frisuren, bei denen nur die Umformung bestimmter Haarpartien erforderlich oder mehr Stand gewünscht wird, bieten sich die Teildauerwelle oder die Ansatzwelle an.

Teildauerwelle

Bei der Teildauerwelle formt man nur Teilbereiche des Haarschopfes um. Damit fließende Übergänge zwischen den glatten und den gewellten Haaren entstehen, werden für die Übergänge dickere Dauerwellwickel oder Papilloten verwendet. Oft werden diese Wickel auch schon kurz vor dem Fixieren oder nach dem ersten Abspülen abgewickelt. Dadurch entstehen sehr weiche Übergänge.

Ansatzdauerwelle

Sollen Volumen und Stand am Haaransatz ohne Wellung der Haarlängen erfolgen, werden die Haarlängen und -spitzen in Spezialfolie eingepackt. Sie sind für die Dauerwellflüssigkeit undurchdringlich ist. Auf Längen und Spitzen kann vorher zusätzlich eine Haarkur aufgetragen werden. Eine Umformung des Ansatzes ist auch mit einer Zwei-Phasen-Dauerwelle möglich.

Zwillingswicklung

Die Zwillingswicklung oder auch Huckepack-Wicklung ermöglicht unterschiedliche Wellenbögen innerhalb einer Haarsträhne.

Bei dieser Wickeltechnik werden für jede Haarsträhne zwei unterschiedlich dicke Wickel verwendet.

Bild 3 *Zwillingswicklung*

Das Ergebnis ist eine großbogige Ansatzwelle und eine kleinbogige Spitzenwelle.

Man kann auch für den Ansatz einen dünneren und für die Spitzen einen dickeren Wickel verwenden. Dabei entsteht eine kleinbogige Ansatzwellung und eine großbogige Spitzenwellung.

5.7 Auftragen des Dauerwellpräparates

Bei dieser Arbeit ist es zwingend erforderlich, dass Schutzhandschuhe getragen werden. Das Wellpräparat muss überall und sehr gleichmäßig aufgetragen werden. Durch eine systematische Vorgehensweise beim Auftragen werden alle Wickel mit Wellflüssigkeit versorgt und eine optimale Durchfeuchtung der Haare erzielt. Die Wellflüssigkeit darf nicht auf die Kopfhaut gelangen.

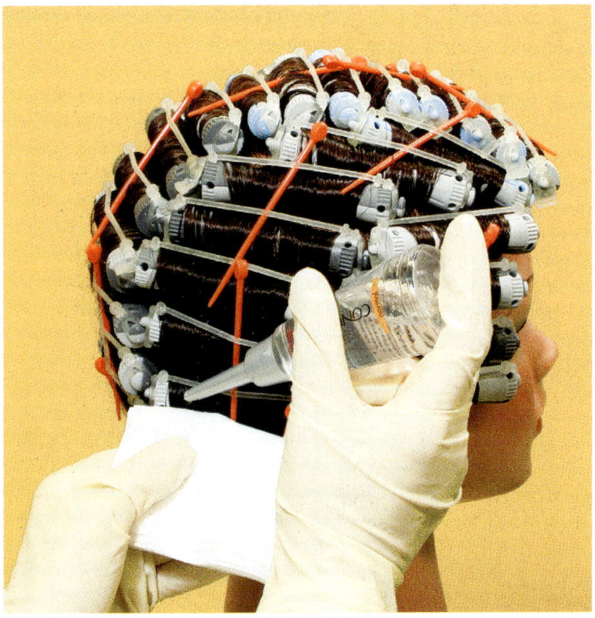

Bild 1 *Auftragen der Wellflüssigkeit*

Um eventuell ablaufende Flüssigkeit aufzufangen, empfiehlt es sich, eine Saugserviette oder einen Wattebausch direkt unterhalb des gerade zu behandelnden Wickels zu halten. Gelangt dennoch Wellflüssigkeit auf die Kopfhaut, entfernt man sie sofort mit einer Saugserviette.

Zum Schutz der Gesichtshaut kann vor dem Auftragen des Wellpräparates eine Schutzcreme an der Stirn, im Tampel- und Nackenbereich aufgetragen werden. Ein Wattestreifen um die Gesichtskontur nimmt ablaufende Wellflüssigkeit auf. Dieser wird jedoch vor Beginn der EWZ entfernt, um Hautreizungen zu vermeiden.

Der mit Wellflüssigkeit vollgesogene Wattestreifen würde sonst während der Einwirkzeit zu Hautreizungen oder allergischen Reaktionen führen.

Bei Haarlängen von über 20 cm sollte mit der Wellflüssigkeit vorgefeuchtet werden, weil sie sonst nicht bis zu den Haarspitzen gelangt. Dazu wird das Haar in mehreren großen Partien abgeteilt, mit der Wellflüssigkeit angefeuchtet und anschließend gewickelt.

5.8 Einwirkzeit

In der Gebrauchsanweisung der Dauerwellpräparate sind vom Hersteller empfohlene Richtzeiten angegeben. Die Friseurin sollte sich an der kürzesten Einwirkzeit (EWZ) orientieren. Nach beendeter EWZ kann der Umformungsgrad durch das Aufdrehen von Probewickeln um zwei bis drei Umdrehungen überprüft werden.

Die EWZ ist abhängig von der Temperatur. Generell gilt, dass bei einer Temperaturerhöhung um 10 °C die chemischen Prozesse doppelt so schnell ablaufen.

Möglichkeiten der Temperaturregulierung sind:

- Raumtemperatur ohne Abdeckung
- Raumtemperatur mit Abdeckung
- Wärmezufuhr mit Abdeckung

Bei strukturgeschädigten Haaren sollte auf Wärmezugabe verzichtet werden. So werden weitere Haarschädigungen vermieden.

Bild 2 *Öffnen eines Probewickels*

5.9 Auftragen der Fixierung

In der Praxis kommen je nach Dauerwellpräparat unterschiedliche Fixierungen zum Einsatz. Die Herstellerangaben sind unbedingt einzuhalten, da ein Großteil der Dauerwellfehler beim Fixieren gemacht wird. Der Fixiervorgang trägt entscheidend zur Haltbarkeit der Umformung bei.

Nach beendeter Einwirkzeit der Dauerwellflüssigkeit beginnt der Fixiervorgang mit dem gründlichen Ausspülen der Wellflüssigkeit aus dem Haar. Dabei gilt, möglichst viel Wellflüssigkeit aus dem Haar herauszuspülen.

Das Haar wird nach dem Ausspülen für die Fixierlösung vorbereitet. Dazu wird mit einer Saugserviette die überschüssige Feuchtigkeit aus dem Haar getupft.

Die Fixierung wird immer zuerst auf das aufgewickelte Haar aufgetragen. Gebrauchsfertige Fixierungen werden direkt aus der Portions- bzw. Auftrageflasche appliziert. Danach wird abgewickelt und die Restmenge im Haar verteilt.

Bild 1 *Abspülen der Wellflüssigkeit*

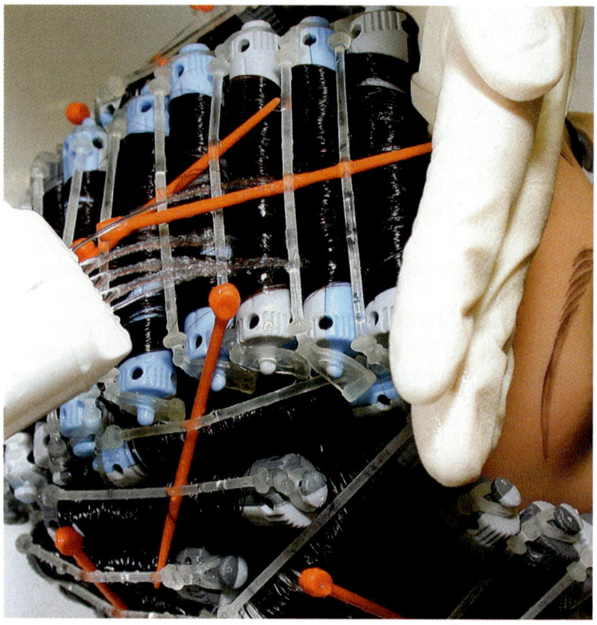

Bild 3 *Auftragen einer Sofortfixierung*

Bild 2 *Auftragen der Spülfixierung*

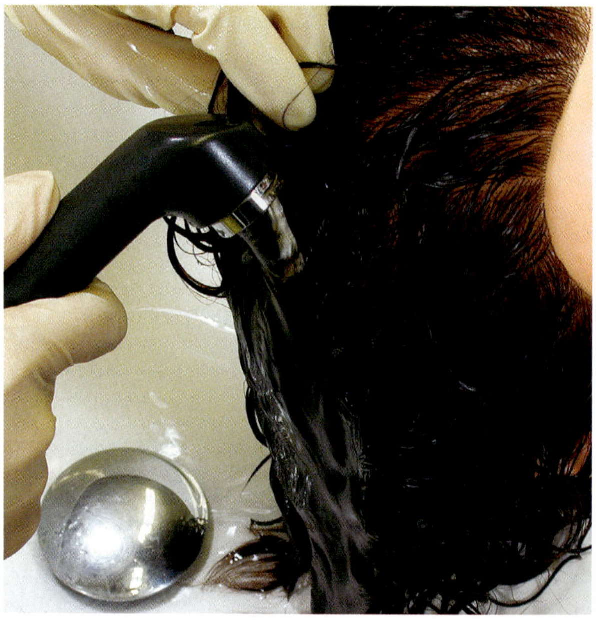

Bild 4 *Ausspülen der Fixierung*

Neben den Standardfixierungen werden noch spezielle Fixierungen angeboten, für die unterschiedliche Auftragetechniken gelten.

Schaumfixierung

Schaumfixierungen enthalten spezielle Tenside, die eine verstärkte Schaumbildung ermöglichen.

Die Schaumfixierung wird mit einem Fixierschwamm auf den Wickeln verteilt. Durch Druck- und Saugbewegungen wird der Schaum erzeugt, der eine geschlossene Schaumkappe bildet. Dieser Vorgang wird mehrmals wiederholt.

Die Schaumkappe wirkt isolierend und sorgt so für eine etwas höhere Temperatur.

Sofortfixierung

Durch spezielle Tenside wird ein schnelles Eindringen der Sofortfixierung ins Haar ermöglicht. Außerdem läuft der chemische Vorgang des Fixierens schneller ab.

Nach kurzer Einwirkzeit wird nachfixiert und anschließend gründlich ausgespült.

Für alle Fixierungen gilt:

1. Dauerwellpräparat und Fixierung müssen aufeinander abgestimmt sein.
2. Fixierung muss nach Gebrauchsanweisung zubereitet und angewendet werden.
3. Gewissenhaftes und sorgfältiges Fixieren bestimmen maßgeblich die Haltbarkeit einer Umformung.

5.10 Nachbehandlung

Eine Nachbehandlung schließt den Dauerwellvorgang ab. Als Nachbehandlungsmittel dienen Spülungen oder spezielle Präparate. Sie werden nach dem Fixiervorgang aufgetragen und gleichmäßig im Haar verteilt. Nach einer kurzen Einwirkzeit werden sie wieder ausgespült.

5.11 Nachbereitung

Nach Abschluss der Dauerwellbehandlung werden der Arbeitsplatz und die Hilfsmittel wieder in einen sauberen und geordneten Zustand gebracht:

- Werkzeuge werden gereinigt und eingeräumt.
- Der Arbeitsplatz wird gereinigt.
- Reste von abgefüllter Dauerwellflüssigkeit und Fixierung dürfen nicht zurückgeschüttet werden. Leichte Verunreinigungen können die Wirksamkeit dieser Substanzen herabsetzten.
- Reste von Dauerwellflüssigkeit und Fixierung sowie leere Verpackungen müssen umweltgerecht entsorgt werden.
- Benutzte Handtücher werden in die »Wäsche« gegeben.

5.12 Dauerwellfehler

Bei unsachgemäßer Arbeitsweise und fehlender Abstimmung der Dauerwellpräparate auf die Haarstruktur können Fehler auftreten.

Eine Korrektur der Fehler ist in vielen Fällen nicht empfehlenswert, da das Haar bei einer direkten Folgebehandlung chemisch überbeansprucht wird. In den meisten Fällen würde eine erneute Wellbehandlung nicht unbedingt ein besseres Umformungsergebnis aufweisen, sondern eher den Grad der Haarschädigung erhöhen. Dieses sollte die Friseurin bei der Problemlösung einer Dauerwellreklamation berücksichtigen.

In den folgenden Bildern werden die in der Praxis am häufigsten vorkommenden Dauerwellfehler und ihre Ursachen dargestellt.

Umformung zu schwach

Bild 1 *Zu schwach gewellte Haare*

- Wickel zu dick
- Haare zu locker
- Wellflüssigkeit zu schwach
- EWZ zu lang
- EWZ zu kurz
- Fixierung nicht sorgfältig durchgeführt

Umformung zu stark

- Wickel zu klein
- Wellflüssigkeit zu stark
- Abteilung zu schmal

Bild 2 *Zu stark gewellte Haare*

Ungleichmäßiges Wellergebnis

Bild 3 *Ungleichmäßig gewellte Haare*

- Wickelpartie zu breit
- Wickelpartie zu dick
- Wickelpartie unsauber durchgekämmt
- Ungleichmäßige Wickelspannung
- Haare zu feucht beim Auftragen der Wellflüssigkeit
- Haare nicht gleichmäßig durchgefeuchtet

Zu geringe Sprungkraft

- EWZ zu kurz
- Wellflüssigkeit zu stark
- Zu straff gewickelt
- Wellflüssigkeit nicht gründlich ausgespült vor dem Fixieren
- Fixierung nicht sorgfältig durchgeführt

Bild 1 *Zu geringe Sprungkraft*

Knickstellen an den Haarspitzen

- Haarspitzen nicht sorgfältig aufgewickelt
- Kein Spitzenpapier verwendet

Bild 2 *Umgeknickte Haarspitzen*

Knickstellen am Haaransatz

- Haarpartien zu breit abgeteilt
- Gummilaschen falsch befestigt

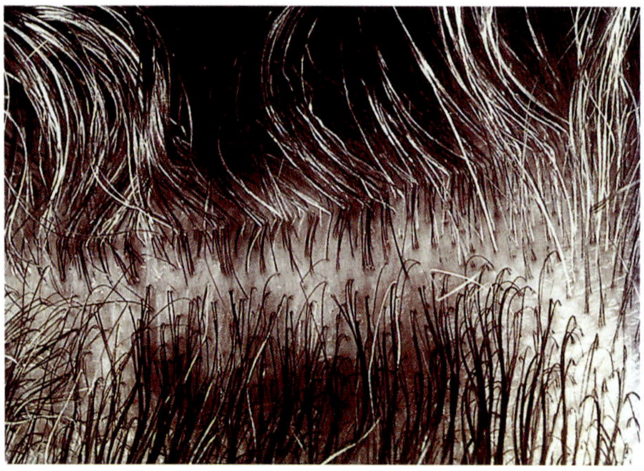

Bild 3 *Haar mit Knickstellen*

Sichtbare, bleibende Abscheitelungen

- Zu viel Wellflüssigkeit aufgetragen
- Wellflüssigkeit auf die Kopfhaut aufgetragen

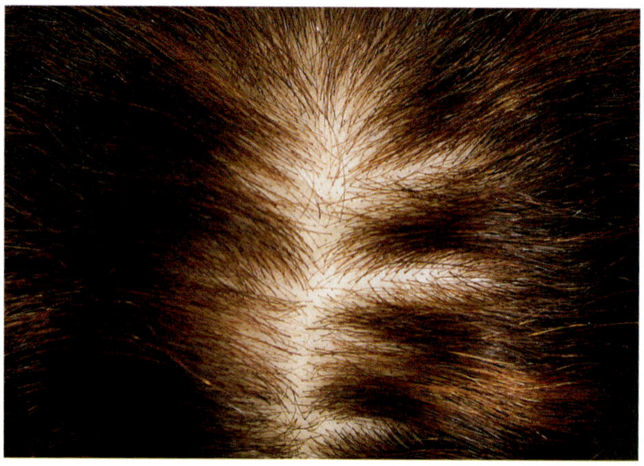

Bild 4 *Bleibende Abscheitelungen nach der Umformung*

Haarbruch

- Gummilaschen falsch befestigt
- Wellflüssigkeit zu stark, EWZ zu lang

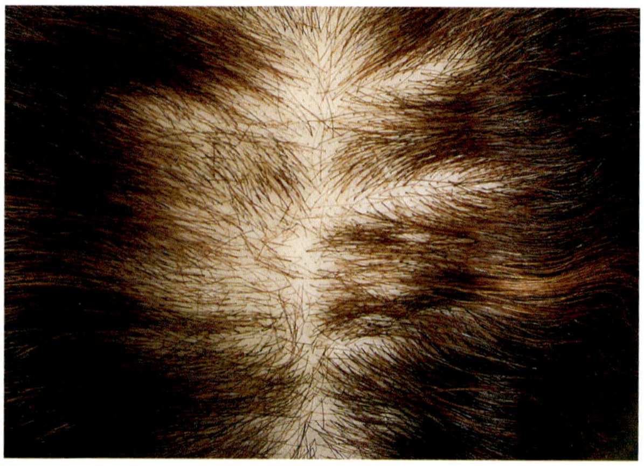

Bild 5 *Haarbruch nach der Umformung*

- Wellflüssigkeit in den Haarfollikel gelangt
- Haare entgegen der Wuchsrichtung gewickelt

Hautschäden

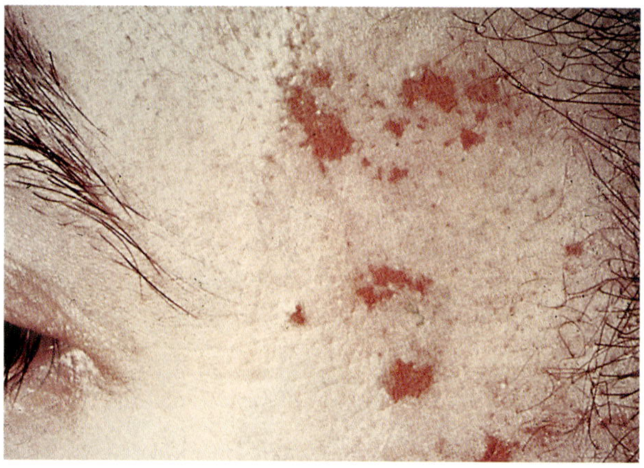

Bild 6 *Wellflüssigkeit auf die Haut gelangt*

- Wattestreifen nach Auftragen der Wellflüssigkeit nicht gewechselt
- Haut nicht geschützt
- Haarwäsche zu intensiv

Überblick über Fehler beim Dauerwellen

In der folgenden Tabelle sind die Fehler, die beim Dauerwellen auftreten können, systematisch aufgeführt.

- Unter »Ergebnis« sind die fehlerhaften Resultate der Facharbeiten aufgeführt. Sie werden von der Kundin wahrgenommen.
- Unter »Arbeitsfehler« sind die fehlerhaften Verhaltensweisen der Friseurin aufgelistet, die zu den Fehlern führen. Sie beziehen sich auf Auswahl der Chemikalien und die Arbeitsweisen.
- In der Spalte »Erklärung« wird beschrieben, welche Vorgänge im Haar die unerwünschten bzw. fehlerhaften Resultate auslösen.

Tabelle 1: Arbeitsfehler beim Dauerwellen

Ergebnis	Arbeitsfehler	Erklärung
Umformung zu schwach	■ Wellflüssigkeit zu schwach ■ Zu wenig Flüssigkeit ■ Einwirkzeit zu kurz ■ Fixierungsfehler ■ Haare zu feucht beim Auftragen der Wellflüssigkeit ■ Wickel zu dick ■ Haare zu locker aufgewickelt	■ Zu wenig Schwefelbrücken gelöst ■ Schwefelbrücken nur im Randbereich der Faserschicht gelöst ■ Zu wenig Schwefelbrücken gelöst ■ Zu wenig Schwefelbrücken wieder geschlossen, ■ Dauerwellflüssigkeit zu stark verdünnt ■ Umformungsbogen zu groß, wenig Spannkraft ■ Nur geringe Verschiebung der Peptidspiralen
Umformung zu stark	■ Wellflüssigkeit zu intensiv ■ Zu lange EWZ ■ Wickel zu klein Abteilungen zu schmal	■ Mehr als 20 % der Schwefelbrücken gelöst ■ Mehr als 20 % der Schwefelbrücken gelöst ■ Umformungsbogen zu klein, viel Spannkraft
Ungleichmäßiges Wellergebnis	■ Ungleichmäßig gewickelt ■ Haare nicht gleichmäßig mit Wellflüssigkeit durchfeuchtet.	■ Große und kleine Umformungsbögen ■ An Stellen mit geringer Wellflüssigkeit zu wenig Schwefelbrücken gelöst.
Haarschäden ■ Strukturgeschädigtes Haar ■ Knickstellen ■ Umgeknickte Spitzen Haarbruch	■ Zu starke Wellflüssigkeit, zu lange EWZ, Wärmezufuhr zu intensiv ■ Gummilaschen falsch befestigt ■ Ohne Spitzenpapier gewickelt	■ Zu starker Abbau des Haarkeratins ■ Kittsubstanz teilweise oder vollständig aus dem Haar gelöst ■ Gummilasche drückt mit der Kante auf das erweichte Haar. ■ Beim Wickeln sind die Spitzen nicht sauber auf den Wickel gelegt.
Hautschäden ■ Hautreizungen am Oberkopf ■ Hautschäden an den Konturen	■ Haarwäsche zu intensiv ■ Wellflüssigkeit in Kopfhautnähe aufgetragen ■ Hautschutz nicht durchgeführt ■ Mit Wellflüssigkeit voll gesogener Wattestreifen nicht entfernt	■ Der natürliche Fettschutz der Haut ist entfernt worden. ■ Wellflüssigkeit überwindet den natürlichen Fettschutz und dringt in die Haut ein. ■ Wellflüssigkeit gelangt auf die Haut, Wärmestau fördert die schädigende Wirkung. ■ Wellflüssigkeit hat direkten Hautkontakt

Aufgaben

1. Warum muss zu Beginn der Dauerwellbehandlung eine Haar- und Kopfhautbeurteilung durchgeführt werden?
2. Beschreiben Sie, wie eine Dauerwellbehandlung vorbereitet wird.
3. Durch welche Vorgehensweise wird die Gesundheit der Friseurin bei einer Dauerwellbehandlung geschützt?
4. Bei einer Dauerwellbehandlung kann auch die Gesundheit der Kundin gefährdet werden. Wie schützen Sie die Kundin vor gesundheitlichen Gefahren?
5. Der Haarschnitt kann vor oder nach der Dauerwellbehandlung durchgeführt werden. In welchen Fällen würden Sie vor der Dauerwellbehandlung das Haar schneiden und wann nachher?
6. Was muss bei der Haarwäsche vor der Dauerwellbehandlung beachtet werden?
7. Warum müssen Sie bei strukturgeschädigtem Haar vor dem Auftragen des Wellmittels eine Vorbehandlung durchführen und was erreichen Sie durch eine Vorbehandlung?
8. Erklären Sie, auf welche Weise eine Vorbehandlung das Haar präpariert, dass trotz unterschiedlicher Haarstrukturen das Haar gleichmäßig umgeformt wird und größere Haarschäden vermieden werden.
9. Was muss beim Auftragen des Dauerwellpräparats beachtet werden?
10. Welchen Einfluss hat die Wickelstärke auf das Umformungsergebnis?
11. Beschreiben Sie die Vorteile der Wicklung in Frisurenform gegenüber der Schemawicklung.
12. Welche Voraussetzungen müssen gegeben sein, wenn die Technik der Spiralwicklung angewendet werden soll?
13. Nennen Sie weitere Wickeltechniken.
14. Wie ist es zu erklären, dass die Einwirkzeit bei einer Sofortfixierung erheblich kürzer ist als bei einer Standardfixierung?
15. Von welchen Faktoren hängt die Länge der Einwirkzeit bei einer Dauerwellbehandlung ab?
16. Welche zusätzliche Wirkung hat eine Schaumfixierung?
17. Wie kann es bei einer Dauerwellbehandlung zu Haarbruch kommen?
18. Welche Dauerwellfehler führen zu Knickstellen am Ansatz und welche führen zu umgeknickten Spitzen?
19. Nennen Sie Arbeitsfehler, die zu einem schwachen Wellergebnis führen können.
20. Beim Dauerwellen kann es zu Hautschäden kommen.
    a) Wie schützen Sie die Kopfhaut
    b) Wie wird die Haut an den Konturen vor Schäden geschützt?

Mathematikaufgaben

Mischungsrechnen I

1. 40 ml Wellmittel werden mit 45 ml Wasser verdünnt. Die Mischung enthält zu 5,2 % Reduktionsmittel.
   Wie hoch ist der Anteil des Reduktionsmittels der unverdünnten Wellflüssigkeit?
2. 600 ml 2%ige Fixierung werden aus 9%igem H_2O_2 und Wasser hergestellt.
   Wie viel ml werden jeweils gebraucht?
3. Eine 2,5%ige Fixierung soll hergestellt werden. Es sind 400 ml 30%iges H_2O_2 vorrätig.
   Wie viel ml des 30%igenKonzentrats müssen zur Herstellung von 1 Liter Fixierung genommen werden?
   Wie viel ml Wasser sind zur Herstellung dieser Fixierung erforderlich?
4. Eine Fixierung wird aus 115 ml Wasser, 5 ml waschaktiver Substanz und 20 ml 15%igem H_2O_2 zubereitet.
   Wie viel Prozent H_2O_2 sind in der gebrauchsfertigen Fixierung?
5. Zu einer H_2O_2-Lösung gibt man die vierfache Menge Wasser und erhält 250 ml 2%ige Fixierung.
   Wie hoch war die H_2O_2-Konzentration der Ausgangslösung?

Kostenberechnung einer Dauerwellbehandlung

1. Zur Erstellung einer Dauerwelle sind 60 ml Dauerwellflüssigkeit erforderlich.
   Der Bezugspreis des Wellmittels liegt bei 13,50 € je Liter.
   Der Bezugspreise für die Fixierung, von der ebenfalls 60 ml gebraucht werden beträgt 8,60 € je Liter.
   Die Spezialkur kostet 2,45 € je Portionsflasche.
   Die Gesamtarbeitszeit beläuft sich auf 65 Minuten zu einem Stundenlohn von 12,80 €.
   Der Gemeinkostenzuschlag beträgt 65 % der Lohnkosten und der Gewinn wird mit 36 % der Selbstkosten veranschlagt.
   Die gesetzliche Mehrwertsteuer beträgt 19 %.
   Berechnen Sie den Bruttobedienungspreis.
2. Für eine Dauerwellbehandlung sind 60 ml Dauerwellflüssigkeit erforderlich.
   Der Bezugspreis für das Wellmittel beträgt 13,50 € je Liter.
   Der Bezugspreise für die Fixierung, liegt bei 8,30 € je Liter. Es werden 60 ml Fixierlösung benötigt.
   Das Nachbehandlungspräparat kostet 1,80 €.
   Für die gesamte Behandlung wird eine Arbeitszeit von 85 Minuten zugrunde gelegt zu einem Stundenlohn von 13,25 €.
   Der Gemeinkostenzuschlag beträgt 72 % der Lohnkosten und der Gewinn 36 % der Selbstkosten.
   Die Mehrwertsteuer liegt bei 19 %.
   Berechnen Sie den Bruttobedienungspreis.

Lernfeld 8
Haare tönen

Haare tönen

1 Behandlungspläne zu farbverändernden Haarbehandlungen erstellen

Szenario

Anja hat im Terminbuch eine Kundin zur »Farbe« stehen. Die Kundin ist neu und Anja erstellt dementsprechend erst einmal einen eigenen Behandlungsplan.

Arbeitsabläufe wie Tönen, Färben und Blondieren werden im Allgemeinen unter dem Oberbegriff **»Farbverändernde Haarbehandlungen«** zusammengefasst. Durch diese Arbeiten wird die Farbgebung des Haares erzielt. Die Grundlage für eine fachgerechte Farbveränderung ist der Behandlungsplan.

Die Friseurin entscheidet auf der Grundlage von Kundenwunsch und den Ergebnissen der Haar- und Kopfhautdiagnose, welche Behandlung durchführt werden muss, um den Wunsch der Kundin zu erfüllen und ein fachlich gutes Ergebnis zu erzielen.

Bild 1 *Beratungsgespräch zu farbverändernden Haarbehandlungen*

1.1 Kundenwunschermittlung

Im Beratungsgespräch versucht die Friseurin, ein genaues Bild von der Farbvorstellung der Kundin zu bekommen. Die möglichst genaue Ermittlung des Kundenwunsches umfasst folgende Bereiche:

- Haltbarkeit der Farbveränderung
- Abdeckung des Weißanteils
- Einheitlichkeit der Haarfarbe
- Farbtiefe und Farbrichtung der Farbveränderung

Die **Haltbarkeit der Farbveränderung** ist ein wichtiges Kriterium für die Präparatewahl, denn Tönungen werden mit der Zeit aus dem Haar gewaschen, während oxidative Haarfarben und Blondierung dauerhaft im Haar verbleiben.

Auch die gewünschte **Abdeckung eines Weißanteils** im Haar erfordert unterschiedliche Präparate.

- Mit Oxidationsfarben kann ein Weißanteil bis 100 % vollständig abgedeckt werden.
- Mit Tönungen im Naturbereich werden dagegen maximal 30 % Weißanteil abgedeckt.

Die gewünschte **Einheitlichkeit des Farbergebnisses** bestimmt die Auftragetechniken. Hier muss ermittelt werden, ob eine Einfarben- oder Mehrfarbentechnik angewandt weden soll. Auch die Frage nach der Stärke und der Anordnung der gewünschten Strähnen muss geklärt werden.

Als letztes müssen **Farbtiefe und Farbrichtung** der gewünschten Farbveränderungen geklärt werden. Das entscheidet zum einen die Präparatewahl, denn wenn z. B. in einem dunklen Haar helle Farbsträhnen platziert werden sollen, muss vorher aufgehellt werden. Zum anderen wird so auch die Arbeitsabfolge, wenn mehrere Schritte für das gewünschte Farbergebnis notwendig sind, festgelegt.

1.2 Haar- und Kopfhautdiagnose

Mit der Haar- und Kopfhautdiagnose werden die individuellen natürlichen Gegebenheiten, die die Kundin mitbringt, ermittelt, um sie dann mit dem Kundenwunsch abzugleichen. Neben den für die Pflegeberatung ermittelten Inhalten und den im Lernfeld 5 schon besprochenen »Wuchsrichtungen und Wirbeln« (s. S. 123) muss eine Haar- und Kopfhautdiagnose für farbverändernde Haarbehandlungen um folgende Inhalte ergänzt werden:

- Naturhaarfarbe
- Weißanteil
- Sonstige Gegebenheiten

Naturhaarfarbe

Die Naturhaarfarbe zeigt die Farbbasis, auf der die neue Farbe aufgebaut werden kann. Sie wird meistenteils überlagert von der oft künstlich erzielten aktuellen Haarfarbe. Beide Farben entscheiden über die einzusetzenden Präparate. Mit Tönungen können Farbnuancen im Bereich der vorhandenen Farbtiefe erzielt werden. Dunklere Farbergebnisse sind mit einer Tönung ebenfalls möglich.

Ein hellerer Farbton kann nur durch oxidative Farbveränderungen wie Färben und Blondieren erzielt werden.

Weißanteil

Verliert ein Haar seine Farbigkeit, verändert es auch seine Qualität. Es wird hart und glasig. Fertig entwickelte Farbstoffe können sich dann zwar in der Schuppenschicht anlagern, aber eine tiefe und damit haltbarere Einlagerung in die Faserschicht ist nur sehr schwer. Bis zu einem Weißanteil von 30 % fällt diese unterschiedliche Einlagerung bei normalen und glasigen Haaren optisch nicht auf. Für einen höheren Weißanteil müssen dann allerdings andere Arbeitstechniken angewandt werden, um die Farbe tief einzulager. Die Friseurin spricht von einer sogenannten **»Borstenmischung«**.

Sonstige Gegenheiten

Zu den sonstigen Gegebenheiten, die für eine Farbveränderung ermittelt werden müssen, zählt der **Farbtyp** der Kundin (s. S. 204 f.). Die Haarfarbe sollte immer dem Farbtyp der Kundin entsprechen. Ansonsten entsteht eine farbliche Disharmonie, die die Kundin blass und kränklich aussehen lässt.

1.3 Behandlungsberatung

Die Behandlungsberatung umfasst, analog zur Dauerwelle, die Punkte

- Vorbehandlung
- Färbepräparate
- Arbeitstechniken und -ablauf
- Nachbehandlung

Ergänzt werden kann der Punkt »Farbkorrektur«.

Der Hauptschwerpunkt liegt hier bei den Arbeitstechniken und beim Arbeitsablauf, die konkret auf die eingesetzten Präparate bezogen und zeitlich genau geplant werden müssen.

1.4 Pflege- und Stylingpräparate empfehlen

Die Abstimmung der Pflege- und Stylingpräparate für die Kundin zu Hause erfolgt auf Grundlage der Haar- und Kopfhautdiagnose und der erfolgten Behandlung.

Ein gefärbtes oder blondiertes Haar ist durch die Anwendung von Chemikalien in seiner Struktur verändert worden. Es bedarf einer besonderen Pflege, damit es weiterhin gesund glänzt. Dementsprechend müssen die Pflege- und Stylingprodukte ausgewählt werden.

Aufgaben

1. Erstellen Sie eine Übersicht, welche Arbeiten im Friseursalon zu »farbverändernden Haarbehandlungen« gezählt werden können.
2. Erstellen Sie einen Behandlungsplan für farbverändernde Haarbehandlungen.
3. Begründen Sie die Inhalte Ihres Behandlungsplans.

Bild 1 *Auftragen einer Cremetönung*

Bild 2 *Verteilen der Tönung*

2 Grundlagen der Farbenlehre verstehen

Szenario

Anja weiß, dass beim Mischen der Farben Rot und Gold ein Orangeton entsteht. Beim Tönen von Haaren mit einem Orangestich mit einer Silbertönung (Blau) werden dagegen beide Farben aufgehoben.

Um eine fachgerechte Farbbehandlung an Haaren vornehmen zu können, muss Anja wissen, was Farbigkeit ist.

Die Kenntnisse aus der Farbenlehre sind erforderlich für die

- Ermittlung des Kundenwunsches,
- Auswahl der geeigneten Präparate,
- Farbgestaltung der Haare,
- Korrektur unerwünschter Farbtöne.

2.1 Ordnung der Farben

Bild 1 *Grundfarben*

Alle Farben werden in **Grundfarben** und **Mischfarben** eingeteilt. Sie werden in einem allgemeinen Ordnungsschema, dem Farbkreis, dargestellt. Grundfarben sind Rot, Gelb und Blau. Sie lassen sich nicht durch Mischen anderer Farben herstellen.

Bild 2 *Entstehung der Mischfarben 1. Ordnung*

Bild 3 *Sechsteiliger Farbkreis*

Durch das Mischen von jeweils zwei Grundfarben erhält man die **Mischfarben 1. Ordnung**: Orange, Violett und Grün. Die Grundfarben und die Mischfarben 1. Ordnung ergeben zusammen den sechsteiligen Farbkreis.

Mischt man zwei benachbarte Farben des sechsteiligen Farbkreises miteinander, so erzielt man die **Mischfarben 2. Ordnung**: Gelborange, Rotorange, Rotviolett, Blauviolett, Blaugrün, Gelbgrün.

Werden diese Farben in den sechsteiligen Farbkreis eingeordnet, so entsteht der zwölfteilige Farbkreis.

Farben, die sich im Farbkreis gegenüberstehen, werden als **Gegenfarben** oder **Komplementärfarben** bezeichnet. Je nach ihrem Mischungsverhältnis können sie sich gegenseitig aufheben. Mit den Gegenfarben lassen sich unerwünschte Farbnuancen korrigieren.

Getrübte Farben enthalten neben den Buntfarben auch noch einen Grauanteil. Zu ihnen gehören die Haarfarben, die neben den rötlichen Phäomelanin einen mehr oder weniger hohen Anteil von dunklen Pigmenten, den Eumelaninen, enthalten.

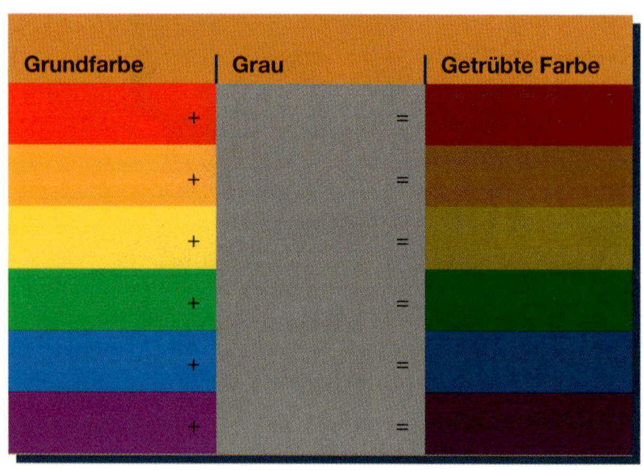

Bild 4 *Getrübte Farben*

Um Farben korrekt wahrnehmen zu können, ist weißes Licht erforderlich. Es setzt sich aus den **Spektralfarben** Rot, Orange, Gelb, Grün, Blau und Violett zusammen.

Bild 1 *Prisma zerlegt weißes Licht in Spektralfarben*

Ein weißer Gegenstand reflektiert alle Spektralfarben. Fällt weißes Licht auf den Gegenstand, so wird es vollständig reflektiert und als Weiß wahrgenommen.

Bild 2 *Wahrnehmen eines weißen Gegenstandes*

Ein schwarzer Gegenstand verschluckt (absorbiert) das gesamte Licht, das auf ihn fällt. Es gelangen also keine Lichtstrahlen ins Auge. Der Gegenstand ist in jedem Fall schwarz, unabhängig von der Farbe der auffallenden Lichtstrahlen.

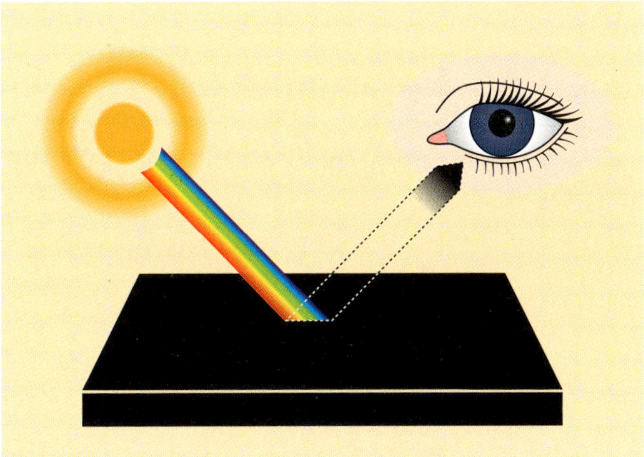

Bild 3 *Wahrnehmen eines schwarzen Gegenstandes*

Farbige Sinneseindrücke entstehen dadurch, dass die farbigen Gegenstände den Bereich der Gegenfarbe aus dem Lichtspektrum absorbieren und die übrigen Spektralfarben reflektieren. Der reflektierte Teil des Lichts erzeugt den Farbeindruck. So verschluckt z. B. ein roter Gegenstand die Gegenfarbe Grün und die übrigen Spektralfarben ergeben Rot.

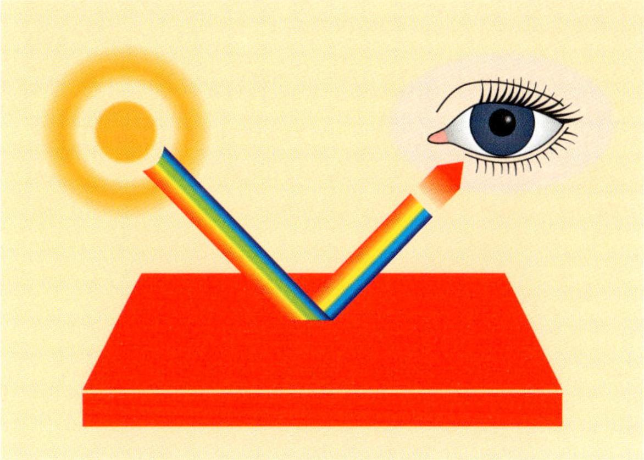

Bild 4 *Wahrnehmen eines roten Gegenstandes*

2.2 Additive und subtraktive Farbmischung

Beim Mischen farbiger Lichtstrahlen (Spektralfarben) wird die entstandene Lichtfarbe heller, weil jede Spektralfarbe Helligkeit hinzufügt (addiert). Werden alle Spektralfarben gemischt, entsteht weißes Licht.

Das von einem Prisma in die Spektralfarben zerlegte Licht kann wieder durch eine Sammellinse zu weißem Licht gebündelt werden

Die Mischung von Lichtstrahlen wird **additive Farbmischung** genannt.

Beim Mischen stofflicher Farben (Pigmente) wird die entstandene Farbe dunkler, weil jede stoffliche Farbe einen Teil des weißen Lichtes verschluckt (subtrahiert). Werden alle stofflichen Farben gemischt, entsteht Schwarz.

Die Mischung stofflicher Farben wird als **subtraktive Farbmischung** bezeichnet.

Aufgaben

1. Geben Sie die Grundfarben und Mischfarben 1. Ordnung an.
2. Nennen Sie die Mischfarben 2. Ordnung und erklären Sie deren Entstehung.
3. Definieren Sie den Begriff »Komplementärfarben«.
4. Beschreiben Sie an einem Beispiel aus der Fachpraxis, warum es für die Friseurin wichtig ist, die Wirkung von Komplementärfarben zu kennen.
5. Erklären Sie den Begriff »Spektralfarben«.
6. Welche Unterschiede bestehen zwischen der additiven und der subtraktiven Farbmischung?

3 Wirkung von Farben und Farbgestaltung kennen

Szenario

Anja hat festgestellt, dass die Farben bei den Kundinnen sehr unterschiedlich wirken. Eine Farbe, die einer Kundin sehr gut steht, sieht bei einer anderen Kundin überhaupt nicht gut aus.

Farben haben einen Einfluss auf Körper und Seele des Menschen. Sie wirken beruhigend oder anregend, sie können Atemfrequenz, Blutdruck und Puls verändern.

Rote und Orange vermitteln Wärme und Geborgenheit. Dagegen werden Blau, Violett und Türkistöne eher als kalt empfunden.

Helle Farben wirken freundlich und belebend, während dunkle Farben eher als bedrückend und für manche Menschen sogar als depressiv empfunden werden.

Mit Gelb werden Sonne und Feuer verbunden und somit Wärme. Farben des Blaubereichs werden als kalte Farben bezeichnet. Mit ihnen verbindet man Eis und Schnee.

Tabelle 1: Wirkung von Farbtönen

	Rot empfinden wir als warm wie Glut
	Orange wirkt heiß wie Feuer
	Gelb wirkt anregend und belebend wie die Sonne
	Grün empfinden wir als beruhigend wie Wälder und Wiesen
	Blau wirkt kalt wie Eis und Schnee
	Violett wirkt eher geheimnisvoll

Eine positive Wirkung von Farben wird erzielt, wenn bei der Farbgestaltung bestimmte Gesetzmäßigkeiten berücksichtigt werden. Hierzu gehören der Farbkontrast und die Farbharmonie.

3.1 Farbkontrast

Ein Kontrast ist ein Gegensatz. Beispiele für Kontraste sind:

- Größenkontraste: große und kleine Flächen
- Helligkeitskontraste: helle und dunkle Farben
- Farbkontraste: Gegenfarbenpaare, wie z. B. Blau und Orange

Bild 1 *Farbkontrast Blau-Orange*

Ein echter Farbkontrast ist mit den Farben der Haare und des Gesichts kaum möglich. Kontraste können dagegen im Zusammenspiel mit farbiger Kleidung erzielt werden.

Bild 2 *Farbkontrast Rot-Grün*

3.2 Farbharmonie

Bei der Farbharmonie werden Farben kombiniert, die im Farbkreis näher beieinander liegen. So entstehen Farbkompositionen, die sehr beruhigend wirken.

Hier hat sich das Gestaltungsprinzip der Farbtypen durchgesetzt, bei der die Farben des Make-ups und die Farbnuance der Haare auf die natürlichen Gegebenheiten einer Kundin wie Augenfarbe, Hautton und Grundton der Haarfarbe abgestimmt werden.

Auch die Kleidermode richtet sich in ihren Farben nach den Farbtypen.

Farbtypen

Bei den Farbtypen wird zunächst die Haut nach ihrer Farbigkeit bestimmt. Die Haut hat entweder einen warmen oder kalten Grundton. Beide Hauttönungen werden zusätzlich nach ihrer Helligkeit unterteilt. So entstehen vier Farbtypen, die den Jahreszeiten zugeordnet sind und nach ihnen benannt werden:

- Frühlingstyp: warm und hell
- Sommertyp: kalt und hell
- Herbsttyp: warm und dunkel
- Wintertyp: kalt und dunkel

Frühlingstyp

- Der Hautton des Frühlingstyps ist gelblich bis golden mit leichten Sommersprossen.
- Die hellen Augen schimmern blau, oft wasserblau bis grünlich.
- Die Haarfarbe weist häufig eine Goldnuance auf, wie z. B. Goldblond, Goldbraun oder Kupfer.
- Warme, zarte Farben harmonieren gut mit dem Frühlingstyp, wie z. B. Lindgrün, Apricot, Beige, Cremeweiß, Türkis, Kamelhaar, Rosa und Gold.

Sommertyp

- Der Hautton des Sommertyps ist blass mit bläulich-rosigem Unterton.
- Die Augenfarbe ist grau, graublau oder graugrün.
- Die Haarfarbe ist blond in allen Abstufungen mit aschigen Reflexen.
- Gut harmonierende Farben sind Jeansblau, Himmelblau, Silber, Flieder, Lavendel, Himbeerrot und Mintgrün.

Bild 1 *Frühlingstyp*

Bild 2 *Sommertyp*

Herbsttyp

- Der Hautton des Herbsttyps ist goldgrundig, er kann von Elfenbein bis Bronze schimmern. Sommersprossen bilden oft lustige Farbtupfer.
- Die Augenfarbe ist braun oder auch grünbraun.
- Die Farbtiefe der Haarfarbe liegt im mittel bis dunkelblonden sowie im hellbraunen Bereich.
- Vorteilhafte Farben für diesen Typ sind Orange, Rostrot, Olivgrün, Schokobraun, Beige, Goldgelb, Petrol und Kupfer

Wintertyp

- Der Wintertyp ist kontrastreich mit kühlem bläulichen oder olivfarbenen Hautton.
- Augenfarben (Dunkelblau, Schwarzbraun, Türkis) stehen im Kontrast zum Augenweiß.
- Die dunkle aschige Haarfarbe reicht von Braun bis Blauschwarz (mediterraner Typ)
- Zum Wintertyp passen neben Schwarz und Weiß folgende Farbnuancen: Pink, Zitronengelb, Enzianblau, Blauviolett, Rubinrot und Silber.

Bild 3 *Herbsttyp*

Bild 4 *Wintertyp*

3.3 Motive für eine Farbveränderung

Ein Kaufmotiv ist der Grund oder Anlass für den Kauf einer Ware oder Dienstleistung. Dahinter verbergen sich die Bedürfnisse, die die Kunden zum Kauf einer Ware oder Dienstleistung veranlassen.

Die Kaufmotive können vorwiegend rational (vernunftbetont) oder emotional (gefühlsbetont) sein. Oft werden rationale Kaufmotive von gefühlsbetonten Motiven überlagert. So entscheidet sich eine Kundin nicht nur für einen Haarschnitt, weil die Haare zu lang sind, sondern auch, weil sie gut aussehen will.

So gibt es auch bei den Motiven zur Farbveränderungen Überlagerungen. Grundsätzlich gibt es für Kundinnen, die Farbveränderungen anstreben, eine ganze Reihe unterschiedlicher Motive.

Im Folgenden sind die häufigsten Motive aufgeführt, die Kundinnen veranlassen, sich ihre Haare farblich verändern zu lassen:

- **Ansehen, Modebewusstsein**
  Die Kundin weiß, dass die Haarfarbe einer Frau als erstes wahrgenommen wird. Sie wünscht sich eine interessante Haarfarbe, um zu signalisieren, dass sie im aktuellen Modetrend liegt. Sie möchte nicht unmodern sein.
- **Prestige, Geltungsbedürfnis**
  Die Kundin wünscht sich eine nicht alltägliche Haarfarbe. Sie will mit ihrer Haarfarbe das Gefühl vermitteln, etwas Besonderes zu sein.
- **Selbstverwirklichung, Unterstreichen der Persönlichkeit**
  Die Kundin möchte durch die Haarfarbe ihren Typ unterstreichen und zu ihrer Selbstverwirklichung beitragen.
- **Schönheit, Ästhetik**
  Die Kundin legt großen Wert auf Farbharmonie, die Haarfarbe soll vor allem ihr äußeres Bild positiv beeinflussen.
- **Jugendlichkeit**
  Jugendliches Aussehen kann durch modische Farben und das Kaschieren der ersten weißen Haare erzielt werden.
- **Nachahmung**
  Die Kundin hat im Fernsehen eine bekannte Moderatorin gesehen und möchte eine ähnliche Haarfarbe haben. Sie orientiert sich in ihrer Farbwahl an Trendsettern aus Mode und Sport.
- **Experimentierfreude, Geltungsbedürfnis, Provokation**
  Die Kundin ist mit ihrer Haarfarbe nicht mehr zufrieden. Sie teilt der Friseurin mit, dass sie die Farbe schon sehr lange hat und völlig anders aussehen möchte. Mit einer neuen Farbe möchte sie auffallen oder gar provozieren.

Diese Motive bestimmen maßgeblich die Entscheidung für eine bestimmte Farbe.

Die Friseurin versucht das Hauptmotiv durch Fragen und Betrachten der Kundin zu ergründen und unter Berücksichtigung des Farbtyps der Kundin eine optimale Farbe auszusuchen.

3.4 Durchführung der Farbtypanalyse

Ein wichtiges Hilfsmittel bei der Farbberatung ist das »System der Farbtypen«. Ist der Farbtyp der Kundin bestimmt, so ist es leichter, einen harmonischen Gesamteindruck zu erzielen.

Für die Farbtypanalyse ist ein gut mit Tageslicht ausgeleuchteter Beratungsplatz erforderlich. Der Farbtyp kann nur bei ungeschminkter Haut und natürlicher Haarfarbe korrekt ermittelt werden. Farblich verändertes Haar verfälscht den Farbeindruck. Das Haar sollte aus dem Gesicht gekämmt und abgedeckt werden. Farbfächer, Farbtücher sowie Gold- und Silberfolien erleichtern die Bestimmung des Farbtyps.

Bild 1 *Farbtücher a) Frühling b) Sommer c) Herbst d) Winter*

Aufgaben

1. Welche Wirkungen können Farben auf die Psyche des Menschen haben?
2. Warum werden Farben des Blaubereichs als kalt und Rot, Orange und Gelb als warme Farben bezeichnet?
3. Grenzen Sie die Begriffe Farbkontrast und Farbharmonie ab.
4. Die Farbtypenlehre unterscheidet kalte und warme Farbtypen. Nennen Sie Unterscheidungsmerkmale dieser beiden Typen.
5. Bei der Farbtypenlehre, bei denen die Farbtypen nach den Jahreszeiten benannt werden, ist die Helligkeit ein wichtiges Unterscheidungsmerkmal.
   Nennen Sie Merkmale der vier Typen.
6. Nennen Sie vier Motive, die Kundinnen veranlassen, ihre Haare farblich verändern zu lassen.
7. Eine Werbeaussage in einer Frauenzeitschrift, verspricht, dass eine spezielle Tönung Frauen bis zu 10 Jahre jünger aussehen lässt. Sie wollen die Tönung verkaufen, aber die Kundin soll nicht enttäuscht sein.
   Wie gehen Sie mit der Werbeaussage um und was sagen Sie der Kundin?

4 Natürliche Haarfarbe

Szenario

Anja weiß, dass es eine Vielzahl von unterschiedlichen natürlichen Haarfarben gibt. Sie möchte wissen, ob jede Haarfarbe spezielle Pigmente enthält.

4.1 Entstehung der Haarfarben

Für die Farbigkeit der Haare sind die Pigmente verantwortlich. Sie werden in den **Melanozyten**, die zwischen den Matrixzellen liegen, hergestellt und durch die verzweigten Zellfortsätze an die Haarzellen weitergeleitet.

Die Pigmente des Haares sind Keratinkörper, die den Farbstoff Melanin enthalten. Es werden zwei Pigmentarten unterschieden:

- Das dunkle Pigment, das den grau-braunen Farbstoff **Eumelanin** enthält.
- Das gelblich rote Pigment, das den rötlichen Farbstoff **Phäomelanin** enthält.

Die natürliche Haarfarbe wird durch die **Menge der dunklen** und der **gelblich roten Pigmente** im weißen Keratin bestimmt.

Die Menge der dunklen Pigmente bestimmt vorrangig die **Farbtiefe** (Helligkeitsgrad) des Haares.

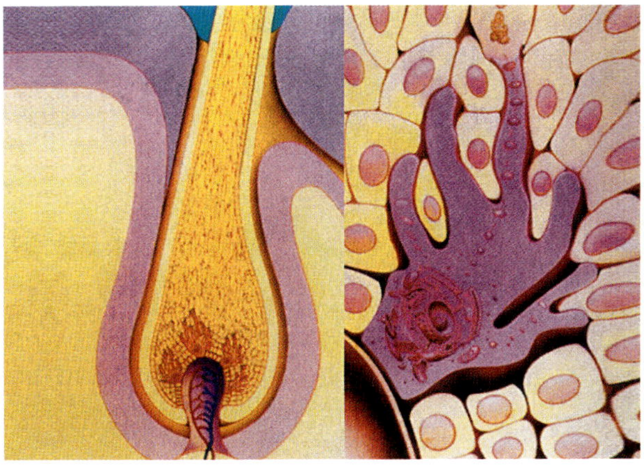

Bild 1 *Melanozyten schleusen Pigmente in die Haarzellen*

Je mehr dieser Pigmente im Haar enthalten sind, desto dunkler ist die Haarfarbe. Die Farbtiefe reicht von Lichtblond bis Schwarz.

Der Anteil der gelblich roten Pigmente bestimmt wesentlich die **Farbrichtung** des Haares.

- Bei einem mittleren Anteil der gelblich roten Pigmente entstehen Haarfarben mit einem schwachen gelblich braunen Schimmer. Sie werden als **Natur- oder Grundtöne** bezeichnet.
- Bei einem erhöhten Anteil der gelblich roten Pigmente entstehen die Nuancen **Gold** und **Rotgold**.
- Bei einem geringeren Anteil der gelblich roten Pigmente ist kein leuchtender Reflex wahrnehmbar. Die Farbrichtung ist **Asch**.

Verteilung der Pigmente im Haar

Die einzelnen Haare eines Haarschopfs sind unterschiedlich pigmentiert. Bei der Untersuchung der Haarquerschnitte erkennt man auch eine uneinheitliche Pigmentverteilung bei den einzelnen Haaren.

Bild 2 *Verteilung der Pigmente im Haar*

Ergrauung

Stellen die Melanozyten ihre Arbeit ein, wird das einzelne Haar weiß, das Gesamthaar erscheint jedoch durch die **Melierung** (Mischung) von pigmentiertem und weißem Haar grau.

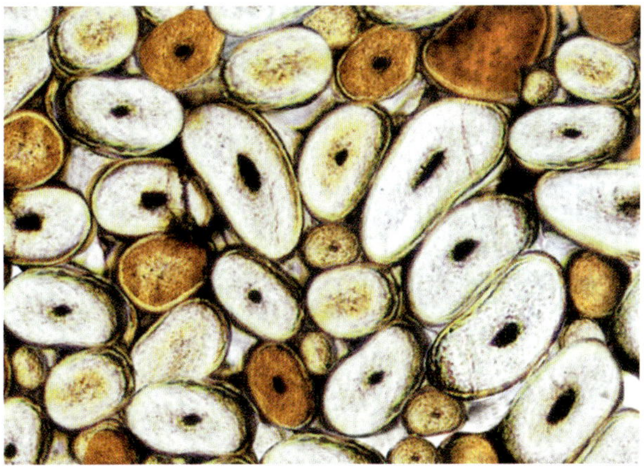

Bild 3 *Meliertes Haar*

Bild 4 *Unterschiedlich pigmentierte Haare eines Haarschopfs*

4.2 Reflexion und Lichtbrechung

Die Haarfarbe wird auch durch die Oberflächenstruktur des Haares beeinflusst. Je glatter die Oberfläche ist, desto mehr Licht wird reflektiert und desto intensiver und leuchtender ist der Farbeindruck.

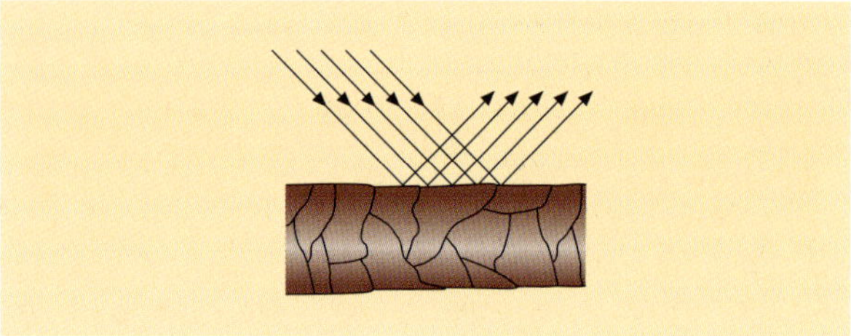

Bild 1 *Lichtreflexion bei nicht geschädigter Schuppenschicht*

Körper mit einer rauen Oberfläche reflektieren die Lichtstrahlen nicht in eine Richtung, sondern diffus, d.h. in verschiedene Richtungen. Deshalb erscheinen Haare mit einer geöffneten oder geschädigten Schuppenschicht stumpf und glanzlos.

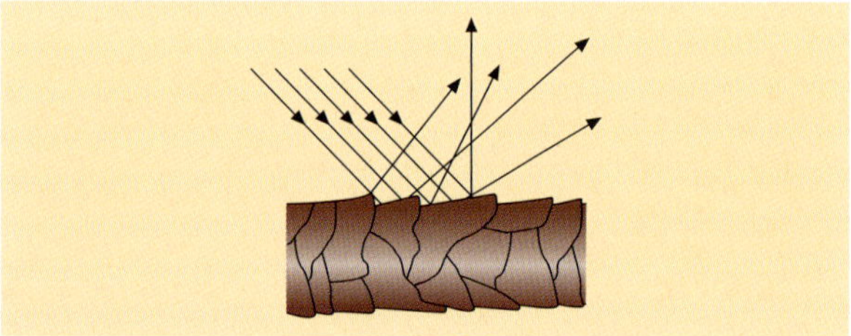

Bild 2 *Lichtreflexion bei geschädigter Schuppenschicht*

Farbreflexe ganz besonderer Art entstehen bei gesundem Haar durch die Cuticularänder. Die Kanten wirken wie ein Prisma, das das weiße Licht in die Spektralfarben zerlegt. So entstehen durch die Cuticularänder besondere Farbreflexe.

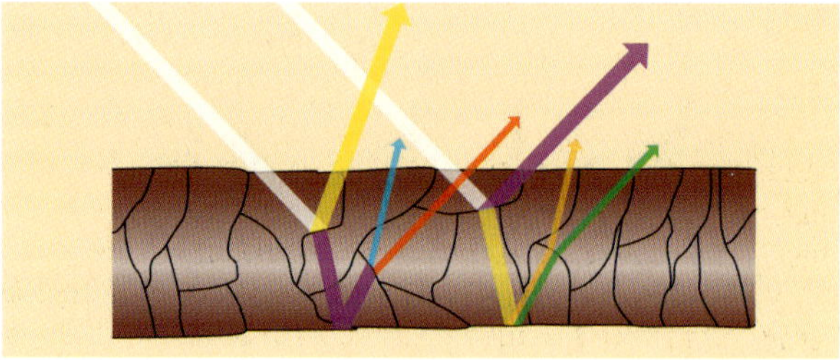

Bild 3 *Farbreflexe an Cuticularändern*

Ist das Haar von Schmutz überzogen, so sind die Cuticularänder überdeckt. Es fehlen der natürliche Glanz und die Farbreflexe.

Die Haarfarbe wird auch durch die Oberflächenstruktur des Haares beeinflusst. Je glatter die Schuppenschicht des Haares ist, desto mehr Licht wird reflektiert, und desto intensiver und leuchtender ist auch der Farbeindruck.

Bei stark fettigem Haar fehlt die natürliche Oberflächenstruktur des Haares. Die glatte Fettschicht sorgt für eine unnatürliche Lichtreflexion gibt dem Haar den typischen Fettglanz.

4.3 Ordnung der Haarfarben

Die Haarfarben sind in den Farbkarten systematisch erfasst.

- Die **Farbtiefe** ist senkrecht angeordnet. Sie gibt die Helligkeitsabstufungen von Helllichtblond bis Schwarz an. Die Abstufungen der Farbtiefe beginnt bei den meisten Farbherstellern bei 2 für Schwarz und nicht bei 1. Ursprünglich war unterhalb von Schwarz die Farbtiefenbezeichnung Blauschwarz angesiedelt. Sie sollte das Schwarz der Asiaten charakterisieren, das durch Lichtreflexion leicht bläulich wirkt. Da aber eine Farbe nicht dunkler als Schwarz sein kann, ist die Farbtiefe Blauschwarz (1) aus den Farbkarten der meisten Hersteller gestrichen worden.
- Die **Farbrichtung** ist waagerecht angeordnet. Häufig wird als erstes die Naturreihe aufgeführt. Sie wird mit der Ziffer 0 oder mit dem Buchstaben N für Natur gekennzeichnet. Die Anordnung der übrigen Farbnuancen entspricht der Reihenfolge der Farben des sechsteiligen Farbkreises, beginnend mit Blau (1) über Grün (2) bis Violett (6). Statt der Zahlen werden hier auch Buchstaben verwendet, wie z.B. A für Asch und V für Violett.

In den **Farbkarten** sind weitere Nuancen aufgeführt.

- Durch Mischen benachbarter Farben des Farbkreises entstehen Zwischentöne. Sie entsprechen den Mischfarben 1. Ordnung. Ein Beispiel hierfür ist der Farbton Gold-Orange /34, der durch Mischen von Gold /3 und Rotgold /4 entsteht.
- Braun ist eine getrübte Farbe, die durch Mischen von Gold/Orange mit Schwarz entsteht. Als Farbrichtung ist Braun in der Farbkarte nach Violett angesiedelt. Es hat die Nummernbezeichnung /7.
- Mit der Einordnung /8 folgt die Nuance Perl-Cendre. Es ist ein intensiverer Blauton als Asch. Mit ihm werden im Blondbereich Silbernuancen erzielt.

Die Namen der Haarfarben der Asch- und Mattreihe werden aus der jeweiligen Farbtiefe und der Farbrichtung gebildet wie z.B. Mittel**asch**blond.

Dagegen haben sich für die weiteren Nuancen Begriffe durchgesetzt, unter denen man sich die Farbe gut vorstellen kann. Beispiele hierfür sind Kastanie, Mahagoni, Aubergine, Palisander, Bordeaux, Beaujolais usw.

Tabelle 1: Buntfarbenanteil in den Farbnuancen

Farbrichtung		Buntfarbe	Aufgabe der Buntfarben
Natur	(0)		
Asch	(1)	Blau	Deckt Orangetöne ab
Matt	(2)	Grün	Deckt Rottöne ab
Gold	(3)	Gelb	Erzielt Goldtöne
Rotgold	(4)	Orange	Erzielt Rotgoldtöne
Purpur	(5)	Rot	Erzielt Rottöne
Violett	(6)	Violett	Erzielt Violetttöne

Aufbau einer Farbkarte

Tabelle 1: Aufbau einer vereinfachten Farbkarte

Farbrichtung (Nuance) →

Farbtiefe ↓

Natur/ 0	Asch/1	Matt/2	Gold/3	Rotgold/4	Purpur/5	Violett/6	Braun/7	Perl-Cendre/8
hell-licht-blond 10/0	hell-licht-asch-blond 10/1							
licht-blond 9/0	licht-asch-blond 9/1	licht-matt-blond 9/2	gold-blond 9/3					
hell-blond 8/0	hell-asch-blond 8/1	hell-matt-blond 8/2	cognac 8/3	kupfer-gold 8/4	hell-rosenholz 8/5			
mittel-blond 7/0	mittel-asch-blond 7/1	mittel-matt-blond 7/2	hasel-nuss-blond 7/3	tizianrot 7/4	dunkel-rosenholz 7/5	malaga 7/6	reh-braun 7/7	
dunkel-blond 6/0	dunkel-asch-blond 6/1	dunkel-matt-blond 6/2	mocca 6/3	mahagoni-kupfer 6/4	purpur-braun 6/5	samos 6/6	schoko-braun 6/7	dunkel-cendre 6/8
hell-braun 5/0	hell-asch-braun 5/1		gold-braun 5/3	hell-kastanien-braun 5/4	hell-mahagoni 5/5			
mittel-braun 4/0				mittel-kastanien-braun 4/4				
dunkel-braun 3/0								
schwarz 2/0								blau-schwarz 2/8

Aufgaben

1. Wie heißen die Zellen, in denen die natürlichen Pigmente hergestellt werden?
2. Welche beiden Pigmente bestimmen die natürliche Haarfarbe?
3. Erklären Sie, wie aus den Pigmenten die zahlreichen natürlichen Haarfarben gebildet werden.
4. Beschreiben Sie das Aussehen eines natürlchen Aschtons. Wie entsteht dieser Farbton?
5. Erklären Sie die Begriffe »Farbtiefe« und »Farbrichtung«.
6. Wie beeinflusst die Oberflächenstruktur des Haares die natürliche Haarfarbe?
7. Nennen Sie Farbbezeichnungen, die von der systematischen Benennung abweichen.
8. Welche Hölzer dienen auch der Farbbezeichnung von Haaren?
9. Nennen Sie Getränke, nach denen Haarfarben benannt werden.
10. In der Farbkarte ist die Farbe Tizianrot aufgeführt.
    a) Welche Farbtiefe und welche Farbrichtung hat diese Farbe?
    b) Erkundigen Sie sich, woher diese Bezeichnung stammt.

5 Die Theorie des Tönens

Szenario

Anja möchte wissen, was der wesentliche Unterschied zwischen Tönen und Färben ist und welche unterschiedlichen Präparate ihr zur Verfügung stehen. Sie wundert sich, dass die Tönungen nach einigen Haarwäschen verblassen, während die Farbe länger hält.

Unter dem Begriff Tönen sind alle Farbveränderungen der Haare zu verstehen, bei denen keine Oxidationsmittel eingesetzt werden. Tönungspräparate enthalten ausschließlich Fertigfarbstoffe (direktziehenden Farbstoffe). Beim Tönen wird das Haar nicht chemisch behandelt. Die Pigmente des Haares werden im Prinzip mit den direktziehenden Farbstoffen gemischt. Das Farbergebnis beim Tönen entsteht also durch das Mischen der vorliegenden Haarfarbe und der Farbe des Tönungspräparates. Die Tönungpräparate können nicht

- Haare aufhellen,
- weiße Haare abdecken,
- dauerhafte Farbveränderungen erzielen.

5.1 Tönungspräparate

Die kosmetische Industrie bietet unterschiedliche Tönungspräparate an:

Tönungen ohne besondere Zusatzaufgaben

Diese Tönungen sind Ö/W-Emulsionen.

In der Wasserphase der Ö/W-Emulsion sind die Farbstoffe in hoher Konzentration enthalten. Außerdem sind organische Säuren in ihr gelöst, die das Haar adstringieren und ihm dadurch zusätzlich Glanz verleihen.

In der Ölphase befinden sich neben den Fettstoffen noch Pflegestoffe, wie sie in den Pflegepräparaten enthalten sind. Eine Spülung oder eine Kur ist deshalb nach der Tönung nicht erforderlich.

Diese Tönungen sind erhältlich als:

- **Schaumtönung**
  Das Treibgas in der Sprühflasche schäumt die Ö/W-Emulsion beim Austreten aus der Dose auf. Der besondere Vorteil der Schaumtönung besteht darin, dass der Schaum sehr schnell aufgetragen und gleichmäßig verteilt werden kann.
- **Cremetönung**
  Die Ö/W-Emulsion sorgt für ihre cremeartige Beschaffenheit. Sie erleichtert das Auftragen und verhindert das Ablaufen des Präparates. Cremetönungen werden in systematischer Scheiteltechnik aufgetragen.
- **Balsamtönung**
  Dieses Präparat ist ähnlich zusammengesetzt wie die Cremetönung. Als Trägersubstanz kommen hierbei häufig Gemische aus Ö/W-Emulsion und einem Gel zum Einsatz. Die Konsistenz ist dadurch flüssiger, wodurch das Auftragen vereinfacht wird.

Tabelle 1: Aufgabenbereiche von Tönungspräparaten

Aufgabenbereich	Wirkung
Naturtöne auffrischen	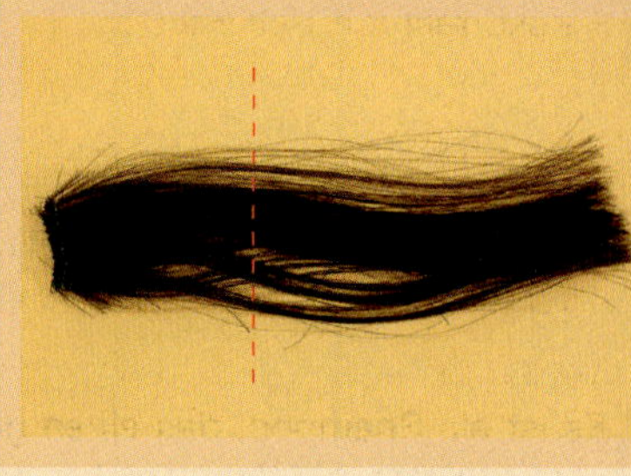
Farbrichtung verändern, z.B. Silbertönung bei weißem Haar	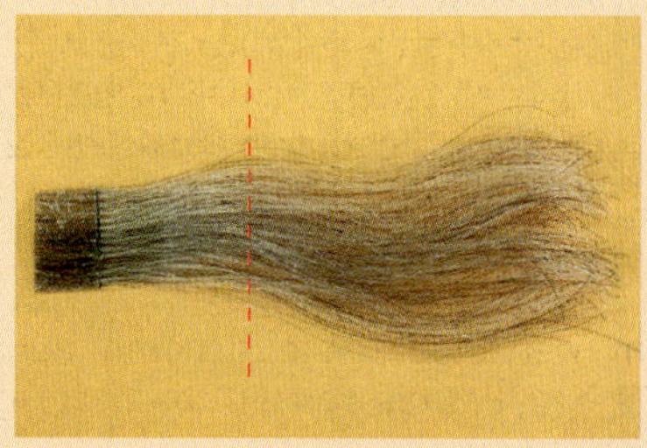
Farbkorrektur, z.B. Orangestich nach Blondierungen	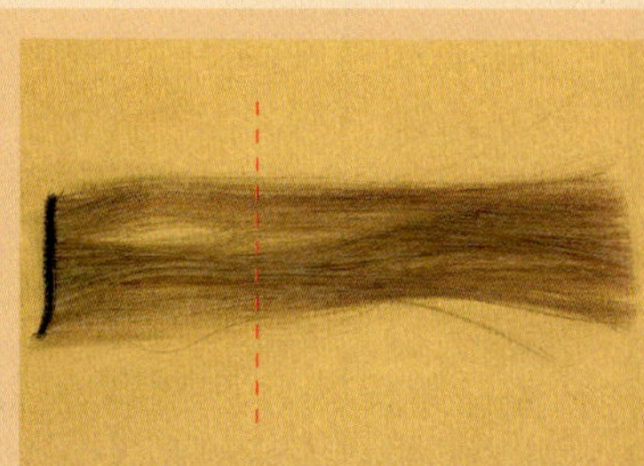
Direktziehende Farbstoffe vor Färbungen anlagern (Rot)	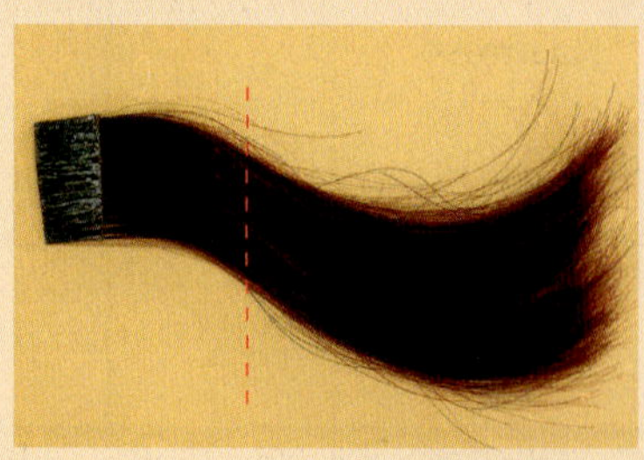
Erste weiße Haare kaschieren	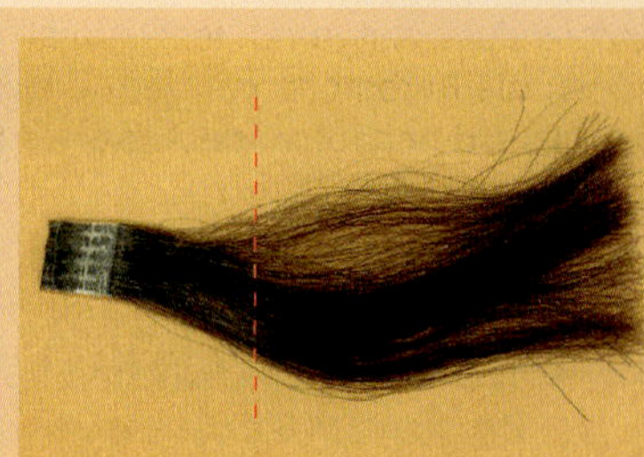
Bis zu drei Tönen dunklere Natur- oder Modetöne erzielen	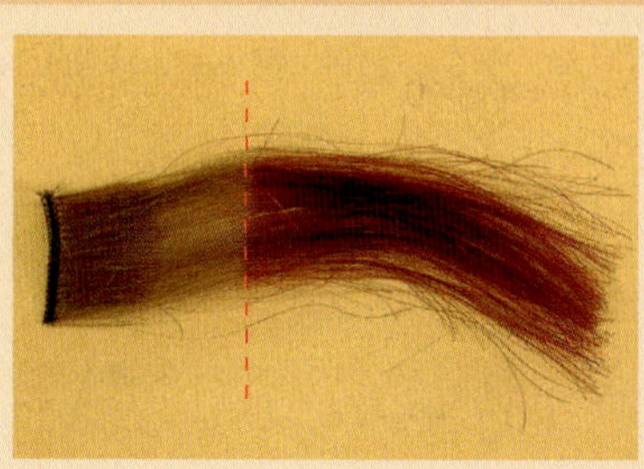

Tönungen mit zusätzlichen Aufgaben

Diese Farbveränderung kann mit folgenden Präparaten erzielt werden:

- **Farbfestiger**
  Bei diesen Produkten handelt es sich um Festiger in Flüssig- oder Schaumform, in denen Farbstoffe gelöst sind. Sie werden wie normale Festiger aufgetragen. Mit ihnen kann eine leichte Farbauffrischung bzw. Farbkorrektur erzielt werden.
- **Tonspülung**
  Sie enthält neben den Pflegestoffen eine höhere Konzentration an Farbstoffen als die Farbfestiger. Mit ihr erzielt man neben der Pflegebehandlung eine intensivere Farbveränderung der Haare.
- **Tönungsshampoo**
  Es ist ein Shampoo, das einen geringen Farbstoffzusatz aufweist. Mit ihm erzielt man beim Waschen eine leichte Farbauffrischung bzw. Farbkorrektur. Ein Tönungsshampoo enthält milde Tenside, die die aufziehenden Farbstoffe nicht wieder auswaschen.

Die Tabelle 1 vermittelt einen Überblick über die gebräuchlichsten Tönungspräparate in der Friseurpraxis.

Im weitesten Sinne gehören auch die abdeckenden Färbemittel, die sich um das Haar legen, zu den Tönungspräparaten:

- **Farbspray**
  Die Farbpigmente sind im Kunstharz verteilt und haften durch den Klebeeffekt des Kunstharzes am Haar. Mit dem Farbspray lassen sich kurzfristige Farbeffekte erzielen.
- **Hair-Mascara**
  Die Pigmente sind in einer Suspension verteilt. Sie wird mit einem Mascarabürstchen aufgetragen.
  In der Regel haftet Hair Mascara bis zur nächsten Haarwäsche.

5.2 Haftungsmechanismus der Tönungspräparate

Im wässrigen Teil der Trägersubstanzen sind die Farbstoffe gelöst. Aufgrund der Saugfähigkeit des Haares gelangen die Farbstoffe mit dem Wasser in das Haar. Dort haften sie durch folgende Anziehungskräfte.

Adhäsionskräfte sind Anziehungskräfte zwischen zwei Stoffen. Sie bestehen auch zwischen den Farbstoffen und dem Keratin des Haares. Diese Kräfte sind sehr schwach. Deshalb werden Tönungen, die ausschließlich nach diesem Prinzip am Haar haften, wie z. B. Tönungsfestiger, schnell wieder ausgewaschen.

Elektrostatische Anziehungskräfte bestehen zwischen Stoffen mit unterschiedlichen Ladungen. Farbstoffe können mit positiven elektrischen Ladungen ausgestattet sein. Sie wirken dann **kationaktiv** und haften an den negativ geladenen Gruppen im Haarkeratin, die sich verstärkt im äußeren Haarbereich befinden.

Farbstoffe, die nach diesem Prinzip wirken, haften länger am Haar und werden erst nach mehreren Haarwäschen aus dem Haar entfernt.

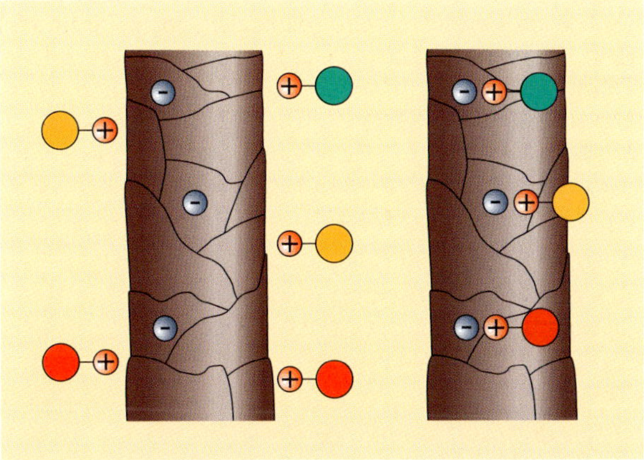

Bild 1 *Negative Ladung des Haares und kationisch wirkende*

Aufgaben

1. Wodurch unterscheiden sich Tönen und Färben?
2. Welche Farbveränderungen lassen sich mit Tönungspräparaten erreichen?
3. Nennen Sie Präparate, mit denen die Haarfarbe verändert werden kann, die aber eine andere Hauptaufgabe haben.
4. Geben Sie die Trägersubstanzen von Schaum-, Creme- und Balsamtönung an.
5. Erklären Sie, wie die Farbstoffe der Tönungspräparate in das Haar gelangen und wie sie am Haarkeratin haften.

Tabelle 1: Tönungspräparate im Überblick

Präparat	Trägersubstanz	Anwendungsbereiche
Schaumtönung	Ö/W-Emulsion als Aerosol	Intensive Veränderungen der Farbrichtung
Cremetönung	Ö/W-Emulsion	Abdecken bis zu 30 % Weißanteil
Balsamtönung	Gemisch aus Gel und Ö/W-Emulsion	Anlagerung von Farbstoffen vor Färbungen
Farbfestiger	Alkohol und Wasser	Leichte Farbauffrischung, leichte Farbkorrektur
Tonspülung	Alkohol und Wasser	Intensive Farbauffrischung, Intensive Farbkorrektur, Anlagerung von Farbstoffen vor Färbungen
Tönungsshampoo	Gel	Leichte Belebung des Naturtons, Leichte Farbkorrektur

6 Tönungen ausführen

Szenario

Anja hat bereits sehr viel über Tönungen gehört und verstanden. Der Behandlungsplan ist ja bereits erstellt worden. Nun wählt sie das Tönungspräparat aus, mit dem sie den Kundenwunsch am besten realisieren kann. Was muss sie sonst noch alles beachten, dass der gesamte Arbeitslauf störungsfrei gelingt und ihre und die Gesundheit der Kundin nicht gefährdet werden?

6.1 Werkzeuge und Hilfsmittel

Bevor die eigentliche Arbeit mit dem Tönungspräparat beginnt, sind die erforderlichen Werkzeuge und Hilfsmittel griffbereit zu ordnen, sodass eine zügige und fehlerfreie Arbeit möglich wird.

Bild 1 *Werkzeuge und Hilfsmittel zum Tönen*

Zum Tönen der Haare wird Folgendes benötigt:

- Wasserdichter Umhang
- Schutzhandschuhe, Hautschutzcreme
- Frottiertuch, Saugservietten
- Griffkamm
- Messbecher
- Applikator, Auftrageflasche

6.2 Arbeitstechniken

Auftragen von Farbfestiger

Farbfestiger in jeglicher Konsistenz trägt man auf das gewaschene, handtuchtrockene Haar gleichmäßig auf. Sie verbleiben im Haar.

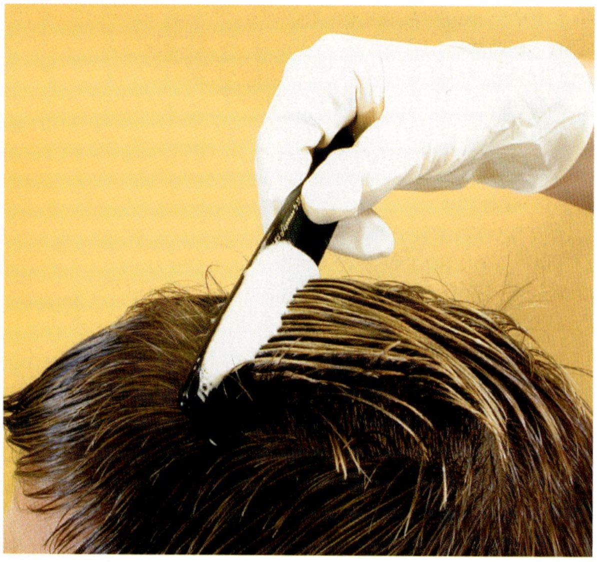

Bild 2 *Auftragen von Farbfestiger*

Auftragen von Tonspülungen

Tonspülungen werden je nach gewünschter Farbintensität mit Wasser verdünnt und mit einem Applikator auf das gewaschene Haar gegeben.

Beim Verdünnen müssen unbedingt die vom Hersteller angegebenen Mischungsverhältnisse eingehalten werden, damit der gewünschte Farbton erzielt wird.

Beim Auftragen der Tonspülung werden zuerst der Seiten- und Stirnkonturenbereich benetzt, bevor die Tonspülung systematisch von Seite zu Seite nach unten aufgetragen wird. Eine gleichmäßige Verteilung verhindert übermäßiges Ablaufen der Tonspülung. Die Kundin bleibt wegen der herablaufenden Flüssigkeit dabei am Rückwärtswaschbecken sitzen.

Niedrig konzentrierte Tonspülungen verbleiben im Haar. Stärker konzentrierte Tonspülungen wirken je nach Gebrauchsanweisung ein und werden gründlich ausgespült.

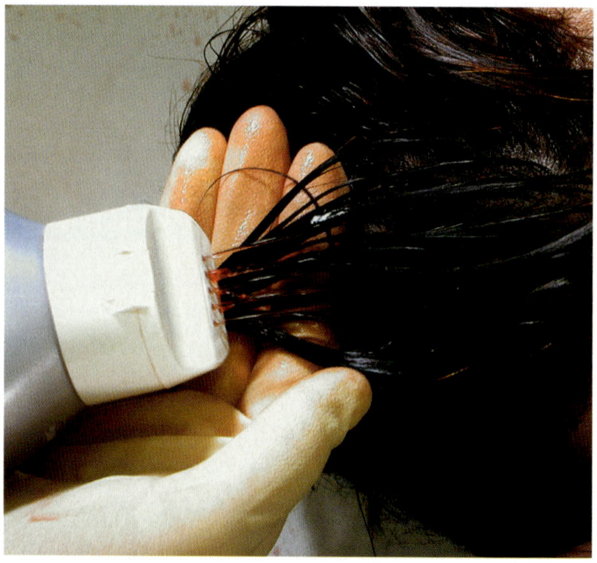

Bild 3 *Auftragen einer Tonspülung*

Auftragen von Schaum-, Creme- und Balsamtönungen

Sie können mit dem Pinsel, der Auftrageflasche oder direkt auf das gewaschene, handtuchtrockene Haar appliziert werden

6.3 Arbeitsablauf

Vorbereitung

- Haar- und Kopfhautdiagnose stellen
- Ausgangsfarbe und Zielfarbe feststellen
- Präparate auswählen
- Werkzeuge und Hilfsmittel bereitstellen
- Haarwäsche durchführen
- Hautschutzmaßnahmen ergreifen

Durchführung

- Gewaschenes Haar je nach Art der Tönung und Auftragetechnik vorbereiten
- Tönung nach Gebrauchsanweisung zubereiten
- Tönung auftragen
- Wärmezufuhr und EWZ beachten
- Tönung aufemulgieren und gründlich ausspülen
- Ergebniskontrolle im handtuchtrockenem Haar

Nachbereitung

- Arbeitsplatz reinigen
- Verbrauchsmaterial einräumen
- Leere Verpackungen umweltgerecht entsorgen

Aufgaben

1. Beschreiben Sie, von welchen Faktoren der Farbton und die Farbintensität des fertigen Farbtons abhängig sind.
2. Beschreiben Sie, wie Tonspülungen aufgetragen werden.
3. Erklären Sie, warum es sinnvoll ist, dass das Tönungspräparat, die Werkzeuge und Hilfsmittel zu Beginn des Tönens bereitgestellt werden.
4. Geben Sie an, warum das Haar vor dem Auftragen einer Schaumtönung handtuchtrocken sein muss.
5. Begründen Sie, warum Hautschutzmaßnahmen vor dem Tönen der Haare erforderlich sind.

Tabelle 1: Unterschiedliche Auftragetechniken

Auftragen direkt aus dem Originalgefäß	Auftragen mit einer Auftrageflasche
1. Kreuzscheitel ziehen	1. Haare sauber und gleichmäßig abteilen
2. Am Querscheitel beginnend die Tönung direkt aus dem Originalgefäß auf den Ansatz auftragen	2. Tönung mit der Auftrageflasche zuerst am Ansatz des Hauptscheitels auftragen
3. Nur so viel Tönung auftragen, wie für den Ansatz erforderlich ist	3. Nur so viel Tönung auftragen, wie für den Ansatz erforderlich ist
4. Tönung mit den Finger am Ansatz verteilen	4. Tönung mit dem Daumen am Ansatz verteilen
5. Mit dem kleinen Finger eine weitere Haarpartie abteilen	5. Die nächste Haarpartie, 1 bis 2 cm breit, abteilen und die Haare auf dem darüberliegendem Feld ablegen
6. Tönung erneut auf den neu gebildeten Scheitel auftragen	6. Tönung am Ansatz auftragen und anschließend den Arbeitsvorgang zügig wiederholen, bis die gesamte Partie behandelt ist
7. Arbeit fortführen, bis der gesamte Haaransatz behandelt ist	7. Längen und Spitzen in Handinnenfläche nehmen und Tönung auftragen
8. Tönung anschließend durch leichtes Kneten in den Längen und Spitzen verteilen, anschließend die Haare mit einem weitzahnigen Kamm durchkämmen	8. Abschließend das gesamte Haar mit einem weitzahnigen Kamm durchkämmen
9. Bei längeren Haaren ist meist noch eine zusätzliche Menge an Tönung erforderlich.	

7 Pflanzenfarben einsetzen

Szenario

Anja hat verschiedentlich von den Vorteilen der Pflanzenfarben gehört. Sie fragt sich, aus welchen Pflanzen sie gewonnen werden und welche farblichen Veränderungen mit Pflanzenfarben erreicht werden können. Sie wundert sich, warum sie nicht viel häufiger in der Friseurpraxis eingesetzt werden?

7.1 Geschichte der Pflanzenhaarfarben

Pflanzenfarben sind wasserlösliche Pflanzenextrakte. Die Grundlage für die Pflanzenfarbstoffe bieten Blüten, Blätter und Stengel.

Schon im Altertum wurden Blätter des Henna- und Indigostrauches als Haarfarbe verwendet. Henna erzeugte einen roten bis rot-orangenen Farbton. Indigo lieferte ein blaues Farbergebnis. Mit Mischungen dieser beiden Pflanzenfarbstoffe ließen sich Farbtöne von Rotbraun bis Schwarz erzielen.

Im Mittelalter wurden zusätzlich Farbstoffe aus Walnuss, Malve, Eiche, Färberdistel, Krappwurzel und Sumach gewonnen. Mit ihnen konnten auch Farbnuancen im Blondbereich erzeugt werden.

Die Pflanzenfarbstoffe ließen nur eine begrenzte Farbveränderung zu. Ihre Deckkraft war oftmals nicht ausreichend und das Farbergebnis war nicht exakt vorherzubestimmen. Deshalb verloren die Pflanzenfarben mit der Entwicklung moderner Tönungen und Oxidationshaarfarben an Bedeutung.

In den letzten Jahren stieg jedoch das Gesundheits- und Umweltbewusstsein, was wieder zu einer steigenden Nachfrage nach Pflanzenhaarfarben führte.

Tabelle 1: Überblick über wichtige Pflanzenfarbstoffe

Farbstoff	Pflanzenteile	Anbaugebiet	Farbwirkung
Henna	Blätter des Zypernstrauchs	Nordafrika, Orient, Indien	Rot-Orange
Indigo	Blätter der Rengpflanze	Afrika, Persien	Indigoblau, Jeansfarbe
Kamille	Kamille	Europa, Mittelmeerraum	Gelb, warme, helle Blondtöne
Salbei	Blätter der Salbeipflanze	Mittelmeerraum	Aschtöne
Sedre	Blätter des Sedrestrauches	Persien, Irak	Sandfarbene Naturtöne
Catechu	Holz des Catechubaums	Hinterindien, Afrika	Hellbraun

7.2 Naturreine Pflanzenhaarfarben

Die haarkosmetischen Firmen sind diesem Trend gefolgt und haben die Pflanzenhaarfarben weiterentwickelt, d. h., die naturreinen Pflanzenhaarfarben sind absolut frei von synthetischen Farbstoffzusätzen, Konservierungsstoffen, Schwermetallen, Pflanzenschutzmitteln und unterliegen einer ständigen und sehr strengen Qualitätskontrolle. Diese Weiterentwicklung der Pflanzenhaarfarben führte auch dazu, dass sich die Konsistenz der Pflanzenhaarfarben vom Pulver zum Granulat veränderte. Das bedeutete:

- Geringere Staubentwicklung bei der Dosierung
- Besseres Ab- und Umfüllen bzw. Dosieren
- Einfacheres Zubereiten und Anwenden
- Leichteres Ausspülen nach der EWZ

Die Anwendung naturreiner Pflanzenhaarfarben ermöglichen eine Farbveredelung des Naturtones. Sie geben dem Haar einen außergewöhnlichen Glanz und verbessern die Haarstruktur.

Jedoch sind auch den Pflanzenhaarfarben Grenzen gesetzt. Sie ermöglichen keine extremen Nuancierungen, blau-violette Nuancierungen sind nicht erreichbar, ein Hellerfärben ist nicht möglich und das Dunklerfärben ist eingegrenzt (z. B. von Blond auf Schwarz ist nicht möglich).

Pflanzenfarben können nur sehr begrenzt weißes Haar abdecken. Eine bessere Deckkraft bei meliertem Haar kann erzielt werden, wenn mit einer »normalen Tönung« das Haar vorbehandelt wird.

Meliertes Haar kann mit Pflanzenfarben nicht so gleichmäßig eingefärbt werden wie mit Oxidationshaarfarben.

7.3 Pflanzentönungen

Die Pflanzentönungen sind Mischungen aus Pflanzenfarben und synthetischen Farbstoffen. Sie erzielen eine größere Nuancenvielfalt als die reinen Pflanzenfarben, ohne dass dabei die Vorteile der reinen Pflanzenfarben verloren gehen. Die Pflanzentönungen entsprechen auch den strengen Vorschriften der Kosmetikverordnung der EU-Richtlinien.

Bild 1 *Pflanzentönungen*

Die Pflanzentönungen haben gegenüber den natürlichen Pflanzenfarben folgende Vorteile:

Schonung der Atemwege

Durch Öl-Zusätze sind Pflanzentönungen absolut staubfrei.

Erweiterte Nuancenvielfalt

Spezielle Farbstoffzusätze ermöglichen eine Nuancenerweiterung im Braunrot- und Blaurotbereich sowie das Verändern der Farbtiefe.

Pflege und Stärkung der Haare

Der pH-Wert der Pflanzentönung ist neutral eingestellt. Diese Einstellung bringt den Vorteil, dass die Kombination aus Pflanzenfarbstoffen mit direktziehenden Farbstoffen besser wirkt und die Farbstoffe tiefer in das Haar gelangen.

Längere Haltbarkeit

Die Haltbarkeit der Pflanzentönung liegt zwischen einer klassischen Tönung und einer Intensivtönung. Sie hängt von der Struktur des Haares sowie der Anwendungshäufigkeit ab. Bei der ersten Anwendung färben die Pflanzenfarbstoffe die Cuticula an. Erst nach mehrmaliger Behandlung mit Pflanzentönung gelangen immer mehr Farbstoffe in das Haarinnere und lagern sich dort an. Dadurch wird das Haar immer stärker durchgefärbt und das Farbergebnis hält nach und nach länger.

Einfache und schnelle Anwendung

Aufgrund der ölversetzten Rezeptur lässt sich der Farbbrei leichter und schneller auftragen, bröckelt nicht mehr und ist gut auszuemulgieren.

Das Wasser bleibt während der Einwirkzeit gebunden, sodass die Pflanzentönung ihre Konsistenz während des Färbevorgangs behält.

Besonderheiten

Die Pflanzentönung kann als Grundlage für Dunklerfärbungen und Modefärbungen mit Oxidationsfarben dienen.

Bei stark porösem Haar wird die Haltbarkeit der Farben gemindert und die Gerbstoffe können das Haar stumpf und hart machen

Je heller die Ausgangsfarbe ist, desto intensiver wird das Farbergebnis. Bei blondierten Haaren wird das Farbergebnis entsprechend leuchtender. Grundsätzlich ist es möglich, eine Dauerwellbehandlung und eine Pflanzentönung an einem Tag durchzuführen. In diesem Fall sollte man mit der Dauerwelle beginnen. Optimal ist es, beide Behandlungen an verschiedenen Tagen durchzuführen.

7.3.1 Deckkraft und Haltbarkeit der Pflanzentönungen

Die Haltbarkeit und Farbintensität von Pflanzentönungen steigt mit der Anzahl ihrer Anwendungen.

Das Farbergebnis wird immer intensiver und haltbarer. Die Haltbarkeit erstreckt sich über ungefähr 6 bis 8 Haarwäschen.

Die Haltbarkeit ist von Nuance zu Nuance unterschiedlich, weil Farbstoffe mit unterschiedlicher Bindung am Haar eingesetzt werden. So halten z. B. die klassischen Modetöne länger als intensiven Rotnuancen.

Bei Haaren mit einem Weißanteil bis zu 30 % ist nach Anwendung der Pflanzentönung noch ein einheitliches Farbergebnis in der neuen Wunschfarbe zu erkennen.

Bei einem höheren Weißanteil ist die Anwendung der Pflanzentönung nicht empfehlenswert (Bilder 1 und 2 folgende Seite).

Mit dem folgenden Verfahren kann man aber auch bei hohem Weißanteil ein zufrieden stellendes Ergebnis erzielen:

Vor dem Auftragen der Pflanzentönung wird eine normale Tönung im Naturton aufgetragen. Dadurch erhält das weiße Haar eine leichte Abdeckung. Nach beendeter Einwirkzeit wird auf das Tönungspräparat direkt die Pflanzentönung gegeben. Durch das Zusammenwirken der Tönung und der Pflanzentönung erhält das Haar die gewünschte Farbtiefe.

Das Diagramm zeigt, wie die Farbintensität von Pflanzenfarben durch die Häufigkeit der Anwendung und der Haarwäschen beeinflusst wird.

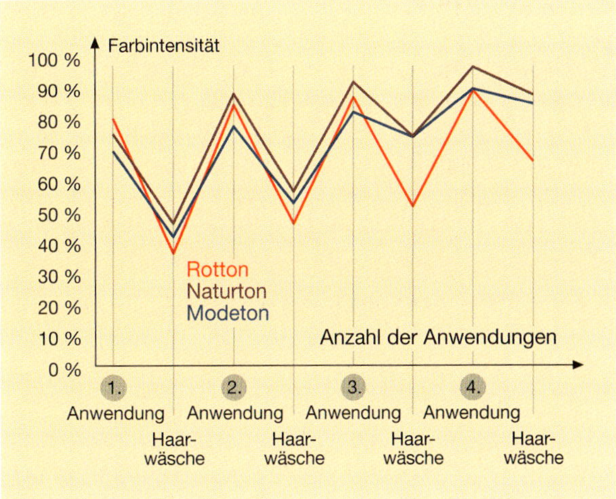

Bild 2 *Pflanzentönungen*

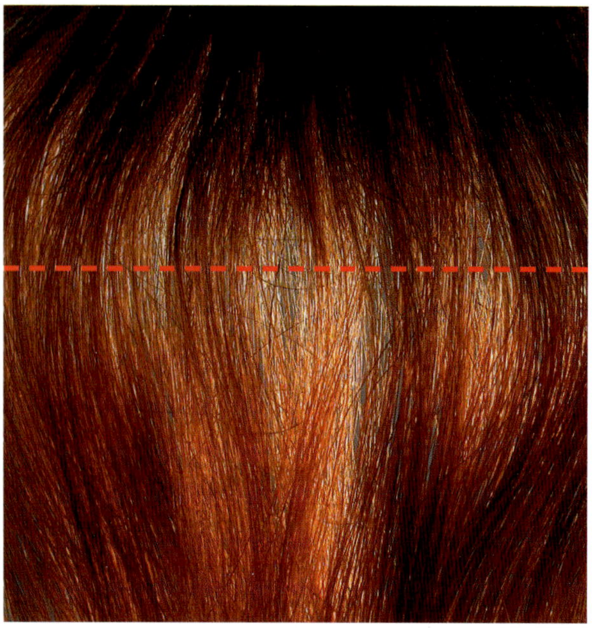

Bild 1 *Deckkraft der Pflanzenfarbe bei unterschiedlichem Weißanteil der Haare*

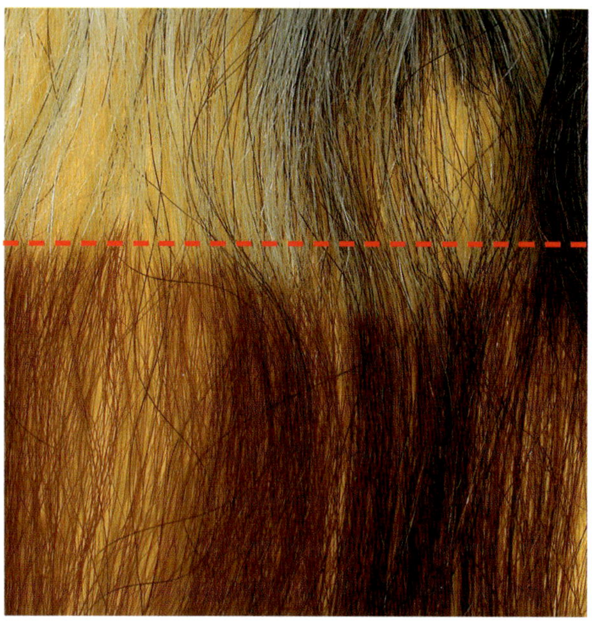

Bild 2 *Abdecken von weißem Haar mit Pflanzenfarben*

Bild 3 *Präparate, Werkzeuge und Hilfsmittel*

7.3.2 Arbeitsablauf

Werkzeuge und Hilfsmittel bereitstellen

Wasserdichter Umhang, Frottiertücher, Servietten, Auftragschale, Auftragpinsel, Kamm, Waschhandschuhe, Handschutz, Hautschutz für die Kundin, Arbeitswagen, Waage, Vorbehandlungsmittel, Pflanzentönung, heißes Wasser.

Haarwäsche durchführen

Das Haar wird mit einem neutralen Shampoo gründlich gewaschen. Nach der Haarwäsche ist das Haar gut abzutrocknen, damit die Farbstoffe nicht mehr als nötig verdünnt werden.

Hautschutzmaßnahmen vornehmen

Farbbrei anrühren

Die Pflanzenfarbstoffe werden mit dem ca. 70° warmen Wasser verrührt. Eine geringere Temperatur führt zu einem schwächeren Farbergebnis. Zu heißes Wasser zerstört dagegen einen Teil der empfindlichen Pflanzenfarbstoffe und das Farbergebnis fällt schwächer aus.

Durchführung

- Der Farbbrei wird auf das handtuchtrockene Haar aufgetragen (siehe Bild 4).
- Bei einer Erstbehandlung erfolgt das Auftragen von Ansatz bis Spitze (Bild 4).
- Bei der Nachwuchsbehandlung wird der Farbbrei zunächst nur auf den Ansatz aufgetragen. Die EWZ beträgt je nach Haarstärke 20–35 Minuten. Im Anschluss an die erste EWZ wird dann frisch zubereiteter Farbbrei in die Längen und Spitzen aufgetragen. Es erfolgt eine weitere EWZ von 10–15 Minuten.

Bild 4 *Auftragen der Pflanzentönung*

- Die Einwirkzeit richtet sich nach Haarstruktur, Haarstärke und der gewünschten Farbintensität. In der Regel lässt man die Pflanzentönung ca. 40–60 Minuten einziehen. Eine bessere Haltbarkeit der Pflanzentönung wird durch Wärmezufuhr durch die Haarsauna erzielt (Bild 1).

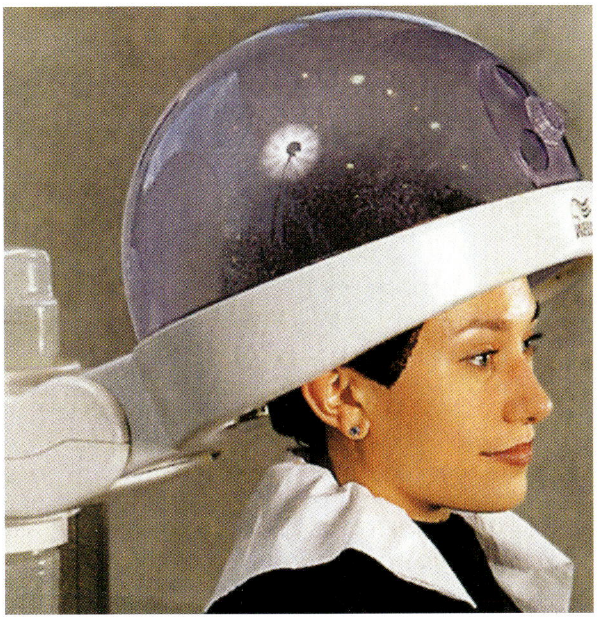

Bild 1 *EWZ der Pflanzentönung unter der Haarsauna*

- Nach beendeter Einwirkzeit wird die Pflanzentönung mit warmem Wasser aufemulgiert und solange gründlich ausgespült, bis das Wasser klar bleibt (siehe Bild 2).
  Zum Nachshamponieren wird ein normales Shampoo ohne besondere Pflegezusätze verwendet. Spezialshampoos enthalten häufig Wirksubstanzen mit besonderen Aufgaben, die das Farbergebnis beeinflussen können.

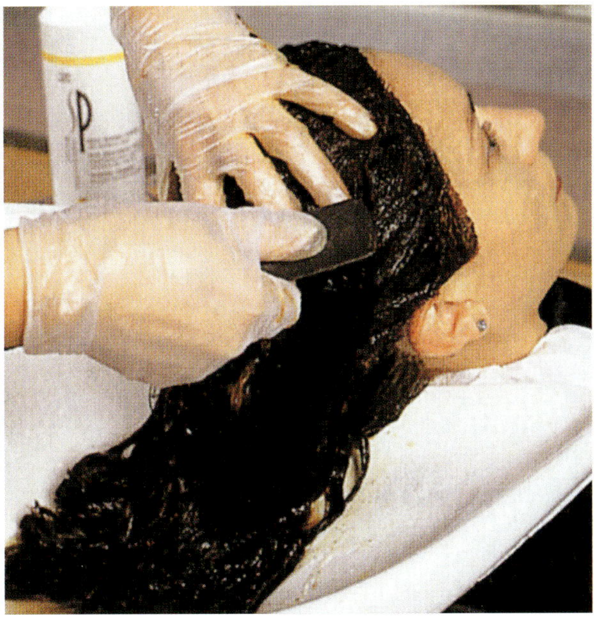

Bild 2 *Abwaschen der Pflanzentönung*

Praktische Tipps zur Anwendung von Pflanzentönung

- Nach dem Waschen das Haar mit dem Handtuch gut trocknen. Wenn das Haar zu nass ist, werden die Farbstoffe zu sehr verdünnt.
- Das Haar muss vor der Anwendung gewaschen werden, da ansonsten Rückstände wie z. B. Spray, Gel, Pflegemittel usw. ein optimales Farbergebnis verhindern. Die Farbstoffe können nicht optimal am Haar aufziehen.
- Eine Tönung als Vorbehandlung sollte nicht zu dick aufgetragen werden, damit die Farbstoffe der Pflanzentönung ungestört eindringen können.
- Das Abdecken der Haare (Plastikhaube, Climazon, Haarsauna) während der EWZ erhöht die Haltbarkeit der Pflanzentönung.

7.4 Gesundheits- und Umweltschutz bei Tönungen und Pflanzenfarben

Tönungspräparate werden regelmäßig auf ihre Hautverträglichkeit und auf die von ihnen ausgehenden gesundheitlichen Gefahren untersucht. Dabei wurden überwiegend zufriedenstellende Ergebnisse erzielt.

Bei weiteren Untersuchungen konnte nachgewiesen werden, dass Spuren von Tönungspräparaten beim Tönungsvorgang durch die Haut in den Körper gelangen.

Um gesundheitliche Schäden bei den Kunden auszuschließen, muss das Präparat gewissenhaft aufgetragen werden. Bei der Haarwäsche darf die Kopfhaut nicht zu intensiv gereinigt werden. Anderenfalls können Farbstoffe und die übrigen Inhaltsstoffe der Tönung durch die Haut in den Körper gelangen.

Die Friseurin vermeidet den Hautkontakt mit den Präparaten, indem sie Applikatoren verwendet und Handschuhe trägt.

Die TRGS 530 schreibt das Tragen von Einmalhandschuhen vor. Besonders geeignet sind Vinylhandschuhe. Vor sorgloser Heimarbeit mit Tönungen sollte abgeraten werden.

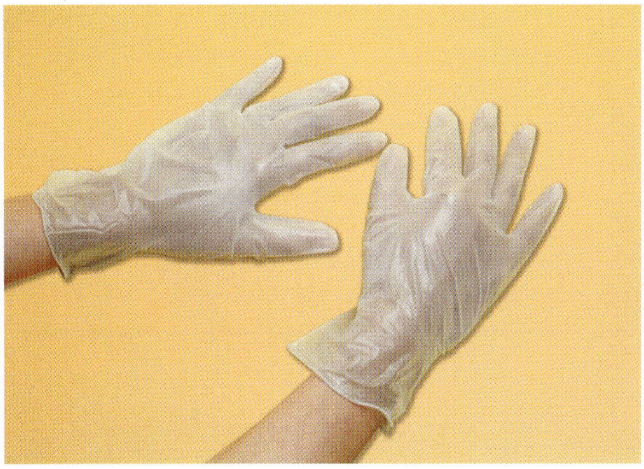

Bild 3 *Vinylhandschuhe*

Auch beim Umgang mit reinen Pflanzenfarben und Pflanzentönungen sollte ebenfalls sehr sorgsam gearbeitet werden. Oftmals herrscht bei Kundinnen die Meinung vor, dass Pflanzenfarben wegen ihres biologischen Ursprungs gesundheitlich ungefährlich sind. Durch Pflanzenfarben können jedoch bei entsprechender Veranlagung allergische Reaktionen hervorgerufen werden.

Zur Schonung der Umwelt sollten folgende Regeln beachtet werden:

- Flaschen und Tuben vollständig leeren.
- Reste nicht ins Abwasser geben
- Behältnisse umweltgerecht entsorgen
- Sparsamer Umgang mit Tönungspräparaten
- Tönungsreste und Altbestände in den Sondermüll

Aufgaben

1. Nach der Entwicklung moderner Tönungen und Oxidationshaarfarben spielten die Pflanzenfarben eine sehr untergeordnete Rolle. Erklären Sie, warum die Pflanzenfarben bei vielen Kundinnen inzwischen wieder einen hohen Stellenwert haben.
2. Nennen Sie Pflanzen, aus denen Pflanzenfarben hergestellt werden.
3. Welche Unterschiede bestehen zwischen den naturreinen Pflanzenfarben und den Pflanzentönungen?
4. Beschreiben Sie die Vorteile der Pflanzentönungen gegenüber den reinen Pflanzenfarben.
5. Eine Kundin mit einem 20 %igen Weißanteil ist von der Farbnuance ihrer Kollegin begeistert. Sie hat sich ihre Haare mit Henna färben lassen. Die Kundin wünscht sich einen ähnlichen Farbton. Erklären Sie ihr, welche Farbveränderungen mit Pflanzenfarben möglich sind und wo ihre Grenzen liegen. Welche Behandlung würden Sie der Kundin vorschlagen?
6. Mit welcher Maßnahme kann die Deckkraft der Pflanzentönung erhöht werden?
7. Eine Kundin wundert sich, dass bei ihr nach einer Behandlung mit Pflanzenfarben keine Nachbehandlung des Haares durchgeführt wird.

   Erklären Sie, warum eine Nachbehandlung bei einer Färbung mit Pflanzenfarben nicht erforderlich ist.
8. Welche gesundheitlichen Gefahren können von Pflanzenfarben ausgehen.
9. Wie schützen Sie sich und die Kundin vor gesundheitlichen Schäden beim Umgang mit Pflanzenfarben und Pflanzentönungen.
10. Das Tragen von Handschuhen beim Färben mit Pflanzenfarben und Pflanzentönungen ist vorgeschrieben. Welche Handschuhe würden Sie tragen? Begründen Sie Ihre Entscheidung.

Mathematikaufgaben – Verteilungsrechnen

1. Bei einem gleichmäßig verteiltem Weißanteil eines Haarschopfes stellt man beim Auszählen einer Haarsträhne fest, dass 17 Haare pigmentiert und 8 Haare weiß sind. Wie viele weiße Haare sind in einem Haarschopf von 115 000 Haaren?
2. Nach dem Mischen von Pflanzentönung und Wasser im Verhältnis 1:5 sind 192 g angerührter Farbbrei entstanden. Wie viel g Pflanzentönung und wie viel g Wasser sind gemischt worden? Wie verändert sich das Mischungsverhältnis, wenn die Friseurin zusätzlich 16 ml Wasser in den Farbbrei einrührt?
3. Eine Friseurin studiert die Gebrauchsanweisung für das Mischen von Pflanzentönungen mit Wasser. Schließlich hat sie ausgerechnet, dass sie bei einem Mischungsverhältnis von 1:5 170 g Wasser nehmen muss.
   a) Berechnen Sie, wie viel g der Pflanzentönung sie abwiegen muss.
   b) Wie viel g Farbbrei entstehen beim Mischen der beiden Komponenten?
4. Die Anzahl der Kundinnen, bei denen blondiert, gefärbt und getönt wird, verhalten sich wie 2:3:6. Insgesamt fielen in einem bestimmten Zeitraum 99 farbverändernde Behandlungen an. Wie viele Kundinnen entfielen jeweils auf die drei farbverändernden Facharbeiten?
5. Für eine Behandlung mit Pflanzentönung werden 45 g der Pflanzentönung und 225 g Wasser empfohlen. Berechnen Sie das Mischungsverhältnis. Das Haar ist sehr saugfähig. Deshalb wählt die Friseurin ein Mischungsverhältnis von 1: 5,5. Wie viel ml Wasser nimmt sie in diesem Fall?
6. Der Umsatz für farbverändernde Dienstleistungen betrug in einem Friseursalon 46.867,50 € in einem Kalenderjahr. Die Einnahmen verteilten sich für oxidative Farbveränderungen, Tönen und Pflanzenfarben im Verhältnis 3:2:1. Wie viel Umsatz entfiel auf die einzelnen Bereiche?

Lernfeld 9
Haare färben und blondieren

Haare färben und blondieren

Färben und Blondieren sind oxidative Farbbehandlungen, bei denen immer das Oxidationsmittel Wasserstoffperoxid (H_2O_2) eingesetzt wird.

- Beim Färben können in einem Arbeitsgang Farbtiefe und Farbrichtung verändert werden.
- Beim Blondieren wird die natürliche Haarfarbe aber auch gefärbtes Haar aufgehellt.
- Bei einer Intensivtönung wird mit einer schwächeren H_2O_2-Konzentration als beim Färben gearbeitet. Dadurch ist eine Aufhellung des Farbtons nicht möglich.

Die Behandlungspläne für die oxidative Farbveränderung stimmen mit denen im Lernfeld 8 zunächst überein, weil die Kundin in Richtung Farbveränderung beraten wird. Entscheidet sich die Kundin als Ergebnis des Beratungsgesprächs für eine Färbung, so müssen noch der Weißanteil und die Färbepräparate angesprochen werden.

1 Behandlungspläne zum Färben und Blondieren

Szenario

Eine Neukundin mit dunkelblondem Haar wünscht sich eine Farbveränderung wie im Bild 1 abgebildet.

Anja muss prüfen, mit welchem Arbeitsverfahren sie das gewünschte Farbergebnis erzielen kann. Sie arbeitet zunächst den allgemeinen Behandlungsplan für Farbveränderungen (LF 8) ab. So erkennt sie, ob das Farbziel durch eine Tönung zu erreichen ist oder ob sie eine oxidative Farbveränderung erforderlich ist.

Bild 1 *Oxidative Farbveränderung*

1.1 Kundenwunschermittlung

Bei der Ermittlung des Kundenwunsches wird zunächst geprüft, ob für das gewünschte Farbziel eine Blondierung oder Färbung erforderlich ist.

Eine Färbung wird in folgenden Fällen durchgeführt:

- Hoher Weißanteil
- Aufhellung des Farbtons
- Deutliche Dunklerfärbung

1.2 Haar- und Kopfhautdiagnose

Die Haar- und Kopfhautdiagnose wird wie im Lernfeld 8 durchgeführt.

Kann der Farbwunsch nur durch eine oxidative Farbbehandlung erzielt werden, so muss ein vorhandener Weißanteil genau bestimmt werden. Auf einen höheren Weißanteil muss die Farbnuance abgestimmt werden.

- Aschtöne wirken auf weißem Haar bläulich
- Der rote Farbbereich tritt stärker hervor

In diesen Fällen ist gegebenenfalls eine Beimischung des Naturtons erforderlich.

1.3 Behandlungsberatung

Die Behandlungsberatung umfasst, die Punkte

- Vorbehandlung
- Färbepräparate
- Arbeitstechniken und Arbeitsablauf
- Nachbehandlung
- Farbkorrektur

1.4 Pflege- und Stylingpräparate empfehlen

Diese Präparate werden auf Grundlage der Haar- und Kopfhautdiagnose un der erfolgten Behandlung empfohlen. Ein gefärbtes oder blondiertes Haar ist in seiner Struktur verändert. Durch geeignete Pflege- und Stylingprodukte wird die Haarstruktur wieder verbessert und dem Haar der natürliche Glanz zurückgegeben. Dies wird durch geeignete Pflege- und Stylingprodukte erreicht.

Aufgaben

1. Nennen Sie oxidative Farbveränderungen.
2. Erstellen Sie einen Behandlungsplan für eine Haarfärbung.

2 Geschichte der Farbveränderungen

Szenario

Anja besucht ein Museum. Beim Betrachten der historischen Gemälde sieht sie, dass farbverändernde Haarbehandlungen in der Kulturgeschichte der Kosmetik eine lange Tradition haben. Sie möchte wissen, mit welchen Mitteln in der Antike die Farbveränderungen durchgeführt wurden.

Farbaufhellende Mittel

Zur Aufhellung der Haare wurden alkalische Mittel wie Pottasche und Kalkwasser verwendet, die die Naturpigmente abbauen. Die Römer feuchteten die Haare auch mit Meerwasser und einem Sud aus Kamillenblüten an und ließen sie anschließend in der Sonne bleichen.

Im Jahre 1818 gelang es erstmals, Wasserstoffperoxid herzustellen. Es wird seit Ende des 19. Jahrhunderts als Aufhellungsmittel eingesetzt und entsprechend seiner chemischen Formel auch einfach als H_2O_2 bezeichnet.

Pflanzenfarben

Seit dem Altertum wurden Pflanzenfarben eingesetzt. Zunächst fanden nur Henna (rot), Indigo (blau) und Reng (blauschwarz) Verwendung. Heute steht der Friseurin ein breites Spektrum von Pflanzenfarben zur Verfügung.

Metallsalzfarben

Diese Substanzen wurden bereits im Altertum in Form von Metallsalzlösungen benutzt. Blei reagiert ebenso wie Kupfer, Eisen oder Silber in Essig zu einem leicht löslichen Salz. Gibt man dazu eine schwefelhaltige Lösung (Sulfidlösung), entstehen dunkelbraune bis schwarze wasserunlösliche Salze. Entsprechendes passiert, wenn Metallsalze mit den Sulfidbrücken des Haares in Verbindung kommen. Es entsteht ein dunkles Salz.

Metallsalzfarben ergeben jedoch einen unnatürlichen metallischen Glanz auf den Haaren. Viele der verwendeten Metallsalze sind gesundheitsschädlich oder sogar giftig. Sie werden heute nicht mehr eingesetzt.

Synthetische Farbstoffe

Ihre Entwicklung begann mit der Entdeckung der ersten Anilinfarbstoffe im Jahr 1861. In der Folgezeit wurde eine Vielzahl von fertigen Farbstoffen und Oxidationsfarbstoffen entwickelt.

Diese hatten sich in der Pelzfärberei bewährt und wurden dann auch als Haarfärbemittel verwendet. Es zeigte sich aber, dass der Oxidationsfarbstoff stark hautreizend und allergieauslösend ist. Er wurde 1906 verboten.

In den 20er Jahren wurden chemisch veränderte Oxidationsfarbstoffe entwickelt. Sie sind bis heute die Hauptbestandteile der Oxidationshaarfarben.

Aufgaben

1. Auf welche Art und Weise wurden im Altertum Haare aufgehellt?
2. Seit wann ist die oxidative Aufhellung mit H_2O_2 bekannt?
3. Geben Sie die beiden bekanntesten Pflanzenfarben, mit denen bereits im Altertum Haare farblich verändert wurden, an.
4. Nennen Sie Gründe, die gegen die Verwendung von Metallsalzfarben sprechen.
5. Seit wann werden Oxidationsfarbstoffe zum Färben von Haaren eingesetzt?

3 Eigenschaften des Haares

Szenario

Anja hat beobachtet, dass bei zwei Kundinnen mit gleicher Ausgangsfarbe und der Verwendung gleicher Präparate sowie bei gleich langer Einwirkzeit das Farbergebnis unterschiedlich ausgefallen ist.

Sie möchte wissen, welchen Faktoren das Farbergebnis zusätzlich beeinflussen.

Außerdem hat Anja bei Beratungsgesprächen mitbekommen, dass Kundinnen häufig Tönungen den Oxidationshaarfarben vorziehen, weil sie das Haar nicht angreifen.

Anja möchte erfahren, welche Inhaltsstoffe der Farben das Haar schädigen können und welche Schäden dabei auftreten.

3.1 Saugfähigkeit und Quellung

Bei allen oxidativen Farbveränderungen müssen die Wirkstoffe in die Faserschicht gelangen, um dort zunächst die Pigmente aufzuhellen und dann aus Farbbildnern künstliche Pigmente herzustellen. Die Wirkstoffe sind im Wasser der Trägersubstanzen (Ö/W-Emulsion, Gel) gelöst oder verteilt. Aufgrund der Saugfähigkeit des Haares gelangen sie mit dem Wasser ins Haar.

Damit auch größere Teilchen, wie z. B. die Pigmentvorstufen (Farbbildner), ins Haarinnere gelangen können, ist es jedoch erforderlich, die Haarstruktur zu lockern. Dieser Vorgang wird auch als Quellung bezeichnet. Die erste Stufe der Quellung wird bereits durch das Lösen der Wasserstoffbrücken beim Waschen erreicht. Durch die im Blondier- und Färbemittel enthaltenen Alkalien werden auch die Salzbrücken gelöst. Das Haar erreicht eine weitere Quellung. Die Cuticulazellen stehen ab. Das Haar ist nun für die Aufnahme der größeren Teile geöffnet.

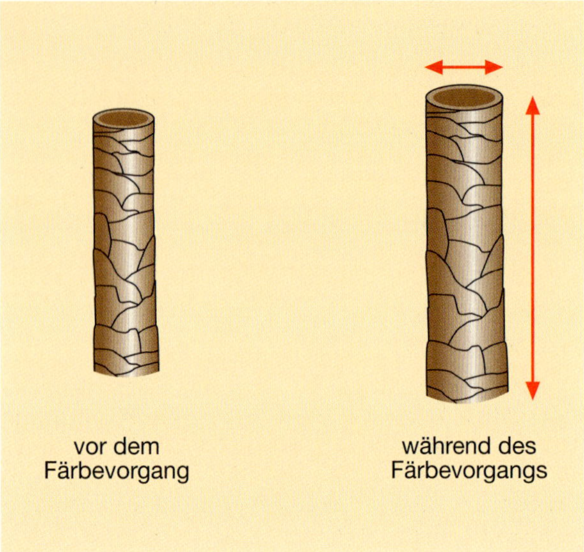

Bild 1 *Qellung des Haares beim Färben*

3.2 Haarstruktur und Haarstärke

Die Haarstruktur und die Haarstärke sind Merkmale, die das Farbergebnis beeinflussen. Bei der Wahl des Farbtons und bei der Länge der Einwirkzeit müssen sie berücksichtigt werden.

Haarstruktur

Strukturgeschädigtes Haar nimmt mehr Farbbildner auf, das Haar wird dunkler. Dagegen finden die direktziehenden Farbbildner nicht genügend Halt im strukturgeschädigten Haar, sodass die farbigen Nuancen schnell wieder herausgewaschen werden.

Glasig hartes Haar ist dagegen wegen seiner festen Struktur schwerer zu färben.

Haarstärke

Die Oxidationshaarfarben sind auf die mittlere Haarstärke von 0,05–0,07 mm abgestimmt.

Bei einem Haar von mittlerer Stärke und gesunder Haarstruktur wird das gewünschte Farbergebnis in der angegebenen Einwirkzeit erreicht. Abweichungen von diesem »Normalfall« müssen beim Färben berücksichtigt werden.

3.3 Funktionsverluste bei Farbbehandlungen

Bei allen oxidativen Farbbehandlungen treten Funktionsverluste des Haares auf. Durch die Wahl geeigneter Präparate und durch fachgerechte Arbeit können die Schädigungen jedoch gering gehalten werden.

Funktionsverlust durch Aufhellung der Pigmente

Die ursprüngliche Aufgabe der Pigmente besteht darin, das Haarkeratin vor den UV-Strahlen zu schützen.

Bei einer Aufhellung des Haares werden jedoch Pigmente zerstört, sodass das Haarkeratin den UV-Strahlen mehr oder weniger schutzlos ausgesetzt ist und eine photochemische Schädigung ermöglicht wird.

Durch UV-Filter in Friseurpräparaten kann das Haarkeratin vor photochemischer Schädigung durch starke Sonneneinwirkung geschützt werden.

Funktionsverlust durch Oxidation des Keratins

Seine Stabilität erlangt das Haarkeratin durch die Schwefelbrücken (Zystinbrücken). Sie verbinden zusammen mit den Salzbrücken die Peptidspiralen untereinander. Ein Teil dieser strukturgebenden Zystinbrücken wird beim Einwirken des Oxidationsmittels zerstört und zu den so genannten Zysteinsäuren oxidiert. Diese chemische Veränderung ist irreversibel, d. h. nicht umkehrbar. Dem Keratin fehlt nun die stabilisierende Wirkung der Zystinbrücken. Dadurch verändern sich einige seiner Eigenschaften:

- Die Reißfestigkeit wird gemindert.
- Das Haar wird in hohem Maße anfällig gegenüber Laugen und Säuren.
- Das elektrostatische Gleichgewicht verändert sich.
- Die Wasserlöslichkeit des Proteins wird erhöht.

Durch keratinaffine Polymere und kationische Pflegestoffe können die Schäden am Haarkeratin teilweise behoben bzw. kaschiert und die für die Frisurengestaltung verantwortlichen Eigenschaften des Haares verbessert werden.

Funktionsverlust durch Veränderung der Haaroberfläche

Die Schuppenschicht des Haares wird durch Oxidationsmittel besonders stark belastet. Die Kittsubstanz kann aus der Cuticula herausgelöst werden, die Schuppenschicht steht ab. Durch weitere mechanische Belastungen beim Kämmen und Toupieren können die Cuticulazellen aus dem Haar brechen.

Das Haar sieht trocken und glanzlos aus, es fühlt sich stumpf an. Es bedarf einer intensiven Behandlung mit Pflegepräparaten.

Aufgaben

1. Welche Eigenschaften des Haares sind für das Färben von Bedeutung?
2. Nennen Sie Eigenschaften des Haares, die das Farbergebnis beeinflussen.
3. Welche Schäden können durch Oxidationsvorgänge am Haar entstehen?
4. Welche Eigenschaften des Haares werden durch starke Aufhellung verändert?

4 Blondieren

Szenario

Bei ihrem Museumsbesuch ist Anja aufgefallen, dass schon die Römerinnen ihre Haare aufhellten. Allerdings erreichte das Haar nicht die Helligkeit, wie es heute mit den Blondiermitteln möglich ist. Anja möchte wissen, mit welchen chemischen Wirkstoffen die Haare heute aufgehellt werden und was dabei im Haar abläuft.

4.1 Theorie des Blondierens

Beim Blondieren werden die Pigmente im Haar durch Oxidationsmittel aufgehellt. Teilaufhellungen wie Strähnen und Blondierwäschen wirken nach dem gleichen chemischen Prinzip. Sie werden deshalb als Blondiervarianten bezeichnet.

Zur Theorie des Blondierens gehören Kenntnisse über

- Zusammensetzung der Blondierpräparate,
- chemische Abläufe beim Blondierprozess.

Mit diesen Kenntnissen kann die Friseurin die Abläufe beim Blondieren verstehen, Fehler vermeiden und Rezepturen für individuelle Kundenwünsche erstellen.

4.1.1 Blondierpräparate

Blondierpräparate bestehen aus zwei Komponenten:

- Blondiermittel
- Oxidationsmittel

Als Blondiermittel stehen Blondierpulver, Blondiergranulat und Blondiercreme zur Verfügung. Das Oxidationsmittel ist eine H_2O_2-Lösung, deren Wirkung durch Oxidationsverstärker intensiviert werden kann. Die Komponenten werden zum gebrauchsfertigen Blondierbrei gemischt. Während der Einwirkzeit setzt der Blondierbrei Sauerstoff frei, durch den die Pigmente aufgehellt werden.

Tabelle 1: Inhaltsstoffe von Blondierpräparaten

Bestandteile des Blondiermittels	Aufgaben
Persulfate	Verstärken die Oxidationswirkung des H_2O_2
Alkalien, z. B. Hirschhornsalz	Neutralisieren die Stabilisierungssäure im H_2O_2 Quellen das Haar Starten und beschleunigen den chemischen Vorgang
Pufferstoffe	Halten den pH-Wert konstant
Trägersubstanzen, z. B. Puderstoffe	Erleichtern das Auftragen Verhindern das Ablaufen
Tenside	Ermöglichen gleichmäßiges Benetzen des Haares Ersparen den Waschvorgang bei normal verschmutztem Haar Erleichtern das Ausemulgieren
Pflegestoffe z. B. Proteine	Schützen das Haar vor zu starker Belastung
Cellulose	Binden als Quellmittel Wasser
Gelbildner	Dicken Blondierbrei an
Blauviolette Farbstoffe	Decken entstehenden Gelbrotstich teilweise ab
Bestandteile des Oxidationsmittels	**Aufgaben**
Wasserstoffperoxid 9–12%	Hellt die Pigmente auf
Säure	Stabilisiert das H_2O_2
Wasser	Löst H_2O_2 und Säuren Verdünnt das H_2O_2 Transportiert die Wirkstoffe ins Haar

Arbeitsauftrag

Eine mittelblonde Haarsträhne wird in 3 gleiche Teile geteilt.

Strähne 1 wird mit Wasser angefeuchtet und in Blondierpulver gedrückt.

Strähne 2 wird in 6%iges Wasserstoffperoxid getaucht.

Strähne 3 wird zuerst in das 6%ige H_2O_2 getaucht und dann in das Blondierpulver gedrückt.

a) Welche Aufhellungsergebnisse stellen Sie fest?
b) Welche beiden Substanzen im Blondierbrei sind »blondierwirksam«?

4.1.2 Technologische Vorgänge beim Blondieren

Die technologischen Abläufe des Blondierens beginnen beim Mischen des Blondierpulvers mit dem Wasserstoffperoxid, werden fortgesetzt beim Einwirken der Chemikalien im Haar und abgeschlossen mit der Nachbehandlung. Dabei laufen folgende chemische Vorgänge ab:

Neutralisation beim Mischen des Blondierpulvers mit Wasserstoffperoxid

Das Alkali im Blondierpulver neutralisiert die Säure im H_2O_2. Die Stabilisierung des H_2O_2 wird aufgehoben und der Sauerstoff wird frei.

Oxidationsvorgänge im Haar

Das H_2O_2 zerfällt in Wasser und Sauerstoff. Der frei werdende Sauerstoff oxidiert die Melanine in den Pigmenten. Sie werden dadurch geblichen.

- Die **rötlichen Phäomelanin** werden leichter von der alkalischen Peroxidlösung gelöst und abgebaut.
- Die **dunklen Eumelanine** sind dagegen widerstandsfähiger. Sie werden stufenweise abgebaut. Dabei können rotbraune, orangefarbene und gelbliche Zwischentöne entstehen.

Sobald der gewünschte Helligkeitsgrad erreicht ist, wird der Oxidationsprozess beendet. Der Blondierbrei wird ausgewaschen. Eine zu starke Aufhellung führt zu erheblichen Schädigungen des Haarkeratins.

Neutralisation bei der Nachbehandlung

Säuren im Nachbehandlungsmittel neutralisieren das Restalkali, das sich nach dem Auswaschen noch im Haar befindet. Das Haar wird adstringiert.

Beenden des Oxidationsprozesses durch Antioxidantien

Antioxidantien, wie z. B. Vitamin E, machen das restliche Wasserstoffperoxid unwirksam und verhindern so eine weitere Aufhellung, die auch als schleichende Oxidation bezeichnet wird. Antioxidantien sind in Nachbehandlungsmitteln und Spezialfestigern enthalten.

Aufgaben

1. Nennen Sie die Bestandteile eines gebrauchsfertigen Blondierbreis und deren Aufgaben.
2. Welche chemischen Vorgänge laufen beim Blondieren ab?
3. Wie ist der beim Blondieren häufig auftretende Rotstich zu erklären?
4. Erklären Sie an einem praktischen Beispiel, warum die Pufferstoffe im Blondiermittel unerlässlich sind.
5. Erklären Sie den Merksatz: »H_2O_2 für das Helle, Alkali für das Schnelle«.

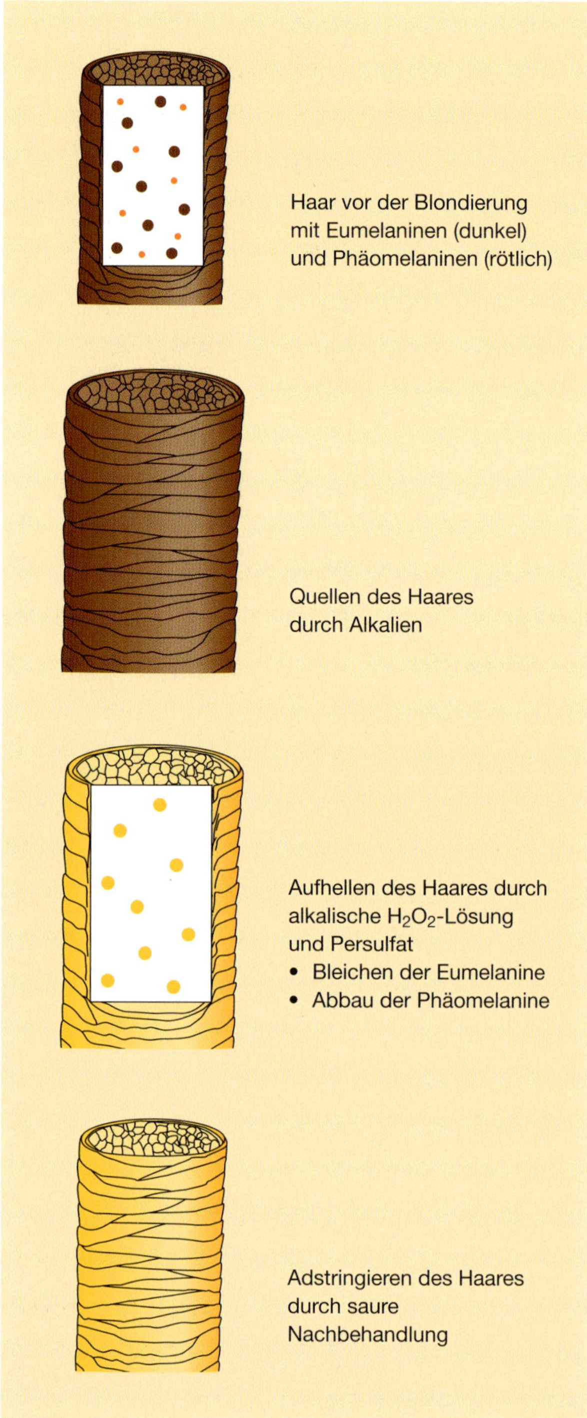

Bild 1 *Technologische Vorgänge beim Blondieren*

Bild 2 *Blondiertes Haar*

4.2 Praxis des Blondierens

Blondieren ist die chemisch intensivste Methode, die zur Aufhellung von naturfarbenem und gefärbtem Haar eingesetzt wird.

Bei der Ermittlung des Kundenwunsches ist bereits entschieden worden, ob die Zielfarbe durch das Blondieren erreicht werden kann und welche Präparate und Arbeitstechniken dafür erforderlich sind.

Wenn die Friseurin zu dem Ergebnis kommt, dass bei der vorliegenden Haarstruktur und der gewünschten Aufhellung erhebliche Haarschäden auftreten können, muss sie von der Behandlung abraten. Im Falle von extrem starken Haar- und Kopfhautschäden ist sie haftbar und kann zu Schadenersatz und Schmerzensgeld verurteilt werden.

4.2.1 Blondiertechniken

Je nach Kundenwunsch und Farbziel können unterschiedliche Blondiertechniken eingesetzt werden.

Ansatzblondierung

Bei der Ansatzblondierung wird der Blondierbrei auf den nachgewachsenen Ansatz gleichmäßig und zügig aufgetragen. Im Normalfall beginnt man dort, wo die Haare am dunkelsten sind. Nach Beendigung der Einwirkzeit erfolgt die Ergebniskontrolle. Ist die erwünschte Aufhellung noch nicht erzielt, wird die EWZ verlängert. Am Ende der Einwirkzeit kann der Blondierbrei zum Farbausgleich durchemulgiert und danach mit Wasser ausgespült werden. Das Haar wird anschließend gewaschen und nachbehandelt.

Ganzblondierung

Mit einer Ganzblondierung kann naturfarbenes und gefärbtes Haar aufgehellt werden.

Der Blondierbrei wird auf die Längen und Spitzen aufgetragen. Man beginnt dort, wo die Haare am dunkelsten sind. Dieser Vorgang ist zügig durchzuführen. Erst wenn Längen und Spitzen das Aufhellungsziel erreicht haben, wird der Ansatz mit neu angerührtem Blondierbrei behandelt. Nach dem Auftragen wird das Haar gut aufgelockert.

Das Aufhellungsergebnis wird am Ende der Einwirkzeit kontrolliert. Ist die gewünschte Aufhellung noch nicht erreicht, wird die Einwirkzeit verlängert. Nach dem Ausspülen, Shampoonieren und Nachbehandeln kann eine weitere Farbbehandlung, z. B. eine Pastellintensivtönung, erfolgen.

Blondierwäsche

Mit einer Blondierwäsche kann naturfarbenes und gefärbtes Haar leicht aufgehellt werden.

- Rezeptur einer Blondierwäsche:
  1 Messlöffel Blondierpulver
  60 ml warmes Wasser
  30 ml Wasserstoffperoxid 6%ig oder 9%ig
  5 ml Shampoo

Zuerst werden Längen und Spitzen des ungewaschenen Haares behandelt, danach die kopfhautnahen Partien. Der Aufhellungsvorgang wird beobachtet und beendet, sobald die gewünschte Aufhellung erzielt worden ist. Abschließend wird die Lösung mit etwas Shampoo ausgewaschen und das Haar nachbehandelt.

Blondiersträhnen

Für das Anfertigen von Blondiersträhnen sind vielfältige Arbeitstechniken möglich. Die Wahl der richtigen Strähnentechnik richtet sich nach dem Kundenwunsch, der Haarlänge und dem Haarvolumen.

Haubensträhnen werden mit einer sehr feinen Häkelnadel durch die Haube gezogen. Mit dem Pinsel wird der Blondierbrei sorgfältig auf die Haarsträhnen aufgetragen, sodass keine Blondiermasse durch die Löcher auf die Kopfhaut dringen kann. Die Haubentechnik ist sehr rationell und wird eingesetzt, wenn viele feine Strähnen in der Frisur gewünscht werden. Für lange Haare ist diese Technik ungeeignet. Als Haube verwendet man entweder Hauben mit vorgestanzten Löchern oder durchsichtige Folienhauben. Diese Folienhauben haben den Vorteil, dass die Strähnen individuell platziert werden können.

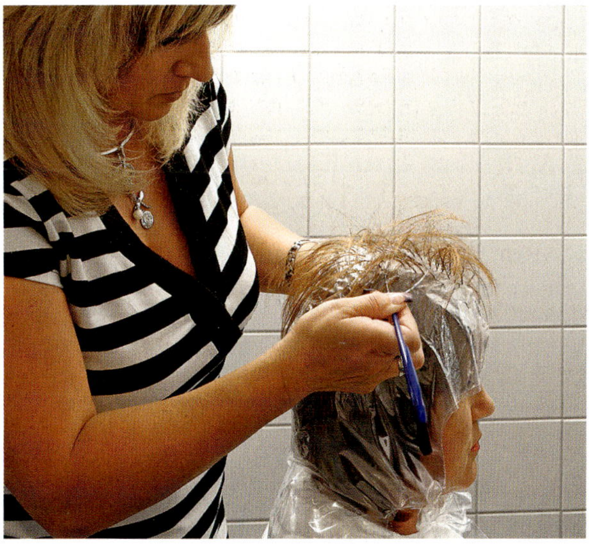

Bild 1 *Haubensträhnen*

Kammsträhnen lassen sich gut in kurzen bis mittellangen Haaren einarbeiten. Der Blondierbrei wird je nach Frisurenwunsch entweder auf einen grobzahnigen Kamm aufgetragen und horizontal in das Haar eingekämmt oder auf die Kammspitze gegeben und vertikal mit der Kammspitze in die Frisur eingearbeitet.

Gemalte Strähnen werden mit dem Färbepinsel oder der Auftrageflasche erstellt. Diese Technik empfiehlt sich besonders für kurze Haare und partielle Farbeffekte in der Frisur.

Toupiersträhnen eignen sich für Kurzhaarfrisuren. Alle Haare werden auftoupiert und mit Haarspray leicht fixiert. Danach wird der Blondierbrei mit den Fingern in die Haarspitzen eingearbeitet. Diese Technik bewirkt eine Aufhellung der Oberfläche der Frisur.

Pfeffer-und-Salz-Technik ist eine ausgefallene Technik. Sie ist ideal für Kurzhaarfrisuren. Zuerst werden die Haare toupiert, mit Haarspray leicht fixiert und mit H_2O_2-Lösung aus der Sprühflasche besprüht.

Danach gibt man das Blondierpulver mit einem Streuer auf das Haar. Das Ergebnis dieser Technik ist eine leicht unregelmäßige Aufhellung der Frisurenoberfläche.

Giftsträhnen sind für jede Haarlänge geeignet und können sehr exakt angeordnet werden. Bei dieser Strähnentechnik werden einzelne Haarpartien abgeteilt, auf die vorbereitete Alufolie gelegt und mit Blondiermasse versehen. Anschließend werden die Strähnen in der Alufolie verpackt. Die Alupäckchen dürfen aber nicht zu dicht verschlossen werden, damit kein Hitzestau entsteht.

Bild 1 *Foliensträhnen*

Aufhellung durch Haarfestiger

Mit einem Festiger, der bis zu 3 % H_2O_2 enthält, wird eine leichte Aufhellung des Haares erreicht. Dieser Aufhellungsvorgang läuft über einen längeren Zeitraum ab. Deshalb ist ein genaues Aufhellungsergebnis nicht vorherzusagen. Außerdem kommt es durch die schleichende Oxidation zu einer nicht kontrollierbaren Haarschädigung. Die Aufheller werden aus diesem Grunde im Salon selten eingesetzt. Stattdessen kann man die Blondierwäsche bevorzugen, die mit einer Nachbehandlung abschließt.

4.2.2 Durchführung der Blondierung

Zunächst werden auf der Grundlage des Behandlungsplanes die Präparate ausgewählt, die zum Erreichen der Zielfarbe erforderlich sind, und die benötigten Werkzeuge und Hilfsmittel bereitgestellt.

Bild 2 *Hilfsmittel und Werkzeuge zum Blondieren*

Die Blondierung wird wie folgt durchgeführt:

- Haarwäsche
  Das Haar wird vor einer Blondierung nicht gewaschen, damit der natürliche Schutzfilm auf der Kopfhaut erhalten bleibt und Hautreizungen vermieden werden. Die Blondierpräparate enthalten ausreichend Tenside, um die auf dem Haar befindlichen Schmutz und die Reste von Haarfestigern und Haarspray zu überwinden.
- Hautschutzmaßnahmen
  Gesichtskonturen werden mit einer Fettcreme zusätzlich geschützt.
  Beim Blondiervorgang müssen Handschuhe getragen werden.
- Blondierbrei anrühren
  Blondierpulver muss vorsichtig eingerührt werden, um eine Staubentwicklung zu vermeiden.
- Blondierbrei auftragen
  Die Auftragetechnik richtet sich nach dem Farbwunsch der Kundin. Grundsätzlich gilt, dass der Blondierbrei zuerst auf den dunkelsten Stellen aufgetragen wird.
- Haare während des Blondiervorgangs lockern
  Durch die chemischen Vorgänge entsteht Wärme, die wiederum die weiteren chemischen Vorgänge beschleunigt. Nicht gelockertes Haar kann während des Blondiervorgangs einen Wärmestau verursachen. Dadurch kann das Haar zu stark aufgehellt und die Struktur des Haares stark geschädigt werden. Im Extremfall kann es zur Haarzerstörung und zu Hautverätzungen kommen.
- Einwirkzeit
  Durch Wärmezufuhr wird die Einwirkzeit zwar verkürzt, aber es steigt die Gefahr der Haar- und Hautschädigung.
- Aufhellungsgrad kontrollieren
- Blondierbrei auswaschen
- Ergebniskontrolle durchführen und Zustimmung der Kundin einholen
- Nachbehandlung zur Optimierung der Farbe und zur Verbesserung der Haarstruktur

Aufgaben

1. Erstellen Sie einen Diagnosebogen für eine Blondierung.
2. Beschreiben Sie unterschiedlichen Strähnentechniken. Wann werden sie jeweils eingesetzt?
3. Geben Sie an, warum von einer Haar- und Kopfhautwäsche vor der Blondierung dringend abgeraten werden muss.
4. Erklären Sie, warum das Haar während des Blondiervorgangs gelockert werden muss.
5. Nennen Sie unterschiedliche Strähnentechniken.
6. In welchen Fällen würden Sie eine Blondierwäsche empfehlen?
7. Warum sollte eine Friseurin die Aufhellung mithilfe eines Aufhellers nicht empfehlen?

5 Färben

Szenario

Anja weiß, dass beim Färben mit Oxidationshaarfarben in einem Arbeitsgang weißes Haar abgedeckt, das Haar heller oder dunkler gefärbt und die Farbrichtung verändert werden können. Sie möchte wissen, welche »Wundersubstanzen» in der Lage sind, diese Farbveränderungen zu erzielen.

5.1 Theorie des Färbens

Zur Theorie des Färbens gehören Kenntnisse über:

- Ordnung der Haarfarben (LF 8; 4.3)
- Zusammensetzung der Oxidationshaarfarben
- Chemischen Abläufe beim Färbevorgang

Mithilfe dieser Kenntnisse kann die Friseurin die Abläufe beim Färben verstehen, Fehler vermeiden und Farbmischungen für individuelle Kundenwünsche entwickeln.

5.1.1 Zusammensetzung von Färbepräparaten

Die zum Färben erforderlichen Mittel bestehen immer aus zwei Komponenten, die unmittelbar vor der Anwendung gemischt werden, der Oxidationshaarfarbe mit den Pigmentvorstufen (Farbbildnern) und dem H_2O_2 als Oxidationsmittel. Sie sind in der Tabelle 1 aufgelistet.

Tabelle 1: Wesentliche Inhaltsstoffe von Färbemitteln

Bestandteile der Oxidationshaarfarbe	Aufgaben
Farbbildner	Werden durch den Sauerstoff zu künstlichen Pigmenten verbunden, die auf Grund ihrer Größe nicht aus dem Haar ausgewaschen werden können
Direktziehende Farbstoffe	Ergeben zusammen mit den künstlichen Pigmenten die endgültige Farbrichtung. Haften auf Grund ihrer positiven Ladung am Haar (kationaktiv)
Alkalien	Neutralisieren die Stabilisierungssäure im H_2O_2 Quellen das Haar Starten und beschleunigen den chemischen Vorgang
Pufferstoffe	Halten den pH-Wert konstant
Trägersubstanzen: Ö/W-Emulsion, Gel	Erleichtern das Auftragen und verhindern das Ablaufen
Wasser in der Trägersubstanz	Löst die Wirkstoffe Verdünnt die Wirkstoffe Transportiert die Wirkstoffe ins Haar
Tenside	Ermöglichen gleichmäßiges Benetzen des Haares Ersparen den Waschvorgang bei normal verschmutztem Haar Erleichtern das Ausemulgieren
Schutzstoffe: Fette, Polymere	Schützen das Haar vor zu großer Belastung
Bestandteile der Oxidationsmittel	**Aufgaben**
Wasserstoffperoxid 3–12 %	Hellt die Pigmente auf und stellt aus den Farbbildnern künstliche Pigmente her
Säure	Stabilisiert das H_2O_2
Wasser	Löst H_2O_2 und Säuren Verdünnt das H_2O_2 Transportiert die Wirkstoffe ins Haar

Konzentration des Oxidationsmittels

Es ist wichtig, zwischen der Konzentration der Wasserstoffperoxidlösung und der Wasserstoffperoxidkonzentration im Farbbrei zu unterscheiden. Für das Ergebnis der Facharbeit ist die Wasserstoffperoxidkonzentration im Farbbrei entscheidend; in Rezepturen wird die notwendige Konzentration des Oxidationsmittels angegeben. Die Konzentration der Wasserstoffperoxidlösung richtet sich nach dem gewünschten Farbergebnis. Dunklerfärbungen sind grundsätzlich mit einer 3%igen Wasserstoffperoxidlösung möglich, da eine Aufhellung der Naturpigmente nicht nötig ist. Bei Ansatzfärbungen ist 6%iges H_2O_2 erforderlich, um Farbüberlagerungen im Übergang von Ansatz und Länge zu vermeiden.

- Bei Ton-in-Ton-Färbungen und Hellerfärbungungen um einen Ton wird 6%iges H_2O_2 benötigt.
- Bei Hellerfärbungen um zwei bis drei Töne wird 9%iges H_2O_2 oder 12%iges H_2O_2 eingesetzt.

Die Angaben zu den H_2O_2-Konzentrationen sind Richtwerte, die bei verschiedenen Produkten unterschiedlich sein können. Deshalb muss in jedem Fall die Gebrauchsanweisung des Herstellers beachtet werden.

5.1.2 Kosmetikverordnung

Die ersten Oxidationsfarben wurden ursprünglich zum Färben von Pelzen eingesetzt. Wegen ihrer guten Deckkraft setzte man diese Substanzen auch als Haarfarben ein. Sie führten jedoch sehr häufig zu allergischen Reaktionen. Deshalb wurden sie bereits im Jahre 1906 für das Färben von Haaren verboten.

In der Folgezeit wurden chemisch veränderte Oxidationshaarfarben entwickelt, von denen eine geringere gesundheitliche Gefährdung ausgeht.

Studien aus den USA belegen jedoch, dass diese Oxidationshaarfarben neben allergischen Reaktionen auch Blasenkrebs hervorrufen können.

Heute werden alle Chemikalien, die in kosmetischen Präparaten verwenden werden, gründlich getestet. Substanzen, die aus gesundheitlichen Gründen nicht geeignet sind, findet man in der **Kosmetikverordnung**. Sie sind in Kosmetika entweder verboten (§ 1) oder nur eingeschränkt zugelassen (§ 2).

Die Kosmetikverordnung wird ständig überarbeitet und um neue gesundheitsgefährdende Stoffe ergänzt. Neben den in Färbepräparaten enthaltenen Stoffen sind noch weitere Stoffgruppen getestet und im Falle einer Gesundheitsgefährdung in der Kosmetikverordnung als nicht erlaubte Stoffe aufgeführt. Hierzu gehören vor allem Stoffe aus folgenden Bereichen:

- Duft- und Aroma Stoffe
- UV-Filter
- Lösungsmittels
- Konservierungsmittel

5.1.3 Technologische Vorgänge beim Färben

Beim Färben laufen folgende chemische Vorgänge ab:

- Neutralisation beim Mischen der Farbe mit dem Wasserstoffperoxid
  Das Alkali in der Farbe neutralisiert die Säure im H_2O_2. Die Stabilisierung des Wasserstoffperoxids wird aufgehoben und der Sauerstoff wird freigesetzt.
- Oxidationsvorgänge im Haar durch den Sauerstoff
  Beim Färben laufen zwei Oxidationsvorgänge ab, der **Aufhellungsvorgang** und der **Kupplungsvorgang**. Beide Oxidationsvorgänge benötigen jeweils einen Teil des entstehenden Sauerstoffs.
  Beim **Aufhellungsvorgang** werden die künstlichen und die natürlichen Pigmente des Haares aufgehellt. Je höher die Wasserstoffperoxidkonzentration im Farbbrei ist, desto stärker wird das Haar aufgehellt.
  Beim **Kupplungsvorgang** werden aus den Farbbildnern mithilfe des Sauerstoffs künstliche Pigmente hergestellt.
  Erst dieser **doppelte Oxidationsvorgang** ermöglicht den großen Einsatzbereich der modernen Oxidationshaarfarben wie Hellerfärben, Ansatzfärben und Färben bei einem Weißanteil.
- Neutralisation bei der Nachbehandlung
  Säuren im Nachbehandlungsmittel neutralisieren das Restalkali, das sich nach dem Auswaschen noch im Haar befindet. Außerdem adstringieren sie das Haar.
- Beenden des Oxidationsprozesses durch Antioxidantien

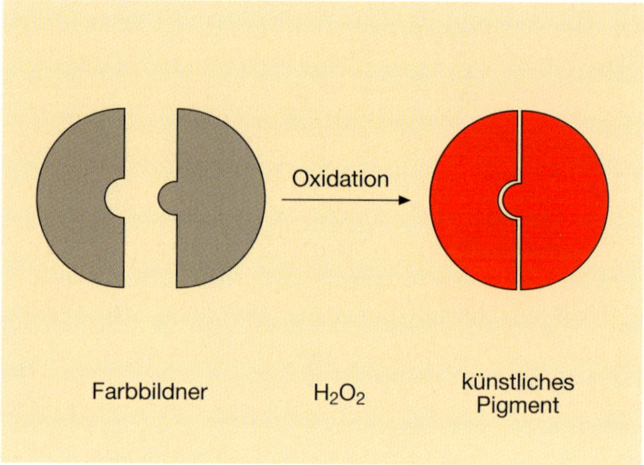

Bild 1 *Kupplung von Farbbildnern zu Pigmenten*

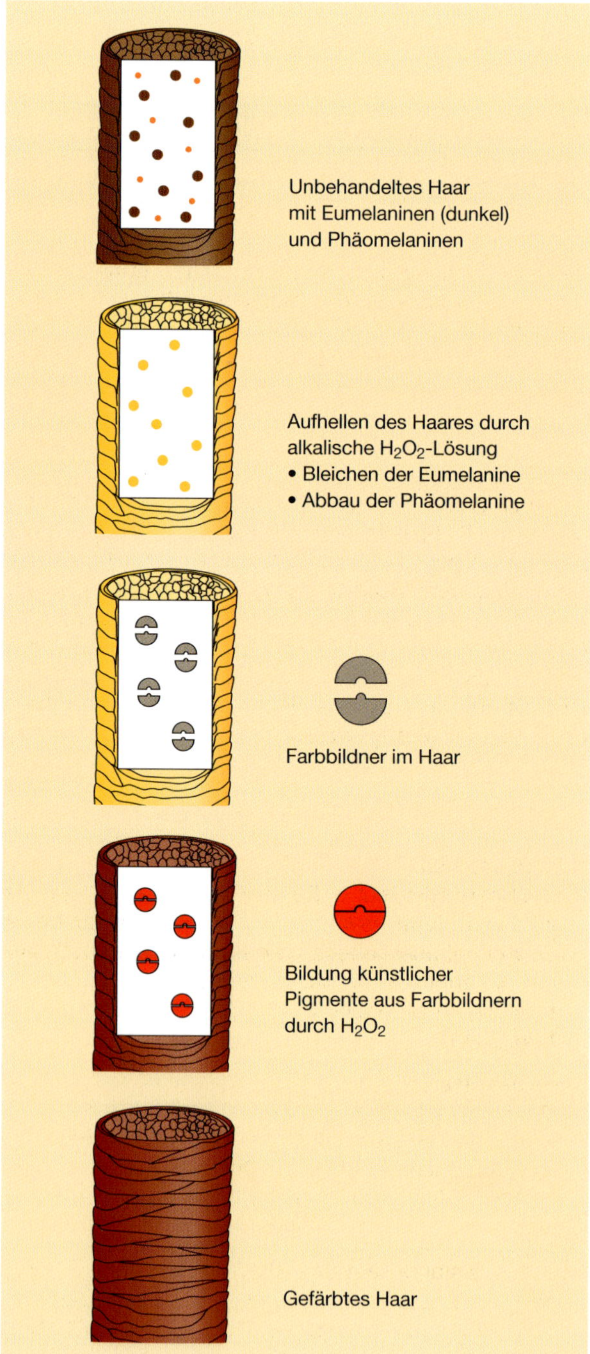

Bild 2 *Wirkungsweise von oxidativen Haarfarben*

Aufgaben

1. Welche Farbveränderungen sind mit Haarfärbepräparaten möglich?
2. Erklären Sie den Unterschied zwischen Farbbildnern und direktziehenden Farbstoffen.
3. Welche Aufgaben hat die Säure in einer Wasserstoffperoxidlösung?
4. Von welchen Faktoren hängt die beim Färben erforderliche Wasserstoffperoxidkonzentration ab?
5. Erklären Sie die chemischen Vorgänge, die beim, Färben ablaufen.
6. Was verstehen Sie unter dem Begriff »doppelter Oxidationsvorgang«?
7. Erklären Sie, warum beim Hellerfärben trotz der Zugabe von Pigmenten das Haar heller wird.
8. Welche Bedeutung hat die Kosmetikverordnung?

5.2 Praxis des Färbens

Bei der Ermittlung des Kundenwunsches ist bereits entschieden worden, dass die Zielfarbe nur durch das Färben erzielt werden kann und welche Präparate und Arbeitstechniken eingesetzt werden.

5.2.1 Einflussfaktoren beim Färben

Die Haarfarben sind auf »normales« Haar abgestimmt. Normal bedeutet hier, dass das Haar von der Stärke und Farbe den mitteleuropäischen Haaren entspricht, eine gesunde Haarstruktur aufweist, nicht oder nur gering ergraut ist und keine übermäßige Verschmutzung vorliegt. Das Haar kann in diesem Fall direkt mit der Zielfarbe eingefärbt werden. Abweichungen vom Normalfall sind Faktoren, die Einfluss auf das Farbergebnis haben. Sie müssen beim Färben berücksichtigt werden.

Haarstärke

- Mittleres Haar
  Die Haarstärke liegt im Bereich von 0,05–0,07 mm. Bei mittlerem Haar gelangen in der vorgeschriebenen Einwirkzeit ausreichend viele Farbbildner in das Haar, um die erforderliche Menge an Pigmenten zu bilden. In diesem Fall entspricht das Farbergebnis der Zielfarbe.
- Feines Haar
  Die Haarstärke liegt unter 0,05 mm. Bei feinem Haar kann das Farbergebnis wegen der höheren Pigmentdichte dunkler erscheinen. Deshalb wählt man den Farbton z. B. einen halben Ton heller als die Zielfarbe.
- Starkes Haar
  Die Haarstärke liegt über 0,07 mm. Bei dickem Haar kann das Farbergebnis wegen der geringeren Pigmentdichte heller ausfallen. Der Farbton wird etwas dunkler gewählt.

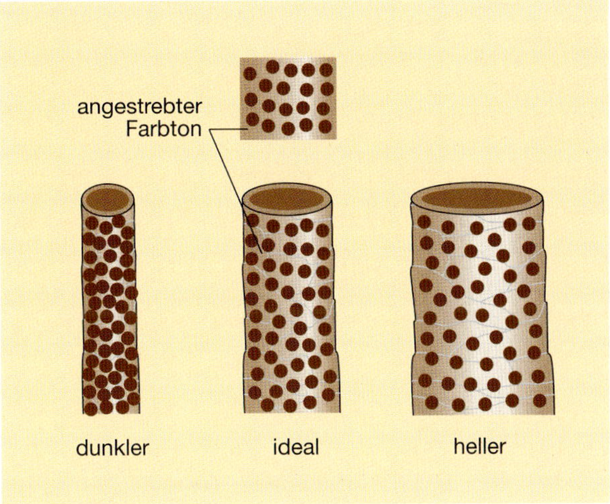

Bild 1 *Farbergebnis bei unterschiedlicher Haarstärke*

Haarstruktur

- Strukturgeschädigtes Haar
  Dieses Haar verhält sich beim Färben anders als unbehandeltes Haar. Es nimmt mehr Farbbildner auf, sodass eine hohe Pigmentdichte entsteht. Aus diesem Grund wird das Haar dunkler.
  Um das gewünschte Farbergebnis zu erzielen, sollte der Farbton einen halben Ton heller gewählt oder die Einwirkzeit etwas verkürzt werden.
- Die direktziehenden Farbstoffe finden im strukturgeschädigten Haar nicht genügend Halt; sie lassen sich leicht wieder auswaschen. Da es sich bei diesen Farbstoffen vor allem um die Töne des Rotbereichs handelt, entwickeln sich bei strukturgeschädigtem Haar graue bis grünliche Reflexe. In diesem Fall ist ein **Voranlagern von Rotfarbstoffen** (Vorpigmentieren) zu empfehlen. Man verwendet dazu Tönungen der Rotnuancen. Sie werden auf Längen und Spitzen aufgetragen und nicht ausgewaschen.
- Glasig hartes Haar
  Haar von glasig harter Struktur ist schwer anfärbbar. Mit der so genannten **Borstenmischung** wird das Angebot an Farbbildnern erhöht und eine höhere Konzentration an Alkalisierungsmitteln eingesetzt. Damit das Farbergebnis durch das vermehrte Angebot von Farbbildnern nicht zu dunkel wird, muss das Färbemittel einen halben Ton heller als die Zielfarbe gewählt werden. Die Farbcreme und die 12%ige H_2O_2-Lösung werden im Verhältnis 2:1 gemischt

  Beispiel für eine Borstenmischung:
  Zielfarbe: Dunkelblond 6/0
  Rezeptur:
  15 ml Dunkelblond 6/0
  15 ml Mittelblond 7/0
  15 ml H_2O_2-Lösung 12 %

Ausgangsfarbe

Liegt die Haarfarbe im Blondbereich, also von Dunkelblond bis Lichtblond, so kann das Haar heller, dunkler bzw. Ton-in-Ton gefärbt werden. Ist die Ausgangsfarbe jedoch dunkler als Dunkelblond, so kann das Haar nicht in einem Arbeitsgang nach Hellblond aufgehellt werden.

Es muss zuerst blondiert und dann weiter farblich behandelt werden.

Hoher Weißanteil

Beim Färben ergeben die Naturpigmente und die Oxidationshaarfarben durch den Oxidationsvorgang den gewünschten Farbton. Weißes Haar verfügt nicht über die Naturpigmente. Das Farbziel wird deshalb beim Färben von Haaren mit hohem Weißanteil ohne besondere Maßnahmen nicht immer erreicht. Das Ergebnis kann heller werden, Aschnuancen erscheinen graublau, die Modetöne werden zu intensiv. Damit das Farbziel dennoch erreicht wird, sollten die in Tabelle 1 zusammengestellten Hinweise berücksichtigt werden.

Weiße Ansätze

Sollen weiße Ansätze mehrere Töne dunkler gefärbt werden, so wird mit einer Färbung die gewünschte Farbtiefe nicht immer erzielt. Um ein gleichmäßiges Farbergebnis zu erreichen, müssen dem Haar zusätzlich Pigmente zugeführt werden. Das wird durch das **Vorpigmentieren** erreicht. Dabei wird die Farbe ohne Wasserstoffperoxid auf das Haar aufgetragen. Der höhere Alkalianteil lockert die Haarstruktur und die Farbbildner können während der ca. 10-minütigen Einwirkzeit in das Haar eindringen. Anschließend wird mit der Zielfarbe wie gewohnt gefärbt. Das im Farbbrei enthaltene Wasserstoffperoxid oxidiert auch die bereits im Haar befindlichen Farbbildner, sodass zusätzliche Pigmente entstehen und die gewünschte Farbtiefe erreicht wird.

Rezepturvorschläge für das Vorpigmentieren:

- Bei einer Färbung im Natur- und Aschbereich wird ein um einen Ton hellerer Grundton gewählt. So wird z. B. beim Farbziel Dunkelaschblond mit Mittelblond vorpigmentiert.
- Bei einer Rotfärbung wählt man den Grundton in der gleichen Farbtiefe wie die verwendete Nuance. So wird z. B. bei dem Farbziel Mahagoni 5/5 mit Hellbraun 5/0 vorpigmentiert.
- Beim Hellerfärben wählt man einen hellen Grundton mit der komplementären Nuancierung, z. B. Farbziel liegt im Asch-Perl-Cendre-Bereich. Es wird mit einem Goldblond 9/3 vorpigmentiert.

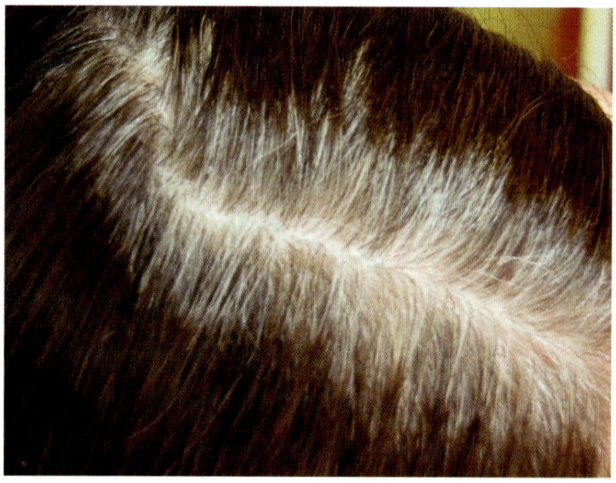

Bild 1 *Kundin mit weißem Haaransatz*

Farblich verändertes Haar

- Gefärbtes Haar
  Die Pigmente der kosmetischen Haarfarben verfestigen sich nach längerer Zeit. Sie haben dann eine Stabilität erreicht, sodass sie z. B. durch das Hellerfärben nicht genügend aufgehellt werden können. In diesen Fällen muss das Haar zunächst blondiert und dann entsprechend eingefärbt werden.
- Strähnen
  Durch **Rückpigmentieren** werden weit herausgewachsene aufgehellte Haare sowie nicht mehr erwünschte Strähnen in den Naturton zurückgefärbt. Der Vorteil dieser Behandlung besteht darin, dass der Naturton nicht verändert wird. Zusätzlich ist die Pigmentierung sehr haltbar und natürlich.

Die Rückpigmentierung erfolgt in 2 Schritten:

1. Einbringen der Farbbildner

- Wasser und Farbe werden im Verhältnis 3:1 gemischt.
- Das zubereitete Präparat wird auf das gesamte handtuchtrockene Haar aufgetragen. Das aufgehellte Haar ist strukturgeschädigt, es saugt das Präparat auf, während das unbehandelte Haar nur wenig aufnimmt.
- Die Einwirkzeit beträgt 30 Min. ohne Wärme.

2. Oxidation der Farbbildner

- 50 ml 1,8%ige H_2O_2-Lösung werden hergestellt.
- Die H_2O_2-Lösung wird aufgetragen, ohne die Farbe vorher auszuspülen.
- Nach einer Einwirkzeit von 15 Min. ohne Wärme wird das Haar gründlich ausgespült, shampooniert und nachbehandelt.

Bei der Farbwahl sollten nur Naturtöne verwendet werden. Man wählt den Ton eine Nuance dunkler als der Naturton ist, z. B. Naturton 6/0, Farbwahl 5/0.

Tabelle 1: Färben bei Weißanteil

Art der Färbung	Besondere Maßnahmen
Färben von Natur- und Aschtönen	Alle Naturtöne haben ein 100%iges Deckvermögen. Aschnuancen sollten nur bis 50% Weißanteil verwendet werden. Bei partiellem Weißanteil vorpigmentieren.
Färben im Rot- und Modebereich	Bei helleren oder weißen Konturen grundsätzlich den Rot-/Modeton mit dem Naturton mischen. Bei gleichmäßigem Weißanteil den Rot-/Modeton mit dem Naturton 1:1 mischen, z. B. 20 g 6/4 + 20 g 6/0.
Hellerfärbungen	Erst ab ca. 30%igem Weißanteil in der Farbrezeptur berücksichtigen: Bei ca. 30–50% Weißanteil muss 1/3 Naturton beigemischt werden. Bei über 50% Weißanteil sollte das Färbemittel im Verhältnis 1:1 mit Naturton gemischt werden.

Stark verschmutztes Haar

Vor Färbungen werden die Haare im Normalfall nicht gewaschen, weil der Hauttalg als schützender Film auf Haar und Kopfhaut verbleiben soll. Alle Färbepräparate enthalten ausreichend Tenside, mit deren Hilfe die normale Verschmutzung des Haares beseitigt wird, sodass die Wirkstoffe ins Haar gelangen können.

Erst bei extremer Verschmutzung ist mit einem unerwünschten Farbergebnis zu rechnen. In diesem Fall muss eine leichte Haarwäsche vorgenommen werden.

Die Kopfhaut wird dabei nicht massiert. Das Haar muss angetrocknet werden, weil die Farbe auf trockenes Haar eingestellt ist und das im Haar befindliche Wasser die Wirkstoffe zu stark verdünnen würde.

In der folgenden Tabelle sind alle Haarmerkmale, die vom »Normalfall« abweichen, und die davon abhängigen Fehlergebnisse aufgeführt. In der Spalte Problemlösungen wird gezeigt, wie diese Fehler vermieden werden können.

Tabelle 1: Faktoren, die das Farbergebnis beeinflussen

Haarmerkmale	Fehlergebnisse	Problemlösungen
Feines Haar	Ergebnis zu dunkel	Kürzere EWZ Hellerer Farbton
Dickes Haar	Ergebnis zu hell	Längere EWZ Dunklerer Farbton
Strukturgeschädigtes Haar	Ergebnis zu dunkel Rottöne fallen heraus Spitzen zu matt	Kürzere EWZ Hellerer Farbton Voranlagern von Rotfarbstoffen
Dickes, glasiges Haar	Ergebnis zu transparent	Borstenmischung
Dunkle Ausgangsfarbe (Braunbereich) bei Hellerfärbung	Unzureichende Aufhellung des Grundtons Entstehung von kräftigen Goldorangetönen	Vorblondieren Färben mit gewünschtem Pastellton vom Ansatz bis zu den Spitzen
Gefärbtes Haar bei Hellerfärbung	Unzureichender Abbau der künstlichen Pigmente	Alkalischer Abzug
Strähnen und Einfärben	Scheckiges Farbergebnis	Rückpigmentieren
Hoher Weißanteil	Bei Asch- und Modetönen zu leuchtende Farbe	Naturton zumischen
Weiße Ansätze	Mangelnde Abdeckung Ergebnis zu hell	Vorpigmentieren
Starke Verschmutzung	Scheckiges Farbergebnis	Leichte Haarwäsche Antrocknen des Haares

5.2.2 Färbetechniken

Die farbliche Behandlung erfolgt je nach individuellen Gegebenheiten in verschiedenen Auftragetechniken.

Erstfärbung/(Neufärbung)

Wird das Haar einer Kundin erstmalig farblich behandelt, richtet sich die Auftragetechnik nach dem angestrebten Farbziel.

- Bei einer Ton-in-Ton- und Dunklerfärbung wird der Farbbrei sofort vom Ansatz bis zur Spitze aufgetragen (Ganzfärbung).
- Bei einer Färbung im Rot- und Modebereich wird die zubereitete Farbe zuerst auf die Längen und Spitzen 1–2 cm entfernt vom Ansatz aufgetragen. Nach ca. 10 Minuten EWZ mit Wärme wird der Ansatz behandelt. Danach erfolgt eine weitere EWZ von ca. 15 Minuten mit Wärme. Der Einsatz von Wärme ist hier besonders wichtig, weil sich ohne Wärmeunterstützung die Farbe am Ansatz schneller und intensiver entwickelt. Die angegebenen Einwirkzeiten sind Richtwerte, die an den individuellen Fall angepasst werden müssen.
- Bei einer Hellerfärbung wird die Farbe wie bei einer modischen Erstfärbung aufgetragen. Die Einwirkzeit für Längen und Spitzen sollte unter Wärmezufuhr mindestens 20 Minuten betragen. Anschließend wird neu zubereitete Farbe auf den noch freigelassenen Ansatz aufgetragen. Die restliche EWZ beträgt noch ca. 25 Minuten mit Wärme oder 50 Minuten ohne Wärme. Ein bereits gefärbtes Haar lässt sich nicht heller färben, in diesem Fall ist eine Blondierung erforderlich.

Ansatzfärbung

Bei einer Ansatzfärbung wird der Farbbrei nur auf den nachgewachsenen Ansatz aufgetragen. Dabei hat sich neben der Kreuzscheiteltechnik die Abteilung von Ohr zu Ohr bewährt. Man beginnt an Stellen mit einem Weißanteil. Feinere Haare an der Kontur werden zuletzt mit Farbbrei bestrichen.

Ist nach beendeter Einwirkzeit ein Farbausgleich erforderlich, so wird die Farbe vom Ansatz in das mit einer Sprühflasche angefeuchtete Haar durchgearbeitet. Zur Unterstützung des Farbausgleichs in Längen und Spitzen setzt man auch Tönungen ein.

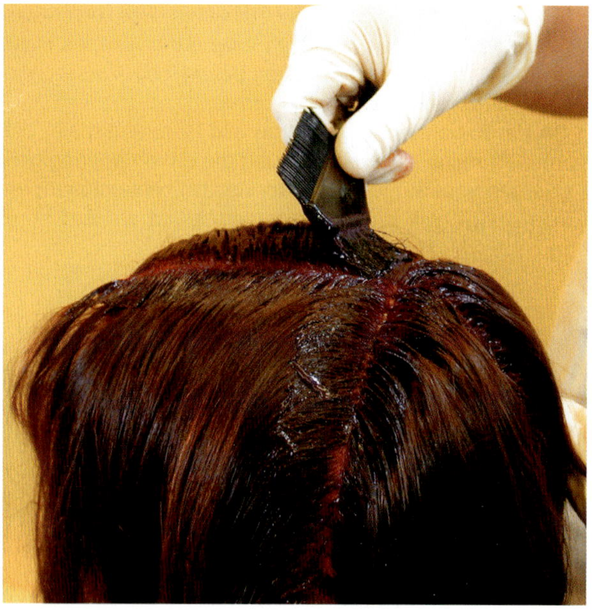

Bild 1 *Ansatzfärbung*

Aufgaben

1. Nennen Sie Faktoren, die das Färbeergebnis beeinflussen.
2. Welche Bedeutung hat die Haarstruktur beim Färben?
3. In welchen Fällen ist eine Voranlagerung von Rotfarbstoffen sinnvoll?
4. Was versteht man unter einer Borstenmischung?
5. Erklären Sie die Technik des Rückpigmentierens.
6. Welche Empfehlung geben Sie einer Kundin, wenn sie an einem Tag eine Dauerwelle und eine oxidative Farbbehandlung wünscht?
7. Eine Haarfarbe der Farbtiefe Hellbraun und der Farbrichtung Rotgold hätte die systematische Bezeichnung Hellrotgoldbraun. Welche Bezeichnung wird stattdessen verwendet?

6 Weitere oxidative Farbveränderungen

Szenario

Anja, weiß, dass das wesentliche Kriterium für die oxidativen Farbveränderungen der Oxidationsvorgang ist. Aus diesem Grund zählen nach ihrer Meinung auch Farbveränderungen mit einer niedrigen H_2O_2-Konzentration, bei der die Farbtiefe nur geringfügig verändert wird und Präparate, die mit dem Luftsauerstoff reagieren, auch zu den oxidativen Farbveränderungen.

6.1 Intensivtönung

Die Intensivtönung wird auch als oxidative Tönung bezeichnet. Wegen des schwächeren Alkalis und der geringeren Konzentration des Wasserstoffperoxids wird die Haarstruktur geringer belastet als beim Färben. Wenn das Farbziel mit einer Intensivtönung erreicht werden kann, sollte sie deshalb einer Färbung vorgezogen werden. Dies gilt für folgende Fälle:

- Farbauffrischung
- Farbausgleich
- Nuancierung des Naturtons
- Modische Akzentuierung
- Längerfristige Farbveränderung
- Abdeckung des Weißanteils bis zu 50 %
- Pflege, Glanz und Farbbrillanz
- Pastelltönung von blondierten Haaren

Die Intensivtönung ist in ihrer Wirkweise der oxidativen Färbung der Haare sehr ähnlich. Oxidativ gebildete Pigmente und direktziehende Farbstoffe werden im Haar angelagert.

Intensivtönungen sind ähnlich zusammengesetzt wie Oxidationsfarben, jedoch sind die Menge der Farbbildner und die Konzentration des Alkalis geringer. Deshalb kann ein Weißanteil von mehr als 50 % nicht mit einer Intensivtönung abgedeckt werden.

Die Konzentration des Oxidationsmittels für die Intensivtönung liegt zwischen ca. 1,5 und 1,9 %. Wegen der geringen H_2O_2-Konzentration werden die Pigmente im Haar nicht aufgehellt.

Für leichte Aufhellungen von etwa einem Ton haben einige Hersteller ihr Sortiment durch ein ca. 4%iges Oxidationsmittel erweitert.

Anwendung von Intensivtönungen

- Haare waschen
- Hautschutzmaßnahmen durchführen
- Farbrezeptur anrühren
- Färbepräparat gleichmäßig von Ansatz bis Spitze auftragen, bei erkennbarem Ansatz (z. B. bei 50 % Weißanteil) zuerst auf den Ansatz auftragen und nach der Hälfte der EWZ in Längen und Spitzen verteilen
- Die EWZ beträgt ohne Wärme ca. 20 Minuten, mit Wärme ca. 15 Minuten; die Zeitangaben sind Richtwerte, die nach Bedarf verlängert, bzw. nach einer Dauerwelle verkürzt werden können.
- Nach beendeter EWZ die Intensivtönung mit Wasser aufemulgieren und sorgfältig ausspülen

6.2 Haarfarbenwiederhersteller

Haarfarbenwiederhersteller enthalten Farbbildner, aus denen im Haar durch den Luftsauerstoff Pigmente gebildet werden.

Sie sprechen den großen Kreis der Männer und Frauen an, die in der Regel ihre ergrauten Haare noch nicht färben lassen wollen. Die Abdeckung der weißen Haare erfolgt dabei schrittweise, sodass die Farbveränderung nicht so stark auffällt.

Bewährt haben sich diese Präparate zur Wiederherstellung der natürlichen Farbtöne von Mittelblond bis Dunkelbraun bei einem hohen Weißanteil. Das Farbergebnis sieht in diesem begrenzten Einsatzbereich oft natürlich aus. Die Haarstruktur wird nicht angegriffen. Wegen der einfachen Anwendung ist das Präparat auch gut für Heimbehandlungen geeignet.

Die Haarfarbenwiederhersteller sind in folgenden Fällen nicht geeignet:

- Für Farbrichtungen außerhalb der Naturreihe
- Für blondiertes und gefärbtes Haar
- Für alle Farbveränderungen, die den doppelten Oxidationsvorgang erfordern (Ton in Ton bei Abdeckung des Grauanteils und Hellerfärben)

Die Färbesubstanz enthält spezielle Farbbildner, die mit dem Luftsauerstoff künstliche Pigmente bilden. Zusätzliche Oxidationsmittel, wie z. B. H_2O_2, werden nicht eingesetzt. Das Haar wird also chemisch nicht belastet. Der Luftsauerstoff baut die künstlichen Pigmente über einen Zeitraum von mehreren Tagen auf. Dabei entstehen nach einem oder zwei Tagen häufig unerwünschte und unansehnliche blaue und violette Zwischentöne, bevor der endgültige Farbton erreicht wird.

Aufgaben

1. Erläutern Sie die technologischen Unterschiede zwischen Tönen, Kolorieren und Färben.
2. Warum ist eine Aufhellung der Haarfarbe mit einer Intensivtönung nicht möglich?
3. Eine Kundin mit einem 50%igen Weißanteil hat sich die Haare mit einem Haarfarbenwiederhersteller gefärbt. Das Ergebnis ist scheckig geworden.
   a) Erklären Sie, wie es zu diesem Ergebnis kommen konnte.
   b) Wie können Sie diese Fehlfärbung korrigieren?

7 Vermeidung und Korrektur von Arbeitsfehlern

Szenario

Anja hat bereits erfahren, dass bei farbverändernden Facharbeiten, bei denen chemische Prozesse ablaufen, die Gesundheit der Kundin und der Friseurin gefährdet werden kann. Sie fragt sich, ob die entweichenden Dämpfe und die falsche Entsorgung von Restchemikalien nicht auch die Umwelt belasten.

Sie hat auch schon erfahren, dass Kundinnen mit dem Ergebnis der Farbbehandlung überhaupt nicht zufrieden waren und die Arbeit reklamierten. Wie soll sie sich in diesen Fällen verhalten?

Anja beobachtete, dass die Friseurin in der Lage war, die Kundin zu beruhigen und die Fehler zu ihrer Zufriedenheit zu korrigieren.

7.1 Gesundheitsschutz

Beim Blondieren kommt es durch die Oxidationsmittel zu einer Veränderung der Haarstruktur. Die Aufgabe der Friseurin besteht vor allem darin, die Haarschäden durch gute Präparate und fachgerechte Arbeit möglichst gering zu halten.

Auf der Haut kann der Blondierbrei Hautreizungen, im Extremfall sogar Hautverätzungen verursachen. Bei fachgerechter Arbeit und Einhaltung der Hautschutzvorschriften bestehen jedoch keine gesundheitlichen Gefahren für die Friseurin und den Kunden.

Beim Mischen der Präparate sollte man die für das Gesamthaar erforderliche Präparatmenge gut abschätzen, sodass möglichst keine Blondierreste übrig bleiben.

Beim Umfüllen und Einrühren des Blondierpulvers muss darauf geachtet werden, dass keine Stäube in die Atemwege gelangen. Die in den Färbepräparaten enthaltenen Farbbildner gehören zu einer Stoffgruppe, die allergische Hautreaktionen hervorrufen kann. Deshalb empfehlen die Hersteller, vor einer Färbung einen Allergietest von einem Arzt durchführen zu lassen.

Dabei wird ein mit Farbcreme betupftes Testpflaster auf die Innenseite des Unterarms geklebt. Nach 24 Stunden wird das Pflaster entfernt. Bei einer Allergie ist die Haut an dieser Stelle stark gerötet. Ein negatives Testergebnis (keine Rötung) ist jedoch keine Garantie dafür, dass bei späteren Färbungen nicht doch allergische Reaktionen auftreten können.

Um sich vor allergischen Reaktionen zu schützen, müssen beim Auftragen von Haarfarben Handschuhe getragen werden. Der Färbebrei enthält ein Alkali und H_2O_2. In ihrer Kombination sind sie in der Lage, das Melanin zu bleichen. Dabei wird auch das gesamte Haarkeratin geschädigt.

Gelangen die Färbepräparate auf die Haut, so wird zunächst die Haut angegriffen. Nachweislich gelangen auch Bestandteile des Färbemittels durch die Haut, unter ihnen auch die Farbbildner. Einige stehen unter dem Verdacht, gesundheitsschädlich zu sein.

Das Bundesgesundheitsministerium hält diese Stoffe zwar für unbedenklich, dennoch sollte die Friseurin den Farbbrei gewissenhaft auftragen und die Kopfhaut nach Möglichkeit nicht belasten. Die Kopfhaut darf deshalb vor der Behandlung nicht gewaschen werden, da Fett und Hautschüppchen eine natürliche Schutzschicht für die Haut bilden.

7.2 Umweltschutz

Reste des Farbebreis und der Blondierung gehören nicht ins Abwasser. Sie müssen zusammen mit den übrigen Chemikalienresten in einem speziellen Behälter gesammelt und dann als Sondermüll entsorgt werden.

Beim Mischen der Präparate sollte man die erforderlichen Präparatemengen gut abschätzen, sodass möglichst keine Farbbreireste übrig bleiben. Durch diesen sparsamen Umgang mit den chemischen Präparaten werden Kosten gespart und die Umwelt geschont.

Die Chemikalien müssen gründlich aus dem Haar ausgespült werden. Dennoch können Wasser und Energie gespart werden, wenn die Temperatur durch eine Mischarmatur einstellbar ist und das Wasser nicht unnötig läuft.

7.3 Reklamationen und deren Bearbeitung

Farbveränderungen sind Dienstleistungen, bei diesen Arbeiten wird zwischen der Friseurin und der Kundin ein Werkvertrag abgeschlossen, der die Friseurin verpflichtet, eine fachgerechte Arbeit zu erstellen.

Es kommt jedoch immer wieder vor, dass Kundinnen bei einer Farbbehandlung mit dem Farbergebnis aus folgenden Gründen nicht zufrieden sind:

- Das Farbergebnis entspricht nicht der im Beratungsgespräch festgelegten Zielfarbe.
  In diesem Fall ist die Reklamation berechtigt.
- Das Farbergebnis entspricht der festgelegten Zielfarbe.
  Die Reklamation ist nicht berechtigt.

Rechtsansprüche der Kundin bei Mängeln

Grundsätzlich sollte die Friseurin versuchen, auf die Kundin einzugehen und sie zufrieden zu stellen.

Bei gravierenden Arbeitsfehlern kann es jedoch zum Streit zwischen Kundin und Friseurin kommen. Für diese Fälle hat der Gesetzgeber Bestimmungen erlassen, die die Rechte der Kundinnen regeln.

- Nacherfüllung:
  Der Fehler wird unentgeltlich behoben.
- Selbstvornahme:
  Die Kundin behebt den Fehler selbst und bekommt angemessenen Ersatz für ihre Aufwendungen.
- Rücktritt:
  Der Vertrag wird rückgängig gemacht und das Geld erstattet.
- Minderung:
  Die Kundin tritt nicht vom Vertrag zurück. Sie erhält einen angemessenen Betrag erstattet.
- Schadensersatz:
  Beim Färben kann zum Beispiel Farbe auf die Kleidung der Kundin gelangen. Die Kosten für die Reinigung bzw. den Ersatz der Kleidung muss die Friseurin tragen.

Verhalten der Friseurin bei Reklamationen

Das Verhalten der Friseurin entscheidet darüber, ob eine zufriedene Kundin dem Salon erhalten bleibt oder ob sie sich einen anderen Salon sucht und eventuell schlecht über den Salon redet. Deshalb sollte die Friseurin eine Verhaltensweise einüben, die zur Zufriedenheit der Kundinnen führt.

Vorgehensweise bei Reklamationen:

- Ruhig und freundlich die Reklamation der Kundin anhören
- Kundin darin bestärken, dass der direkte Weg in den Salon richtig ist
- Bereitschaft zur Lösung des Problems zeigen
- Mit der Kundin einen Lösungsweg absprechen
- Das Problem zufrieden stellend lösen
- Der Kundin für ihr Verständnis danken

7.4 Ursachen für fehlerhafte Farbresultate

Für fehlerhafte Farbresultate gibt es Erklärungen, die in fehlerhaften Arbeitsabläufen oder falscher Präparatewahl liegen. Sind die Ursachen für die Fehlergebnisse bekannt, so können Fehler vermieden werden.

In der nachfolgenden Tabelle sind die häufigsten fehlerhaften Farbergebnisse und deren Ursachen aufgeführt.

Tabelle 1: Fehlergebnisse beim Färben

Fehlergebnisse	Ursachen
Ungleichmäßiges, scheckiges Farbergebnis	Haarpartien zu dick abgeteilt EWZ zu kurz Unterschiedliche Haarstruktur nicht berücksichtigt Starke Verschmutzung des Haares nicht beachtet
Zu dunkles Farbergebnis	Farbe zu dunkel ausgewählt Haarstärke nicht beachtet Wasserstoffperoxidkonzentration zu gering
Zu helles Farbergebnis	Farbe zu hell ausgewählt Weißanteil nicht berücksichtigt
Farbbalken	Ungleichmäßig abgeteilt und Farbbrei ungleichmäßig aufgetragen Farbe für die Nachwuchsfärbung zu dunkel ausgewählt
Mangelhafte Deckkraft	EWZ zu kurz Farbbrei zu dünn aufgetragen Farbbrei vorzeitig vom Ansatz in die Längen gezogen Weißanteil nicht berücksichtigt Angerührter Farbbrei zu spät verarbeitet Farbe für den weißen Ansatz zu hell Starke Verschmutzung des Haares nicht beachtet
Nicht haltbare Rottöne	Farbbrei zu dünn aufgetragen EWZ zu kurz Haarstruktur porös Färbemittel zu intensiv ausgewaschen Haare oft gewaschen
Zu starke Nuancierung (Gold, Rot, Asch)	Farbmasse zu früh vom Ansatz in die Längen und Spitzen gearbeitet Gelbe Längen und Spitzen mit Aschnuancen behandelt (es entsteht Grünstich)

7.5 Farbkorrekturen

Fehlerhafte Farbresultate betreffen die **Farbrichtung** und die **Farbtiefe**:

- Die Farbrichtung entspricht nicht der Vorstellung der Kundin.
- Das Farbergebnis ist zu hell.
- Das Farbergebnis ist zu dunkel.

Korrekturen der Farbrichtung

Bei Korrekturen der Farbrichtung können farbverändernde Mittel mit direktziehenden Farbstoffen, wie Tönungsfestiger oder Tönungen, eingesetzt werden. Sie arbeiten nach dem Prinzip der Komplementärfarben, die sich in ihrer Wirkung aufheben. So wird z. B. ein Gelbrot-Stich durch einen Silberfestiger aufgehoben.

Ist die Farbrichtung zu schwach ausgefallen, so kann die Tönung wiederholt werden oder der Farbeindruck durch einen Farbfestiger verstärkt werden.

Korrekturen der Farbtiefe

Bei ausdruckslosen und zu hellen Farbergebnissen sind zu wenig Pigmente und Farbstoffe ins Haar gekommen. Durch Tönungsprodukte können viele dieser Fehler relativ leicht korrigiert werden.

Ist das beim Färben zu dunkel geworden, so sind zu viele Pigmente in das Haar gelangt. Sie müssen entweder aufgehellt oder wieder aus dem Haar gezogen werden. Dies kann mit dem **alkalischen** oder dem **sauren Abzug** erzielt werden.

Alkalischer Farbabzug

Er entspricht der Blondierung bzw. der Blondierwäsche und wird wie diese durchgeführt.

Die wirksamen Inhaltsstoffe sind wie beim Blondieren das Wasserstoffperoxid und ein Alkali. Durch Oxidation werden die durch das Färben hergestellten künstlichen Pigmente und auch die natürlichen Pigmente des Haares aufgehellt. Die direktziehenden Farbstoffe der Färbung werden ebenfalls gebleicht.

Weil der alkalische Abzug mit Oxidationsmitteln durchgeführt wird, wird er auch als **oxidativer Abzug** bezeichnet.

Beim alkalischen Abzug ist eine Aufhellung über die ursprüngliche Farbtiefe möglich. Dabei kann ein bestimmtes Farbziel in der Regel nicht direkt erreicht werden. Eine farbliche Nachbehandlung ist in den meisten Fällen erforderlich.

Saurer Farbabzug

Der saure Farbabzug ist die Umkehrung der Oxidationsfärbung, also eine Reduktion. Deshalb wird der saure Abzug auch als **reduktiver Abzug** bezeichnet.

Durch das sauer eingestellte Präparat werden die künstlichen Pigmente im Haar wieder in Farbbildner zerlegt, die dann gründlich ausgespült werden müssen. Dennoch können noch restliche Farbbildner im Haar verbleiben. Durch den Luftsauerstoff werden sie dann wieder zu künstlichen Pigmenten oxidiert, sodass das Haar nachdunkelt.

Mit einer Kontrollspülung (1–2%ige H_2O_2-Lösung oder Fixierung) wird geprüft, ob sich noch Farbbildner im Haar befinden. In diesem Fall dunkelt das Haar in wenigen Minuten nach.

Der saure Farbabzug ist nur kurz nach der Fehlfärbung wirksam. Zu einem späteren Zeitpunkt haben sich die künstlichen Pigmente so stark verfestigt, dass eine Zerlegung in die Farbbildner nicht mehr vollständig möglich ist. In diesem Fall kann die Farbe nur durch den alkalischen Abzug aufgehellt werden.

Nach einem sauren Abzug ist das Haar heller als die ursprüngliche Naturhaarfarbe und weist oft eine orangefarbene Nuance auf. Eine farbliche Nachbehandlung ist deshalb in der Regel erforderlich.

Tabelle 1: Farbkorrekturen

Farbergebnis	Korrekturmöglichkeiten
Zu dunkel	Alkalischer Farbabzug Saurer Farbabzug
Zu hell	Pigmentieren Nachbehandeln mit einer Tönung
Zu aschig	Zirka 5 g Blondierung mit ca. 20 ml Wasser mischen, auf die zu aschig geratenen Haare vorsichtig auftragen (nach 1–2 Min. verschwindet die Aschnuancierung) Tönen oder Kolorieren mit Gold- bzw. Orangetönen
Zu gelbstichig	Mit Violett korrigieren
Zu orange	Mit Blau korrigieren
Zu rot	Mit Grün korrigieren

Aufgaben

1. Nennen Sie gesundheitliche Schäden, die beim Blondieren und Färben auftreten können.
2. Durch welche Maßnahmen können Sie Schäden bei den Farbveränderungen am Haar und der Kopfhaut vermeiden.
3. Welchen Beitrag zum Umweltschutz können Sie beim Färben und Blondieren leisten?
4. Welche Rechte hat eine Kundin, wenn bei ihr das vereinbarte Farbziel nicht erreicht worden ist?
5. Wie verhalten Sie sich, wenn die Reklamation einer Kundin nicht berechtigt ist?
6. Wie korrigieren Sie ein Farbergebnis, das um einen Ton zu hell ausgefallen ist?
7. Welche Möglichkeiten kennen Sie, um zu dunkle Farbergebnisse zu korrigieren?
8. Warum wird der alkalische Abzug auch als oxidativer Abzug bezeichnet?
9. Warum ist ein Nachdunkeln beim sauren Abzug möglich?
10. Durch welche Arbeitsschritte wird ein Nachdunkeln bei einem sauren Abzug vermieden?

8 Aufgaben zum Mischungsrechnen

Aufgaben

Mischungsrechnen mit der Mischungsformel

1. Für eine Blondierwäsche werden 10 ml Shampoo, 10 ml 18%iges H_2O_2, 75 ml Wasser und 5 ml Blondiercreme gemischt.
   Wie viel Prozent H_2O_2 enthält die Mischung?
2. Wie hoch ist der H_2O_2-Gehalt einer Blondierwäsche, die aus 30 ml 12%igem H_2O_2, 15 ml Shampoo, 55 ml Wasser und 20 ml Blondiercreme hergestellt wird?
3. Für eine Hellerfärbung werden 45 ml 18%iges H_2O_2, 60 ml Spezialfarbe und 15 ml Wasser gemischt.
   Wie hoch ist der H_2O_2-Anteil der Mischung?
4. Für Intensivtönungen wird 3%iges H_2O_2 benötigt. Ein Vorrat von 300 ml wird aus 50 ml H_2O_2-Konzentrat hergestellt.
   Wie hoch ist der H_2O_2-Anteil des Konzentrats?
5. Welche H_2O_2-Konzentration enthält ein Farbbrei, der aus 50 ml Farbcreme und 40 ml 9%igem H_2O_2 hergestellt worden ist?
6. Für einen alkalischen Abzug werden 20 ml 6%iges Wasserstoffperoxid und 40 ml Wasser gemischt. Wie stark ist die fertige Lösung?
7. Ein Hersteller empfiehlt für eine Intensivtönung 20 ml 9%iges Wasserstoffperoxid 40 ml Wasser und 40 ml Oxidationshaarfarbe. Wie hoch ist die Konzentration der gebrauchsfertigen Intensivtönung?
8. Durch unsachgemäße Lagerung ein ist 12%iges Wasserstoffperoxid nur noch 10,5%ig. Sie wollen die restlichen 235 ml dieses Oxidationsmittel noch verwenden und geben 39 1/6 ml Wasser hinzu.
   Wie stark ist die entstandene H_2O_2-Lösung?

Aufgaben

Mischungsrechnen mit dem Andreaskreuz

1. Es sollen 120 ml 1,5%iges H_2O_2 für eine Intensivtönung aus 6%igem H_2O_2 hergestellt werden.
   Wie viel ml 6%iges H_2O_2 und wie viel Wasser sind dazu erforderlich?
2. Wie viel ml 15%iges H_2O_2 und Wasser müssen zur Herstellung von 240 ml 9%igem H_2O_2 gemischt werden?
3. Eine Friseurmeisterin will aus 12%igem H_2O_2 3%iges herstellen.
   Wie viel ml Wasser muss sie zu 20 ml des Konzentrats hinzugeben?
4. Wie viel ml destilliertes Wasser müssen zu 240 ml 15%igem H_2O_2 hinzugegeben werden, damit eine 9%ige Lösung entsteht?
5. Für eine Färbung werden 9%iges H_2O_2 und Farbcreme gemischt. Dabei entstehen 135 ml Farbbrei mit einem 4%igen Oxidationswert.
   Wie viel ml Farbcreme sind verwendet worden?
6. Wie viel ml 12%iges H_2O_2 und Wasser müssen zur Herstellung von 180 ml 9%igem H_2O_2 gemischt werden?
7. Für eine Spezialrezeptur wird empfohlen, 12%iges H_2O_2 und Farbcreme zu mischen. Dabei entstehen 120 ml Farbbrei mit einem 3,6%igen Oxidationswert.
   Wie viel ml Farbcreme müssen mit dem H_2O_2 gemischt werden?
8. Aus 15%igem H_2O_2 und Wasser sollen 60 ml 6%iges H_2O_2 hergestellt werden.
   Welche Mengen des Konzentrats und des Wassers müssen zusammengegeben werden.

Bild 1 *Indianerlook*

Bild 2 *Schwarze Haare mit weißen Strähnen*

Lernfeld 10
Hände und Nägel pflegen und gestalten

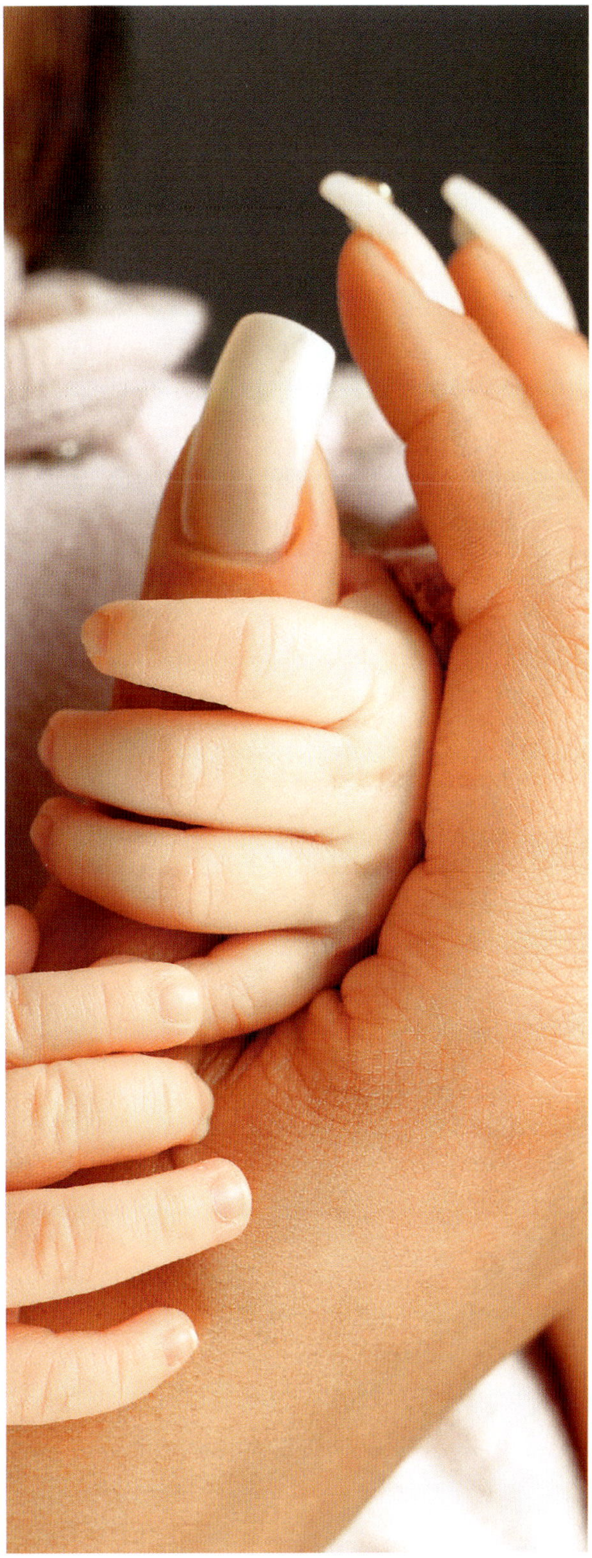

Hände und Nägel pflegen und gestalten

Das Aussehen der Hände und Fingernägel gibt Hinweise auf körperliche Tätigkeiten, Alter und Pflegebewusstsein des Menschen. Gepflegte Hände spielen in der Kommunikation eine wichtige Rolle. Gleich nach dem Gesicht und den Haaren fallen die Hände am stärksten ins Auge. Sie schaffen Kontakte und unterstreichen die Sprache. Für gepflegte Hände ist das Aussehen der Fingernägel Ausdruck des persönlichen Geschmacks und modischer Empfindung. Farbige Nägel gehören zu den modischen Accessoires einer Frau und kommen nur bei gepflegten Händen gut zur Geltung.

Um die Hände und Fingernägel einer Kundin individuell pflegen und gestalten zu können, sind folgende Kenntnisse und Fertigkeiten wichtig:

- Bau der Hände
- Bau und Wachstum der Fingernägel
- Nagelveränderungen
- Werkzeuge
- Pflegeprodukte
- Durchführung der Maniküre
- Pflege und Gestaltung der Fingernägel

1 Diagnoseplan für die Maniküre erstellen

Szenario

Anja schaut auf den Diagnosebogen für die Maniküre. Ihr fällt auf, dass es Unterschiede in der Hand- und Nagelform gibt, sowie Veränderungen im Aussehen der Nagelplatte. Die Gesellin sagt zu Anja: »Anhand der Nägel kannst du viel über Menschen erfahren.«

Ziele des Diagnosebogens sind das Erfassen von personenspezifischen Daten, sowie Nagelveränderungen (= Anomalien), Kundenwünsche und der Pflegeprodukteinsatz. Darüber hinaus wird eine kontinuierliche und optimale Behandlung der Kundin gewährleistet, falls beim nächsten Mal eine andere Mitarbeiterin die Kundin bedient. Ein Diagnosebogen sollte folgende Kriterien beinhalten:

Diagnosebogen

1. Personenbezogene Daten:
Name der Kundin: ____________________
Alter: ____________________
Beruf: ____________________
Anlass der Maniküre: ____________________
Besonderheiten (Krankheiten, Medikamente):
____

2. Handform
- ☐ Eckig
- ☐ Rund
- ☐ Spitz
- ☐ Klein

3. Form der Finger
- ☐ Kurz
- ☐ Breit
- ☐ Schmal
- ☐ Gerade
- ☐ Zum Teil gebogen

4. Form der Fingernägel
- a) Formvergleich aller Fingernägel (annähernd alle gleich oder sehr unterschiedlich in Form und Länge) ____________________
- b) Nägel, deren Wachstum von der Mittelachse des Fingers abweicht ____________________
- c) Überwiegende Grundformen ____________________

5. Nagelveränderungen
- ☐ Längsrillen
- ☐ Querrillen
- ☐ Weiße Flecken
- ☐ Niednägel
- ☐ Brüchige Nägel
- ☐ Weiche Nägel
- ☐ Pilzbefall
- ☐ Besonderheiten

6. Kundenwunsch
- ☐ Nagelform ____________________
- ☐ Nagellänge ____________________
- ☐ Dekorative Gestaltung ____________________

7. Produkteinsatz
- ☐ Nagellackentferner
- ☐ Nagelhautentferner
- ☐ Nagelöl
- ☐ Handpeeling
- ☐ Handcreme
- ☐ Aromaöl
- ☐ Nagelhärter
- ☐ Nagelweißstift
- ☐ Unterlack
- ☐ Nagellack
- ☐ Nagellackschnelltrockner
- ☐ Sonstiges

2 Die Hand – berufsübergreifende Kenntnisse über den Aufbau erwerben

Szenario

Silke will von Anja wissen: »Woher kommt eigentlich der Begriff Maniküre?« »**Manus** ist das lateinische Wort für Hand und **curare** steht für pflegen!« Daraufhin fragt Silke sich, was denn gepflegt werden muss?

Die Hände haben mit den Nägeln zusammen die Funktion als Tast- und Greiforgan, wobei sie sowohl einen Kraft- als auch einen Präzisionsgriff ausüben können. Zur Wahrnehmung ihrer Funktionen besteht die Hand aus Nerven, Tastkörperchen, Muskel und Sehnen. Die Nerven und Tastkörperchen, die in der ganzen Hand verteilt sind, verleihen der Hand die notwendige Sensibilität, um Kälte, Wärme, Feuchtigkeit oder Gegenstände wahrnehmen zu können. Die Muskeln und Sehnen dienen dem Greifen und Loslassen von Gegenständen und der Bewegung.

Somit dient eine Handmassage nicht nur der Pflege der Hände, sondern auch dem Entspannen der Muskeln.

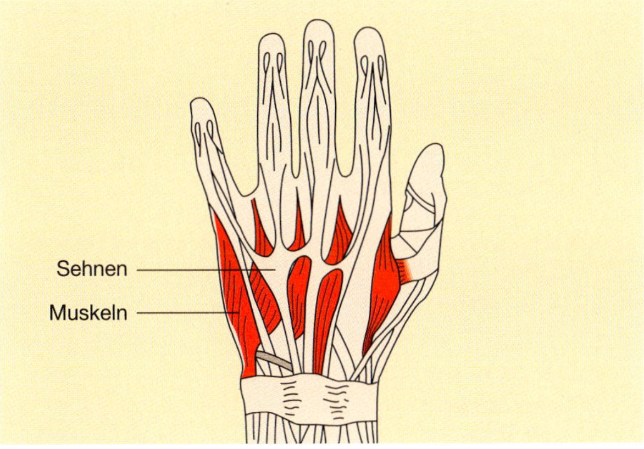

Bild 1 *Die Muskeln und Sehnen der Hand*

Die Knochen der Hand sind in drei Bereiche gegliedert: Fingerglieder, Mittelhand und Handwurzel. Sie bestehen aus 27 einzelnen Knochen, 14 Fingergliedern, 5 Mittelhandknochen und 8 Handwurzelknochen. An der Handwurzel gehen die Unterarmknochen Elle und Speiche ab.

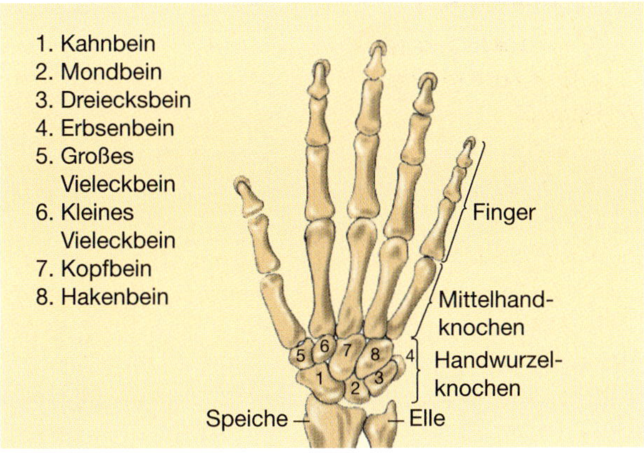

Bild 2 *Das Handskelett*

2.1 Der Fingernagel

Fingernägel sind **Anhangsgebilde** der Haut. Sie bestehen im Wesentlichen aus Keratin und haben deshalb viele Gemeinsamkeiten mit den Haaren und der Hornschicht der Haut. Der Nagel, wie das Haar, befinden sich in einer Epidermiseinstülpung der Haut.

2.1.1 Funktion

Der Nagel unterstützt die Greiffunktion der Hand, in dem er z. B. beim Aufheben kleinerer Gegenstände hilft (Pinzettengriff). Zusätzlich schützt er die empfindlichen Fingerkuppen und das Nagelbett vor Verletzungen. Des Weiteren hat er, wie die Haare, für seine Trägerin eine Schmuckfunktion, wie sie durch die verschiedenen Designformen (siehe Kap. 14) zum Ausdruck tritt.

2.1.2 Aufbau und Wachstum

In den Bildern 3 auf dieser und Bild 1, auf der folgenden Seite, sind die wichtigsten sichtbaren und unsichtbaren Bestandteile des Fingernagels für die Maniküre abgebildet.

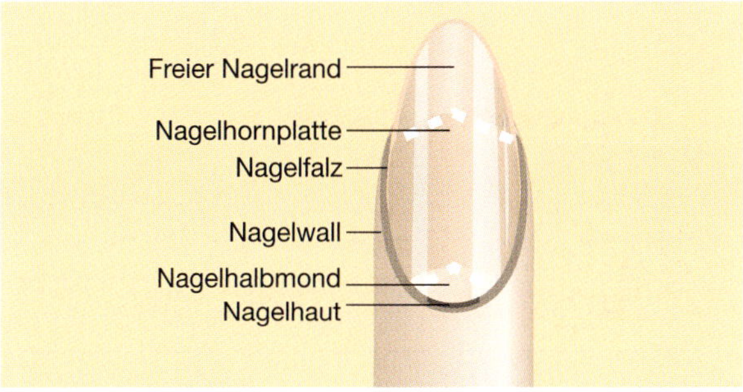

Bild 3 *Sichtbare Bestandteile des Fingernagels*

Nagelplatte

In der **Nagelwurzel (Matrix)** werden mehrere Schichten Keratinzellen (= Hornzellen) gebildet. Diese sind, wie die Epidermiszellen, plättchenförmig und transparent. Die Keratinzellen beginnen nach und nach zu verhornen, somit lässt sich die Nagelplatte in Schichten einteilen, die unterschiedliche Härten aufweisen. Die unterste Schicht, die auf dem Nagelbett liegt, ist sehr weich. Somit kann sie sich der Form des Nagelbetts anpassen. Die mittlere Schicht dient der Verbindung zwischen der unteren und oberen Schicht. Die obere Schicht ist im Gegensatz zu den anderen hart und schützt das Nagelbett vor dem Eindringen von Keimen. Es handelt sich um 100–150 Lagen von unregelmäßig geformten Keratinzellen.

Diese Schichten werden durch wasser- und fetthaltige Substanzen zusammengehalten. In der Nähe der Nagelwurzel liegt die Nagelplatte nicht so fest auf dem Nagelbett auf. Der Nagelhalbmond hat deshalb eine hellere Farbe.

Im Laufe des Wachstums wird die **Nagelplatte** dünner und legt sich immer enger an das Nagelbett an, sodass das darunterliegende Gewebe stärker durchscheint. Der Nagel erhält hierdurch seine rosa Farbe. Die Nagelplatte gehört zu den sichtbaren Bestandteilen des Fingernagels. Sie ist gewölbt und transparent. Ihre vordere Begrenzung wird als freier Nagelrand oder Nagelsaum bezeichnet. Insgesamt ist die Nagelplatte zwischen 0,5 bis 0,75 mm dick. Im Alter oder bei bestimmten Erkrankungen wird sie noch dicker.

Werden die Fingernägel nicht gepflegt, wachsen die spiralförmig und werden dick und rau. Außerdem verfärbt sich die Nagelplatte gelblich. Dies passiert auch oft durch Nikotinablagerungen bei Rauchern.

Da die Nagelplatte aus toten Hornzellen besteht wird sie nicht mit Sauerstoff und Nährstoffen versorgt. Dementsprechend wirken sich hormonelle Einflüsse, Mangelerscheinungen oder andere Erkrankungen längerfristig auf die Nagelplatte aus.

Nagelfalz

Der Nagelfalz ist der Ausläufer des Nagelwalls und beginnt an der Stelle, an der der Nagel seitlich in die Haut eingelassen ist und dadurch bedingt eine Rille entsteht. Deshalb wird der Nagelfalz auch als Gleitschiene des wachsenden Nagels bezeichnet. Er ist bis zur Fingerkuppe fest mit dem Nagel verbunden.

Nagelwall

Der Nagelwall ist die Hauterhebung um den Nagel. Er bedeckt den nicht sichtbaren Teil des Nagels. Durch den Nagelwall bekommt der Nagel halt und wird vor schmerzhaften Einrissen geschützt.

Nagelhaut

Sie schützt Nagelfalz und Nagelwall vor dem Eindringen von Mikroorganismen (= Bakterien, Viren und Pilzen) sowie Schmutzstoffen. Somit muss beim Zurückschieben der Nagelhaut während der Maniküre immer darauf geachtet werden, dass diese nicht einreißt oder verletzt wird. Sonst entstehen immer schmerzhafte Entzündungen. Eine zu stark ausgeprägte Nagelhaut lässt die Nagelhornplatte kleiner erscheinen.

Nagelhalbmond (Lunula)

Er bildet die Trennlinie zwischen den lebenden Zellen und der verhornten Schicht. Der Nagelhalbmond ist die sichtbare Verlängerung der Nagelwurzel. Am Daumen ist er am deutlichsten ausgeprägt. An den übrigen Fingern ist der Mond von der Nagelhaut und der Hauterhebung um den Nagel überwachsen.

Nagelbett

Das Nagelbett ist das Gewebe unterhalb der Nagelplatte. Es ist die Verlängerung der Nagelwurzel und verläuft ohne Abgrenzungen in die Haut der Fingerkuppen und in die übrige Haut der Finger. Das Nagelbett ist für das **Dickenwachstum** des Nagels zuständig. Die zahlreichen Blutgefäße und Nerven, die sich im Nagelbett befinden, machen es empfindlich und sind für die natürliche Rosafärbung des Fingernagels verantwortlich.

Nagelwurzel (Matrix)

Die Entstehung des Fingernagels erfolgt durch die Nagelwurzel. Sie liegt im unsichtbaren Bereich. Die Nagelwurzel besteht aus der zellbildenden Keimschicht und ist der aktive Bestandteil des Nagels. Dort entstehen neue Zellen, die die alten in Längsrichtung nach außen schieben **(Längenwachstum)**. Der Fingernagel wächst zwischen 0,75 bis 1 mm pro Woche. Fußnägel wachsen langsamer. Mit einer Massage kann das Wachstum beeinflusst werden.

Bei älteren Menschen und Erkrankungen, die Durchblutungsstörungen auslösen, verlangsamt sich das Wachstum, da sich die Versorgung mit Nährstoffen verringert. Die Qualität der Zellen ist ausschlaggebend für das Aussehen des Nagels. Eine Verletzung der Nagelwurzel kann das Wachstum aufhalten oder Missbildungen der Nagelplatte verursachen.

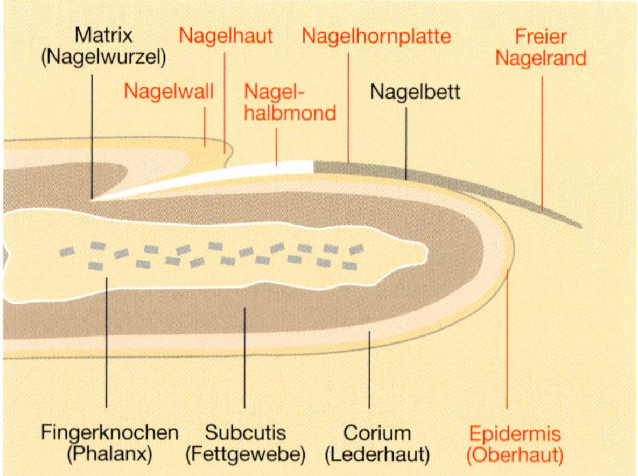

Bild 1 *Sichtbare und unsichtbare Bestandteile des Fingernagels*

Aufgaben

1. Erstellen Sie einen Steckbrief zur Hand, wie die Übersichts-Mind-Map auf Seite 4–5. Diese Mind-Map sollte folgende Punkte enthalten: Fachbegriff Hand, Aufgaben, Bestandteile allgemein, Aufbau Handskelett.
2. Erklären Sie den Begriff »Anhangsgebilde«.
3. Welche Kenntnisse und Fertigkeiten sind für die Durchführung der Hand- und Fingernagelpflege von Bedeutung?
4. Erklären Sie, was man unter Kraft- und Präzisonsgriff versteht.
5. Nennen Sie die Aufgaben und Funktionen des Nagels und seiner Bestandteile.
6. Zeichnen Sie einen Fingernagel und lassen Sie diesen von Ihren Mitschülern beschriften.
7. Beschreiben Sie das Längen- und Dickenwachstum der Nägel.
8. Suchen Sie im Internet Informationen zur kulturellen und geschichtlichen Bedeutung der Hand und des Fingernagels.
9. Warum darf die Nagelhaut nicht verletzt werden?
10. Was sind Keime?

3 Nagelveränderungen erkennen und Ursachen beschreiben

Szenario

Anjas Freundin Susanne war in Amerika als Austauschschülerin. Heute treffen sie sich und Anja hat ihr als Willkommensgeschenk eine Maniküre versprochen. Susanne zeigt Anja ihre Fingernägel und sagt: »Schau einmal, meine Nägel haben sich verändert. Ist das etwas Schlimmes?«

Dauerhafte Veränderungen an den Nägeln und an der Nagelhaut können durch äußere Einflüsse verursacht werden oder als Wachstumsstörungen (Anomalien) anlagebedingt (erblich) sein. Bestimmte Störungen im Organismus haben häufig zeitlich begrenzte Nagelveränderungen zur Folge.

3.1 Nagelanomalien

Weiße Flecken (Bild 1)

In den meisten Fällen handelt es sich um luftgefüllte Hohlräume zwischen den verhornten Zellen der Nagelplatte. Sie können auch durch äußere Einflüsse wie z. B. Druck oder Stoß entstehen. Aber auch innere Einflüsse wie z. B. Kreislaufstörungen oder Mangelerscheinungen können die Verursacher sein. Die Behandlung weißer Flecken erfolgt durch den Arzt. Bei der Maniküre sollte die erweichte Nagelhaut nur mit dem Pferdefüßchen entfernt werden.

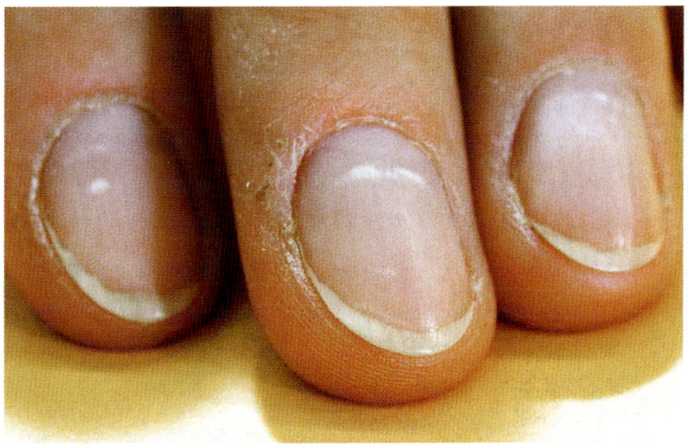

Bild 1 *Weiße Flecken*

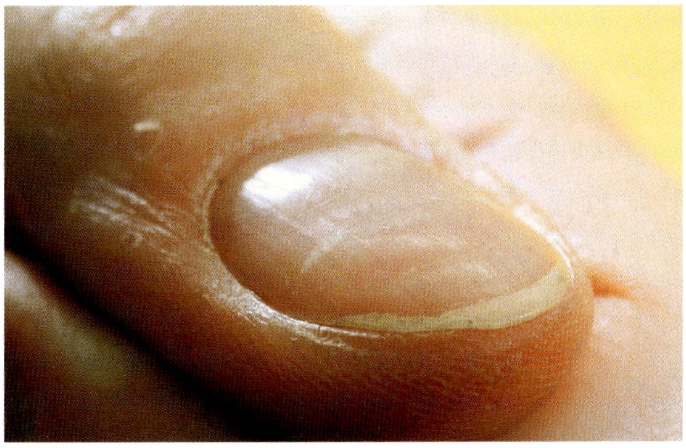

Bild 2 *Längsrillen*

Längsrillen (Bild 2)

Sie sind eine altersbedingte Erscheinung. Vielfach ist damit ein Aufsplittern des Nagels verbunden. Krankheiten, wie z. B. Flechten oder Polyathritis, können für die Erscheinung von Längsrillen verantwortlich sein. Längsrillen können nur mit kosmetischen Produkten, wie z. B. Nagelhärter, Rillenfüller oder Nagelglätter, behandelt werden.

Querrillen (Bild 3)

Sie entstehen durch Verletzungen in der Wurzel. Dadurch wird das Wachstum des Nagels verzögert. Querrillen können ausgelöst werden durch Vergiftungen oder Infektionskrankheiten oder überwiegend durch unsachgemäßes Nagelhautentfernen, sowie Quetschungen.

Querrillen werden, wie Längsrillen, mit Rillenauffüller und Polierfeilen geglättet.

3.2 Nagelschäden

Niednägel (Bild 4)

Mangelnde Pflege der Fingernägel und zu trockene Hornhaut sind die Ursachen von Niednägeln. Die Hornhaut verhärtet sich und wächst extrem auf die Nägel. Niednägel sollten regelmäßig mit Nagelöl behandelt werden, um die Nagelhaut geschmeidig zu erhalten. Bei eingerissener Nagelhaut ist die Behandlung mit einer bakterienabtötenden Creme erforderlich. Die überstehende Nagelhaut sollte vorsichtig entfernt werden.

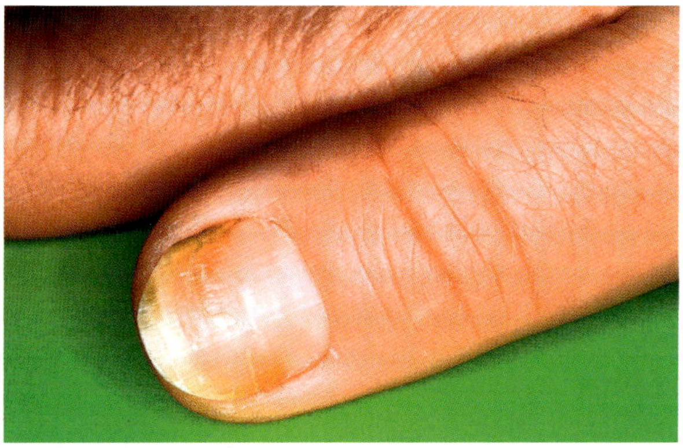

Bild 3 *Querrillen*

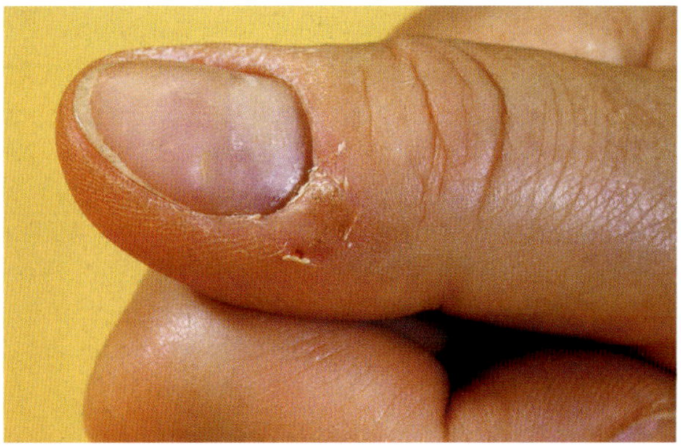

Bild 4 *Niednägel*

Nagelmykosen

Dies sind Pilzerkrankungen des Nagels. Der Pilzerreger ernährt sich hierbei von der Hornsubstanz des Nagels. Dadurch verfärbt sich der Nagel weiß-gelblich bis hellbraun und wird rau und spröde. Da Mykosen ansteckend sind, darf die Friseurin an diesen Nägeln keine Maniküre durchführen, da die Infektionsgefahr für sich und andere zu groß ist. Der Nagelpilz wird vom Arzt mit einer Tinktur oder Tabletten behandelt.

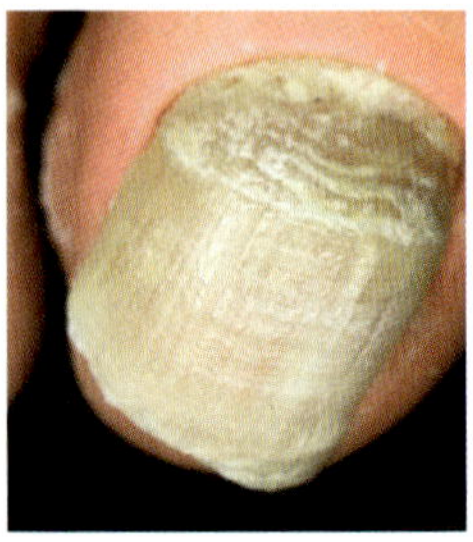

Bild 1 *Nagelmykose*

Brüchige oder spröde Nägel

Sie können durch Trockenheit, Fett-, Eiweiß- und Mineralstoffmangel entstehen. Aber auch scharfe Reinigungsmittel und hornlösende Substanzen verursachen diese Nagelveränderung. Starke mechanische Belastungen der Nagelspitze und unsachgemäßes Feilen führen ebenso zu brüchigen und spröden Fingernägeln.

Aufgaben

1. Fertigen Sie eine Tabelle zu den Nagelveränderungen an. (Ursache, Aussehen, Behandlung). Recherieren Sie im Internet.
2. Skizzieren Sie noch nicht abgebildete Nagelveränderungen.
3. Schreiben Sie einen kurzen Dialog im Umgang mit einer Kundin, die eine Nagelmykose hat.

4 Werkzeuge und kosmetische Präparate entsprechend der Arbeitsschritte zuordnen können

Szenario

Anja soll eine Maniküre vorbereiten. Sie sucht die entsprechenden Werkzeuge und Präparate heraus und informiert sich über die Aufgaben.

4.1 Werkzeuge auswählen

Um den unterschiedlichen Ansprüchen einer Maniküre gerecht zu werden, ist auf eine komplette Ausstattung in der Praxis zu achten:

- **Nagelschere**
  Sie ist zum Vorformen der Nägel erforderlich.
- **Diamant- oder Saphirfeile**
  Sie wird zur Formgebung der Nägel eingesetzt.
- **Sandblattfeile**
  Wegen ihres schwachen Abriebs ist sie für brüchige Fingernägel geeignet.
- **Radierstab**
  Er dient zum Entfernen der Nagelhaut und ist auch unter dem Namen Orangenholzstäbchen bekannt.
- **Pferdefüßchen**
  Es eignet sich aufgrund seiner weichen Beschaffenheit sehr gut zum Entfernen empfindlicher Nagelhaut.
- **Hautheber**
  Er löst besonders schwer zu entfernende Nagelhaut.
- **Hautmesser**
  Es dient zum Entfernen von Hautresten auf der Nagelplatte.
- **Nagelhautschere/Nagelhautzange**
  Sie wird zum Entfernen der Nagelhautreste verwendet. Mit der Schere darf **nicht** die Nagelhaut weggeschnitten werden.
- **Nagelpolierer**
  Erzeugt eine glatte Fläche und Glanz auf dem Nagel.

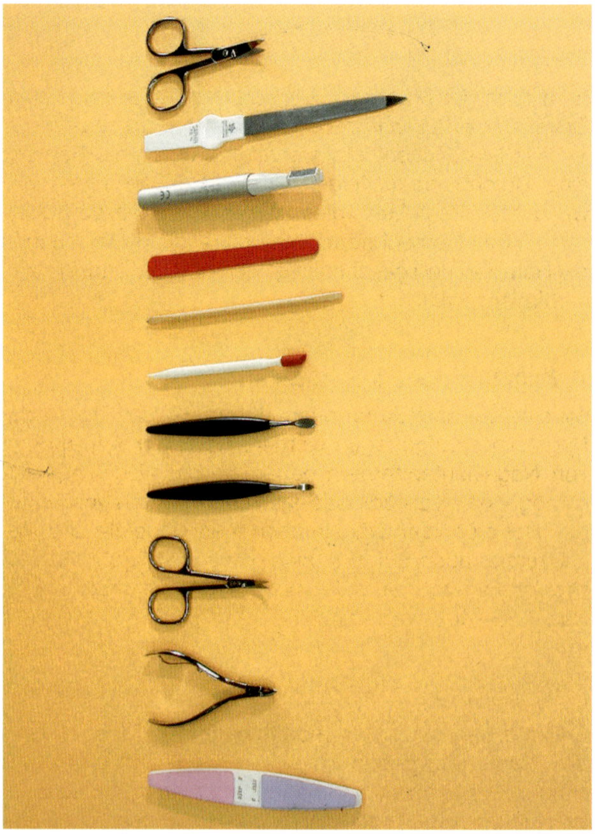

Bild 2 *Geräte für die Maniküre*

4.2 Kosmetische Präparate empfehlen

Bei der Durchführung der Maniküre können je nach Kundenwunsch und -problem verschiedene kosmetische Hilfsmittel eingesetzt werden. Sie dienen sowohl der Reinigung und Pflege von Händen und Fingernägeln als auch ihrer Gestaltung.

Nagellackentferner

Sie müssen ein rasches Entfernen des Nagellacks ermöglichen. Hochwertige Nagellackentferner enthalten spezielle Substanzen, die den Nagel sanft behandeln und den Lack lösen ohne den Nagel und die umliegende Haut auszutrocknen. Durch Lanolin und pflanzliche Öle werden die Nägel nicht zu stark entfettet, da sie sonst spröde und brüchig werden. Die in Nagellackentfernern enthaltenen Lösungsmittel verdunsten schnell und sind im Normalfall brennbar. Sie müssen deshalb gut verschlossen aufbewahrt und vor Hitze geschützt werden. Nagellackentferner werden als flüssige oder cremeförmige Produkte sowie als getränkte Wattepads angeboten.

Maniküre-Pillen

Sie sind Brausetabletten für das Nagelbad und verwandeln kalkhaltiges Wasser in eine die Nagelhaut erweichende Lösung.

Nagelhautentferner

Sie erweichen die Nagelhaut, so dass sie sich ohne starken Druck zurückschieben und ablösen lässt. Als hauterweichende Substanzen werden Alkalien (pH-Wert ca. 10) oder Verbindungen der Thioglykolsäure eingesetzt.

Handpeeling

Es wird in der Maniküre überwiegend selbst hergestellt. Dazu verwendet man z. B. Mandel- oder Jojoba-Öl und Zucker. Die Zuckerkristalle erzeugen durch die Reibung eine Durchblutungssteigerung der Haut und den gewünschten Peeleffekt, dies ist das Abtragen von überschüssigen Hornschuppen. Die natürlichen Öle machen die Haut zart und geschmeidig, während der Zucker wasserbindend ist.

Nagelöle oder Nagelcremes

Sie sind Öle oder Emulsionen, die auf die Nagelhaut oder Nagelplatte aufgetragen werden. Nach der Anwendung von Nagelhautentfernern geben sie der Nagelhaut das entzogene Fett zurück und halten sie dadurch geschmeidig. Bei brüchigen Nägeln kann man Nagelöle und Nagelcremes auch auf die Nagelplatte auftragen. Dies ist besonders nach dem Gebrauch von stark fettlösenden Nagellackentfernern sinnvoll.

Nagelhärter

Sie enthalten keratinhärtende Substanzen. Diese stärken den Nagel und geben gespaltenen oder rauen Nägeln schnell ihr normales Aussehen wieder. Auch Kunststoffe, die auf den Nagel aufgetragen werden, können ihn stabilisieren und kleine Unebenheiten verdecken.

Handcremes

Sie sind ähnlich wie Gesichtscremes aufgebaut. Sie sollten auf den Verwendungszweck und Hauttyp abgestimmt sein. Spezielle Handschutzcremes enthalten Siliconöle, pflanzliche und tierische Fette. Sie bilden einen dünnen Schutzfilm auf der Haut, der Luft und Wasserdampf nach außen durchlässt, aber Wasser von der Haut abstößt. Er besteht aus einer Wachsgrundlage und weißen Pigmenten. Gleichzeitig fettet er die Hornschicht (Epidermis), damit diese geschmeidig bleibt und nicht einreißt.

Nagelweißstifte

Sie verleihen dem Nagelsaum ein sauberes und gepflegtes Aussehen. Der Stift wird leicht angefeuchtet und unter dem freien Nagelrand aufgetragen. Er besteht aus einer Wachsgrundlage und weißen Pigmenten.

Nagellacke

Sie wirken dekorativ und schützen die Nagelplatte vor äußeren Einflüssen. Hauptbestandteile sind Kunstharze und Filmbildner, die in Lösungsmitteln gelöst sind. Nach dem Verdunsten des Lösungsmittels bildet sich eine Lackschicht. Weichmacher sorgen dafür, dass der Lack nicht brüchig wird.

Angeboten werden

- Decklacke
- Pearl- und Neonlacke
- Transparentlacke

Decklacke enthalten überwiegend Pigmente. Sie ergeben eine deckende, glatte und glänzende Lackschicht.

Pearl- und Neonlacke unterscheiden sich von normalen Nagellacken nur durch die verwendeten Pigmente.

Transparente Lacke enthalten überwiegend gelöste Farbstoffe. Sie ergeben durchsichtige bis durchscheinende, leicht gefärbte Lackschichten.

Wichtige Qualitätsmerkmale von Nagellacken sind

- Haltbarkeit der Lackschicht
- Auftragbarkeit
- Deckvermögen
- Schutzwirkung gegenüber chemischen Substanzen.

Bild 1 *Kosmetische Hilfsmittel*

Nagellackverdünner

Sie dienen dazu, vor Beginn des Lackierens die Konsistenz des Nagellacks zu korrigieren.

Colorfix

Es sind farblose Nagellacke, die einen harten, elastischen und glänzenden Film bilden. Dieser Film schützt den Lack vor dem Abblättern.

Nagellackschnelltrockner

Sie trocknen den Lack in Sekundenschnelle und verhindert das Abblättern. Zusätzlich intensivieren sie die Farbe des Lacks. Sie werden nach dem Auftragen der letzten Lackschicht aufgesprüht. Bereits nach einer Minute ist der Lack völlig trocken.

Korrekturstifte

Dies sind Filzstifte, deren Spitzen eine einfache Korrektur von Lackierfehlern erlauben. Sie enthalten ein mildes Lösungsmittel, welches rasch und problemlos den Lack um den Nagel herum löst.

Aufgaben

1. Geben Sie wichtige Werkzeuge zur Nagelpflegebehandlung an.
2. Beschreiben Sie die Funktionen von Nagelöl und Nagelcreme.
3. Nennen Sie die Inhaltsstoffe von Nagellacken.
4. Geben Sie Qualitätsmerkmale guter Nagellacke an.

5 Praktische Durchführung der Maniküre

Szenario

Anja soll eine Maniküre an einer Kundin durchführen. Sie geht noch einmal gedanklich die einzelnen Schritte der Maniküre durch. Dabei reflektiert sie die wichtigsten Schritte sowie die einzelnen Aufgaben und überlegt sich verschiedene Methoden des Nageldesigns.

5.1 Pflege der Fingernägel

Vorbereitende Arbeiten

Zu Beginn einer Maniküre werden alle erforderlichen Werkzeuge und Hilfsmittel für einen reibungslosen Arbeitsablauf bereitgestellt. Es dürfen nur saubere und desinfizierte Werkzeuge verwendet werden.

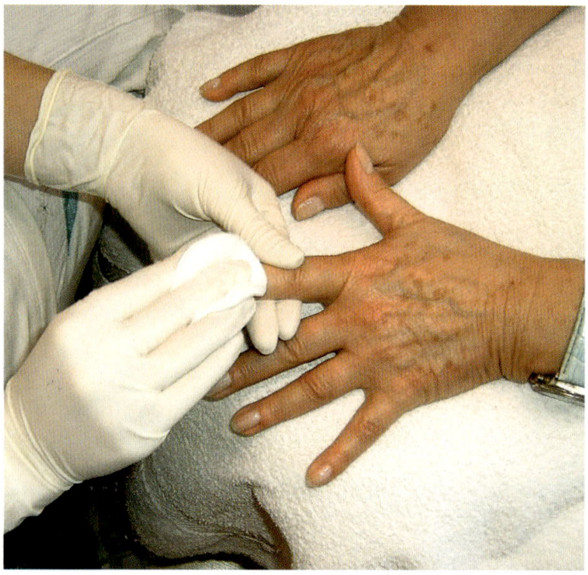

Bild 1 *Entfernen des Lackes*

Um eine einwandfreie Beurteilung und Diagnose der Nägel vornehmen zu können, muss zunächst noch vorhandener Nagellack entfernt werden.

Dazu wird ein Wattepad mit Nagellackentferner getränkt, auf die Nagelplatte gedrückt und leicht drehend zur Nagelspitze hin abgezogen. Mit einem zweiten Wattepad wird anschließend nachgereinigt. Zum Hautschutz sollte die Friseurin Handschuhe tragen. Da die Lösungsmittel des Nagellackentferners die strapazierten Hände der Friseurin reizen und Austrocknen können.

Nagelbeurteilung

Zu Beginn der Maniküre werden die Fingernägel anhand eines Diagnoseplans beurteilt. Nicht nur Form und Zustand der Fingernägel sind für die nachfolgenden Arbeiten wichtig, sondern auch die Wünsche und Probleme der Kundin sind zu berücksichtigen und ggf. in den Diagnoseplan aufzunehmen. Gemeinsam mit der Kundin wird die anzustrebende Form und Länge der Fingernägel, die Art der Nagelhautbehandlung, Farbauswahl des Nagellacks und die Auftragetechnik des Lackierens bestimmt.

Formen der Fingernägel

Die Friseurin setzt sich seitlich gegenüber der Kundin hin und legt ein Frottiertuch als Unterlage über die Beine. Die Hand der Kundin wird mit Hilfe einer Auflage gestützt. Dazu kann folgende Vorgehensweise als Empfehlung gelten: Bei einer Rechtshänderin beginnt man an der linken Hand (bei einer Linkshänderin mit der rechten). Somit kann die »Arbeitshand« der Kundin für die anschließende Nagelhautbehandlung länger im Nagelbad verbleiben.

Das Formen der Nägel erfolgt dann mit der entsprechenden Nagelfeile. Weiche und empfindliche Nägel sind mit der Sandblattfeile zu formen, da sie biegsamer ist und einen geringeren Abrieb verursacht. Glasnagelfeilen sind auch zu empfehlen. Da ihre mikrofeine Schleiffläche eine schonende Formgebung ermöglicht. Sehr lange, harte und dicke Nägel werden entweder mit der Nagelschere oder Nagelzange vorgeformt.

Die Nagelfeile wird gerade im 45°-Winkel mit wenig Druck seitlich an den Nagel gesetzt. In langen Zügen wird sie von der Seite bis zur Nagelspitze geführt. Sind die Nägel unempfindlich, darf die Feile hin- und herbewegt werden. Sollte es sich um empfindliche Nägel handeln, die leicht splittern, ist es wichtig, mit der Feile von der Falz zur Nagelspitze zu arbeiten, damit sie nicht weiter splittern. Nach jedem Feilzug ist die Nagelfeile erneut anzusetzen.

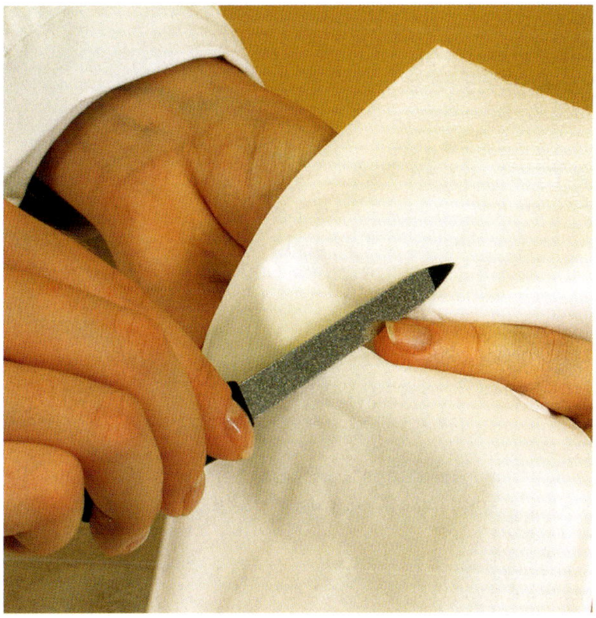

Bild 1 *Ansetzen der Nagelfeile*

Die Nagelecken dürfen nicht zu stark ausgefeilt werden, da es an diesen Stellen zum Nagelbruch oder zu schmerzhaften Verletzungen und Entzündungen am Nagelbett kommen kann. Die Form des Nagels ist auf die Mittelachse des Fingers auszurichten. Bei schiefen Fingernägeln ist das besonders wichtig. (Bild 3)

Zum Schluss werden die Feilgrate (durch das Feilen entstandene Häutchen) entfernt, indem die feine Seite der Feile ohne Druck von oben nach unten über die Nagelspitze geführt wird.

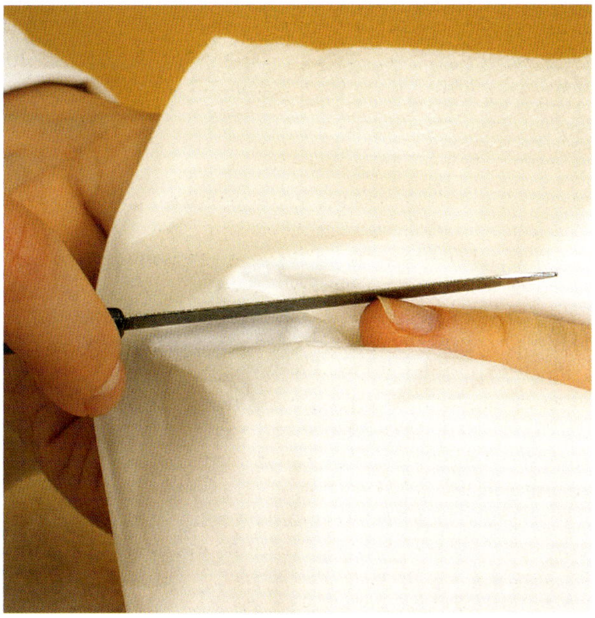

Bild 2 *Brechen der Feilgrate*

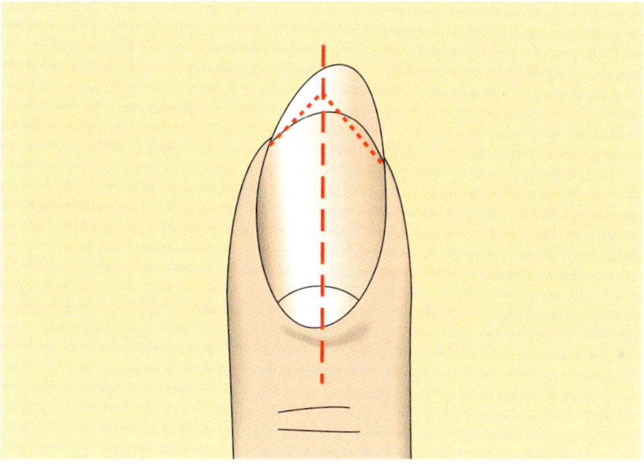

Bild 3 *Ausrichten der Mittelachse*

Die Formgebung der Fingernägel richtet sich nach:

- Kundenwunsch und Mode
- Beruf der Kundin
- Hand-, Finger- und Nagelform

Das Aussehen der Finger und damit der ganzen Hand kann durch die Form der Fingernägel optisch verändert werden.

Lange, **oval** geformte Nägel lassen die Finger und damit die ganze Hand schlanker und schmaler erscheinen.

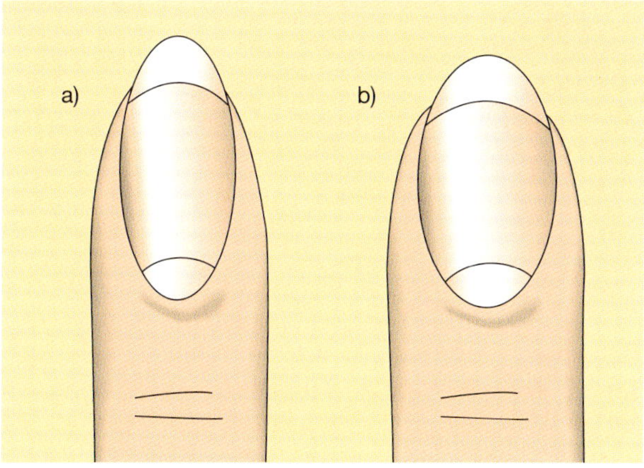

Bild 4 *a) Langer Nagel b) Ovaler Nagel*

Kurze, **runde**, quadratische und trapezförmige Nagelformen lassen die Finger und damit die ganze Hand breiter und grober erscheinen.

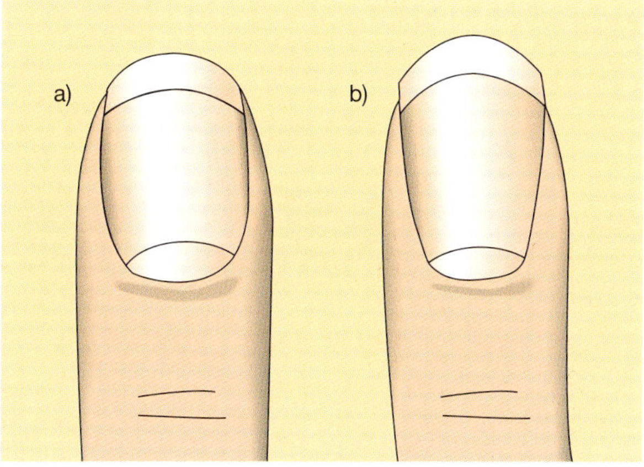

Bild 5 *a) Eckiger Nagel b) Trapezförmiger Nagel*

Nagelbad

Nach dem Formen der Fingernägel erfolgt das Nagelbad. Im Nagelbad werden die Nägel gereinigt und die Nagelhaut erweicht. Dazu verwendet man eine Lösung aus handwarmem Wasser und milder Seife, der auch desinfizierende und bleichende Mittel zugesetzt werden können.

Nagelhautbehandlung

Mit einem Auftragepinsel, einem Watte- oder Maniküre-stäbchen wird Nagelhautentferner ausschließlich auf die Nagelhaut aufgetragen. Nach einer kurzen Einwirkzeit von ca. 2 Minuten schiebt man mit einem Pferdefüßchen oder Hautheber die Nagelhaut vorsichtig zurück.

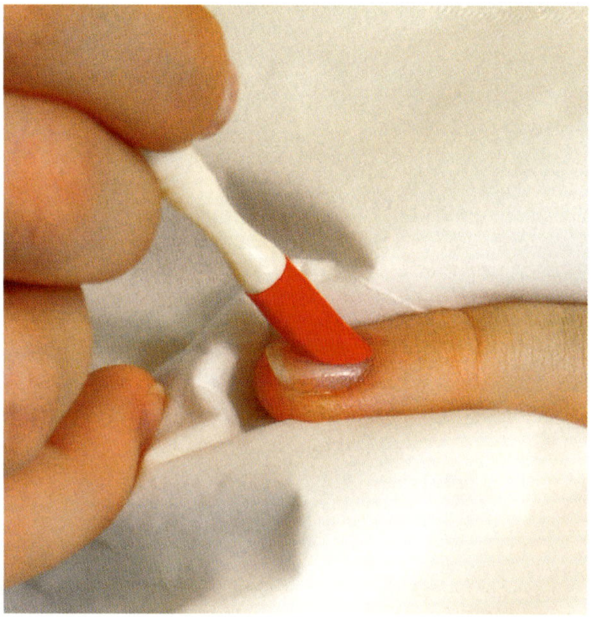

Bild 1 *Nagelhaut zurückschieben*

Dabei löst sich der überstehende Rand. Er kann mit einem Tuch entfernt werden. Mit der Nagelhautzange oder der Nagelhautschere werden die Reste der gelösten Nagelhaut entfernt.

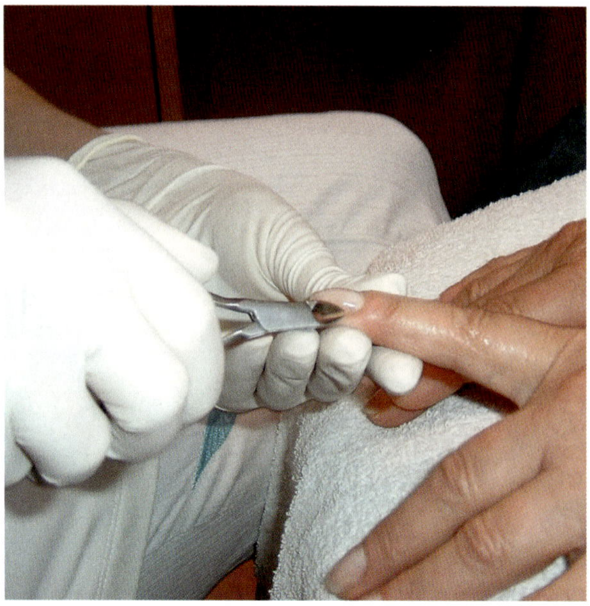

Bild 2 *Nagelhautreste entfernen*

Der Nagelhautentferner wird gründlich mit Wasser abgespült. Danach können Nagelöl oder eine spezielle Nagelcreme aufgetragen und in Richtung Nagelwall einmassiert werden. Diese Pflegemittel sollen das Splittern und Brechen der Nägel verhindern und die Nagelhaut geschmeidig halten.

5.2 Pflege der Hände

Neben der Pflege der Fingernägel ist auch die Pflege der Hände Bestandteil der Maniküre. Zur Handpflege gehört das Handpeeling und die Handmassage.

Handpeeling

Das Handpeeling wird vor der Handmassage durchgeführt. Der Peelingbrei wird auf dem Handrücken aufgetragen und kann bis zur Ellenbeuge verteilt werden. Mit den Händen oder einer weichen Massagebürste wird das Peeling in kreisenden Bewegungen einmassiert. Abschließend wird mit einer feuchten und warmen Kompresse das Peeling abgenommen.

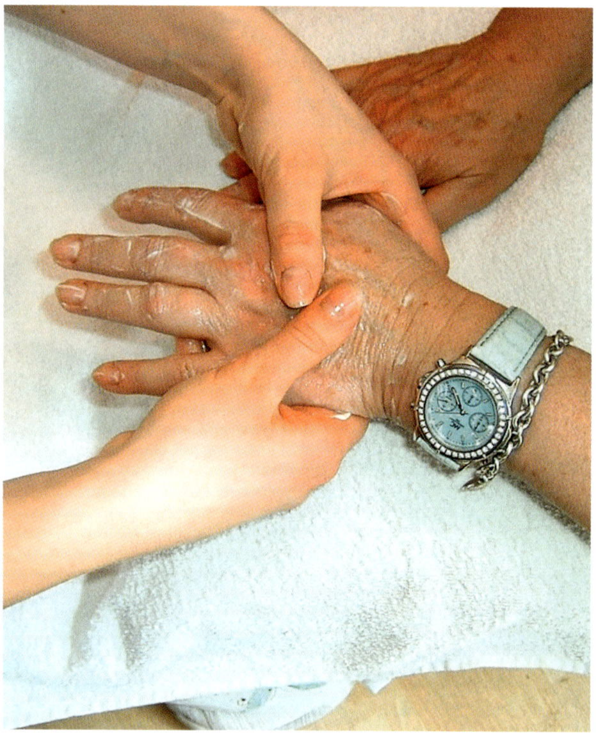

Bild 3 *Handpeeling*

Handmassage

Zu einer kompletten Maniküre gehört immer eine Handmassage. Als Erstes wird eine Pflegeemulsion oder Handcreme aufgetragen und gleichmäßig verteilt. Mit streichenden sowie knetend-kreisenden Massagegriffen werden die Hände gelockert und entspannt. Die Massage wird von den Fingerspitzen ausgehend bis zur Handwurzel ausgeführt.

Eine gut durchgeführte Handmassage wirkt sich positiv auf das körperliche Wohlbefinden aus. Sie baut Stress ab, da sie sehr entspannend wirkt.

In den folgenden Arbeitsschritten wird eine umfangreiche Handmassage beispielhaft aufgeführt:

1. Friktionen der Finger mit den Daumen

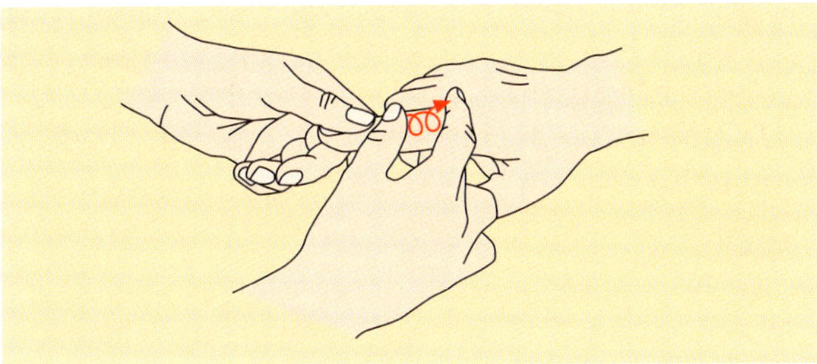

2. Ausstreichen der Finger

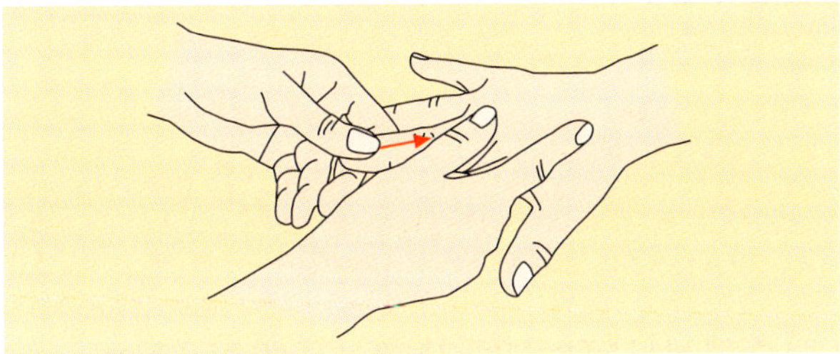

3. Friktionen des Handrückens mit dem Daumen

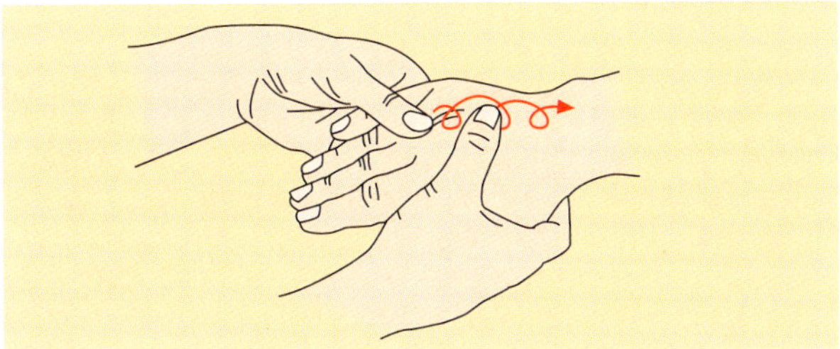

4. Kreisförmiges Streichen des Handrückens mit dem Daumenballen

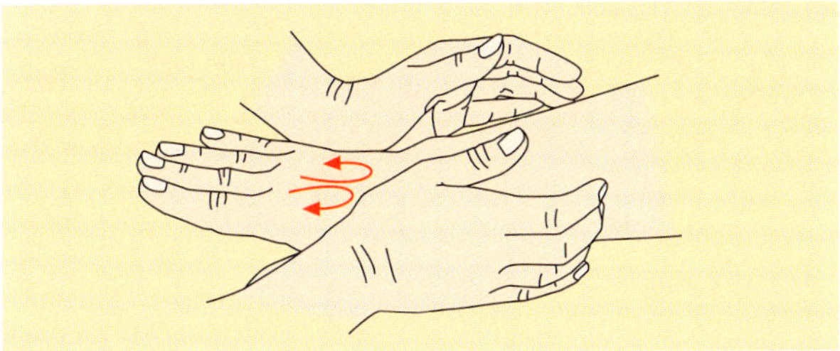

5. Ausstreichen des Handrückens

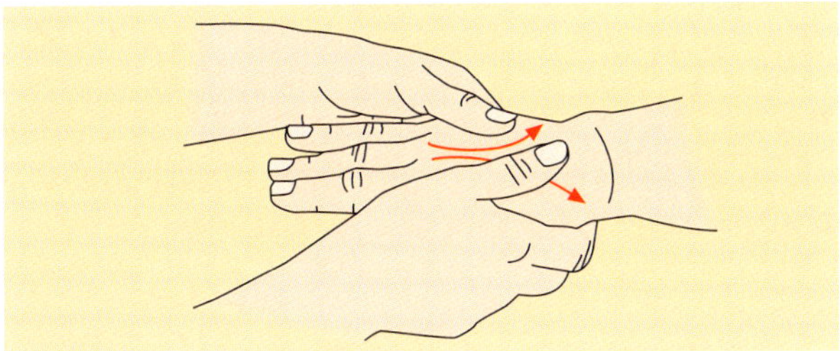

6. Friktionen der Handinnenflächen mit beiden Daumen

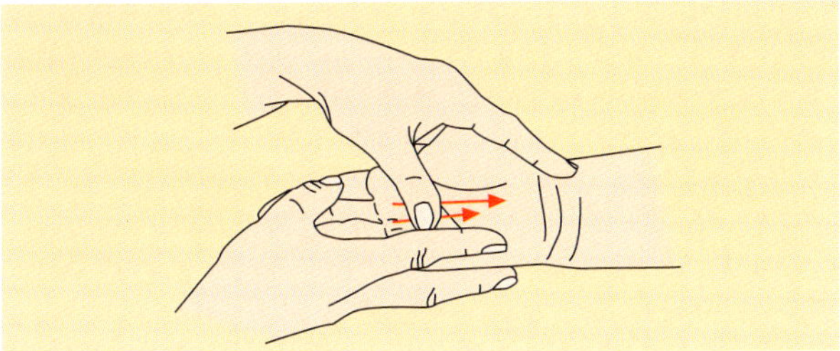

7. Kräftiges Ausstreichen der Handinnenflächen mit beiden Daumen

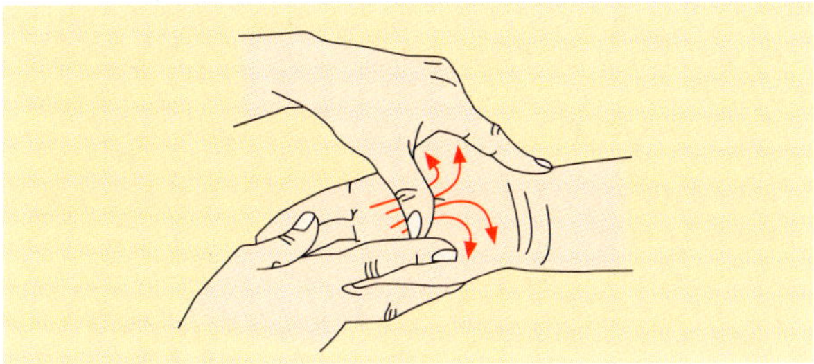

8. Kreisförmiges Ausstreichen der Haut zwischen den Fingern mit den Daumen

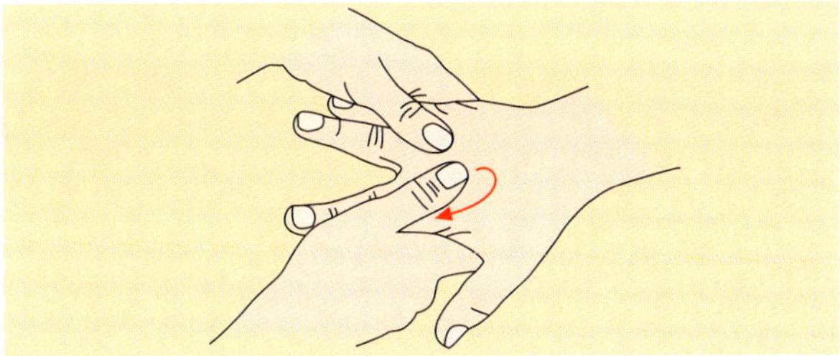

9. Ausstreichen von den Fingerspitzen beginnend zum Unterarm hin mit der ganzen Hand

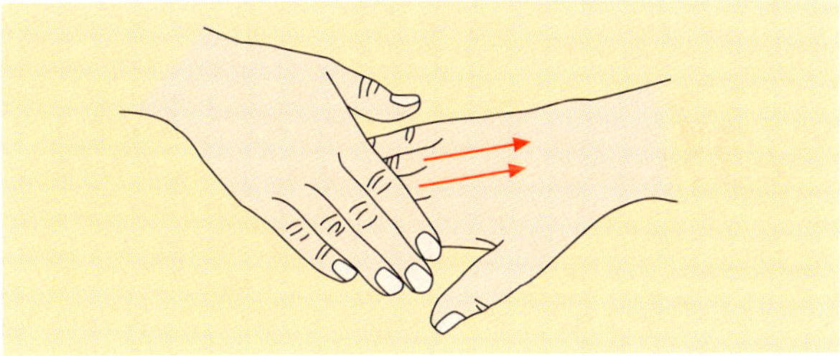

Der Ausführung einer Handmassage sind keine Grenzen gesetzt. Sie kann um Folgendes ergänzt werden:

- Vor der Massage wird ein Peeling durchgeführt.
- Die Handmassage kann bis zum Ellenbogen erweitert werden.
- Anstatt der Creme kann eine Feuchtigkeitspackung aufgetragen werden.
- Das Eindringen der Inhaltsstoffe kann durch eine Kompresse intensiviert werden.

Auch mit einer Aroma-Handmassage lässt sich das Wohlbefinden der Kundin steigern. Hierzu benötigt man ca. 30 ml Trägeröl und je nach Verwendungszweck ca. 2 Tropfen ätherisches Öl.

Trägeröle:

- **Pfirsichkernöl** ist ein sehr feines Öl. Es enthält viel Vitamin E, ist gut für die empfindliche Haut und fördert die Geschmeidigkeit.
- **Avocadoöl** wird vom tieferen Hautgewebe leicht aufgenommen. Es ist deshalb empfehlenswert für die reifere Haut. Zusätzlich lindert es Trockenheit und Juckreiz bei Ekzemen und Psoriasis.
- **Jojobaöl** enthält viel Mineralstoffe und natürliche Vitamine. Reines Jojobaöl reguliert den Feuchtigkeitsgehalt der Haut, bewahrt deren Säureschutzmantel

und ist antiallergen. Es zieht sehr schnell ein und ist für jeden Hauttyp geeignet.

- **Macadamianussöl** ist ein hochwertiges fettes Öl. Der Anteil an ungesättigten Fettsäuren ist sehr hoch. Von der Haut wird es rasch aufgenommen. Durch seine hautregenerierende Wirkung ist es besonders für die alternde Haut geeignet. Es glättet die Haut und verleiht ihr einen samtartigen Schimmer.
- **Mandelöl** gehört wegen seiner stark pflegenden Wirkung zu den klassischen Massageölen. Es ist reich an Vitamin E sowie den Vitaminen A, B1, B6 und ungesättigten Fettsäuren und hat eine beruhigende Wirkung.

Ätherische Öle:

- **Litsea**, **Angelika** (Engelwurz) oder **Rosmarin** wirken entspannend.
- **Patschouliöl**, **Myrrheöl** oder **Sandelholzöl** sind gut für trockene und aufgerissene Haut.
- **Geraniumöl**, **Basilikumöl** oder **Orangenöl** helfen bei Erschöpfungszuständen.
- **Kampferöl**, **Rosmarin** oder **Limettenöl** haben eine belebende Wirkung.

Aufgaben

1. Begründen Sie, warum zu Beginn einer Maniküre alte Lackreste entfernt werden müssen.
2. Erklären Sie den Ablauf einer Nagelpflegebehandlung.
3. Beschreiben Sie die Vorgehensweise beim Formen der Fingernägel.
4. Welche Funktion hat das Handpeeling?
5. Wodurch unterscheiden sich Handmassage und Aroma-Handmassage?
6. Eine Kundin hat gedrungene Hände und kurze Finger. Wie sollten die Nägel geformt werden?
7. Nennen Sie fünf Qualitätsmerkmale, an denen Sie eine gute Maniküre erkennen können.

5.3 Dekorative Gestaltung der Fingernägel

Farbiger Nagellack kann in verschiedenen Formen aufgetragen werden. Dadurch wird das Erscheinungsbild der Nagelfläche, der Finger und somit der ganzen Hand optisch beeinflusst. Weist ein Nagel Unebenheiten in Form von Längs- und Querrillen auf, trägt man zuerst einen **Rillenfüller** auf. Die Farbwirkung ist auf geglätteter Unterlage intensiver.

Um die Nagelplatte vor Verfärbungen zu schützen, wird ein farbloser **Unterlack** aufgetragen. Darauf haftet der nachfolgende Decklack besser und ist somit länger haltbar. Der **Decklack** wird gleichmäßig in zwei bis drei dünnen Schichten aufgetragen. Damit er besser hält, müssen die einzelnen Lackschichten gut getrocknet sein.

Beim Auftragen des Nagellacks wird, wie in der Anleitung dargestellt, vorgegangen:

1. Überprüfen Sie, ob der Nagel fettfrei und der Nagellack dünnflüssig genug und nicht verunreinigt ist. Dies geschieht, indem Sie den Pinsel auf die Nagelspitze setzen.

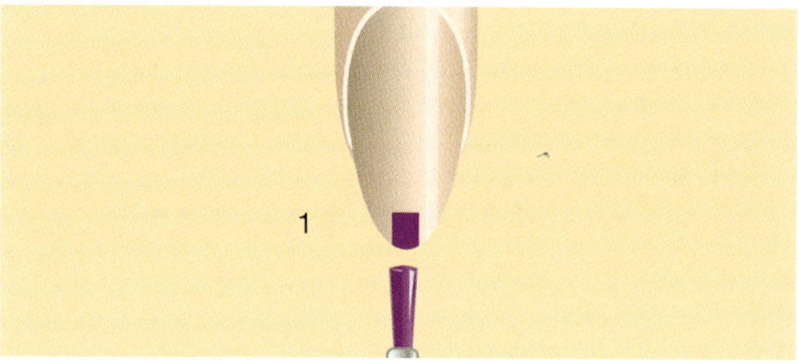

2. In der Mitte des Nagels den ersten Strich in Längsrichtung ziehen.

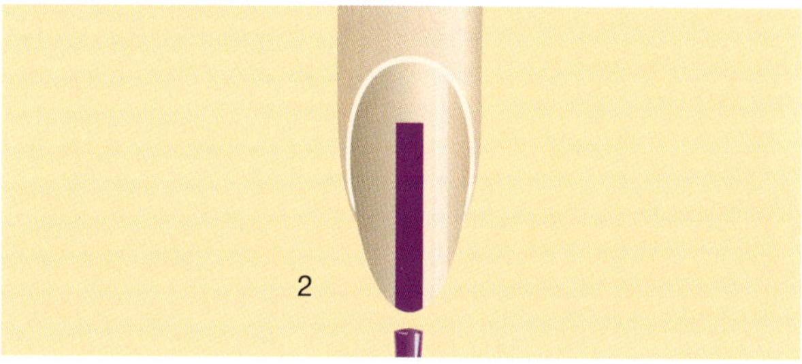

3. Den zweiten Strich in Querrichtung parallel zur Nagelhaut am unteren Rand entlang aufsetzen.

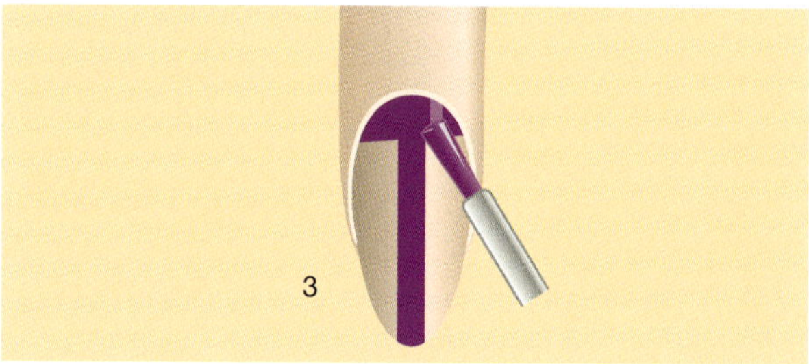

4. Auf beiden Seiten mit Längsstrichen die Freiräume füllen.

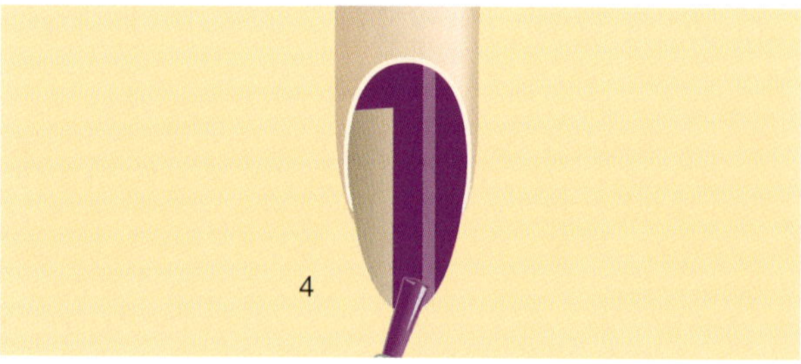

5. Den Lackauftrag überprüfen und falls erforderlich Korrekturen vornehmen. Verschmierte Stellen mit einem in Nagellackentferner getränkten Manikürestäbchen oder Korrekturstift reinigen.

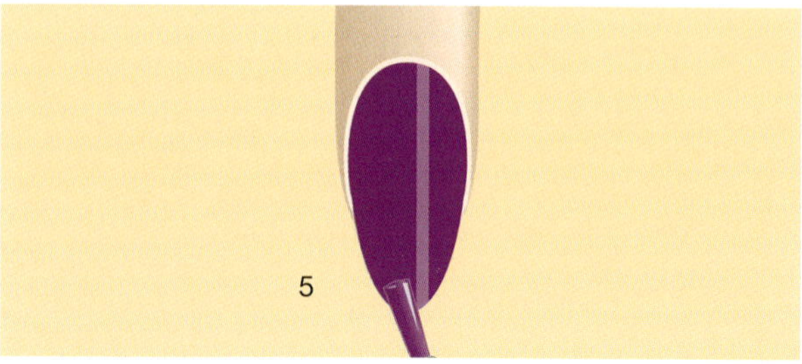

Nagellackplatzierung

Zum Lackieren der Nägel gibt es keine allgemeingültigen Regeln. Am einfachsten ist es, die gesamte Oberfläche des Nagels mit Lack zu überziehen. Da nicht jede Hand- und Nagelform dem Ideal entspricht, kann die Friseurin mithilfe der Farbwahl und Platzierung optische Effekte erzielen.

Der ideale Nagel ist an der Basis oval und am oberen Ende leicht abgerundet. Leider besitzen nur wenige Kundinnen diese Traumnägel. Um die Nägel optisch schmaler oder länger erscheinen zu lassen, sollten die Vorschläge zum Lackieren in der folgenden Tabelle berücksichtig werden.

Tabelle 1: Vorschläge zum Lackieren der Fingernägel

Vorgehensweise	Ergebnis	Wirkung
Der Nagel wird voll ausgemalt.		Der Nagel wird stärker betont, er tritt verstärkt in den Vordergrund.
Die Nagelseiten werden nicht mitlackiert.		Der Nagel erscheint länger und schmaler.
Die Nagelseiten im unteren Bereich werden nicht mitlackiert.		Der Nagel erscheint schmaler.
Das Möndchen wird nicht mitlackiert.		Der Nagel wirkt kürzer.

Aufgaben

1. Worauf ist beim Auftragen von Nagellack zu achten?
2. Warum ist die Auftragetechnik beim Lackieren für das Aussehen der Hände und der Nägel von besonderer Bedeutung?
3. Welche Funktion erfüllt der Unterlack?
4. Eine Kundin hat kleine Hände und quadratisch geformte Nägel. Wie sollten diese Nägel lackiert werden?
5. Warum muss der Nagel vor dem Lackieren fettfrei sein? Wie erreichen Sie ggf. diesen Zustand?
6. Welche Wirkungen haben unterschiedliche Nagellackfarben?

5.4 Nagelmodellage

Fingernägel können künstlich verlängert und verschönert werden. Dazu werden verschiedene Methoden angewendet.

Tiptechnik

Künstliche Nagelspitzen werden »Tips« genannt. Durch das Anbringen künstlicher Nagelspitzen erreicht man eine Verlängerung der natürlichen Nägel. Zur Auswahl stehen verschiedene Formen, Längen und Breiten, sodass für jeden Finger der passende Tip ausgewählt werden kann.

Um den Tip zu befestigen, muss die Nagelplatte mit einer Feile angeraut werden.

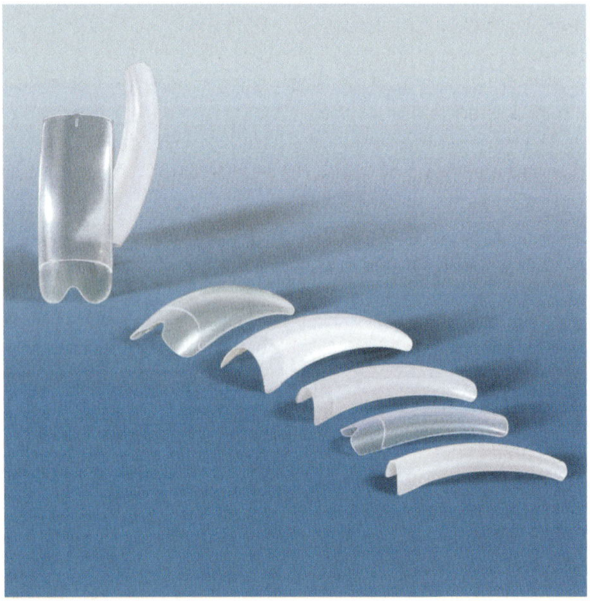

Bild 1 *Tiptechnik*

Schablonentechnik

Diese Technik kann auch bei kurzen, spröden, abgebissenen und deformierten Nägeln angewendet werden. Die Schablone wird der Wölbung des Nagels angepasst. Zum freien Modellieren werden Schablonen aus einem papierähnlichen Material verwendet (Bild 2).

Befestigung und Behandlung künstlicher Nägel

Zum Überziehen der Nägel und Tips sowie zum Modellieren werden aushärtende Kunststoffe verwendet. Hierzu sind zwei Methoden möglich:

1. **Zweikompenenten-Methode**, bei der ein Modellierpulver bzw. gelförmiger Kunststoff nach dem Vermengen mit einer speziellen Flüssigkeit zu einer Kunststoffschicht aufgetragen wird.
2. **Lichthärtungsmethode**, ein durch ein UVA-Licht aushärtendes Gel wird in zwei bis drei Schichten aufgetragen.

Hinzu kommen noch weitere unterschiedliche Systeme verschiedener Anbieter, bei deren Anwendung man sich unbedingt nach der Gebrauchsanweisung richten muss.

Beim Anbringen künstlicher Nägel jeglicher Art müssen die natürlichen Nägel sorgfältig vorbereitet sein. Sie müssen fettfrei und kurz sein. Die Oberfläche der Nagelplatte sollte leicht aufgeraut sein, um eine optimale Haftung der künstlichen Nägel zu erreichen. Danach können die künstlichen Nägel angebracht und die Übergänge ausgeglichen werden. Nach ausreichender Trocknungszeit erfolgt das Kürzen, Glätten und Polieren der künstlichen Nägel mit einer Spezialfeile (Buffer). Anschließend können die künstlichen Nägel wie gewohnt mit farbigem Lack oder Klarlack behandelt werden. Es sind auch passend zur Garderobe kunstvolle Verzierungen mit Ornamenten, Strasssteinen, Federn, Nageltattoos, Glitzer oder Piercings möglich (Nageldesign). Mit einem einfachen Zahnstocher können kunstvolle Effekte durch das Verziehen des zweiten, andersfarbigen Auftrags erzielt werden. Beim Gebrauch von Nagellackentfernern ist auf acetonfreie Produkte zu achten, um ein Aufweichen der Kunststoffmasse zu vermeiden.

Bild 2 *Schablonentechnik*

Aufgaben

1. Erklären Sie, was unter Nageldesign zu verstehen ist.
2. Legen Sie in Ihrer Klasse ein Thema zum Nageldesign fest, z. B. Hochzeit. Zeichnen Sie zu diesem Thema einen Vorschlag.
   a) Vergleichen und besprechen Sie in der Klasse alle Entwürfe.
   b) Fertigen Sie in der Klasse eine Arbeitsmappe mit den Entwürfen als Anschauungsmaterial für Ihre Prüfung an.
3. Beschreiben Sie die Tiptechnik.
4. Eine Kundin legt großen Wert auf ihr äußeres Erscheinungsbild. Sie kleidet und schminkt sich sehr modisch. Bei der Beratung teilt Ihnen die Kundin mit, dass sie zu einer Festlichkeit eingeladen ist und zu diesem Termin besonders gepflegte Hände haben möchte. Sie überlegen: »Wie kann ich diese Kundin auf ein Nageldesign aufmerksam machen?«
   a) Geben Sie ein Beispiel an, wie Sie mit der Kundin darüber ins Gespräch kommen.
   b) Erstellen Sie eine Vorschlag für die schmalen Hände und Fingernägel dieser Kundin.

6 Tipps und englische Begriffe für die Nagelpflege

Szenario

Anjas Tante aus England kommt zu Besuch. Anja möchte an ihr als Willkommensgeschenk eine Maniküre anbieten und ihr einiges erklären.

- Die Nägel seitlich nicht zu stark abfeilen, da sie dadurch leichter abbrechen.
- Den Lack in dünnen Schichten auftragen und die erste Schicht, vor dem Auftragen der zweiten Schicht, gut trocknen lassen. Achten Sie auf einen gleichmäßigen Lackauftrag mit glatter Oberfläche.
- Bei Haushalts- und Gartenarbeiten Schutzhandschuhe tragen, Kontakt mit scharfen Reinigungsprodukten vermeiden.
- »Lackpatzer« mit einem Korrekturstift wegradieren.
- Regelmäßig in der Woche eine Maniküre vornehmen und die Hände jeden Tag eincremen.
- Die Hände nicht zu häufig der Sonne aussetzen und im Winter gut schützen.
- Eingedickter Lack lässt sich mit Nagellackverdünner wieder streichfähiger machen.

6.1 Englische Begriffe zur Maniküre

Die Kosmetikartikel werden mittlerweile länderübergreifend für den Weltmarkt produziert und angeboten. Aus diesem Grund hat sich für viele Artikel und deren Inhaltsstoffe, sowie für die Arbeitsvorgänge und Geräte Englisch als internationale Sprache durchgesetzt.

Die folgende Tabelle gibt einen Überblick über Begriffe der Maniküre aus der englischen Sprache.

Tabelle 1: Spezielle englische Begriffe

adhesive	Klebstoff	**nagnail**	Niednägel
agent	Wirkstoff	**nail design**	Nagelgestaltung
age spot	Altersfleck	**nail hardener**	Nagelhärter
allergenic	Allergieauslösend	**nail paint**	Nagellack
almond oil	Mandelöl	**nail polish**	Nagellack
apply	Anwenden, auftragen	**nail polish remover**	Nagellackentferner
base coat	Unterlack	**nail ridge filler**	Nagelrillenfüller
buffer	Feinschliff-Feile, Polierfeile	**nail whitening pencil**	Nagelweißstift
clipper	Knipser, Zange	**Pait**	malen, Zeichnen
Color	Farbe	**palm**	Handinnenfläche
colorless	Farblos	**peel off**	abschälen
corrector wand	Lackentferner-Stift	**pointed nails**	spitze Nägel
cuticle	Nagelhaut	**polish thinner**	Nagellackverdünner
cuticle cream	Nagelhautcreme	**preservative**	Konservierungsmittel
cuticle oil	Nagelhautöl	**push**	schieben
cuticle pusher	Manikürestäbchen	**re-hardening**	aushärten
cuticle remover	Nagelhautentferner	**scissors**	Schere
cuticle softener	Nagelhauterweicher	**shades**	Schattierungen
emery board	Sandblattfeile	**shade chart**	Farbkarte
fragile nails	brüchige Nägel	**skin**	Haut
ingredient	Inhaltsstoff	**soak**	wässern, einweichen
instant polish dryer	Nagellack-Schnelltrockner	**tweezers (a pair of)**	Pinzette
manicure bowl	Maniküreschale	**undercoat**	Unterlack
manicure soak	Manikürebad	**wet nails**	frisch lackierte Nägel
Massage	Massage		

Aufgabe

1. Erarbeiten Sie schriftlich ein englisches Fachgespräch über eine Maniküre.

7 Hygieneregeln einhalten und empfehlen

Szenario

Anja macht sich Gedanken darüber, welche Hygieneregeln sie während und nach der Maniküre einhalten muss und ob sie der Kundin zur besseren Pflege Hygieneregeln mit auf den Weg gibt.

7.1 Hygiene während der Maniküre

Vor Beginn der Maniküre sollte die Friseurin sich die Hände vorschriftsmäßig je nach Herstellerangabe 30 Sekunden bis 1 Minute desinfizieren.

Während der Maniküre ist darauf zu achten, nicht die Nagelhaut zu verletzen. Dies sollte durch eine ausreichende Einwirkzeit (= EWZ) beim Handbad erreicht werden, damit die Nagelhaut gründlich erweicht. Denn schon durch kleinste **Verletzungen** können Mikroorganismen in die Haut eindringen und Entzündungen verursachen. Kommt es trotz aller Vorsicht zu Verletzungen, muss die Haut der Kundin desinfiziert werden. Außerdem sollte die Friseurin nicht mit dem Blut der Kundin in Berührung kommen (ggf. **AIDS- oder Hepatitis-Ansteckungsgefahr**). Es dürfen keine blutstillenden Stifte angewendet werden. Die Werkzeuge müssen unverzüglich desinfiziert werden.

Laut einer Studie leidet cirka jeder dritte Deutsche an Fuß- oder Nagelpilz. Juckende, schuppige Haut und Nagelveränderungen werden meist nicht bewusst wahrgenommen. Da es sich um eine **infektiöse (= ansteckende)** Erkrankung handelt, ist es an der Friseurin beim Kunden darauf zu achten. Besteht der Verdacht auf eine **Onychomykose (= Nagelpilz)** sollte die Kundin zum Hautarzt geschickt werden. Da sie wegen der Ansteckungsgefahr für die Friseurin und andere Kunden nicht behandelt werden darf. **Pilzsporen** (Vermehrungs- und Verbreitungsorgane des Pilzes) überleben in winzigen Haut- und Hornschuppen.

Sollte die Mykose zu spät erkannt werden, muss aufgrund von Schutzmaßnahmen Dritten gegenüber, die Behandlung abgebrochen werden. Sämtliche kontaminierte (= verunreinigt) Werkzeuge und Arbeitsflächen sind unverzüglich zu desinfizieren und die Handtücher auf 90 °C auszukochen.

Tipps, die die Friseurin der Kundin zur Hygiene für zu Hause empfiehlt, sind folgende:

- Tägliches Einpflegen der Nägel beugt Rissen in den Nägeln und der Nagelhaut vor und schützt vor Entzündungen.
- Handschuhe schützen bei der Hausarbeit. Spül- und Putzmittel trocknen die Nägel aus, sodass sie brüchig werden.
- Nicht zu stark oder oft die Nägel polieren, dies dünnt die Nagelplatte aus, dadurch kann sie schneller brechen.
- Gelbe Nägel, z. B. durch das Nikotin vom Zigarettenrauch, lassen sich durch Zitronensaft oder Wasserstoffperoxid entfernen, dies bleicht die Nägel.

7.2 Hygiene nach der Maniküre

Nach **§2 der Hygieneverordnung** müssen die Werkzeuge entsprechend desinfiziert und gereinigt werden. Da Krankheitserreger wie Hepatitisviren, Pilzsporen und andere Erreger nicht ohne weiteres zu erkennen sind.

Sandblattfeilen oder andere Werkzeuge, die einer Desinfektion nicht standhalten, dürfen nur für diese Kundin wieder benutzt oder entsorgt werden.

Nagelfeilen, Nagelknipser, Zangen, Scheren und Bohrer für das Nagelpiercing sind nach dem Gebrauch zu desinfizieren. Wobei die Friseurin folgendermaßen vorgeht:

- Die Werkzeuge werden in ein Desinfektionsbad gelegt, wobei sie ausreichend mit Desinfektionsflüssigkeit bedeckt sein müssen.
- Nach der entsprechenden EWZ werden die Instrumente entnommen, abgespült, ggf. von Hautresten befreit und entsprechend getrocknet. Das Abspülen und Trocknen ist besonders wichtig, da es nicht zur Rostbildung kommen darf.
- Im Anschluss ist auf die Funktionsfähigkeit der Werkzeuge zu achten, d. h. ist die Schere noch scharf und entsprechend gängig oder schließt die Zange noch ordnungsgemäß.
- Allgemeine Regeln zum Herstellen des Desinfektionsbades: die Lösung mit kaltem Wasser herstellen, Dosierungsvorgabe beachten, EWZ einhalten und den Deckel auf der Desinfektionswanne lassen (Verdunstungsgefahr). Ist das Desinfektionsbad verschmutzt, muss es erneuert werden.
- Die Arbeitsflächen sollten mit einer Sprühdesinfektion gereinigt werden.
- Während des Umganges mit Desinfektionsmitteln sind entsprechende Schutzhandschuhe zu tragen und im Anschluss die Regeln zur Handpflege aus dem **Hautschutzplan (siehe TRGS 530)** einzuhalten.

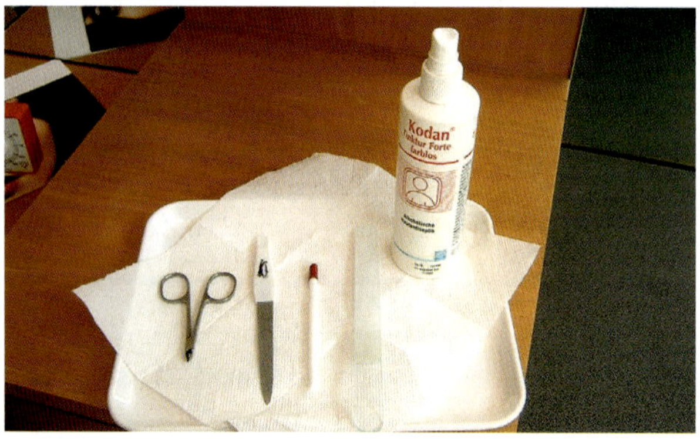

Bild 1 *Desinfektionsbad und Desinfektionsmittel*

Lernfeld 11
Haut dekorativ gestalten

Haut dekorativ gestalten

Die dekorative Kosmetik ist die Abrundung der hauttypgerechten Gesichtspflege.

Mit der erfolgreichen Anwendung von grundlegendem Wissen und der Kunst, durch Farben und Schattierungen das Gesicht, die Augen und den Mund vorteilhafter erscheinen zu lassen, kann die Friseurin das Wohlbefinden und Selbstbewusstsein der Kundin steigern. Dadurch optimiert sie die individuellen Erfolgsmöglichkeiten der Kundin im beruflichen, wie auch im privaten Bereich. Der Trend zum Individuellen ist bei den Kundenwünschen vorrangig, das heißt, Frisur, Make-up und Kleidung werden typgerecht aufeinander abgestimmt.

Häufig ist die Kundin sich nicht sicher, wie sie ihre modische Erscheinung durch ein typgerechtes Make-up unterstreichen kann. Die Friseurin kann der Kundin die harmonische Abstimmung des Erscheinungsbildes entweder als zusätzlichen Service zu einer neuen Frisur oder als eigenständige Dienstleistung anbieten. Dafür benötigt die Friseurin Kenntnisse über dekorative Kosmetikpräparate und die entsprechenden Schminktechniken.

Die dekorative Kosmetik erfüllt somit folgende Aufgaben:

- Gesicht optimal zur Geltung bringen
- Harmonie zwischen Kleidung und Frisur unterstreichen
- Ausstrahlung und Frische in das Gesicht zaubern
- Vorzüge des Gesichtes unterstreichen
- Kleine Unebenheiten und Mängel kaschieren bzw. korrigieren
- Schutz gegenüber Umwelteinflüssen erhöhen
- Selbstbewusstsein steigern
- Über Komplexe hinweghelfen
- Gepflegtes und attraktives Auftreten ermöglichen
- Das Alter manipulieren
- Den Typ verändern oder unterstreichen
- Aufsehen erregen
- Unterstreichen der Zugehörigkeit zu speziellen gesellschaftlichen Gruppen

Die dekorative Gesichtsbehandlung wird in vier Aufgabenbereiche unterteilt:

- Verbraucher-Make-up
- Visagistik
- Maskenbildnerei
- Permanent-Make-up

Die Übergänge zwischen diesen Bereichen sind fließend: Im Friseursalon werden überwiegend Verbraucher-Make-ups erstellt. Dazu zählt das Tages-Make-up unter Einbezug der individuellen Gegebenheiten, wie z. B. dem Tragen einer Brille. Aber auch unterschiedliche Varianten des festlichen Make-ups für verschiedene Anlässe, wie Ball, Opern- oder Disco-Besuch bis hin zum Braut-Make-up werden zum Verbraucher-Make-up gerechnet. Die Visagistik die professionelle Linie der dekorativen Gesichtsgestaltung mit den Schwerpunkten Laufsteg, Fotografie und Fernsehen.

Verbraucher-Make-up und Visagistik unterscheiden sich deutlich von der Maskenbildnerei. Während für Theater, Film und Fernsehen häufig eine ganz andere Persönlichkeit geschaffen werden muss, sollen das Verbraucher-Make-up und die Visagistik den eigenen Typ unterstreichen und verschönern.

Permanent-Make-up, wozu auch die Kreation von Tattoos gehört, bietet die Möglichkeit, dauerhafte Verschönerungen und Veränderungen vorzunehmen.

Im Gegensatz zur Maskenbildnerei muss ein individuelles Make-up folgende Gütemerkmale aufweisen:

- Natürliches Aussehen – keine maskenartige Wirkung
- Berücksichtigung des Anlasses
- Harmonie von Alter und Make-up
- Farbabstimmung auf Kleidung, Haut-, Augen- und Haarfarbe
- Abstimmung auf individuelle Gegebenheiten wie Augen-, Lippen- und Gesichtsform
- Gleichmäßig verlaufende Übergänge der Teintgrundierung und Rougeplatzierung
- Vorteilhafte Betonung der Augen und Lippen

Bild 1 *Aufgabenbereiche der dekorativen Gesichtsbehandlung*

1 Dekorative Gesichtsbehandlungen planen und vorbereiten

Szenario

Der Salon »Haargenau« hat heute einen großen Auftrag zu erfüllen. Ein Mitglied des örtlichen Fernsehsenders hat eine Einladung zur diesjährigen Bambi-Verleihung bekommen und seine Frau, die ihn begleitet, zum Termin angemeldet. Die Aufgaben sind im Salon klar verteilt und Anja soll die Make-up-Gestaltung übernehmen. Im Vorfeld überlegt sie sich, was dafür alles geplant und vorbereitet werden muss.

1.1 Beratungsgespräche zu dekorativen Gesichtsbehandlungen führen

Die Grundlage für ein gelungenes, typgerechtes Make-up ist ein detailliertes Beratungsgespräch. Dazu müssen alle für die Behandlung notwendigen Informationen eingeholt und auf einem Behandlungsbogen dokumentiert werden. Schließlich werden der Kundin Vorschläge zum Make-up unterbreitet und mit ihr abgestimmt. damit bei der Behandlung ein optimales Ergebnis erzielt wird.

Bild 1 *Beratungsgespräch zur Dekorativen Gesichtsbehandlung*

1.1.1 Kundenwunsch ermitteln

Der **Kundenwunsch** und der **Anlass**, für den das Make-up erstellt werden soll, bestimmen die Wahl der Grundierungsart, die Intensität der verwendeten Farben sowie mögliche Zusatzkomponenten wie Glitzer, künstliche Wimpern und Ähnliches.

1.1.2 Kundentypus und Gesicht analysieren

Zur **Analyse des Kundentypus und des Gesichtes** gehören folgende Punkte:

- Farbtyp
- Stiltyp und Garderobe
- Hauttyp und Hautzustand
- Besonderheiten des Gesichtes
- Allergien
- Empfindlichkeit
- Gesichtsform und Besonderheiten
- Augenform und -stellung
- Mundform
- Nasenform
- Sonstiges

Farbtyp

Der Farbtyp ist ausschlaggebend für die Farbwahl des gesamten Make-ups. Die vier Haupttypen »Frühling«, »Sommer«, »Herbst« und »Winter« lassen sich schnell mithilfe der Kriterien »natürliche Haarfarbe«, »Hautunterton« und »Augenfarbe« bestimmen. Zumindest die Einteilung in »warm« und »kalt« lässt sich so schnell vornehmen. Für eine weitere Unterteilung werden Tücher in den für die vier Farbtypen charakteristischen Farben verwendet. (s. S. 205)

Nicht zu vernachlässigen ist allerdings auch die Farbe der Kleidung, die bei dem speziellen Anlass getragen werden soll und die momentane Haarfarbe, die nicht immer dem eigentlichen Farbtyp entsprechen.

Bild 2 *Farbtücher a) Frühling b) Sommer c) Herbst d) Winter*

Stiltyp und Garderobe

Der Stiltyp und die Garderobe entscheiden über die Machart des Make-ups. Eine unauffällige Kundin wird, egal für welchen Anlass, eher ein dezentes, schlichtes Make-up bevorzugen, während das Make-up für eine extravagante Kundin durchaus auch unkonventionell und auffällig gestaltet werden kann.

Hauttyp und Hautzustand

Der Hauttyp und Hautzustand bestimmt die Wahl der Grundierungsart. Je nach Beschaffenheit der Haut muss zwischen einer geringen oder stärkeren Abdeckung entschieden werden: Ein trockener und damit feinporiger Hauttyp benötigt eine feuchtigkeitshaltigere Grundierung ohne starke Deckkraft, während bei einem fettigen, großporigen Hauttyp, der zu Unreinheiten neigt, Abdeckungskraft und Fettaufsaugeeigenschaft im Vordergrund stehen. Auch das Alter einer Kundin findet hier durch den Hautzustand Berücksichtigung, da reife Haut andere Ansprüche an eine Grundierung, zum Beispiel bezüglich rückfettender und pflegender Eigenschaften, stellt, als junge Haut.

Besonderheiten des Gesichtes

Die Besonderheiten des Gesichtes (Hornschüppchen, Narben, Milien, Komedone, usw.) geben Hinweise, welche speziellen vorbereitenden Behandlungen notwenig sind und in wie weit Kaschierungen in die Planung mit einbezogen werden müssen. Natürlich muss auch notiert werden, wo im Gesicht sich die Besonderheit genau befindet: Eine Narbe in der Augenbraue muss mit anderen Mitteln kaschiert werden als eine Narbe am Kinn.

Allergien

Allergien sollten immer mit erfragt werden, damit die Verwendung von Inhaltsstoffen, auf die die Kundin allergisch reagiert, vermieden werden kann.

Empfindlichkeit

Die Empfindlichkeit der Kundin bezüglich Druck und Reibung, aber auch auf Präparate, gibt Hinweise für die praktische Umsetzung und die Vorsicht, die beim Einsatz der gewünschten Präparate geboten ist. Sollen zum Beispiel Strasssteine geklebt werden und die Haut regiert empfindlich auf Nagelkleber oder Mastix®, müssen hautverträglichere Alternativen gesucht werden, auch auf die Gefahr hin, dass die Haltbarkeit nicht so gut ist.

Gesichtsform und Besonderheiten, Augenform und -stellung, Mund- und Nasenform

Die Gesichtsform und ihre Besonderheiten, wie z.B. ein Doppelkinn oder ein fliehendes Kinn, die Augenform und -stellung und die Mund- und Nasenform können, wenn gewünscht, kaschiert und so mithilfe der Dekorativen Kosmetik an die angestrebte Idealform angeglichen werden. (s. S. 99)

Sonstiges

Sonstiges ist eine Sammelrubrik, unter der z.B. Besonderheiten des Gesichtes (Pigmentstörungen, Hauterkrankungen, usw.) aufgelistet werden können, die nur selten vorkommen und daher nicht in einer der anderen Rubriken Erwähnung finden. Ganz wichtig ist auch hier die Angabe der Lokalisation, da z.B. bei einem Feuermal am Kinn die Art und Farbe des kaschierenden Produkts eine andere sein sollte als auf der empfindlichen Augenpartie, wo eine zu kompakte Abdeckung Fältchen noch verstärkt zum Ausdruck bringen würde.

1.1.3 Behandlungsablauf dokumentieren

Der **Behandlungsablauf** dokumentiert die Entscheidungen, die die Friseurin bezüglich der zu verwendenden Arbeitsmaterialien, Präparate und Schminktechniken auf Grundlage der bisher gesammelten Informationen aus Kundenwunsch, Anlass und Analyse des Kundentypus und Gesichts trifft.

Tabelle 1: Dokumentation des Behandlungsablaufes

1	**Vorbereitende Behandlungen**
1.1	Reinigung
	– Reinigungsprodukt – Gesichtswasser
1.2	Spezielle vorbereitende Behandlungen
	– Peeling – Entfernen von Milien und Komedonen – Maske – Augenbrauen und Wimpern formen und färben – Wimpern kleben
1.3	Make-up-Grundlage
	– Produkt
2	**Grundierung**
2.1	Kaschieren
	– Produkt – Technik
2.2	Grundieren
	– Produkt
3	**Fixierpuder**
	– Produkt
4	**Augen-Make-up**
4.1	Lidschatten
	– Produkt – Technik
4.2	Kajal/Eyeliner
	– Produkt – Technik
4.3	Mascara
	– Produkt
4.4	Augenbrauen
	– Produkt
5	**Lippen-Make-up**
5.1.	Lipliner
	– Produkt – Technik
5.2	Lippenstift/Lipgloss
	– Produkt
6	**Rouge**
	– Produkt – Technik
7	**Zeichnerische Vorlage**

1.1.4 Spezielle vorbereitende Behandlungen vorschlagen

Vor der eigentlichen Make-up-Erstellung kann es notwendig sein, der Kundin **spezielle vorbereitende Behandlungen** zur Verbesserung des Haut- und Erscheinungsbildes vorzuschlagen. Je gepflegter und gleichmäßiger das Hautbild zu Beginn der dekorativen Behandlung ist, desto schöner wird das Make-up. Auf einer ungleichmäßig verhornten Hautoberfläche mit Milien und Komedonen wird die Grundierung fleckig und unregelmäßig. Dunkle Augenbrauenhärchen fallen auf hellem Lidschatten besonders auf. Oftmals müssen auch zu helle Augenbrauen und Wimpern erst einmal der momentanen Haarfarbe angeglichen werden, um ein einheitliches Bild zu erreichen. Fehlende oder zu kurze Wimpern können durch künstliche Wimpern ergänzt werden.

Zu den speziellen vorbereitenden Behandlungen gehören

- Peeling
- Entfernen von Milien und Komedonen
- Masken und Packungen
- Augenbrauen und Wimpern formen und färben
- Wimpern kleben

Diese Behandlungen sollten, bis auf das Wimpern kleben, mindestens einen Tag vor der Make-up-Erstellung vorgenommen werden, damit bei den Maßnahmen möglicherweise auftretende Hautirritationen wieder abklingen können.

1.1.5 Typgerechte Make-up-Varianten empfehlen

Die **Empfehlungen für ein typgerechtes Tages-Make-up** geben zum einen der Kundin kurze Anhaltspunkte, wie sie sich schnell und effektiv selber zu Hause schminken kann, und zum anderen der Friseurin die Möglichkeit, jederzeit, zum Beispiel nach einer pflegenden Gesichtsbehandlung, mit einem leichtes Make-up das Aussehen der Kundin zu verbessern, ohne eine vollständige Neuanalyse machen zu müssen.

Zu den Empfehlungen können gehören:

- Grundierungsempfehlung: Welche Grundierungsart ist für den Hauttyp und -zustand der Kundin am sinnvollsten?
- Farbempfehlungen: Farbangaben für Grundierung, Lidschatten, Lippenstift und Rouge, basierend auf dem festgestellten Farb- und Stiltyp.
- Technikempfehlungen: z. B. für das Kaschieren von Besonderheiten, das Augen- und Lippen-Make-up und das Setzen des Rouge.

1.1.6 Behandlungspläne erstellen

Der **Behandlungsplan** »Dekorative Kosmetik« dokumentiert alle Informationen und Entscheidungen, die zu einem typgerechten, dem Anlass entsprechenden Make-up führen. Auf ihm werden im Wesentlichen der Wunsch der Kundin, die Ergebnisse der Analyse des Gesichts sowie der Behandlungsablauf für das zu erstellende Make-up festgehalten. (s. Tabelle 1) Zusätzlich können Empfehlungen für die Erstellung eines typgerechten Tages-Make-ups für die Kundin zu Hause notiert werden. Der Behandlungsplan dient der Friseurin als Gedächtnisstütze. Darüber hinaus kann er die Planungsphase der nächsten Behandlung erheblich abkürzen.

Tabelle 1: Inhalte eines Behandlungsplans zur Dekorativen Kosmetik

1 Kundenwunsch und Anlass

2 Analyse des Kundentypus und des Gesichtes
- Farbtyp
- Stiltyp
- Hauttyp
- Hautzustand
- Besonderheiten
- Allergien
- Empfindlichkeit
- Gesichtsform
- Augenform und -stellung
- Mundform
- Nasenform
- Sonstiges

3 Behandlungsablauf
- Reinigung
- spezielle vorbereitende Behandlungen
- Auswahl der Schminktechniken mit Angaben zu den verwendeten Präparaten und Arbeitsmitteln

4 Empfehlungen für ein typgerechtes Tages-Make-up
- Grundierung
- Farbwahl
- Schminktechniken

Ein **»Schminkpass«** enthält die wichtigsten Informationen aus dem Behandlungsplan, die es der Kundin ermöglichen sollen, auch zu Hause ein typgerechtes, dem Hauttyp und Hautzustand entsprechendes Tages-Make-up zu erstellen. Er stellt eine zusätzliche Dienstleistung dar und ist in seiner Ausgestaltung an die Anforderungen, die die Friseurin an ihn stellt, individuell anpassbar. Dies gilt vor allem für die Informationen aus der Analyse des Kundentypus und des Gesichtes. Die Friseurin bestimmt selber, welche Informationen sie an die Kundin weitergeben möchte. Absolut notwendig ist dahingegen die schriftliche Weitergabe der Empfehlungen, da alleine vom mündlichen Erzählen vor allem eine ungeübte Kundin nicht in der Lage ist, das Make-up alleine zu Hause zu erstellen.

Aufgaben

1. Begründen Sie mithilfe von Beispielen die Notwendigkeit der Inhalte einer Analyse des Kundentypus und des Gesichtes für die Erstellung eines typgerechten Make-ups.
2. Erstellen Sie einen vollständigen Behandlungsplan für eine dekorative Gesichtsbehandlung
3. Entwickeln Sie daraus einen maximal einseitigen Schminkpass für die Kundin zu Hause.
4. Nennen Sie die Möglichkeiten, die eine Friseurin hat, das Haut- und Erscheinungsbild der Kundin vor der Make-up-Erstellung zu verbessern.

2 Dekorative Gesichtsbehandlungen durchführen

Szenario

Nachdem Anja mit der Kundin den Behandlungsplan ausgefüllt und alles genau erläutert hat, begibt sie sich an die Umsetzung.

2.1 Hygienische Maßnahmen

Ebenso wie bei der pflegenden Kosmetik müssen auch bei der dekorativen Kosmetik hygienische Maßnahmen sehr genau beachtet werden. Die Ziele bestehen darin,

- die Friseurin vor Infektionen zu schützen,
- die Kundin vor Infektionen, die durch vorherige Kundinnen oder auch durch die Friseurin selbst übertragen werden könnten, zu schützen,
- Kleidung und Haare der Kundin bestmöglich zu schützen.

Bild 1 *Arbeitsmittel für hygienische Maßnahmen*

Wesentliche hygienische Maßnahmen für die Friseurin sind:

- Schmuck abnehmen, um die Kundin nicht zu verletzen.
- Hände waschen und gegebenenfalls desinfizieren, da ein direkter Hautkontakt stattfindet. Dies kann z. B. mit desinfizierender Waschlotion oder mit Flüssig-Desinfektion, speziell für die Hände, erfolgen.
- Nur gereinigte und/oder desinfizierte Arbeitsgeräte benutzen, um die Übertragung von Keimen zu vermeiden. Eine Desinfektion und Reinigung der Arbeitsmaterialien sollte nach jeder Behandlung erfolgen und ist im Einzelnen in Kapitel 3.2 nachzulesen. (s. S. 284)
- Präparate aus Tiegeln oder Lippenstift immer mit einem Zwischenträger, z. B. Spatel, entnehmen, bevor sie mithilfe von Schwämmchen oder Pinsel auf die Haut des Kunden aufgetragen werden, um die Übertragung von Krankheitserregern zu vermeiden und das Produkt nicht zu verschmutzen.

Wesentliche hygienische Maßnahmen für die Kundin sind:

- Die Kleidung der Kundin mit einem weißen Handtuch oder Umhang vor herabfallenden Make-up-Resten schützen.
- Die Haare mit Klemmen zurückstecken oder ein Stirnband bzw. eine weiße Fleecehaube benutzen, um das Gesicht freizuhalten und die Haare nicht mit in das Make-up einzubeziehen.
- Die Haut der Kundin durch eine dem Hauttyp und Hautzustand entsprechende Tagescreme schützen, um eine Beeinflussung der obersten Hautschichten durch das Make-up zu vermeiden. (s. S. 256)

2.2 Vorbereitende Behandlungen

Eine gründliche und systematische vorbereitende Behandlung der Gesichtshaut mit hauttypgerechtem Präparaten ist unbedingt notwendig, um eine möglichst gleichmäßige Hautstruktur für das Make-up zu erhalten. Sie gliedert sich in

- Pflegende Vorbehandlung
- Spezielle vorbereitende Behandlungen

2.2.1 Pflegende Vorbehandlung

Eine pflegende Vorbehandlung erfolgt vor jeder dekorativen Gesichtbehandlung.

Bei der Hautreinigung soll hauptsächlich Schmutz entfernt werden. Darunter fallen auch alle Stoffe, die nach Kontakt auf der Oberfläche der Haut haften bleiben oder sogar in die Haut eindringen. Doch auch Stoffe, die der Körper selbst abgibt, wie z. B. Talg, Schweiß und Schüppchen, sollen entfernt werden.

Anschließend müssen mithilfe von Gesichtswasser und Tagespflege die Poren wieder geschlossen und der Säureschutzmantel wieder hergestellt werden, damit die Haut vor Umwelteinflüssen geschützt ist.

Reinigung der Haut

In der kosmetischen Behandlung übernimmt die Reinigung der Haut folgende wichtige Aufgaben:

- Entfernt überschüssigen Hauttalg
- Entfernt Make-up
- Entfernt Hautschüppchen und Verhornungen
- Verbessert das Aussehen der Haut
- Ermöglicht genauere Hautuntersuchung (Sekretion lässt sich aber nicht mehr exakt bestimmen)
- Verbessert das Aufnahmevermögen für Wirkstoffe

Die Reinigung der Gesichtshaut erfolgt durch streichende und friktierende Bewegungen mit den Fingern. In der Praxis werden diese Bewegungen überwiegend kombiniert eingesetzt. Dabei geht man in folgender Reihenfolge vor:

Augen-Make-up entfernen

Augen-Make-up-Entferner (Eye-Make-up-Remover) sind speziell für die empfindliche Augenpartie entwickelte Präparate, die in verschiedenen Konsistenzen, oder aber auch als fertig getränkte Pads im Handel angeboten werden.

Sie werden rund um das geschlossene Auge aufgetragen und mit kreisenden, sehr leichten Bewegungen verteilt. Man beginnt an den Schläfen und fährt leicht unter dem Auge in Richtung Nase und auf dem Augenlid wieder zurück. Die Wimpern werden zusätzlich nach unten hin ausgestrichen. Anschließend wird das Präparat mit feuchten Wattepads mit den gleichen Bewegungen wieder abgenommen. Bei fertig getränkten Pads erübrigt sich dieser Vorgang.

Eventuelle Make-up-Reste am Unterlid können dann mit einem Wattestäbchen oder der Kante des Wattepads entfernt werden.

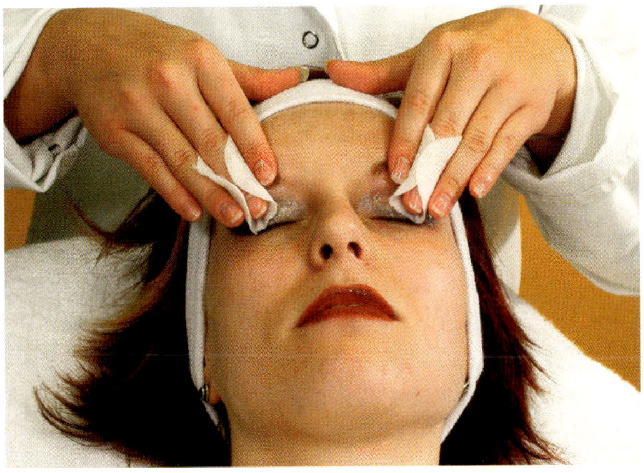

Bild 1 *Augen-Make-up entfernen*

Lippen-Make-up entfernen

Mit einem Wattepad und Augen-Make-up-Entferner lässt sich Lippen-Make-up mühelos entfernen. Das fertige Pad oder das getränkte Wattepad wird von außen nach innen über den geschlossenen Mund geführt.

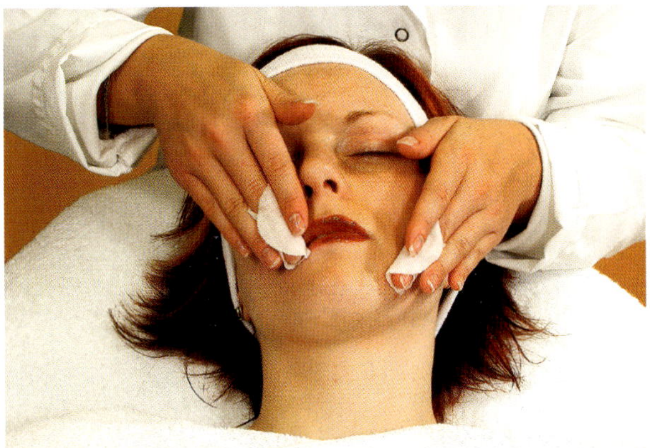

Bild 2 *Lippen-Make-up entfernen*

Gesichtshaut reinigen

Dazu wird Reinigungsmilch oder bei stark fettiger Haut fettfreies Reinigungsgel verwendet.

Zuerst wird die erforderliche Menge Reinigungspräparat in die hohle Hand gegeben und kurz durch Zuhalten der Hand erwärmt.

Das Verteilen der Milch erfolgt mit großzügigen Streichbewegungen quer über Stirn, Wangen, Nase und Kinnbereich. Eine anschließende Reinigungsmassage unterstützt die Wirkung der Reinigungsmilch.

Die Massage muss dem Verlauf der Hautspaltlinien entsprechen. Die Griffe der **Reinigungsmassage** werden nun mit leichtem Druck durchgeführt, z. B. in der angegebenen Reihenfolge:

1. Großer Gesichtsausstreichgriff
2. Friktionen auf der Stirn
3. Friktionen von der Nasolabialfalte zu den Schläfen
4. Friktionen von der Kinnpartie zu den Ohren
5. Verschieben der Mittelfinger in der Kinnrille, an den Nasenwänden kreisen und auf dem Nasenrücken auf- und abstreichen
6. Ausstreichen des Mundringmuskels
7. Friktionen unterhalb des Kinns
8. Großer Gesichtsausstreichgriff

Tabelle 1: Griffe der Reinigungsmassage

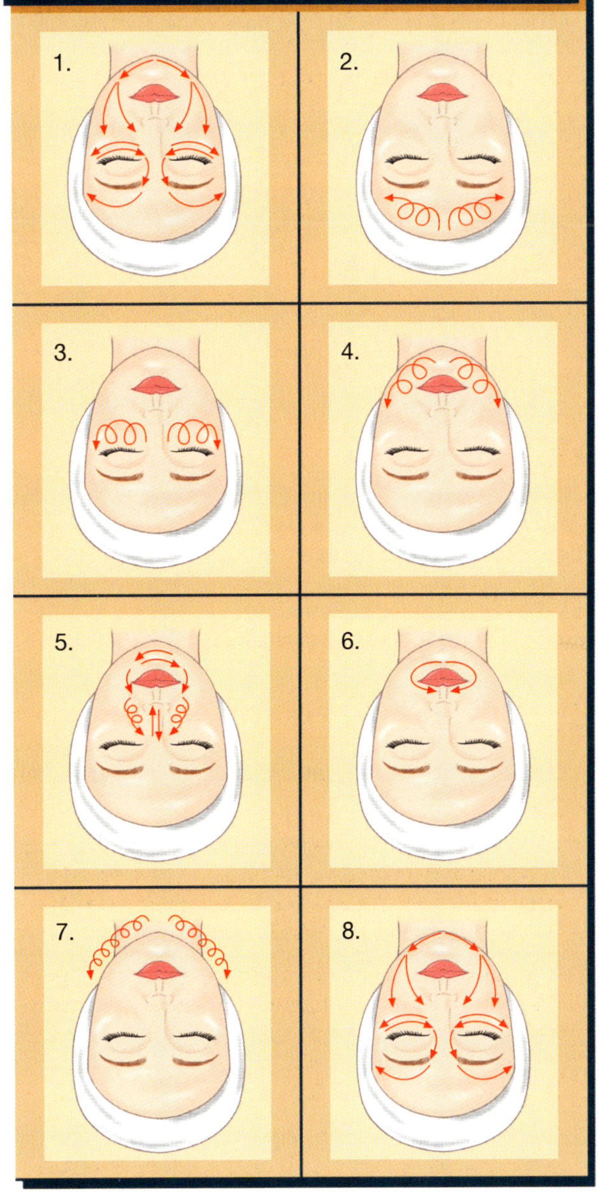

Grundsätzlich sollte die Reinigungsmassage nie länger als 2 bis 3 Minuten dauern, denn das Reinigungspräparat sollte nicht in die Haut einziehen. Es wird anschließend mit zwei bis drei warmen und abschließend einer kalten **Kompresse** in folgender Weise entfernt:

1. Das angefeuchtete Kompressentuch wird der Länge nach in der Mitte gefaltet und an einer Seite durch nochmaliges Falten eine Tasche gebildet.
2. Es wird straff unter dem Kinn angelegt und mit beiden Enden über der Stirn zusammengefasst.
3. Mund und Nase bleiben frei. Hier wird das Reinigungspräparat abgenommen, indem man, während das Kompressentuch auf dem Gesicht liegt, mit den Zeigefingern in die gebildete Tasche greift und so mit der Kompresse vorsichtig über Mund und Nase fährt.
4. Das Kompressentuch wird mit flachen Händen kreisend auf die Haut gedrückt, damit die Reinigungsmilch aufgenommen wird.
5. Die Kompresse wird an den Enden eingerollt. Mit den Rollen wird das Reinigungspräparat bis zum Kinn hinunter aufgenommen.
6. Das Abnehmen der Kompresse erfolgt, indem man die Rollen festhält und das Tuch seitlich über das Kinn abzieht.
7. Die Kompresse wird ausgespült und der Vorgang wird so oft wiederholt, bis das Reinigungspräparat entfernt ist.

Die Reinigung der Haut kann entweder manuell oder in Kombination mit speziellen Apparaten, wie Bedampfungsgerät und Bürstenreinigungsgerät erfolgen. Der Einsatz dieser Apparate intensiviert die reinigende Wirkung.

Nachreinigung

Nach der Reinigung wird die Gesichtspflege mit der Anwendung von **Gesichtswasser** und dem Auftragen einer **Tagespflege** abgeschlossen.

Das Gesichtswasser hat eine nachreinigende und adstringierende Wirkung, durch die die Haut unterstützt wird, den Säureschutzmantel wiederherzustellen. Die Anwendung von Gesichtswasser erfolgt in folgender Weise:

1. Ein Wattepad wird mit Gesichtswasser durchfeuchtet und in zwei Hälften geteilt. Die beiden Hälften werden über Zeige- oder Mittelfinger gelegt.
2. Von der Stirnmitte zu den Schläfen wird die Stirn abgestrichen.
3. Von den Nasenflügeln wird in Richtung Ohr abgestrichen.
4. Vom Mundwinkel wird in Richtung Ohr abgestrichen.
5. Kinnrille, Nasenwand und -rücken werden abgestrichen.
6. Unter dem Kinn wird die Partie bis zum Ohr abgestrichen.
7. Vorgang wird evtl. wiederholt, bis die Gesichtshaut gut nachgereinigt ist. Das Wattepad wird dabei gewendet.

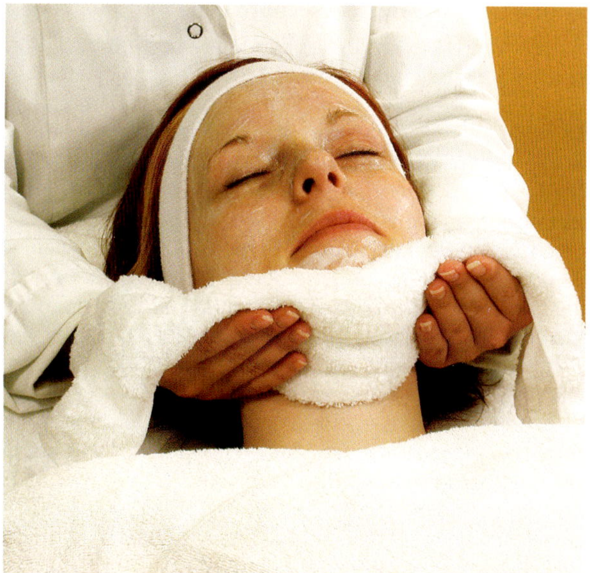

Bild 1 *Anlegen einer Kompresse*

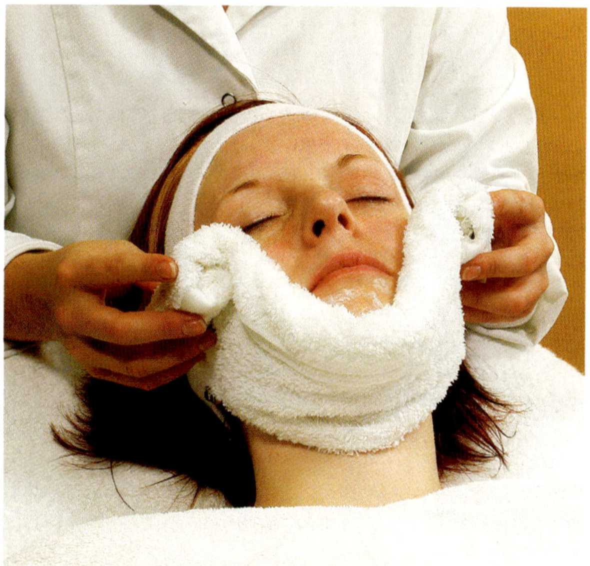

Bild 2 *Abrollen einer Kompresse*

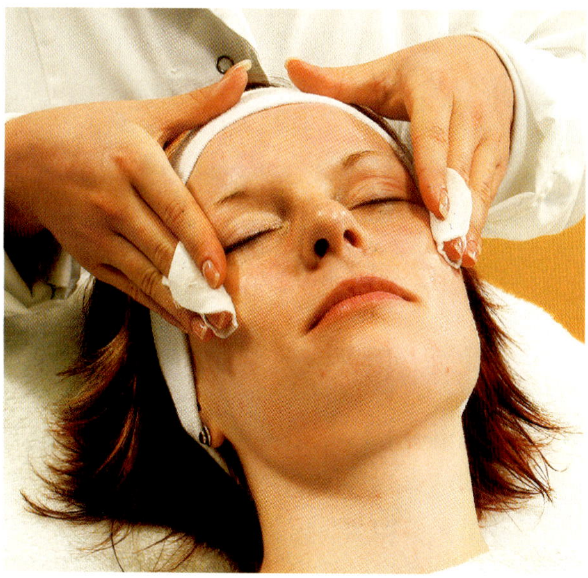

Bild 3 *Anwendung von Gesichtswasser*

2.2.2 Spezielle vorbereitende Behandlungen

Spezielle vorbereitende Behandlungen dienen der gezielten Verbesserung des Haut- und Erscheinungsbildes der Kundin, die die pflegende Vorbereitung ergänzen. Dazu gehören

- Peeling
- Entfernen von Milien und Komedonen
- Masken und Packungen
- Augenbrauen und Wimpern formen und färben
- Wimpern kleben

Peeling

Peelings reinigen intensiv und tragen zusätzlich verhornte Schichten ab. Im Handel werden sie als **manuelle Peelings** mit entweder synthetischen oder natürlichen Schleifpartikelchen angeboten. Alternativen dazu sind die aus dem medizinischen Bereich stammenden **enzymatischen Peelings**, die z. B. mithilfe von Fruchtsäuren die obersten Hornschichten auflösen und abtragen.

Feucht angewendet sind Peelings sanft und für fast jede Haut verträglich. In angetrocknetem Zustand ist die Wirkung erheblich stärker und nur für unempfindliche Haut geeignet.

Die Peelingmasse wird auf die Haut aufgetragen, was auch partiell, z. B. nur an Kinn- und Nasenpartie, geschehen kann. Durch leichte kreisende Bewegungen der Fingerkuppen tragen dann die Schleifpartikelchen die obersten Hornschichten ab. Intensiviert werden kann das Ergebnis durch den Einsatz eines **Bürstenreinigungsgerätes**. Dies darf allerdings nicht bei enzymatischen Peelings angewandt werden, da es dort ansonsten zu zu starken Hautreizungen kommen kann.

Anschließend nehmen Kompressen mit klarem Wasser die Reste des Peelings wieder ab.

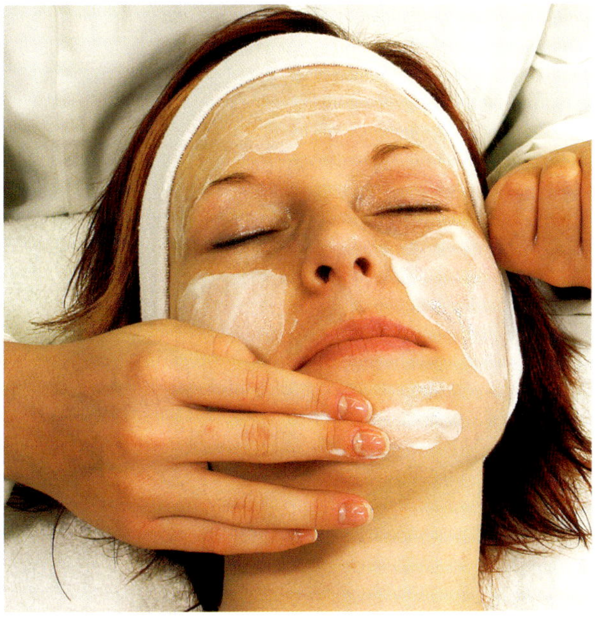

Bild 1 *Auftragen eines Peelings*

Ein Peeling sollte prinzipiell am Tag vor einer dekorativen Gesichtsbehandlung gemacht werden, damit eventuelle Hautrötungen wieder abklingen können.

Entfernen von Milien und Komedonen

Komedonen und **Milien** werden meist manuell durch Anritzen mit einem **Blutlanzettchen** oder **Milienmesser** und Herausheben mit einem **Komedonenheber** oder mit den Fingern entfernt. Die Finger sollten dabei aus hygienischen Gründen mit einem Kosmetiktuch umwickelt sein, Komedonenheber und Milienmesser gründlich desinfiziert und gereinigt.

Das vorherige Anritzen der Haut bietet dem Komedo oder der Milie die Möglichkeit, bei Druck nach außen hin zu entweichen. So wird verhindert, dass die Hautkapsel oder der Follikel nach innen platzt und sich der ganze Inhalt in die Hautschichten ergießt und dort Entzündungen hervorruft.

Apparativ kann das Herausheben durch den Einsatz eines **Vakuum-Sauggerätes** verbessert werden. Er erspart das doch recht schmerzhafte »Ausdrücken« der Komedone und Milien, indem er sie durch Unterdruck regelrecht aus der Haut »zieht«.

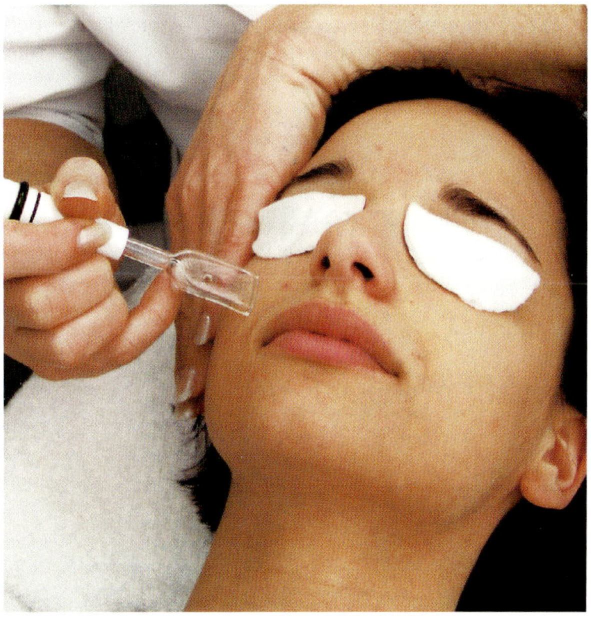

Bild 2 *Einsatz eines Vakuum-Sauggerätes*

Masken und Packungen

Masken und Packungen dienen der gezielten und intensiven Einschleusung von Wirkstoffen.

Masken werden in der Regel während der Einwirkzeit hart und lassen sich dann entweder im Ganzen von der Haut abziehen oder müssen vor dem Entfernen mit feuchtwarmen Kompressen erst wieder aufgeweicht werden. Unter der Maske entsteht auf der Haut ein Wärmestau, der die Hautfunktionen steigert. Masken dienen daher vor allem der tieferen Reinigung, Fettabsorption und Durchblutungssteigerung.

Packungen bleiben weich auf der Haut und ziehen entweder vollständig ein oder müssen mit warmen Kompressen wieder von der Haut entfernt werden. Sie dienen vor allem der gezielten Wirkstoff- und Feuchtigkeitseinschleusung und der Beruhigung der Haut. Packungen werden als Cremepackungen oder auch als Puderpackungen angeboten. Puderpackungen können z. B. Heilerde oder Kaolin zum Fettentzug und zur Desinfektion enthalten.

Masken und Packungen werden wie folgt angewendet:

1. Nach der Gesichtsreinigung die Maske oder Packung etwas dicker als Pflegecreme mit einem Pinsel von der Gesichtsmitte nach außen hin aufgetragen. Dabei muss der Verlauf der Spaltlinien beachtet werden.
2. Die Augen und der Bereich unter der Nase werden freigelassen.
3. Bei feuchtigkeits- und fettentziehenden Masken den Hals aussparen.
4. Die Augen während der Einwirkzeit mit augenlotiongetränkten Wattepads abdecken.
5. Die Einwirkzeit beträgt 15–30 min.
6. Die Wirkung von Masken und Packungen kann durch den Einsatz eines Bedampfungsgerätes während der Einwirkzeit noch verstärkt werden.
7. Anschließend die Maske oder Packung mithilfe von feuchtwarmen Kompressen wie beim Reinigungspräparat abnehmen.
8. Abschließend die Haut mit Gesichtswasser adstringieren.

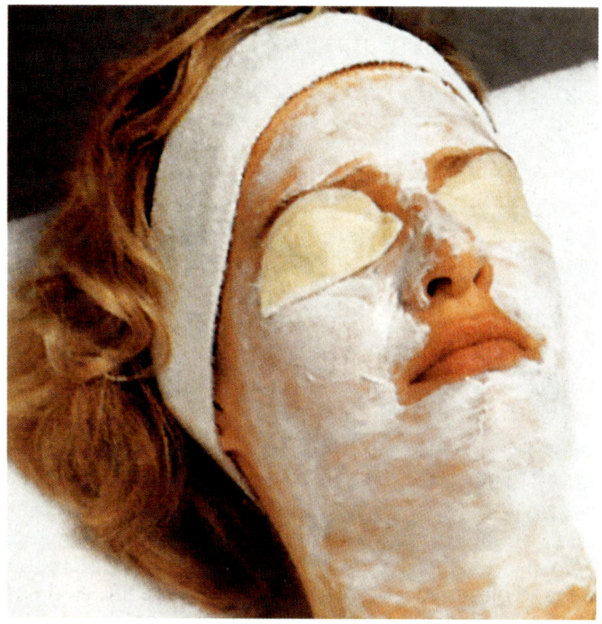

Bild 1 *Packung mit Augenkompressen*

Tabelle 1: Linienverlauf von Augenbrauen

a) steigender Linienverlauf	b) fallender Linienverlauf	c) gerundeter Linienverlauf	d) gewinkelter Linienverlauf

Wirkung: öffnet und streckt macht leicht, verjüngt	**Wirkung:** schließt und verengt wirkt erdrückend, traurig	**Wirkung:** wirkt weich	**Wirkung:** wirkt hart und kantig und mondän

Augenbrauen und Wimpern formen und färben

Die Augen sind, neben dem Mund, der zentrale Bereich im Gesicht. Ihnen wird bei der ersten Betrachtung die meiste Aufmerksamkeit gewidmet. Daher sollten sie möglichst effektiv zur Geltung gebracht werden.

Die Augenbrauen bilden einen Rahmen für die Augen und können durch ihren Verlauf sowohl die Wirkung der Augen, als auch die des Gesichtes verändern.

Wimpern öffnen die Augen und bringen sie zum Strahlen. Ohne dunkel getuschte Wimpern wirkt ein Augen-Make-up nur halb fertig.

Im Vorfeld einer dekorativen Gesichtsbehandlung werden daher die Augenbrauen in eine Idealform gebracht und die Farbe der Augenbrauen und Wimpern der Haarfarbe angepasst.

Augenbrauen formen

Für das harmonische Gesamtbild ist der Linienverlauf und Form der Augenbrauen ein wichtiger Faktor. Ihre Form und Üppigkeit beeinflussen das Aussehen wesentlich:

- Ein steigender Linienverlauf öffnet, streckt und macht leicht. Er wirkt verjüngend.
- Ein fallender Linienverlauf schließt, verengt und wirkt erdrückend und traurig
- Ein gerundeter Linienverlauf wirkt weich.
- Ein gewinkelter Linienverlauf wirkt hart und kantig und mondän.

Die Tabelle gibt einen Überblick über das Aussehen der verschiedenen Linienverläufe der Augenbrauen.

In der Regel wird der ideale Linienverlauf der Augenbrauen angestrebt. Sie fängt mit dem inneren Augenwinkel an, ist innen breiter, zieht sich leicht geschwungen über den höchsten Punkt, senkrecht über dem äußeren Rand der Iris, und läuft zum Abschluss spitz aus.

Die Augenbrauenform kann folgendermaßen kontrolliert werden:

1. Den Ansatz der Augenbrauen bestimmt man, indem man einen Augenbrauenstift an den Nasenflügel legt und senkrecht nach oben führt. Dort, wo der Stift die Haut berührt, ist der Ansatz der Augenbraue. Bei einer sehr breiten Nase sollte der Ansatz etwas weiter innen liegen.
2. Das Ende der Augenbraue wird fixiert, indem man den Augenbrauenstift an den Nasenflügel legt und ihn direkt am Unterlid vorbei nach außen führt.
3. Der höchste Punkt der Braue sollte direkt in der Verlängerung Nasenwinkel-Pupillenmitte liegen.

Anhand dieser Vorgehensweise lässt sich sehr gut erkennen, ob eine Korrektur der Augenbrauen erforderlich ist.

Zu jeder Typbestimmung und zu jedem Make-up gehört die gemeinsame Überlegung mit der Kundin, welche Form die Brauen erhalten sollen. Folgendes sollte bei der Form- und Farbgebung der Augenbrauen beachtet werden:

Tabelle 1: Wirkung verschiedener Augenbrauenformen

Aussehen der Augenbraue	Wirkung
	Der schmale Bogen erscheint hart und erinnert an Marlene Dietrich.
	Die dichte, etwas buschige Augenbraue wirkt burschikos und ein wenig verwahrlost.
	Diese Augenbraue verleiht dem Gesicht ein trauriges Aussehen.
	Diese stark betonte Augenbraue wirkt jugendlich und erinnert an Audrey Hepburn.

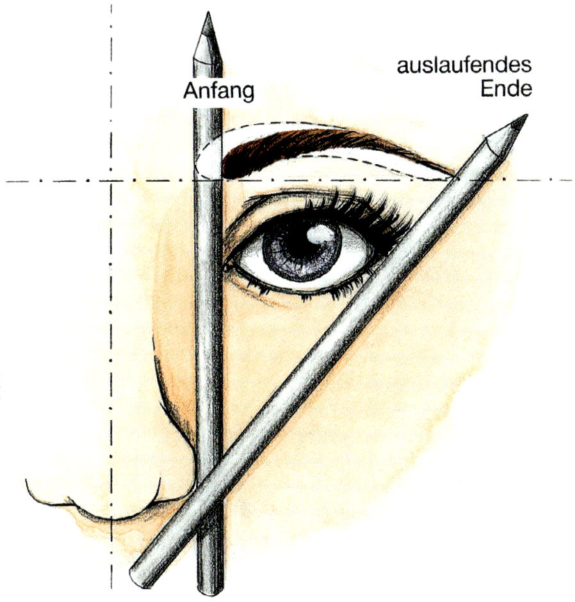

Bild 1 *Ideale Augenbrauenform*

Die Brauenform sollte sich unter Berücksichtigung modischer Tendenzen harmonisch in den Gesichtsrahmen einfügen. Unvorteilhafte Gesichtsformen können durch die Form der Augenbrauen korrigiert werden. Die Friseurin sollte Folgendes wissen:

- Das ovale Gesicht wird durch geschwungene, nicht zu starke Augenbrauen unterstrichen.
- Das runde Gesicht wird durch kräftige, hochgewölbte Augenbrauen gestreckt und erscheint dadurch schmaler.
- Das dreieckige Gesicht erhält durch schmale, unauffällige, leicht geschwungene Augenbrauen in der oberen Zone Leichtigkeit.
- Das längliche Gesicht wird durch kräftige Brauen, die die Länge unterbrechen, optisch verbreitert.
- Das rechteckige Gesicht kann durch hochgezogene, gerundete bis leicht gewinkelte Augenbrauen, die dem Gesicht die Härte nehmen, etwas gestreckt werden.

Die gebräuchlichste Art, die Augenbrauen zu formen, ist das **Zupfen**. Hierbei werden Einzelhärchen samt Haarwurzel aus dem Follikel gezupft. Das Nachwachsen dauert daher wesentlich länger.

Allerdings ist das Zupfen eine sehr schmerzhafte Methode der Haarentfernung, weswegen viele Kundinnen das **Rasieren** vorziehen und dadurch lieber auf die längere Haltbarkeit verzichten.

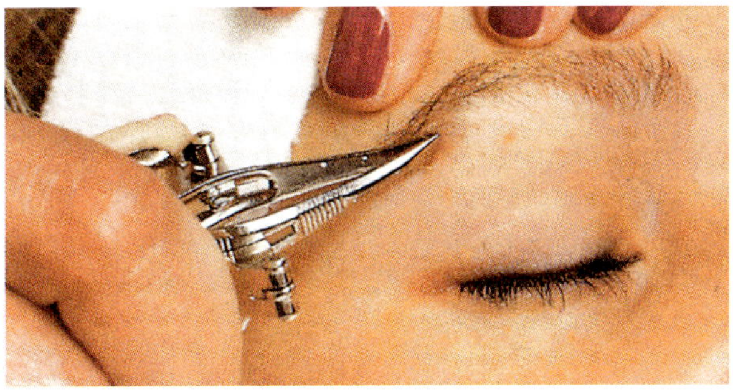

Bild 2 *Zupfen der Augenbrauen*

Augenbrauen und Wimpern färben

Sehr helle Augenbrauen und Wimpern wirken konturenarm. Das Färben der Augenbrauen und Wimpern ist eine ideale Möglichkeit, um diese stärker zu betonen und dem Gesicht dadurch mehr Ausdruck zu verleihen. Weitere Vorteile des Färbens sind:

- Farbgebung vom Ansatz bis zur Spitze
- Dauerhafte Veränderung
- Natürliches Aussehen
- Lebhafter Gesichtsausdruck
- Dauerhafte Haltbarkeit im Wasser, beim Sport und in der Sauna

Die Augenbrauen- und Wimpernfärbepräparate sind Oxidationsfarben. Sie sind genauso haltbar wie oxidative Haarfarben.

Bei der Farbwahl sind die Haut- und Haarfarbe der Kundin zu berücksichtigen. Äußert die Kundin keine anderen Wünsche, so sollte die Friseurin Folgendes beachten:

- Die Wimpern dunkel bis schwarz färben
- Die Augenbrauen nicht zu dunkel färben

Für das Färben der Wimpern und Augenbrauen benötigt die Friseurin folgende Materialien:

- Behandlungsplatz mit Kopfstütze
- Umhang
- Wimpern- und Augenbrauenfarbe
- Zubehör-Set
- Hautschutzcreme
- Schutzblättchen
- Watte bzw. Wattepads
- Servietten
- Augenpflegegel
- Abfallbehälter

Beim **Färben der Wimpern** geht man wie folgt vor:

1. Abreinigen der Augenpartie.
2. Hautschutzcreme unterhalb der Augenpartie etwas dicker auftragen.
3. Bei geöffneten Augen Schutzblättchen auf die unteren Augenlider legen und bis an den Haaransatz heranschieben. Der Kundenblick ist hierbei nach oben gerichtet.

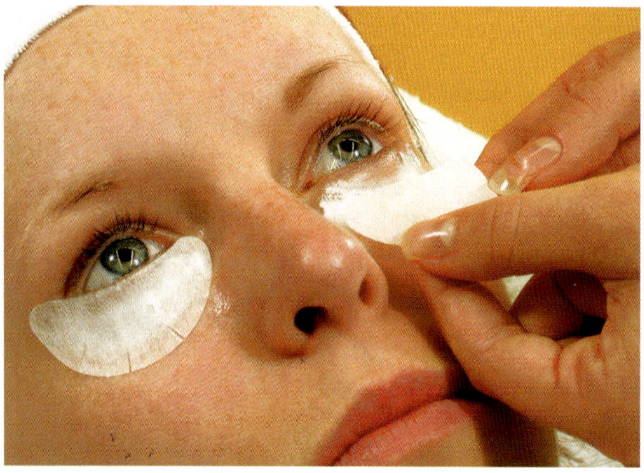

Bild 1 *Anlegen der Schutzblättchen*

4. Kundin schließt die Augen, der Sitz der Schutzblätter wird noch einmal kontrolliert.
5. Mit dem Applikator wird die Wimpernfarbe aufgetragen. Etwas Wimpernfarbe mit dem Applikator aufnehmen, ihn in der Mitte der Wimpernlänge ansetzen und die Farbe bis zu den Spitzen in leicht rollenden Bewegungen auftragen. Den Vorgang wiederholen, bis alle Wimpern gleichmäßig mit Farbe bedeckt sind. Die EWZ beträgt 10 Minuten.

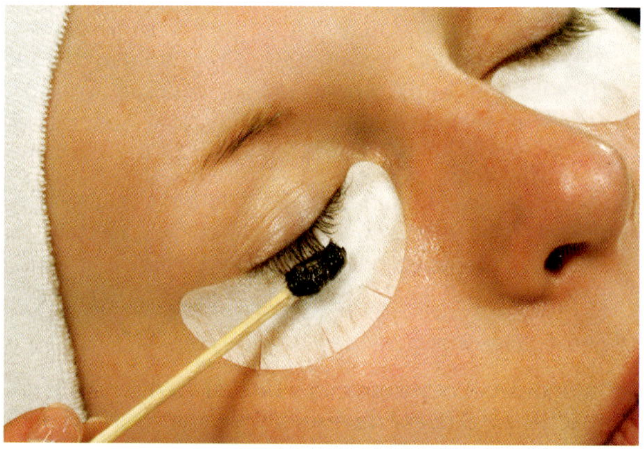

Bild 2 *Auftragen der Wimpernfarbe*

6. Angefeuchtete Watte oder Wattepads auf die Wimpern legen und mit ganz leichtem Druck des Zeigefingers auf die Wimpernpartie die Watte zusammen mit den Schutzblättchen abziehen.
7. Mit feuchter Watte oder feuchten Wattepads nachreinigen, bis keine Farbspuren mehr in der Watte sichtbar sind.
8. Augenpflegegel auftragen.

Falls Wimpernfarbe auf die Haut gelangt, muss sie sofort entfernt werden.

Die Kundin muss während des Vorgangs die Augen geschlossen halten, da ansonsten die empfindlichen Schleimhäute der Augen gereizt werden.

Das **Färben der Augenbrauen** ist weniger aufwendig:

1. Augenbrauen formen
2. Anrühren des Färbepräparates.
3. Farbe je nach Intensität mit dem Applikator satt in Wuchsrichtung und Form auf die Augenbrauen auftragen.
4. Die EWZ ist individuell und richtet sich nach der Gebrauchsanweisung.
5. Mit feuchtem, lauwarmem Wattebausch oder -pad die Farbe von den Augenbrauen nehmen. Dabei in Wuchsrichtung der Härchen arbeiten.
6. Verbliebene Farbflecken auf der Haut eincremen und durch sanftes Reiben mit einem trockenen Wattebausch oder -pad entfernen.
7. Creme zur Augenbrauenpflege auftragen.

Werden Wimpern und Augenbrauen zusammen gefärbt, so werden beim Auftragen der Farbe zuerst die Wimpern und dann die Augenbrauen behandelt. Beim Abnehmen der Farbe arbeitet man in umgekehrter Reihenfolge, da die EWZ für Augenbrauen meistens kürzer ist.

Wimpern kleben

Künstliche Wimpern betonen den Ausdruck der Augen. Sie können zu jeder Tageszeit getragen werden und überstehen sogar das Duschen, Saunieren und Schwimmen.

Sie werden in verschiedenen Längen und Dicken, als Echt- oder Kunsthaar, Wimpernband oder als Einzelwimpern angeboten. Je nach Kundenwunsch und Trend kann die Friseurin auswählen.

Die künstlichen Wimpern können am Ober- und am Unterlid angeklebt werden, aber auch nur einseitig am Ober- oder Unterlid. Außerdem hat die Friseurin die Auswahl zwischen Wimpernbändern und Einzelwimpern, mit denen gezielt Effekte in einzelnen Bereichen des Wimpernkranzes erzielt werden können. So können z. B. die äußeren Augenwinkel durch das gezielte Setzen einzelner längerer Wimpern betont werden.

Zum Applizieren der künstlichen Wimpern wird zuerst Spezialkleber auf den Wimpernrand gegeben. Spezialkleber für Wimpernbänder ist meist durchsichtig und auch im getrockneten Zustand flexibel, um das Abreißen des Wimpernbandes bei Augenbewegungen zu vermeiden. Wimpernkleber für Einzelwimpern dahingegen ist meist dunkel, damit er im Wimpernkranz nicht auffällt und wird vollständig hart. Beim Aufsetzen der Wimpern am Oberlid muss die Kundin die Augen schließen. Die Wimpern werden mithilfe einer Pinzette an den Lidrand geklebt. Die Wimpernbänder werden so dicht wie möglich an den natürlichen Wimpernkranz geklebt. Die Einzelwimpern werden direkt zwischen die natürlichen Wimpern appliziert. Danach sollte die Kundin die Augen für ca. zwei Minuten geschlossen halten. Abschließend werden mit einem Spezialbürstchen die künstlichen Wimpern in die natürlichen Wimpern eingekämmt.

Bild 1 *Verschiedenartige künstliche Wimpern*

2.3. Make-up-Varianten

Bei der Gestaltung eines Make-ups finden sowohl der Typ als auch der Anlass gleichermaßen Berücksichtigung.

Daher gibt es in der Praxis verschiedene Make-up-Varianten. Das Verbraucher-Make-up unterscheidet zwischen:

- Tages-Make-up
- Festliches Make-up

Beim Gestalten eines Make-ups kann die Reihenfolge der Arbeitsschritte unterschiedlich gewählt werden. Folgende Vorgehensweise empfiehlt sich für die oben aufgeführten Make-up-Varianten:

1. Abdecken kleiner Hautunebenheiten und fleckiger Veränderungen der Hautfarbe.
2. Auftragen der Teintgrundierung.
3. Abpudern und Fixieren der Grundierung.
4. Erstellen des Augen-Make-ups incl. Augenbrauen.
5. Erstellen des Lippen-Make-ups.
6. Applizieren des Rouges.

2.3.1 Tages-Make-up

Je nach Wunsch der Kundin kann ein Tages-Make-up sehr schlicht oder aufwendig sein. Auch die Lichtverhältnisse müssen berücksichtigt werden, denn alle Farben wirken bei Tageslicht – besonders bei Sonnenschein – wesentlich intensiver.

Ein Tages-Make-up sollte möglichst dezent und natürlich sein, weswegen meistenteils eine nicht so stark deckende Grundierung gewählt wird, die nicht alle Besonderheiten der Haut abdeckt. Das Augen-Make-up beschränkt sich meist auf maximal zwei Lidschattenfarben. Die Lippen werden nur sehr dezent oder mit Gloss betont. Das Rouge gibt ein frisches Aussehen.

Bild 2 *Dezentes Tages-Make-up*

2.3.2 Festliches Make-up

Das festliche Make-up kann intensiver und auch auffälliger sein als das Tages-Make-up. Künstliches und gedämpftes Licht schluckt Farbe. Die Augen, der Mund und die Wangen dürfen daher stärker akzentuiert werden. Zusätzlich können künstliche Wimpern, Applikationen und glitzernde Schminkpräparate verwendet werden.

Die Haut sollte möglichst makellos erscheinen. Deswegen werden sämtlicher Unebenheiten und fleckiger Veränderungen der Hautfarbe gründlich abgedeckt. Die Grundierung wird stärker deckend als beim Tages-Make-up gewählt und Hals und Dekollete werden mit einbezogen.

Das Augen-Make-up darf farbenfroher und auffälliger gestaltet werden. Künstliche Wimpern und ein auffälliger Lidstrich runden das Erscheinungsbild ab.

Für ein haltbares Lippen-Make-up müssen die Lippen mit grundiert und abgepudert werden. Ein zum Lippenstift passender Lipliner verhindert das Auslaufen der Lippenstiftfarbe in die kleinen Lippenfältchen. Lipgloss rundet das Bild ab.

Rouge gibt auch hier dem Gesicht ein frisches Aussehen, wird aber stärker aufgetragen und dient gleichzeitig zur leichten Modellierung der Gesichtsform.

Bild 1 *Festliches Make-up*

2.4 Arbeits- und Hilfsmittel

Unabhängig davon, wie kreativ ein Mensch ist: Ohne das richtige Arbeitsmaterial erzielt man keine zufrieden stellenden Ergebnisse. Sicher wäre es möglich, nur allein mit den Händen ein gutes Make-up zu kreieren, aber allein aus hygienischen Gründen sollte der Kontakt der Hände mit dem Gesicht der Kundin weitestgehend vermieden werden. Zudem bieten die in einer großen Vielfalt angebotenen Arbeitsmaterialien viele Möglichkeiten, exakter und kreativer zu arbeiten, als allein mit den Händen.

Von der Industrie wird eine ganze Reihe von Arbeitsmaterialen für die Erstellung eines dekorativen Make-ups angeboten. Einer Friseurin sollten folgende Materialen zur Auswahl stehen:

- Schwämmchen
- Pinsel und Applikatoren
- Wimpern- und Augenbrauenbürstchen
- weitere Hilfsmittel

2.4.1 Schwämmchen

Schwämmchen dienen dem Auftragen und Einarbeiten der Grundierung. Sie bestehen entweder aus Schaumstoff, Latex oder latexfreiem sehr feinporigem Material.

Ihre Form kann sehr unterschiedlich sein: Runde Schwämmchen eignen sich besonders für großflächiges Auftragen, während man mit der rautenförmigen, elyptischen oder dreieckigen Form besser in die Winkel und Furchen des Gesichtes, z. B. am Auge kommt.

Bei der Auswahl der Schwämmchen sollte man darauf achten, dass sie möglichst flexibel sind und sich mit ihnen gut arbeiten lässt. Je dünner ein Schwämmchen ist, desto flexibler, aber auch verschleißanfälliger ist es.

Bild 2 *Make-up-Schwämmchen*

2.4.2 Pinsel und Applikatoren

Pinsel, Applikatoren und Linesoftner sind für das Auftragen von puderigen und pastösen Präparaten wie Transparentpuder, Lidschatten, Augenbrauenpuder, Rouge und Lippenstift gefertigt. Ihre Breite, Form und Materialbeschaffenheit bestimmen die Einsatzmöglichkeiten.

Folgende Pinsel werden für die dekorative Kosmetik angeboten:

- **Puderpinsel** sind meist aus Pony- oder Ziegenhaar. Daher sind sie sehr weich und elastisch. Durch die mit ca. 36 mm Durchmesser sehr breite, rund gebundene Form eignen sie sich hervorragend für großflächiges Auftragen von losem oder kompaktem Puder.
  Eine Alternative zum Puderpinsel bildet der aus Textilien gefertigte **Puderquast**. Er wird vor allem zum Einarbeiten von Fixierpuder in die Camouflage benutzt.
- **Rougepinsel** sind, wie der Puderpinsel, aus Ponyhaar. Mit 16 bis 24 mm Durchmesser sind sie aber bei weitem nicht so breit. Daher werden sie vor allem für kleinflächige Schattierungen und den gezielten Rougeauftrag verwendet.

- **Lippenpinsel** sind meist aus Rotmarder- oder Synthetikhaar. Daher sind sie sehr elastisch und trotzdem formstabil. Mit ihren Durchmesser von 1–2 mm sind Lippenpinsel sehr schmal. Da sie spitz zulaufen, gewährleisten sie ein möglichst exaktes Schminken der Lippen.
- **Augenbrauenpinsel** haben sehr kurze, abgeschrägte, harte Borsten und sind sehr schmal. Mit ihrer Hilfe kann man mit möglichst feinen, gezielten Strichen die Augenbrauen unauffällig modellieren oder vorhandene Haare farblich verstärken ohne die Haut mit anzufärben.
- **Applikatoren** sind meist aus Schaumstoff, Latex oder Velours. Sie sind dementsprechend ebenso wie die Schwämmchen, sehr feinporig und weich. Dadurch ist gewährleistet, dass die empfindliche Lidhaut nicht verletzt wird. Durch die Porenstruktur ist der Farbauftrag mit einem Applikator erheblich intensiver als mit einem Pinsel. Dies muss beim Applizieren beachtet werden, damit das gewünschte Ergebnis erzielt wird. Applikatoren werden vor allem für den gezielten Auftrag von Lidschatten, so wie dem Verwischen von Kajal und anderen Umrandungen verwendet.
- **Linesoftner** sind eine Alternative zum Applikator, die immer verstärkter im Handel angeboten wird. Sie sind aus Moosgummi, das erheblich formstabiler als Schaumstoff oder Latex, aber trotzdem weich und damit gefahrlos für das Augenlid ist. Sie werden hauptsächlich zum Verwischen von Kajal und anderen Linien und Umrandungen verwendet, daher auch der Name.

Bild 1 *Pinsel, Applikatoren und Bürstchen*

2.4.3 Wimpern- und Augenbrauenbürstchen

Wimpern- und Augenbrauenbürstchen trennen durch Mascara verklebte Wimpern voneinander und bringen die Augenbrauen in Form. Die spiralige Form nennt man **»Wimpernspirale«**. Oftmals wird eine flache Bürstenform in Ergänzung mit einem gröberen Wimpernkämmchen für stärkere Verklebungen angeboten.

2.4.4 Hilfsmittel

Neben den bisher erläuterten Arbeitsmaterialien sind folgende Hilfsmittel für das Erstellen eines perfekten, sauberen Make-ups notwendig:

- Weißes Handtuch oder Umhang zum Schutz der Kleidung der Kundin,
- Stirnband, Clipse und/oder Fleecehaube zum Schutz der Frisur der Kundin,
- Wattestäbchen für kleinere Korrekturen
- Trockene und feuchte Kosmetiktücher für großflächigere Korrekturen, zum zwischenzeitlichen Reinigen der Arbeitsgeräte und zum Schutz schon fertig geschminkter Partien, z. B. beim Auftragen des Mascara
- Pinzette, um einzelne kleine Härchen zu entfernen
- Spatel für das Abnehmen des Lippenstiftes und Lipgloss
- Anspitzer für Lippenkontur- oder Kajalstifte

Bild 2 *Hilfsmittel*

2.5 Dekorative Kosmetikpräparate

Ein gutes, typgerechtes Make-up steht und fällt mit der Auswahl der richtigen Präparate. Sie werden individuell auf Grundlage der Analyse von Haut und Kundentypus sowie Anlass ausgewählt. Zu den für die Erstellung eines Make-ups wichtigen Warengruppen gehören:

Präparate zum Abdecken bzw. Kaschieren von Besonderheiten

- Präparate zur Grundierung des Gesichts
- Präparate zur Fixierung der Grundierung
- Präparate zum Rougieren und Modellieren
- Präparate zur farblichen Gestaltung der Augen
- Präparate zur farblichen Gestaltung des Mundes

Die in diesem Kapitel vorgestellten Präparate sind die gebräuchlichsten für die alltägliche dekorative Gestaltung.

2.5.1 Präparate zum Abdecken bzw. Kaschieren von Besonderheiten

Jedes Gesicht hat Besonderheiten wie Pigment- und Gefäßveränderungen oder auch kleine Entzündungen, Augenschatten oder Fältchen, die zu besonderen Anlässen, zu denen man möglichst »perfekt« aussehen möchte, nicht zu sehen sein sollen. Während tagsüber der Teint natürlich sein soll, ist abends und bei künstlicher Beleuchtung Makellosigkeit gefragt, da das unbarmherzige Glühbirnen- oder Neonröhrenlicht jede Unregelmäßigkeit überdeutlich hervortreten lässt. In diesen Fällen ist es sinnvoll, Besonderheiten mit geeigneten Präparaten »unsichtbar«! zu machen, da die Grundierung allein diese perfekte Tarnung nicht zu leisten vermag. Abdeckpräparate sind extrem stark deckend und dementsprechend mit einem sehr hohen Pigmentanteil ausgestattet. Sie können sowohl punktuell als auch großflächig angewandt werden und kommen in pastöser und fester Form in den Handel.

Bild 1 *Präparate zum Abdecken bzw. Kaschieren von Besonderheiten*

Weißer Kajalstift

Weißer Kajal ist neben seinem eigentlichen Einsatzgebiet, dem Augen-Make-up, ein gern verwendetes Mittel, um leichte Fältchen oder auch Augenringe zu kaschieren. Durch seine spitze, dünne Form kann er sehr gezielt aufgetragen werden. Allerdings erscheint er durch seine weiße Farbe auf dem Hauthintergrund oftmals leicht gräulich und sollte daher nur im Notfall für großflächige Kaschierungen, wie z. B. Augenringe, verwendet werden.

Abdeckstifte

Coversticks sind sehr helle, beige Abdeckstifte, die meist in Lippenstiftform angeboten werden und auch die gleiche Konsistenz haben. Sie dienen vor allem der gezielten Kaschierung von kleinen, nicht entzündlichen Hautveränderungen, Augenschatten und Falten.

Antiseptischen Abdeckstifte sind eine Sonderform der Coversticks, die zusätzliche desinfizierende und antiseptische Bestandteile beinhalten und somit vor allem bei entzündlichen Hautveränderungen eingesetzt werden.

Ein Nachteil beider Abdeckstift-Formen ist allerdings die geringe farbliche Varianz, die ein komplementäres Kaschieren nur bedingt zulässt. Des Weiteren sind sie von der Konsistenz her im Auftrag so kompakt, dass sie bei großflächiger Applikation und auf dünneren Hautpartien, wie z. B. unter dem Auge, leicht maskenhaft wirken. Dementsprechend kommen auch beim Verbraucher-Make-up immer verstärkter die aus der Visagistik bekannten Concealer zum Einsatz.

Concealer

Concealer werden in Varianten von hellem Gelb über Beige bis hin zu Grün angeboten und sind dickflüssig bis pastös. Sie lassen sich daher erheblich dünner und großflächiger auftragen als normale Coversticks und bieten zudem die Möglichkeit, auch farblichen Veränderungen entgegenzuwirken. So werden z. B. rote Hautveränderungen mit grünem Concealer kaschiert, da Grün die Komplementärfarbe von Rot ist. Für dunkle Augenschatten wird bevorzugt Hellgelb verwendet, um einen gräulichen Schimmer zu vermeiden, der unweigerlich bei Verwendung von Beige oder auch Weiß auftreten würde.

2.5.2 Präparate zur Grundierung des Gesichtes

Grundierung, auch Foundation genannt, soll, zusammen mit den kaschierenden Präparaten, die Makellosigkeit eines Gesichtes unterstreichen, ohne es maskenhaft wirken zu lassen. Das Hautbild soll verbessert werden, ohne das es geschminkt wirkt. Hierzu muss die Foundation so gut wie möglich mit der Hautoberfläche verschmelzen und der gewählte Farbton muss perfekt stimmen. Hierzu wird die Foundation vorsichtig im Kinnbereich aufgetragen und mit dem ungeschminkten Hautton abgeglichen.

Des Weiteren können moderne Grundierungsarten den Erscheinungsformen unterschiedlicher Hauttypen entgegenwirken, indem sie z. B. fettige Haut mattieren und trockener Haut Feuchtigkeit zuführen.

Welche Grundierungsart gewählt wird, ist abhängig von

- Hauttyp und Hautzustand, wie trockene und fettige Haut
- Besonderheiten des Gesichtes, wie Narben, Unreinheiten etc. und
- Anlass, wie Tages-Make-up und festliches Make-up.

Die einzelnen Foundations unterscheiden sich voneinander durch ihren

- Pigmentanteil, der den Grad der Farbveränderung bestimmt,
- Puderstoffanteil, der den Grad der Abdeckung bestimmt und
- Fettanteil, der die Konsistenz und damit Auftrageeigenschaften ausmacht.

Je nach in dem Produkt enthaltenen Anteilen dieser Komponenten, kann man die gesamte Foundation-Palette grob in folgende Grundtypen einteilen:

Getönte Tagescreme

Getönte Tagescremes haben einen sehr geringen Pigment-, Puderstoff- und Fettanteil. Daher verändern sie den natürlichen Teint kaum und eignen sie sich vor allem für leichte Tages-Make-ups bei normaler bis trockener Haut. Hier wirken sie vor allem unterstützend und auffrischend, da sie zudem der Haut noch eine größere Portion Feuchtigkeit zufügen können. Sie werden im Handel in Tuben angeboten.

Flüssig-Make-up

Flüssige Make-ups haben einen etwas höheren Pigment- und Puderstoffanteil, wodurch eine etwas stärkere Farbveränderung und auch bessere Abdeckung von Hautveränderungen gegeben ist. Durch den immer noch sehr geringen Fett- und hohen Feuchtigkeitsanteil sind sie flüssig und lassen sich sehr dünn auf der Haut verteilen. Flüssige Make-ups eigenen sich daher vor allem für normale und leicht trockene Haut mit nur leichten Hautveränderungen als Tages-Make-up, bei dem eine leichte farbliche Veränderung gewünscht ist. Sie werden im Handel entweder, wie die getönten Tagescremes, in Tuben oder in Fläschchen mit speziellem Auftragespatel angeboten.

Creme-Make-up

Cremige Make-ups haben einen hohen Pigment- und Puderstoffanteil. Daher ermöglichen sie eine starke Farbveränderung mit guten Abdeckungseigenschaften. Der erhöhte Fettanteil bietet eine pastöse Konsistenz, was einen sehr kompakten Auftrag ermöglicht. Creme-Make-ups eignen sich durch den hohen Pflegestoffanteil vor allem für leicht trockene Haut und für den Abend, da der natürliche Teint fast vollständig abgedeckt wird. Im Handel werden sie meist als Tuben, Tiegel oder wie die flüssigen Make-ups in Fläschchen mit speziellem Entnahmespatel angeboten.

Compact-Make-up

Compact-Make-ups haben durch ihren sehr hohen Pigment- und Puderstoffanteil die beste Farbveränderungs- und Deckkraft. Da sie fast ausschließlich aus Fett bestehen, sind sie sehr fest und lassen sich sehr kompakt auftragen. Der natürliche Teint wird damit vollständig überdeckt. Gleichzeitig bieten sie die beste Haltbarkeit und eignen sich für jeden Hauttypen. Allerdings sollte eine solche Grundierung nicht für den allgemeinen Tagesgebrauch verwendet werden, da der Abschluss der Haut nach außen sehr hoch ist und durch die fettige Konsistenz die Entstehung von Unreinheiten gefördert wird. Daher wird dieser Foundation-Typ vor allem für Abend-Make-ups und für besondere Anlässe eingesetzt. Im Handel werden sie in Form von gepressten Formen, sog. »Cakes« und als Stifte (»Sticks«) angeboten.

Camouflage

Camouflage enthält den höchsten Pigment- und Puderstoffanteil. Es bietet damit die beste Abdeckung aller Grundierungen und kaschiert sogar dunkle Tattoos. Die Basis von Camouflage ist eine reine Fettgrundlage. Sie haben meist eine pastöse bis feste Konsistenz und sollte nicht über den ganzen Tag hinweg getragen werden, um der Entstehung von Unreinheiten vorzubeugen.

Angewandt wird Camouflage daher für jeden Hauttyp. Vor allem entweder zum gezielten Kaschieren von Hautveränderungen und Schattieren des Gesichts oder aber für besondere Anlässe, zu denen eine vollständige Abdeckung oder sogar Typ- und Farbveränderung erwünscht ist, z.B. für Abend-Make-up, Laufsteg-Make-up und Theater-Make-up.

Gel-Make-up

Gel-Make-ups enthalten einen verhältnismäßig hohen Pigmentanteil, wohingegen der Puderstoffanteil relativ gering und Fette gar nicht vorhanden sind. Grundlage für eine auftragefähige Konsistenz sind hier Gelbildner wie Gelatine oder Agar-Agar in Wasser. Daher kommen Gel-Make-ups zwar extrem farbig aus der Tube, weisen aber so gut wie keine Deckkraft auf.

Gel-Make-ups werden daher vor allem für stark fettige Haut und Jugendliche Problemhaut, sowie zum leichten Auffrischen und Colorieren, ähnlich der getönten Tagescreme, verwendet. Wegen der geringen Deckkraft ist allerdings eine Kaschierung von Unreinheiten nicht möglich, was dann mithilfe antiseptischer Abdeckstifte geschehen muss.

Mousse-Make-up

Die neueste Entwicklung ist es, cremige oder flüssige Grundierungen mit Luft zu mischen und so ein Creme-Mousse bzw. ein Schaum-Make-up herzustellen, das sich leichter, feiner und gleichmäßiger auf der Haut verteilen lässt. Der Puder- und Pigmentanteil in diesen Präparaten ist sehr hoch, wodurch eine für die Konsistenz sehr gut Deckkraft erzielt wird.

Bild 1 *Präparate zum Grundieren*

Grundierungen werden in allen Helligkeitsstufen, vom hellsten Beige bis dunklem Braun angeboten und haben immer einen entweder gelblichen oder rötlichen Unterton. Die ausgewählte Foundation muss immer möglichst exakt auf die Hautfarbe der Trägerin abgestimmt sein, um eventuelle Farbunterschiede zwischen geschminkter und ungeschminkter Haut und unschöne »Make-up-Ränder« zu vermeiden. Zudem wirkt eine grundierte Haut nur dann frisch und gesund, wenn der Farbtyp übereinstimmt. Wenn eine Haut mit gelblichem Unterton mit einer rötlichen Foundation grundiert wird, wirkt sie fahl und alt.

2.5.3 Präparate zur Fixierung der Grundierung

Die Fixierung der Grundierung hat vor allem folgende Aufgaben:

- Sie soll die Foundation längerfristig haltbar machen und vor Abrieb schützen, also auf der Haut fixieren.
- Der Auftrag puderiger Make-up-Präparate wie Puderrouge und Puderlidschatten soll ermöglicht werden, ohne dass diese auf der fett- und feuchtigkeitsbasierten Grundlage fleckig werden.
- Das unangenehme »fettige Glänzen« der Haut, hervorgerufen durch Talg- und Schweißabsonderungen, in Verbindung mit der Grundierung, soll vermieden werden, indem beides vom Puder aufgesogen wird.
- Übergänge zwischen grundierter und ungrundierter Haut sollen kaschiert und farblich angeglichen werden.

Fixierpuder sollte immer farblich auf die Grundierung abgestimmt werden, wobei gilt, je heller das verwendete Puder, desto ebenmäßiger wirkt das Gesamtbild. Grundsätzlich darf Fixierpuder niemals dunkler sein als die verwendete Grundierung, da es ansonsten fleckig aussieht.

Im Handel wird Puder entweder lose oder in gepresster Form in Faktiesen, den so genannte **Kompaktpudern**, angeboten. Während sich Kompaktpuder sehr dünn und gleichmäßig mithilfe eines Pinsels auftragen lässt, ermöglicht loses Puder, das mit einem Puderquast oder Pinsel in die Haut und die Grundierung regulär »eingearbeitet« werden kann, eine erheblich bessere Fettabsorption und damit Haltbarkeit.

Eine Sonderstellung nimmt das **»Sunglow-Powder«** oder **»Egypt-Sun«** ein. Es wird entweder auf die ungrundierte Haut oder aber auf das eigentliche Fixierpuder aufgebracht und verleiht der Haut mit seinen Glanz- und Schimmer-Pigmenten einen leichten Bräunungstouch, wie frisch aus dem Urlaub.

Bild 1 *Präparate zum Fixieren der Grundierung*

2.5.4 Präparate zum Rougieren und Modellieren

Rougieren und Modellieren dient vor allem der optischen Gestaltung der Gesichtsform. Hierbei sollen unvorteilhafte Gesichtsformen, wie ein Doppelkinn oder eine lange Nase, kaschiert und vorteilhafte Merkmale, wie gut modellierte Wangenknochen, hervorgehoben werden. Gleichzeitig soll durch gezielt gesetzte Farbnuancierungen das Gesicht markanter und frischer aussehen und damit die Maskenhaftigkeit des Make-ups vermieden werden.

Zum Rougieren und Modellieren des Gesichtes eignen sich sowohl cremige als auch puderige Präparate. Hierzu können gehören:

- Dunkle Grundierung
- Dunkles Fixierpuder
- Sunglow-Powder
- Rouge in Puder- oder Cremeform
- Lippenstift
- Weißer Kajal
- Lidschatten

Die eigentlichen **Rougepräparate** sind in allen möglichen Rot- und Rosa-Schattierungen erhältlich und sollen vor allem das natürliche, frische Aussehen des Gesichtes hervorheben. **Modellierpräparate** dahingegen dürfen auf keinem Fall Glanzpartikel enthalten und sollten eine möglichst hautähnliche Grundfarben haben, also meist Beige- und Brauntönen sein.

Grundsätzlich gilt folgendes beim Modellieren eines Gesichtes:

- Helle, irisierende Farbnuancen heben Teile eines Gesichtes hervor.
- Dunkle, matte Farben drängen Teile eines Gesichtes in den Hintergrund.

Wichtig ist auch hier die Farbwahl, die zum Modellieren an die verwendete Grundierung und zum Rougieren an den Farbtyp der Kundin und die Lidschatten- und Lippenstiftfarbe angepasst sein sollte.

Bild 2 *Präparate zum Rougieren und Modellieren*

2.5.5 Präparate zur farblichen Gestaltung der Augen

Die farbliche Gestaltung der Augen ist meist das zentrale Thema eines dekorativen Make-ups. Da hierfür zum einen feine Härchen in Form der Augenbrauen und Wimpern, zum anderen aber auch Hautflächen, wie die Liddeckel und empfindliche Hautränder, wie der Augensims, wo es leicht zu Entzündungen kommen kann, gestaltet werden müssen, werden hier besonders viele unterschiedliche Anforderungen an die Präparate gestellt und die Produktvielfalt ist besonders groß.

Zu den für ein Augen-Make-up verwendeten Produktgruppen gehören:

Lidschatten

Lidschatten wird vorrangig für die farbliche Flächengestaltung der Haut um die Augen verwendet, kann aber auch zum Ziehen eines Lidstrichs oder zum Rougieren dienen. Die Vielfalt an Farben und Formen, wie Puder, Creme und Mousse, ist sehr groß und die Produktauswahl und Auftragetechnik maßgeblich von folgenden Faktoren abhängig:

- Anlass und Kundenwunsch
- Farbtyp und Farbe von Augen, Haaren und Kleidung
- Augenform- und -stellung

Grundsätzlich gilt auch hier, dass dunkler, matter Lidschatten zurück drängt und irisierende, helle Lidschatten Hautpartien hervortreten lassen.

Lidschatten in Creme- oder Mousseform sind darüber hinaus im Farbauftrag erheblich intensiver und daher ausdrucksstärker als der eher dezentere Puderlidschatten.

In den Handel kommt Lidschatten aus hygienischen Gründen in sehr kleinen Faktiesen, damit ein schneller Verbrauch gewährleistet ist und das Produkt nicht mit Keimen kontaminiert wird, was zu Entzündungen der empfindlichen Augenpartie führen könnte.

Bild 1 *Lidschatten*

Kajalstifte und Eyeliner

Kajalstifte und Eyeliner werden vorrangig zum Ziehen eines Lidstriches am oberen und unteren Wimpernkranz verwendet.

Kajalstifte werden in unterschiedlichen dunklen Farben, wie schwarz, braun, graphit, dunkelgrün und dunkelblau, aber auch in weiß auf dem Markt angeboten. Die Farbpigmente sind in einer Fettgrundlage eingebettet. Ein Kajalstift muss so weich sein, dass man den Kajalstrich verwischen und so in den Lidschatten mit einarbeiten kann und die empfindliche Augenhaut nicht verletzt wird. Andererseits darf er aber auch nicht in das empfindliche Auge laufen und zu Entzündungen führen. Kajalstifte in Holzhüllen können durch einen handelsüblichen Anspitzer wieder in Form gebracht werden, während Kajals in Plastikhülle sich durch Abreiben auf Papier wieder optimal formen lassen.

Eyeliner sind immer flüssige und mehr oder weniger viskose Präparate auf Wasserbasis. Sie sollen sich gut auftragen lassen, dann aber schnell trocknen und einen haltbaren Strich bilden, der sich nicht verwischen lässt und nicht ins Auge läuft. In den Handel kommen Eyeliner in kleinen Fläschchen mit sehr feinem Pinsel, der zum Auftragen benutzt wird.

Bild 2 *Kajalstift und Eyeliner*

Mascara

Mascara wird auch als **Wimperntusche** bezeichnet und zum Anfärben der Wimpern verwendet. Daneben sollen sie die einzelnen Wimpernhärchen stärken, ohne sie so zu verhärten, dass sie brechen, die Wimpern pflegen und nach Wunsch verlängern oder verdichten. Hierzu sind in die mit Farbpigmenten angereicherte Cremegrundlage entweder pflegende Öle oder aber spezielle, fädenbildende Proteine, Nylon oder Kunstharze eingearbeitet. Sie ziehen auf die einzelnen Wimpern auf und erzielen so den gewünschten optischen Effekt.

Waterproofed Mascara sind vollständig wasserfreie Präparate und damit wasserfest. Sie verlaufen beim Baden oder starken Schwitzen nicht, trocknen aber auch langsamer und haben die Tendenz, ins Auge zu laufen. Daher sind sie für Kontaktlinsenträger eher ungeeignet.

Da das Auge sehr reizempfindlich ist, müssen Wimperntuschen sorgfältig konserviert werden. Eine zu niedrige Konservierung begünstigt das Keimwachstum in der Tusche, eine zu hohe Konservierung kann Reizungen verursachen.

Maßgeblich für die Wirkung eines Mascara ist das mitgelieferte Auftragebürstchen, dass die Wimpern einzelnd mit Farbe überziehen soll, ohne dass sie miteinander verkleben.

Bild 3 *Mascara*

Augenbrauenpuder und Augenbrauenstift

Augenbrauenpuder und Augenbrauenstift dienen der Gestaltung der Augenbrauen. Ihre Farbe ist dunkel-graubraun.

Augenbrauenpuder ist aufgebaut wie ein Puderlidschatten, enthält aber keine Glanzpigmente und ist stärker gepresst, da das für den Auftrag verwendete Bürstchen härter ist.

Der **Augenbrauenstift** dahingegen ist, wie der Kajal, auf Fettbasis aufgebaut. Dabei ist er allerdings von der Konsistenz her viel härter, um gezielte, dünne Striche, die nicht verwischt werden dürfen, zeichnen zu können.

Die Entscheidung, ob mit einem Augenbrauenpuder oder einem Augenbrauenstift gearbeitet wird ist abhängig vom Zustand der Augenbrauen:

- Ein Augenbrauenpuder kann nur schon vorhandene Härchen anfärben
- Mit einem Augenbrauenstift können zusätzliche feine Härchen gezeichnet und damit die Augenbraue verdichtet und fehlende Bereiche ergänzt werden.

Bild 1 *Augenbrauenpuder und -stift*

2.5.6 Präparate zur farblichen Gestaltung des Mundes

Neben den Augen ist der Mund die Partie des Gesichtes, der zuerst die Blicke auf sich zieht. Seine exakte Gestaltung trägt daher maßgeblich zum Eindruck eines gelungenen Make-ups bei. Hierzu werden folgende Präparate benötigt:

Lipliner

Lippenkonturenstifte, auch Lipliner genannt, dienen der Korrektur der Lippenform und verhindern das Auslaufen des Lippenstiftes in die feinen Mundfältchen. Die Pigmente sind in einer Fettbasis eingebettet. Sie werden in Stiftform in unterschiedlichen Farben angeboten, die individuell auf die Lippenstiftfarbe abgestimmt wird.

Lippenstift

Lippenstifte, auch **Lipsticks** genannt, sind meist entweder in pastöser Stiftform oder aber in kleinen Tiegeln auf Fettbasis in vielen unterschiedlichen Farben im Handel erhältlich. Die Farbwahl sollte immer eine Einheit mit dem Farbtyp, dem Augen-Make-up, dem Rouge und der Kleidung und Haarfarbe der Kundin bilden.

Lipgloss

Lipgloss ist ein dünnflüssiges, reines Fettprodukt, das durchsichtig ist und mit oder ohne eingearbeitete Glitzer- und Farbpartikel die Lippen glänzen lässt.

Lipgloss kann entweder über den Lippenstift als »Highlight« aufgetragen werden, oder aber auch alleine verwendet werden.

Im Handel wird Lipgloss entweder relativ fest in Tiegeln oder aber flüssig in kleinen Fläschchen mit speziellem Applikator angeboten.

Bild 2 *Präparate zur farblichen Gestaltung des Mundes*

2.6 Schminktechniken

Die Schminktechniken richten sich vor allem nach den mithilfe der Kundentyp- und Gesichtsanalyse ermittelten Gegebenheiten. Die zentrale Frage ist: »Was im Gesicht muss kaschiert und modelliert werden?«

Hiernach richten sich die Reihenfolge der einzelnen Arbeitsschritte und auch die Technik, mit der die einzelnen Präparate aufgetragen werden. Diese Art und Weise der Anwendung bezeichnet man als Schminktechniken.

2.6.1 Schminktechniken zum Kaschieren und Grundieren

Beim Kaschieren und Grundieren ist die Arbeitsreihenfolge abhängig von den Besonderheiten, die kaschiert und modelliert werden müssen und von den Präparaten, die dazu eingesetzt werden.

Grundieren einer idealen ovalen Gesichtsform ohne Besonderheiten

Bei einer idealen ovalen Gesichtsform ohne Besonderheiten muss weder kaschiert noch modelliert werden. Hier wird die Grundierung direkt nach der Make-up-Grundlage, also der Tagescreme, aufgetragen und anschließend rougiert.

Viele Make-up-Artists schwören darauf, die Grundierung mit den Fingern einzuarbeiten, da durch die Wärme ein gleichmäßigeres Auftragen möglich ist. Dies gilt allerdings nur für extrem feste Camouflage-Sorten. Daher sollte darauf im Friseursalon aus hygienischen Gründen verzichtet werden.

Die Grundierungfarbe wird entweder direkt im Hautton oder aber, vor allem für das festliche Make-up, einen Ton heller gewählt. Sie sollte niemals dunkler als die Hautfarbe sein, da die Gesichtsfarbe dann nicht mehr zum Rest der zu sehenden Haut, z. B. an Hals und Dekolletee, passt.

Die Grundierung wird mit einem sauberen Make-up-Schwämmchen partienweise gleichmäßig auf dem Gesicht verteilt. Man beginnt dabei in der Gesichtsmitte und arbeitet sich nach und nach zu den Gesichtsrändern hin vor. Es dürfen keine Flecken entstehen. Augenbrauen und Wimpern werden freigelassen. Am Haaransatz und an der Halspartie und sollen die Übergänge sanft verlaufen. Der Mund wird mit grundiert, um ihn später modellieren zu können. Auch die Ohrläppchen und die Nasenlöcher bekommen einen Hauch Grundierung.

Bei einem Tages-Make-up wird nur bis zum Hals grundiert und der Übergang sauber ausgestrichen. Für ein festliches Make-up kann es notwendig sein, Hals und Dekolletee und eventuell sogar die Arme mit zu grundieren, um ein gleichmäßiges Hautbild zu erhalten.

Bild 1 *Auftragen der Grundierung*

Cremerouge wird direkt nach der Grundierung appliziert, während vor Verwendung von Puderrouge die Grundierung erst gepudert werden muss.

Das Rouge wird direkt unter dem Wangenknochen bzw. Jochbeinrand appliziert. Der Auftrag erfolgt in einer flüssigen Bewegung von außen nach innen, damit die Farbe harmonisch zur Gesichtsmitte hin ausläuft. Rougiert wird prinzipiell nur bis zur Wangenmitte, damit das Jochbein optisch hervorgehoben wird. Das Gesicht erhält dadurch mehr Tiefe und wirkt ausdrucksstärker und frischer. Abschließend wird das Rouge nach oben und unten leicht verwischt, damit keine harten Ränder entstehen.

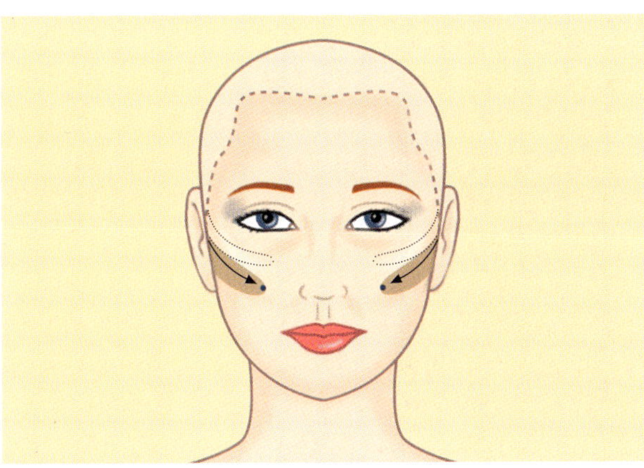

Bild 2 *Rouge auftragen*

Kaschieren punktueller Besonderheiten

Zu den punktuellen Besonderheiten zählen

- Pigmentveränderungen wie Sommersprossen, kleine weiße Flecken, Leberflecken, Altersflecken und Muttermale
- Entzündete und nicht entzündete Hautveränderungen wie Herpes, Komedone und Milien
- Hautwucherungen wie Warzen

Kleine punktuelle Hautbesonderheiten, wie Unreinheiten und kleine Pigmentflecken werden vor dem Grundieren mithilfe von Abdeckstift oder Concealer kaschiert. Sind sie nicht entzündet und wenig auffällig kann auch nach dem Grundieren auf diese Stellen mit dem Pinsel etwas mehr Grundierung getupft werden. Diese Methode empfiehlt sich vor allem bei unebenen Besonderheiten.

Bei **kleinen, entzündlichen Hautarealen** muss unbedingt ein antiseptischer Abdeckstift vor Auftagen der Grundierung verwendet werden, damit sich die Entzündung nicht verstärkt.

Grundsätzlich gilt, dass **nässende Hautveränderungen**, wie z. B. aufgeplatzte Herpes-Bläschen und Pusteln aus hygienischen Gründen nicht behandelt werden dürfen, um eine Verbreitung der austretenden Gewebeflüssigkeit und damit Ausbreitung der Erreger zu verhindern.

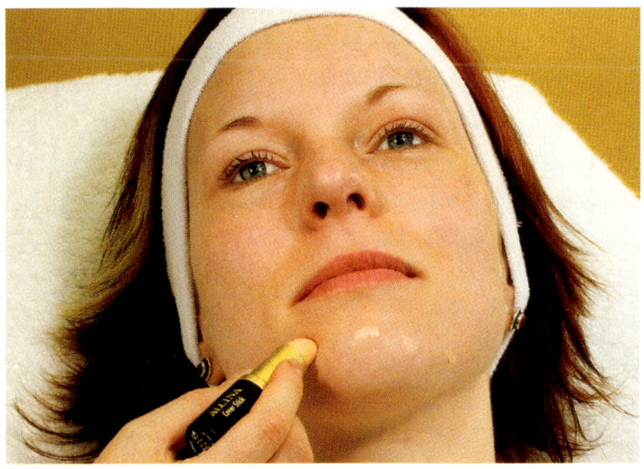

Bild 3 *Kaschieren punktueller Besonderheiten*

Wird vor dem Grundieren kaschiert, darf die Grundierung hinterher an diesen Stellen nur vorsichtig mit dem Schwämmchen aufgetupft werden, damit Concealer oder Abdeckstift nicht wieder abgetragen werden.

Kaschieren großflächiger Besonderheiten

Zu den großflächigeren Besonderheiten zählen

- Augenringe und tiefe Falten
- Pigmentveränderungen wie die Depigmentierung »Vitiligo« (Weißfleckenkrankheit) und ein Tattoo
- Gefäßveränderungen wie Teleangiektasien (Äderchenzeichnung), Feuermale und Blutschwämme
- Entzündete Hautveränderungen wie Ekzeme (z. B. Sonnenbrand) und Melanome
- Hautwucherungen wie Narben, Fibrome (gutartige Bindegewebswucherungen) und Melanome (gut- oder bösartige Wucherung von Pigmentmalen)

Grundsätzlich gelten beim Kaschieren von großflächigen Besonderheiten folgende Gesetzmäßigkeiten:

- Entzündliche und nässende Hautareale dürfen nicht behandelt werden.
- Immer vor dem Grundieren Kaschieren.
- Concealer dünn aber großflächig, auch über den Rand des zu kaschierenden Hautareals hinaus, auftragen
- Immer mit der Gegenfarbe arbeiten.

Augenringe und tiefere Falten können entweder mit einem weißen Kajalstift oder aber besser mit gelblichem Concealer kaschiert werden.

Rötliche Gefäßveränderungen werden mit grünem Concealer kaschiert.

Zum Kaschieren von **Vitiligo** und **Tattoos** benötigt man eine stark deckende Camouflage in der Hautfarbe.

Auch bei großflächigen Besonderheiten darf die Grundierung nach dem Kaschieren an diesen Stellen nur vorsichtig mit dem Schwämmchen aufgetupft werden, damit der Concealer nicht wieder abgetragen wird. Bei der Verwendung von Camouflage erübrigt sich das Grundieren im Nachhinein.

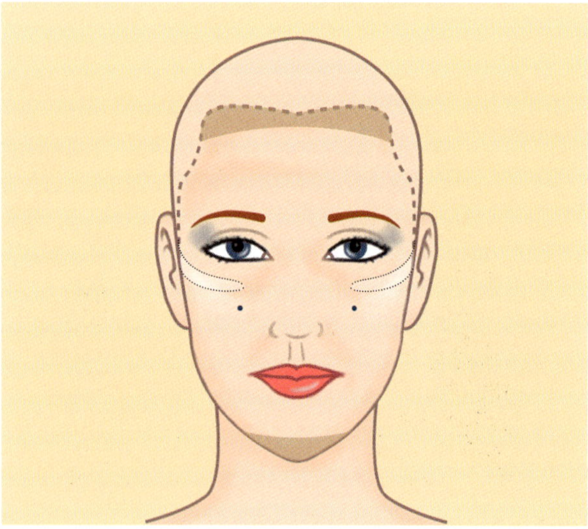

Bild 1 *Modellieren eines rechteckigen Gesichtes*

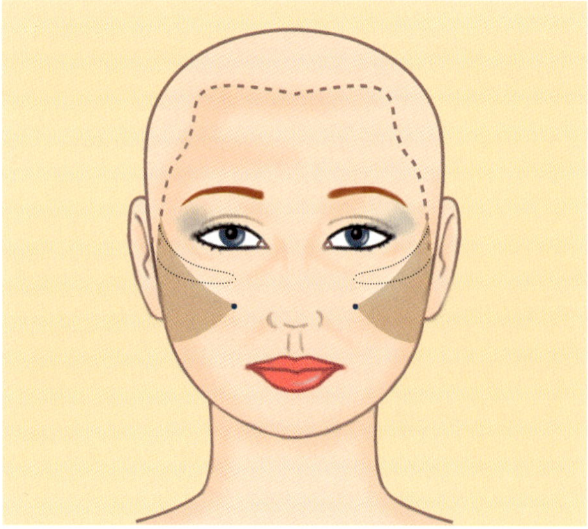

Bild 2 *Modellieren eines runden Gesichtes*

Modellieren der Gesichtsform

Die Gesichtsform kann entweder mit Grundierung oder aber mit Puder modelliert werden.

Wird mit Grundierung modelliert, geschieht dies, bevor das Gesicht abgepudert wird. Wird mit Puder modelliert, muss das Gesicht nach dem Grundieren erst einmal gründlich abgepudert werden.

Zum Modellieren werden meistenteils matte, nicht glänzenden Brauntönen verwendet. Allerdings kann im Wangenbereich dazu auch rötliches Rouge verwendet werden. Es wirkt aber leicht zu auffällig und sollte daher in anderen Bereichen des Gesichtes nicht verwendet werden.

Grundsätzlich gilt:

- Dunkle Töne lassen ein Gesichtsareal zurücktreten.
- Helle Töne lassen ein Gesichtsareal hervortreten.

Sollen also Bereiche des Gesichtes getarnt werden, müssen dunkle Farben verwendet werden. Sollen aber bestimmte Bereiche hervorgehoben werden, geschieht dies mit hellen Farben.

Die Gesichtsform wird modelliert, indem sie der idealen ovalen Gesichtsform angeglichen wird:

Rechteckiges, länglich-schmales Gesicht

Das länglich-schmale Gesicht ist gegenüber der ovalen Gesichtsform zu lang und zu schmal. Die Stirnpartie ist sehr hoch und leicht eckig. Die Wangenpartie ist durch stark abgerundete Wangenknochen weniger stark ausgeprägt. Die Mund- und Kinnpartie fällt sehr lang und spitz aus.

Dementsprechend wird das rechteckige Gesicht folgendermaßen modelliert:

- Dunkle Grundierung oder dunkles Puder auf die Stirn, direkt unter den Haaransatz und auf das Kinn geben. Dadurch treten diese Partien zurück und das Gesicht wirkt kürzer.
- Helle Grundierung oder helles Puder direkt auf den Wangenknochen applizieren. Dadurch werden sie hervorgehoben und das Gesicht wirkt breiter. Unterstützt werden kann dieser Effekt noch, indem dunkles Rouge unterhalb des Wangenknochens appliziert wird, wodurch das Gesicht weiter an Kontur gewinnt.

Rundes Gesicht

Das runde Gesicht ist gegenüber der ovalen Gesichtsform zu kurz und zu breit. Die Stirn ist sehr rund und niedrig. Die Wangenpartie ist breit, die Wangenknochen sind aber nicht stark ausgeprägt. Die Kinnpartie ist ebenfalls sehr kurz. Allerdings treten, im Gegensatz zum quadratischen Gesicht, die Kieferknochen nicht stark hervor, so dass die Kinnpartie rund wirkt.

Dementsprechend wird das runde Gesicht folgendermaßen modelliert:

- Dunkle Grundierung oder dunkles Puder in Dreiecksform zwischen Augenbrauenende, Kieferknochen und Wangenmitte applizieren. Der Wangenbereich wird dadurch getarnt und das Gesicht wirkt schmaler.
- Zusätzlich kann der Stirn- und Kinnbereich durch helle Grundierung oder helles Puder hervorgehoben und dadurch optisch gestreckt werden.

Quadratisches Gesicht

Das quadratische Gesicht ist, wie das runde Gesicht, gegenüber der ovalen Gesichtsform zu kurz und zu breit. Die Stirn ist ebenfalls sehr niedrig, allerdings auch sehr kantig und breit. Das Gleiche gilt für die Kinnpartie, in der die stark ausgeprägten Kieferknochen für einen breiten und eckigen Eindruck sorgen.

Dementsprechend wird das quadratische Gesicht folgendermaßen modelliert:

- Die gesamte Seitenpartie wird von den Stirnecken bis über den Kieferknochen hinaus dunkel schattiert. Dadurch tritt dieser Bereich zurück und das Gesicht wirkt im Ganzen schmaler.
- Im Wangenbereich läuft die Schattierung zur Wangenmitte hin trapezförmig aus.
- Zusätzlich kann die Kinnspitze mit heller Grundierung oder hellem Puder optisch hervorgehoben werden.

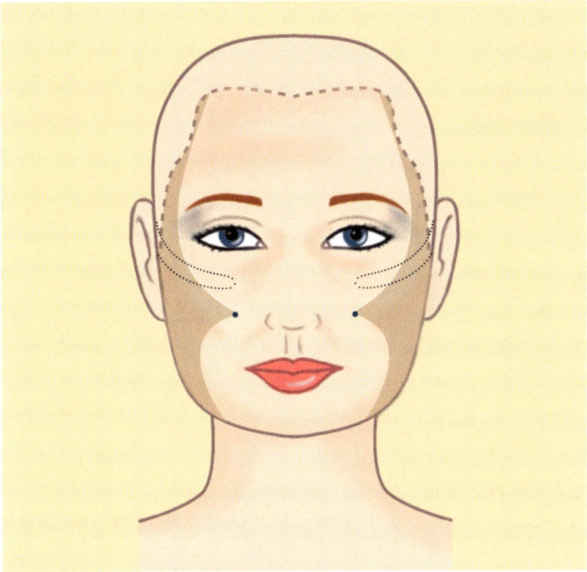

Bild 1 *Modellieren eines quadratischen Gesichtes*

Dreieckiges Gesicht

Auch das dreieckige Gesicht ist gegenüber der ovalen Gesichtsform zu kurz und zu breit. Allerdings fällt hier nur die niedrige Stirn zu breit und kantig aus. Die Wangenpartie ist eher unauffällig und das Kinn läuft, wie bei der länglich-schmalen Gesichtsform, lang und spitz zu.

Dementsprechend wird das dreieckige Gesicht folgendermaßen modelliert:

- Die Stirnseiten werden mit dunkler Grundierung oder dunklem Puder schattiert. Sie treten dadurch zurück und die Stirn wirkt nicht mehr so breit.
- Die Kinnspitze wird ebenfalls dunkel schattiert. Dadurch wirkt die Kinnpartie runder.
- Im Wangenbereich wird dunkle Grundierung oder dunkles Puder dreieckig zwischen Augenbrauenende, Ohr- und Wangenmitte aufgetragen. Die Wangenknochen werden dadurch getarnt und das Gesicht wirkt schmaler.

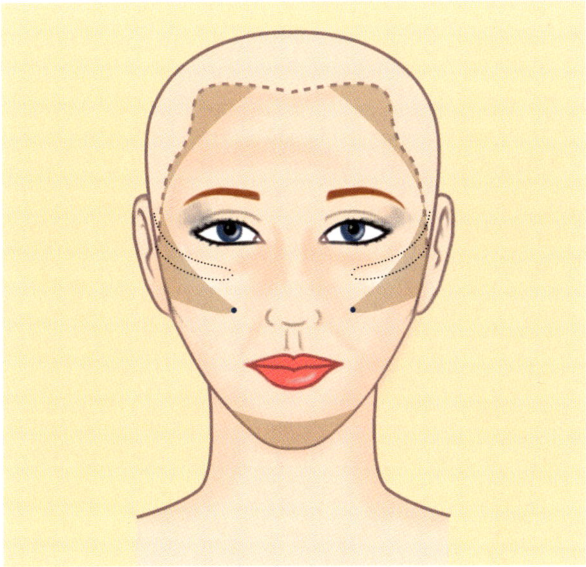

Bild 2 *Modellieren eines dreieckigen Gesichtes*

Trapezförmiges Gesicht

Das trapezförmige Gesicht stellt von der Form her fast ein auf der breiten Seite stehendes Dreieck dar. Gegenüber dem ovalen Geicht ist es im Kinnbereich zu lang. Die Stirnpartie ist schmal und leicht rundlich, die Kinnpartie dahingegen durch ausgeprägte Kieferknochen sehr breit und kantig.

Dementsprechend wird das trapezförmige Gesicht folgendermaßen modelliert:

- Die Seiten des Gesichtes werden von den Ohren bis über die Kieferknochen hinaus dunkel schattiert. Diese Bereiche treten dadurch zurück und die Kinnpartie wirkt schmaler.
- Diese Schattierung kann bis zum Kinn fortgeführt werden, je nach dem, wie stark ausgeprägt die Kinnpartie ist. Die Kinnspitze muss allerdings frei bleiben und kann optisch durch helles Puder hervorgehoben werden.
- Zusätzlich kann helle Grundierung oder helles Puder auf die Stirnpartie appliziert werden. Sie wird dadurch ebenfalls hervorgehoben und optisch gestreckt.

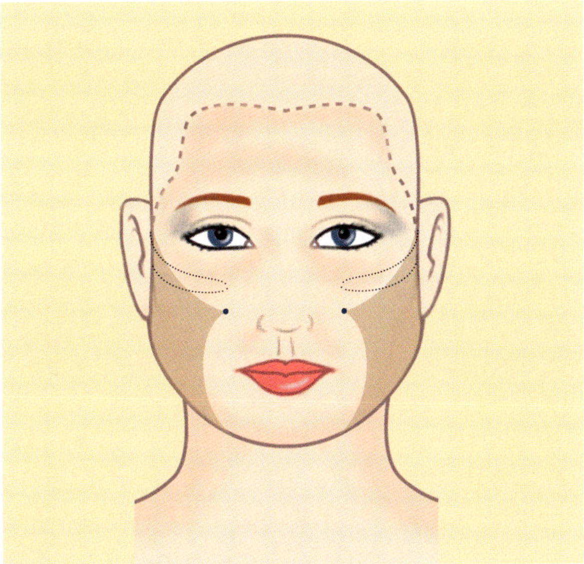

Bild 3 *Modellieren eines trapezförmigen Gesichtes*

Modellieren der Stirn

Die Möglichkeiten, die Stirn zu modellieren, orientieren sich an den Vorgehensweisen für die Gesichtsformen:

- Bei einer **hohen Stirn** wird direkt unter dem Haaransatz dunkel schattiert, damit dieser Teil zurück tritt und die Stirn optisch niedriger wirkt.
- Bei einer **breiten Stirn** werden die Stirnseiten dunkel schattiert. Die Stirn wirkt schmaler.
- Eine **niedrige Stirn** kann man optisch durch Applizieren von heller Grundierung oder hellem Puder direkt am Haaransatz strecken.

Modellieren des Kinns

Auch die Möglichkeiten, das Kinn zu modellieren, richten sich nach den Vorgehensweisen für die Gesichtsformen:

- Ein **spitzes Kinn** wird mit einem dunklen Tupfer auf die Kinnspitze verkürzt und verbreitert.
- Ein **breites Kinn** wird an den Kinnseiten durch dunkle Schattierungen optisch schmaler gestaltet.
- Bei einem **schmalen Kinn** wirkt helle Grundierung oder helles Puder verbreiternd.
- Ein **Doppelkinn** kann getarnt werden, in dem dunkle Grundierung oder dunkles Puder direkt auf die Hautfalte unter dem Kinn appliziert wird.

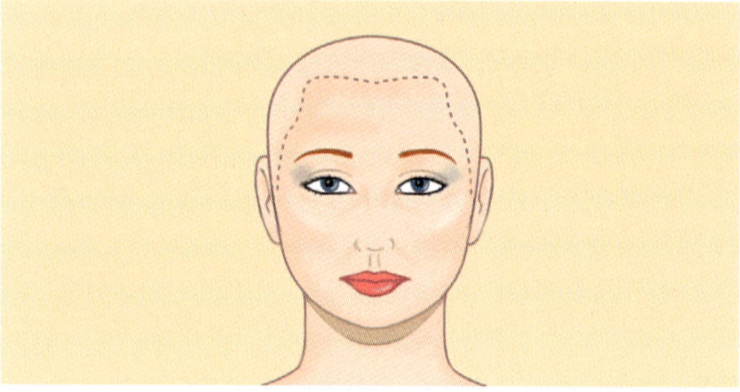

Bild 1 *Modellieren eines Doppelkinns*

Modellieren der Nase

Die Nase ist ein auffälliges Merkmal des Gesichtes. Kleine, schmale Nasen erfüllen das »Kindchen-Schema«, und werden gegenüber anderen Nasenformen favorisiert. Folgende Modelliermöglichkeiten für Nasen gibt es:

- Lange Nasen werden mit einem dunklen Tupfer auf die Nasenspitze verkürzt.
- Breite Nasen werden an den Seitenwänden dunkel schattiert und dadurch verschmälert. Die Nasenflügel sind davon ausgenommen.

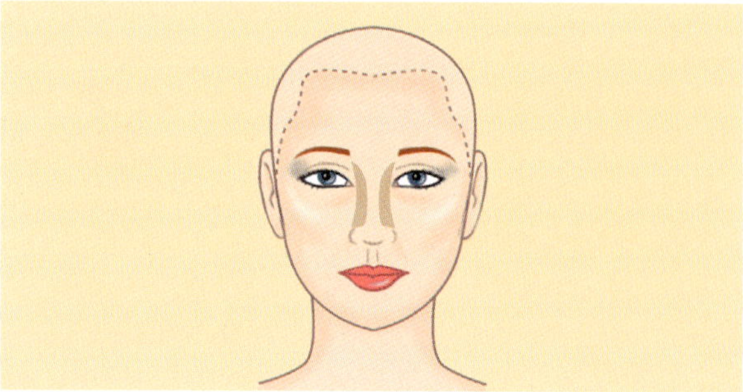

Bild 2 *Modellieren einer breiten Nase*

2.6.2 Schminktechniken zum Fixieren und Abpudern

Vor dem Auftrag von fixierendem Puder muss geklärt sein, welche Präparate für die weitere Make-up-Erstellung verwendet werden sollen: Wird für das Augen-Make-up, das Modellieren oder als Rouge ein cremiges Produkt oder ein Mousse verwendet, darf vorher nicht abgepudert werden, da Puder mit Cremerouge oder Cremelidschatten unansehnliche Schlieren bilde, die zum einen das Aussehen, zum anderen auch die Haltbarkeit des Make-ups beeinträchtigen. Hier empfiehlt es sich, das Make-up erst nach der vollständigen Fertigstellung zu fixieren.

Eins Ausnahme bildet der Lippenstift. Da die Lippen keine feinen Härchen besitzen, verbessert hier das Puder die Haftung. Der Farbauftrag mit Lippenstift hinterher ist zudem so kompakt, dass kleine Schlieren nicht auffallen. Daher gilt das nicht, wenn nur Lipgloss für das Lippen-Make-up verwendet werden soll.

Fixierpuder wird entweder mit einem großen Puderpinsel oder aber mit einem Puderquast auf die Grundierung gegeben. Wird loses Puder verwendet, muss überschüssiges Puder vor dem Auftragen abgeschlagen werden. Eine Alternative ist es, das Puder mit der Hand in den aufrecht gehaltenen Pinsel einzuklopfen. Die feinen Pinselhärchen geben es dann nach und nach beim Auftragen wieder ab und dienen so als »Puderreservoir«.

Fixierpuder für Camouflage wird mithilfe eines Puderquastes tief in die Grundierung eingearbeitet. Es muss dann eine Weile ruhen um sich gut zu binden. Zum Schluss wird das überschüssige Puder mithilfe eines Puderpinsels entfernt.

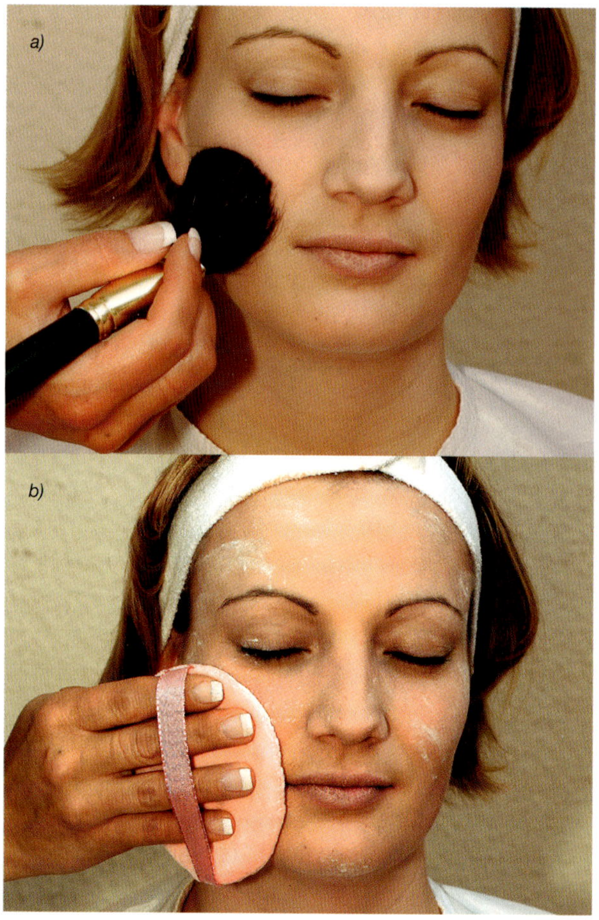

Bild 3 *Fixieren der Grundierung a) mit einem Puderpinsel b) mit einem Puderquast*

2.6.3 Schminktechniken zum Gestalten der Augenpartie

Die Augen sind der Mittelpunkt eines Gesichtes. Sie signalisieren Interesse, Aufmerksamkeit, Freude, Trauer, Zuneigung oder Ablehnung. Daher sollten die Augen und Wimpern durch Farbe betont werden. Das Augen-Make-up ist ein wichtiges Gestaltungselement der dekorativen Kosmetik, denn es kann Unvollkommenheiten der Natur korrigieren. Ebenso kann eine kunstvolle Technik, verbunden mit der typgerechten Auswahl der Lidschattenfarbe, zu einem erstaunlichen Ergebnis führen. Mit ausdrucksvollen Augen lassen sich Blickkontakte überzeugender herstellen.

Die richtige Auswahl der Lidschattenfarbe und die Auftragetechnik sind für ein gelungenes Augen-Make-up von großer Bedeutung. Sie sind abhängig von

- Anlass und Kundenwunsch,
- Augenform und Augenstellung,
- der Farbe der Haare,
- der Farbe der Kleidung,
- der Farbe der Augen.

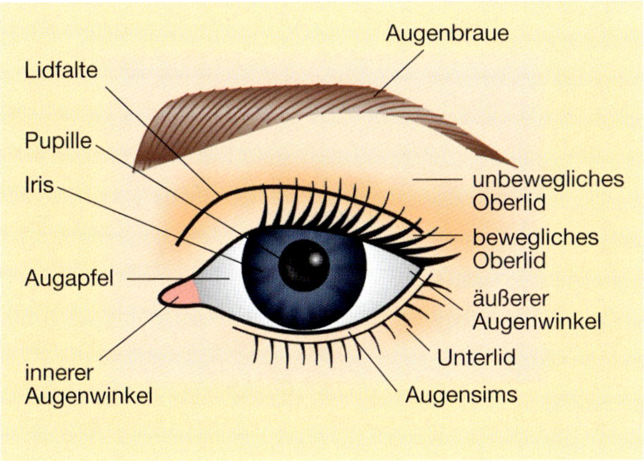

Bild 1 *Aufbau des Auges*

Schminktechniken für die ideale Augenform und Augenstellung

Die ideale Augenform ist leicht mandelförmig und beide Augen sind gleich groß. Eine ideale Augenstellung ist dann gegeben, wenn zwischen den beiden inneren Augenwinkeln noch einmal eine Augenbreite Platz ist.

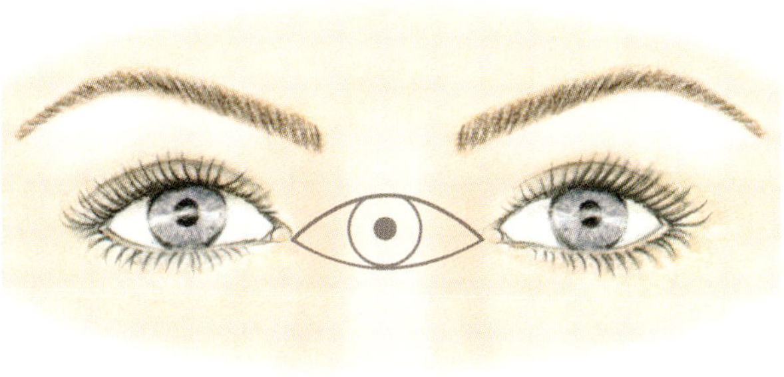

Bild 2 *Ideale Augenform und -stellung*

Ideale Augen sind sehr selten. Meistens ist, selbst wenn die Form und Stellung ideal sind, ein Auge größer als das andere. Sie müssen dementsprechend mithilfe des Augen-Make-ups aneinander angeglichen werden.

Arbeitsanleitung:

1. Wird mit Puderlidschatten gearbeitet, ist darauf zu achten, dass die Grundierung auf und unter dem Auge gut mit Fixierpuder abgedeckt ist. Bei Verwendung von Creme- oder Mousselidschatten darf vorher nicht abgepudert werden.
2. Bei Verwendung von dunklem Lidschatten empfiehlt es sich, das Jochbein vor Erstellung des Augen-Make-ups mit einer dicken losen Puderschicht zu bedecken, die herunterfallende Lidschatten- und Mascarareste aufnehmen kann. Diese Puderschicht wird dann nach Beendigung des Augen-Make-ups mithilfe eines großen Puderpinsels wieder abgenommen. So wird verhindert, dass dunkle Lidschattenreste unter dem Auge verschmieren und dunkle Schatten bilden, die nur sehr schwer wieder zu entfernen sind.
3. Bei normaler Augenform und -stellung wird immer das Augeninnere, zur Nase hin, hell geschminkt und der äußere Augenwinkel dunkel betont:
4. Zuerst wird das gesamte Oberlid entweder bis zur Lidfalte oder bis zur Augenbraue mit einem hellen Lidschatten ausgelegt.
5. Mit einem dunklen Kajal wird der Wimpernkranz betont. Dazu wird ein feiner Kajalstrich bei geschlossenem Auge auf dem Oberlid direkt am Wimpernkranz vom inneren bis zum äußeren Augenwinkel gezogen. Der untere Wimpernkranz wird nur auf der äußeren Hälfte betont um das Auge nicht zu verkleinern. Die Kundin muss dazu die Augen öffnen. Wichtig ist, dass der Kajal direkt im Wimpernkranz aufgetragen wird. Der Augensims bleibt frei. Würde der dunkle Kajal dort aufgetragen werden, verkleinert er das Auge zu sehr und der gewünschte öffnende Effekt wäre nicht gegeben.
6. Der Kajalstrich wir anschließend mit dunklem Lidschatten verwischt. Im äußeren Augenwinkel wird die Schattierung in die Lidfalte hochgezogen. Es wird aber nur die äußere Hälfte der Lidfalte betont, da sonst das Auge leicht durch die dunkle Farbe erdrückt würde. Die betonte Lidfalte sollte bei geöffnetem Auge leicht zu sehen sein. Dadurch wird das Auge in seiner Mandelform unterstützt und die Konturen verstärkt. Es bekommt mehr Ausdruckskraft.
7. Zur Betonung der Augenbraue kann dann noch direkt unter dem Augenbrauenbogen eine feine, nach außen hin breiter werdende, Linie mit sehr hellem, irisierenden Lidschatten, dem so genannten »Highlighter«, gesetzt werden.

Bild 3 *Lidschattenauftrag bei idealer Augenform und -stellung*

8. Die Übergänge zwischen den einzelnen Farben können entweder weich verwischt werden oder als harte Kanten stehen bleiben. Das ist Geschmackssache und richtet sich nach dem Kundenwunsch.
9. Anschließend wird der Mascara in zwei Schichten aufgetragen. Er bringt die Augen zum Strahlen und öffnet sie. Mascara sollte daher immer verwendet werden. Verklebte Wimpern werden nach dem Trocknen mithilfe der Wimpernspirale wieder voneinander getrennt.
10. Wenn die Kundin es wünscht, kann jetzt mithilfe eines Eyeliners der obere Wimpernkranz zusätzlich betont werden. Er wird in einem Strich von innen nach außen gezogen. Ein Eyelinerstrich darf nicht verwackeln, da er nicht korrigiert werden kann.
11. Abschließend werden die Augenbrauen mithilfe des Augenbrauenbürstchens in Form gebracht. Helle Augenbrauen können mithilfe von Augenbrauenpuder betont werden. Dabei ist es wichtig, die Haut nicht mit anzufärben, da die Brauen ansonsten zu hart wirken würden.

Formkorrekturen können mithilfe des Augenbrauenstiftes vorgenommen werden. Mit seiner Hilfe werden an den Stellen, wo die Augenbraue zu dünn ist, kleine Striche in Härchenform auf die Haut gezeichnet. Sie imitieren die natürliche Augenbraue.

Bild 1 *Kaschieren von großen Augen*

Bild 2 *Kaschieren von kleinen Augen*

Bild 3 *Kaschieren von runden Augen*

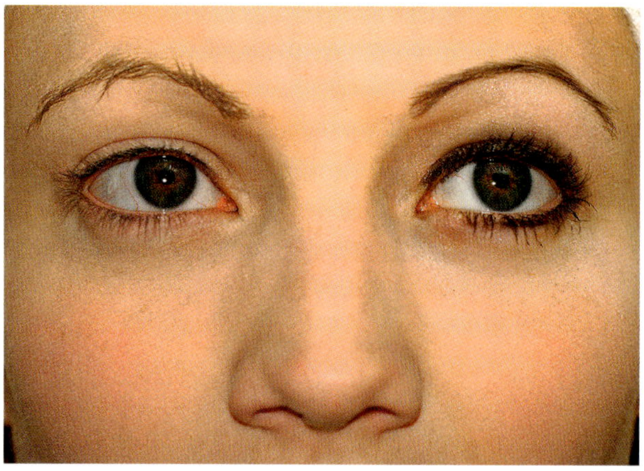

Bild 4 *Wirkung eines Augen-Make-ups*

Kaschieren von Augenformen und -stellungen

Abweichende Augenformen und -stellungen können durch geschicktes Farbspiel und Auftragetechniken ausgeglichen werden:

Große Augen

Große Augen müssen, um sie der Idealform anzunähern, mithilfe von dunklen Farben verkleinert werden:

1. Das Oberlid wird bis in die Lidfalte mit dunklem Lidschatten schattiert. Die Schattierung sollte auch bei geöffnetem Auge gut zu sehen sein.
2. Der Augensims wird mit einem dunklen Kajal ausgelegt.
3. Das Unterlid wird ebenfalls vollständig dunkel schattiert.
4. Direkt unter der Augenbraue wird Highlighter appliziert.
5. Die Wimpern werden sehr dunkel getuscht.

Kleine Augen

Kleine Augen müssen, um sie der Idealform anzugleichen, mithilfe von hellen Farben vergrößert werden:

1. Das gesamte Ober- und Unterlid wird mit einem hellen Lidschatten ausgelegt.
2. Nur die Lidfalte und der obere Wimpernkranz werden ganz dezent dunkel betont.
3. Die Wimpern des Oberlids werden intensiv getuscht. Das öffnet das Auge.

Runde Augen

Runde Augen müssen, um sie der Idealform anzugleichen, optisch gestreckt werden:

1. Das bewegliche Oberlid wird innen hell und außen dunkel ausgelegt.
2. Der Lidstrich am oberen und unteren Wimpernkranz wird jeweils nach außen hin breiter.
3. Die Lidfalte wird stark dunkel betont und außen nach oben hin leicht angehoben.

Schlupflider

Bei Schlupflidern »schlupft« das bewegliche Oberlid unter den unbeweglichen Teil und wird daher überdeckt. Wimpernkranz und Lidfalte sind nicht mehr zu sehen. Um Schlupflider an die Idealform anzugleichen, muss eine künstliche Lidfalte geschaffen werden, die dem Auge mehr Kontur gibt.

1. Der obere Wimpernkranz wird stark dunkel betont.
2. Die Kundin wird gebeten, die Augen zu öffnen und geradeaus zu schauen. Mit dm Pinsel wird in der Mitte des Lides dort, wo der Wimpernkranz das Oberlid berührt, ein Punkt gesetzt. Bis zu diesem Punkt wird die Lidfalte mit dunklem Lidschatten hochgezogen und breit und kräftig schattiert.
3. Der äußere Augenwinkel wird ebenfalls im Oberlidbereich dunkel schattiert.

Bild 1 *Kaschieren von Schlupflidern*

Eng zusammen stehende Augen

Eng zusammenstehende Augen liegen zu dicht an der Nase. Sie müssen daher optisch auseinander gezogen werden.

1. Die inneren Hälften des Ober- und Unterlids werden hell, die äußeren Hälften dunkel ausgelegt.
2. Der dunkle Lidschatten wird über den äußeren Augenwinkel hinaus leicht nach oben gezogen.
3. Oberer und unterer Wimpernkranz werden erst ab Augenmitte dunkel betont und die Lidstriche nach außen hin stärker und über den äußeren Augenwinkel hinaus leicht nach oben gezogen.
4. Die Augenbrauen werden an der Nasenwurzel verkürzt und nach außen hin verlängert.

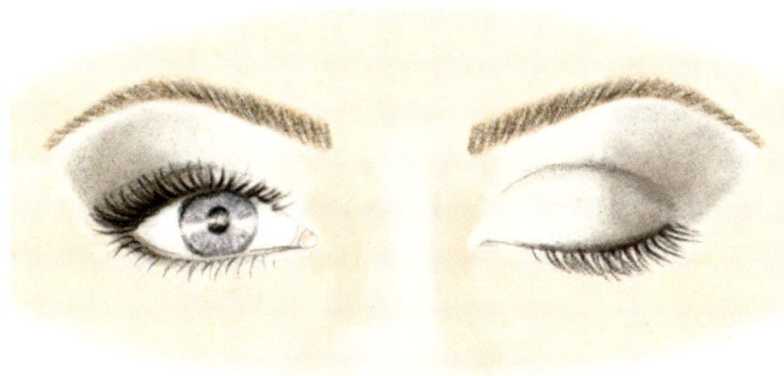

Bild 2 *Kaschieren eng zusammenstehender Augen*

Weit auseinander stehende Augen

Weit auseinander stehende Augen liegen zu weit von der Nase weg. Sie müssen optisch zusammengezogen werden.

1. Die inneren Hälften des Ober- und Unterlides werden dunkel, die äußeren Hälften hell ausgelegt.
2. Oberer und unterer Wimpernkranz werden nur in der inneren Hälfte dunkel betont
3. Die Augenbrauen werden außen verkürzt und zur Nase hin verlängert.

Bild 3 *Kaschieren weit auseinander stehender Augen*

Hervorstehende Augen

Hervorstehende oder flach liegende Augen müssen, um sie dem Idealzustand anzugleichen, optisch zurückgedrängt werden.

1. Das Oberlid wird bis über die Lidfalte hinaus dunkel ausgelegt. Der dunkle Lidschatten läuft zur Augenbraue hin weich aus. Das Unterlid wird ebenfalls dunkel betont.
2. Auf helle Lidschattenfarben verzichten.
3. Der Lidstrich verläuft am Ober- und Unterlid über die gesamte Augenbreite und wird nach außen hin etwas stärker.
4. Die Wimpern kräftig tuschen.
5. Die Augenbrauen eher stärker betonen und sehr flach verlaufen lassen.

Bild 4 *Kaschieren hervortretender Augen*

Tief liegende Augen

Tief liegende Augen müssen, um sie dem Idealzustand anzugleichen, optisch hervorgehoben werden.

1. Ober- und Unterlid werden mit hellem Lidschatten ausgelegt.
2. Der obere Wimpernkranz und die äußere Hälfte der Lidfalte werden nur sehr vorsichtig dunkel betont.
3. Wimpern kräftig tuschen, da auf einen Lidstrich verzichtet und das Auge so geöffnet wird.
4. Die Augenbrauen sehr dünn formen und stark wölben.

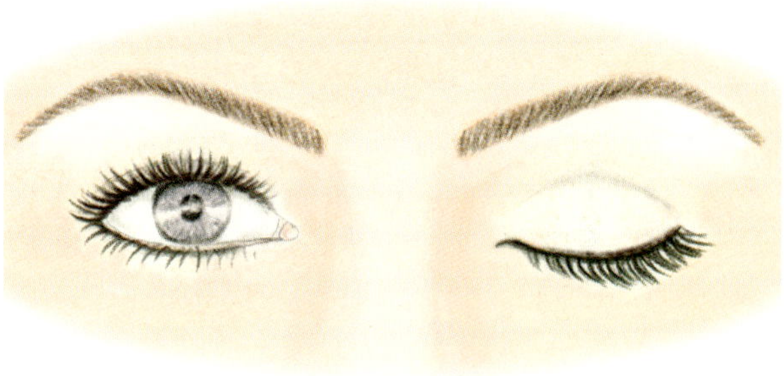

Bild 1 *Kaschieren tiefliegender Augen*

Brillen-Make-up

Immer mehr Menschen leiden an einer Fehlsichtigkeit der Augen und müssen zur Korrektur der Sehleistung eine Brille tragen. Brillen gelten mittlerweile als modisches Accessoire, das den Typ der Trägerin untersteichen soll. Eine typgerechte Brille ist daher immer auf die Gesichtsform und die Trägerin abgestimmt. Sie soll das Gesicht entweder harmonisch unterstreichen oder aber kontrastreich betonen. Der obere Linienverlauf der Brille sollte dem Linienverlauf der Augenbrauen folgen und die Brille entweder unter den Augenbrauen oder aber mit ihnen enden.

Die Brillengläser wirken sich optisch auf das Erscheinungsbild der Augen aus. Das Augen-Make-up muss daher korrigierend wirken. Bezüglich der Auswirkungen auf die Augenform unterscheidet man zwischen Kurz- und Weitsichtigkeit.

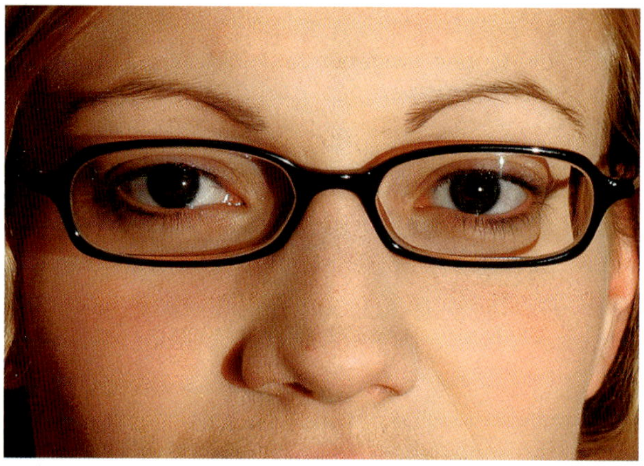

Bild 2 *Optimale Anpassung einer Brille an das Gesicht*

Kurzsichtigkeit

Brillen gegen Kurzsichtigkeit verkleinern das Auge. Das Augen-Make-up muss dem entgegenwirken und die Augen wieder optisch vergrößern.

1. Es können sehr kräftige, kontrastreiche Farben verwendet werden.
2. Ober- und Unterlid werden sehr hell und glänzend ausgelegt, nur die Lidfalte wird stark dunkel betont.
3. Der Lidstrich umgibt das gesamte Auge ohne es zu verkleinern.
4. Der Augensims kann mit weißem Kajal betont werden. Das vergrößert das Auge.
5. Die Wimpern werden kräftig getuscht.

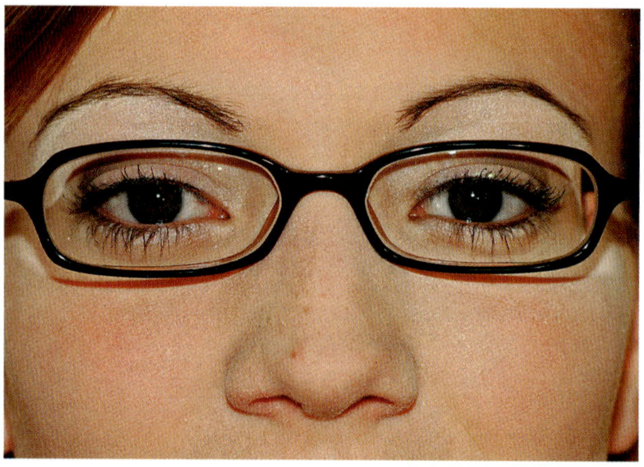

Bild 3 *Brillen-Make-up für Kurzsichtige*

Weitsichtigkeit

Brillen gegen Weitsichtigkeit vergrößern nicht nur das Auge. Auch die Poren, Härchen und Fältchen um die Augen treten mehr hervor. Das Augen-Make-up muss dem entgegenwirken und die Augen wieder optisch verkleinern. Zusätzlich ist es wichtig, die Partie um die Augen vorher sehr gut zu grundieren und mit Puder zu mattieren, damit Poren und kleine Fältchen abgedeckt sind.

1. Für das Augen-Make-up werden vor allem dunkle, matte und kontrastarme Farben verwendet, mit denen Ober- und Unterlid dunkel schattiert werden.
2. Auf dem Augensims wird ein dunkler Kajalstrich gezogen, um das Auge zu verkleinern
3. Die Wimpern werden nur gefärbt, aber nicht getuscht, um das Auge nicht zu erdrücken.

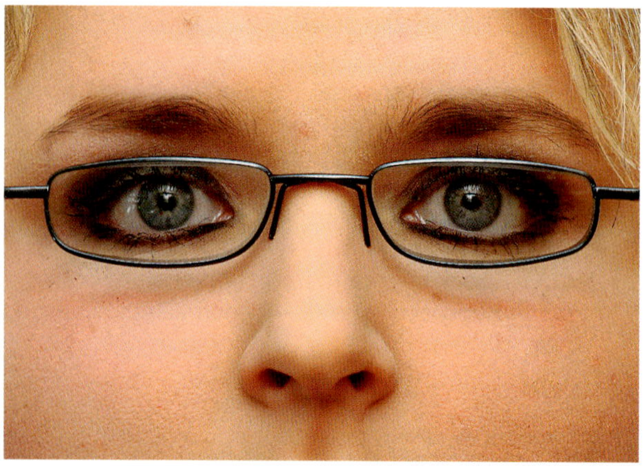

Bild 4 *Brillen-Make-up für Weitsichtige*

2.6.4 Schminktechniken zum Gestalten der Mundpartie

Der Mund ist der zweite Blickfang in einem Gesicht und unser Hauptkommunikationsmittel. Er kann, ohne dass ein Wort gesprochen wird, Trauer, Freude oder wütende Entschlossenheit ausdrücken. Taubstumme Menschen lesen von den Lippen das gesprochene Wort ab.

Seine gleichmäßige Gestaltung ist oftmals der schwierigste Part bei einer dekorativen Gesichtsbehandlung, da der Mund so gut wie nie symmetrisch ist und daher immer etwas korrigiert werden muss.

Zur Mundpartie zählen zwei Bereiche, die beim Schminken beachtet werden müssen:

- Die eigentlichen Lippen in ihrer, im Normalfall, blassrosa Farbe. Sie gliedern sich in Ober- und Unterlippe und werden von der **inneren Kontur** begrenzt.
- Der die Lippen umgebende, leicht vorgewölbte Lippenrand. Er wird von der **äußeren Kontur** begrenzt.

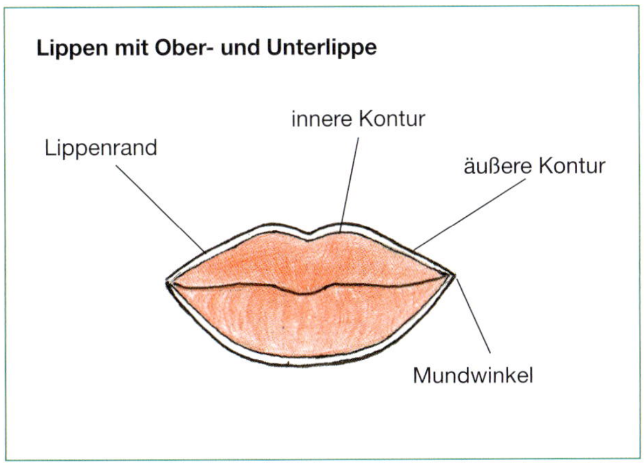

Bild 1 *Aufbau des Mundes*

Die Haut auf den Lippen ist sehr dünn und neigt bei Trockenheit dazu, einzureißen und kleine Schüppchen zu bilden. Sie muss daher besonders gut gepflegt werden. Dazu eignen sich am besten spezielle Lippenpflegestifte und Massagen mit einer weichen Zahnbürste. So wird die Durchblutung der Lippen verbessert und gleichzeitig werden kleine Hautschüppchen abgetragen. In Großmutters Buch für alte Hausrezepte steht beschrieben, die Lippen mit einer Mischung aus Quark und Honig zu pflegen, was den großen Vorteil bietet, dass man diese »Lippenpackung« nach Gebrauch verzehren kann.

Vor dem Auftragen eines Lippen-Make-ups muss der Mund sorgfältig mit grundiert und abgepudert sein. Nur so ist eine Korrektur der Mundform möglich, da die Grundierung die Lippenfarbe kaschiert und Lippen und umgebende Haut nun einfarbig sind. Das Puder bietet den Effekt, die Lippenstiftfarbe auf den Lippen länger zu fixieren. Eine Ausnahme von dieser Regel wird nur gemacht, wenn zur Gestaltung des Mundes allein farbloses Lipgloss verwendet werden soll. In diesem Fall werden die Lippen weder grundiert, noch gepudert. Sie würden ansonsten konturlos wirken und das Puder im Gloss gut sichtbare, weiße Schlieren bilden.

Wichtig ist, auch beim Lippen-Make-up zu beachten, dass jede Form von Glanz die Lippen hervorhebt und damit größer und voller erscheinen lässt. Dunkle, matte Farben hingegen wirken verkleinernd.

Schminktechniken für die ideale Mundform

1. Zuerst wird mit einem Lippenkonturenstift in Lippenstiftfarbe die gewünschte Kontur vorgezeichnet. Hierbei orientiert sich die Friseurin an der inneren Kontur der Lippen. Zur Arbeitserleichterung und als Orientierungshilfe können vorab Hilfspunkte markiert werden, die dann für die Kontur miteinander verbunden werden. Begonnen wird in der Mitte der Oberlippe. Die Seiten werden dann von den Mundwinkeln zu den höchsten Punkten der Lippe konturiert, um ein zu starkes Abfallen der Linien zu vermeiden. Die Unterlippe wird in der gleichen Reihenfolge konturiert.

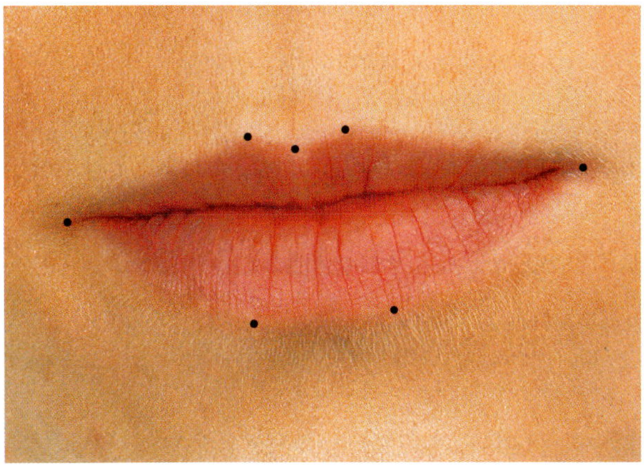

Bild 2 *Hilfspunkte zum Zeichnen der Lippenkontur*

2. Der Lippenrand sollte niemals mitgeschminkt werden, da die Lippen sonst wie »aufgeplustert« und unnatürlich wirken. Ausnahmen werden nur bei einem zu kleinen Mund und bei hängenden Mundwinkeln gemacht.
3. Anschließend wird die Lippenstiftfarbe aus hygienischen Gründen mit einem Spatel abgenommen und mit dem Lippenpinsel dünn aufgetragen. Der Lippenkonturenstift wird dabei in den Lippenstift mit eingearbeitet. Für eine bessere Haltbarkeit wird die Lippenstiftfarbe in zwei dünnen Schichten aufgetragen. Überschüssige Farbe wird nach jedem Auftrag mithilfe eines Kosmetiktuches entfernt.
4. Abschließend kann eine Schicht Lipgloss auf die Lippen gegeben werden. Auch hier gilt, wie beim Lippenstift, dass aus hygienischen Gründen das Gloss mithilfe eines Spatels entnommen werden und dann mit einem Pinsel auf die Lippen aufgebracht werden sollte.

Bild 3 *Ideale Mundform*

Modellieren der Mundform

Abweichende Lippenformen können durch geschickte Präparateauswahl und Auftragetechnik ausgeglichen werden.

Großer Mund mit vollen Lippen

Ein großer Mund mit vollen Lippen muss, um ihn der Idealform anzugleichen, optisch verkleinert werden:

1. Die Lippenkontur innerhalb der inneren Kontur ziehen.
2. Dunkle, matte Farben verwenden.
3. Kein Lipgloss benutzen.

Kleiner Mund mit schmalen Lippen

Ein kleiner Mund mit schmalen Lippen muss, um ihn der Idealform anzugleichen, optisch vergrößert werden:

1. Lippenkontur auf dem Lippenrand ziehen.
2. Helle, irisierende Farben verwenden.
3. Lipgloss unterstützt die optische Vergrößerung.

Breiter Mund

Ein breiter Mund wird, um ihn der Idealform anzupassen, in den Mundwinkeln optisch verkürzt:

1. Lippenkontur nicht bis in die Mundwinkel ziehen.
2. Keine grellen, auffälligen Farben verwenden, da die Korrektur sonst zu augenscheinlich wird.

Mund mit ungleichmäßigen Lippengrößen

Bei einem Mund mit ungleichmäßigen Lippengrößen, wird die größere Lippe, um den Mund der Idealform anzugleichen, verkleinert:

1. Lippenkontur auf der kleineren Lippe direkt auf der inneren Kontur ziehen.
2. Lippenkontur auf der größeren Lippe etwas innerhalb der inneren Kontur ziehen.
3. Den Farbton für die kleinere Lippe heller wählen.
4. In die Mitte der kleinern Lippe etwas Gloss applizieren. Die Lippe wirkt optisch voller.

Asymmetrischer Mund

Bei einem asymmetrischen Mund ist die eine Mundhälfte größer als die andere. Sie muss daher, um den Mund der Idealform anzugleichen, verkleinert werden:

1. Lippenkontur auf der größeren Seite nicht bis in den Mundwinkel hinein ziehen
2. Lippenkontur auf der kleineren Seite bis direkt in den Mundwinkel ziehen.

Hängende Mundwinkel

Bei hängenden Mundwinkeln wird der Mund, um ihn der Idealform anzugleichen, an den Seiten optisch angehoben:

1. Die Lippenkontur der Unterlippe beginnt in der Lippenmitte auf der inneren Kontur.
2. Zu den Mundwinkeln hin wechselt sie auf die äußere Kontur und endet kurz vor den Mundwinkeln. Die Unterlippe wirkt dadurch an diesen Stellen breiter.
3. Die Lippenkontur der Oberlippe verläuft auf der inneren Kontur und endet ebenfalls kurz vor den Mundwinkeln.

Tabelle 1: Modellieren der Mundform
a) Großer Mund mit vollen Lippen 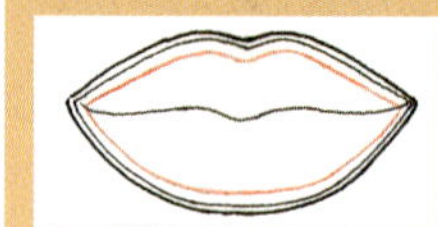
b) Kleiner Mund mit schmalen Lippen 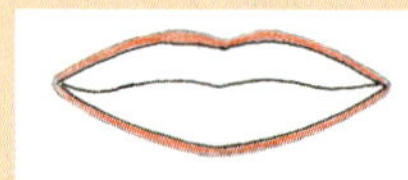
c) Breiter Mund 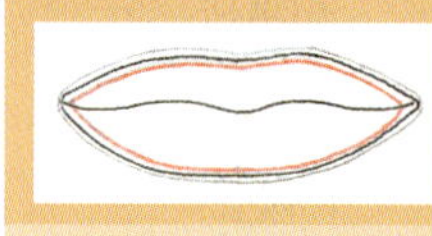
d) Mund mit ungleichmäßigen Lippengrößen 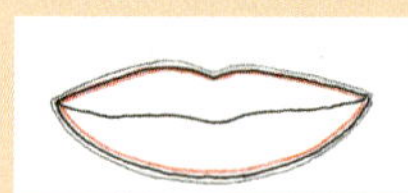
e) Asymmetrischer Mund 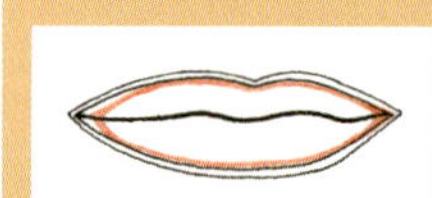
f) hängende Mundwinkel 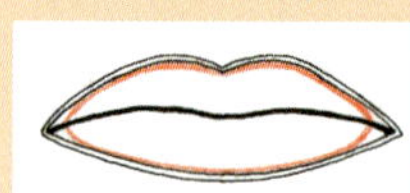

2.7 Lichtverhältnisse

Für ein gelungenes, individuell auf die Bedürfnisse der Kundin abgestimmtes Make-up-Ergebnis sind nicht nur die verwendeten Präparate und Schminktechniken verantwortlich, sondern auch die Rahmenbedingungen, unter denen das Make-up erstellt wird.

Ein Make-up sollte immer in dem Licht erstellt werden, für das es kreiert wird:

- Tages-Make-up bei Tageslicht
- Festliches Make-up bei Kunstlicht

Im Friseursalon steht der Friseurin meistenteils aber nur Kunstlicht zur Verfügung. Kunstlicht schluckt viel Farbe, macht blass und hat oft einen verstärkten Anteil an gelber Strahlung.

Ein weiterer wichtiger Punkt ist die Position der Lichtquelle zum Arbeitsplatz. Ideal ist eine Lichtquelle, die das Gesicht direkt von vorne anstrahlt. So werden Schatten, die zu einem ungleichen Ergebnis führen können, vermieden. Im Fachhandel gibt es dafür spezielle Schminkspiegel mit eingebauten Tageslichtlampen, die das Gesicht schattenfrei von vorne ausleuchten.

Die Friseurin sollte sich im Klaren über die im Salon vorherrschenden Lichtbedingungen sein und dementsprechend den Platz für die Make-up-Erstellung auswählen.

Aufgaben

1. Zählen Sie die notwendigen hygienischen Maßnahmen vor einer dekorativen Gesichtsbehandlung auf.
2. Beschreiben Sie zwei spezielle vorbereitende Behandlungen vor einer dekorativen Gesichtsbehandlung.
3. Nennen Sie vier Unterscheidungskriterien zwischen einem Tages-Make-up und einem festlichen Make-up.
4. Erstellen Sie eine Liste alle Arbeits- und Hilfsmittel, die für eine dekorative Gesichtsbehandlung benötigt werden.
5. Zwei Kundinnen möchten sich für ein Tages-Make-up Präparate kaufen. Beraten Sie sie bezüglich geeigneter Präparate und begründen Sie Ihre Empfehlungen.
   a) Kundin mit Jugendlicher Problemhaut.
   b) Kundin mit anspruchsvoller Haut.
6. Unterscheiden Sie Kajal und Eyeliner hinsichtlich ihrer Wirkungsweise voneinander.
7. Beschreiben Sie die ausgleichenden Schminktechniken für folgende Besonderheiten:
   a) Kleine, entzündliche Hautveränderungen
   b) Feuermal
   c) Dreieckiges Gesicht
   d) Schlupflider
   e) Hängende Mundwinkel

3 Dekorative Gesichtsbehandlungen nachbereiten und auswerten

Szenario

Anja hat es geschafft!!! Ihr erstes Make-up war in ihren Augen ein voller Erfolg. Ihre Chefin bittet sie allerdings, das Ergebnis noch einmal gründlich zu überprüfen, damit im Nachhinein keine Reklamationen erfolgen. Hinterher soll Anja die Arbeits- und Hilfsmittel desinfizieren, reinigen und gegebenenfalls entsorgen, damit sie für den nächsten Einsatz entsprechend vorbereitet sind.

3.1 Make-up-Ergebnisse überprüfen

Eine dekorative Gesichtsbehandlung wird mithilfe von drei Kriterien überprüft:

- Gleichmäßigkeit
- Symmetrie
- Lichtverhältnisse

Die **Überprüfung auf Gleichmäßigkeit** nimmt den vorgenommen Farbauftrag unter die Lupe. Die Friseurin überprüft, ob die Grundierung, das Augen- und das Lippen-Make-up überall gleichmäßig intensiv aufgetragen sind. Hier werden auch die Übergänge zu den Haaren, an den Ohren und am Hals einer genauesten Prüfung unterzogen.

Die **Überprüfung der Symmetrie** vergleicht die Friseurin die linke und rechte Gesichtshälfte miteinander. Das Augen- und Lippen-Make-up und der Rougeauftrag sollen auf beiden Seiten absolut identisch sein. Das Augen-Make-up wird bei geschlossenen und bei geöffneten Augen kontrolliert.

Die **Überprüfung der Lichtverhältnisse** zeigt das Make-up in dem Licht, für das es erstellt wurde:

- Tages-Make-up bei Tageslicht
- Festliches Make-up bei Kunstlicht

So wird sichergestellt, dass der Farbauftrag den Lichtverhältnissen entspricht und nicht etwa zu dezent oder zu kräftig ausgefallen ist.

Kleinere Korrekturen können mithilfe eines Wattestäbchens oder Kosmetiktuches vorgenommen werden. Der Einsatz der Hände ist zu unpräzise und führt eher dazu, dass etwas verschmiert wird. Bei größeren Unregelmäßigkeiten sollte die Partie, die betroffen ist, vollständig abgeschminkt und inklusive Grundierung und Puder neu gestaltet werden.

Bild 1 *Überprüfung des Make-up-Ergebnisses*

3.2 Arbeitsmittel reinigen und pflegen oder entsorgen

Für die dekorative Gesichtsbehandlung dürfen nur gereinigte und/oder desinfizierte Arbeitsmaterialien benutzt werden, um die Übertragung von Keimen zwischen Friseurin und Kundin zu vermeiden. Eine Desinfektion und Reinigung der Arbeitsmaterialien sollte daher nach jeder Behandlung erfolgen.

Desinfektion, Reinigung und Lagerung:

Arbeitsmittel werden prinzipiell erst desinfiziert und dann gereinigt. Die Desinfektion tötet Krankheitserreger ab. Erst wenn das erfolgt ist, dürfen die abgetöteten Keime von den Arbeitsmitteln entfernt werden. So wird verhindert, dass sich noch lebende Krankheitserreger über das Reinigungswasser weiter ausbreiten.

Die Methoden, mit denen die Arbeitsmittel desinfiziert und gereinigt werden, sind abhängig von den Materialien, aus denen sie bestehen.

Der Friseurin stehen verschiedene Verfahren der Desinfektion zur Verfügung. Wenn Chemikalien dabei zum Einsatz kommen, müssen diese fachgerecht entsorgt werden. Alle Desinfektionsmaßnahmen im Friseurhandwerk dienen der Vermeidung indirekter Infektionen.

Schwämmchen:

1. Desinfektion mit einer mindestens 40%igen Alkohollösung.
2. Reinigung mit einer seifenfreien Waschlotion und warmem Wasser. Alternativ dazu können die Schwämmchen in ein kleines Netzsäckchen verpackt werden und dann in der Waschmaschine bei 40 °C im Schonwaschgang gewaschen werden.
3. Gründliches Trocknen des Schwämmchens an der Luft, damit Schimmelbildung oder die Vermehrung von Keimen im feuchtwarmen Milieu vermieden werden.
4. Trockene Lagerung, z. B. in einem Säckchen, um neuerliche Verschmutzungen und Kontaminierung mit Keimen zu verhindern.

Pinsel:

1. Grobreinigung mit einem feuchten oder trockenen Kosmetiktuch, um Lidschatten, Lippenstift und sonstige Verunreinigungen zu entfernen. Das Kosmetiktuch wird nach der Grobreinigung direkt entsorgt.
2. Desinfektion mit Alkohol oder Sprühdesinfektion.
3. Gründliche Reinigung mit lauwarmem Wasser und Kernseife, um den Fettbelag der Borsten zu erneuern. Waschaktive Substanzen (WAS) würden die Borsten zusätzlich entfetten und damit den Pinsel auf die Dauer unbrauchbar machen.
4. Trocknung mit geformter Spitze an der Luft liegend, damit die Feuchtigkeit nicht in den Schaft zieht. Heizkörper eignen sich nicht, da die heiße Luft die Naturborsten schädigt und das Holz des Stiels brüchig macht.
5. Der Aufbewahrungsort sollte immer trocken und luftig sein, um Schimmelbildung der Naturfasern zu vermeiden

Applikatoren, Wimpern- und Augenbrauenbürstchen:

1. Grobe Vorreinigung mit einem trockenen oder feuchten Kosmetiktuch, um Lidschatten, Lippenstift und sonstige Verunreinigungen zu entfernen. Das Kosmetiktuch wird nach der Grobreinigung direkt entsorgt.
2. Desinfektion mit einer mindestens 40%igen Alkohollösung.
3. Reinigung mit lauwarmem Wasser und seifenfreier Waschlotion.
4. Trocknung im Liegen an der Luft, damit die Feuchtigkeit nicht in den Schaft zieht.
5. Die Lagerung erfolgt wie die der Pinsel.

Sonstige Arbeits- und Hilfsmittel:

- Reine **Metall- und Plastikgegenstände**, wie Milienmesser, Komedonenheber, Spatel und Pinzetten können in einem Desinfektions- oder Ultraschallbad mit speziellen Desinfektionsmitteln desinfiziert und gleichzeitig gereinigt werden. Die Angaben des Herstellers bezüglich Konzentration des Desinfektionsmittels und Einwirkzeit sind zu beachten. Danach müssen die Arbeitsmittel noch mal mit klarem Wasser von Desinfektionsmittelresten befreit werden.
- **Handtücher, Stirnbänder und Umhänge** werden in der Waschmaschine mit einem speziellen desinfizierenden Waschmittel bei 40 °C desinfiziert und gleichzeitig gereinigt. Hitzestabile Wäsche kann alternativ auch mit einem handelsüblichen Waschmittel bei 90 °C gewaschen werden.
- **Verbrauchsmaterialien**, wie Wattestäbchen, Kosmetiktücher und Wattepads müssen direkt nach dem Gebrauch entsorgt werden. Der Abfalleimer ist am Tagesende mit Sprühdesinfektion zu desinfizieren und zu reinigen.

Die Friseurin sollte immer bedenken:
»Nach der Behandlung ist vor der Behandlung!«

Nur wenn die Nachbereitung gründlich und gewissenhaft erfolgt ist, kann die nächste dekorative Gesichtsbehandlung ein voller Erfolg werden.

Aufgaben

1. Beschreiben Sie die drei Möglichkeiten zur Überprüfung einer dekorativen Gesichtsbehandlung.
2. Erläutern Sie die Desinfektions- und Reinigungsmaßnahmen
   a) für einen Pinsel.
   b) für Spatel und Pinzette.
3. Begründen Sie anhand eines konkreten Beispiels die Reihenfolge von Desinfektion und Reinigung bei Arbeitsmaterialien.
4. Erklären Sie den Grundsatz »Nach der Behandlung ist vor der Behandlung«.
5. Erstellen Sie einen Hygieneplan für dekorative Gesichtsbehandlungen, der alle vor und nachbereitenden Maßnahmen berücksichtigt.

Lernfeld 12
Betriebliche Prozesse mitgestalten

Betriebliche Prozesse mitgestalten

Szenario

Anja ist jetzt fast zweieinhalb Jahre im Salon Haargenau. Sie arbeitet nun selbstständig am Kunden und nimmt Aufträge entgegen. In der Berufsschule tauscht sie sich mit ihren Mitschülern aus und stellt überrascht fest, dass nicht alle so eigenverantwortlich arbeiten können.

Sie spricht ihre Chefin darauf an. Die Chefin erklärt ihr, dass jeder Unternehmer Entscheidungen für sein Salonkonzept treffen muss, die sich an verschiedenen Eckpunkten orientieren. Sie ermuntert Anja, sich gedanklich selbstständig zu machen. »Wie stellen Sie sich ihren eigenen Friseursalon vor?«

Bild 1 *Beispiel für eine Salonansicht*

1 Betriebsabläufe planen und organisieren

Ein Unternehmen muss wirtschaftlich geführt sein, damit ein Gewinn erzielt werden kann. Ebenfalls unerlässlich für den wirtschaftlichen Erfolg ist ein Qualitätsmanagement, das sich in den Dienst der Kundengewinnung und Kundenbindung stellt. Am Anfang der unternehmerischen Tätigkeit stehen z. B. folgende Fragen:

- Welche Unternehmensart wähle ich?
- Wo befindet sich der Salon?
- Wie groß soll mein Salon sein?
- Welche Zielgruppen will ich ansprechen?
- Welche Dienstleistungen biete ich an?
- Welche Inneneinrichtung wähle ich aus?
- Wie gestalte ich die Preise?
- Mit welchen Firmen arbeite ich zusammen?
- Wie viele Mitarbeiter beschäftige ich?

1.1 Salonkonzept

Das Salonkonzept ist die Grundlage jeder betrieblichen Entscheidung. Neben Einzelunternehmen existieren als besondere Unternehmenskonzepte die Salonketten und Franchise-Salons.

Einzelunternehmen

Man kann ein Einzelunternehmen neu gründen oder ein eingesessenes Geschäft übernehmen. Ein Inhaberwechsel birgt immer Risiken in sich, da sich viele Kunden an bestimmte Angestellte und/oder Inhaber binden. Einzelunternehmen haben den Vorteil, dass sie überschaubar sind und die Saloninhaberin ständig anwesend sein kann.

Shop in Shop

Eine recht neue Alternative ist das »Stühlemieten« in einem Salon. Das heißt: Innerhalb eines Salons wird ein Bedienungsplatz an eine Friseurin vermietet. Damit nicht der Verdacht einer Scheinselbstständigkeit besteht, ist es unabdingbar, dass die Stuhlmieterin die handwerks- und gewerberechtlichen Voraussetzungen erfüllt. Sie muss als selbstständige Handwerkerin in die Handwerksrolle eingetragen sein. Das Rechtsverhältnis zwischen Saloninhaber und Stuhlmieterin muss speziell geregelt werden. Dies kann in Form eines modifizierten Miet- und Untermietvertrages geschehen. Daneben sollten die Einzelheiten der Überlassung des Bedienungsplatzes festgelegt werden. Wichtig ist, dass die Stuhlmieterin ihr Geschäft deutlich sichtbar nach außen erkenntlich macht (eigene Preiskarte, eigenes Logo, Rechnungen, usw.).

Salonketten

Bei einer Salonkette baut die Inhaberin eine Vielzahl von Filialen in verschiedenen Stadtteilen oder Städten auf. Vorteile liegen in den günstigeren Kalkulationsmöglichkeiten aufgrund der höheren Abnahmemengen bei Produkten von den Herstellerfirmen und den besseren Absatzmöglichkeiten. Weiterhin kann der Personaleinsatz in den einzelnen Filialen bedarfsgerecht geplant werden, da die Mitarbeiter ausgetauscht werden können.

Franchise-Salons

Die Franchise-Salons vermitteln nach außen einen einheitlichen Eindruck wie eine Salonkette. Die Inhaberin eines einzelnen Franchise-Salons arbeitet eng mit dem Franchise-Geber zusammen. Dieser stellt den Namen, die Ausstattung, das Logo, er legt das Waren- und Dienstleistungssortiment fest, entwickelt Werbestrategien und bestimmt die Preispolitik. Zentrale Mitarbeiterschulungen gewährleisten einheitliche Qualitätsstandards. Entscheidet sich eine Friseurin für ein solches Franchise-Konzept, muss sie z. B. ein einmaliges Entgelt an den Franchise-Geber entrichten oder diesen regelmäßig am Umsatz beteiligen. Der Franchise-Geber hat Kontrollbefugnisse, berät und unterstützt die Saloninhaberin. Diese profitiert von den Erfahrungen des Franchise-Gebers. Bekannte Beispiele für erfolgreiche Franchise-Konzepte sind weltweit verbreitete Fast-Food-Unternehmen. Auf dem Friseurmarkt existieren derzeit mehrere Franchise-Konzepte, z. B. M-Hairfactory, mod's hair, Hairkiller, J.7.

1.2 Betriebliche Entscheidungen

Die betrieblichen Entscheidungen betreffen:

- Standort des Salons
- Salongröße
- Einrichtung und Aussehen des Salons
- Öffnungszeiten
- Personaleinsatz
- Verkaufsform.

Standort

Der Standort des Betriebes ist von entscheidender Bedeutung. Einmal ausgewählt, ist er nicht wieder rückgängig zu machen. Dabei gibt es große regionale Unterschiede (Stadt/Land; Ost/West, vgl. Tabelle 1).

In strukturschwachen Gebieten ist beispielsweise die Konkurrenzdichte nicht so groß, dafür aber die Do-it-yourself-Mentalität möglicherweise ausgeprägter. In Ballungszentren sind dagegen die Lebenshaltungskosten höher, was auch die Betriebskosten in die Höhe treibt. Nach einer Faustregel sollen auf einen Friseurbetrieb etwa 1 600–1 700 Einwohner kommen. Die Geschäftslage kann auch über die Kreditwürdigkeit entscheiden. Die Umgebung des Geschäfts sollte genau erforscht werden. Welche Zielgruppe kann man erreichen? Wie groß ist das Einzugsgebiet und welche Reichweite hat es? Wie ist die Kaufkraft im Einzugsgebiet des Salons? Gibt es Erweiterungsmöglichkeiten der Geschäftsräume? Entscheidend kann auch die Entfernung, Zahl, Größe und Attraktivität vergleichbarer Betriebe in der Umgebung sein.

Tabelle 1: Auswirkung verschiedener Standorte

Standortbeschreibung	Vorteile/Nachteile	Zielgruppe
Innenstadt/City Fußgängerzone, Fußgängerpassage, Salon in einem Kaufhaus oder Dienstleistungszentrum	Hohe Passantendichte, hohe Mietkosten	Überwiegend Laufkundschaft
Innenstadt/Nebenlage Gut erreichbar von der Fußgängerzone	Günstigere Mietkosten, gute Parkmöglichkeiten, ruhiger als die Innenstadt, geringere Passantendichte	Z. T. Laufkundschaft, überwiegend Stammkundschaft
Größere Stadt im ländlichen Gebiet	Großes Einzugsgebiet, Friseurbesuch wird mit Erlebniseinkauf verbunden	Kundinnen aus der ländlichen Umgebung und aus der Stadt
Vorortlage, Einzellage im Wohngebiet	Gute Verkehrsanbindung, ausreichende Parkmöglichkeiten, geringe Passantendichte	Stammkundschaft

Salongröße

Bei der Salongröße sind das tatsächliche Angebot vor Ort und die finanziellen Möglichkeiten abzuwägen. Die Verkaufsfläche muss so gestaltet werden, dass der Nutzen maximiert wird. Dies ist dann der Fall, wenn möglichst viel Raum für Bedienungs- und Verkaufsfläche genutzt wird, ohne einengend zu wirken.

Bei der Einrichtung des Friseursalons ist auf den Platzbedarf der Einrichtungsgegenstände zu achten. Bei der Gestaltung des Verkaufsraumes sind die einzelnen Teilbereiche des Salons (Kassenbereiche, Bedienungsbereich usw.) mit einzubeziehen.

Ausstattung

Ein Einzelunternehmen wird immer die individuelle Handschrift der Unternehmerin tragen. Sie kann selbst planen oder sich professionelle Hilfe holen. Viele Firmen bieten Teillösungen oder komplette Ausstattungen an.

Ein anderes Ziel wird beim Franchise-Konzept verfolgt. Wiedererkennung ist hier oberste Maxime. Der Kunde erkennt die vertraute Einrichtung, unabhängig vom Ort/Stadt. Bei der Ausstattung eines Friseursalons müssen die unterschiedlichen Arbeitsbereiche berücksichtigt werden.

Die Einrichtung, Beleuchtung, Dekoration, das Farbkonzept – alles zusammen wirkt auf die Kundin und sollte zielgruppengerecht und dem Salonkonzept angemessen ausgewählt werden. Stimmt das Gesamtkonzept, dann wird sich die Kundin angesprochen und wohl fühlen!

Genauso wie sich der Zeitgeist und die Mode wandelt/ändert sich der Kundengeschmack. Deshalb muss sich jeder Unternehmer in regelmäßigen Abständen fragen, ob seine Salonausstattung noch den aktuellen Ansprüchen genügt.

Öffnungszeiten

Bei den Öffnungszeiten ist man zunächst an die gesetzlich vorgegebenen Zeiten gebunden. Flexible und motivierte Mitarbeiter sind für die Planung der Öffnungszeiten wichtig. Individuelle Einsatzpläne, die persönliche Termine/Verpflichtungen berücksichtigen können, erhöhen die Mitarbeiterzufriedenheit.

Eine sorgfältige Bedarfsanalyse und Beobachtung des Geschäftsumfeldes ist vonnöten. Ist z. B. überwiegend mit Laufkundschaft zu rechnen, macht es wenig Sinn, außerhalb der regulären Öffnungszeiten zu öffnen.

Personaleinsatz

Der Personaleinsatz ist durch die Salongröße und die gewählte Verkaufsform beeinflusst. Bei der Einstellung neuer Mitarbeiterinnen muss die Saloninhaberin die aufkommenden Personalkosten berücksichtigen, damit sie kostendeckend arbeitet.

Sie kann feste Mitarbeiterinnen und/oder Aushilfskräfte beschäftigen. Feste Mitarbeiterinnen haben den Vorteil, dass sie Kundinnen stärker an sich und damit an den Salon binden.

Durch die Einstellung von Aushilfen kann die Friseurin schnell und flexibel auf die Auftragslage reagieren.

Verkaufsform

Die Verkaufsform ist abhängig von der Art der Ware und der Notwendigkeit, sie der Kundin zu erklären. Bei Warenverkauf in Selbstbedienung braucht man wenig Personal, während der Beratungsverkauf personalintensiv ist.

Grundsätzlich wird zwischen folgenden drei Anbieteformen unterschieden:

- Bedienungssystem
- Selbstbedienungssystem
- Vorwahlsystem

Bedienungssystem

Im Bedienungssystem werden Waren angeboten, die überwiegend erklärungsbedürftig oder nicht selbstbedienungsfähig sind. Die Kundin nennt ihre Wünsche und die Friseurin ermittelt, welche Produkteigenschaften wichtig sind. Für die Kundin wählt sie ein entsprechendes Angebot aus, legt die Ware vor, berät sie, kassiert und händigt die Ware aus. Häufig werden die gekauften Artikel auch von der Friseurin verpackt. Im Bedienungssystem steht die Tätigkeit der Friseurin im Vordergrund. Daher ist das Bedienungssystem personalintensiver und kostenaufwändiger als andere Verkaufsformen.

Bild 1 *Beispiel für ein Bedienungssystem*

Da die Kundinnen aus Supermärkten eine sehr große Auswahl gewöhnt sind, kann das Bedienungssystem bei einem kleineren Sortiment sinnvoll sein. Viele Warenverkäufe lassen sich im Friseursalon während der Behandlungsphase vorbereiten und durchführen. Aufgrund des guten Kontakts zur Kundin, kann die Friseurin das Gespräch lenken und auch Zusatzkäufe anregen. Dies setzt aber voraus, dass die Friseurin ohne großen Aufwand oder lange Wege auf diese Artikel zugreifen kann.

Selbstbedienungssystem

Beim System der Selbstbedienung nimmt die Kundin die Ware selbst aus dem Regal, transportiert sie zur Kasse und bekommt die Ware nach dem Bezahlen ausgehändigt. Nur bei wenigen Waren steht ein Muster zum Ausprobieren für die Kundin bereit, wie z. B. Lippenstifte, Puder oder Nagellacke. Werden Waren nur in Selbstbedienung angeboten, müssen sie selbstbedienungsfähig sein, d. h. sie müssen

- relativ unempfindlich sein,
- geschützt stehen,
- nicht schnell beschädigt werden können,
- besonders Diebstahl gesichert sein,
- nicht erklärungsbedürftig sein.

Bild 2 *Beispiel für ein Selbstbedienungssystem*

Das Selbstbedienungssystem spart Personal und damit Kosten. Eine besondere Bedeutung kommt dabei der Präsentation der Waren im Verkaufsraum zu. Die Kundinnen müssen die Ware leicht finden und bequem erreichen können. Im Selbstbedienungssystem ist deshalb für das gleiche Warenangebot mehr Verkaufsfläche notwendig als im Bedienungssystem.

Im Selbstbedienungsgeschäft informiert sich die Kundin selbst über die Ware und trifft dann die Auswahl. Die dazu notwendigen Produktinformationen muss sie selbst erwerben, z. B. aus der Werbung im Fernsehen, in Frauenzeitschriften.

Im Friseursalon gibt es noch eine andere verkaufsfördernde Möglichkeit: Vor dem ersten Kauf erhält die Kundin eine ausführliche Beratung und Empfehlung durch die Friseurin. Die Kundin hat das Produkt im Bedienungssystem angeboten bekommen. Beim Nachkauf dieses Produkts besitzt die Kundin bereits die notwendigen Informationen. War beim ersten Kauf noch eine ausführliche Beratung erforderlich, kann das Produkt beim zweiten Mal im Selbstbedienungssystem gekauft werden.

Deshalb bietet sich häufig für den Friseursalon ein Mischsystem an. Das Produkt wird am Behandlungsplatz im Bedienungssystem verkauft und an der Rezeption wird der Kundin durch die Zweitplatzierung im Verkaufsregal die Möglichkeit zur Selbstbedienung gegeben. Kundinnen wünschen die Selbstbedienung vorrangig, weil:

- Sie direkten Zugriff zur Ware haben
- Sie die Ware selbst prüfen können
- Geringere Wartezeiten entstehen
- Einkäufe schneller erledigt sind

Vorwahlsystem

Beim Vorwahlsystem kann sich die Kundin z. T. selbst über die Ware informieren. Jedoch kann sie die Originalware nicht ausprobieren. Deshalb muss die Ware so präsentiert sein, dass die Kundin schnell eine gute Übersicht erhält. Waren, die zusammengehören, wie Puder und Puderpinsel, sollen auch gemeinsam präsentiert werden. Das Vorwahlsystem eignet sich für Produkte, die nicht stark erklärungsbedürftig sind. Duftwässer und dekorative Kosmetik werden z. B. in vielen Fällen im Vorwahlsystem angeboten. Die Kundin kann an Probierflakons oder Vorführlippenstiften ihre Auswahl treffen und erhält anschließend die Originalware durch die Friseurin ausgehändigt.

Bild 1 *Vorwahlsystem*

Die Vorwahlprodukte können im Friseursalon an der Rezeption, im Wartebereich und Behandlungsbereich präsentiert werden. Die Friseurin sollte aber bedenken, dass die Ware beim Vorwahlsystem leicht durch die Kundin beschädigt werden kann.

1.2.1 Qualitätsstandards

Heutzutage ist das Erarbeiten, Einhalten und ständige Verbessern von Standards wesentlich für den Erfolg eines Unternehmens. Damit ist gemeint, dass es ein gemeinsames Niveau gibt, das alle Tätigkeitsbereiche durchdringt. Hierzu zählen die Kommunikation der Mitarbeiter mit den Kunden, aber auch die Kommunikation der Mitarbeiter untereinander. Gemeint sind aber auch die handwerklichen Tätigkeiten. Gibt es einheitliche Vorgaben für das Abteilen der Haare beim Schnitt? Wenden alle Mitarbeiter die gleichen Techniken an? Werden die Kunden nach einem Konzept beraten? Die Standards können vorgegeben werden (vgl. Franchise-Salons) oder entstehen – als Prozess der Teamarbeit – in gemeinsamen Sitzungen. Qualitätsstandards sind auch ein wesentlicher Faktor, der Außenwirkung. Das gilt für fachliche (handwerkliche) wie aber auch menschliche Qualität (Service, Freundlichkeit, Personalführung und Salonatmosphäre). In jedem Fall sollten die festgelegten Qualitätsstandards einer regelmäßigen Kontrolle unterworfen sein. Es muss überprüft werden, ob die Standards erfüllt werden, ob sie sinnvoll sind und ob sie auch mit den Kundenerwartungen übereinstimmen.

Zur Entwicklung von Standards kann die Unternehmerin auf Angebote vieler Firmen zurückgreifen oder die Mitarbeiter erarbeiten sie eigenständig im Team. Das könnte dann wie folgt aussehen:

Tabelle 1: Qualitätsstandards zum Telefonieren

Im Salon Haargenau haben wir uns auf Standards für das Telefonieren im Betrieb geeinigt (vgl. LF 2):
Wir melden uns am Telefon einheitlich mit dem Satz: »Guten Tag, Friseursalon Haargenau, mein Name ist Anja, was kann ich heute für Sie tun?«
Wir sprechen die Kundin mit Namen an, sofern sie uns bekannt ist.
Wir erkundigen uns nach den Wünschen der Kundin. Wichtige Informationen notieren wir uns sofort.
Wir bieten einen Rückruf an, wenn Wünsche nicht direkt am Telefon erledigt werden können. Dazu wird die Telefonnummer erfragt und notiert.
Wir nennen bei einer evtl. Wartezeit immer den Grund und die ungefähre Dauer.
Zum Abschluss des Gespräches wiederholen wir wichtige Dinge und bestätigen die Termine.
Wir lächeln beim Telefonieren, etc.

Regelmäßiges Üben von Gesprächssituationen, in Form von Rollenspielen, trainiert das Kommunikationsverhalten der Mitarbeiter. Neue Mitarbeiter finden sich schneller zurecht und integrieren sich in kurzer Zeit.

1.2.2 Zeitmanagement

Hierbei müssen mehrere Dimensionen beachtet werden:

- die Terminplanung
- der reibungslose Ablauf betrieblicher Prozesse
- die Kundenzufriedenheit
- die Preiskalkulation
- Stress

Terminplanung

Häufig nachgefragte Besuchszeiten (Freitag/Samstag, Nachmittag) können bei telefonischer Terminvergabe zunächst frei gelassen werden.

Spezielle Tarife könnten für selten nachgefragte Zeiten angeboten werden.

Bild 1 *Terminplaner*

Reibungsloser Ablauf

Der reibungslose Ablauf aller betrieblichen Prozesse ist enorm wichtig für das Qualitätsmanagement. Eine gute Terminplanung wirkt sich hier positiv aus. Die Vorbereitung des Arbeitsplatzes, das Bereitstellen von erforderlichen Hilfsmitteln und die Arbeit im Team ermöglichen dies. Jeder einzelne Mitarbeiter im Betrieb kann, wenn er aufmerksam ist und vorausschauend handelt zur Optimierung der betrieblichen Arbeitsprozesse beitragen. (Vgl. Tabelle unter 1.4.1, S. 292)

Kundenzufriedenheit

Ein Zeitmanagement, welches auch die Zeit der Kundinnen berücksichtigt, wird von den Kundinnen begrüßt. Die Friseurin sollte sich bewusst machen, dass die Kundinnen nicht unendlich viel Zeit haben.Gerade Berufstätige sind oft terminlich angespannt. Jede Verzögerung im Betriebsablauf wird als störend empfunden und unnötige Wartezeiten hinterlassen bei den Kunden einen schlechten Eindruck.

Preiskalkulation

Bei der Preiskalkulation von Dienstleistungen spielt die Arbeitszeit eine Rolle. Ebenso muss aus unternehmerischer Sicht berücksichtigt werden, wessen Arbeitszeit (Auszubildende, Gesellin, Meisterin) mit einkalkuliert werden muss. Betriebsabläufe sind so zu planen, dass sie reibungslos von statten gehen.

Unnötige Verzögerungen kosten die Unternehmerin Geld und beeinträchtigen die Kundenzufriedenheit.

Stress

Eine gute Vorbereitung hilft unnötigen Stress zu vermeiden.

Die Folge von hoher Stressbelastung kann die Vernachlässigung der Kundenbedürfnisse bis hin zur Qualitätsminderung sein. Empfinden die Mitarbeiter eine persönliche Einschränkung ihres Wohlbefindens, so schlägt sich das auf die Stimmung nieder. Es beginnt ein verhängnisvoller Kreislauf, der zu zunehmend stärkerer Unlust an der Arbeit führt. Es können sogar körperliche Beschwerden und Erkrankungen auftauchen, wie z. B. Niedergeschlagenheit, Kopfschmerzen, Magen- und Darmerkrankungen.

Diese psychosozialen Störungen muss man in jedem Fall sehr ernst nehmen. Es gilt den negativen Stress, der auch als Distress bezeichnet wird, zu vermeiden.

Den positiven Stress, auch Eustress genannt, kann man nutzen. Er setzt in uns Kräfte frei, die uns beflügeln. Das Training für eine Prüfung oder einen Wettkampf ist mit dieser Art Stress verbunden. Er hilft uns Ziele zu erreichen, die ohne diese positive Anspannung sicherlich unerreichbar wären.

1.2.3 Teamarbeit

Jeder Mitarbeiter im Friseursalon ist Teil eines Teams. Je nach Salonkonzept gibt es die Spezialisten oder die Alleskönner. Ganz gleich welche Entscheidung der Unternehmer für seinen Betrieb getroffen hat, es ist in jedem Fall unerlässlich sie zu kommunizieren.

Die Mitarbeiter im Salon müssen sowohl ihre Aufgaben, als auch die an sie gestellten Erwartungen kennen. Teamarbeit ist auch Entwicklungsarbeit, sie ist ein dynamischer Prozess. Einer kann vom anderen lernen, ein Team kann sich gegenseitig mit Wissen füttern. Jedes Teammitglied nutzt seine Stärken zur gemeinsamen Zielerreichung.

Es ist ein erstrebenswertes Ziel und mit viel Arbeit verbunden, den geschäftlichen Erfolg als Ziel für das ganze Team festzuschreiben.

1.2.4 Feedback

Das Wort Feedback kommt aus dem Englischen und heißt eigentlich Rückmeldung. Jeder Mensch unterscheidet zwischen der eigenen Wahrnehmung (Selbstwahrnehmung) und der Fremdwahrnehmung. (vgl. Bild 1, folgende Seite)

Bei weitgehender Übereinstimmung von Selbst- und Fremdwahrnehmung entwickelt sich der Mensch zu einer Persönlichkeit mit Selbstsicherheit, Selbstachtung und Selbstvertrauen.

Das so genannte Johari-Fenster beschreibt, was der Einzelne von sich selbst (Selbstwahrnehmung) und andere von ihm (Fremdwahrnehmung) wahrnehmen können.

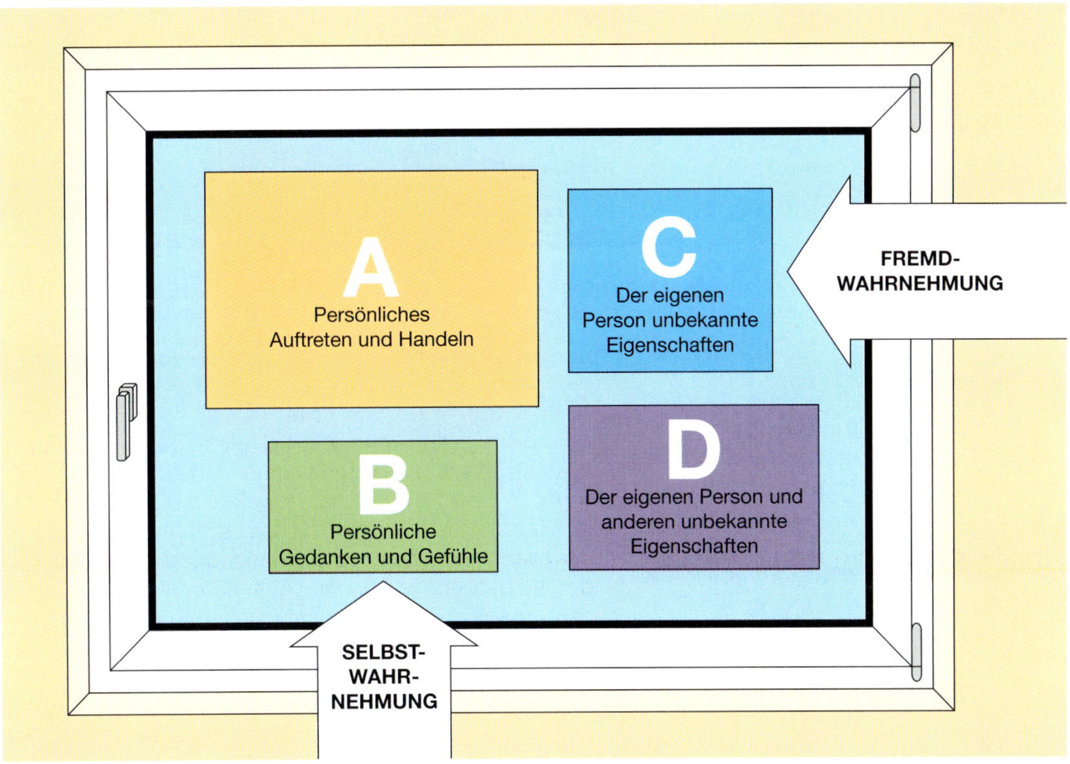

Bild 1 *Das Johari-Fenster*

Die Fensterfläche A wird auch als »Öffentlicher Bereich« beschrieben. Das persönliche Auftreten und Handeln ist bewusst und für alle wahrnehmbar, z. B. die freundliche Begrüßung einer Kundin.

Anders verhält es sich dagegen bei der Fensterfläche B. Eine Auszubildende ist häufig unsicher, wird dies aber vor Kunden verbergen wollen.

Der »Blinde Fleck« bezeichnet jenen Bereich, der der eigenen Person unbekannt ist (Fensterfläche C). Erst durch die Rückmeldung anderer wird dieser Bereich für einen selbst sichtbar.

Fensterfläche D beinhaltet alle Dinge, die sowohl einem selbst, als auch den anderen verborgen bleiben. So kann z. B. eine unterschwellige Unzufriedenheit einer Mitarbeiterin die Teamarbeit im Friseursalon beeinträchtigen.

Das Feedback ist eine Methode zur Vergrößerung der Fläche A, bzw. Persönlichkeitsentwicklung. Die Bereitschaft, eigene Werte und Verhaltensweisen zu überdenken und das Selbstverständnis zu verändern, sind ebenfalls unabdingbare Voraussetzungen zur Weiterentwicklung der Persönlichkeit.

Das Team kann dieses Wissen nutzen, um gemeinsam Ziele zu erreichen! Über die Art und Weise wie ein Feedback gegeben wird, sollte sich aber verständigt werden.

1.3 Außendarstellung des Salons

Anja hat sich nun einen Überblick über das Salonkonzept und seine Auswirkungen verschafft. Im nächsten Schritt soll sie sich jetzt Gedanken über die Außendarstellung ihres Salons machen. Die Wirkung eines Unternehmens auf die Kundinnen/Passanten steht hier im Mittelpunkt. Zunächst ist der Name des Unternehmens entscheidend.

1.3.1 Firmenname

Über den Firmennamen wird der erste Kontakt zur Kundin aufgebaut. Er kann der persönliche Name (Firmeninhaber), ein sachlich gewählter Name (Hinweis auf die Dienstleistung) oder ein Fantasiename sein. Er kann traditionell (»Der Friseur«) oder modern klingen. Häufig werden englische (hair cut) oder französische (coiffeur) Ausdrücke verwendet, um sich von den Mitbewerbern abzuheben. Immer häufiger sieht man auch Zahlen-Wortkombinationen (Hair 4you).

1.3.2 Logo

Gemeinsam mit dem Namen entwickelt der Unternehmer ein Logo für seinen Betrieb. Ein Logo ist einprägsam, einzigartig und schafft Identität. Der Schriftzug des Namens oder die Verbindung von Symbol und Schriftzug zusammen können das Logo ergeben.

Bild 2 *Beispiele für Logos*

Dieses Logo taucht dann auf allen Schriftstücken des Betriebes auf, z. B.:

- Visitenkarten
- Briefköpfen
- Bonusheften
- Rechnungen
- Schaufenster

1.3.3 Homepage

Zur Außendarstellung gehört immer öfter auch eine Homepage, evt. sogar verbunden mit der Möglichkeit einer Terminvereinbarung online. Hier kann die Unternehmerin ganz zeitnah Informationen an ihre Kundschaft weiterleiten. Die Salonphilosophie wird unmittelbar transportiert. Wichtiges Kriterium für die Errichtung der Homepage – und deren Gestaltung – ist die Zielgruppe, bzw. das Salonkonzept. Ein Salon, der sich durch hochpreisige Dienstleistungen auszeichnet wird anders auftreten, als ein junger, flippiger Salon. Die Ansprache einer Kundengruppe, der »community« kann mit diesem Medium bewusst individualisiert geschehen. Der Friseur kann seine Mitarbeiter vorstellen, über Fortbildungen berichten, seine Aktionen ankündigen, neue Trends lancieren, etc.

1.4 Organisationsmittel auswählen

Betriebsabläufe so zu planen, dass sie kunden- und serviceorientiert unter Beachtung wirtschaftlicher, ökologischer, organisatorischer und ergonomischer Maßnahmen gelingen, ist eine umfassende Aufgabe.

Trotz umsichtiger Planung sind Störungen unvermeidbar. Kurzfristige Änderungen der Behandlung, spezielle Kundenwünsche, ein ausführliches Verkaufsgespräch, Erkrankung von Mitarbeitern oder die Absage einer Kundin können den geplanten Arbeitsablauf verändern. Eine flexible Handhabung der Terminplanung ist daher unerlässlich.

Einige Regeln, die man beherzigen sollte:

- Alle Termine und Veränderungen sofort in den Terminkalender eintragen
- Für Neukunden mehr Zeit einplanen.
- Ausfallzeiten der Friseurin (Urlaub, Fortbildung, etc.) möglichst frühzeitig eintragen.
- Unattraktive Termine zuerst vergeben.
- Immer nur zwei alternative Termine zur Auswahl anbieten.
- Der Kundin Terminkarten mitgeben. Verspätungen und versäumte Termine kenntlich machen.
- Bei versäumten Terminen telefonisch nachfragen.
- Bei Terminverzug wartende Kundinnen informieren.
- Spontankundinnen werden nach Möglichkeit bedient, sofern dadurch keine Verzögerungen auftreten.
- Zeitpuffer (Pausen) einplanen.

Der Friseur nutzt verschiedene Hilfsmittel, die ihm helfen. Zu diesen Organisationsmitteln gehören z. B.:

- Terminkalender
- Bedienungszettel
- Kundenkartei
- Karteikarte
- EDV-Kundenverwaltung

1.4.1 Terminkalender

Der Terminkalender ist sicherlich das wichtigste Organisationsmittel. Er ist unerlässlich für Betriebe, die nach Termin arbeiten. Dies wiederum ist abhängig von dem Salonkonzept.

Die Kundin vereinbart einen Besuchstermin bei ihrer Friseurin und erhält dafür die Gewährleistung einer geringen Wartezeit. Die Rezeptionistin, bzw. Mitarbeiterin plant realistische Bedienungszeiten ein. Diese Bedienungszeiten sind bei der Festlegung der Termine zu berücksichtigen. Bei einigen Behandlungen müssen Einwirkzeiten (z. B. Dauerwelle, Tönen, Färben) beachtet werden. Während dieser kann die Friseurin andere Behandlungstermine wahrnehmen. Es muss aber immer darauf geachtet werden, dass die begonnene Behandlung ordnungsgemäß zu Ende geführt wird. Im Terminkalender wird der Name der Kundin, ihr Wunsch und der Name der zuständigen Friseurin eingetragen. Die nachfolgende Tabelle vermittelt Richtwerte für die Behandlungsdauer.

Tabelle 1: Richtwerte für die Dauer einiger Behandlungen

Art der Behandlung	Abkürzung	Dauer der gesamten Behandlung	Neue Terminvergabe nach
Waschen/Legen	WL	60 Min	30 Min
Waschen/Föhnen	WF	45 Min	45 Min
Herrenhaarschnitt (trocken)	S (H)	30 Min	30 Min
Waschen/Schneiden/Föhnen (Damen)	WSF	90 Min	90 Min
Waschen/Schneiden/Legen (Damen)	WSL	90 Min	60 Min
Waschen/Schneiden/Föhnen (Herren)	WSF (H)	45 Min	45 Min
Tönen	TÖ	60 Min	25 Min
Färben	FÄ	90 Min	30 Min
Foliensträhnen Langhaar	FSTR	120 Min	bis 40 Min
Dauerwelle	DW	90 Min	30 Min

Einige Friseure arbeiten mit Bedienungszetteln. Sie verbleiben am Platz und die zuständige Friseurin trägt fortlaufend die erfolgten Behandlungen ein, bzw. markiert sie. Wenn zugleich die Bedienungspreise ersichtlich sind, ist die Kundin auch darüber informiert. Die genauen Informationen über die Kundinnen ermöglichen zielgerichtete Maßnahmen, die auf die Bedürfnisse der Kundinnen zugeschnitten sind und durchgeführt werden können. Dadurch kann die Friseurin den Kundinnen einen besseren, individuelleren Service bieten und die Kundinnen stärker an den Salon binden. Die erforderlichen Informationen dazu entnimmt sie einer ausführlich geführten Kundenkartei.

1.4.2 Kundenkartei

In vielen Friseurbetrieben wird handschriftlich eine Kundenkartei angelegt. Die Kundenkartei sollte neben der Adresse der Kundin auch die Informationen über den Haarzustand, die Behandlungsdaten und verkaufte Produkte beinhalten. Oftmals werden aber nicht alle Kunden erfasst, sondern nur wenn eine farb- oder formverändernde Haarbehandlung durchgeführt wurde. Leider vergibt der Friseur so die Möglichkeit auch Daten über die anderen Kundinnen festzuhalten. Diese Informationen können dann für Kundenbindungsmaßnahmen verwandt werden und helfen allgemein dabei, alle Kunden bestmöglich zu bedienen. Im Friseursalon kann das Führen einer Kundenkartei sowohl auf einer Karteikarte als auch per EDV erfolgen. Eine ausführlich geführte Kundenkartei hat für die Friseurin folgende Vorteile:

- Schneller Zugriff auf die persönlichen und fachlichen Daten der Kundin
- Möglichkeit zur gezielten Nachfrage über die Zufriedenheit der Anwendung (Dienstleistung und Produkt)
- Bedürfnisorientierte Terminplanung für die Kundin
- Individuelle Beratung
- Trotz Mitarbeiterwechsel gleich bleibende Qualität der Dienstleistung
- Zielgruppengerechte Planung von Werbemaßnahmen

Die Karteikarte

Je nach formaler Gestaltung der Karteikarten und ihrer Anordnung im Karteikasten ermöglichen sie das Erfassen der wichtigsten Informationen auf einen Blick. In der täglichen Praxis bieten Sie der Friseurin folgenden Nutzen:

- Die Eintragungen dienen als Basis für das Beratungsgespräch am Behandlungsplatz und für Produktempfehlungen für zu Hause.
- Sie gewährleisten eine optimale und kontinuierliche Behandlung der Kundin, besonders bei Ausfall einer Stammfriseurin.
- Sie bieten weitere Möglichkeiten zur saloninternen Analyse oder auch zur Planung verkaufsfördernder Maßnahmen, z. B. können die Kundinnen in einer Werbebriefaktion über die neueste Mode oder interessante Produkte informiert werden. Aber auch Stammkundinnen, die schon längere Zeit nicht mehr zur Behandlung im Salon waren, können mit einem netten Anschreiben wieder auf den Salon aufmerksam gemacht werden. Zusätzlich können die Eintragungen für Statistiken ausgewertet werden wie z. B. Besuchshäufigkeit und Altersschicht der Kundinnen.

1.4.3 EDV-Kundenverwaltung

Eine gute Friseur-EDV enthält ausführliche Kundenverwaltungsmodule, die einfach beim Kassiervorgang zu aktualisieren sind. Dieser Vorgang ersetzt im Gegensatz zur Karteikarte mehrere Arbeitsschritte, wie z. B. das Heraussuchen der Karteikarte und das handschriftliche Eintragen der Daten. Oft besteht auch die Möglichkeit, dass bei Saloneintritt der Kundin ein Kundenlaufzettel ausgedruckt werden kann, der auch gleichzeitig als Kassen- oder Bedienungszettel verwendet wird.

Bei der elektronischen Kundenverwaltung kann die Rezeptionistin oder die Friseurin per Knopfdruck die Kundenkartei nach verschiedensten Kriterien sortieren, wie z. B. Alter, Geschlecht, Einzugsgebiet, Anwendungen, Besuchshäufigkeit, letzter Besuch, Frequentierung an einzelnen Wochentagen, Geburtsdatum. Mithilfe der EDV-Kundenverwaltung lassen sich viele Aktionen zielgruppenorientierter planen und durchführen.

Einige Beispiele für Anwendungen sind:

- Wochentags-Auswertungen
- Mitarbeiter-Berichte
- Umsatzentwicklung
- Zahlung per Rechnung (Überweisung und Abbuchung)
- Mailing/Serienbrief
- Lagerverwaltung
- Lagerbestandsführung
- Automatische Lagerabbuchung bei Verkauf
- Warenzugänge- und Warenabgänge
- Bestellwesen
- Besuchszeitanalysen anfertigen.
- Besuchshäufigkeit der Kunden erfassen
- Dienstleistungs-/Artikelhitliste (Renner/Penner)
- Warengruppen-Hitliste

Bild 1 *Kundenverwaltung per EDV*

1.5. Sortiment

Unter dem Begriff Sortiment versteht man alle Waren und Dienstleistungen, die im Friseursalon angeboten werden. Zu den Dienstleistungen gehören z. B. folgende Tätigkeiten der Friseurin:

- Haar- und Kopfhautreinigung
- Haar- und Kopfhautpflege
- Farbveränderung des Haares
- Formveränderung des Haares
- Haarschnitt
- Frisurenfinish
- Haarverlängerung und Haarverdichtung
- Dekorative Kosmetikbehandlung
- Maniküre

In der Regel werden verschiedene Dienstleistungen miteinander kombiniert, z. B. Waschen, Schneiden, Tönen, Föhnen der Haare und Maniküre.

Das Sortiment in den einzelnen Friseursalons ist unterschiedlich. Die Zusammensetzung des Sortiments richtet sich nach der Kundengruppe. Dazu muss die Friseurin die Ansprüche ihrer Zielgruppe, d. h. der Kundinnen, die sie erreichen will, bestimmen und ein auf diese Zielgruppe ausgerichtetes Sortiment zusammenstellen. Ein modischer Trendsalon muss ein anderes Sortiment anbieten als ein klassisch eingerichteter Salon.

1.5.1 Sortimentsbeschreibung

Sortimente werden nach Branche, Umfang und Niveau unterschieden:

Branche

Das Sortiment wird durch den Geschäftszweig bestimmt, z. B. Lebensmittel, Textil/Bekleidung oder Hausrat/Glas/Porzellan. Die Waren, die die Friseurin anbietet, gehören überwiegend zur Branche der Kosmetik bzw. Parfümerie. Die Dienstleistungen der Friseurin sind eigenständig. Sie finden sich in keiner anderen Branche wieder. Friseurdienstleistungen, das ist in der Handwerksordnung (HwO) geregelt, dürfen nur von Friseurinnen erbracht werden.

Die Produkte, die in einem Friseursalon von den Kundinnen in jedem Fall erwartet werden, wie z. B. Haarspray, Festiger, Shampoo usw., bilden das **Kernsortiment**. Hierzu zählen auch die handwerklichen Dienstleistungen der Friseurin.

Sämtliche Waren und Dienstleistungen, die nicht unbedingt von den Kundinnen im Friseursalon erwartet werden, bilden das **Randsortiment**. Obwohl die Kosmetik zum Berufsbild der Friseurin gehört, erwarten nur wenige Kundinnen von ihrer Friseurin, dass sie alle kosmetischen Dienstleistungen anbietet.

In diesem Fall würde die Kosmetik zum Randsortiment gehören. Werden auch branchenfremde Artikel, wie z. B. Modeschmuck, in das Sortiment aufgenommen, gehören diese ebenso zum Randsortiment.

Sortimentsumfang

Jedes Sortiment hat eine bestimmte Sortimentsbreite und eine Sortimentstiefe.

Die **Sortimentsbreite** (Bild 1) ergibt sich aus der Zahl der verschiedenen Artikelgruppen, die in einem Friseursalon angeboten werden, z. B. Shampoos, Haarkuren, Farbveränderungsmittel, Kosmetik, Bürsten und Haarschmuck.

Bild 1 *Beispiel für die Sortimentsbreite*

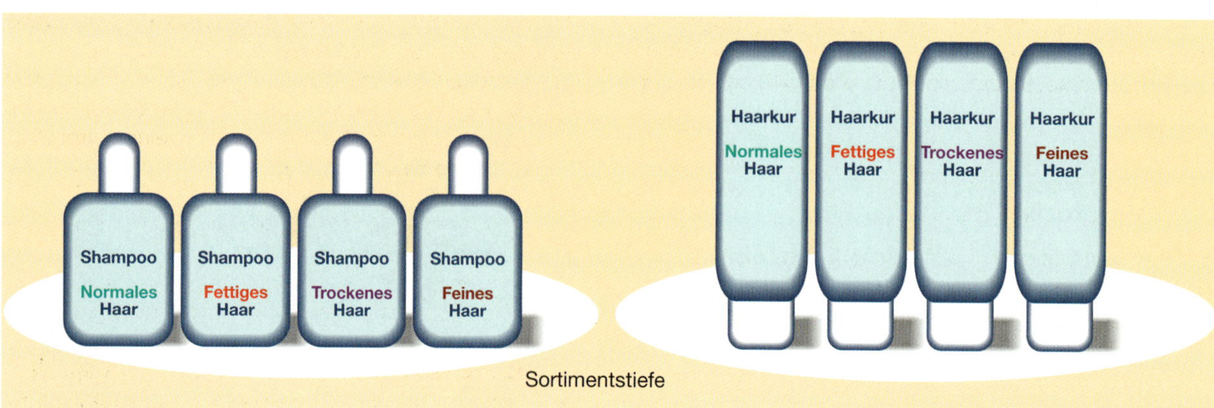

Bild 2 *Beispiel für Sortimentstiefe*

Die **Sortimentstiefe** (Bild 2, S. 294) wird durch die Anzahl der verschiedenen Artikel innerhalb einer Artikelgruppe gebildet, wie z. B. Shampoos verschiedener Marken oder spezieller Wirkungen.

Weiterhin gibt es noch das **schmale Sortiment** und das **flache Sortiment** (Bild 1). Das schmale Sortiment beinhaltet nur wenige verschiedene Artikelgruppen. Dem schmalen Sortiment steht das flache Sortiment gegenüber. Es beinhaltet wenige verschiedene Artikel innerhalb einer Gruppe.

Fachgeschäfte haben oft nur ein schmales und tiefes Sortiment. Sie beschränken sich auf wenige Warengruppen, haben innerhalb dieser Gruppen aber eine sehr große Auswahl unter den verschiedenen Artikeln. Verbrauchermärkte haben dagegen meistens ein breites, aber flaches Sortiment.

Bei den meisten Friseursalons ist das Sortiment im Bereich der Waren schmal, aber tief. Es werden wenige Pflegemittel und Kosmetika angeboten, diese sind jedoch aufeinander abgestimmt. Im Bereich der Friseurdienstleistungen ist das Sortiment hingegen breit. Denn Friseursalons bieten alle fachtypischen Dienstleistungen an. Werden auch kosmetische Dienstleistungen angeboten, wird das gesamte Angebot breiter. Friseursalons, die sich nur auf Haarschnitte beschränken (z. B. Cut-and-go-Konzept), haben hingegen nur ein schmales Dienstleistungssortiment.

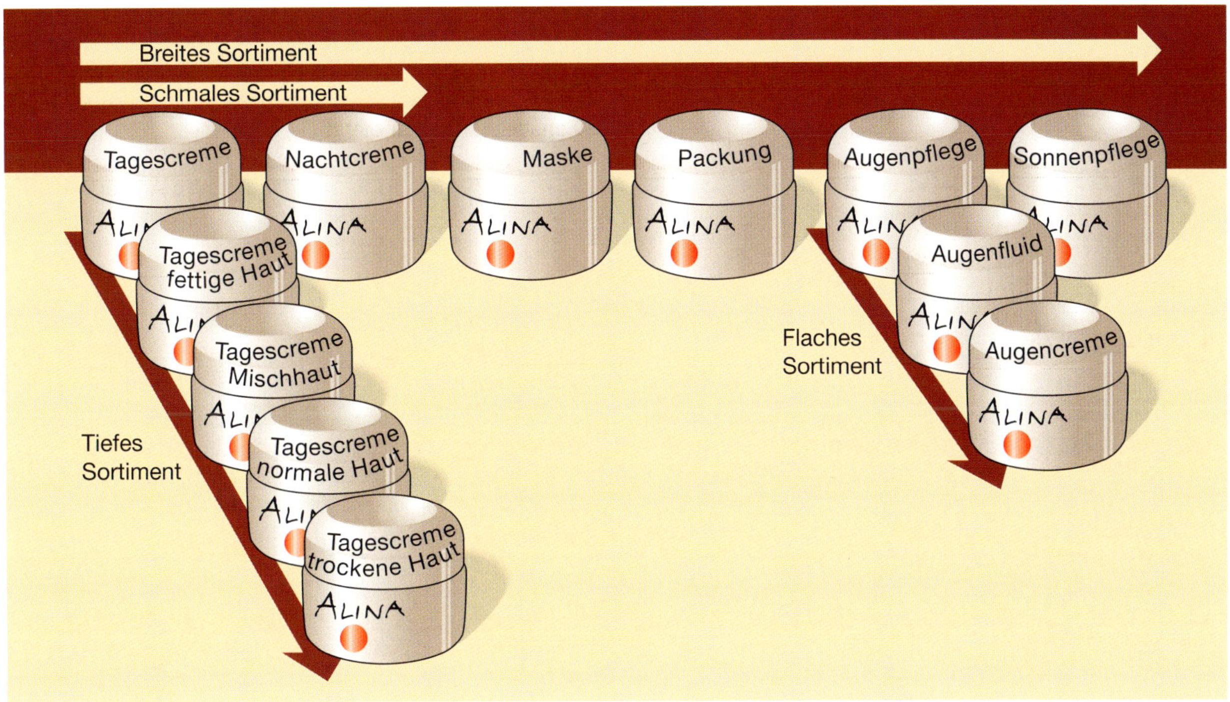

Bild 1 *Sortimentsumfang*

Sortimentsniveau

Die Sortimente der einzelnen Friseursalons können unterschiedliche Qualitäts- und Preisniveaus aufweisen. Dies sagt nichts über die Qualität einer Friseurin als Handwerkerin aus. Wichtig ist, dass Qualitäts- und Preisniveau zur Kundengruppe passen. Die Friseurin sollte darauf achten, dass ihr Gesamtsortiment ein einheitliches Bild ergibt.

Eine Friseurin, die exklusive, hochpreisige Kosmetika verkaufen will, kann nicht gleichzeitig sehr preiswerte Haarpflege anbieten, um mit einem Drogeriemarkt zu konkurrieren.

1.5.2 Sortimentsbildung

Welche Dienstleistungen und Waren das Sortiment bilden, hängt von folgenden Aspekten ab:

- Kundenwünsche
- Größe und Lage des Salons
- Gewinnerwartungen
- Verkaufsform (Bedienung oder Selbstbedienung)
- Beratungsaufwand

Die inhaltliche Gestaltung des Sortiments ist für ein positives Verkaufsergebnis ausschlaggebend. Die Kundin hat den Wunsch, zwischen verschiedenen Angeboten wählen zu können.

Damit die Friseurin ihre Kompetenz, z. B. in Sachen Haarpflege, überzeugend vermitteln kann und die Kundinnen qualifiziert bedient werden, sind sowohl eine durchdachte Sortimentsbreite als auch eine ausgewogene Sortimentstiefe erforderlich.

Welche und wie viele Marken und Dienstleistungen im Sortiment geführt werden, hängt unter anderem von der Größe und Lage des Friseursalons ab. In einem großzügig geschnittenen Salon in bester Lauflage sind die Chancen für ein selbstbedienungsorientiertes Verkaufskonzept günstiger als in einem relativ kleinen Salon an einem selten frequentierten Standort.

Im Zusammenhang mit dem Standort und der Kundenstruktur sollte auch auf eine Ausgewogenheit der Preiskategorien geachtet werden.

Weder eine Alleinstellung hochpreisiger Serien noch die Konzentration auf Billigangebote bringen der Friseurin den gewünschten Erfolg.

Die Kundin entscheidet selbst, wie viel Geld sie ausgeben möchte.

Für die räumliche Gestaltung eines Sortiments gilt, dass z. B. verkaufsstarke Ware mehr Raum im Gesamtsortiment erhält als die Produkte, die seltener verkauft werden.

Für die Gestaltung eines Sortiments sollte auch der Beratungsaufwand berücksichtigt werden. Manche Produkte, z. B. Gel, müssen so gut wie gar nicht erklärt werden.

Andere hingegen, z. B. pflegende Kosmetika, erfordern oft eine intensivere Beratung. Grundsätzlich ist es einfacher, mit bekannten Marken zu arbeiten. Denn je bekannter die Marke ist, desto größer ist das Vertrauen der Kundinnen in das Produkt. Dieses Vertrauen erleichtert jedes Beratungs- und Verkaufsgespräch.

1.5.3 Sortimentspflege

Ein erfolgreiches Sortiment orientiert sich immer an den Wünschen der Kundinnen und an der Konkurrenzsituation. Kommen neue Produkte auf den Markt, muss die Unternehmerin überlegen, ob sie in ihre Produktpalette aufzunehmen sind. Sie sollte ein offenes Ohr für Hinweise oder Anfragen von Kundinnen haben. Verbraucherinnen, die ein bestimmtes Produkt kaufen wollen, möchten nicht warten, bis die Bestellung eingetroffen ist. Sie gehen lieber zur Konkurrenz. Deshalb sollte das Angebot regelmäßig im Hinblick auf »Renner« und »Penner« überprüft und ergänzt werden. Die Friseurdienstleistungen verändern sich ständig durch die Einflüsse der Mode, neue Techniken, Werkzeuge und Präparate. Damit die entstehenden neuen Leistungen angeboten werden können, ist die permanente Weiterbildung der Friseurin unerlässlich. Artikel, die keine Gewinne mehr erwarten lassen, werden aussortiert. Dafür werden neue und gewinnträchtige Artikel in das Sortiment aufgenommen.

1.6 Beschaffung

Szenario

Nachdem die Mitarbeiterinnen des Salons Haargenau eine Schulung zur pflegenden Kosmetik erfolgreich absolviert haben, soll der Verkauf von Hautpflegeprodukten verstärkt werden. Die Chefin bittet Anja, sich mit den Kaufvertragsbedingungen der Firma JUGENDSCHÖN vertraut zu machen.

Für einen reibungslosen Betriebsablauf muss die Unternehmerin Ware in ausreichender Menge und zum richtigen Zeitpunkt beschaffen. Sie wird darauf achten, einerseits möglichst wenig Ware zu lagern, aber andererseits stets ausreichend Ware für Dienstleistungen und Verkauf vorrätig zu haben. Sie überlegt:

- Wie viel kaufe ich?
- Wann kaufe ich?
- Bei wem kaufe ich?

1.6.1 Bestellmenge und Bestellzeitpunkt

Bevor die Unternehmerin die Bestellung ausführt, plant sie zunächst ihren Bedarf. Dazu benötigt sie Daten zum Verkauf und Verbrauch. Die Warenmenge richtet sich dann nach:

- Der Lagergröße
- Dem Lagerbestand
- Der Umschlagshäufigkeit

Zum Schutz vor unvorhersehbaren Ereignissen, z. B. plötzliche starke Nachfrage eines Produktes, ist ein **Mindestbestand** nötig. Dieser sollte ständig am Lager sein.

Die Bestellung muss dann so zeitig erfolgen, dass die Nachfrage jederzeit gedeckt werden kann, ohne auf diesen Mindestbestand zurückgreifen zu müssen. Der **Meldebestand** (verkaufte Menge während der Lieferzeit + Mindestbestand) bestimmt deshalb den Bestellzeitpunkt für eine neue Lieferung.

Bei der Verkaufsdatenanalyse ergibt sich im Salon Haargenau für ein **Produkt X** ein durchschnittlicher Verkaufswert von 20 Verkäufen pro Monat

$$\frac{\text{Anzahl der Produktverkäufe}}{\text{Zahl der Monate}} = \text{durchschnittlicher Verkauf}$$

Möchte die Unternehmerin z. B. auf saisonale Besonderheiten eingehen, so wird sie mit der gleitenden Durchschnittsrechnung zusätzlich die neueren Verkaufswerte stärker gewichten als die älteren. Eine Haarpflege mit UV-Schutz wird in den Sommermonaten besser verkauft werden, als in den Wintermonaten.

Preisnachlässe (Rabatte) werden von Herstellern bei der Abnahme von großen Mengen gewährt (Mengenrabatt). Mitunter enthalten Kaufverträge Vorgaben für Bestellmengen (Mindestbestellmenge). Bei der Entscheidung ob sie zu den gegebenen Konditionen kauft oder nicht, muss die Unternehmerin dann Kosten und Nutzen abwägen. Sie sollte die Bezugspreise der verschiedenen Anbieter vergleichen, um das tatsächlich beste Angebot auswählen zu können (vgl. Naturwissenschaftlicher Exkurs, ab S. 347).

Die Unternehmerin wird sich auch immer über die Lieferzeiten einer Firma informieren. Darüber hinaus sollte sie ständig ihre Bedarfsmenge pro Tag und den aktuellen Bestand im Auge behalten, damit es nicht zu unliebsamen Überraschungen kommt.

1.6.2 Kaufvertrag

Hat sich die Unternehmerin zur Bestellung entschlossen, schließt sie einen Kaufvertrag. Durch den Kaufvertrag wird der Verkäufer einer Sache verpflichtet, dem Käufer die Sache zu übergeben und das Eigentum an der Sache zu verschaffen (§ 433 BGB). Der Käufer verpflichtet sich, dem Verkäufer den vereinbarten Kaufpreis zu zahlen und die gekaufte Ware abzunehmen.

Die Unternehmerin hat ein Recht darauf, die Ware einwandfrei zu erhalten. Ist die Ware nicht einwandfrei, so können nach § 434 BGB folgende Sachmängel unterschieden werden:

Mängel in der Güte

- Ein Glätteisen ist schon nach zweimaliger Benutzung defekt
- Der gelieferte Föhn lässt sich nicht auf höchster Stufe in Betrieb nehmen
- Der Perlenschmuck auf einer Haarspange bricht ab
- Generell fehlt der Ware oder Dienstleistung eine zugesicherte Eigenschaft!

Mängel in der Beschaffenheit

- Beschädigte Verpackungen
- Abgebrochener Sprühkopf beim Haarlack
- Ranzige Creme
- Generell ist die Ware beschädigt, untauglich oder verdorben!

Mängel in der Menge

- Falsche Stückzahllieferung
- Halbleere Cremedose
- Im Angebot aufgelistete Zusatzteile fehlen
- Generell ist die Ware unvollständig!

Nachdem die Ware im Betrieb angenommen und ausgepackt wurde, wird sie geprüft. Es wird überprüft, ob die Qualität und die gelieferte Menge mit der Bestellung übereinstimmen. Auch die beiliegende Rechnung muss auf ihre sachliche Richtigkeit geprüft werden. Wenn jetzt ein Mangel festgestellt wird, muss ein Vermerk auf dem Lieferschein gemacht werden und diesen an die Chefin weiterleiten. Diese wird nun unverzüglich eine Mitteilung an den Verkäufer/Lieferer schicken (Mängelrüge).

Im Bild 1 sind die unterschiedlichen Rechtsansprüche aufgeführt, die sich aus dem BGB ergeben:

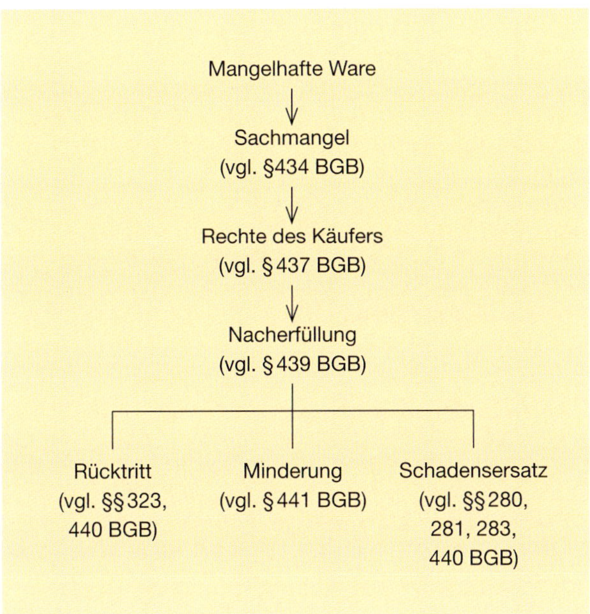

Bild 1 *Rechte des Käufers bei Sachmängeln*

Tritt ein Mangel auf, so kann der Käufer entweder auf der Beseitigung des Mangels bestehen oder die Lieferung einer fehlerfreien Ware verlangen.

Man muss dem Verkäufer Zeit geben, den Mangel zu beseitigen. Es ist nicht rechtens, sofort vom Kaufvertrag zurückzutreten. Man spricht von vorrangigem Recht (im ersten Fall) und nachrangigem Recht (im zweiten Fall). Nach einer angemessenen Nachfrist kann die Käuferin dann aber vom Vertrag zurücktreten und gegebenenfalls Schadensersatz verlangen.

Ist die Sache mangelhaft, kann der Käufer, wenn die Voraussetzungen der folgenden Vorschriften vorliegen und soweit nicht ein anderes bestimmt ist,

- nach § 439 Nacherfüllung verlangen,
- nach den §§ 323 und 440 von dem Vertrag zurücktreten
- oder nach § 441 den Kaufpreis mindern
- und nach den §§ 280, 281, 283 und 440 Schadensersatz verlangen.

Die Nacherfüllung kann scheitern, weil

- sie nicht zumutbar ist (zu lange Wartezeit auf die Ersatzlieferung)
- die Nacherfüllung verweigert wird (vom Händler)
- die Fehlerbeseitigung wiederholt fehlgeschlagen ist.

Statt zurückzutreten kann der Käufer aber auch den ursprünglich vereinbarten Kaufpreis mindern. Dabei bleibt der Kaufvertrag erhalten. Schadensersatz muss dann geleistet werden, wenn die Unternehmerin durch die mangelhafte Ware einen Schaden erleidet.

Der Verkäufer hat den Schaden zu vertreten, wenn:

- der Ware eine von ihm garantierte Eigenschaft fehlt,
- er der Unternehmerin einen Mangel der Ware arglistig verschweigt,
- er die Verzögerung der Nacherfüllung verschuldet hat.

Wird eine Bestellung nicht rechtzeitig geliefert, hat das für die Unternehmerin mitunter unangenehme Konsequenzen. Um die Dienstleistungen im Betrieb erbringen zu können, muss die Ware womöglich bei einem anderen Anbieter zu höheren Preisen geordert werden.

Bei Lieferverzug hat der Käufer folgende Rechte:

- Er hat sofort das Recht, die Lieferung weiterhin zu fordern. Das ist z. B. wichtig, wenn er die Ware woanders gar nicht oder nicht zum vereinbarten Preis erhalten kann!
- Nach Ablauf einer angemessenen Nachfrist kann der Käufer vom Vertrag zurücktreten. Dies ist dann sinnvoll, wenn er die Ware nicht mehr benötigt, oder sie anderweitig günstiger erhält!
- Der Verkäufer muss Zeit erhalten, die Ware zu liefern.

Der Käufer gerät in Zahlungsverzug, wenn er

- den vereinbarten Kaufpreis nicht rechtzeitig,
- nicht vollständig,
- oder gar nicht bezahlt.

Eine regelmäßige Überprüfung der Wareneingänge und ihrer Bezahlung schützt vor dem Zahlungsverzug. Kommt es dennoch dazu, dann entsprechen die Rechte des Verkäufers denen des Käufers.

1.6.3 Lagermanagement

Ein großes Lager verursacht hohe Raumkosten (Miete). Es ist schnell unübersichtlich und bindet viel Kapital. Damit ist gemeint, dass Geld für Produkte ausgegeben wurde, die noch keinen Umsatz brachten. Das Kapital, das gebunden ist durch zu hohe Lagerbestände, ist totes Kapital. Es steht der Unternehmerin nicht zur Verfügung und schwächt ihre Zahlungsfähigkeit (Liquidität des Salons).

Darum ist eine laufende Kontrolle der Lagerbestände (Lagermanagement) unerlässlich. Hierzu ermittelt die Unternehmerin den durchschnittlichen Lagerbestand während eines Jahres. Er drückt aus, wieviel Ware während des Jahres durchschnittlich am Lager vorhanden war.

$$\frac{\text{Lagerbestand 1} + \text{Lagerbestand 2}}{2} = \text{durchschnittlicher Lagerbestand}$$

Die Umschlagshäufigkeit sagt aus, wie oft sich der durchschnittliche Lagerbestand während des Jahres aufgebraucht hat

$$\frac{\text{Warenverbrauch}}{\text{durchschnittl. Lagerbestand}} = \text{Umschlagshäufigkeit}$$

Die Umschlagsdauer in Monaten sagt aus, in wie vielen Monaten sich der duchschnittliche Lagerbestand aufgebraucht hat.

$$\frac{\text{12 Monate}}{\text{Umschlagshäufigkeit}} = \text{Umschlagsdauer in Monaten}$$

Hat man diese Werte ermittelt, kann man sagen welches die Renner und Penner eines Warenlagers sind und sie dementsprechend aus dem Sortiment nehmen oder zusätzliche Artikel einkaufen.

1.7 Inventur

Immer zum Ende des Geschäftsjahres wird Inventur gemacht. Die Inventur (von **lateinisch** invenire = etwas bzw. es vorfinden) ist die Bestandsaufnahme aller vorhandenen **Vermögenswerte** und **Schulden** einer **Unternehmerin** zu einem bestimmten Stichtag. Hat die Unternehmerin eine EDV-Kundenverwaltung, so kann sie auf folgende Inhalte zurückgreifen:

- Lagerbestandsführung
- Automatische Lagerabbuchung bei Verkauf
- Warenzugänge und Warenabgänge
- Lagerverwaltung

Sie ermittelt den Ist-Wert, d. h. den tatsächlichen Warenbestand zu einem bestimmten Zeitpunkt. Nach § 240 HGB und nach §§ 140, 141 der Abgabenordnung (AO) ist eine Kauffrau verpflichtet, wenn sie ein Unternehmen gründet oder übernimmt, wenn sie es schließt, sowie zum Schluss eines jeden **Geschäftsjahres** ihr Vermögen und ihre Schulden genau festzustellen. Oft ergeben sich durch Schwund, Diebstahl, Verderb, fehlerhafte Eintragungen, Abweichungen zu dem Warenbestand, der laut Buchhaltung vorhanden sein müsste (Soll-Wert).

Grundsätzlich ist die Inventur zum Bilanzstichtag durchzuführen, also am 31. 12. eines Kalenderjahres oder am letzten Tag des Geschäftsjahres.

1.7.1 Inventurarten

Man unterscheidet die **Körperliche Inventur** und die **Buchinventur**. Die körperlichen Vermögensgegenstände (Verkaufs- und Kabinettware) werden durch Zählen, **Messen** oder **Wiegen** aufgenommen. Eine Schätzung mit anschließender Bewertung ist ebenfalls erlaubt, wenn eine exakte Aufnahme wirtschaftlich unzumutbar oder unmöglich ist (z. B. Haarklemmen, Haarnadeln, kleine Schrauben). Alle Artikel werden einzeln in der Inventurliste erfasst, mit:

- der handelsüblichen Bezeichnung (Artikelname und Artikelnummer)
- dem Nettobezugspreis
- der vorhandenen Menge
- dem Gesamtwert (Menge x Wert je Einheit).

Die Inventurliste wird mit Datum und Unterschrift versehen.

Buchinventur

Die Buchinventur erfasst wertmäßig alle nicht körperlichen Gegenstände und Schulden, z. B. **Forderungen** (unbezahlte Kundenrechnungen), **Verbindlichkeiten** (unbezahlte Ware) oder Bankguthaben, anhand von buchhalterischen Aufzeichnungen (**Belegen**) oder anderen Unterlagen.

1.7.2 Inventurverfahren

Folgende Inventurverfahren werden unterschieden:

- Stichtagsinventur
- Verlegte Inventur
- Permanente Inventur
- Stichprobeninventur

Stichtagsinventur

In vielen Geschäften wird eine Stichtagsinventur durchgeführt. Dann wird für einen oder einen halben Tag das Geschäft geschlossen. Die Bestände werden an diesem Tag mengenmäßig erfasst und in Inventurlisten eingetragen. Die Bestandsaufnahme muss nicht direkt am Bilanzstichtag erfolgen. Zulässig für die zeitversetzte Aufnahme ist eine Frist von 10 Tagen vor oder nach dem Stichtag. Stichtage sind z. B. der Tag der Geschäftseröffnung, der Tag der Geschäftsschließung oder das Ende des Geschäftsjahres.

Die Zu- und Abgänge zwischen dem Aufnahmetag und dem Stichtag, auch die Bewegungen am Stichtag selbst, werden anhand von Belegen mengen- und wertmäßig fortgeschrieben beziehungsweise zurückgerechnet (vgl. Tabelle 1, auf der folgenden Seite). Die Bewertung der Ware erfolgt zu den Anschaffungskosten, beschädigte

Ware kann abgewertet werden. Die Berücksichtigung von Wertsteigerungen ist jedoch nach dem **Niederstwertprinzip** nicht erlaubt.

Bei der Stichtagsinventur werden die Bestände so abgebildet, wie sie am Stichtag tatsächlich sind. Sie führt jedoch zu einem großen Arbeitsanfall innerhalb weniger Tage, der oft Störungen des Betriebsablaufes zur Folge hat oder sogar eine Betriebsschließung notwendig macht. Das kann dann zu Umsatzeinbußen führen, die die Kauffrau nicht vertreten kann.

Tabelle1: Beispiel zur Stichtagsinventur

Anja zählt bei der Inventur am 27.12 (Stichtag 31.12) einen Bestand von zehn Tuben Haargel. Bis zum Stichtag werden noch vier Tuben verkauft und zehn weitere vom Hersteller geliefert. Der Einkaufspreis für die Tube Haargel beträgt 3,29 Euro.

Bestandsfortschreibung:

Bestand am 27.12.	10 Tuben
+ Zugänge bis 31.12.	10 Tuben
– Abgänge bis 31.12.	4 Tuben
Stichtagsbestand	16 Tuben à 3,29 Euro

Gesamtwert = 52,64 Euro

Verlegte Inventur

Hierbei handelt es sich um eine körperliche Inventur, die nicht am Stichtag durchgeführt wird. Sie kann in Frage kommen, wenn die Aufnahme zum Stichtag unmöglich ist (z. B. bei sehr großen Beständen oder zu erwartenden hohen Umsatzeinbußen), oder wenn die Voraussetzungen für eine permanente Inventur fehlen. Die körperliche Bestandsaufnahme erfolgt an einem beliebigen Tag innerhalb der letzten 3 Monate vor oder der ersten 2 Monate nach dem Bilanzstichtag. Der am Aufnahmetag ermittelte Bestand wird nur wertmäßig (nicht mengenmäßig) auf den Stichtag fortgeschrieben oder zurückgerechnet (vgl. Tabelle 2).

Tabelle 2: Verfahren zur verlegten Inventur

Wertfortschreibung	Wertrückrechnung
Wert am Tag der Inventur (z. B. 30.11.)	Wert am Tag der Inventur (z. B. 31.01.)
+ Wert der Zugänge vom 30.11. bis 31.12.	– Wert der Zugänge vom 01.01. bis 31.01
– Wert der Abgänge vom 30.11. bis 31.12.	+ Wert der Abgänge vom 01.01. bis 31.01.
= Wert am Abschluss - Stichtag (31.12.)	= Wert am Abschluss-Stichtag (31.01.)

Permanente Inventur (permanente Bestandskontrolle)

Die aufwändige körperliche Inventur kann durch eine fortlaufende Erfassung der Zu- und Abgänge vereinfacht werden. Voraussetzung dafür ist die Führung eines **Lagerbuches** sowie nachprüfbarer Unterlagen für alle Zu- und Abgänge. Der Stichtag der Erfassung ist von der Unternehmerin frei wählbar. Einmal im Geschäftsjahr muss dann eine körperliche Inventur durchgeführt werden und der **Sollbestand** der Lagerbuchführung mit dem **Istbestand** verglichen werden. Wenn das Ergebnis der Inventur von den gebuchten Beständen abweicht, führt dies zu einer Berichtigung des Sollbestandes.

Der Vorzug der permanenten Inventur liegt darin, dass die körperliche Bestandsaufnahme über das ganze Jahr verteilt und sinnvoll geplant werden kann.

Stichprobeninventur

Die Stichprobeninventur ist ein besonderes Verfahren, welches in **Großunternehmen** zur Anwendung kommen kann. Die gesetzlichen Anforderungen für die Stichprobeninventur sind in §241 Abs. 1 dHGB bzw. §192 Abs. 4 **UGB** geregelt: die Aufstellung des Inventars darf nur mithilfe von anerkannten mathematisch-statistischen Verfahren (z. B. **Mittelwertschätzung**) erfolgen. Vor der ersten Anwendung der Stichprobeninventur muss zudem die Genehmigung des **Finanzamtes** eingeholt werden.

Aufgaben

1. Formulieren Sie den Namen und entwerfen Sie das Logo für einen Friseursalon, der sich überwiegend an junge Leute mit kleinem Budget richtet.
2. Beschreiben Sie das Salonkonzept Ihres Ausbildungsbetriebes.
3. Gestalten Sie die Außendarstellung eines Friseursalons, der sich hauptsächlich an die älteren Zielgruppe (50+) richtet.
4. Formulieren Sie Qualitätsstandards für den reibungslosen Kundenservice.
5. Formulieren Sie Vor- und Nachteile der drei Verkaufsformen.
6. Gestalten Sie per EDV eine Karteikarte.
7. Um das Sortiment optimal gestalten zu können, benötigt die Unternehmerin auch Informationen über die Erwartungshaltung der Kunden. Beschreiben Sie Möglichkeiten zur Erhebung von Kundenwünschen.
8. Entwickeln Sie in Gruppen einen Fragebogen zur Ermittlung der Kundenzufriedenheit und stellen Sie ihn im Plenum vor.
9. Erkunden Sie das Sortiment Ihres Ausbildungsbetriebes im Hinblick auf die Branche, die Zielgruppe, die Sortimentsgestaltung, die Warengruppen und das Preisniveau. Präsentieren Sie die Ergebnisse in der Klasse.
10. Gestalten Sie
    a) ein breites und flaches Sortiment, und
    b) ein schmales und tiefes Sortiment.
11. Für welchen Betrieb eignen sich die Sortimentsgestaltungen aus den Aufgaben 10) bzw. 4b) vorzugsweise?
12. Informieren Sie sich über die Lieferzeiten gängiger Friseurartikelhersteller.
13. Führen Sie in Ihrem Klassenzimmer eine Inventur durch.

2 Marketinginstrumente zur Kundengewinnung und Kundenbindung einsetzen

Szenario

Anja wundert sich warum einige Kundinnen nicht mehr wiederkommen, obwohl die Dienstleistung im Betrieb doch immer super war. Wie kann ich sicher sein, dass meine Kundinnen zufrieden sind, fragt sie sich. Sie liest regelmäßig die Fachzeitschriften und ihr fällt auf, wie oft dort das Thema Marketing behandelt wird. Sie spricht ihre Chefin darauf an.

Bild 1 *Wenn Kunden ausbleiben*

2.1 Marketing-Instrumente

Anjas Chefin erklärt ihr, dass jeder Unternehmer nicht nur im Salon arbeiten muss, sondern auch am Salon und dass alle Aktivitäten, die auf den Markt, also die Kunden ausgerichtet sind, als Marketing bezeichnet werden.

Wenn eine Unternehmerin Marketingaktivitäten startet, geht es ihr häufig darum neue Kunden zu gewinnen und die vorhandenen Kunden enger an den Betrieb zu binden.

Viele Unternehmer nutzen dazu die professionelle Unterstützung von Unternehmensberatern, erklärt die Chefin Anja.

Aber Marketing bedeutet nicht nur Werbung, sondern beinhaltet noch viel mehr:

Tabelle 1: Marketing

Produktpolitik	Preispolitik	Distributionspolitik	Kommunikationspolitik
■ Dienstleistungen ■ Warensortiment ■ Zusatzangebote	■ Preisgestaltung ■ Preisstrategien ■ Preistransparenz	■ Vertriebsmethoden ■ Logistik ■ Versand ■ Transport	■ Werbung ■ Public Relations ■ Verkaufsförderung ■ Corporate Identity ■ Corporate Design ■ Event-Marketing

Eine erfolgreiche Unternehmerin nutzt alle Bereiche des Marketing zu einem Mix. Gutes Marketing setzt planvolles Handeln voraus. Das bedeutet, die Prozesse im Friseursalon planvoll und zielgerichtet auszuüben. Dabei legt die Unternehmerin einen Schwerpunkt fest. Sie kann beispielsweise die Verkaufszahlen steigern, oder ihren Bekanntheitsgrad erhöhen. Das Ziel, z. B. Umsatzsteigerung, beeinflusst die Wahl der Mittel. Generell kann sich die Aktivität auf einen oder mehrere Zweige des Marketing beziehen – Auswirkungen hat sie immer auf alle Zweige!

2.1.1 Produktpolitik

Zur Produktpolitik zählt die Gestaltung des Dienstleistungs- und Warenangebotes. Hier sind auch Zusatzangebote und Spezialisierungen gefragt.

Zu den Nebenleistungen zählen Kundenservice und Garantieleistungen. Kundenservice beinhaltet z. B. das Anbieten kostenloser Getränke, das Nachschneiden des Ponys, etc. Die Garantieleistungen beziehen sich sowohl auf die Waren als auch Dienstleistungen. (Für elektrische Geräte räumt der Hersteller die gesetzliche Garantiedauer von zwei Jahren ein.) Für die einwandfreie Ware steht die Unternehmerin ein.

Die Zusatzangebote betreffen beispielsweise die Heimpflege. Die Friseurin kann passend zur neuen Dauerwelle ein Shampoo und Pflegeprodukt zu einem Gesamtpreis anbieten.

Überlegungen, die die Friseurin darüber hinaus zur Produktpolitik anstellen kann, sind:

- Was erwarten die Kunden aufgrund des Salonkonzeptes für Produkte im Sortiment?
- Gibt es Produkte, die unser Image positiv verändern oder ergänzen können?
- Gibt es andere Mitbewerber mit denselben Produkten am Markt?
- Sollte ich meine eigene Marke entwickeln?

Die Rahmenbedingungen für die Sortimentsgestaltung haben wir schon beschrieben (vgl. 1.5). Für den Verkauf ist eine optimale Präsentation der Waren unerlässlich. Daher müssen wir die Grundregeln zur Warenpräsentation kennen, um die Aufmerksamkeit der Kundinnen zu erregen.

Das Kaufverhalten der Kundinnen hat sich im Laufe der Zeit verändert. Viele Produkte werden in Selbstbedienung gekauft. Um bekannte Produkte nachzukaufen, benötigen die Kundinnen keine Bedienung durch eine Friseurin.

2.1.2 Warenpräsentation

Die Warenpräsentation ist immer von großer Bedeutung, auch wenn Waren überwiegend im Bedienungssystem am Behandlungsplatz oder an der Rezeption verkauft werden.

Eine **Kontaktstrecke** führt ein Produkt bereits bei der Kundin ein, bevor es die Friseurin tut. Kundinnen lassen sich leichter überzeugen, wenn sie die Ware oder die Werbeaussagen bereits kennen gelernt haben. Die Kontaktstrecke umfasst im Friseursalon:

- Außenfassade, Schaufenster
- Außenplatzierung
- Warenpräsentation im Verkaufsraum
- Warenpräsentation am Behandlungsplatz

Eine überlegte Gestaltung und Pflege dieser Kontaktstrecke ist entscheidend für ein erfolgreiches Verkaufsgeschäft im Friseursalon. Es ist sehr wichtig, dass die Kundin so früh, so oft und so intensiv wie möglich mit dem Angebot vertraut gemacht wird.

Bild 1 *Teilbereich einer Kontaktstrecke*

Die Präsentation muss deutlich signalisieren, dass es sich um Verkaufsware handelt. Darum ist es wichtig, viele Produkte in zahlreichen Mengen zu zeigen. Wenig Ware weckt wenig Interesse. Ware gehört nicht ins Lager, sondern in den Salon. Dabei ist darauf zu achten, dass die Präsentation systematisch und übersichtlich bleibt und die Kundin nicht mit Informationen überfrachtet wird.

Die Kontaktstrecke ist die Gesamtstrecke, auf der eine Kundin mit Ware in Berührung kommen kann. Je häufiger der Kontakt mit dem Angebot, desto besser sind die Verkaufschancen.

Außenfassade

Den ersten Eindruck erhält die Kundin durch die Außenfassade. Sie vermittelt das Image und die Kompetenz des Salons. Das Geschäft muss klar als Friseurgeschäft erkennbar und der Salonschriftzug von allen Seiten sowie aus der Nähe und Ferne deutlich lesbar sein.

Schaufenster

Das Schaufenster ist die Visitenkarte des Salons – es ist der erste Eindruck für eine Passantin. Dieser Eindruck entscheidet über Interesse oder Desinteresse der Passantin und kann somit dazu beitragen, dass diese zur Neukundin wird. Das Schaufenster ist mit der Titelseite einer Zeitschrift vergleichbar. Durch eine interessante Gestaltung soll die Aufmerksamkeit der Kundin geweckt werden. Wichtige Informationen werden dadurch vermittelt. Die Dekoration muss signalisieren, dass die Kompetenz der Friseurin nicht beim Haarschnitt aufhört, sondern auch den Verkauf von Haar- und Hautpflegeprodukten beinhaltet. Im Schaufenster kann die Kundin nicht nur die Leistungsfähigkeit, sondern auch die Atmosphäre des Salons erkennen.

Das Schaufenster muss auffallen, den Betrachter anziehen und zum Stehenbleiben veranlassen. Durch verschiedene Möglichkeiten, wie Spannung, Aktion, Überraschung, Sympathie oder Informationen können die Betrachter an die Schaufensterscheibe und in den Salon gelockt werden. Dafür ist ein effektvoller Blickfang entscheidend. Auch die Außenfassade kann in die Gestaltung mit einbezogen werden.

Bild 2 *Auffallende Schaufensterdekoration*

Für die Schaufensterdekoration sollten einzelne Themenschwerpunkte gesetzt werden. Alles, was dekoriert wird, muss zu diesem Thema passen. Die Kundinnen dürfen nicht durch zu viele Informationen überfordert werden. Sie sollen zudem alles Wesentliche erkennen können.

Bei der Schaufensterdekoration ist weiterhin zu beachten, dass der Salon hält, was das Schaufenster verspricht. Kann der Betrachter durch das Fenster in das Saloninnere schauen, sollte die Salongestaltung mit dem Schaufenster harmonieren. Dadurch entsteht ein stimmiges Gesamtbild.

Die Dekoration im Schaufenster muss selbstverständlich immer sauber und gepflegt sein. Vergilbte und verstaubte Packungen sowie tote Insekten in den Schaufensterecken erwecken einen schlechten Eindruck. Auch die Fensterscheibe sollte unbedingt regelmäßig gereinigt werden.

Sollten die Salonmitarbeiter nicht selbst die nötige Zeit und Kreativität für die Schaufenstergestaltung aufbringen, so kann dies professionell durch Gestalter für visuelles Marketing erledigt werden. Diese sorgen dafür, dass Schaufenster und Verkaufsräume die Kunden anlocken.

Jedes Produkt im Schaufenster muss ausgezeichnet werden. Entweder durch ein separates Preisschild oder durch ein Preisetikett auf der Verpackung. Die Preisauszeichnung ist gesetzlich vorgeschrieben.

Bei der Dekoration des Schaufensters ist unbedingt auf die Lauf- und Blickrichtung der Passanten zu achten. Kommen die meisten Passanten von rechts, so sollte der Dekorationsschwerpunkt im linken Teil des Fensters liegen. Kommen sie von der linken Seite, so ist der rechte Teil des Schaufensters von Bedeutung. Auch die jeweiligen Seitenwände können mit einbezogen werden. Plakate für spezielle Angebote sollten in Augenhöhe platziert werden, sie müssen auch von der gegenüberliegenden Straßenseite aus noch lesbar sein.

Das Schaufenster sollte gut ausgeleuchtet sein, da Licht Leute anlockt. Dafür eignen sich unterschiedliche Niedervolt-Halogenleuchten, die auf einer Schiene variabel angebracht sind. Sie können die Schaufensterdekoration effektvoll betonen. Bei jeder neuen Schaufensterdekoration müssen die Strahler neu ausgerichtet werden.

Wie oft die Schaufensterdekoration gewechselt wird, muss individuell entschieden werden. Die Lage des Salons ist dafür entscheidend. Befindet sich der Salon in einer stark frequentierten Lauflage oder Fußgängerzone (1a-Lauflage), sollte die Dekoration durchschnittlich alle drei Wochen gewechselt werden. In der weniger stark frequentierten Lauflage oder Fußgängerzone (1b-Lauflage) genügt es, wenn ein Rhythmus von vier bis sechs Wochen eingehalten wird. Sollte ein Schaufenster zu einem besonderen Anlass dekoriert werden, wie z. B. zum Muttertag, muss sofort nach diesem Termin neu dekoriert werden.

Je gelungener die Schaufensterdekoration ist, desto größer ist die Anziehungskraft des Salons.

Bei der Erstellung einer Schaufensterdekoration sollte die Friseurin folgende Aspekte berücksichtigen:

- **Werbeziel festlegen**
  Welches Thema ist Anlass der Dekoration?
- **Ideen zur Dekoration sammeln**
  Welche Waren sollen ausgelegt werden?
- **Auslage entwerfen**
  Welche Hilfsmittel und Farben stehen zur Verfügung?
- **Arbeitsplan zur Verwirklichung der Dekoration erstellen**
  Wie soll die Ware angeordnet werden? Eventuell Skizze anfertigen.

Außenplatzierung

Die Platzierung von Werbemitteln außerhalb des Salons erfolgt aus mehreren Gründen. Die Passanten sollen:

- neugierig gemacht werden,
- stehen bleiben,
- auf aktuelle Angebote hingewiesen werden,
- in den Friseursalon geleitet werden.

Besonders geeignet zur Erfüllung dieser Ziele sind z. B. Schütten. Die Passantin kann die darin ausgestellten Waren in Ruhe vergleichen und sich dann einen Überblick verschaffen. So soll die Hemmschwelle, einen unbekannten Friseursalon zu betreten, herabgesetzt werden. Attraktive Aktionen, günstige Preisangebote und individuelle fachkompetente Beratung unterstützen das Ziel, den Salon auch als Einkaufsstätte interessant zu machen.

Warenpräsentation im Verkaufsraum

Im Verkaufsraum sollten die Verkaufsmöbel so angeordnet sein, dass die Kundin in einem Bogen linksherum, gegen den Uhrzeigersinn, durch den Raum geführt wird. Untersuchungen haben ergeben, dass 95 % der Menschen diesen Weg bevorzugen.

Der Weg sollte bequem zu begehen sein. Man hat beobachtet, dass die Kundinnen eine Ware, für die sie noch keine festen Kaufabsichten haben, sofort in das Regal zurückstellen, wenn sie von anderen drängelnden Kundinnen angestoßen werden. Im Durchschnitt sind 2 m Breite für einen Gang ausreichend.

Die Kundinnen sollen bei ihrem Einkauf möglichst weit in das Geschäft hineingelockt werden, damit sie mit vielen Waren in Kontakt kommen. Deshalb werden die Artikel, die von den Kundinnen gezielt gesucht werden, im hinteren Teil des Verkaufsraums angeboten. Da die meisten Menschen der rechten Seite mehr Beachtung schenken, wird die Ware, die bevorzugt verkauft werden soll, auf der rechten Seite des Ganges platziert. Artikel, die ohnehin gekauft werden, sollen auf der linken Seite angeboten werden.

Bild 1 *Waagerechte Regalzonen*

Wenn Kundinnen ein Regal betrachten, dann versuchen sie zuerst, das gesamte Bild zu erfassen. Meistens wandert ihr Blick von links nach rechts und beschäftigt sich dann erst mit den Einzelheiten. Die Mitte des Regals erhält die erste und stärkste Aufmerksamkeit. Je größer die Aufmerksamkeit der Kundin ist, desto stärker ist die Verkaufswirksamkeit der einzelnen Regalplätze. Für den erfolgreichen Verkauf ist es wichtig, die waagerechten und senkrechten Zonen der Verkaufsregale genauestens zu kennen.

Zu den waagerechten Regalzonen (Bild 1) gehören folgende Zonen:

- Randzone links, Verkaufsnote 3
- Mittelzone, Verkaufsnote 1
- Randzone rechts, Verkaufsnote 2

Innerhalb des Regals ist die Mittelzone die verkaufsstärkste Zone. Wenn innerhalb einer Zone gleichartige Ware in einer Reihe nebeneinander präsentiert wird, wandert der Blick der Kundin von links nach rechts. Am Ende der Reihe verharrt der Blick etwas länger und intensiver. Dieser Platz im Regal erhält also eine größere Aufmerksamkeit. Ware, deren Verkauf gefördert werden soll, wird deshalb rechts von gleichartiger Ware präsentiert.

Die senkrechten Regalzonen (Bild 1) werden folgendermaßen unterteilt:

- Reckzone (über 1,70 m), Verkaufsnote 4
- Sichtzone (1,20 m bis 1,70 m), Verkaufsnote 1
- Greifzone (0,80 m bis 1,20 m), Verkaufsnote 2
- Bückzone (unter 0,80 m), Verkaufsnote 3

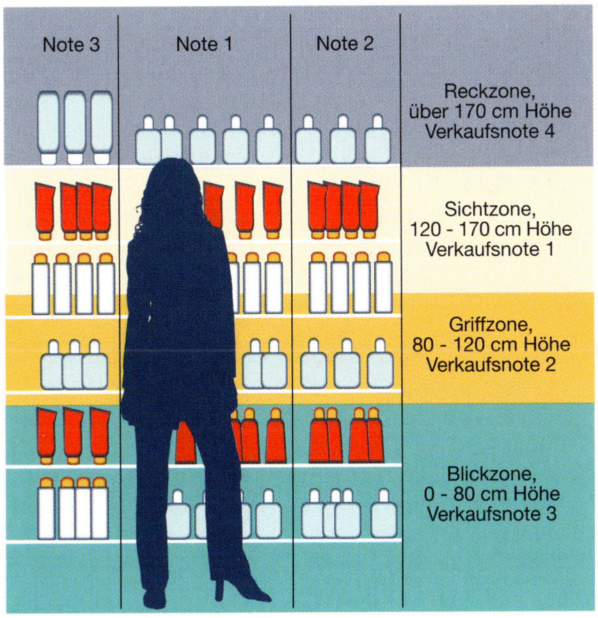

Bild 1 *Senkrechte Regalzonen*

In den meisten Fällen sind in einem Verkaufsregal vier bis sechs Regalböden vorhanden. Diese einzelnen Regalböden kann man, je nachdem in welcher Höhe sie sich befinden, verschiedenen Regalebenen oder senkrechten Regalzonen zuordnen. Die Kundinnen schenken diesen einzelnen Ebenen nicht die gleiche Beachtung. Die meiste Aufmerksamkeit erhält die Ware, die den Kundinnen am leichtesten ins Auge fällt. Damit die Kundinnen alle Waren im Regal gut sehen und erreichen können, sollte ein Regal im Salon nicht höher als 1,80 m sein.

Die Sichtzone befindet sich in einer Höhe von 1,20 m–1,70 m. Sie liegt im Blickfeld der meisten Kundinnen und ist deshalb die verkaufsstärkste Zone. Die Verbraucherinnen nehmen die hier angebotenen Waren auf jeden Fall wahr, da sie sich in Blickhöhe befinden. Hier sollte die Friseurin Waren anbieten, die sie besonders gern verkaufen möchte.

Dies können sein:

- Neuheiten
- Saisonartikel
- Trendprodukte
- Waren mit hohem Gewinn
- Restbestände

Unter der Sichtzone befindet sich die Greifzone. Hier kann die Kundin im Selbstbedienungssystem leicht an die Ware gelangen und sie bequem aus dem Regal in den Warenkorb legen. Die Unternehmerin kann in dieser Zone vor allem Markenartikel, die einen hohen Wiedererkennungswert besitzen, positionieren. Ebenfalls günstig ist es, dort Waren, die der Unternehmerin einen hohen Gewinn garantieren, anzubieten. Die Kundinnen werden die Produkte miteinander vergleichen und gegebenenfalls ausprobieren. Danach folgen die **Reck- und Bückzone**. Sie sind sehr verkaufsschwach. Daher sollte die Friseurin Folgendes berücksichtigen:

- In der Bückzone sind große Produkte vorteilhafter.
- Die Kundin erwartet preiswertere Produkte eher unten in der Bückzone.

Eine besondere Aufmerksamkeit erzielen Waren, wenn sie in einem Block sowohl waagerecht als auch senkrecht platziert werden. Bei der **Blockplatzierung** kann sich die Kundin schnell orientieren, und mehrere Warenarten bekommen einen Anteil an den verkaufswirksamsten Plätzen im Regal.

Der Warenblock soll aber keine geschlossene, abweisende Front bilden. Kleine Abstände zwischen den Packungen und die Kombination von unterschiedlich großen Packungen können **Grifflücken** schaffen, die der Kundin die Warenentnahme erleichtern.

Bild 2 *Blockplatzierung im Regal*

Eine weitere Möglichkeit zur Warenpräsentation sind die Warenträger. Sie müssen modern und auf das Sortiment und die Salonatmosphäre abgestimmt sein.

Verkaufshilfen der Hersteller können zusätzliche Akzente setzen. Mobile Warenträger ermöglichen eine leichte Veränderung der Warenpräsentation und bieten den Kundinnen schnell ein neues Erscheinungsbild. Zu den Warenträgern zählen beispielsweise:

- Warenständer
- Regale, Vitrinen
- Wühltische
- Displays
- Mobile Warenträger (s. nächste Seite, Bild 1)

Soll die Ware in **Selbstbedienungsform** angeboten werden, so muss sie für die Kundinnen auch gut zugänglich sein. Die Bereiche, in denen sich die Kundin aufhält, sind hierfür besonders gut geeignet. Im Wartebereich informiert sie sich und schaut sich neigierig um. Deshalb ist diese Zone wunderbar geignet um Prdukte zu präsentieren. Am Bedienplatz sollten Pflegeprodukte und aktuelle **Aktionsartikel** präsentiert werden. Beim Verkauf im Vorwahlsystem bietet sich hier für die Friseurin auch eine gute Gelegenheit zur Beratung. Die Kassenzone ist nur zur Präsentation von **Impulsprodukten** geeignet.

Im Bedienungssystem ist es wichtig, dass die Ware verkäufergerecht platziert wird. Die Waren mit der größten Umsatzhäufigkeit werden dort angeboten, wo sie die Friseurin oder Rezeptionistin am leichtesten erreichen kann. Im Friseursalon müssen Produkte, die sich leicht zusätzlich zur Dienstleistung verkaufen lassen, auch im Behandlungsbereich befinden, damit sie dort angeboten werden können.

Bild 1 *Mobiler Warenträger*

Darüberhinaus hat die Unternehmerin die Möglichkeit durch eine ansprechende Beleuchtung, Farbgebung, Dekoration, Musik und Duftgebung verkaufsfördernd einzuwirken.

Die Lichtgestaltung im Friseursalon muss unterschiedliche Funktionen erfüllen. Sie soll eine Wohlfühlatmosphäre im Wartebereich vermitteln. Sie kann entspannend im Wasch- oder Kosmetikbereich sein und sollte dort, wo mit Farbe gearbeitet wird, möglichst dem Tageslicht entsprechen. Sie kann außerdem gezielt zur Warenpräsentation genutzt werden.

Farben wirken beeinflussend auf die Stimmung. Farbe kann eine ansprechende, anregende Wirkung ausüben oder aber beruhigend sein.

Zur Dekoration zählt alles, was nicht zur dauerhaften Saloneinrichtung gehört. Bilder bieten Frisurenanregungen, präsentieren aktuelle Trends. Blumenschmuck unterstreicht die Raumgestaltung. Der Kreativität sind bei der Dekoration kaum Grenzen gesetzt, solange die Friseurin sie in ihr Salonkonzept einbindet.

Musik vermittelt sofort eine bestimmte Stimmung. Hier kann die Unternehmerin sehr kundenorientiert planen. Ein Raumduft kann dann zur weiteren Unterstreichung der Stimmung gesetzt werden.

Bild 2 *Erlebniswelt Friseursalon (Mit allen Sinnen genießen)*

Damit das Verkaufsgeschäft im Friseursalon sowohl für die Kundin als auch für die Friseurin zufriedenstellend verlaufen kann, sollte die Friseurin Kenntnisse über Grundregeln zur Präsentation im Verkaufsraum und im Verkaufsregal besitzen.

Regeln für die Präsentation im Verkaufsregal:

- Die Waren müssen nach Warenart, Herstellername, Verwendungszweck usw. geordnet werden.
- Die Verkaufswirksamkeit der verschiedenen Regalplätze muss gezielt ausgenutzt werden.
- Mehrere gleiche Waren nebeneinander erhöhen die Aufmerksamkeit.
- Blockbildung erhöht die Aufmerksamkeit.
- Die Waren müssen sauber und ordentlich eingeräumt sein.
- Die verkaufte Ware muss regelmäßig nachgefüllt werden.
- Es muss auf Grifflücken geachtet werden, da sich die Waren leichter und bequemer entnehmen lassen.
- Exklusive Produkte müssen in den mittleren Zonen platziert werden, da eine tiefere Platzierung sie im Bewusstsein der Kundin abwerten würde. Kleine, bruch- und stoßempfindlichere Artikel sollten nicht auf den unteren Regalplätzen angeboten werden.
- Die Stirnfläche eines frei stehenden Regals sollte für Aktions- oder Sonderangebote genutzt werden, da diese Fläche von den Kundinnen sehr stark beachtet wird.

Regeln für die Präsentation im Verkaufsraum:

- Der Salon muss übersichtlich eingerichtet sein, damit sich die Kundin schnell orientieren kann und die Diebstahlgefahr verringert wird.
- Die Kundin muss auf ihrem Weg durch den Salon mit möglichst vielen Waren in Berührung kommen.
- Die Ware muss so platziert werden, dass es für die Kundin interessant und spannend ist.
- Verschiedene Waren sollten unter einem gemeinsamen Gesichtspunkt dekorativ zusammengestellt werden, damit sie das Interesse der Kundin wecken.
- Die Dekoration muss in regelmäßigen Abständen wechseln, damit es für die Kundin immer wieder neu und interessant ist.

Gesetzliche Vorschriften zur Warenpräsentation

Bei der Warenpräsentation sind gesetzliche Vorschriften zu beachten. Folgende sind wichtig:

- Gesetz gegen den unlauteren Wettbewerb (UWG)
  Es enthält Wettbewerbsregeln. So untersagt es z. B. unwahre oder irreführende Aussagen in der Werbung. Eine irreführende Werbung liegt vor, wenn unrichtige Angaben über Dienstleistungen und Waren gemacht werden. Diese unwahren Angaben können sich sowohl auf die verschiedenen Produkt- und Dienstleistungsmerkmale wie auch auf die Produkt- und Dienstleistungseigenschaften beziehen. Unwahre Angaben in der Werbung über den Betrieb oder den Inhaber unterliegen ebenso der irreführenden Werbung.
  Unter speziellen Voraussetzungen, die im UWG angegeben sind, ist eine vergleichende Werbung von Dienstleistungen und Waren mit denen eines Mitbewerbers erlaubt. Bevor eine vergleichende Werbung gestartet wird, sollten die Vor- und Nachteile genauestens durchdacht werden. Häufig ist damit zu rechnen, dass Mitbewerber bei vergleichender Werbung rechtliche Schritte einleiten.
  Die unzumutbare Werbung stellt grundsätzlich eine Belästigung für Kundinnen dar, wenn hierzu vorab keine Einverständniserklärung abgegeben wurde. In der Regel erfolgt die Werbung über Telefonanrufe oder zu jeder Tageszeit per Sms oder Mail. In der Friseurbranche ist sie nicht üblich. Die Direktwerbung durch Werbepost mit persönlicher Anschrift gehört in diesem Fall nicht mit dazu.
- Ladenschlussgesetz
  Es legt den Rahmen für die Öffnungszeiten des Salons fest. Die Öffnungszeiten müssen für Kundinnen sichtbar dargestellt werden, z. B. durch Aufkleber oder Schilder im Schaufenster oder im Eingangsbereich.
- Preisangabenverordnung (PAngV)
  Sie schreibt vor, dass alle angebotenen Waren und Dienstleistungen mit ihrem Endpreis inklusive Mehrwertsteuer ausgezeichnet werden müssen. Für die Dienstleistungen im Salon genügt es, wenn eine Preistafel an gut sichtbarer Stelle ausgehängt ist. Es gelten die Grundsätze: Preiswahrheit, Preisklarheit, Preisvollständigkeit.
- Kennzeichnungsvorschriften
  Sie leiten sich aus den verschiedenen Kennzeichnungsverordnungen und aus der Kosmetikverordnung ab. Sie gelten z. B. für Inhaltsstoffe, Haltbarkeits- und Verfalldatum.

2.1.3 Preispolitik

Alle Preise in einem Friseurbetrieb müssen sehr sorgfältig berechnet werden, denn von der richtigen Preisgestaltung hängt die Zukunft des Betriebes ab. Ein Friseur, der die Preise lediglich schätzt, riskiert, dass er sie zu hoch oder zu niedrig ansetzt. Sind die Preise zu hoch, dann gehen die Kunden zur Konkurrenz, sind sie zu niedrig, dann decken sie die entstandenen Kosten nicht ab. Der Friseur erzielt keinen angemessenen Gewinn und gefährdet dadurch die Existenz seines Betriebes.

Die Schwerpunkte liegen auf der:

- kostenorientierten Preisbildung
- konkurrenzorientierten Preisbildung
- kundenorientierten Preisbildung

Kostenorientierte Preisbildung

Bei der kostenorientierten Preisbildung liegt das Hauptaugenmerk auf der Kostendeckung. Jede Unternehmerin muss die Preise so kalkulieren, dass neben der Kostendeckung ein Gewinn erzielt wird. Zu den Unternehmenskosten, die berücksichtigt werden müssen, zählen z. B.

- Lohnkosten
- Mietkosten
- Kosten für Verbrauchsmaterial (Shampoo, Kur, Farbe, etc.)
- Kosten für Verkaufswaren (Haarspray, Gel, Festiger, etc.)
- Steuern und Zinsen
- Versicherungskosten
- Kosten für den Werbeetat
- Energiekosten

Bei der kostenorientierten Preisbildung geht die Friseurin nach einem Kalkulationsschema vor. Dabei unterscheidet sie die Warenkalkulation und die Dienstleistungskalkulation.

Warenkalkulation

Die Zahlenwerte der Kalkulationsgrößen unterscheiden sich je nach Hersteller und Ware. Hier sind die verschiedenen Rabattierungsmöglichkeiten, die Handlungskosten (Strom, Miete, Wasser) und der Gewinn, der erzielt werden soll zu nennen.

Die Mehrwertsteuer ist gesetzlich vorgeschrieben und nicht veränderbar (zurzeit 19 %). Die Unternehmerin wird für Waren, die einen erhöhten Bedienungsaufwand haben, auch einen höheren Preis kalkulieren, da sie die Lohnkosten als einen Bestandteil der Handlungskosten immer berücksichtigen muss. Die einzelnen Kalkulationsgrößen werden addiert, bzw. subtrahiert.

In der nachfolgenden Tabelle wird die Kalkulation für den Bruttoverkaufspreis einer Flasche Haarspray beispielhaft dargestellt.

Tabelle 1: Kalkulation für den Bruttoverkaufspreis einer Haarkur

Kalkulationsgrößen	Erläuterung	Beispiel für ein Haarspray
Listenpreis	Herstellerpreis der Ware	5,90 Euro
– Rabatt (z. B. 10 %)	Prozentualer Nachlass des Herstellers, z. B. bei Abnahme größerer Mengen	– 0,59 Euro
= Rechnungspreis	Auf der Rechnung ausgewiesener Preis	= 5,31 Euro
– Skonto (z. B. 2 %)	Prozentualer Nachlass des Herstellers bei unverzüglicher Zahlung der Rechnung	– 0,11 Euro
= Einkaufspreis	Preis des Herstellers, zu dem die Friseurin die Ware erhält	= 5,20 Euro
+ Bezugskosten	Kosten für Verpackung, Porto, Lieferung	+ 0,25 Euro
= Bezugspreis	Preis der Ware nach der Lieferung	= 5,45 Euro
+ Handlungskosten (z. B. 10 % des Bezugspreises)	Kosten der Friseurin für z. B. Miete, Strom, Lohn, Wasser	+ 0,55 Euro
= Selbstkosten	Kosten, die der Friseurin für die Verkaufsware insgesamt entstehen	= 6,00 Euro
+ Gewinn (z. B. 20% der Selbstkosten)	Angesetzter Gewinn für die Friseurin	+ 1,20 Euro
= Nettoverkaufspreis	Unversteuerter Preis der Ware	= 7,20 Euro
+ Mehrwertsteuer (19 %)	Steuer, die vom Verbraucher zu zahlen ist	+ 1,37 Euro
= Bruttoverkaufspreis	Preis, den die Kundin zahlen muss	= 8,57 Euro

Diese Kalkulationsmethode ist sehr zeitaufwändig, wenn sie für jedes Produkt durchgeführt werden soll. Man fasst daher die Kalkulationsgrößen der Handlungskosten, den Gewinn und die Mehrwertsteuer in einem Prozentsatz – dem Kalkulationszuschlag – zusammen. Der Kalkulationszuschlag ist ein prozentualer Zuschlag auf den Bezugspreis. Der Bezugspreis entspricht hierbei 100 %. Man gelangt durch addieren des Kalkulationszuschlages sofort zum Bruttoverkaufspreis.

Bild 1 zeigt die Berechnung des Bruttoverkaufspreises für ein Haarspray bei Anwendung des Kalkulationszuschlags.

Anwendung des Kalkulationszuschlags:

Bezugspreis	5,45 Euro
+ Kalkulationszuschlag (57,25 % des Bezugspreises)	3,12 Euro
= Bruttoverkaufspreis	8,57 Euro

Bild 1 *Vereinfachte Warenkalkulation*

Um die Höhe des Kalkulationszuschlages zu bestimmen, muss die Unternehmerin zunächst beispielhaft für einen Artikel den Bruttoverkaufspreis berechnen. In dem Beispiel liegt er bei 8,57 Euro. Davon wird der Bezugspreis, hier 5,45 Euro subtrahiert. Es bleiben 3,12 Euro als Kalkulationszuschlag übrig.

Dass aber der Bezugspreis bei allen Waren unterschiedlich ist, muss die Unternehmerin berücksichtigen. Sie setzt den Bezugspreis gleich 100 % und hat somit in unserem Beispiel einen Kalkulationszuschlag von 57,25 % ermittelt. Diesen Prozentwert kann sie zukünftig bei allen Waren auf den Bezugspreis aufschlagen und hat somit den Bruttoverkaufswert erhalten.

Dienstleistungskalkulation

Die Friseurunternehmerin gestaltet ihr Sortiment entsprechend ihres Salonkonzeptes. Die angebotenen Dienstleistungen müssen von ihr, genau wie zuvor bei der Warenkalkulation, kalkuliert werden. Auch hierfür kann die Unternehmerin ein Schema nutzen. Allerdings unterscheiden sich die Kalkulationsgrößen von denen einer Warenkalkulation.

Bild 2 *Preistafel mit Dienstleistungssortiment*

Es müssen z. B. die Lohnkosten eingerechnet werden. Die Kosten, die nicht direkt durch die Dienstleistung selbst entstehen, z. B. Miete, Sozialversicherungsabgaben, Energiekosten, Versicherungsprämien, Werbung, Lagerhaltung, Gewerbesteuer etc. werden Gemeinkosten genannt.

Diese und den Gewinn legt die Unternehmerin wiederum aufgrund von Erfahrungswerten fest. Sie sollte ihre Preise regelmäßig überprüfen und der aktuellen Situation (z. B. gestiegene Energiekosten) anpassen.

In der nachfolgenden Tabelle wird die Kalkulation des Bruttobedienpreises einer Dauerwelle beispielhaft dargestellt.

Tabelle 1: Kalkulation des Bruttobedienpreises einer Dauerwelle

Kalkulationsgrößen	Erläuterung	Beispiel für eine Dauerwellbehandlung
Materialkosten	Preis für die eingesetzten Materialien, z. B. Dauerwellflüssigkeit und Fixierung	5,00 Euro (Dauerwellflüssigkeit) + 3,00 Euro (Fixierung) = 8,00 Euro (Gesamt)
+ Lohnkosten (z. B. 75 Minuten, 13,00 Euro je Stunde)	Personalkosten, die für die Erstellung der Dienstleistung entstehen	+ 16,25 Euro
+ Gemeinkosten (z. B. 45 % der Lohnkosten)	Kosten die nicht direkt durch die Dienstleistung entstehen, wie Miete, Sozialversicherungsabgaben, Energiekosten, Versicherungsprämien, Werbung, Lagerhaltung, Gewerbesteuer, etc.	+ 7,31 Euro
= Selbstkosten	Kosten, die dem Friseur für die Dienastleistung insgesamt entstehen	= 31,56 Euro
+ Gewinn (z. B. 25 %)	Angesetzter Gewinn für die Friseurin	+ 7,89 Euro
= Nettobedienungspreis	Unversteuerter Preis der Dienstleistung	= 39,45 Euro
+ Mehrwertsteuer (19 %)	Steuer, die vom Verbraucher zu zahlen ist	+ 7,50 Euro
= Bruttobedienungspreis	Preis, den die Kundin zahlen muss	= 46,95 Euro

Konkurrenzorientierte Preisbildung

In Gegenden, in denen die Friseursalondichte hoch ist, d. h. viel Konkurrenz in der Nähe ist, muss sich die Unternehmerin bei der Preisgestaltung auch an den Mitbewerbern auf dem Markt orientieren. Dies birgt für sie verschiedene Risiken. Zum einen muss jede Unternehmerin auf Kostendeckung achten. Dazu ist zu überprüfen, inwieweit nach Abzug des kalkulierten Gewinns vom Nettoverkaufspreis der Ware, bzw. der Dienstleistung die Selbstkosten gedeckt sind. Bei einer zu niedrigen Kalkulation ist ihr Gewinn niedriger als nötig. Zum anderen muss sie sich vor überhöhten Preisen hüten, denn es besteht die Gefahr, dass die Kundinnen diese nicht akzeptieren. Die Friseurin wird sich sorgfältig überlegen, ob ihr Waren- und Dienstleistungsangebot so exklusiv ist, dass sie keine Konkurrenz fürchten muss.

Bild 1 *Beispiel für die Außenansicht eines Salons*

Kundenorientierte Preisbildung

Bei dieser Art der Preisbildung steht das Preisbewusstsein der Kundin im Mittelpunkt. Die Unternehmerin kann dieses Preisbewusstsein konsequent nutzen. Anders als die Unternehmerin verbindet die Kundin den Preis mit Qualität. Bei einem hohen Preis erwartet sie auch hohe Qualität.

Da der Preis als Maßstab für die Qualität eines Produktes, bzw. einer Dienstleistung, gesetzt wird, nutzt die Unternehmerin ihn für ihre Preisstrategie. Sie muss sich entscheiden, ob sie ein teures, begrenztes und qualitativ hochwertiges Angebot (Hochpreisstrategie) oder lieber ein preiswerteres, aber dafür breit gestreutes, anbietet. Wenn sie sich mit ihrem Salon für hochwertige Schnitte und Farbbehandlungen spezialisiert, kann sie diese Leistung teurer verkaufen, vorausgesetzt die Qualität stimmt.

Die Unternehmerin sollte sich darüber im Klaren sein, dass es aus Kundensicht äußerst schwer ist, Unterschiede in der fachlichen Arbeit zu erkennen. Im Vergleich zum Drogeriemarkt muss sie die Haarfarbe inklusive Dienstleistung anders kalkulieren. Aus Sicht der Kundin ist der Preisunterschied enorm.

Wenn die Friseurin allerdings ihre handwerkliche Leistung aufwerten und sich von den Mitbewerbern abheben (vgl. Qualitätsstandards) kann, durch z. B. neue Strähnentechniken, interessantes optisches Erscheinungsbild der Haarfarbe, ungewohnten Arbeitstechniken (z. B. die Farbe wird am Platz angemischt) wird dies aus Kundensicht den Preis rechtfertigen.

Die Unternehmerin muss darauf achten, dass alle Mitarbeiterinnen Auskunft über die Preisgestaltung geben können. Eine qualitativ hochwertige handwerkliche Dienstleistung verdient auch den angemessenen Rahmen. Wird z. B. eine besondere Verwöhnmassage angeboten, so sollten alle Angestellten die speziellen Vorzüge dieser Verwöhnmassage kennen und sie den Kundinnen auch mitteilen.

Die Unternehmerin muss ihre Zielgruppe immer im Auge behalten und sich fragen: passt mein Angebot zur Altersstruktur, zum Einkommen und zum sozialen Status meiner Kunden?

Wenn in Umfragen viele Kundinnen behaupten, dass der Friseur zu teuer sei, ist die Ursache nicht nur in der »Geiz ist geil« Mentalität zu suchen sondern deutet auch auf ein schlechtes Preis-Leistungsverhältnis, auf mangelnde Preistransparenz und unzureichende Preis-Kommunikation hin.

Eine erfolgreiche Preispolitik zeichnet sich letztlich genau dadurch aus, dass Angebot, Preis und Dienstleistung in der richtigen Balance zueinander stehen.

2.1.4 Kommunikationspolitik

Unter Kommunikation versteht man im Allgemeinen den Austausch von Informationen zwischen einem Sender und einem Empfänger (vgl. LF 2).

Durch Kommunikation werden Beziehungen gestaltet, und zwar von Menschen untereinander aber auch zwischen Menschen und Unternehmen. Findet der Kommunikationsprozess zwischen einem Unternehmen und seinen Interessengruppen, (z. B. Kunden, Lieferanten, Mitarbeitern, der Öffentlichkeit) statt, so spricht man von Unternehmenskommunikation.

Über die Kommunikationspolitik gestaltet die Unternehmerin folglich ihre Beziehungen zu allen in Frage kommenden Gruppen.

Das Motto der Kommunikationspolitik könnte man mit folgendem Satz beschreiben:

- Wer sagt was
- auf welchem Wege
- zu wem
- mit welcher Wirkung?

Zum Verständnis ist das erweiterte Kommunikationsmodell nach Schulz von Thun (Die vier Seiten einer Nachricht, vgl. LF 2) hilfreich. Der Sender ist in diesem Fall die Unternehmerin, die ihre Botschaft an die Kundin (Empfänger) sendet.

Welche Botschaft sie sendet und wie sie das tut, entscheidet sie selbst. Die Botschaft benötigt einen »Träger«. Dies bedeutet, dass sie durch mediale Instrumente zur Kundin transportiert werden muss.

Die Mittel und Wege, mit denen dies bewerkstelligt werden kann, sind z. B.:

- die Werbung
- Public Relations
- die Verkaufsförderung
- Corporate Identity
- Corporate Design
- das Event-Marketing.

Werbung

Der Werbung kommt eine zentrale Rolle zu. Die planmäßige Information, um Interesse, Motive und Handlungen von Personen so zu beeinflussen, dass man daraus Vorteile für Produkte und Dienstleistungen zieht, bezeichnet man als Werbung. Sie soll über die Vorzüge des Produktes bzw. der Dienstleistung informieren.

Bild 1 *Beispiel für eine Anzeige*

Public Relations

Unter Public Relations (Öffentlichkeitsarbeit), ist die Gestaltung der Beziehungen zwischen dem Unternehmen und verschiedenen Interessengruppen zu verstehen.

Verkaufsförderung

Die Verkaufsförderung bezieht sich auf zeitlich begrenzte und kurzfristig wirkende Maßnahmen zur Förderung des Verkaufs.

Bild 2 *Flugblatt*

Corporate Identity

Die Corporate Identity beschreibt das einheitliche Erscheinungsbild des Unternehmens nach innen und außen. Wie wir schon aufgezeigt haben (vgl. 1), muss die Friseurunternehmerin ein Salonkonzept haben, das sie konsequent nach innen und außen gestaltet.

Das beinhaltet beispielsweise:

- das Sortiment
- die Warenpräsentation, das Schaufenster
- das Auftreten der Mitarbeiterinnen
- die Qualitätsstandards, das Briefpapier

Corporate Design

Das Corporate Design zählt letztlich zur Außendarstellung des Betriebes. Es visualisiert die Salonphilosophie (vgl. 1.3.2). Das Unternehmen und seine Produkte sollen unverwechselbar zu erkennen sein. Es gibt viele erfolgreiche Beispiele, wie das Corporate Design ein Firmenbild maßgeblich geprägt hat, z. B. McDonalds, Mercedes Benz.

Event Marketing

Das Event Marketing ist die Durchführung von Veranstaltungen zu Marketingzwecken. Das Anbieten von Zusatzangeboten mit starker Außenwirkung (Friseur & Fotoshoot) ist hierfür ein Beispiel.

Werbeziele

Mit Werbung will die Unternehmerin ihren Umsatz steigern. Vielleicht will sie deshalb neue Kunden gewinnen oder alte Kunden, die schon einige Zeit nicht mehr im Salon waren, wieder ansprechen.

Hieraus können sich beispielsweise die folgenden Werbeziele ergeben:

- Neukundengewinnung
- Verkaufssteigerung
- Steigerung des Bekanntheitsgrades
- Stammkundenpflege, Kundenrückgewinnung
- Imageaufwertung

Zur Erreichung der Werbeziele setzt die Unternehmerin Direkt- und Mediawerbung sinnvoll ein und erstellt einen Jahreswerbeplan. Sie wird darauf achten, dass die geplanten Werbeaktionen zu ihrem Salonkonzept passen und aufeinander abgestimmt sind. Die verschiedenen Werbemittel sollen zueinander passen und das Geschäft von den Mitbewerbern abheben.

Direkt- und Mediawerbung

Unter Mediawerbung versteht man alle Arten der Werbung, die allgemein zugänglich sind. Beispiele sind:

- Plakate
- Prospekte als Postwurfsendung oder als Zeitungsbeilage
- Zeitungsannoncen
- Homepage im Internet
- Schaufenster
- Radiowerbung
- Kinowerbung

Die Friseurin hat bei dieser Form der Werbung keinen Einfluss auf die Kontakthäufigkeit der Kundinnen mit der Werbung. Die Direktwerbung dagegen umfasst alle Formen der Werbung, die sich direkt an die Kundin richten. Hierzu zählen:

- Direkt an den Empfänger adressierte oder persönlich ausgehändigte Prospekte und Kataloge
- Schriftliche Informationen in Form eines Serienbriefes (direct mail advertising)
- Aushändigung von Warenproben
- Warendemonstrationen und Messepräsentationen
- Flugblätter
- Weihnachtskarten

In diesem Fall kann die Werbung inhaltlich auf die Zielgruppe zugeschnitten sein. Man muss beachten, dass die Kundin der Verwendung ihrer Daten zu Werbezwecken ausdrücklich zugestimmt haben muss.

Jahreswerbeplan

Am Ende des Geschäftsjahres legt die Unternehmerin ihr Werbebudget für das kommende Jahr fest. Die Höhe des Werbeetats ist abhängig von verschiedenen Faktoren:

- Vom Jahresumsatz
- Vom Bekanntheitsgrad des Salons
- Von den speziellen Gegebenheiten des Salons

Im Jahreswerbeplan könnten Themen, bzw. Mottos für Werbeaktionen und Werbemittel erfasst sein. Der Zeitpunkt und die Dauer der Werbemaßnahme sind abhängig vom Werbeziel. Will die Unternehmerin ihren Bekanntheitsgrad steigern, so sollte sie über einen längeren Zeitpunkt regelmäßig werben. Für ein Sonderangebot wird nur in einem kurzen Zeitraum intensiv geworben.

Werbeerfolgskontrolle

Zum Abschluss einer Werbemaßnahme sollte die Unternehmerin überprüfen, ob sie ihre Ziele auch erreicht hat. Je genauer sie das Ziel definiert hat, desto leichter lässt sich der Erfolg der Werbung bestimmen.

Tabelle 1: Werbeziele und Methoden zu ihrer Überprüfung

Steigerung des Bekanntheitsgrades	Kundenbefragung
Verbesserung des Salonimages	Kundenbefragung, Fragebogen
Erhöhung der Kundenkontakte	Kundenfrequenzvergleich, d. h. Vergleich der Kundenzahlen mit denen im vergleichbaren Zeitraum des Vorjahres
Steigerung der Kaufintensität	Registrierung der verkauften Waren
Umsatzsteigerung	Vergleich der Umsätze mit denen des vergleichbaren Zeitraumes im Vorjahr

2.2 Kundenbindung

Szenario

Anja hat im Laufe der Ausbildung gelernt, wie wichtig der Kontakt zu den Kundinnen ist. Selbst wenn sie Kritik von Kundinnen manchmal unangemessen findet, ist ihr doch bewusst, dass jede unzufriedene Kundin möglicherweise nicht wiederkommt. Mittlerweile kennt sie die Regeln der erfolgreichen Gesprächsführung. Dennoch ist sie mitunter ratlos, wie sie gerade bei energischen Kundinnen argumentieren kann.

2.2.1 Kundeneinwände

Nicht immer läuft die Kundenkommunikation reibungslos. Manchmal haben Kundinnen Einwände gegenüber den Aussagen der Friseurin. Diese Einwände können sich gegen die Eigenschaften der Ware oder Dienstleistung oder den Preis richten.

Viele Kundinnen haben im Laufe der Zeit schlechte Erfahrungen gemacht, wenn sie sich vertrauensvoll an eine Friseurin gewandt haben. Sie bekamen häufig nichtssagende Antworten und eine unbefriedigende Empfehlung zum Produkt oder zur Dienstleistung. Solche Erfahrungen führen dazu, dass manche Kundinnen nicht mehr fragen, sondern erst einmal eine Gegenbehauptung in den Raum stellen. Wenn diese Gegenbehauptung dann noch etwas ungeschickt formuliert ist, kann sie manchmal auch aggressiv und verletzend klingen.

Beispiel:
Kundin: »Würden mir rote und kupferfarbene Strähnen überhaupt stehen?«

Friseurin: »Mit diesen Farbsträhnen kann man nicht viel falsch machen!«

Kundin: »Ich wollte nicht wissen, ob ich etwas falsch mache, sondern ob Strähnen zu meinem Typ passen würden!«

Die Kundin will aber auf diese Weise lediglich ihren Wunsch nach mehr Informationen ausdrücken. Ihr fehlen noch Argumente für eine begründete Kaufentscheidung, sie möchte aber nicht direkt nachfragen. Die Friseurin sollte deshalb alle Einwände grundsätzlich als Fragen nach weiteren Informationen auffassen. Sie zeigen ihr auch, auf welchen Gebieten sie noch nicht hinreichend informiert und überzeugt hat. Sie sollte die Sorgen, Unsicherheiten und Bedenken der Kundin ernst nehmen. Je sachlicher und kundenorientierter sie die Einwände behandelt, desto mehr Vertrauen wird die Kundin im nächsten Beratungsgespräch haben.

Oft werden auch erst durch Kundeneinwände weitere wichtige Kundenansprüche erkennbar. So bekommt die Friseurin Ansatzpunkte für weitere Argumentationen. In manchen Fällen bringen Kundinnen auch unechte Einwände vor. Mit diesen Einwänden möchten sie erreichen, dass das Beratungsgespräch beendet wird. Diese unechten Einwände treten häufig auf, wenn die Friseurin vorher im Verlauf des Beratungsgesprächs wichtige Kundensignale, z. B. Ablehnung oder Unsicherheit, nicht wahrgenommen und berücksichtigt hat.

Beispiel:
Kundin: »Ich kann mir gar nicht vorstellen, dass diese Strähnen zu meinem Typ und zu meiner neuen Frisur toll aussehen.«

Friseurin: »Ich kann Ihnen ja erst einmal die Haare schneiden. Vielleicht möchten Sie es sich noch einmal überlegen. Ich kann Ihnen die Strähnen auch bei Ihrem nächsten Besuch machen.«

Kundin: »Das ist eine gute Idee. Ich werde mich wieder bei Ihnen melden.«

Umgang mit Einwänden

Grundsätzlich sollte die Friseurin den Einwänden der Kundin auf den Grund gehen. Dazu kann sie sich verschiedener Methoden bedienen.

Für Beratungsgespräche im Friseursalon haben sich folgende Methoden bewährt:

- Aktives Zuhören
- Fragemethode
- Ja-aber-Methode
- Bumerang-Methode
- Vorteil-Nachteil-Methode
- Ausweichangebot

Aktives Zuhören

Während des gesamten Beratungsgesprächs muss die Friseurin der Kundin das Gefühl geben, dass sie sich intensiv um die Wünsche und Probleme kümmert. Dies gilt insbesondere, wenn die Kundin Einwände vorbringt. In dieser Phase bedeutet aktives Zuhören, dass die Friseurin genau und konzentriert zuhört, was ihr die Kundin sagt. Während die Kundin spricht, gibt ihr die Friseurin durch Blickkontakt, Nicken oder durch Worte, wie z. B. »Ja, ich verstehe was Sie meinen«, zu verstehen, dass sie sich für ihre Wünsche und Probleme interessiert. Anschließend gibt sie der Kundin eine Rückmeldung über das, was sie verstanden hat.

Die Friseurin kann dies tun, indem sie das Wesentliche aus der Kundenaussage noch einmal mit eigenen Worten zusammenfasst. Diese Vorgehensweise zwingt die Friseurin dazu, bis zum Schluss genau zuzuhören und die Kundin nicht sofort mit Ratschlägen oder Lösungen zu überfallen.

Vorteile des aktiven Zuhörens sind:

- Die Kundin wird zum Sprechen ermuntert.
- Sie fühlt sich verstanden und akzeptiert.
- Sie muss sich nicht rechtfertigen.
- Sie bleibt offen für Argumente.

Beispiel:
Eine Kundin erhält einen neuen Haarschnitt. Während des Gesprächs fragt sie, ob man die Frisur nicht noch etwas interessanter gestalten könnte. Die Friseurin schlägt ihr eine lebhaftere Haarfarbe vor.

Kundin: »Nein ich weiß nicht so recht. Ich habe meine Haare noch nie gefärbt. Nachher sehe ich ganz anders aus und muss wochenlang so herumlaufen.«

Friseurin: »Ich kann Sie sehr gut verstehen. Sie fürchten, dass Ihre neue Haarfarbe Ihr Aussehen zu stark verändert. Dass es vielleicht unnatürlich aussieht und nicht zu Ihrem Typ passt.«

Kundin: »Ja.«

Friseurin: »Mit einem Farbshampoo oder einer Tönung kann ich Ihren Naturfarbton ganz leicht lebhafter gestalten. Ihre natürliche Farbe wird dadurch nicht verändert, sie wirkt dadurch interessanter und ausdrucksstärker. Und zusätzlich bekommen Ihre Haare noch mehr Glanz.«

Kundin: »Das möchte ich gerne ausprobieren. Wenn es mir gefällt und ich möchte die neue Haarfarbe noch intensiver haben, dann kann ich meine Haare ja immer noch färben lassen.«

Fragemethode

Die Fragemethode ist sinnvoll, wenn die Kundin einen allgemeinen Einwand vorbringt, aus dem man ihr Problem nicht genau erkennen kann. In diesen Fällen ist es sinnvoll, zuerst einmal durch eine Gegenfrage den Einwand einzugrenzen und von der Kundin zusätzliche Informationen zu erfragen.

Beispiel:

Eine Stammkundin ist zum Waschen, Schneiden und Föhnen angemeldet. Die Friseurin geht davon aus, dass die Kundin ihre Frisur nicht verändern möchte.
Friseurin: »Hallo Frau Gress, möchten Sie die Haare wie beim letzten Mal geschnitten haben?«
Kundin: »Ich bin mir nicht sicher. Eigentlich möchte ich mal etwas Neues ausprobieren.«
Friseurin: »Was gefällt Ihnen nicht an Ihrer Frisur?«

Ja-aber-Methode

Wenn die Friseurin den Einwand einer Kundin nicht für gerechtfertigt hält, kann sie die Ja-aber-Methode verwenden.

Sie gibt der Kundin zuerst einmal Recht. Dabei mildert sie die negativen Formulierungen der Kundin schon etwas ab. Die Kundin fühlt sich dadurch verstanden und ernst genommen. Sie ist bereit, weiter zuzuhören. Anschließend kann die Friseurin versuchen, den Einwand auszuräumen, indem sie neue Argumente vorbringt.

Widerspricht die Friseurin der Kundin direkt, so fühlt sich diese angegriffen und zur weiteren Verteidigung ihrer Meinung herausgefordert.

Beispiele:

Eine Kundin probiert und vergleicht Lippenstifte. Einwand der Kundin gegen den Preis: »Der ist aber teuer.«

Friseurin: »Ja, auf den ersten Blick erscheint der Lippenstift recht teuer, aber dies ist zugleich ein Pflegestift für Ihre Lippen. Bedingt durch spezielle Pflegestoffe und UV-Filter schützt er die Lippen und schenkt ihnen trotzdem eine lang anhaltende Farbe.«

Einwand der Kundin gegen Produkteigenschaften:
»Der Lippenstift ist aber sehr klein.«
Friseurin: »Ja, das stimmt, aber da der Lippenstift sehr sparsam in der Anwendung ist und sehr gute Haftbarkeit besitzt, verbraucht er sich auch nicht so schnell wie herkömmliche Lippenstifte.«

Bild 1 *Beratungsgespräch*

Bumerang-Methode

Auch bei dieser Methode stimmt die Friseurin der Kundin erst einmal zu. Im Anschluss daran entwickelt sie aber aus den geäußerten Bedenken eine positive Argumentation.

Das, was in den Augen der Kundin ein Nachteil war, wird in einen Vorteil umgewandelt. Nur wenn die Friseurin ein überzeugendes Gegenargument bringt, wird die Kundin die positive Gegenaussage akzeptieren können. Die Friseurin muss deshalb sehr sorgfältig prüfen, wann sie diese Methode verwenden kann.

Beispiel:

Im Rahmen einer Beratung klagt die Kundin darüber, dass ihre Haare schnell fetten und die Frisur zusammenfällt. Die Friseurin schlägt der Kundin eine Dauerwellbehandlung vor, um dem Haar mehr Stand und Volumen zu geben.

Kundin: »Eine Dauerwelle schadet doch sicher meinen Haaren.«

Friseurin: »Es ist richtig, dass durch die Dauerwelle Ihre Haarstruktur etwas angegriffen wird. Dies führt aber dazu, dass die Haare etwas Fett aufnehmen können. Dadurch würden Ihre Haare nicht mehr so schnell nachfetten.«

Bild 2 *Bumerang*

Vorteil-Nachteil-Methode

Wenn ein berechtigter Einwand der Kundin vorliegt, bietet sich diese Methode an. Der Nachteil des Produkts oder der Dienstleistung besteht, ist aber nicht so bedeutsam, dass ein vollständig anderes Angebot gemacht werden müsste. Die Friseurin stimmt der Kundin zu und bestätigt ihren Einwand. Im Anschluss daran stellt sie diesem Nachteil aber einen anderen Vorteil gegenüber. Die Kundin kann dann entscheiden, ob der Nachteil oder der Vorteil für ihre Entscheidung wichtiger ist.

Beispiel:

Eine Kundin mit der Naturhaarfarbe Dunkelaschblond hat ihre Haare bisher dunkelgoldblond getönt. Nun wünscht sie sich eine hellere und lebhaftere Haarfarbe. Im Verlauf der Farbberatung schlägt ihr die Friseurin eine Hellerfärbung mit Hellgoldblond vor.

Kundin: »Bisher habe ich meine Haare nur getönt. Eine Hellerfärbung würde meine Haare doch sicherlich schädigen.«

Friseurin: »Ja, es ist richtig, dass bei einer Hellerfärbung die Haarstruktur etwas angegriffen wird. Ihren Farbwunsch Hellgoldblond kann ich aber mit einer Tönung nicht erreichen. Die Aufhellung lässt sich nur mit der Hellerfärbung erzielen.«

Ausweichangebot

Ein Ausweichangebot sollte die Friseurin immer dann machen, wenn der Einwand der Kundin berechtigt ist und das Produkt oder die Dienstleistung wichtige Ansprüche der Kundin nicht erfüllt. Bei der Auswahl des neuen Angebots muss die Friseurin dann sehr sorgfältig darauf achten, dass es wirklich die Hauptansprüche der Kundin erfüllt.

Beispiel:

Eine Neukundin ist zur Dauerwelle angemeldet. Im Beratungsgespräch erzählt sie der Friseurin, dass sie ihr mittellanges Haar gerne fülliger haben möchte.

Friseurin: »Damit Ihr Haar mehr Volumen bekommt, empfehle ich Ihnen die Volumenwelle XY. Die bringt Schwung und Fülle in Ihr Haar, sodass es ganz natürlich aussieht. Nach ca. 6–8 Wochen lässt die Volumenwelle nach.«

Kundin: »Das hört sich gut an. Erhöht die Volumenwelle denn auch die Standfestigkeit der Haare und die Haltbarkeit meiner Frisur? Denn ich habe das Problem, dass meine Frisur immer schnell zusammenfällt.«

Friseurin: »Die Volumenwelle wird dann nicht optimal für Ihr Haar sein. Sie kommen wahrscheinlich besser mit einer 2-Phasen-Dauerwelle zurecht. Damit kann ich gezielt auf Ihre Wünsche eingehen. Den Haaransatz behandle ich dann mit der Ausrichtung Forte, damit Ihr Haar genügend Standfestigkeit bekommt, während für die Haarlängen und Spitzen die Ausrichtung Normal ausreicht, um dem Haar Volumen und Bewegung zu geben. Somit ist auch die Haltbarkeit Ihrer Frisur gewährleistet.«

Kundin: »Damit bin ich einverstanden. Können Sie mir denn auch noch einige Tipps zum Styling geben? Ich bin heute Abend mit meinem Mann bei Freunden eingeladen.«

Friseurin: »Natürlich gerne. Ich kann Ihnen die Haare offen und volumig gestalten oder für den besonderen Anlass etwas hochstecken. Damit Sie sich das besser vorstellen können werde ich Ihnen ein Bild zeigen und sie entscheiden dann, welche Variante Ihnen für heute Abend besser gefällt.«

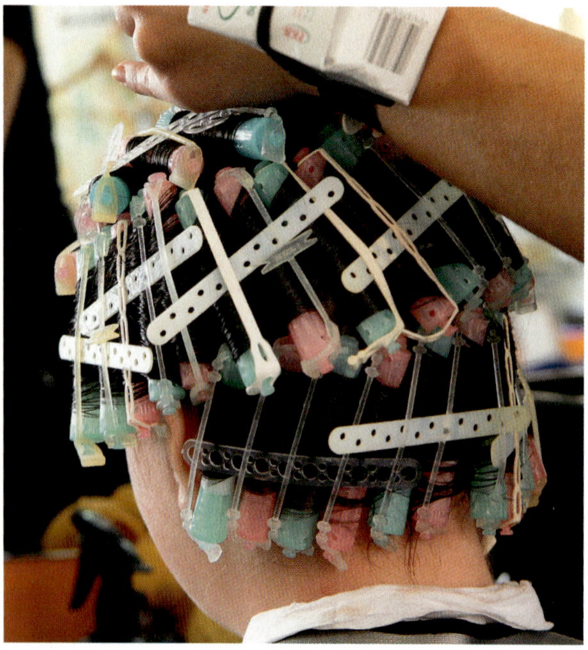

Bild 1 *Dauerwelle*

2.2.2 Reklamationen

Unabhängig davon, ob ein Verschulden der Friseurin vorliegt oder nicht, ist es wichtig, dass die Friseurin über Strategien verfügt, mit eventuellen Reklamationen richtig umzugehen.

Zunächst ist zu prüfen, ob die Ware im eigenen Salon gekauft wurde bzw. ob die Dienstleistung in diesem Salon erstellt wurde. In beiden Fällen ist die Friseurin der rechtliche Vertragspartner der Kundin. Auch wenn sie in vielen Fällen nicht schuldig ist, hat die Kundin trotzdem kaum Verständnis dafür, wenn sie die Verantwortung auf Dritte abschiebt. Deshalb sollte die Friseurin zuerst einmal die Ruhe behalten und der Kundin gut zuhören. Denn wenn eine Kundin reklamiert, ist sie oft emotional erregt und deshalb nicht immer sachlich. Die Friseurin sollte sich dann bei der Kundin für die Unannehmlichkeiten entschuldigen und ihr kurzfristig eine Lösung des Problems anbieten. Je schneller der Kundin eine Lösung angeboten wird, desto schneller wird ihre Unzufriedenheit überwunden sein.

Bild 2 *Reklamationsgespräche in sachlicher und ruhiger Atmosphäre*

Es ist gut, wenn die Reklamation in einer ruhigen Ecke des Salons abgewickelt werden kann, ohne dass andere Kundinnen beteiligt werden. Oft kann es sinnvoll sein, bei der Überprüfung der Sachlage eine Kollegin hinzuzuziehen, um weitere mögliche Auswege aus dem Problem aufzuzeigen.

Ist eine Reklamation berechtigt, hat die Kundin aufgrund des Vertragsrechts gesetzlich festgelegte Rechte. Die Möglichkeiten zur Behebung des Schadens sollte die Friseurin genauestens kennen. Sie sollte nicht auf die Forderungen der Kundin warten, sondern selbst Lösungsvorschläge machen. Sollten Kundin und Friseurin sich einmal nicht einig werden, so sieht der rechtliche Weg bei Reklamationen Folgendes vor:

- Die reklamierende Kundin geht zur Handwerkskammer.
- Dort wird ein Gutachten über die erbrachte Leistung der Friseurin erstellt.
- Geht dieses Gutachten zu Lasten der Friseurin aus, so tritt ihre Berufshaftpflicht für den entstandenen Schaden ein.

Das oberste Ziel sollte immer sein, dass die Kundin den Salon zufrieden verlässt. Im folgenden Beispiel wird die positive Abwicklung einer Kundenreklamation dargestellt.

Bild 1 *Kundenreklamation*

Beispiel zur Abwicklung einer Kundenreklamation:

1. **Reklamation der Kundin:** »Vor einer Woche habe ich mir einen Splissschnitt machen lassen. Ich habe das Gefühl, dass meine kaputten Haarspitzen dadurch nicht weniger geworden sind. Den Unterschied zu vorher merke ich kaum. Auch meine Arbeitskolleginnen meinen, die Zeit und das Geld beim Friseur hätte ich mir sparen können. Das macht mich wütend. Jetzt habe ich Zeit und Geld investiert und trotzdem sehen meine Haare noch kaputt aus!«
2. Die Kundin wird an die verantwortliche Friseurin verwiesen: Die Friseurin begrüßt die Kundin freundlich und zeigt Verständnis für die Verärgerung.
3. Die Kundin wird in eine ruhige Umgebung geführt: Die Friseurin bittet die Kundin an einen ruhigen Behandlungsplatz und setzt sich zu ihr. (Bild 1)
4. Die Kundin ernst nehmen und Verständnis zeigen: Die Friseurin lässt die Kundin erst einmal erzählen, hört sich alles in Ruhe an und zeigt Verständnis für das Problem.
5. Sachverhalt bzw. Rechtsgrundlage prüfen: Nachdem die Kundin ihre Beschwerde vorgebracht hat, muss die Friseurin entscheiden, ob es eine berechtigte oder unberechtigte Reklamation ist. Selbst wenn die Friseurin sich über die Berechtigung der Reklamation im Unklaren ist, kann sie zunächst ihr Bedauern ausdrücken. Auf keinen Fall sollte sie eine andere Kollegin beschuldigen. Das Mitarbeiterteam muss geschlossen auftreten, damit die Kundin zufrieden gestellt werden kann. Im Falle einer berechtigten Reklamation erklärt die Friseurin der Kundin verständlich die Fehlerquelle. Sie entschuldigt sich bei der Kundin für den Fehler und bietet der Kundin einen sofortigen oder kurzfristigen Termin zur Schadensregulierung an. Die erneute Behandlung erfolgt natürlich kostenlos. Handelt es sich um eine unberechtigte Reklamation, so erklärt die Friseurin der Kundin, warum die Reklamation nicht berechtigt ist. Aus Kulanzgründen kann sie der Kundin ein Nachschneiden der Haarspitzen anbieten oder ihr Bedauern äußern und die Reklamation höflich, aber bestimmt ablehnen.
6. Positives Klima zum Abschluss erzeugen: Damit die Kundin nun auch wirklich zufrieden den Salon verlässt, versichert sich die Friseurin abschließend darüber, dass es keine Missverständnisse mehr zwischen ihr und der Kundin gibt. Als kleine Wiedergutmachung für die Unannehmlichkeiten kann sie der Kundin z. B. eine Haarkur für poröse Haarspitzen mitgeben.

Tipps im Umgang mit Reklamationen

- Hören Sie sich die Reklamation an einem ruhigen Platz an, damit nicht jeder mithören kann.
- Bieten Sie der Kundin einen Platz an. Im Sitzen reklamiert es sich schwerer als im Stehen.
- Lassen Sie die Kundin erst einmal ausreden, damit sie sich ihren Ärger von der Seele redet und offen wird für Ihre Argumente.
- Bleiben Sie ruhig und höflich, auch wenn die Kundin aus der Rolle fällt.
- Vergewissern Sie sich genau, ob die Kundin im Recht ist.
- Geben Sie einen Fehler zu, wenn die Kundin im Recht ist. Der Verlust einer Kundin ist schwerwiegender als Geld.
- Beheben Sie den Schaden schnellstmöglich.
- Verlieren Sie nicht Ihr Selbstvertrauen. Fehler können jedem passieren.
- Sehen Sie eine Reklamation positiv, aus Fehlern lernt man.

Aufgaben

1. Im Salon »Haargenau« sollen zum Fasching Stylingprodukte intensiv beworben werden. Gestalten Sie hierzu die Kontaktstrecke!
2. Zwei Freundinnen sind zum Waschen/Schneiden/Föhnen angemeldet. Da die zwei verschiedene Haarlängen (Kurz/Lang) haben, sind auch die .Bruttobedienungspreise verschieden. Erklären Sie den beiden die Preisunterschiede.
3. Informieren Sie sich über gesetzliche Regelungen für Werbung.
4. Erstellen Sie eine Preisliste für ein Angebot Ihrer Wahl. Berücksichtigen Sie dabei die Preistransparenz.

3 Betriebsabläufe nachbereiten

Szenario

Jede Woche trifft sich das Team des Friseursalon »Haargenau« zur Mitarbeiterbesprechung. Dann stellt die Chefin die aktuellen Zahlen vor.

Die Kundenbindung ist das zentrale Anliegen im Salon. Die Chefin erläutert Anja, dass es ungefähr siebenmal so viel Anstrengung kostet eine neue Kundin zu gewinnen, als eine bestehende Kundenbindung zu intensivieren. »Unsere Stammkunden nutzen im Laufe der Zeit nicht nur immer wieder dieselbe Dienstleistung, sondern erkunden zunehmend die gesamte Bandbreite unseres Dienstleistungs- und Warenangebotes.« In der Fachsprache bezeichnet man dieses Phänomen als »Cross-Selling«. Die individuelle Beratung und der persönliche freundliche Service im Friseursalon sind neben der guten handwerklichen Leistung eine wesentliche Stütze in der Kundenbindung.

Man muss wissen, dass die Kundenbindung mit einem Zyklus verglichen werden kann. Die Kundenbeziehung durchläuft dabei mehrere Phasen:

- Kundenakquisitionsphase
- Aufbau der Kundenbeziehung
- Kundenbindungsphase
- Kundensicherungsphase
- Kundenrückgewinnungsphase

Bild 1 *Aufbau der Kundenbeziehung*

In der 1. Phase interessiert sich der Kunde für einen Betrieb. Er erkundet das Waren- und Dienstleistungsangebot. Er erhält Informationen, z. B. durch das Schaufenster, die Preistafel oder durch eine persönliche Beratung.

Nimmt er eine Dienstleistung in Anspruch, so beginnt die 2. Phase. Die Bindung ist zunächst gering und noch sehr unsicher. In der 3. Phase kommt es darauf an, eine emotionale Bindung aufzubauen. Gelingt dies, so ist die Hemmschwelle beim Kunden groß, den Friseur zu wechseln.

Die Kundensicherungsphase ist von entscheidender Bedeutung. Im Laufe einer jeden Beziehung kommt es zu »Gewöhnungseffekten«. Jetzt kann die Bereitschaft zur Bindung beim Kunden sinken. Die Unternehmerin muss auf mögliche Signale der Kundenunzufriedenheit achten, z. B. durch Befragungen oder Analyse des Beschwerdemanagements (häufig wiederkehrende Gründe für Beanstandungen, Kundenschwund, sinkende Verkaufszahlen einzelner Mitarbeiter, etc.).

Sind tatsächlich Kunden verloren gegangen, so wird die Unternehmerin versuchen, diese durch gezielte Ansprache (Werbebrief) zurückzugewinnen.

Controlling

Der Begriff Controlling stammt aus dem Englischen und bedeutet soviel wie Steuerung. Die Unternehmerin nutzt das Controlling zur Beeinflussung der betrieblichen Prozesse. Wichtig ist, dass jede Unternehmerentscheidung Auswirkungen auf den Erfolg des Friseurgeschäfts hat. Um frühzeitig Missständen, bzw. Fehlentwicklungen entgegen zu wirken, ist eine ständige Beobachtung sinnvoll. Die Unternehmerin kann beispielsweise auswerten:

- Häufigkeit der Kundenbesuche
- Frequentierung an einzelnen Wochentagen
- Kundeneinzugsgebiet
- Umsatzzahlen allgemein
- Umsätze der Mitarbeiter
- Verkauf bestimmter Dienstleistungen
- Verbrauch an Produkten
- Werbeerfolg

Im Team können die Mitarbeiter mögliche Schwachstellen im betrieblichen Ablauf finden und Lösungsstrategien entwickeln. Das **Qualitätsmanagement** (vgl. 1.2.1, S. 289) ist mit dem Controlling eng verbunden. Notwendige Voraussetzung für Qualität ist eine ständige Aus- und Weiterbildung. So kann jeder im Team entsprechend seiner Kompetenzen gefördert werden und selber fördern. Dies setzt dann aber auch die Bereitschaft voraus, sich für Unternehmensziele einzusetzen und kollegial miteinander umzugehen.

Aufgaben

1. Gestalten Sie eine Mind-Map, die die Möglichkeiten der Friseurunternehmerin zur Kundenakquise veranschaulicht.
2. Beschreiben Sie Signale, die Kunden in den verschiedenen Phasen senden.
3. Überlegen Sie sich Maßnahmen, die die Unternehmerin gezielt in der Kundensicherungsphase einsetzen kann. Erarbeiten Sie dazu im Team einen Maßnahmenkatalog und präsentieren Sie das Ergebnis in der Klasse.
4. Formulieren Sie einen Werbebrief, der in der Kundenrückgewinnungsphase eingesetzt werden kann.

Lernfeld 13
Komplexe Friseurdienstleistungen durchführen

Bild 1 *Komplexe Friseurdienstleistung*

Komplexe Friseurdienstleistungen durchführen

Komplexe Friseurdienstleistungen erfordern von der Friseurin ein hohes Maß an fachlichem Können. Sie muss unterschiedliche Techniken der Haargestaltung, der Gestaltung der Nägel und des Make-ups beherrschen. Zur Haargestaltung gehören:

- Farbveränderungen
- Haarumformungen
- Haarschnitte und
- Frisurengestaltung

Neben dem fachlichen Können spielen persönliche Kreativität und gestalterische Fähigkeiten eine große Rolle. Beachtet die Friseurin zusätzlich den Kundenwunsch und die Gegebenheiten (z. B. Typ, Gesichtsform, Haarwuchsrichtung, Nagelform) bei der Kundin, so wird sie diese bei der komplexen Friseurdienstleistung erfolgreich beraten und anschließend die Behandlung bestmöglich durchführen können.

1 Kultur

Szenario

Anja macht sich Gedanken über die Gestaltung eines Stylings zu einem besonderen Anlass. Bei ihrer Internetrecherche stößt sie auf ein interessantes Bild des Karnevals in Venedig (Bild 1). Dabei wird ihr deutlich, dass solche Traditionen zur Kultur des Landes gehören. »Eigentlich,« überlegt sie sich, »kann ich mich auch noch über andere Kulturen informieren. Vielleicht finde ich da ja auch Anregungen.«

Bild 1 *Karneval in Venedig*

1.1 Der Kulturbegriff

Kultur leitet sich von dem lateinischen Wort »cultura« ab, welches die Pflege des Körpers und des Geistes bezeichnet. Kultur umfasst u. a. die Kunst, die Musik, das Essen und Bräuche bzw. Sitten von Menschen in einer bestimmten Gesellschaft. Kultur entwickelt sich und wird von den Menschen gelebt und repräsentiert. Dies geschieht u. a. auch über Äußerlichkeiten. In allen Regionen der Erde findet man spezifische Eigentümlichkeiten, die sich in Kleidung, Schmuck, Körperschmuck und auch Make-up ausdrücken.

Für die Friseurin hat die Kultur einen Stellenwert, wenn es um die Beratung von Kundinnen geht, die etwas Besonderes erwarten. In diesem Fall kann sich die Friseurin durch traditionelle Merkmale einer Kultur, wie z. B. Kleidung, Make-up oder Körperschmuck inspirieren lassen und so neue Ideen schöpfen.

1.2 Die Kulturen

1.2.1 Asien

In Asien haben viele Kulturen ihren Ursprung. Man denkt sofort an China, Japan und Indien.

China und Japan

Die chinesische und die japanische Kultur erscheinen uns sehr ähnlich. Dies gilt ebenfalls für das Aussehen und die Mode der Frauen. Sie sind klein, zierlich, haben mandelförmige Augen und schwarze Haare. Ihre Kleidung ist farbenfroh. Typisch für die japanische Kultur sind u. a. die Geishas und die Kunst des Tätowierens. Geishas sind die Bewahrerinnen der traditionellen Künste. Besonders auffällig ist ihr blasses Make-up. Ihre Kleidung ist der traditionelle Kimono (Bild 2).

Bild 2 *Geisha mit traditioneller Frisur und Make-up*

Eine sehr lange Tradition haben in Japan ebenfalls **Tätowierungen**. Man findet z. B. Drachen oder Dämonen aus alten Sagen. Auch japanische Schriftzeichen (Bild 1) sind sehr beliebt.

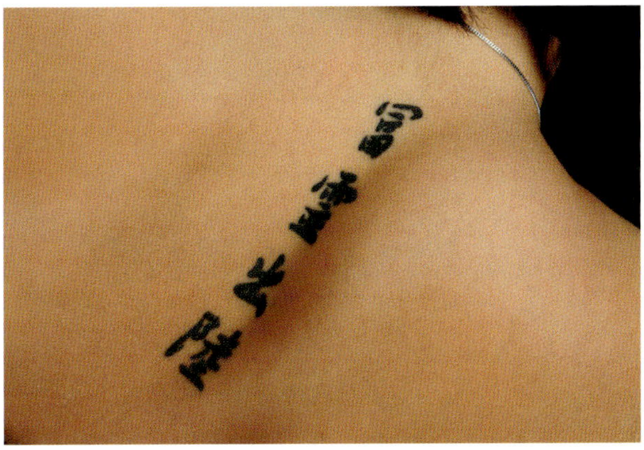

Bild 1 *Tätowierung mit japanischen Schriftzeichen*

Indien

Die indische Kultur wird häufig als sehr bunt und lebendig empfunden. Dies wird unterstrichen durch die die »Bollywood«-Filmindustrie. Das traditionelle Kleidungsstück in Indien ist der Sari, aber auch andere Trachten, z. B. mit Rock, sind üblich.

Bild 2 *Inderinnen mit typischer Kleidung und Schmuck*

Eine weitere Tradition ist das Tragen von Bindis. Die ursprünglich religiöse Bedeutung des »Punktes« auf der Stirn ist heute in den Hintergrund getreten. Bindis werden als Modeaccessoires getragen. Sie können viele Formen und Farben haben und auch aufgeklebte Strasssteine und Ornamente enthalten. Der indische Schmuck (Bild 2) ist sehr auffällig und schmückt vielfach das Gesicht mit, indem z. B. Nasenstecker über Kettchen mit dem Ohr verbunden sind. Für die Frisur einer Inderin ist der Mittelscheitel typisch, von dem aus auch wieder ein Schmuckstück in die Stirn hängen kann.

Hennaornamente schmücken die Hände (Bild 3) und die Augen werden sehr ausdrucksvoll geschminkt.

Bild 3 *Hennaornamente*

1.2.2 Orient

Der Begriff Orient hat im Laufe der Jahrhunderte seine Bedeutung geändert. Früher zählte ganz Asien dazu. Heute bezeichnet man die Arabische Halbinsel, Kleinasien, Nordafrika und Vorderasien (Irak, Iran, Afghanistan) als Orient. Das traditionelle Bild des Orients ist geprägt durch Beduinenvölker, Männer mit Turbanen, verschleierte Frauen und Tänzerinnen (Bild 4). Das orientalische Make-up ist ausdrucksvoll und die Augen werden mit schwarzem Kajal betont. Dazu wird handgearbeiteter Silber- oder Goldschmuck getragen.

Bild 4 *Orientalische Tänzerin*

1.2.3 Afrika

Das ursprüngliche Bild des Afrikaners ist das des unbekleideten wilden Menschen. Jedoch auch Afrika hat seine Traditionen, seine Religionen und regionalen Eigenheiten. Das heutige Afrika ist sehr stark geprägt durch die lange Kolonialherrschaft der Europäer, sodass westliche Einflüsse hier nicht zu übersehen sind. Ein traditionelles Kleidungsstück ist in Afrika der Kanga oder Leso (Bild 1). Er besteht aus zwei farbenfrohen Tüchern, die um Hüften, Schultern und Kopf geschlungen werden. Noch heute findet man bei den Ureinwohnern sehr auffälligen Körperschmuck, hergestellt aus Holz, Metall, Muscheln und anderen Naturmaterialien. Der Körper wird vielfach mit Erdfarben bemalt. Die Haare werden kunstvoll geflochten.

Bild 1 *Afrikanerin in traditioneller Kleidung*

1.2.4 Amerika

Amerika hat als neue Welt viele Kulturen in sich vereint. Ursprünglich besiedelt von den Ureinwohnern kamen im 15. Jahrhundert mit Columbus die Spanier nach Amerika. Später folgten die Engländer, die Franzosen, die Holländer und auch die Deutschen. Alle beeinflussten die kulturellen Entwicklungen in den verschiedenen Regionen Amerikas. Die ursprünglichen Traditionen der Ureinwohner haben die Zeiten überdauert und werden noch heute intensiv gepflegt.

Die nordamerikanischen Ureinwohner fallen äußerlich durch aufwändigen Kopfschmuck (Bild 2), hergestellt aus Leder, Federn, Holz und anderen Naturmaterialien, auf.

Bild 2 *Nordamerikanische Ureinwohnerin mit Kopfschmuck*

Ihre Haare werden oft gescheitelt und in Zöpfen geflochten getragen. Die Gewänder bestehen teils aus Leder, teils aus bunt gewebten Stoffen. Für den Schmuck verwenden sie Perlen und bunte Bänder.

Die südamerikanischen Kulturen sind ebenso vielfältig wie die nordamerikanischen. Auffällig in ihrem Äußeren sind z. B. die Mexikanerinnen (Bild 3). Ihre Kleidung besteht aus langen Kleidern und Röcken mit Stickereien und Pailletten. Die Haare werden vielfach lang in Zöpfen getragen oder nach spanischer Art im Nackenknoten. Spanische Einflüsse und Einflüsse der südamerikanischen Ureinwohner sind unübersehbar.

Bild 3 *Mexikanerin*

1.2.5 Europa

In Europa sind verschiedene Kulturen vereint. Jeder Kulturkreis in Europa hat seine spezielle traditionelle Kleidung, auch **Tracht** genannt (Bild 2 und 3).

Bild 1 *Bayrische Tracht*

Bild 2 *Spanische Tracht*

Trachten werden fast nur noch zu bestimmten Anlässen oder Kulturfesten getragen. Meist gehören zu einer Tracht auch charakteristische Frisuren, Kopfbedeckungen und Schmuckstücke.

Bei der in Bild 2 gezeigten spanischen Tracht handelt es sich um ein Flamenco-Kleid. Das Outfit einer Flamenco-Tänzerin wirkt feminin und rassig. Die Haare werden zu einem Nackenknoten oder Chignon gesteckt, das Make-up ist verführerisch und betont Lippen und Augen.

Mit Ausnahme von wenigen Regionen wird sich im täglichen Leben kaum noch traditionell gekleidet. Das europäische Erscheinungsbild ist vorrangig geprägt durch schnelllebige Mode und Trend.

1.3 Subkulturen

Eine Subkultur ist eine Untergruppe einer Kultur. Sie unterscheidet sich in einigen Bereichen von der Hauptkultur und übernimmt nicht alle Werte und Normen. Zu den Subkulturen zählen auch die Jugendkulturen. Sie definieren sich durch eigene Vorstellungen über ihr äußeres Erscheinungsbild, Musikrichtungen sowie Verhaltens- und Ausdrucksweisen. Auch politische Ansichten können hierbei eine Rolle spielen. Zu den bekanntesten Jugendkulturen zählen:

- Gothics
- Hippies
- Punks
- Raver

Das äußere Erscheinungsbild ist in diesen Jugendkulturen geprägt durch besondere Moderichtungen, Körperschmuck (Tätowierungen, Piercings usw.) sowie Frisuren und Haarfarben.

Gothics (Bild 3) – auch als Grufties bezeichnet – fallen durch ihr düsteres Outfit auf. Die Haare sind meist schwarz gefärbt, die Haut hell geschminkt mit dunklen Augen und rotem Mund. Die Kleidung kann einfach schwarz sein, fällt aber auch z. T. durch romantische Accessoires auf.

Bild 3 *Gothics*

Die **Hippie**-Bewegung (Bild 1, folgende Seite) wurde in den 1960er Jahren zur Massenbewegung. Erkennungsmerkmale der »Blumenkinder« sind lange Haare, wallende bunte Batikgewänder, Jesuslatschen und auffälliger Schmuck.

Bild 1 *Hippie*

Bild 2 *Raver*

Die Wiege des **Raves** liegt in den 1980er Jahren. Rave ist eine Party-Bewegung. Individuelle, schrille Outfits (Bild 2) sind hier Kennzeichen.

Punk war eine Bewegung, die in den späten 1960er Jahren entstand. Heutige Punks (Bild 3) zeichnen sich aus durch auffällig gefärbte Haare. Bei den Frisuren ist der Irokesenschnitt (Iro) stark vertreten. Piercings, z. B. Nasenringe und Sicherheitsnadeln, finden sich häufig. Zur Kleidung gehören Nieten auf Jacken, Gürteln usw. Beim Make-up sind dunkel gefärbte Augen und Wangenpartien nicht nur für weibliche Punks ein Merkmal.

Bild 3 *Punks*

2 Mode

Szenario

Für ihre Gesellenprüfung macht sich Anja Gedanken über eine geeignete Frisur. Ihre Kollegin Randa rät ihr: »Die Frisur muss in jedem Fall modern und trendy sein«. Anja sucht in verschiedenen Zeitungen. Dort findet sie unterschiedliche Frisuren, kann jedoch nicht mehr entscheiden, welche davon trendy, welche modern oder ob nicht einige Frisuren sogar extravagant und damit nicht der aktuellen Mode entsprechend sind. Sie fragt sich: »Wer bestimmt überhaupt Mode?«

2.1 Mode und Zeitgeist

Mode wird fast immer assoziiert mit Kleidung, Frisuren, Make-up, Accessoires und Schmuck. Sie umfasst jedoch auch Architektur, Kunst, das Aussehen von Gegenständen des täglichen Lebens, Parfums usw. Eigentlich war und ist Mode immer Äußerung des Zeitgeistes. Damit ändert Mode sich ständig und ist ein Prozess, der bedingt wird durch gesellschaftliche Veränderungen. Der Mensch als Konsument passt sich diesen Modeentwicklungen immer wieder an, da dies seinen Bedürfnissen nach Abwechslung, Individualität, Konformität (»in sein«, dazugehören), Gefallen (Attraktivität), Identifikation, Beachtung (auffallen, wahrgenommen werden) und Bedeutung (»wer sein«, Bewunderung) entspricht.

2.2 Mode und Trend

Im engeren Sinne umfasst Mode die Art sich zu kleiden, zu frisieren, zu schminken, zu schmücken und zu benehmen. Im Vergleich zur Kultur ist Mode nicht regional begrenzt, sondern im Zeitalter der Globalisierung international. Da Mode ständig im Wandel begriffen ist, braucht sie **Trendsetter**, die einen **Trend** festlegen und damit angeben, in welche Richtung sich die Mode entwickelt. Trendforscher beobachten den Markt, d. h. sie analysieren Kundenbedürfnisse und -wünsche. Aus den Ergebnissen kreieren sie neue Trends. Was heute noch Trend ist, ist morgen schon Mode.

2.3 Mode im Wandel der Zeit

Wie sich die Mode in den vergangenen Jahrtausenden und Jahrhunderten entwickelt und verändert hat, lässt sich anhand von Zeitdokumenten eindrucksvoll nachvollziehen. Die folgenden Bilder geben einen kleinen Einblick über die verschiedenen **Stile** in unterschiedlichen Zeiten.

Diese Modeerscheinungen der verschiedenen **Epochen** werden häufig als Anregung für das Styling zu besonderen Anlässen genutzt.

Bild 1 *Mode in den 1920er Jahren*

Bild 2 *Mode in den 1990er Jahren*

Bild 3 *Mode im Rokoko*

Bild 4 *Mode in den 1960er Jahren*

Zu diesem Thema lohnt es sich, die **Stilkunde** zu vertiefen. Sie bietet Anregungen und liefert Ideen zur Umsetzung von besonderen Kundenwünschen. Auch im Internet lassen sich hierzu viele Bilder und Beschreibungen finden.

3 Besondere Anlässe in der Kulturgemeinschaft

Szenario

Anja erwartet heute eine Kundin, die zu einer großen Ü-50 Party in das örtliche Theater eingeladen ist. Auf verschiedenen Tanzflächen gibt es für die Gäste Gelegenheiten, die Musikstile und den Flair der 70iger Jahre noch einmal nachzuempfinden und Erinnerungen daran wieder aufleben zu lassen.

Die Kundin möchte sich darauf entsprechend vorbereiten und vor Ort »stilecht« erscheinen, denn das beste Outfit soll prämiert werden. Sie vertraut bei der Vorbereitung des Events auf die fachkompetente Beratung und Unterstützung ihrer Friseurin bezüglich der passenden Gestaltung von Frisur, Make up und Nageldesign.

Um diesem Kundenwunsch zufriedenstellend nachkommen zu können, hat sich Anja daher zuvor darüber informiert, was unter dem Stil der 70iger Jahre zu verstehen ist. Sie hat dazu im Internet und in Büchern die folgenden Hinweise gefunden: Langes Haar, Afrolook, Gegensätzlichkeiten in der Frisur durch Kombinationen von Fläche und Locke, Verwendung von Haarteilen, Blumenschmuck usw. Anja hat diese Hinweise in ihre Überlegungen zu einer möglichen Gestaltung einbezogen und freut sich darauf, der Kundin von ihrer Idee zu erzählen und sie für ihren Vorschlag »Saturday night fever« (Bild 1) zu begeistern.

Bild 1 *John Travolta in »Saturday night fever«*

Besondere Anlässe lassen sich nach den folgenden Gesichtspunkten beschreiben:

- Unter einem ›besonderen Anlass‹ werden in einer Kulturgemeinschaft Feste, Feiern, Veranstaltungen und Begegnungen verstanden, die sich ganz allgemein als ein vom Alltag abweichender Zeitraum beschreiben lassen. In diesem Zeitraum rücken Verpflichtungen, wie z. B. das Arbeiten und das alltägliche Leben in der Familie in den Hintergrund.
- Neben dem besonderen Zeitraum ist auch die Art und Weise wie man ihn (er)lebt ein Merkmal des besonderen Anlasses. Hierzu können z. B. Bräuche angeführt werden, die sich durch große Emotionalität – also Freude, Begeisterung und Anteilnahme – auszeichnen. Beispiele dafür sind Karneval oder Veranstaltungen, die eher gemessen oder getragen angelegt sind.
- Zudem zeichnen sich derartige Anlässe in der Regel durch ihren repräsentativen Charakter aus. So halten sich die Menschen in Räumen auf, die in besonderer Weise gestaltet sind, und auch sie selbst unterscheiden sich durch die Kleidung und das Verhalten von ihrem alltäglichen Erscheinungsbild.
- Schließlich ist für besondere Anlässe ganz typisch, dass viele von ihnen in regelmäßiger Folge wiederkehren. Jahreszyklisch angelegte religiöse Feste sind z. B. Ostern, Weihnachten, Ramadan oder national politische Feste, wie z. B. »Tag der deutschen Einheit«. Im Zusammenhang mit personenbezogenen Festen sind Geburt, Taufe, Kommunion und Konfirmation, Schulabschluss, Examen, Hochzeit sowie bei Tod die Trauerfeier zu nennen.

Auf jeden Anlass stellen sich die meisten Menschen in besonderer Weise ein. Sie tun das durch ein in der Situation allgemein erwartetes Verhalten und Auftreten sowie Erscheinungsbild. Zum **Auftreten und Verhalten** gehören unter anderem die folgenden Punkte:

- Benehmen
- Kommunikationsbereitschaft
- Aktive Teilnahme
- Offenheit
- Respekt und Rücksichtnahme
- Körperhygiene

Das äußere **Erscheinungsbild** bezieht sich auf die folgenden Gesichtspunkte:

- Kleidung und Schuhe
- Frisur
- Make-up
- Nageldesign

Insbesondere was Frisurengestaltung, Make-up und Nageldesign betrifft, wird von der Friseurin eine auf den besonderen Anlass bezogene Beratung und Umsetzung erwartet. Diese muss sich des Weiteren an kundenspezifischen Gegebenheiten, wie z. B. Farbtyp, Kopfform, Körpergröße, Haarstruktur orientieren. Werden diese Gesichtspunkte in angemessener Weise berücksichtigt, steht der Umsetzung des geplanten Stylings nichts mehr im Wege.

3.1 Die offizielle Einladung

Bei der offiziellen Einladung werden die Gäste in der Regel schriftlich anhand spezifischer Karten eingeladen. Dem Einladungsschreiben ist zu entnehmen, was der Anlass dafür ist, in welcher Örtlichkeit das Ereignis stattfinden soll und zu welchem Zeitpunkt das geschehen soll. Gleichzeitig werden mit dem Einladungsschreiben manchmal Hinweise verknüpft, welche Kleidung erwartet wird und dass bei einer geplanten Teilnahme eine Rückmeldung erforderlich ist. Ist so ein Hinweis auf einen bestimmten Kleiderwunsch gegeben, muss davon ausgegangen werden, dass sich alle Gäste auch in entsprechender Weise danach richten. Für das Erscheinungsbild (Bild 1) des weiblichen Gastes empfehlen sich:

- Entsprechend der Kleidung des Mannes – z. B. dunkler Anzug oder Smoking – eine passende Abendgarderobe
- Ein typgerechtes – eher dezentes – Make-up
- Ein sauber ausgearbeitetes Frisurenstyling
- Ein Nageldesign ohne extravagante Accessoires und schrille Farben

Bild 1 *Kleidung von Dame und Herrn anlässlich einer offiziellen Einladung*

3.2 Der Empfang

Der Empfang ist gleichbedeutend mit einer offiziellen Begrüßung von Gästen, Mitarbeitern, Freunden, Verwandten etc. Anlässe für Empfänge sind z. B. Firmeneröffnungen/-erweiterungen, Amtseinführungen, Verabschiedungen, Jubiläen, Ehrungen und Auszeichnungen für besondere Leistungen.

Diese besondere Form der Begrüßung findet meist in ritualisierter Form statt. Das bedeutet, dass sich die – in der Regel schriftlich – geladenen Gäste zu einem festgelegten Zeitpunkt in besonders geschmückten (Fest) Räumen versammeln. Die Veranstaltung wird offizielle durch eine kurze Ansprache eröffnet und mit einem Trinkspruch (Toast) abgeschlossen.

Für das Erscheinungsbild des weiblichen Gastes (Bild 2) empfehlen sich:

- Seriöse und gepflegte Kleidung
- Gedeckte Farben
- Unauffälliges Frisurenstyling
- Dezentes Make-up und Nageldesign

Bild 2 *Seriöses Erscheinungsbild*

3.3 Das Fest am Abend

Bild 3 *Abendkleid*

Das Fest am Abend wird gesellschaftlich höher eingestuft als ein solches am Tage. Hintergrund dafür ist ein ausgeprägter Rahmen, was den Raumschmuck des Veranstaltungsraumes, die Musik, das Menü sowie die Getränke angeht. Dies gilt insbesondere für das Bankett oder den Ball. Gäste eines solchen Ereignisses kleiden sich entsprechend festlich. Der Mann trägt einen dunklen Anzug, Frack, Smoking, Stresemann oder Cut. Die verschiedenen Kleidungsstücke unterscheiden sich darin, dass u. a. der Frack aus einer kurzen taillierten Jacke und einer schwarzen Hose mit Doppelstreifen, der Smoking aus einer weißen oder schwarzen Jacke und einer schwarzen Hose mit Längsstreifen und der Cut aus einer schwarzgrau gestreiften Hose und einer kurzen Jacke mit Schwalbenschwänzen besteht.

Für das Erscheinungsbild der Dame (Bild 3, vorherige Seite) empfehlen sich:

- Ein dunkles, elegantes kürzeres Kleid oder ein langes Abendkleid (je nach Anzug des Mannes)
- Das Tragen des besten und wertvollsten Schmucks
- Gepflegtes und seriöses Nageldesign
- Kräftigeres – jedoch nicht überzeichnetes – Make-up
- Eine gepflegte – meist mit Haarschmuck bestückte – Hochsteckfrisur

3.4 Der Opern- und Theaterbesuch

Der Besuch einer Oper oder Theaterveranstaltung wird ebenfalls als ein gesellschaftlich hochrangiges Ereignis angesehen. Im Gegensatz zu »gewöhnlichen« Theaterbesuchen, bei denen der Herr einen (dunklen) Anzug mit Krawatte trägt und die Dame ein schickes Kleid, erfordern besondere Veranstaltungen, wie Opernpremieren, wieder die festliche Kleidung. Der Herr trägt den Smoking, die Dame das Abendkleid.

In diesem Zusammenhang empfiehlt sich für das Styling der Dame:

- Gepflegte, unauffällige Frisur, ggf. Hochsteckfrisur ohne Haarschmuck
- Etwas kräftigeres, typgerechtes Abend-Make-up
- Typgerechtes, sauberes und ruhiges Naildesign in klaren Farben

In den letzten Jahren ist der festliche Charakter eines gewöhnlichen Theaterbesuch etwas in den Hintergrund gerückt, sodass auch bei der »Kleiderordnung« lediglich der Anspruch an Eleganz und Qualität geblieben ist.

3.5 Die Party

Neben diesen offiziellen und sehr förmlichen Festen gibt es auch Feiern, die in einem zwanglosen Rahmen stattfinden. Sie werden als Party oder in schlichterer Form auch als Fete bezeichnet. Sie unterliegen nicht oder nur eingeschränkt einer erwarteten Kleiderordnung oder ritualisierten Verhaltensweisen. Dennoch sollte darauf geachtet werden, das zu tragen, was im Bekannten- und Freundeskreis und als zum Anlass passendes Outfit angesehen wird. Die Verständigung darüber, was »gängig« ist, ist relativ schnelllebig und stark orientiert an modischen und trendigen Entwicklungen. Entscheidend ist aber immer, dass das persönliche Outfit typgerecht, figurbezogen und gepflegt ist.

Eine besondere Form der Party ist die Cocktailparty. Sie zeichnet sich durch Kürze (in der Regel zwei Stunden) und Zwanglosigkeit aus. Außerdem sind ihr Beginn und Ende auf den Zeitraum zwischen 17.30 Uhr 21.00 Uhr festgelegt. Zu einer Cocktailparty wird die normale Tageskleidung getragen. Handelt es sich bei einer solchen Party jedoch um eine offizielle Veranstaltung, wird dazu schriftlich eingeladen. In diesem Fall gilt auch eine besondere Kleiderordnung. Der Mann trägt einen dunklen Anzug und die Frau ein Cocktailkleid (Bild 1). Dieses Kleid (von Coco Chanel in den 20iger Jahren kreiert) ist figurbetont geschnitten und reicht bis zu den Waden. Es wirkt feminin und ist zugleich ein festliches Kleidungsstück. Manchmal wird es mit einer kurzen Jacke kombiniert.

Bild 1 *Modernes Cocktailkleid*

In diesem Zusammenhang empfiehlt sich für das Styling der Dame:

- Eine sportliche Kurzhaarfrisur, ggf. im Stile des Bubikopfes
- Ein blasse Make-up mit etwas Rouge, kräftig ausgemalte Lippen, dunkles Augen Make-up und dünn gezupfte Augebrauen
- Dunkelroter Nagellack

3.6 Karneval

Im Zeitraum von November bis Aschermittwoch wird Karneval, Fastnacht oder Fasching in ausgeprägter Fröhlichkeit gefeiert. Die Menschen nutzen dieses besondere Fest, um ausgelassen der Tristesse des Alltags in verschiedenen Rollen zu entfliehen. Dieser Brauch hat seinen Ursprung darin, die dunkle und bedrückende Zeit des Winters zu vertreiben. Insbesondere durch das Maskieren (Bild 1) sollten böse Kräfte vertrieben werden.

Beim Styling macht die jeweils gewählte Rolle eine spezifische Gestaltung erforderlich. Lediglich die folgenden Gestaltungsprinzipien gelten als absolutes Muss:

- Überzeichnung
- Kreativität und Fantasie
- Rollenbezogener Wiedererkennungswert

Bild 1 *Geschminkte Karnevalsmaske*

3.7 Personenbezogene Feste

Neben den großen gesellschaftlichen Festen gibt es im privaten und persönlichen Bereich genügend Anlässe zu feiern. Hier sind insbesondere die Taufe, Kommunion, Abiturfeier und Hochzeit zu nennen. Diese Familienfeste erfordern für den teilnehmenden Personenkreis ebenfalls ein auf den Anlass bezogenes Erscheinungsbild.

3.7.1 Hochzeit

Die Hochzeit ist eines der größten Feste in der Familie und wird daher wird gemeinhin als der schönste Tag im Leben der Brautleute bezeichnet. Das Schöne dieses Tages unterstreicht insbesondere die Braut durch das Tragen des traditionellen Brautkleides. Das Styling ist insgesamt seriös und unterstreicht den Typ der Braut. Besonderer Schmuck hebt die Bedeutsamkeit des Augenblicks heraus. Folgende Merkmale sollten beim Styling der Braut bedacht werden:

- Natürliche Frisurengestaltung mit eingearbeitetem Haarschmuck, häufig auch Hochsteckfrisuren
- Dezentes und typbezogenes Tages Make-up
- Geschmackvolles – mit dem Schmuck harmonierendes – feines Nageldesign

Für die weiblichen Hochzeitsgäste gilt bezüglich der Kleiderordnung, dass das Weiß ausschließlich der Braut vorbehalten ist. Mit Blick auf das in der Regel lange Brautkleid können sie ebenfalls in langen Kleidern erscheinen. Sie sollten jedoch darauf achten, dass ihr Styling nicht zu auffällig gestaltet ist und sie sich damit gegenüber der Braut herausheben. Die Herren tragen üblicherweise einen schwarzen Anzug und stellen damit sicher, dass sie nicht offizieller erscheinen als der Bräutigam.

Bild 2 *Hochzeitspaar*

3.7.2 Taufe, Konfirmation/ Kommunion, Geburtstag

Taufe, Konfirmation, Kommunion und Geburtstag werden meist innerhalb der Familie oder im kleinen Kreis mit Verwandten, Freunden und Bekannten gefeiert. Die anwesenden Gäste kennen sich gut, sodass in der Regel keine fest vorgeschriebene Kleiderordnung besteht. Allerdings sollte das Outfit schon danach ausgewählt werden, was zu dem Kreis der Freunde passt. Das typgerechte Styling darf sehr individuell und ausgefallen gearbeitet sein. Für den jungen weiblichen Gast empfehlen sich:

- Modische bis trendige Frisur
- Wechselnde Farb- und Lichteffekte in der Haarfarbe
- Individuelles Make-up
- Ausgefallenes Naildesign

3.7.3 Trauerfeier

Auch aus Grund der Teilnahme an einer Trauerfeier wenden sich Kunden zur Beratung für das passende Erscheinungsbild an die Friseurin. In Europa gilt Schwarz als Zeichen der Trauer. Dementsprechend sind die Kleidungsstücke des Herrn der dunkle Anzug, die schwarze Krawatte, schwarze Strümpfe und Schuhe.

Zur dunklen Bekleidung wird das weiße Hemd getragen, das im Gegensatz zu einem schwarzen weniger modisch erscheint. Auch für die Damen ist die schlichte schwarze Kleidung angezeigt. Das Styling fällt dezent aus und sollte folgende Merkmale aufweisen:

- Nichtaktivierte Textur in der Frisurgestaltung
- Unauffälliges Make-up
- Nägel mit einfarbigem Decklack
- Wenig Schmuck

4 Der besondere Anlass – Arbeitsschritte

Szenario

Eine Kundin äußert im Beratungsgespräch mit Randa, dass sie in Kürze bei einer Touristikmesse als Repräsentantin den Stand eines japanischen Reiseunternehmens betreuen wird. (s. S. 343 ff., Kap. 4.5, Anlass 4: Touristikmesse). Sie hat für das Styling eine entsprechende Bildvorlage mitgebracht (Bild 1). Ihr Wunsch ist, dass für das Styling traditionelle und moderne Stylingmerkmale vermischt werden, damit sie sowohl auffällt, als auch in ihrer Funktion als Repräsentantin des Landes zu erkennen ist. Randa will versuchen, die Vorlage und die typischen Gegebenheiten ihrer Kundin bei der Planung und Umsetzung des Stylings gleichermaßen zu berücksichtigen.

Bild 1 *Bildvorlage zur Mottoparty »Asian Style«*

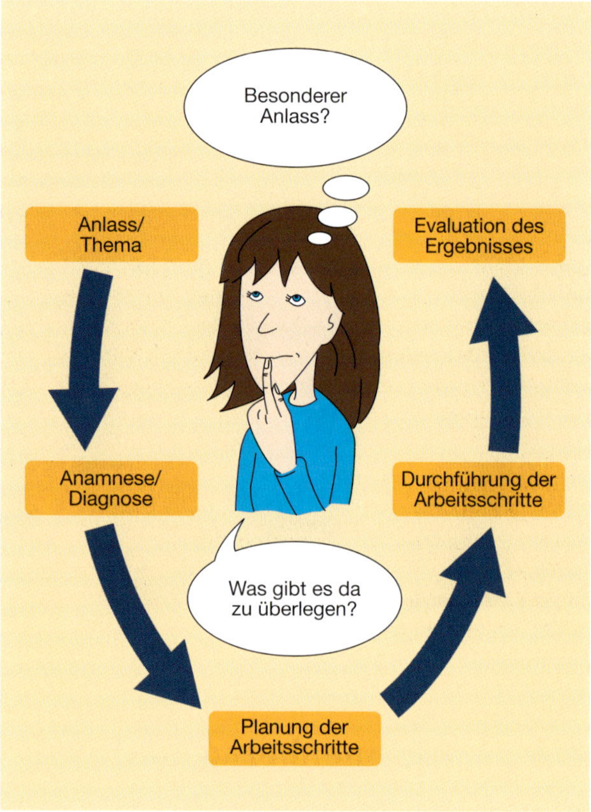

Bild 2 *Das Styling zum besonderen Anlass – eine komplexe Handlung*

4.1 Planungsaspekte

Das Styling zu einem besonderen Anlass ist eine komplexe Handlung, die zahlreiche Planungsüberlegungen notwendig macht. Folgende Planungsaspekte bieten eine Orientierung für ein zielgerichtetes Vorgehen:

- Anlass und Thema auswählen
- Anamnese und Diagnose durchführen
- Planung der Arbeitsschritte
- Durchführung der Arbeitsschritte
- Evaluation

4.1.1 Anlass und Thema

Zunächst wird festgelegt, zu welchem Anlass das Styling erfolgen soll. Solche Anlässe sind etwa Hochzeiten, Bälle, Empfänge usw. Anschließend muss das »Thema« festgelegt werden. Darunter ist zu verstehen, welche Rolle die zu stylende Person im Zusammenhang mit dem Anlass einnimmt.

Beispiel:
Anlass: Hochzeit
Themen: z. B. Braut, Brautjungfer, Hochzeitsgast

Beispiel:
Anlass: Karnevalsfeier
Themen: z. B. Pirat, Tiger, Hofdame

Beispiel:
Anlass: Beachparty
Themen: z. B. Badenixe, Lambadatänzerin

Das Styling umfasst Frisur, Farbgebung, Make-up und Naildesign. Zu jedem Thema ist zu überlegen, welche grundsätzlichen Merkmale das Styling erfordert.

4.1.2 Anamnese und Diagnose

Wenn der Stylistin klar ist, welches Thema umgesetzt werden soll, gilt es als nächstes zu bedenken, welche individuellen Voraussetzungen seitens der Kundin zu erfragen sind (Anamnese).

Anschließend verschafft sich die Friseurin durch Betrachten und Untersuchen ein eigenes Bild (Diagnose).

- Anamneseaspekte:

Vorstellung der Kundin, Kleidung und Schmuck, Unverträglichkeiten, Allergien, Haarpflege

- Diagnoseaspekte:

Vorbehandlungen, Haarqualität, Haarstärke, Wirbel, Wuchsrichtung, Hauttyp, Farbtyp, Körperform, Kopfform, Augen- und Gesichtsform, Nagelform

4.1.3 Planung der Arbeitsschritte

Ein zielgerichtetes Arbeiten erfordert ein geplantes Vorgehen. Hierzu wird ein Arbeitsplan erstellt, in welchem alle erforderlichen Schritte in sachlogischer Reihenfolge nacheinander aufgelistet sind. Folgende Vorgehensweise bietet sich an, Variationen sind je nach Gegebenheiten und Kundenwunsch notwendig:

1. Schnitt
2. Umformung
3. Farbbehandlung
4. Formgebung (Frisur, Haarschmuck)
5. Make-up
6. Anlegen der Kleidung zum Anlass
7. Dekorative Nagelgestaltung

4.1.4 Durchführung der Arbeitsschritte

Bei der Einrichtung des Arbeitsplatzes werden alle benötigten Materialien und Werkzeuge bereitgelegt. Während der Durchführung der Arbeitsschritte muss immer wieder für Ordnung gesorgt werden, damit der Überblick nicht verloren geht oder durch z. B. Farbreste und Make-up-Produkte die Kleidung der Kundin verunreinigt wird. Grundsätzlich achtet die Friseurin auch auf die Einhaltung der TRGS 530 und sonstige arbeitsschutzrechtliche Bestimmungen.

4.1.5 Evaluation

Nach Beendigung der Arbeit wird das Ergebnis kritisch betrachtet und notwendige Korrekturen werden vorgenommen. Im Rahmen der Evaluation sind die folgenden Kriterien zu berücksichtigen:

- Übereinstimmung der Farbe mit dem Arbeitsplan
- Ergebnis und Ausführung der Farbe
- Übereinstimmung der Frisur mit der Vorlage
- Sauberkeit des Make-up
- Auswahl der Make-up Farben mit Blick auf den Farbtyp und den besonderen Anlass
- Harmonische Erscheinung der gesamten Gestaltungsarbeit mit Blick auf den besonderen Anlass

Es ist hilfreich, diese Planungsaspekte vorzustrukturieren. Dies kann anhand einer Planungsskizze (Bild 1) erfolgen.

Dieses Beispiel verdeutlicht, dass eine Skizze nur einen Überblick über die mögliche Planung eines Stylings zum besonderen Anlass bietet. Der Kundin dient sie als Orientierungshilfe. Für die tatsächliche Planung ist eine detaillierte Beschreibung (Planungsmatrix) der einzelnen Facharbeiten notwendig. Ein Muster für eine Planungsmatrix findet sich auf den folgenden Seiten. Im Anschluss finden sich vier Beispiele für die Planung und Durchführung von Stylings zu besonderen Anlässen.

Planungsskizze	
Anlass:	*Familienfeier, Omas 60er Geburtstag*
Thema:	*Jubilarin*
Anamnese:	*Kundin wünscht feierliche Frisur, Abdecken des Weißanteils in Kastanie, keine Unverträglichkeiten, Kostüm aus Rock und Jackett in rotbraun, Goldschmuck (Kette und Ohrringe)*
Diagnose:	*20 % Weißanteil, Naturton: mittelbraun, gefärbtes Haar, Ansatz 1 cm, feines Haar, uniforme Stufung, Haarlänge: ca. 8 cm, längliches Gesicht, warmer Farbtyp*
Haarschnitt:	*Spitzen schneiden*
Farbbehandlung:	*Ansatzfärbung in Kastanie (mittelrotgoldbraun), H_2O_2 3 %, 20 min Einwirkzeit mit Wärme, dann durchziehen, 5 min Einwirkzeit, Nachbehandlung: Kurpackung, 10 min Einwirkzeit*
Anlegen der Kleidung zum Anlass:	*Kundin legt die Kleidung zuhause an*
Formgebung:	*Haare auf Volumenwickel in Frisurenrichtung aufdrehen, im Nacken liegende Papilloten für leichte Bewegung ohne Volumen*
Make-up:	*Ausgleich der Gesichtsform, dezentes Make-up in warmen Herbstfarben*
Dekorative Nagelgestaltung:	*Lack in pudrigem Beigebraun, leicht irisierend (z. B. Melodie), Metallfoien-Klebestreifen (gold) an zwei Nägeln je Hand in diagonaler Anordnung*

Bild 1 *Planungsskizze*

Muster für eine Planungsmatrix (Seite 1)

Kundin:		Foto der Kundin ohne Make-up und Styling
Besonderer Anlass:		
Thema:		

Anlass und themenbezogene Stylingmerkmale:

Frisur	Make-up	Dekorative Nagelgestaltung

Anamnese

Anlassbezogene Vorstellungen/Erwartungen der Kundin:

Frisur	Make-up	Dekorative Nagelgestaltung

Kleidung und Schmuck zum Anlass:

Unverträglichkeiten:

Haarpflege:

Muster für eine Planungsmatrix (Seite 2)

Diagnose

I. Haar

Sprungkraft:		Haarfülle:		Haarlänge:		Haarstärke:		Haarstruktur:	
Gering	○	Gering	○	Kurz	○	Fein	○	Normal	○
Normal	○	Normal	○	Mittel	○	Normal	○	Porös	○
Stark	○	Sehr dicht	○	Lang	○	Kräftig	○	Glasig/hart	○

Haarqualität/ Vorbehandlungen:		Naturhaarfarbe: Farbtiefe:		Farbrichtung:		Weißanteil:	
Unbehandelt	○	Lichtblond	○	Matt	○	0 % (keiner)	○
Oxidativ getönt	○	Hellblond	○	Asch	○	ca. 20 % (wenig)	○
Gefärbt	○	Mittelblond	○	Gold	○	20–50 % (mittel)	○
Heller gefärbt/		Dunkelblond	○	Kupfer	○	über 50 % (viel)	○
blondiert	○	Hellbraun	○	Rot/Purpur	○		
Strähnen	○	Mittelbraun	○	Violett	○		
Restdauerwelle	○	Dunkelbraun	○				
Strapazierte Spitzen	○	Schwarz	○				

Sonstiges: ______________________________

Kopfform/Besonderheiten:

Flacher Hinterkopf	○	Lange Nase	○	Asymmetrisch	○	Sonstiges: ____________________
Fliehende Stirn	○	Ausgeprägtes Kinn	○	Kurzer Hals	○	____________________

II. Haut

Hautoberflächenstruktur:		Hautglanz:		Hautveränderungen:		Gesichtsform:	
Fein/ebenmäßig	○	Glanzlos	○	Gefäßveränderungen	○	Rund	○
Mittel/normal	○	Matter Glanz	○	Narben	○	Oval	○
Grob	○	Ölig glänzend	○	Pigmentveränderungen	○	Eckig	○
Fältchen	○			Sonstiges: ____________	○	Dreieckig	○
Falten	○					Trapezförmig	○

Augen:		Mund:		Augenbraue:		Sonstiges:
Eng stehend	○	Breit	○	Innen zu lang	○	____________________
Weit stehend	○	Schmal	○	Innen zu kurz	○	____________________
Groß	○	Oberlippe:		Außen zu lang	○	____________________
Klein	○	Dick	○	Außen zu kurz	○	____________________
Schlupflid	○	Dünn	○	zu dick	○	____________________
		Unterlippe:		zu dünn	○	____________________
		Dick	○			____________________
		Dünn	○			____________________

Farbtyp:

Augenfarbe: ____________________	Kalter Typ	○	____________________
Hautunterton: ____________________	Warmer Typ	○	____________________
Haarfarbe: ____________________			____________________

III. Nägel

Nagelform:		Form der Finger:		Nagelveränderungen:		Sonstiges:
Rund	○	Kurz	○	Längsrillen	○	____________________
Eckig	○	Lang	○	Querrillen	○	____________________
Oval	○	Breit	○	Weiße Flecken	○	____________________
Trapezförmig	○	Schmal	○	Niednägel	○	____________________
		Zum Teil gebogen	○	Brüchige Nägel	○	____________________

Muster für eine Planungsmatrix (Seite 3)

Planung der Arbeitsschritte

I. Schnitt

Techniken: ______________________

Textur: Aktiviert ○ Nicht aktiviert ○ Form: Symmetrisch ○ Asymmetrisch ○

Frisurenbeschreibung: ______________________

II. Umformung

Wellflüssigkeit: ______________________

Wickelstärke: ______________________

Wickeltechnik: ______________________

Fixierung: ______________________

Nachbehandlung: ______________________

Einwirkzeit:

○ Mit Wärme ___ Min

○ Ohne Wärme ___ Min

○ Evtl. Verlängerung ___ Min

Einwirkzeit: ___ Min

III. Farbgebung

Zielfarbe: ______________________

Produktauswahl: ______________________

Farbrezeptur: ______________________

Auftragetechnik: ______________________

Nachbehandlung: ______________________

Einwirkzeit:

○ Mit Wärme ___ Min

○ Ohne Wärme ___ Min

IV. Formgebung

	Technik:	Styling:
Einlegen ○		
Föhnen ○		

Produkte/Finish: ______________________

V. Make-up

Produkte/Farbwahl:		Techniken:
○ Grundierung:		
○ Camouflage:		
○ Puder:		
○ Augebrauenstift:		
○ Lidschatten:		
○ Eye-Liner:		
○ Mascara:		
○ Lip-Liner:		
○ Lippenstift:		
○ Lip-Gloss:		
○ Rouge:		
○ Verzierungen:		

VI. Anlegen der Kleidung: ______________________

VII. Dekorative Nagelgestaltung

Produkteinsatz:

Farblack: ______________________

Schmuck: ______________________

Technik: ______________________

4.2 Anlass 1: Fotoshooting für eine Bewerbungsmappe als Model

Planungsmatrix (Seite 1)

Kundin:	Frau Sandrine Bergmann
Besonderer Anlass:	Fotoshooting für eine Bewerbungsmappe als Model
Thema:	Model für die Meisterschaft mit Glamour-/Stage-Make-up und entsprechendem Hairstyling sowie Naildesign

Anlass- und themenbezogene Stylingmerkmale:

Frisur	Make-up	Dekorative Nagelgestaltung
Schnitt: ■ Haarlänge erforderlich Farbe: ■ Lebhaft ■ Verschiedene Nuancen ■ Farbtypgerecht Styling: ■ Aufwändige Hochsteckfrisur ■ Haarschmuck	■ Kraftvolle typgerechte Farben ■ Außergewöhnliche künstliche Wimpern ■ Strasssteine ■ Mund und Augen betont ■ Eigene Augenbrauen gezupft und übermalt	■ Harmonierend mit Make-up und Kleidung ■ Ausgefallen ■ Strasssteine ■ Glimmer/Glitzer ■ Kontrastreich

Anamnese

Anlassbezogene Vorstellungen/Erwartungen der Kundin:

Frisur	Make-up	Dekorative Nagelgestaltung
■ Ausgefallen ■ Wie die Hollywoodstars ■ Hochgesteckt ■ Mitgebrachten Haarschmuck verwenden	■ Farben, die zu mir passen ■ Künstliche Wimpern ■ Edles Aussehen ■ Nicht kitschig ■ Schönen Seiten hervorheben	■ Strasssteine ■ Kunstvoll ■ Nicht übertrieben

Kleidung und Schmuck zum Anlass:
Schwarzes Korsagenkleid mit pinkfarbenem Volant, viereckige Strassohrringe

Unverträglichkeiten:
Keine

Haarpflege:
Shampoo, färbt sich selbst die Haare, Conditioner (für gefärbtes Haar), Kurzpflege (Haarkur, die im Haar bleibt)

Planungsmatrix (Seite 2)

Diagnose

I. Haar

Sprungkraft:		Haarfülle:		Haarlänge:		Haarstärke:		Haarstruktur:	
Gering	✓	Gering	○	Kurz	○	Fein	○	Normal	○
Normal	○	Normal	○	Mittel	○	Normal	✓	Porös	✓
Stark	○	Sehr dicht	○	Lang	○	Kräftig	○	Glasig/hart	○

Haarqualität/ Vorbehandlungen:		Naturhaarfarbe: Farbtiefe:		Farbrichtung:		Weißanteil:	
Unbehandelt	○	Lichtblond	○	Matt	○	0 % (keiner)	✓
Oxidativ getönt	○	Hellblond	○	Asch	✓	ca. 20 % (wenig)	○
Gefärbt	○	Mittelblond	○	Gold	○	20–50 % (mittel)	○
Heller gefärbt/		Dunkelblond	○	Kupfer	○	über 50 % (viel)	○
blondiert	✓	Hellbraun	✓	Rot/Purpur	○		
Strähnen	○	Mittelbraun	○	Violett	○		
Restdauerwelle	○	Dunkelbraun	○				
Strapazierte Spitzen	✓	Schwarz	○				

Sonstiges: Ansatz ca. 1,5 cm

Kopfform/Besonderheiten:

Flacher Hinterkopf	○	Lange Nase	○	Asymmetrisch	○	Sonstiges: Rundes Gesicht
Fliehende Stirn	○	Ausgeprägtes Kinn	○	Kurzer Hals	○	

II. Haut

Hautoberflächenstruktur:		Hautglanz:		Hautveränderungen:		Gesichtsform:	
Fein/ebenmäßig	○	Glanzlos	○	Gefäßveränderungen	○	Rund	✓
Mittel/normal	✓	Matter Glanz	✓	Narben	○	Oval	○
Grob	○	Ölig glänzend	○	Pigmentveränderungen	✓	Eckig	○
Fältchen	○			Sonstiges: ______	○	Dreieckig	○
Falten	○					Trapezförmig	○

Augen:		Mund:		Augenbraue:		Sonstiges:
Eng stehend	○	Breit	○	Innen zu lang	○	Augenbrauen ungleichmäßig
Weit stehend	○	Schmal	○	Innen zu kurz	○	gewachsen
Groß	○	Oberlippe:		Außen zu lang	○	Linkes Auge leicht abfallend
Klein	○	Dick	○	Außen zu kurz	○	
Schlupflid	○	Dünn	○	zu dick	✓	
		Unterlippe:		zu dünn	○	
		Dick	○			
		Dünn	○			

Farbtyp:

Augenfarbe:	Grün	Kalter Typ	✓
Hautunterton:	Rosig	Warmer Typ	○
Haarfarbe:	Hellbraun		

III. Nägel

Nagelform:		Form der Finger:		Nagelveränderungen:		Sonstiges:
Rund	✓	Kurz	○	Längsrillen	○	Nägel unterschiedlich geformt
Eckig	○	Lang	○	Querrillen	○	
Oval	✓	Breit	○	Weiße Flecken	○	
Trapezförmig	○	Schmal	○	Niednägel	○	
		Zum Teil gebogen	○	Brüchige Nägel	○	

Planung der Arbeitsschritte

1. Schnitt

Techniken: Nachdem ein Kreuzscheitel abgeteilt wurde, folgt im Nacken eine waagerechte Abteilung. Die erste Graduierung erfolgt ohne Spannung (Bild 1), da der Nacken Wirbel aufweist. Alle weiteren Passees schneidet man auf die Endlänge zu.

Die Seiten werden im freien Fall über den Ohren geschnitten und an die Endlänge angeglichen. Nach vorne hin wird die Schnittlinie diagonal angeschrägt.

Dann werden die Haare ca. 1 cm über dem Ohr um den gesamten Kopf herum abgeteilt und zum Zopf eingebunden (Bild 2). Diese Haare werden bei der folgenden Stufung nicht geschnitten, um die Kompaktheit nicht zu verlieren.

Am Oberkopf entsteht vertikal eine Schnittlinie, bei der die Haare vom höchsten Punkt des Kopfes diagonal ansteigend nach hinten bis zum Wirbel gestuft werden. In Kopfrundung werden Passees abgeteilt und auf die mittige Schnittlinie zugeschnitten (Bild 3).

Daran schließt sich eine »Objektverschiebung« (Bild 4) an. Die Haare werden bei nach vorne geneigtem Kopf nach unten gekämmt und im freien Fall gepointet. Der Zopf wird gelöst und das Deckhaar mit dem Nacken durch Slicen verbunden. Der Pony wird angeschrägt und mit dem Razor geslict.

Form: asymmetrisch Textur: aktiviert

Frisurenbeschreibung: Eine ansteigend gestufte Form sorgt für mehr Volumen am Ober- und Hinterkopf. Wegen der geringen Haarfülle ist eine kompakte Endlänge von Wichtigkeit. Hier werden ca. 5 cm der Länge weggenommen, damit die strapazierten Haare anschließend dichter und gepflegter aussehen.

2. Umformung nicht erforderlich

3. Farbbehandlung

Zielfarbe:	Goldbeige mit Reflexen in Saharablond und Helllichtblond
Produktauswahl:	Oxidative Haarfarbe
Farbrezeptur:	1 Teil Farbe und 2 Teile H_2O_2 (12 %)

Auftragetechnik: Zuerst erfolgt eine Ansatzfärbung mit Goldbeige in Kreuzscheiteltechnik (Beginn hinten, da die Haare hier dunkler sind). Im Nacken werden dann abwechselnd in den Farben Saharablond und Helllichtblond in zwei Reihen nebeneinander Folien mit Strähnen in Webtechnik (Bild 5) gesetzt.

Anschließend werden die Deckhaare am Oberkopf rautenförmig abgeteilt. Abwechselnd wird hier ein gesamtes Passee in Helllichtblond und ein weiteres Passee mit herausgewebten Strähnen in Saharablond eingefärbt (Bild 6). Dann werden die Seiten (am Vorderkopf) auf die Raute zu ebenfalls wie im Nacken abwechselnd in beiden Farben gefärbt. Der Hinterkopf wird bei dieser Technik ausgelassen, damit die strapazierten Haare zum einen geschont werden und zum anderen da sie später von den Deckhaaren verdeckt werden (Bild 7).

Einwirkzeit:	Ohne Wärme 45 Minuten
Nachbehandlung:	Haarkur für coloriertes Haar

Bild 1 *Graduierung im Nacken*

Bild 2 *Zopf im Nacken*

Bild 3 *Ansteigende Stufung*

Bild 4 *Objektverschiebung*

Bild 5 *Webtechnik*

Bild 6 *Abteilung am Oberkopf*

Bild 7 *Hinterkopf*

■ 4. Formgebung:

Föhnen: Antrocknen und über eine große Rundbürste in Form bringen.

Einlegen: Die Haare werden auf große Softwickel/Klettwickel in Frisurenrichtung aufgedreht (Bild 1).

Styling: Nach dem Make-up wird das Haar ausgekämmt. Strähnen werden am Hinterkopf gerollt und festgesteckt, sodass hier ein Volumenschwerpunkt entsteht (Bild 2).

An der Stirn wird vom Scheitel ausgehend einer Welle frisiert. So erhält die Frisur den Hollywoodcharakter.

Produkte/Finish: Festiger, Haarspray, Glanzspray

■ 5. Make-up:

Produkte/Farbwahl: Camouflage (grün, beige, weiß, alabaster, cappuccino), loser Puder (beige), Augenbrauenstift (braun), Lidschatten (TV-white, pink, rot, orange, gelb, rosa) Eye-Liner (smaragdgrün), Strasssteine, künstliche Wimpern mit Perlen, Mascara (schwarz), Lip-Liner (dunkel-rosa), Lippenstift (rosa), Gloss (rosa), Rouge (rosa), Glimmerpuder

Techniken: Die Augenbrauen werden geschnitten, gezupft und rasiert, damit später eine völlig neue Form gestaltet werden kann.

Die Augenränder werden mit weißem Camouflage abgedeckt, ebenso die Mitte der Nase, das Kinn und die Nasolabialfalte. Grün deckt im Wangenbereich und an den Nasenflügeln die Rötungen ab. Als Grundierung werden grünes, weißes und alabasterfarbenes Camouflage gemischt und mit Pinsel und Schwämmchen von der Mitte nach Außen aufgetragen. Lippen, Ohren und den Hals werden miteinbezogen. Camouflage im Ton Cappuccino verkürzt die Nasenspitze.

Nach dem Auftragen des Puders mit einem Pinsel werden die Augenbrauen in Form gearbeitet.

Weißer Lidschatten wird als Grundfarbe auf das gesamte Oberlid aufgetragen. Unterhalb der Augebraue werden Kästchen pink umrandet, mit rot ausgefüllt und dazwischen Strasssteine gesetzt. Auf und über das bewegliche Augenlid werden gelber, orangefarbener und rosa Lidschatten gesetzt.

Der Eye-Liner wird an Ober- und Unterlid aufgetragen und nach außen hin verwischt. Abschließend werden am Oberlid künstlichen Wimpern angesetzt und die unteren Wimpern mit Mascara versehen (Bild 2).

Vor dem Auftragen von Lippenstift und Gloss wird der Lip-Liner appliziert. Das Rouge soll das rundliche Gesicht optisch verschmälern.

■ 6. Das Anlegen der Kleidung erfolgt nach dem Frisurenstyling

■ 7. Dekorative Nagelgestaltung:

Farblack: Weiß, rosa, grün, pink, Klarlack
Schmuck: Strasssteine (grün, pink, weiß)
Techniken: Auf dem weißen Grundlack wird mit Nass-in-Nass-Marmoriertechnik gearbeitet (Bild 4), bevor Strasssteine gesetzt werden.

Bild 1 *Einlegen in Frisurenrichtung*

Bild 2 *Fertige Frisur von hinten*

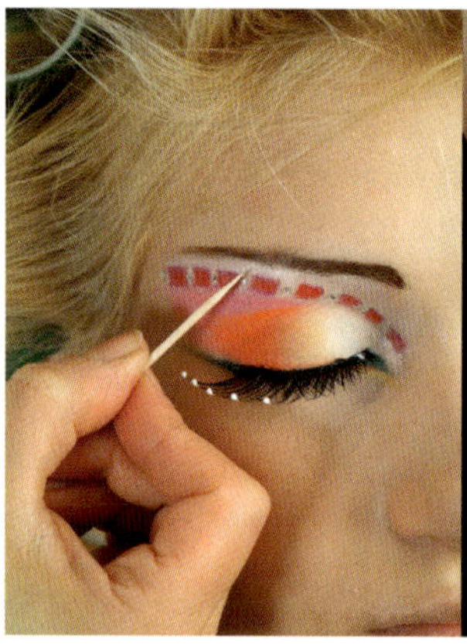

Bild 3 *Augen-Make-up*

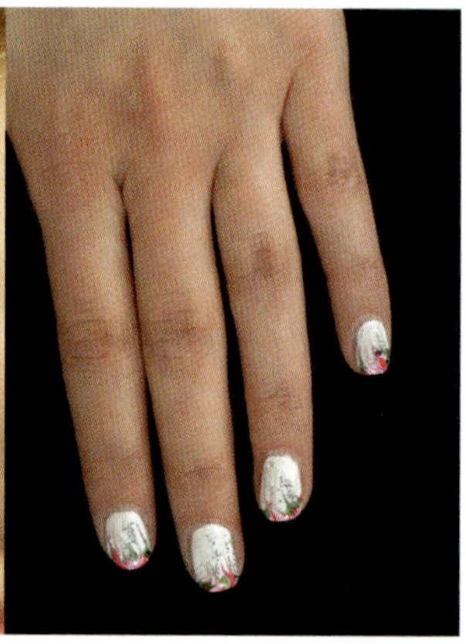

Bild 4 *Naildesign*

Bild 5 *Frau Bergmanns Bewerbungsbild*

4.3 Anlass 2: Senatorenball

Planungsmatrix (Seite 1)

Kundin:	Frau Elisabeth Winkler
Besonderer Anlass:	Senatorenball im Rahmen der Karnevalssession – Entenordenverleihung (Verleihung des Ordens an Persönlichkeiten des öffentlichen Lebens)
Thema:	Tischdame des Präsidenten der Karnevalsgesellschaft »KG Rote Funken Recklinghausen«

Anlass- und themenbezogene Stylingmerkmale:

Frisur	Make-up	Dekorative Nagelgestaltung
Schnitt: ■ Mittlere Haarlänge erforderlich Farbe: ■ Dunkelbraun ■ Lichtreflexe im Oberkopfbereich ■ Farbtypgerecht Styling: ■ Hochsteckfrisur ■ Haarschmuck dezent	■ Dezente typgerechte Farben ■ Künstliche einzelne Wimpern ■ Augen betont ■ Lippenstift und Lip-Liner in Bordeaux	■ Harmonierend mit Make-up und Kleidung (Bordeaux) ■ Wenig Strasssteine ■ Dezenter Kontrast nur an einem Finger

Anamnese

Anlassbezogene Vorstellungen/Erwartungen der Kundin: Frau Wickel

Frisur	Make-up	Dekorative Nagelgestaltung
■ Dezenter Haarschmuck, z. B. Perlen, Blüten, die sich dem übrigen Erscheinungsbild anpassen ■ Hochgesteckt wegen des Boleros ■ Elegant, dezente Textur, stilvoll, typgerecht	■ Farben, die zu mir passen – insbesondere zur Betonung der dunklen Augen ■ Künstliche Wimpern evtl. – nur zur Betonung der äußeren Wimpern ■ Edles Aussehen ■ Make-up für den Schneewittchentyp (kalter Grundton) ■ Schönen Seiten hervorheben, insbesondere die Augen, den Mund eher dezent. Umgekehrt nur bei offenem Haar	■ Strassstein nicht verwenden ■ Saubere Ausführung ■ Nicht übertrieben ■ Bei Hocksteckfrisur dezentes Nageldesign/ bei hängenden Haaren (frecher) darf das Design auch frecher gestaltet sein

Kleidung und Schmuck zum Anlass: Ballkleid schwarz und bordeauxfarben, Halskette Granat mit Krabbenfassung (gold), Ohrstecker Granat mit Krabbenfassung (gold)

Unverträglichkeiten: Allergien, jedoch keine Reaktion auf PTD, PPD und Thioglykolate

Haarpflege: Shampoo für coloriertes Haar, 14 täglich Spülung

Planungsmatrix (Seite 2)

Diagnose

I. Haar

Sprungkraft:		Haarfülle:		Haarlänge:		Haarstärke:		Haarstruktur:	
Gering	○	Gering	○	Kurz	○	Fein	✓	Normal	○
Normal	✓	Normal	○	Mittel	○	Normal	○	Porös	○
Stark	○	Sehr dicht	○	Lang	○	Kräftig	○	Glasig/hart	✓

Haarqualität/ Vorbehandlungen:		Naturhaarfarbe: Farbtiefe:		Farbrichtung:		Weißanteil:	
Unbehandelt	○	Lichtblond	○	Matt	✓	0 % (keiner)	○
Oxidativ getönt	○	Hellblond	○	Asch	○	ca. 20 % (wenig)	○
Gefärbt	✓	Mittelblond	○	Gold	○	20–50 % (mittel)	○
Heller gefärbt/ blondiert	○	Dunkelblond	○	Kupfer	○	über 50 % (viel)	✓
Strähnen	○	Hellbraun	○	Rot/Purpur	○		
Restdauerwelle	✓	Mittelbraun	○	Violett	○		
Strapazierte Spitzen	○	Dunkelbraun	✓				
		Schwarz	○				

Sonstiges: ______________________

Kopfform/Besonderheiten:

Flacher Hinterkopf	○	Lange Nase	○	Asymmetrisch	○	Sonstiges: ______________
Fliehende Stirn	○	Ausgeprägtes Kinn	○	Kurzer Hals	○	______________

II. Haut

Hautoberflächenstruktur:		Hautglanz:		Hautveränderungen:		Gesichtsform:	
Fein/ebenmäßig	○	Glanzlos	✓	Gefäßveränderungen	✓	Rund	○
Mittel/normal	○	Matter Glanz	○	Narben	○	Oval	✓
Grob	○	Ölig glänzend	○	Pigmentveränderungen	✓	Eckig	○
Fältchen	✓			Sonstiges: __________	○	Dreieckig	○
Falten	○					Trapezförmig	○

Augen:		Mund:		Augenbraue:		Sonstiges:
Eng stehend	○	Breit	○	Innen zu lang	○	______________
Weit stehend	○	Schmal	○	Innen zu kurz	✓	______________
Groß	○	Oberlippe:		Außen zu lang	○	______________
Klein	○	Dick	○	Außen zu kurz	○	______________
Schlupflid	✓	Dünn	○	zu dick	○	______________
		Unterlippe:		zu dünn	○	______________
		Dick	○			______________
		Dünn	○			______________

Farbtyp:

Augenfarbe:	dunkelbraun	Kalter Typ	✓
Hautunterton:	hell mit rosafarbenem Unterton	Warmer Typ	○
Haarfarbe:	dunkelbraun		

III. Nägel

Nagelform:		Form der Finger:		Nagelveränderungen:		Sonstiges:
Rund	○	Kurz	○	Längsrillen	○	Normale Nagelstruktur
Eckig	✓	Lang	○	Querrillen	○	______________
Oval	○	Breit	✓	Weiße Flecken	○	______________
Trapezförmig	○	Schmal	○	Niednägel	○	______________
		Zum Teil gebogen	○	Brüchige Nägel	○	______________

Planung der Arbeitsschritte

1. Schnitt

Techniken: Die Nackenpartie ist in kompakter U-Form mit leichter Graduierung zu erarbeiten.

Anschließend wird die Verbindung zu den Seiten hergestellt. Im Oberkopfbereich wählt Randa die Drehpunktstufung (Bild 1). Dazu werden – ausgehend vom festgelegten Punkt im vorderen Oberkopfbereich – fächerförmig Passes abgeteilt und zum Mittelpunkt diagonal geschnitten. Diese Technik sichert das Volumen am Oberkopf und beeinträchtigt nicht die gewünschte kompakte Form.

Bei der Ponypartie wird zunächst anhand der Linie des Seitenscheitels der kürzeste Punkt bestimmt. Von dort wird die Grundlinie schräg auf die Seiten zugeführt.

Das anschließende Pointen und Slicen (Bild 2) bricht die harte Linie auf und lockert so die Ponyparty.

Form: symmetrisch Textur: nicht aktiviert

Frisurenbeschreibung: Zum Erhalt der Haarfülle wird die kompakte Form gewählt. Haarfülle ist erforderlich, wenn die geplante Hochsteckfrisur erstellt wird muss. Die Endlänge bleibt unverändert, der Pony wird angeschrägt.

2. Umformung

Wellflüssigkeit: DW für coloriertes Haar mit vorheriger Vorbehandlungslotion
Wickelstärke: blaue Papilloten (ca. 1 cm Durchmesser)
Wickeltechnik: Am Wirbel kreisförmig (Bild 3)
Einwirkzeit: Mit Wärme 10 Min.

Fixierung:
Art: Fixierlotion
Dauer: 10 Min.

Nachbehandlung: Haarpflege für dauergewelltes Haar mit 10 minütiger EWZ anschließendem Ausspülen

3. Farbbehandlung

Zielfarbe: Dunkelbraun mit changierenden Effekten
Produktauswahl: Oxidative Haarfarbe, Blondierung und Intensivtönung
Farbrezeptur: oxidative Haarfarbe (Borstenmischung in Dunkelbraun wegen der glasig harten Haare mit 6 % H_2O_2 gemäß Herstellerangaben), Intensivtönung (Dunkelblond natur und Dunkelblond beige), Blondierung mit 1,5 % H_2O_2

Auftragetechnik: Kreuzscheitel abteilen, Farbmischung passeeweise auf den Ansatz auftragen.

Intensivtönung für Glanz und Ausgleich in Längen und Spitzen einarbeiten. Strähnen im Oberkopfbereich setzen, um die Schwere der dunklen Farbe ein wenig zu kompensieren. Dazu teilt man eine Raute (Bild 4), ab. Innerhalb der Raute werden drei feine Passees genommen und ganz mit Blondierung versehen. Die Blondierung wird nach kurzer Einwirkzeit sofort ausgespült, sodass der angestrebte changierende Effekt bei minimaler Strukturbeeinträchtigung erreicht wird.

Einwirkzeit: Ohne Wärme 30 Min
Nachbehandlung: Haarkur für coloriertes Haar

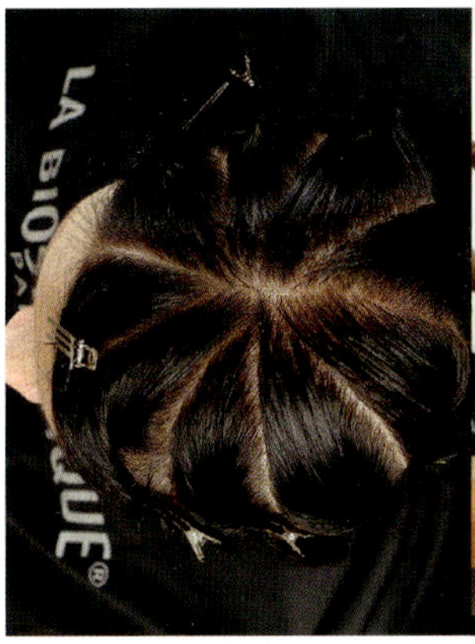

Bild 1 *Drehpunktstufung*

Bild 2 *Erarbeiten des Ponys*

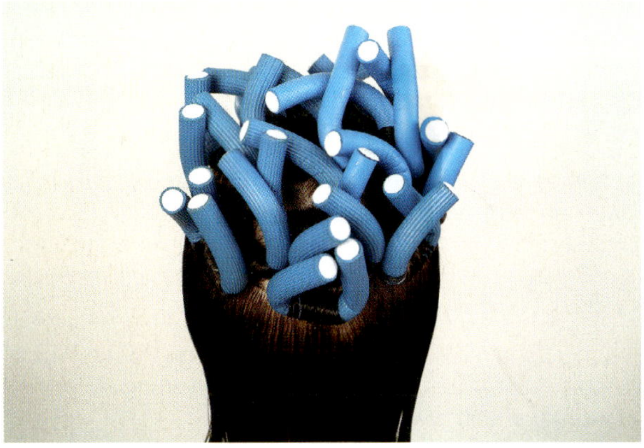

Bild 3 *Wickeltechnik*

Bild 4 *Abteilung der Raute*

Bild 5 *Versetzte Wicklung im Hinterkopfbereich*

■ 4. Formgebung:

Einlegen: Die Wicklung erfolgt frisurenbezogen und versetzt mit großen Softwickeln (Bild 5 vorherige Seite). Der Pony wird herausgelassen (Bild 1).

Föhnen: Der Ponybereich wird über eine große Bürste in Form gebracht.

Styling: Eine klassische Hochsteckfrisur wird erstellt. Zum Ausgleich des flachen Hinterkopfes wird dieser stark betont, indem mehrere Passees eingeschlagen werden. Ein fransiger Pony wird schräg ins Gesicht frisiert.

Produkte/Finish: Festiger für starken Halt, Haarspray, Glanzspray

■ 5. Make-up:

Produkte/Farbwahl: Camouflage (grün, hellbeige), loser Puder (beige), Augenbrauenstift (braun), Lidschatten (weiß, grau, anthrazit, bordeaux) Eye-Liner (schwarz), künstliche Einzelwimpern, Mascara (schwarz), Lip-Liner und Lippenstift (bordeaux), Rouge (rosé)

Techniken: Mit weißem Camouflage werden mimische Falten ausgeglichen (Bild 2). Grünes Camouflage dient zum Abdecken von Rötungen (empfindliche Haut) und Teleangiektasien. Die übrige Fläche des Gesichtes deckt Randa mit einem hellbeigen Grundton ab.

Anschließend mit dem Pinsel aufgetragener Puder (Bild 3) mindert den Glanz und fixiert die Grundierung. Mit dem Augenbrauenstift erfolgen Korrekturen.

Zur Gestaltung des Augen-Make-ups entscheidet sich die Friseurin für die Farben weiß zur optischen Vergrößerung der Augen und zur Verstärkung der übrigen Make-up Farben. Darüber hinaus werden überwiegend kalte und matte Farben eingesetzt: Grau, Anthrazit, Bordeaux. Das bewegliche Augenlid arbeitet Randa insgesamt Grau, über dem Wimpernrand in Bordeaux, in dem oberen äußeren Lidbereich Anthrazit (Bild 4). Durch Anwendung der Wischtechnik verlaufen die verschiedenen Farben ineinander.

Alle Farben werden zugleich in einer schmalen Linie unterhalb des unteren aufeinandergelegt aufgetragen und ebenso verwischt.

Abschließend setzt Randa am Oberlid künstliche Wimpern an, trägt schwarzen Eye-Liner auf und versieht die unteren Wimpern mit Mascara.

Lippenstift und Lip-Liner wählt sie Ton-in-Ton zur Farbe des Kleides.

■ 6. Das Anlegen der Kleidung erfolgt nach dem Frisurenstyling

■ 7. Dekorative Nagelgestaltung:

Farblack: Tiefes Rot, Klarlack
Schmuck: Schwarze und silberfarbene Strasssteine,
Techniken: seitliche Nagelränder bleiben frei, um die Nagelplatte optisch schmaler zu gestalten
Sonstiges: Der besondere Wunsch der Kundin ist es, dass Schmuck in dezenter Weise verwendet wird. Nur auf dem kleinen Finger werden in Absprache mit der Friseurin wenige Strasssteine aufgebracht.

Bild 1 *Glatte Ponypartie*

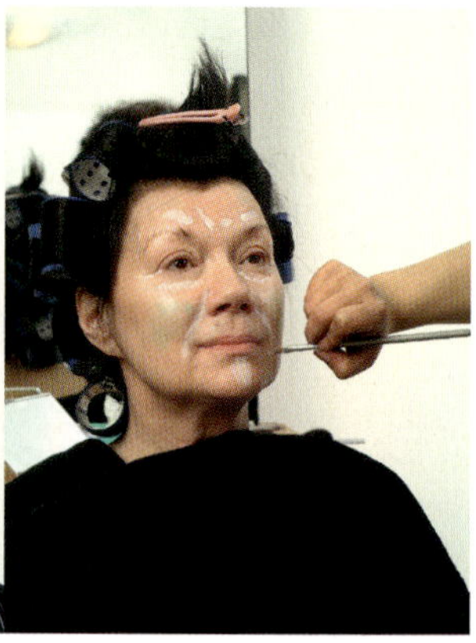

Bild 2 *Ausgleich von Falten*

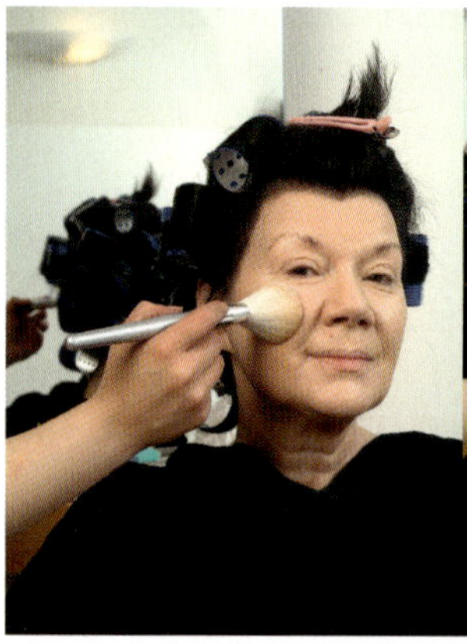

Bild 3 *Fixieren der Grundierung*

Bild 4 *Lippen-/Augen-Make-up*

Bild 5 *Endergebnis des vollständigen Stylings von Frau Winkler*

4.4 Anlass 3: Einladung zur Eröffnung einer Szenediskothek

Planungsmatrix (Seite 1)

Kundin:	Frau Sandra Droste
Besonderer Anlass:	Einladung zur Eröffnung einer Szenediskothek
Thema:	Mitarbeiterin im edlen Punklook

Anlass- und themenbezogene Stylingmerkmale:

Frisur	Make-up	Dekorative Nagelgestaltung
Schnitt: ■ Asymmetrisch ■ Kurzhaarfrisur Farbe: ■ Schwarz ■ Im Oberkopfbereich rot ■ Im Ponybereich blau, blond Styling: ■ Auffällig	■ Auffällig ■ typgerechte Farben ■ Künstliche Wimpern ■ Augen betont ■ Mund	■ Harmonierend mit Make-up und Kleidung ■ Strasssteine ■ Glimmer/Glitzer ■ Kontrastreich

Anamnese

Anlassbezogene Vorstellungen/Erwartungen der Kundin:

Frisur	Make-up	Dekorative Nagelgestaltung
■ Auffällig ■ Provokativ ■ Bewegt	■ Individuell	■ Kontrastreich ■ Fantasievoll

Kleidung und Schmuck zum Anlass:
Netzstrumpfhose, Jeansrock, Chucks, Nietengürtel und Nietenarmband, Top mit Applikationen

Unverträglichkeiten: keine

Haarpflege: Shampoo für sensible Kopfhaut, Intensivmaske für strapaziertes Haar,

Planungsmatrix (Seite 2)

Diagnose

I. Haar

Sprungkraft:		Haarfülle:		Haarlänge:		Haarstärke:		Haarstruktur:	
Gering	○	Gering	○	Kurz	○	Fein	○	Normal	○
Normal	✔	Normal	○	Mittel	○	Normal	✔	Porös	✔
Stark	○	Sehr dicht	○	Lang	○	Kräftig	○	Glasig/hart	○

Haarqualität/ Vorbehandlungen:		Naturhaarfarbe: Farbtiefe:		Farbrichtung:		Weißanteil:	
Unbehandelt	○	Lichtblond	○	Matt	○	0 % (keiner)	✔
Oxidativ getönt	○	Hellblond	○	Asch	✔	ca. 20 % (wenig)	○
Gefärbt	○	Mittelblond	○	Gold	○	20–50 % (mittel)	○
Heller gefärbt/ blondiert	✔	Dunkelblond	○	Kupfer	○	über 50 % (viel)	○
		Hellbraun	○	Rot/Purpur	○		
Strähnen	○	Mittelbraun	✔	Violett	○		
Restdauerwelle	○	Dunkelbraun	○				
Strapazierte Spitzen	○	Schwarz	○				

Sonstiges: ____________________

Kopfform/Besonderheiten:

Flacher Hinterkopf	○	Lange Nase	○	Asymmetrisch	○	Sonstiges: ____________
Fliehende Stirn	○	Ausgeprägtes Kinn	○	Kurzer Hals	○	____________

II. Haut

Hautoberflächenstruktur:		Hautglanz:		Hautveränderungen:		Gesichtsform:	
Fein/ebenmäßig	✔	Glanzlos	✔	Gefäßveränderungen	○	Rund	○
Mittel/normal	○	Matter Glanz	○	Narben	○	Oval	✔
Grob	○	Ölig glänzend	○	Pigmentveränderungen	✔	Eckig	○
Fältchen	○			Sonstiges: ____________	○	Dreieckig	○
Falten	○					Trapezförmig	○

Augen:		Mund:		Augenbraue:		Sonstiges:
Eng stehend	○	Breit	○	Innen zu lang	○	____________
Weit stehend	○	Schmal	○	Innen zu kurz	○	____________
Groß	○	Oberlippe:		Außen zu lang	○	____________
Klein	○	Dick	○	Außen zu kurz	○	____________
Schlupflid	○	Dünn	○	zu dick	○	____________
		Unterlippe:		zu dünn	○	____________
		Dick	○			____________
		Dünn	○			____________

Farbtyp:

Augenfarbe:	grünbraun	Kalter Typ	✔
Hautunterton:	hell	Warmer Typ	○
Haarfarbe:	mittelbraun		

III. Nägel

Nagelform:		Form der Finger:		Nagelveränderungen:		Sonstiges:
Rund	○	Kurz	○	Längsrillen	○	Weicher Nagel
Eckig	○	Lang	✔	Querrillen	○	____________
Oval	✔	Breit	○	Weiße Flecken	○	____________
Trapezförmig	○	Schmal	○	Niednägel	○	____________
		Zum Teil gebogen	○	Brüchige Nägel	○	____________

Planung der Arbeitsschritte

■ 1. Schnitt

Techniken: Der Haarschnitt liegt in seinen Grundzügen bereits vor und muss lediglich verfeinert werden. Dazu wird von Ohr zu Ohr eine waagerechte Abteilung als Orientierungslinie für den Hinterkopfbereich bestimmt (Bild 1).

Vom Wirbelbereich bis zur Hutlinie erfolgt eine vertikale Abteilung. Diese wird Passee für Passee sternförmig abgeteilt. Jedes Passee wird separat im 90 Grad Winkel geslicet (Bild 2). Der gesamte Hinterkopf wird auf diese Weise erarbeitet. Die linke Seite schneidet Randa über dem Kamm mit der Effilierschere kürzer.

Die kompaktere rechte Seite slict sie ebenfalls, sodass unterschiedliche Längenabstufungen entstehen. Der Pony wird mit der Scherenspitze gepointet, um mehrere Längenvariationen zu schaffen. Am Oberkopf werden mit dem Razor unregelmäßige Längen erarbeitet, um die Aktivität der Textur zu unterstreichen und die Übergänge weich ineinander verlaufen zu lassen (Bild 3).

Form: asymmetrisch Textur: aktiviert

Frisurenbeschreibung: Die Frisur wirkt durch ihre Asymmetrie und die stark aktivierten Frisurenelemente provokativ.

■ 2. Keine Umformung notwendig.

■ 3. Farbbehandlung

Zielfarbe: Grundton dunkelbraun mit violetten, roten und blau-grauen Akzenten.
Produktauswahl: Oxidative Haarfarbe, Intensivtönung, Tönung
Farbrezeptur: Oxidative Haarfarbe (dunkelbraun und 3 %iges H_2O_2 im Verhältnis 1:1) Intensivtönung (dunkelbraun und Emulsion im Verhältnis 1:2)

Auftragetechnik: Alle Haare werden am Ansatz gefärbt. Die vorblondierten Strähnen wurden zuvor zum Schutz in Folien eingepackt (Bild 4). Der Farbausgleich der Längen und Spitzen erfolgt mit Intensivtönung. Nach der Einwirkzeit wird die Farbe ausgewaschen und die hellen Strähnen werden mit Tönung in verschiedenen kräftigen Farben versehen.

Einwirkzeit oxidative Haarfarbe: Ohne Wärme 30 Min.
Einwirkzeit Tönung: Ohne Wärme 20 Min.
Nachbehandlung: Haarkur für coloriertes Haar.

■ 4. Formgebung:

Föhnen: Mit der Strukturbürste föhnt Randa die Haare in Frisurenform. Die lange Seite wird so geföhnt, dass einige Strähnen aufspringen. Die Ponypartie wird mit der Strukturbürste in einzelnen Partien volumig nach vorne gearbeitet.

Styling: Mit Modellierpaste wird die Aktivität der Struktur erarbeitet. Die Spitzen werden getwistet. Die Ponypartie wird mithilfe eines Strukturkammes fächerartig gestylt.

Produkte/Finish: Schaumfestiger (normaler Halt), Haarspray, Modellierpaste

Bild 1 *Abteilung am Hinterkopf*

Bild 2 *Slicetechnik*

Bild 3 *Einsatz des Razors am Oberkopf*

Bild 4 *Folien schützen vorblondierte Passees bei der Ansatzfärbung*

Bild 5 *Erarbeitung des Augen-Make-ups nach der Farbbehandlung*

■ 5. Make-up:

Produkte/Farbwahl: Camouflage (weiß, grün), loser Puder (hellbeige), Lidschatten (weiß, violett, dunkelblau), Liner (schwarz oberhalb des Lides, unterhalb hellblau/türkis), künstliche Bandwimpern mit Silberbändchen, Mascara (schwarz), Lip-Liner und Lippenstift (violett), Rouge (rose)

Techniken: Die Grundierung erfolgt, indem Augenränder mit weißem und Rötungen mit grünem Camouflage abgedeckt werden. Der übrige Bereich wird anschließend mit Camouflage im Hautton modelliert.

Loser Puder fixiert die Grundierung. Die Augenbrauen werden in Form gebürstet.

Beide Augen sollen unterschiedlich geschminkt werden. Der vorherrschende Farbton ist das Violett, das den kalten Farbtyp des Modells unterstreicht. Zunächst werden beide Lider mit weißem Lidschatten vorgrundiert. Das rechte Auge gestaltet Randa anschließend im beweglichen Lidbereich und ein wenig oberhalb in einem violetten kompakten Bogen (Bild 1).

Beim linken Auge lässt sie diesen allerdings zur Nasen hin spitz auslaufen und zum Außenwinkel des Auges werden drei Linien in violett und türkis angeschlossen (Bild 2). Die untere Augenlinie wird mit türkisfarbenem Eyeliner abgeschlossen. Mit gezielt gesetzten Strasssteinen werden ausgewählte Linien zusätzlich akzentuiert.

Eine ähnliche Betonung erreicht Randa auf der linken Wangenhälfte. Mithilfe eines Papiers entsteht dort eine scharfe Linie im Violettton (Bild 3). Anschließend versetzt sie das Papier nach unten, um den gleichen Vorgang mit schwarzem Lidschatten zu wiederholen. Ziel dieser Technik sind mit Blick auf den Anlass Individualität, Provokation und Eigenwilligkeit.

Die Lippen werden ebenfalls in einem passenden Violetton geschminkt. Zunächst wird ein etwas dunklerer Lip-Liner zur Umrandung gesetzt. Ausgefüllt wird anschließend in einem helleren Ton. Um den Lippen mehr Volumen zu geben, setzt Randa anschließend noch Lip-Gloss auf beide Lippen.

■ 6. Anlegen der Kleidung:

■ 7. Dekorative Nagelgestaltung:

Farblack: Weiß, schwarz, pink und Klarlack
Schmuck: Glimmer und Strasssteine.
Techniken: Im äußeren Bereich werden zwei schwarze Streifen gezogen, in der Mitte ein pinkfarbener. Mit Marmoriertechnik werden die Streifen ineinander gezogen und so das Muster erzeugt. Abschließend trägt Randa Glimmer und Strasssteine auf (Bild 4).

Bild 1 *Rechtes Augen-Make-up*

Bild 2 *Linkes Augen-Make-up*

Bild 3 *Rougeauftrag*

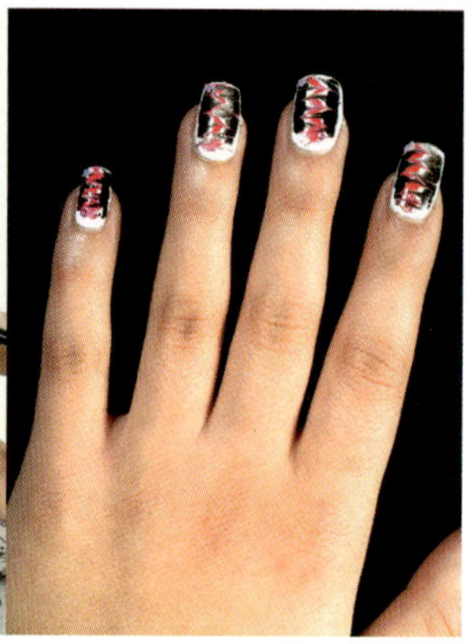

Bild 4 *Naildesign*

Bild 5 *Endergebnis des vollständigen Stylings von Sandra Droste*

4.5 Anlass 4: Touristikmesse

Planungsmatrix (Seite 1)

Kundin:	Frau Stefanie Reimers
Besonderer Anlass:	Touristikmesse
Thema:	Repräsentantin am Messestand eines japanischen Reiseunternehmens

Anlass- und themenbezogene Stylingmerkmale:

Frisur	Make-up	Dekorative Nagelgestaltung
Schnitt: ■ Dynamische, aber seriöse Frisur ■ Haarlänge erforderlich zum Hochstecken Farbe: ■ Dunkel ■ Pfiffige Farbakzente Styling: ■ Hochsteckfrisur ■ Haarschmuck themenbezogen	■ Helle Grundierung, einschließlich Dekolleté ■ Augen müssen optisch vergrößert und nach außen gezogen werden ■ Rote Kontraste ■ Der Fächer als Themenmotiv beim Augen-Make-up ■ Optische Veränderung der Lippen (schmal auslaufend)	■ Themenbezogen ■ Farben Rot und Weiß vorherrschend ■ Filigrane Ausarbeitung ■ Lange schmale Nägel

Anamnese

Anlassbezogene Vorstellungen/Erwartungen der Kundin:

Frisur	Make-up	Dekorative Nagelgestaltung
Schnitt: ■ Pflegeleichter Schnitt ■ Moderner, frecher Schnitt ■ Typgerecht Farbe: ■ Dunkler Farbton (fast schwarz) Styling: ■ Traditionell mit modernen Elementen ■ Haarschmuck: evtl. Stäbchen	■ Hingucker ■ Originell ■ Farbe Rot muss vorkommen ■ Heller Grundton ■ Feine Machart	■ Thema soll widergespiegelt werden ■ Applikation: auffällig, vielleicht aufgemalte Stäbchen ■ Feine Ausarbeitung des Nageldesigns ■ Form: spitz bis oval, schmal

Kleidung und Schmuck zum Anlass:
Blaues Kleid mit Blumenmuster in Rot und Hellblau mit hellblau-grauer Schärpe, schwarze Ohrringe, Haarschmuck: bemalte Stäbchen

Unverträglichkeiten: Keine

Haarpflege: Shampoo für strapaziertes Haar, Haarkur für splissanfälliges und strapaziertes Haar (nach jeder Wäsche)

Planungsmatrix (Seite 2)

Diagnose

I. Haar

Sprungkraft:
- [ ] Gering
- [x] Normal
- [ ] Stark

Haarfülle:
- [ ] Gering
- [ ] Normal
- [ ] Sehr dicht

Haarlänge:
- [ ] Kurz
- [ ] Mittel
- [ ] Lang

Haarstärke:
- [ ] Fein
- [x] Normal
- [ ] Kräftig

Haarstruktur:
- [ ] Normal
- [x] Porös
- [ ] Glasig/hart

Haarqualität/ Vorbehandlungen:
- [ ] Unbehandelt
- [ ] Oxidativ getönt
- [x] Gefärbt
- [ ] Heller gefärbt/ blondiert
- [ ] Strähnen
- [ ] Restdauerwelle
- [x] Strapazierte Spitzen

Sonstiges:

Naturhaarfarbe: Farbtiefe:
- [ ] Lichtblond
- [ ] Hellblond
- [ ] Mittelblond
- [ ] Dunkelblond
- [ ] Hellbraun
- [x] Mittelbraun
- [ ] Dunkelbraun
- [ ] Schwarz

Farbrichtung:
- [ ] Matt
- [ ] Asch
- [x] Gold
- [ ] Kupfer
- [ ] Rot/Purpur
- [ ] Violett

Weißanteil:
- [x] 0 % (keiner)
- [ ] ca. 20 % (wenig)
- [ ] 20–50 % (mittel)
- [ ] über 50 % (viel)

Kopfform/Besonderheiten:
- [ ] Flacher Hinterkopf
- [ ] Fliehende Stirn
- [ ] Lange Nase
- [ ] Ausgeprägtes Kinn
- [ ] Asymmetrisch
- [ ] Kurzer Hals

Sonstiges: Hohe Stirn

II. Haut

Hautoberflächenstruktur:
- [x] Fein/ebenmäßig
- [ ] Mittel/normal
- [ ] Grob
- [ ] Fältchen
- [ ] Falten

Hautglanz:
- [ ] Glanzlos
- [x] Matter Glanz
- [ ] Ölig glänzend

Hautveränderungen:
- [ ] Gefäßveränderungen
- [ ] Narben
- [x] Pigmentveränderungen
- [ ] Sonstiges:

Gesichtsform:
- [ ] Rund
- [x] Oval
- [ ] Eckig
- [ ] Dreieckig
- [ ] Trapezförmig

Augen:
- [ ] Eng stehend
- [ ] Weit stehend
- [ ] Groß
- [ ] Klein
- [ ] Schlupflid

Mund:
- [ ] Breit
- [ ] Schmal

Oberlippe:
- [ ] Dick
- [ ] Dünn

Unterlippe:
- [x] Dick
- [ ] Dünn

Augenbraue:
- [ ] Innen zu lang
- [ ] Innen zu kurz
- [ ] Außen zu lang
- [ ] Außen zu kurz
- [x] zu dick
- [ ] zu dünn

Sonstiges:

Farbtyp:

Augenfarbe: grau, blau
Hautunterton: rosafarben
Haarfarbe: mittelbraun

- [x] Kalter Typ
- [ ] Warmer Typ

III. Nägel

Nagelform:
- [ ] Rund
- [ ] Eckig
- [x] Oval
- [ ] Trapezförmig

Form der Finger:
- [x] Kurz
- [ ] Lang
- [ ] Breit
- [ ] Schmal
- [ ] Zum Teil gebogen

Nagelveränderungen:
- [ ] Längsrillen
- [ ] Querrillen
- [ ] Weiße Flecken
- [ ] Niednägel
- [ ] Brüchige Nägel

Sonstiges:

Planung der Arbeitsschritte

- 1. Schnitt

Techniken:
Die Struktur der Frisur soll stark aktiviert sein, daher erfolgt ein Trockenhaarschnitt, bei dem man den natürlichen Fall der Haare besser beurteilen kann.

Vom höchsten Punkt des Kopfes wird kreisförmig bis zu Hutlinie ein Zickzack-Scheitel gezogen (Bild 1). Darunter werden die Passees im Nacken vertikal abgeteilt und sternförmig vom Kopf weg gekämmt. Der Abhebewinkel wird überzogen, die Spitzen geslict. Alle Passees vom Hinterkopf bis zum Ohr schneidet man für sich ohne Verbindung zu den vorherigen mit dem Ziel, größtmögliche Lebendigkeit zu erreichen.

Nachdem das erfolgt ist, bestimmt Randa – angefangen vom Ohr – die Endlänge, indem sie die Spitzen softet. Die Kontur ist oval.

An den Seiten und am Oberkopf erfolgt eine »Objektverschiebung«, bei der Randa die Kontur mit dem Razor asymmetrisch ausslict (Bild 2).

Am hinteren Oberkopfbereich werden horizontal Passees abgeteilt und durch die Twist-Technik mit der Schere texturiert (Bild 3), wodurch die Frisur Dymanik und Aktivität erhält (Bild 4), ohne dass die Länge wesentlich verändert wird.

Form: asymmetrisch Textur: stark aktiviert

Frisurenbeschreibung:
Eine stark aktivierte und volumige Frisur mit asymmetrischem Pony wirkt jugendlich und typgerecht (Bild 5).

Die Länge muss wegen der geplanten Hochsteckfrisur erhalten bleiben. Leicht fransige Strähnen nehmen der Hochsteckfrisur die Strenge und die Schwere.

- 2. Keine Umformung notwendig

- 3. Farbbehandlung

Zielfarbe: Mittel- bis dunkelbraun um die Tiefe zu erhalten
Produktauswahl: Oxidative Haarfarbe, Intensivtönung
Farbrezeptur: Oxidative Haarfarbe (Mittelbaun und Dunkelbaun im Verhältnis 1:1) mit 3 %igem H_2O_2 im Verhältnis 1:1 mischen. Intensivtönung (Intensivrot) im Verhältnis 1:2 mit Emulsion versetzen.

Auftragetechnik: Vom Oberkopf bis zur Hutlinie wird am Hinterkopf in Zick-Zack-Technik ein Oval abgeteilt. Die Ansätze der äußeren Kontur werden zuerst eingefärbt (Bild 6), anschließend die Ansätze des Ovals. Im Anschluss werden die Längen der Kontur gefärbt.

Danach teilt Randa im Oval Zöpfe ab und fixiert diese mit Haargummis (Bild 7). Die Spitzen werden blondiert und die Blondierung mit »Aquarelltechnik« in die Längen eingearbeitet (Bild 8).

Nach dem Auswaschen wird auf die Längen und Spitzen die Intensivtönung aufgetragen, um einen Farbausgleich zu erhalten.

Einwirkzeit oxidative Haarfarbe: Ohne Wärme 30 Min.
Einwirkzeit Intensivtönung: Ohne Wärme 20 Minuten

Nachbehandlung: Haarkur für coloriertes Haar

Bild 1 *Zick-Zack Scheitel*

Bild 2 *Objektverschiebung*

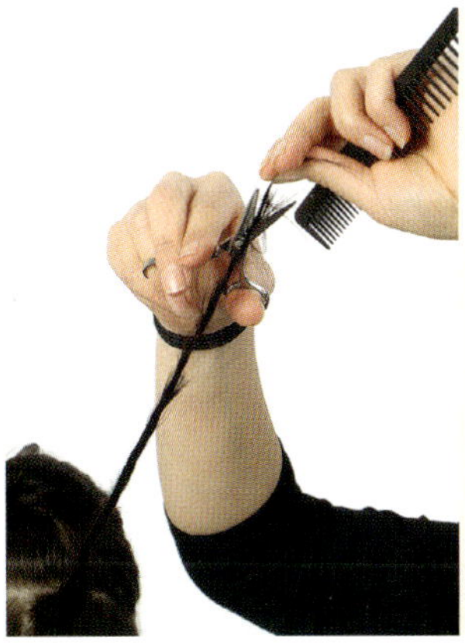
Bild 3 *Twist-Technik*

Bild 4 *Textuierte Kontur*

Bild 5 *Ergebnis von vorne*

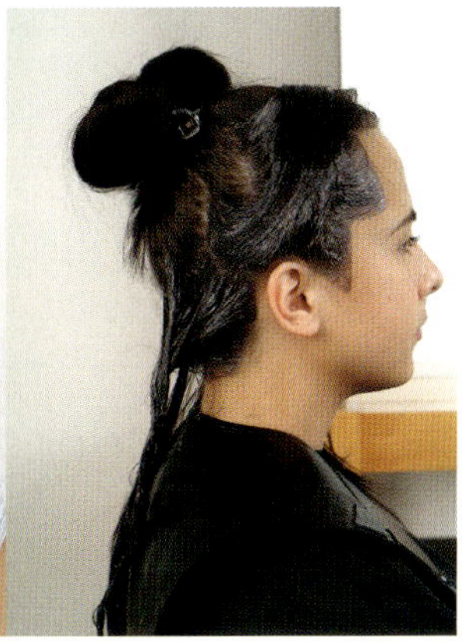
Bild 6 *Ansatzfärbung Kontur*

Bild 7 *Färbung Hinterkopf*

Bild 8 *Aquarelltechnik*

■ 4. Formgebung:

Föhnen: Die Haare werden getrocknet.

Styling: Randa erstellt einen Zopf im Wirbelbereich und führt ihn durch zwei Donuts (Bild 1). Fein abgeteilte Passees rund um die Donuts decken diese vollständig ab. Über die Donuts hinausragende Spitzen der verschiedenen Strähnen werden flächig ausgearbeitet und strahlenförmig aus dem Zentrum geführt. Der Pony wird fransig und asymmetrisch ins Gesicht frisiert.

Produkte/Finish: Schaumfestiger (normaler Halt), Haarspray, Glanzspray

■ 5. Make-up:

Produkte/Farbwahl: Camouflage (weiß, grün) loser Puder (hellbeige), Augenbrauenstift (schwarz), Lidschatten (weiß, perlweiß, rot, gelb), Eye-Liner (schwarz, rot), künstliche Wimpern mit Silberbändchen, Mascara (schwarz), Lip-Liner und Lippenstift (rot), Rouge (rot)

Techniken: Zunächst rasiert Randa die Augenbrauen. Das Gesicht wird weiß grundiert. Anschließend deckt Randa die Rötungen an Nase und Kinn mit grünem Camouflage ab und trägt dann losen Puder auf.

Mit dem Augenbrauenstift akzentuiert und verlängert sie die Augenbrauen. Das gesamte Augenlied wird bis zur Augenbraue in Weiß grundiert. In Fächertechnik werden von innen nach außen die Farben Gelb, Perlweiß und Rot aufgetragen. Durch den weißen Lidschatten in der Mitte des Augenlids erreicht Randa eine Vergrößerung des Auges. Der rote Lidschatten wird außen auf das bewegliche Augenlid gesetzt und unterhalb des Auges ebenfalls aufgetragen. Den gelben Lidschatten zieht Randa vom Augeninnenwinkel über den roten hinaus und verlängert diesen auch unterhalb des Auges. Dann zieht sie den roten Lidschatten in die Lidfalte und verlängert ihn unterhalb des Auges nach außen.

Schwarzer Eye-Liner wird als feine Linie am oberen Wimpernrand angesetzt und außen über das Auge hinausgezogen. Unter dem Auge wird als Eye-Liner roter, mit Wasser vermischter Lidschatten aufgetragen und ebenfalls nach außen hin verlängert.

Anschließend erfolgen das Ansetzen des Wimpernbändchens und das Nachziehen des Eye-Liners (Bild 2). Für die Verkleinerung des Mundes muss dieser zunächst abgedeckt und dann in der neuen Form nachgezogen werden (Bild 3).

■ 6. Anlegen der Kleidung

■ 7. Dekorative Nagelgestaltung:

Farblack: Weiß, schwarz, rot, blau, Klarlack
Schmuck: Portrait einer Japanerin auf einem Nagel mit Strasssteinen und Glimmer.

Techniken: Das Frauengesicht wird mit einem spitzen Stäbchen erarbeitet, indem einzelne Farblackpunkte ineinander gezogen werden.

Alle anderen Nägel grundiert Randa weiß und versieht sie mit einem roten Punkt (Japanische Flagge) und Glimmer (Bild 4).

Bild 1 *Donuts*

Bild 2 *Fächertechnik*

Bild 3 *Neu konturierter Mund*

Bild 4 *Naildesign*

Bild 5 *Stefanie Reimers als Repräsentantin Japans*

Naturwissenschaftlicher Exkurs – Chemie und Mathematik

1 Chemische Grundlagen

Die Aufgaben der Friseurin bestehen darin, Haut und Haare zu schützen, zu pflegen und zu gestalten. Hierzu sind chemische Präparate erforderlich. Kenntnisse der Chemie ermöglichen ihr, die Präparate richtig einzusetzen und die Vorgänge bei chemischen Reaktionen zu verstehen.

1.1 Gemische

Friseurpräparate sind Gemische verschiedener Stoffe. Je nach Art der gemischten Stoffe und ihrer Verteilung werden unterschiedliche Gemischarten unterschieden.

Die folgende Tabelle gibt einen Überblick über die im Friseurbereich vorkommenden Gemische.

Unterteilung der Gemische

- Homogene Gemische enthalten Stoffe, die in einer Flüssigkeit gelöst sind. Die Stoffe sind mit dem Mikroskop nicht zu unterscheiden. Zu den homogenen Gemischen gehören die Lösungen und das Gel.
- Heterogene Gemische enthalten Stoffe, die in einem anderen Stoff nicht gelöst, sondern nur verteilt sind. Sie sind mit dem bloßen Auge oder unter dem Mikroskop zu erkennen. Zu ihnen gehören Aerosol, Emulsion, Suspension und Gemenge.

Tabelle 1: Gemische im Friseurbereich

Art der Gemische	Merkmale	Beispiele
Lösung	Feste oder flüssige Stoffe sind in einer Flüssigkeit gelöst.	Rasierwasser, Haarwasser, Gesichtswasser, Haarfestiger, H_2O_2-Lösung, Fixierung
Gel	Gelbildner sind in einer Flüssigkeit verteilt. Es sind langkettige Moleküle, die in den Zwischenräumen Wasser einlagern. Dadurch erhält das Gel eine dickflüssige oder feste Konsistenz.	Haargel, Verdickungsmittel in H_2O_2-Präparaten, Duschgel und Shampoo
Aerosol	Kleinste Feststoff- oder Flüssigkeitsteilchen sind in einem Treibgas verteilt.	Haarspray, Deospray, Schaumtönung, Rasierschaum
Emulsion	Flüssigkeiten wie Öl und Wasser, die sich abstoßen, sind fein ineinander verteilt. Durch einen Emulgator wird die Emulsion stabilisiert.	Creme, Haarkur, Spitzenemulsion, Frisiercreme, Reinigungsmilch, Farbcreme
Suspension	Ungelöste Feststoffteilchen befinden sich in einer Flüssigkeit. Sie können sich absetzen. Deshalb sollen flüssige Suspensionen vor dem Gebrauch geschüttelt werden.	Wimperntusche, Nagellack, Heilerdepackung, angerührte Pflanzenfarbe, angerührte Blondierung
Gemenge	Feste Stoffe sind gemischt.	Puder, Blondierpulver, Pflanzenfarbe, Trockenshampoo

1.2 Alkalien

Unter Alkalien sind in der Friseurfachsprache alle Chemikalien zu verstehen, die Lackmuspapier blau färben.

Sie werden auch als **Basen** oder **Laugen** bezeichnet.

Wirkung von Alkalien

- Schwache Alkalien wie Hirschhornsalz und Ammoniakwasser
  - quellen Haar und Haut,
  - zerstören den Säureschutzmantel,
  - begünstigen die chemischen Vorgänge beim Dauerwellen, Blondieren, Färben.
- Starke Alkalien in hoher Konzentration oder im Zusammenspiel mit anderen Chemikalien, wie z. B. Ammoniumthioglykolat,
  - zerstören das Haar,
  - zersetzen die Haut (Verätzungen),
  - führen zu schlecht heilenden Wunden.

Beispiele für alkalisch eingestellte Präparate

- Blondierpulver, Färbepräparate, Dauerwellflüssigkeit
- Nagelhautentferner, Haarentfernungsmittel
- Seife

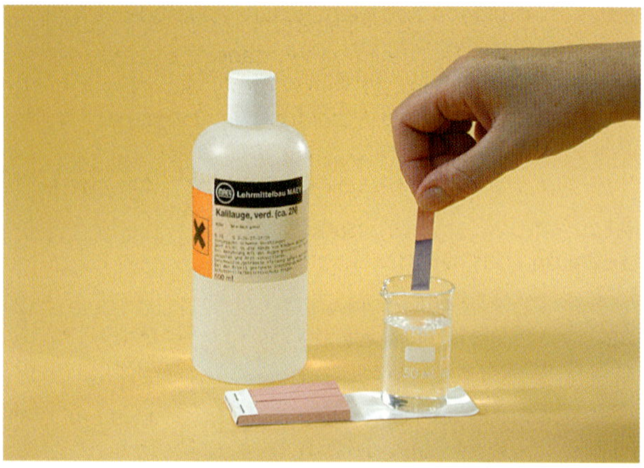

Bild 1 *Prüfen von Laugen mit Lackmuspapier*

1.3 Säuren

Säuren sind chemisch gesehen die Gegenspieler der Alkalien. Sie färben Lackmuspapier rot. Im Friseurbereich kommen nur schwache organische Säuren vor.

Wirkung von Säuren

- Schwache Säuren wie Zitronensäure, Milchsäure und Weinsäure
  - adstringieren Haut und Haar,
  - stellen den Säureschutzmantel der Haut wieder her,
  - verhindern den Zerfall von Wasserstoffperoxid in der Flasche (Stabilisierung),
  - fördern die Gerinnung von Eiweiß (Wundverschluss).
- Starke Säuren wie Salzsäure, Schwefelsäure und Salpetersäure
  - zerstören das Haar,
  - zersetzen die Haut (Verätzungen).

Beispiele für sauer eingestellte Präparate

- Nachbehandlungspräparate für das Haar, wie Spülungen, Packungen, Haarkuren
- Nachbehandlungspräparate für die Haut, wie Gesichtswasser, Rasierwasser, Lotionen
- Sonstige Präparate, wie Wasserstoffperoxidlösungen, saure Dauerwellflüssigkeiten, Alaun als Blutstiller

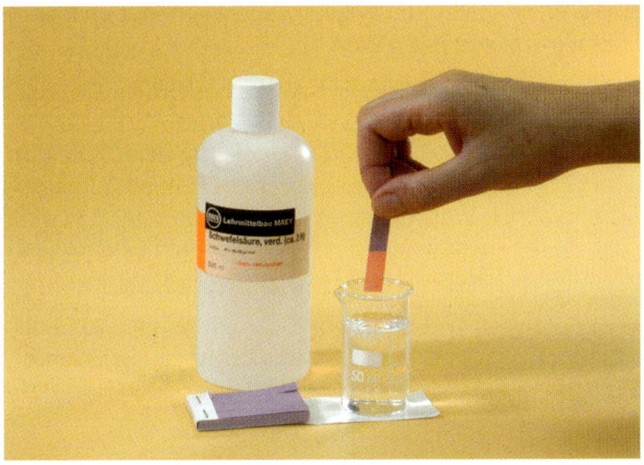

Bild 1 *Prüfen von Säuren mit Lackmuspapier*

1.4 Oxidationsvorgänge

Unter Oxidation versteht man die **Reaktion eines Stoffes mit Sauerstoff**. Der Sauerstoff stammt entweder aus der Luft bei Verbrennungsvorgängen oder von einem Sauerstoffträger, wie z. B. Wasserstoffperoxid.

Da der Sauerstoff den Verbindungen, auf die er einwirkt, Wasserstoff entzieht, kann die Oxidation auch als **Entzug von Wasserstoff** gesehen werden (siehe Fixierung).

Oxidation = Zugabe von Sauerstoff
Oxidation = Entzug von Wasserstoff

Bei den Friseurfacharbeiten ist man auf den Sauerstoff, der während eines chemischen Vorgangs vom H_2O_2 abgegeben wird, angewiesen:

- Das H_2O_2 wird in die Farbcreme bzw. in das Blondierpräparat eingerührt, gelangt mit dem Präparat ins Haar und kann im Haar die wirksam werden.
- Der Sauerstoff ist in dem Augenblick, in dem er aus dem H_2O_2 entsteht, von einer anderen Qualität als der Luftsauerstoff. Er ist sehr aggressiv und zerstört deshalb die Pigmente.

H_2O_2 – das wichtigste Oxidationsmittel im Friseurbereich

Gegenüber anderen Oxidationsmitteln hat das H_2O_2 besondere Vorteile:

- Es ist ungiftig und ruft keine Allergien hervor.
- Es zerfällt in Wasser und Sauerstoff, so dass keine umweltschädigenden Reste entstehen.
- In stabilsierter Form ist es bei sachgerechter Lagerung lange haltbar.

Oxidationsvorgänge im Friseurbereich

Oxidationsvorgänge kommen beim Fixieren, Blondieren, beim alkalischen Abzug und beim Färben vor.

- Beim Fixieren schließt der Sauerstoff die geöffneten Schwefelbrücken, indem er den Wasserstoff entzieht. Dadurch wird die Umformung gefestigt.
- Beim Blondieren bleicht der Sauerstoff die natürlichen Pigmente.
- Beim alkalischen Abzug (Entfärben von gefärbtem Haar durch Blondiermittel) bleicht der Sauerstoff die künstlichen Pigmente.
- Beim Färben bleicht der Sauerstoff zunächst die natürlichen Pigmente und stellt dann aus den Farbbildnern künstliche Pigmente her (doppelter Oxidationsvorgang).

1.5 Reduktionsvorgänge

Chemisch gesehen ist die Reduktion das Gegenteil der Oxidation. So kann z. B. einem oxidierten Metall durch **Zugabe von Wasserstoff** der **Sauerstoff entzogen** werden. Wasserstoff dient in diesem Fall als Reduktionsmittel. Bei den Facharbeiten der Friseurin dient ebenfalls Wasserstoff als Reduktionsmittel. Wasserstoffträger sind die Chemikalien, die im Haar Wasserstoff abgeben können. Das wichtigste Reduktionsmittel ist das Ammoniumthioglykolat.

Reduktion = Zugabe von Wasserstoff
Reduktion = Entzug von Sauerstoff

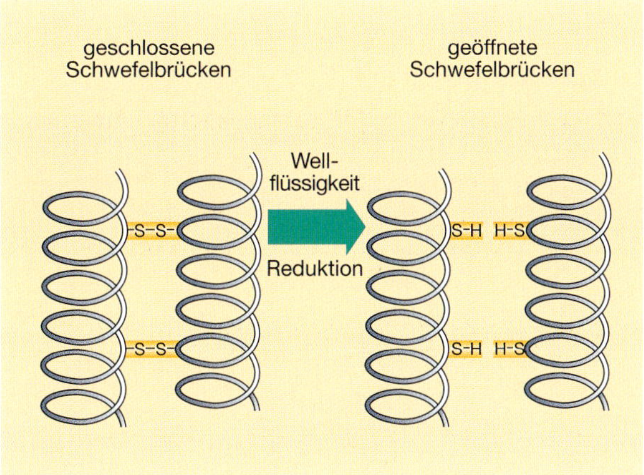

Bild 2 *Reduktion von Disulfidbrücken durch Wasserstoff*

Reduktionsvorgänge im Friseurbereich

Reduktionsvorgänge kommen beim Dauerwellen und beim sauren Farbabzug vor.

- Beim Dauerwellen löst Wasserstoff die Doppelschwefelbrücken (Disulfidbrücken) im Haar und macht es verformbar (plastisch).
- Beim sauren Abzug (Entfärben von gefärbtem Haar durch Rückgängigmachen des Färbevorgangs) zerlegt Wasserstoff die künstlichen Pigmente wieder in die Farbbildner, die dann ausgespült werden können.

1.6 Der pH-Wert

Mit Lackmuspapier kann geprüft werden, ob ein Stoff sauer oder alkalisch (basisch) ist.

Im Zusammenhang mit den **Alkalien** ist bereits erwähnt worden, dass es starke und schwache Alkalien bzw. Laugen gibt. Ebenso unterscheidet man starke und schwache Säuren.

Verantwortlich für die Stärke von Säuren ist der Anteil von Säureteilchen, die in der Chemie auch als Wasserstoffionen bezeichnet werden:
Viele Wasserstoffionen → stark saure Lösung

Verantwortlich für die Stärke von Laugen ist der Anteil von Basenteilchen, die in der Chemie auch als Hydroxidionen bezeichnet werden:
Viele Hydroxidionen → stark alkalische Lösung

Da in jeder wässrigen Lösung Säureteilchen und Basenteilchen in einem festen Verhältnis zueinander stehen, genügt es, nur eine der beiden Gruppen zu messen. In der Chemie hat man sich darauf verständigt, nur die Säureteilchen, also die Wasserstoffionen (H^+-Ionen) zu messen.

Der Anteil der Wasserstoffionen wird mit dem pH-Wert angegeben.

Der pH-Wert eines Präparats kann mit Universalindikatorpapier gemessen werden.

Der pH-Wert ist ein Maß, mit dem die Stärke von Laugen und Säuren angegeben wird.

Er reicht von	pH 0–pH 14
Säuren haben einen pH-Wert von	pH 0–pH 7
Der pH-Wert einer neutralen Lösung liegt bei	pH 7
Basen besitzen einen pH-Wert von	pH 7–pH 14

Bild 1 *pH-Wert-Messung*

Der pH-Wert von Friseurpräparaten

Die pH-Werte der Friseurpräparate liegen zwischen pH3 und pH10. Die Säuren zwischen pH0 und pH3 sind zu stark für Haut und Haar. Das Gleiche gilt für Alkalien zwischen pH 10 und pH 14.

Tabelle 1: pH-Werte von Friseurpräparaten

PH-Werte	Substanzen
10	Nagelhautentferner, Haarentfernungsmittel
9	Starke alkalische Wellmittel, Rasierseife
8	Mildalkalische Wellmittel Blondierung, Färbepräparate
7	Destilliertes Wasser
6	Shampoo, Hautcreme
5	Gesichtswasser, Rasierwasser
4	Haarkuren, Spülungen
3	H_2O_2-Lösungen, Fixiermittel

Wichtiges zum pH-Wert

- Der pH-Wert einer Lösung kann mit einem Universalindikator bestimmt werden.
- Die Wirksamkeit der Friseurpräparate hängt in hohem Maße von ihrem pH-Wert ab.
- Die Friseurin kann den pH-Wert eines Präparats praktisch nicht verändern.
  Um den pH-Wert eines Wellmittels um eine Stufe von pH9 auf pH8 abzusenken, müssen Präparate mit der zehnfachen Wassermenge verdünnt werden, was eine zu starke Verdünnung der wellwirksamen Chemikalien zur Folge hätte.
- Der pH-Wert vieler Präparate ist durch Pufferstoffe besonders gesichert, sodass er nicht verändert werden kann.

1.7 Neutralisationsvorgänge

Begriff: Eine Neutralisation liegt vor, wenn sich Säuren und Alkalien (Basen) in ihrer Wirkung aufheben.

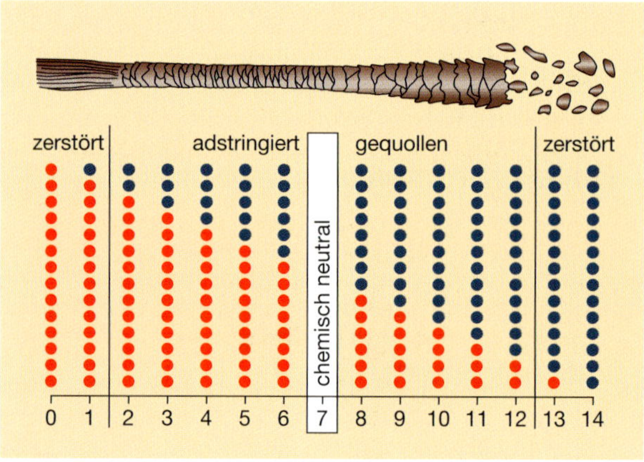

Bild 2 *pH-Wert-Skala*

Alkalien neutralisieren Säuren

Durch tropfenweise Zugabe von Alkalien zu einer Säure verschiebt sich der pH-Wert vom sauren Bereich zum Neutralpunkt pH 7 und weiter in den basischen Bereich.

Beispiele aus der Fachpraxis:

- Neutralisation beim Mischen des Färbepräparats mit H_2O_2:
  Das Alkali im Färbepräparat neutralisiert die Säure im H_2O_2. Die Stabilisierung wird aufgehoben und das H_2O_2 zerfällt in Wasser und Sauerstoff; die Oxidation beginnt.
- Neutralisation beim Mischen des Blondierpräparats mit H_2O_2:
  Auch hier neutralisiert das Alkali des Blondierpräparats die Säure im H_2O_2 und hebt so die Stabilisierung auf, sodass Sauerstoff frei wird.
- Neutralisation beim Fixieren:
  Die Alkalireste, die sich nach dem Abspülen der Dauerwellflüssigkeit noch im Haar befinden, neutralisieren die Säure im H_2O_2, sodass Sauerstoff frei wird.

Bild 1 *Alkalien neutralisieren Säuren*

Säuren neutralisieren Alkalien

Durch tropfenweise Zugabe einer Säure zu einem Alkali verschiebt sich der pH-Wert vom basischen Bereich zum Neutralpunkt und weiter in den sauren Bereich.

Bei Facharbeiten, bei denen der Friseur Alkalien einsetzt, wie z. B. beim Dauerwellen, Färben und Blondieren, muss eine Abschlussbehandlung mit sauren Präparaten (Spülungen, Packungen) durchgeführt werden. Die basischen Reste im Haar werden durch die Säure im Nachbehandlungspräparat neutralisiert und der saure Bereich wird erreicht.

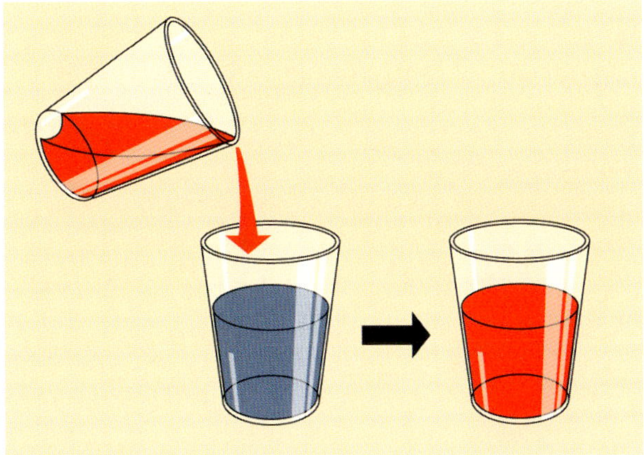

Bild 2 *Säuren neutralisieren Alkalien*

- Neutralisation bei der Nachbehandlung von Färbe- und Blondiervorgängen:
  Die Säure in der Nachbehandlung neutralisiert die Alkalireste im Haar und adstringiert es.
- Neutralisation bei der Dauerwelle:
  Die Säure in der Fixierung neutralisiert die Alkalireste im Haar und adstringiert es.
- Neutralisation bei der Nassrasur:
  Die Säure im Rasierwasser neutralisiert die Alkalireste der Rasierseife auf der Haut und stellt den Säureschutzmantel wieder her.

1.8 Pufferstoffe

Puffer sind Chemikalien, die den pH-Wert auch bei Zugabe von Alkalien, Säuren oder Wasser in bestimmten Grenzen konstant halten.

Beispiel aus der Fachpraxis:

Die sauer eingestellte H_2O_2-Lösung wird in die basisch eingestellte Farbe eingerührt. Der Farbbrei ist aber nur im basischen Bereich wirksam. Bei einer erhöhten H_2O_2-Zugabe, was z. B. bei Spezialrezepturen vorkommt, könnte durch den Überschuss an Säuren der pH-Wert in den sauren Bereich abrutschen. Die Pufferstoffe in der Farbcreme fangen aber alle zusätzlichen Säureteilchen, die den pH-Wert verändern würden, ab. Dadurch garantieren sie einen konstanten pH-Wert.

Versuch

Vermischen Sie Farbcreme und H_2O_2-Lösung im Verhältnis 1:1, 1:3 und 1:10 und messen Sie den pH-Wert der Mischungen.

1 Teil Farbcreme pH 9 + 1 Teil H_2O_2-Lösung pH 4
→ Farbbrei pH 9
1 Teil Farbcreme pH 9 + 3 Teile H_2O_2-Lösung pH 4
→ Farbbrei pH 9
1 Teil Farbcreme pH 9 + 10 Teile H_2O_2-Lösung pH 4
→ Farbbrei pH 9

Fazit: Wegen der in der Farbcreme enthaltenen Pufferstoffe bleibt der pH-Wert konstant.

1.9 Kationische und anionische Wirkstoffe

Atome oder Atomgruppen, die elektrische Ladungen aufweisen, werden Ionen genannt. Es werden unterschieden:

- Positiv geladene Ionen = Kationen
- Negative geladene Ionen = Anionen

Kationische Wirkstoffe

Wirkstoffe, die am Haar gut haften sollen, werden mit positiver Ladung versehen. Sie werden dadurch zu Kationen und haften am negativ geladenen äußeren Teil des Haares.

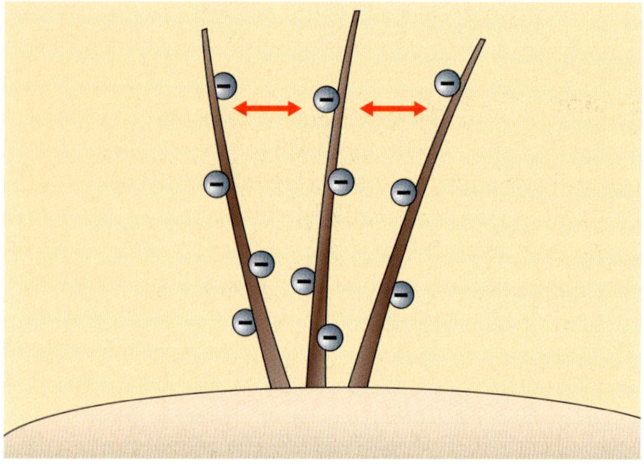

Bild 1 *Elektrostatische Aufladung des Haares*

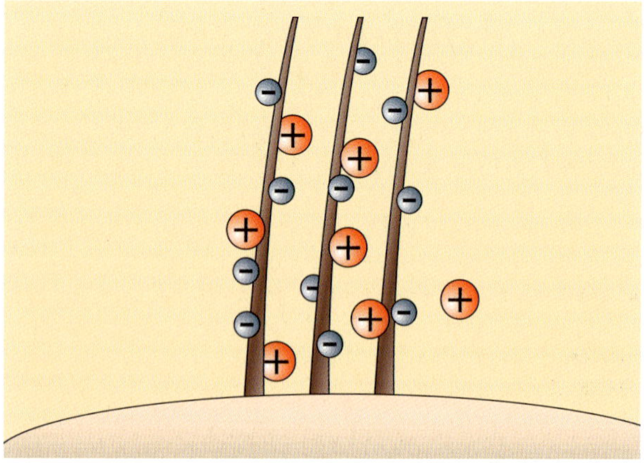

Bild 2 *»Entladung« des Haares durch kationaktive Substanzen*

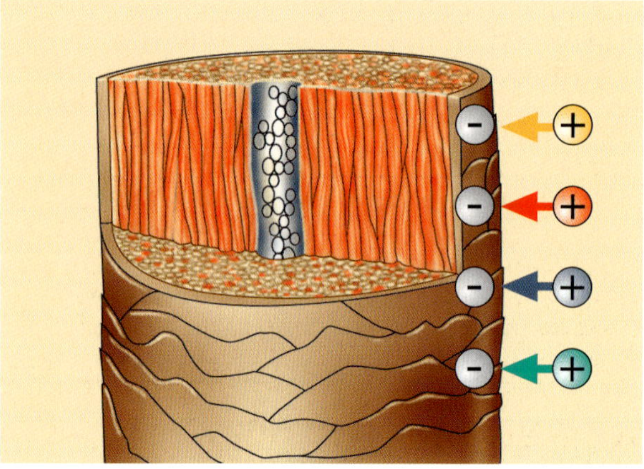

Bild 3 *Kationische Wirkstoffe haften am Haar*

Zu den kationischen Wirkstoffen gehören:

1. Polymere zur Pflege des Haares, zur Verbesserung der Kämmbarkeit und zur Vermeidung elektrostatischer Aufladung
2. Farbstoffe in Tönungen und Färbungen

Anionische Wirkstoffe

Als Reinigungsmittel haben sich anionische Tenside besonders bewährt. Die wasserfreundliche Seite des Tensids ist negativ geladen. Sie wird von den Ladungen des Wassers angezogen. Die nicht geladene Seite des Tensids ist fettfreundlich. Sie stößt Wasser ab und zieht Fett an. Auf diese Weise werden Fetttröpfchen emulgiert.

Zu den anionischen Tensiden gehören:

- Seifen
- Synthetische Tenside (Syndets) in fast allen Reinigungsmitteln

1.10 Alkohole

Die Alkohole sind eine Gruppe unterschiedlicher Stoffe. Am häufigsten werden Ethanol und Isopropanol in Friseurpräparaten eingesetzt.

Ethanol und Isopropanol

Wirkungen und Eigenschaften:

- Wirken kühlend und erfrischend
- Wirken bei höherer Konzentration desinfizierend
- Lösen Duftstoffe, Fettstoffe und Kunstharze

Verwendung:

- In Festigern und Haarsprays dienen sie als Lösungsmittel für die Kunstharze und Pflegestoffe.
- In Rasier-, Haar- und Kopfhautwässern lösen sie Duft- und Wirkstoffe, wirken kühlend, erfrischend sowie leicht desinfizierend.
- In Gesichtswässern für unreine Haut sind sie in höherer Konzentration (ca. 60 %) enthalten. Sie lösen den Hauttalg und bekämpfen die Aknebakterien.
- In einer Konzentration von 65–70 % dienen sie als Desinfektionsmittel für die Haut und für metallische Werkzeuge.

Weitere Alkohole in Friseurpräparaten

- **Butanol** dient als schonendes Lösungsmittel für Nagellack und Nagellackentferner.
- **Glycerin** gehört auch zur Gruppe der Alkohole. Es ist stark hygroskopisch. Deshalb wird es als Wasser bindendes Mittel (Feuchthaltefaktor) in kosmetischen Präparaten eingesetzt.
- **Cetylalkohol** ist ein fester, fettähnlicher Stoff, der Emulsionen die gewünschte Konsistenz gibt.

1.11 Fette

In der Kosmetik werden drei verschiedene Arten von Fetten verwendet, echte Fette, mineralische Fette und fettähnliche Stoffe.

Echte Fette sind die Speisefette. Sie stammen aus dem pflanzlichen und tierischen Bereich. Echte Fette bestehen aus Glycerin und Fettsäuren

Mineralfette stammen aus dem Erdöl. Sie können biologisch und chemisch nicht abgebaut und von Zellen und Geweben nicht aufgenommen werden. Deshalb ziehen sie kaum in die Haut ein, sondern bilden auf der Haut einen besonderen Schutz. Zu ihnen gehört z. B. die Vaseline.

Fettähnliche Stoffe sind pflanzlichen und tierischen Ursprungs. Zu ihnen zählen Lanolin, Lecithin, Walrat, Nerzöl, Kakaobutter und Cholesterin.

Sie sind besonders haar- und hautfreundlich und dienen deshalb als spezielle Pflegezusätze in kosmetischen Präparaten.

Eigenschaften der Fette:

- Wasser abweisend
- Schützen Haut und Haar vor äußeren Einflüssen
- Verhindern das Austrocknen, weil sie das Wasser in der Haut halten
- Pflegen Haut und Haar und sorgen für Geschmeidigkeit

Verwendung der Fette:

- In reiner Form mit Zusätzen als Sonnenöle, Pomade, Haarwachs
- In gelöster Form in Haarwasser, Rasierwasser, Festiger und im Haarspray. Hier dienen Ethanol und Isopropanol als Lösungsmittel
- In emulgierter Form in allen Emulsionen
- Als Rückfetter in Seifen, Shampoos, und im Duschgel

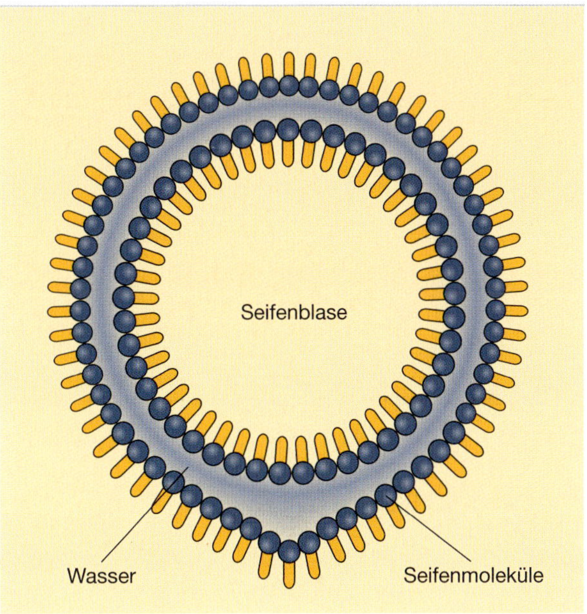

Bild 2 *Seifenmoleküle bilden Schaum*

1.12 Tenside in Friseurpräparaten

Tenside sind chemische Substanzen, die das Waschen von Haut und Haar mit Wasser unterstützen. Sie enthalten

- eine fettfreundliche (lipophile) Seite, die nicht geladen ist und
- eine wasserfreundliche (hydrophile) Seite. Diese Seite kann unterschiedlich geladen sein:
  - negativ (anionisch)
  - positiv (kationisch)
  - positiv und negativ (amphoter)
  - nicht geladen (nicht ionogen).

Die Waschwirkung von Tensiden beruht auf dem Zusammenspiel von drei Eigenschaften

Herabsetzen der Oberflächenspannung des Wassers. Dadurch wird das Waschgut (Haar, Haut) mit Wasser benetzt.

Emulgieren des Fetts. Die fettfreundliche Seite dringt in die Fetttröpfchen, die wasserfreundliche Seite ragt aus den Fetttröpfchen heraus und hält das Wasser fest. Dadurch werden Öltröpfchen vom Wasser eingeschlossen und können abgespült werden.

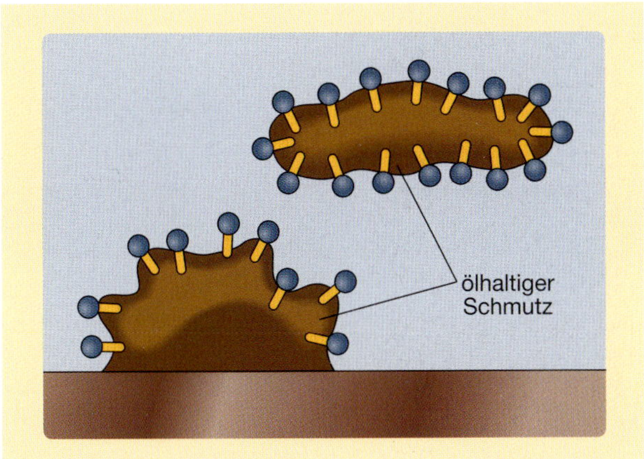

Bild 1 *Tensidmolekül emulgiert den Fettschmutz*

Bildung von Schaum. Dadurch wird der Schmutz vom Waschgut abgehoben. Der Schaum dient auch als Kontrolle für die Sauberkeit des Waschguts.

Gefördert wird die Waschwirkung durch Wärme und Bewegung.

Die **Seife** ist ein Tensid mit zwei zusätzlichen Eigenschaften, die ihre Einsatzmöglichkeiten einschränken.

- Sie reagiert alkalisch.
- Sie bildet mit kalkhaltigem Wasser die so genannte Kalkseife, die sich als grauer Belag auf dem Haar ablagert.

Die Seife ist wegen dieser Eigenschaften für die Haarwäsche nicht geeignet.

1.13 Polymere in Friseurpräparaten

Polymere sind natürliche oder durch chemische Reaktionen hergestellte Großmoleküle.

Natürliche Polymere: Cellulose, Naturkautschuk, Protein, Keratin, Kollagen (Gelbildner), Enzyme.

Synthetische Polymere: Silicone, Acrylate, Kunstharze, Gelbildner, keratinaffine Stoffe, Synthetikhaar.

Polymere können mit elektrischen Ladungen versehen werden. Positiv geladene Polymere wirken kationisch (siehe kationische Wirkstoffe).

Feste Polymere werden durch Lösungsmittel wie Alkohol und Wasser gelöst und erhalten im und am Haar nach dem Verdunsten des Lösungsmittels die feste Konsistenz zurück.

Tabelle 1: Verwendung von Polymeren		
Wirkstoff	**Präparate**	**Aufgaben**
Filmbildner	Haarsprays, Festiger, Föhnlotionen	Verbesserung der Haltbarkeit von Frisuren
Haarkonditionierungsmittel	Festiger, Föhnlotionen, Haarkuren	Verbesserung der Kämmbarkeit Vermeidung statischer Aufladung Griffverbesserung
Verdickungsmittel	Gele, Shampoos, Emulsionen	Verbesserung des Umgangs mit den Präparaten durch festere Konsistenz (z. B. Verhinderung des Ablaufens von Präparaten)
Hautschutzmittel	Präparate der Kosmetik, Schaum- und Duschbäder	Verbesserung der Hautverträglichkeit der Präparate

1.14 Emulsionen

Öle und Wasser sind nicht mischbar. Werden solche Flüssigkeiten kombiniert, spricht man von einer Emulsion. Als Emulsion wird also ein System bezeichnet, das aus zwei nicht mischbaren Flüssigkeiten besteht.
Damit eine Emulsion sich nicht wieder entmischt, wird sie durch einen Emulgator stabilisiert. Als Emulgatoren dienen z. B. Tenside, deren wasserfreundliche Seite keine elektrische Ladung aufweist. Sie sind besonders hautverträglich.

Konsistenzgeber verleihen der Emulsion ihre »cremige« Eigenschaft. Als Konsistenzgeber dienen u. a. Wachse, Kakaobutter, synthetisches Walrat und Cetylalkohol. Diese Stoffe sind sehr hautfreundlich. Dadurch erhöht sich die pflegende Wirkung der Emulsionen in der Kosmetik.

Emulsionstypen:

Es werden zwei Emulsionstypen unterschieden, die Ö/W-Emulsion und die W/Ö-Emulsion.

Bei Ö/W-Emulsionen ist Öl im Wasser verteilt (dispergiert). Öl ist die innere Phase, Wasser die umgebende äußere Phase. Weil die äußere Phase aus Wasser besteht, nehmen Ö/W- Emulsionen Wasser auf. Man kann sie mit Wasser verdünnen und abwaschen.

Bei W/Ö-Emulsionen ist Wasser im Öl dispergiert. Wasser ist die innere Phase, Öl die äußere Phase. W/Ö-Emulsionen stoßen Wasser ab. Sie sind wasserabweisend, Wasser kann also nicht eingerührt werden. Zum Abwaschen sind zusätzlich Tenside erforderlich.

Eigenschaften:

- Gute Verteilung auf Haut und Haar
- Trotz des Fettgehalts kein klebrig-fettiges Anfühlen erkennbar
- Lösen von wasserlöslichen Wirkstoffen durch die Wasserphase
- Lösen von fettfreundlichen Wirkstoffen durch die Ölphase
- Einstellung der Konsistenz je nach Erfordernissen möglich

Verwendung:

- als Pflegemittel für Haut und Haar
- als Trägersubstanz für Wirkstoffe von Haar- und Hautpräparaten, wie z. B. Farbcreme, Haarpackung, Selbstbräuner und Enthaarungscreme

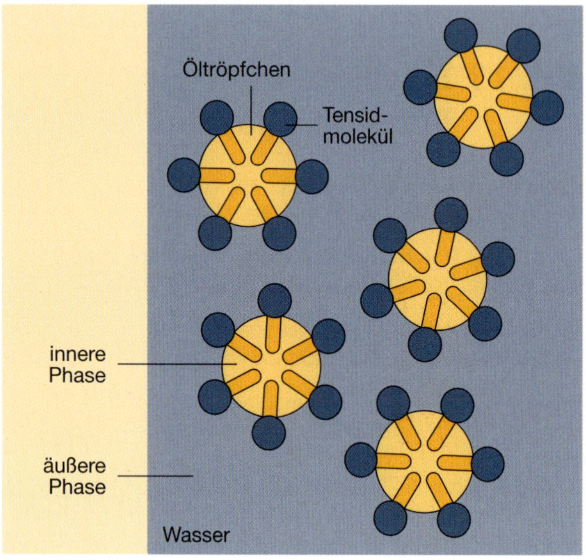

Bild 1 *Ö/W Emulsion*

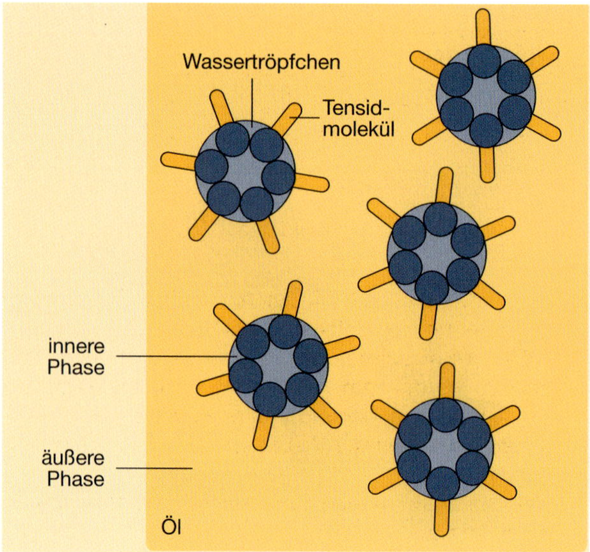

Bild 2 *W/Ö Emulsion*

2 Mathematische Grundlagen

2.1 Grundrechenarten

Begriffe der Grundrechenarten

Addition:	Summand	plus	Summand	gleich	Summe
Beispiel:	25	+	5	=	30
Subtraktion:	Minuend	minus	Subtrahend	gleich	Differenz
Beispiel:	25	–	5	=	20
Multiplikation:	Faktor	mal	Faktor	gleich	Produkt
Beispiel:	25	?	5	=	125
Division:	Dividend	durch	Divisor	gleich	Quotient
Beispiel:	25	:	5	=	5

Wichtige Grundregel:
Punktrechnung (Multiplizieren und Dividieren) geht vor Strichrechnung (Addieren und Subtrahieren)

Einführungsaufgabe

Eine Meisterin kauft auf einer Messe 6 Flaschen Festiger zu je 1,30€, 4 Flaschen Haarspray zu je 1,45€ und 3 Portionen Schaumtönung zu je 1,90€.

Wie viel Geld hat sie insgesamt ausgegeben?

Lösung:

6 · 1,30€ + 4 · 1,45€ + 3 · 1,90€ = 19,30€

1. Schritt: Multiplikation (Punktrechnung)
   6 · 1,30€ = 7,80€
   4 · 1,45€ = 5,80€
   3 · 1,90€ = 5,70€
2. Schritt: Addition (Strichrechnung)
   7,80€ + 5,80€ + 5,70€ = 19,30€

Versuchen Sie, mit Ihrem Taschenrechner diese Aufgabe zu lösen. Löst Ihr Taschenrechner diese Aufgabe bei Direkteingabe, so rechnet er automatisch nach der Regel: Punktrechnung geht vor Strichrechnung.
Erhalten Sie ein anderes Ergebnis als 19,30€, so müssen Sie diese Aufgaben mit dem Speicher rechnen:
M (Memory) bedeutet Speicher.
Beim Addieren wählt man die Taste M+, beim Subtrahieren die Taste M–.
Mit der MR-Taste (Memory Recall) holt man den gesamten gespeicherten Wert in das Display. Mit dem angezeigten Wert kann weitergerechnet werden.
Vor der nächsten Aufgabe muss der Speicher mit der MC-Taste (Memory Clear) geleert werden. Das M im Display erscheint dann nicht mehr.

Statt der beiden Tasten MR und MC haben manche Taschenrechner nur eine MRC-Taste.
Einmal drücken entspricht MR, zweimal drücken entspricht MC.

6 · 1,30 M+ 4 · 1,45 M+ 3 · 1,90 M+ MR = 19,30

Aufgaben

1. Aus Gründen des Umweltschutzes hat sich eine Friseurmeisterin entschieden, das Standardshampoo in 10-Liter-Kanistern zu bestellen. Aus dem ersten Kanisters werden am Montag 125 ml, am Dienstag 240 ml, am Donnerstag 265 ml sowie an den restlichen Werktagen der Woche jeweils 280 ml entnommen.
   Welche Shampoomenge ist nach der ersten Woche noch im Kanister?
2. Eine Kosmetikfirma bietet Arbeitsgeräte und Zubehör zu Sonderkonditionen an.
   Die Meisterin bestellt:

2 Haarschneidemaschinen	zu je 56,00€
3 Haarschneidescheren	zu je 22,25€
20 Haarklammern	zu je 0,20€
4 Haarbürsten	zu je 4,20€
6 Frisierumhänge	zu je 18,30€
5 Haarschneidkämme	zu je 3,20€

   Berechnen Sie den Rechnungsbetrag.

3. Beim Auspacken einer Lieferung findet eine Auszubildende die beiliegende Rechnung. Ihre Chefin bittet sie, den Betrag auf Richtigkeit zu überprüfen.

15 Flaschen Festiger	je Stück 1,15 €
12 Portionen Schaumtönung	je Stück 2,10 €
9 Flaschen Haarspray	je Stück 2,60 €

Wie hoch ist der Rechnungspreis?

4. Das Kopfhaar wächst täglich durchschnittlich 0,3 mm. Um wie viel cm muss das Haar eines Kunden gekürzt werden, wenn er 6 Wochen nach dem letzten Haarschnitt erscheint und die Haare genauso kurz haben will wie beim letzten Besuch?

5. Eine Kundin verfügt über ca. 105 000 Kopfhaare. Das Wachstum ihrer Haare liegt bei 0,32 mm täglich. Um welche Gesamtlänge (Summe des Haarwachstums aller Haare) ist das Haar an einem Tag gewachsen? Geben Sie die Länge in mm, cm, m und km an.

6. Eine junge Dame misst am 1. 1. 2002 ihr langes Haar. Bei der nächsten Messung ist es um 4,8 cm gewachsen. Ihr tägliches Haarwachstum liegt bei 0,31 mm. Wann erfolgte die zweite Messung?

7. Der menschliche Haarschopf besteht im Durchschnitt aus 110 000 Haaren. Davon fallen täglich ca. 60 Haare aus, die dann durch neue Haare ersetzt werden. Nach welcher Zeit sind alle Haare einmal ausgefallen? Geben Sie die Zeit in Jahren, Monaten und Tagen an.

8. Von den 28 Auszubildenden einer Klasse, die ihre Ausbildung beginnen, scheiden bereits während der Probezeit 1/7 aus. Vier weitere Schülerinnen haben die Hautschutzmaßnahmen nicht richtig befolgt und müssen wegen Hautproblemen die Ausbildung abbrechen. 1/5 der verbleibenden Auszubildenden legt vorzeitig die Prüfung ab. Von den restlichen Schülerinnen besteht 1/8 die Prüfung mit der Gesamtnote »Gut«.
Wie viele Auszubildende haben bei dieser Prüfung mit gutem Erfolg abgeschnitten?

9. Die Gesamtkosten für die Erwärmung des Wassers betrugen in einem Friseurbetrieb 112 € pro Monat. Durch sparsameres Umgehen mit dem warmen Wasser können 2/7 der Energiekosten eingespart werden. Um die Mitarbeiterinnen zum Sparen zu motivieren, verspricht die Meisterin, 1/3 des gesparten Jahresbetrages an die 6 Mitarbeiterinnen auszuzahlen. Mit welchem Betrag könnte jede Mitarbeiterin rechnen?

10. Eine Auszubildende überprüft die Durchschrift eines Kassenzettels. Den Betrag für das Färben kann sie nicht entziffern.

Haarschnitt	22,50 €
Färben	
Spezialkur	7,40 €
Shampoo	1,10 €
gesamt	52,50 €

Welcher Betrag wird für das Färben berechnet?

11. Eine Friseurin arbeitet in der Vorweihnachtszeit am

Montag	8 3/4 Std.
Dienstag	8 1/3 Std.
Mittwoch	7 1/5 Std.
Donnerstag	4 1/4 Std.
Freitag	8,1 Std.
Samstag	5,6 Std.

Ihre wöchentliche Arbeitszeit beträgt 37 Stunden.
a) Berechnen Sie die tatsächlichen Arbeitsstunden.
b) Wie viele Überstunden hat sie geleistet?
c) Berechnen Sie die Mehrarbeit in Minuten.

12. In einem Kanister befinden sich 5 Liter Shampoo. Es werden 4 Flaschen zu je 0,2 Liter und 2 Flaschen zu je 1/3 Liter abgefüllt. Wie viel Liter Shampoo befinden sich noch im Kanister?

13. Eine Friseurin hat mit dem Vertreter ihres Lieferanten vereinbart, dass sie bei einem Gesamteinkauf von 3.500 € innerhalb eines Kalenderjahres einen Rabatt von 8 % erhält. Bisher hat sie die folgenden Waren erhalten:

02. 02.	268,80 €
06. 04.	740,70 €
27. 05.	182,50 €
17. 08.	685,90 €
29. 09.	720,85 €

Für wie viel € muss die Friseurmeisterin noch Waren bestellen, damit sie den Rabatt erhält?

14. Auf dem Kontoauszug des Girokontos eines Friseurbetriebes sind die folgenden Buchungen ausgewiesen:

03. 10.	Bestand	5.965,30 €
08. 10.	Überweisung	435,70 €
18. 10	Scheckgutschrift	245,80 €
06. 11.	Barauszahlung	560,00 €
12. 11	Lastschrift	340,00 €
30. 11	Gehaltsüberweisungen	3.425,60 €

a) Berechnen Sie, wie hoch das Guthaben am 10. 11. war.
b) Wie hoch ist der Kontostand am Tag der letzten Buchung?

15. Ein Fingernagel wächst durchschnittlich 0,3 mm täglich. Nach der letzten Maniküre am 2. 4. bis zur nächsten Behandlung sind die Nägel einer Kundin um 0,51 cm nachgewachsen. Wann ist sie wieder zur Maniküre erschienen?

16. Für die Warmwasserzubereitung in einem Friseurbetrieb werden monatlich 195 € verbraucht. Im Damensalon ist der Verbrauch 2 1/4-mal so hoch wie im Herrensalon. Berechnen Sie die Anteile für den Damen- und den Herrensalon.

17. Das Sortiment eines Friseurfachhändlers besteht aus 100 Artikeln. Die Preise liegen bei vollen Eurobeträgen von 1 € bis 100 €. Der erste Artikel kostet also 1 €, der zweite 2 € usw. Wie viel muss ein Kunde bezahlen, wenn er jeweils einen Artikel einer Preisgruppe kauft. Suchen Sie einen kurzen Rechenweg.

2.2 Dreisatzrechnung

Der Dreisatz ist die wichtigste Rechenart im beruflichen Bereich einer Friseurin. Mit dem Dreisatz können auch die nachfolgenden Prozentaufgaben gelöst und die Lösungswege für das Mischungsrechnen abgeleitet werden.

2.2.1 Der einfache Dreisatz

Einführungsaufgabe

Ein Karton mit 24 Flaschen Farbfestiger kostet 13,20 €. Wie viel kosten 9 Flaschen?
Zunächst wird der Lösungsansatz formuliert, d. h., die Aufgabe wird geordnet hingeschrieben, wobei der gesuchte Wert rechts unten steht.

Lösungsansatz:

24 Flaschen ≙ 13,20 € *Aussagesatz*
9 Flaschen ≙ x *Fragesatz*

Lösung mit dem Dreisatz (das Ergebnis wird in **drei Sätzen** ermittelt):

1. Aussagesatz
   Der Aussagesatz wird aus dem Lösungsansatz übernommen: 24 Flaschen ≙ 13,20 €
2. Mittelsatz
   Es wird immer auf die einfache Anzahl (hier 1 Flasche) geschlossen: 1 Flasche ≙ $\frac{13{,}20\,€}{24}$
   - Wird der Wert geringer → dividieren (proportionales Verhältnis)
   - Wird der Wert größer → multiplizieren (antiproportionales Verhältnis)
3. Schlusssatz (Lösungsbruch)
   Es wird auf die gesuchte Mehrzahl (hier 9 Flaschen) geschlossen: 9 Flaschen ≙ $\frac{13{,}20\,€ \cdot 9}{24}$

Durch Ausrechnen des Lösungsbruchs erhält man die Lösung: x = 4,95 €

Die drei Schritte des Dreisatzes müssen nicht schriftlich erfolgen. Mit etwas Übung kann der Lösungsbruch direkt hingeschrieben werden.

Aufgaben

1. Für 6 Tuben Haarfarbe zahlt eine Meisterin 25,20 €. Wie hoch ist der Rechnungsbetrag für 15 Tuben?
2. Eine Dose Blondierpulver zu 500 ml kostet 4,60 €. Wie hoch ist der Materialpreis für 60 ml Blondierpulver?
3. Der Inhalt einer 0,5-Liter-Flasche Spülung reicht durchschnittlich für 35 Behandlungen. Für wie viele Spülungen reicht eine Flasche mit 1/5 Liter Spülung?
4. Zur Blondierung braucht eine Meisterin 60 ml 12%iges H_2O_2. Wie viel ml benötigt sie von 15%igem H_2O_2, aus dem sie das 12%ige H_2O_2 herstellt?
5. Für die Renovierung eines Salons sind 4 Fliesenleger 12 Tage eingeplant. Wie viele Facharbeiter müssten eingesetzt werden, wenn die Arbeiten nach 8 Tagen abgeschlossen sein sollten und alle Fliesenleger gleich schnell arbeiten?
6. Im Technologieunterricht stellen die Schülerinnen ihre kosmetischen Präparate selbst her. Für 1 680 ml einer Tagescreme brauchen sie Zutaten im Wert von 9,28 €. Sie füllen die Creme in Töpfchen zu 50 ml, runden den 3fachen Betrag der entstandenen Kosten auf den nächsten vollen Euro auf und verkaufen sie auf einem Schulbasar. Zu welchem Preis werden 50 ml der Creme angeboten?
7. Die Friseurinnen eines Salons sind am Verkaufsumsatz beteiligt. Petra erzielt einen Umsatz von 845 € und erhält dafür eine Verkaufsprovision von 21,13 €. Wie hoch ist ihr Verkaufsumsatz, wenn sie im folgenden Monat 32,43 € Provision erhält?
8. Beim Einkauf einer Kosmetikserie von einem amerikanischen Kosmetikkonzern ist der Preis in Dollar und Euro ausgewiesen. Die Friseurmeisterin kann wählen, ob sie 2.221,64 US$ oder 2.420,60 € überweist. Wie hoch ist der Eurobetrag einer anderen Rechnung, wenn bei gleichem Wechselkurs 3.125,25 US$ in Rechnung gestellt werden?
9. Die Schülerinnen stellen im Technologieunterricht Festiger her. Den Alkohol verdünnen sie auf die gewünschte Prozentstärke. Bei der Verwendung von 60%igem Alkohol kostet er insgesamt 23,50 €. Wie teuer ist die gleiche Menge eines 40%igen Alkohols?
10. Der Inhalt einer 0,2-Liter-Flasche Shampoo reicht durchschnittlich für 16 Haarwäschen.
    a) Für wie viele Haarwäschen reicht eine Flasche mit 1/3 Liter Shampoo?
    b) Welche Restmenge bleibt bei der größeren Flasche übrig, wenn immer die gleichen Mengen für die Haarwäschen abgemessen werden?
11. Für 9 Friseurinnen reicht der Vorrat an Handschuhen 63 Arbeitstage. Nach 13 Tagen verlassen 4 Friseurinnen den Betrieb. Wie lange reicht der verbliebene Vorrat bei gleich bleibendem Verbrauch?
12. In einem Friseurbetrieb, in dem 6 Friseurinnen beschäftigt sind, wird in 17 Tagen ein bestimmter Shampoovorrat verbraucht. Nach 5 Tagen werden 2 weitere Friseurinnen eingestellt. Wie lange würde der restliche Vorrat bei gleichem Verbrauch je Friseurin noch reichen?

2.2.2 Der zusammengesetzte Dreisatz

Der zusammengesetzte Dreisatz besteht aus mehreren einfachen Dreisätzen, die nacheinander gelöst werden.

Einführungsaufgabe

Eine Packung mit 24 Flaschen Haarwäsche, die je 45 ml enthalten, kostet 18,00 €.
Wie teuer müssten 40 Flaschen mit je 75 ml Inhalt sein, wenn der Preis für 1 ml gleich ist?

Lösungsansatz:

24 Flaschen	je	45 ml	kosten	18,00 €	*Aussagesatz*
40 Flaschen	je	75 ml	kosten	x	*Fragesatz*

Lösung in 5 Sätzen:

1. Satz:	24 Flaschen	je	45 ml	kosten	18,00 €
2. Satz:	1 Flasche	je	45 ml	kostet	$\frac{18{,}00\,€}{24}$
3. Satz:	40 Flaschen	je	45 ml	kosten	$\frac{18{,}00\,€ \cdot 40}{24}$
4. Satz:	40 Flaschen	je	1 ml	kosten	$\frac{18{,}00\,€ \cdot 40}{24 \cdot 45}$
5. Satz:	40 Flaschen	je	75 ml	kosten	$\frac{18{,}00\,€ \cdot 40 \cdot 75}{24 \cdot 45}$

Lösungsbruch:

$$x = \frac{18{,}00\,€ \cdot 40 \cdot 75}{24 \cdot 45}$$

$$x = 50\,€$$

Lösen Sie die folgenden Aufgaben, indem Sie zunächst den Lösungsansatz formulieren und dann den Lösungsbruch hinschreiben.

Aufgaben

1. Für 5 Friseurinnen im 3. Gesellenjahr zahlt ein Friseurmeister in 8 Monaten 46 382,40 € Lohn. Wie viel verdienen 7 Friseurinnen, die alle den gleichen Lohn erhalten, in 6 Monaten?

2. Zur Herstellung von Haarteilen wird ein Stück Gaze von 18 cm Länge und 10 cm Breite benötigt.
Wie teuer ist die Gaze, wenn der Preis für ein 1,50 m langes und 80 cm breites Stück 62,20 € beträgt?

3. Für ein geknüpftes Haarteil von 30 cm² Größe werden für 36 € europäisches Haar benötigt, das 420 € je kg kostet. Ein 42 cm² großes Haarteil wird mit vergleichbarem asiatischen Haar hergestellt. Wie teuer ist das benötigte asiatische Haar bei einem Kilopreis von 280 €?

4. Zur Herstellung von Festigern verwenden die Schülerinnen einer Klasse 60%igen Alkohol. Der Preis pro Liter beträgt 13,50 €. Wie teuer sind 80 ml eines 40%igen Alkohols, der aus dem 60%igen Alkohol durch Wasserzugabe hergestellt wird?

5. Eine bestimmte Menge eines Spezialshampoos im Werte von 14,25 € steht zur Verfügung. Werden 8 ml für eine Behandlung verbraucht, so reicht die Menge für 42 Kundinnen. Wie teuer ist das Shampoo für 35 Kundinnen bei einem Verbrauch von 6 ml je Haarwäsche?

6. Das Pflegeshampoo für 24 Haarwäschen, bei denen jeweils 15 ml Shampoo verbraucht werden, liegt bei 6,70 €. Wie teuer ist das Material für 45 Haarwäschen, wenn nur 10 ml Shampoo pro Haarwäsche erforderlich sind?

7. Für die Erstellung von 12 Dauerwellen, für die jeweils 1 Stunde Arbeitszeit angesetzt ist, fallen Lohnkosten in Höhe von 108 € an. Wie hoch ist der Lohnanteil für 9 Teildauerwellen, für die jeweils 20 Minuten Arbeitszeit erforderlich sind?

8. Für 800 € bekommt ein Sparer in 3 1/2 Jahren 80 € Zinsen. Wie viel Geld müsste er anlegen, um unter gleichen Voraussetzungen in 1 3/4 Jahren 240 € Zinsen zu erhalten?

9. Eine Friseurmeisterin legt 6 000 € zu 3 2/3% für 4 1/2 Jahre an. Wie groß muss der angelegte Betrag sein, wenn sie in 3 1/3 Jahren bei einem Zinssatz von 5 1/3 % den gleichen Zinsbetrag erhalten will?

10. Das Kräutershampoo für 22 Haarwäschen kostet bei einem Verbrauch von 15 ml je Haarwäsche 6,15 €. Wie viel ml von demselben Shampoo werden pro Haarwäsche eingesetzt, wenn für 54 Haarwäschen Shampoo im Werte von 12,05 € verbraucht wird?

11. Das Schuppenshampoo für 28 Haarwäschen kostet 3,10 € bei einem Verbrauch von 8 ml pro Haarwäsche. Wie viele Haarwäschen sind bei einem Verbrauch von 6 ml Shampoo möglich, wenn für 5,14 € Shampoo zur Verfügung steht?

12. In einer Fabrik werden Haararbeiten durchgeführt. Um dort 18 Haarteile von gleicher Größe herzustellen, brauchen 4 Facharbeiter bei 5 1/2stündiger täglicher Arbeitszeit 3 Tage. Welche Zeit benötigen 12 Fachkräfte für 24 dieser Haarteile, wenn die tägliche Arbeitszeit 8 1/4 Stunden beträgt? Geben Sie die benötigte Zeit in Tagen, Stunden und Minuten an.

2.3 Prozentrechnung

Das Prozentrechnen ist die im privaten und im beruflichen Bereich am häufigsten angewandte Rechenart. Ein Beispiel für die Anwendung des Prozentrechnens ist die folgende Pressemitteilung:

»Am vergangenen Montag nahmen 25 Auszubildende des Friseurhandwerks an der Gesellenprüfung teil, von denen 12 % die Prüfung mit der Note »Gut« bestanden. Die 3 jungen Fachkräfte wurden besonders geehrt.«

Einführung der Begriffe *Grundwert*, *Prozentwert* und *Prozentsatz*

- Der **Grundwert** ist das Ganze. In diesem Fall ist der Grundwert 25. Der Grundwert entspricht immer 100 %.
- Der **Prozentwert** ist ein bestimmter Anteil vom Grundwert, in diesem Fall ist der Prozentwert 3.
- Der **Prozentsatz** gibt diesen Anteil bezogen auf 100 an. In diesem Fall beträgt der Prozentsatz 12 % (12 Prozent heißt 12 von Hundert).

Beim Prozentrechnen sind 2 der 3 Werte bekannt. Der fehlende 3. Wert muss ausgerechnet werden. Dies kann z. B. mit dem Dreisatz erfolgen.

2.3.1 Berechnen des Prozentwerts

Einführungsaufgabe

Von den 25 Schülern der erwähnten Friseurklasse bestehen 12 % mit der Note »Gut«. Berechnen Sie die Anzahl der guten Schüler.

I. Lösungsansatz:

100 % ≙ 25 Azubis
12 % ≙ x

II. Lösungsbruch:

$$x = \frac{25 \cdot 12}{100}$$

x = 3 Azubis der Klasse bestehen mit »Gut«.

Der Prozentwert kann direkt mit der %-Funktion des Taschenrechners berechnet werden:

Grundwert · Prozentsatz %-Taste → Prozentwert
25 · 12 %-Taste → 3

Aufgaben

1. Der Anteil von waschaktiven Substanzen (WAS) in einem Shampoo liegt bei 35 %. Wie viel g WAS sind in 65 g des Shampoos enthalten?
2. In einer Zitronenspülung sind 3,2 % Zitronensäure, und 5,6 % andere Säuren (Apfelsäure, Weinsäure, Milchsäure) zum Adstringieren des Haars enthalten. Wie viel ml der Säuren befinden sich in 0,7 l dieser Spülung?
3. Der Wasseranteil eines Shampoos liegt bei durchschnittlich 30 %. Wie viel ml Wasser sind in 0,75 l des Shampoos enthalten?
4. Ein Schuppenshampoo enthält Pyrithionverbindungen und Salicylsäure. Diese Schuppenwirkstoffe machen in einem Spezialshampoo 3,5 % aus. Wie hoch ist ihr Anteil in 250 g eines solchen Shampoos?
5. Die Vergütung einer Auszubildenden beträgt 430,00 €. Sie wird um 8 % erhöht. Wie viel Euro verdient sie nach der Erhöhung?
6. Von den 95 000 Haaren einer Kundin befinden sich 84 % in der Wachstumsphase, 15 % in der Ruhephase und die restlichen Haare in der Übergangsphase. Berechnen Sie, wie viele Haare sich in den einzelnen Phasen befinden.
7. Die Reißfestigkeit von Haaren nimmt durch chemische Behandlungen ab. Durch Messen der Zugkraft stellen Sie fest, dass ein dauergewelltes Haar um 12 % und ein hochgradig blondiertes Haar bereits um 70 % früher reißt als ein vergleichbares unbehandeltes Haar, das erst bei einer Zugkraft von 105 g reißt. Bei welcher Belastung reißen die chemisch behandelten Haare?
8. Bei einer Kundin befinden sich 13 1/3 % aller 105 000 Kopfhaare in der Ruhephase. Berechnen Sie die Zahl der Kolbenhaare.
9. In einem angerührten Pflanzenfarbbrei sind 16 2/3 % Pflanzenfarbe enthalten. Wie viel g Pflanzenfarbe befinden sich in 198 g eines Farbbreis?
10. Der Wasseranteil eines Pflanzenfarbbreis liegt bei 83 %. Wie viel g Wasser sind in 160 g des angerührten Farbbreis enthalten?
11. Ein Gesichtswasser für unreine Haut enthält 60 % Isopropanol. Wie hoch ist der Anteil des reinen Alkohols bei 150 ml dieses Gesichtswassers?
12. In einem Friseurbetrieb ist die Prämie für Zusatzverkäufe gestaffelt. Bei einem Umsatz bis 100 € beträgt die Verkaufsprämie 3 1/3 %. Für den Betrag, der zwischen 100 und 200 € liegt, erhöht sich die Prämie um 1 %. Für die Beträge, die über 200 € liegen, werden 5 1/4 % Prämie gewährt. Wie hoch ist die Prämie bei einem Umsatz von 345 €?
13. Die Querschnittsfläche eines Haares mit rundem Querschnitt beträgt 0,005 mm^2. Wie groß ist der Durchmesser eines anderen Haars, das 35 % dünner ist?

2.3.2 Berechnen des Prozentsatzes

Einführungsaufgabe

In Ihrer Klasse sind insgesamt 25 Auszubildende, von denen 3 männlich sind. Wie viel Prozent sind das?

I. Lösungsansatz:

25 Azubis ≙ 100 %

3 männl. Azubis ≙ x %

II. Lösungsbruch:

$$x = \frac{100\,\% \cdot 3}{25}$$

$x = 12\,\%$

Kontrolle mit dem Taschenrechner:

Grundwert	·	Prozentsatz	%-Taste → Prozentwert
25	·	12	%-Taste → 3

Aufgaben

1. Der Preis für einen Kinderhaarschnitt ist von 12,60 € auf 13,20 € gestiegen. Berechnen Sie die prozentuale Preiserhöhung.

2. Die Auszubildenden eines Friseursalons haben die Aufgabe, die Gesamtzahl der Haare und den Weißanteil bei einer Kundin zu schätzen. Petra glaubt, die Kundin habe 105 000 Haare und davon seien ca. 42 000 ergraut. Dagegen geht Doreen davon aus, dass von den geschätzten 95 000 Haaren der Kundin 40 000 ergraut sind. Wie hoch wird in beiden Fällen der Prozentsatz der ergrauten Haaren geschätzt?

3. Für eine Haarwäsche werden in einem Salon durchschnittlich 12 Liter Wasser verbraucht. Durch sparsameres Umgehen mit dem Wasser kann die gleiche Wirkung auch mit 8,5 Litern erzielt werden. Wie viel Prozent sind dadurch gespart worden.

4. Der Einkaufspreis einer Flasche Shampoo von 1 Liter beträgt 9,20 €. Dagegen kostet eine Portionsflasche mit 50 ml des gleichen Shampoos 0,80 €. Um wie viel Prozent ist das Shampoo in diesem Fall in Portionsflaschen teurer als in Literflaschen?

5. Eine Auszubildende im 1. Ausbildungsjahr möchte den Weißanteil von Haaren richtig einschätzen. Um ihre Treffsicherheit zu testen, zählt sie eine Strähne von 85 Haaren aus, von denen 9 weiß sind.
   Wie hoch ist der prozentuale Weißanteil?

6. Im Friseurfachmarkt erhält Petra für einen Föhn, der mit 35 € ausgezeichnet ist, einen Preisnachlass von 6,80 €. Wie viel Prozent Rabatt sind das?

7. Von den 105 000 Haaren eines Kunden sind 1 575 Haare in der Übergangsphase, 16 800 Haare in der Ruhephase und die übrigen Haare in der Wachstumsphase. Berechnen Sie den prozentualen Anteil der Haare der jeweiligen Phase.

8. Im Technologieunterricht werden Dehnungsversuche von Haaren durchgeführt. Ein unbehandeltes Haar von 12 cm Länge reißt bei einer Dehnung um 4,3 cm. Um wie viel Prozent ist es gedehnt worden?

9. Ein 15 cm langes Haar wird um 5 cm gedehnt. Anschließend wird das Haardehnungsgerät wieder auf die Ausgangslänge von 15 cm zurückgekurbelt. Das gedehnte Haar zieht sich bis auf einen Dehnungsrückstand von 2 mm auf die alte Länge zurück. Um wie viel Prozent ist das Haar irreversibel gedehnt?

10. Beim Färben mit Pflanzenfarben wird das Pulver mit warmem Wasser zu einem sämigen Brei verrührt. In 185 g eines angerührten Pflanzenbreis sind 35 g Pflanzenfarbe enthalten. Wie hoch ist der prozentuale Anteil der Pflanzenfarbe im Farbbrei?

11. Eine Friseurin erzielte in einem Monat einen Verkaufsumsatz von 628,00 € und erhielt dafür eine Prämie von 17,27 €. Wie viel Prozent des erzielten Umsatzes erhält sie als Verkaufsprovision?

12. Der Thioglykolatanteil einer Dauerwellflüssigkeit für normale Haarstruktur liegt bei 9 %. Durch Zugabe von 20 % Wasser kann die Wellflüssigkeit auf eine geschädigte Haarstruktur eingestellt werden. Wie hoch ist in dieser Wellflüssigkeit der Thioglykolatanteil?

13. Eine Dauerwelle kostete bis zum 31. 12. 2001 75,00 DM. Die Meisterin zeichnete die Preise zum 1.1.2002 in Euro aus. Sie entschied sich, die Preise auf volle Eurowerte auf- oder abzurunden. Der Umrechnungskurs betrug 1 € = 1,95 DM.
    a) Wie viel betrug die prozentuale Preiserhöhung, wenn sie aufrundete?
    b) Um wie viel Prozent reduzierte sie den Preis, wenn sie abrundete?

14. Nach Abzug der Steuern und Sozialversicherungen bekommt eine Friseurin 946,45 € ausgezahlt. Ihr Bruttolohn liegt bei 1.365,60 €. Wie viel Prozent betragen die gesamten Abzüge?

15. Mit einem Haarmessgerät können Sie den Durchmesser des Haars und die Form des Haarquerschnitts feststellen. Ihr Haar hat einen runden Querschnitt und ist 0,05 mm dick. Das Haar ihrer Nachbarin ist ebenfalls rund, hat aber einen Durchmesser von 0,07 mm.
    a) Um wie viel Prozent ist das Haar Ihrer Nachbarin dicker als Ihr Haar?
    b) Um wie viel Prozent ist die Querschnittsfläche des Haares größer?

2.3.3 Berechnen des Grundwerts

Einführungsaufgabe

Die 3 männlichen Auszubildenden einer Friseurklasse machen 12 % der Gesamtschülerzahl dieser Klasse aus. Wie groß ist die Klasse?

I. Lösungsansatz:

12 % ≙ 3 Schüler
100 % ≙ x

II. Lösungsbruch:

$$x = \frac{3 \text{ Schüler} \cdot 100}{12}$$

x = 25 Schüler

Kontrolle mit dem Taschenrechner:

Grundwert · Prozentsatz %-Taste = Prozentwert
25 · 12 %-Taste = 3

Aufgaben

1. In einem Shampoo liegt der Tensidanteil bei 28 %. Bei der Herstellung eines Shampoos stehen 135 ml Tenside zur Verfügung. Wie viel ml Shampoo können daraus hergestellt werden?

2. Im Technologieunterricht werden Shampoos selbst hergestellt. Eine Gruppe errechnet, dass 2,8 g Kräuterextrakte zugesetzt werden müssen, wenn ihr Anteil 0,8 % betragen soll. Wie viel g Kräutershampoo erhalten die Schülerinnen nach dieser Rezeptur?

3. Von den Haaren eines Schopfes befinden sich 84 % in der Wachstumsphase (Anagenphase). Berechnen Sie die Haare eines Kopfes, wenn die Anzahl der Anagenhaare 92 400 beträgt.

4. Wie viel Haare befinden sich auf einem Kopf, wenn die 15 % der in der Ruhephase (Telogenphase) befindlichen Haare 16 200 betragen?

5. Eine Kundin verliert durchschnittlich 80 Haare täglich. Das entspricht ungefähr 0,07 % aller Haare. Wie viele Haare befinden sich auf dem Kopf der Kundin?

6. Das Haar besteht aus 5 chemischen Elementen mit den folgenden Anteilen:
   50 % Kohlenstoff = C
   23 % Sauerstoff = O
   17 % Stickstoff = N
   5 % Wasserstoff = H
   5 % Schwefel = S
   a) In einem Haarschopf sind 25,3 g Sauerstoff gebunden.
   Wie schwer ist in diesem Fall das gesamte Kopfhaar?
   b) Wie viel wiegt der Haarschopf eines Mädchens, in dem 11,75 g Schwefel enthalten sind?

7. Nach einer Tariferhöhung setzt eine Friseurmeisterin die Preise um durchschnittlich 4,5 % herauf. Bei einer Dauerwelle beträgt die Preiserhöhung 1,80 € und beim modischen Herrenhaarschnitt 1,00 €. Wie hoch waren die Preise vor der Erhöhung?

8. Wie hoch ist das Bruttogehalt einer Friseurin, wenn ihr gesetzlicher Krankenkassenanteil von 6,7 % 83,75 € beträgt?

9. Eine Auszubildende spart monatlich 21,50 €. Das sind exakt 5 % ihrer Bruttobezüge.
   Wie viel verdient sie brutto?

10. Petra kauft in ihrem Betrieb Haarpflegepräparate für sich und ihren Freund. Sie nimmt den Personalrabatt von 25 % in Anspruch. Ihr werden am Monatsende für diese Artikel 16,20 € einbehalten.
    Wie viel hätte ein Kunde für diese Artikel zahlen müssen?

11. Eine Cremedose ist mit einer Tagescreme gefüllt. Die Creme enthält 6 % Emulgatoren und 3 1/3 mal so viel Fettstoffe. Der Fettanteil beträgt insgesamt 25 g.
    Wie viel g Creme sind in der Dose?

12. Zur Herstellung eines Pflanzenfarbbreis werden 35 g Pflanzenfarbe verwendet, was einem prozentualen Anteil von 16 2/3 % entspricht.
    Wie viel g Farbbrei stehen zur Verfügung?

13. Der Preis für einen Kosmetikkoffer wurde um 2,10 € heraufgesetzt. Das entspricht einer Preiserhöhung von 3 %.
    Wie hoch war der alte Preis und was kostet der Koffer nach der Preiserhöhung?

14. Ein Friseurbetrieb hat seinen Umsatz durch Werbeaktionen um 1 150 € im Monat gesteigert. Das sind 2,5 % des bisherigen Umsatzes.
    Welche Umsätze wurden vor und nach der Werbeaktion erzielt?

15. Ein Dermatologe erstellt bei einer Patientin, die unter Haarausfall leidet, ein Trichogramm (Haaruntersuchung), um herauszufinden, wie viele Haare sich in den einzelnen Phasen des Haarwechsels befinden. Danach sind nur 19 Haare in der Wachstumsphase, was einem Prozentsatz von 76 % entspricht.
    Wie viele Haare hat er untersucht?

16. In einer Aktionswoche erhöht eine Friseurmeisterin die Verkaufsprämie um das 1 1/4fache auf 6 3/4 %. Anja hat in dieser Woche 7,50 € mehr erhalten, als sie für den gleichen Umsatz in der Vorwoche bekommen hätte.
    Wie hoch war Anjas Verkaufsumsatz in der Aktionswoche?

2.3.4 Vermehrter und verminderter Grundwert

Bei diesen Aufgaben ist der Grundwert erhöht oder vermindert worden. Der veränderte Grundwert ist bekannt bzw. kann ermittelt werden.

Einführungsaufgabe

Nach Auflösung einer Parallelklasse kommen neue Schüler in die Klasse. Die Klassenstärke erhöht sich um 20 % auf 30 Schüler. Wie viele Schüler waren ursprünglich in der Klasse?

Grundwert	= 100 %
Erhöhung um	+ 20 %
Vermehrter Grundwert	120 %

I. Lösungsansatz:

120 % = 30 Schüler
100 % = x

II. Lösungsbruch:

$$x = \frac{30\ \text{Schüler} \cdot 100}{120}$$

x = 25 Schüler

Kontrolle mit dem Taschenrechner:

Grundwert + Prozentsatz %-Taste = vermehrter Grundwert
25 + 20 %-Taste = 30

Aufgaben

1. Nach Einführung einer neuen Marke reduziert eine Chefin den Preis für ein Shampoo um 15 %. Eine Flasche kostet jetzt 2,55 €. Wie hoch war der alte Preis?

2. Im Herrensalon sind die Preise um ca. 6 % erhöht worden. Die Bedienungspreise für den Kinderhaarschnitt liegen nun bei 8,50 €, für den Trockenhaarschnitt bei 13,50 € und für den modischen Haarschnitt mit Waschen und Föhnen bei 21,20 €. Wie hoch waren die Preise vor der Erhöhung?

3. Bei einer Dauerwellübung an einer Haarsträhne hat das Haar einen Gewichtsverlust von 4,5 % erlitten. Eine Strähne wiegt nun 11,46 g. Wie schwer war sie vor der Behandlung?

4. Durch längere Lagerung können sich Haarpackungen zersetzen. Aus diesem Grunde sollen in einem Salon die alten Bestände schnell verkauft werden. Der Preis je Packung wird um 18 % und nochmals um 0,04 € herabgesetzt. Der neue Verkaufspreis beträgt 1,60 €. Wie hoch war der ursprüngliche Preis?

5. Nach einer Lohnerhöhung um 5,5 % verdient eine Friseurin brutto 1 181,60 €. Wie viel hat sie vor der Erhöhung brutto verdient?

6. Eine Auszubildende erhält aufgrund von Umsatzbeteiligungen 34 % ihrer Ausbildungsbeihilfe als besondere Gratifikation ausgezahlt. Insgesamt erhält sie am Monatsende 428,80 € auf ihr Konto überwiesen. Wie hoch ist ihre Ausbildungsvergütung?

7. Bei Übungen zur Haardehnung wurde ein Haar um 55 % gedehnt. Es riss bei einer Länge von 16,8 cm. Wie lang war das Haar ursprünglich?

8. Durch eine Umsatzbeteiligung am Verkaufsgeschäft verdient eine Friseurin 24 % zusätzlich. Sie bekommt 1 366,48 € ausgezahlt. Wie hoch ist ihr Nettoeinkommen ohne Umsatzbeteiligung?

9. Eine Geltönung, die aus der Flasche direkt oder mit dem Pinsel aufgetragen werden kann, ist um 5 % auf 8,84 € verteuert worden. Zu welchem Preis wurde die Tönung vor der Erhöhung angeboten?

10. Zu einem angerührten Pflanzenbrei gibt eine Meisterin noch 3 % einer Ö/W-Emulsion, um die Pflegewirkung und die Konsistenz zu verbessern. Es entstehen so 196,10 g. Wie viel g Pflanzenfarbbrei hat sie angerührt?

11. Eine 200-ml-Sprühflasche »Keratin-Flüssighaar-Kur« wird in einem Katalog angeboten. Die gleiche Kur kostet in der 1-Liter-Nachfüllflasche 19,80 €, das ist 40 % günstiger pro ml als das gleiche Produkt in der 200-ml-Sprühflasche. Wie teuer sind 200 ml in der kleineren Flasche?

12. Eine Friseurmeisterin bekommt von ihrem Lieferanten einen Rabattsatz von 32 % eingeräumt. Sie bezahlt die Rechnung innerhalb von 14 Tagen und darf deshalb nochmals 2 % Skonto abziehen. Wie hoch ist der Listenpreis einer Lieferung, wenn die Chefin sofort nach Erhalt der Rechnung 1.135,00 € überweist?

13. Der Preis für ein Haarteil wurde zunächst um 20 % erhöht und nach drei Monaten um 10 % reduziert. Der aktuelle Verkaufspreis beträgt nun 113,40 €. Wie teuer war das Haarteil ursprünglich?

14. Eine Perücke konnte zunächst nicht verkauft werden. Die Meisterin reduzierte den Preis 4-mal um jeweils 10 %, rundete ihn dann um 1,27 € auf 80,00 € auf. Wie hoch war der ursprüngliche Preis?

15. Eine Friseurmeisterin erhöht den Verkaufspreis ihrer Föhne um 10 %. Zum Jahresende reduziert sie den Preis der nicht verkauften Geräte um 10 % und zeichnet sie mit 29,70 Euro aus. Berechnen Sie den ursprünglichen Verkaufspreis eines Föhns.

16. Ein Haar wird mit einem Haardehnungsgerät um 35 % gedehnt. Anschließend zieht es sich wieder um 10 % zusammen. Es misst nun 12,15 cm. Wie lang war das Haar, bevor es gedehnt wurde?

2.4 Verteilungsrechnen

Aus Kostengründen und aus Gründen des Umweltschutzes werden immer häufiger Friseurpräparate als Konzentrate angeboten. Die Friseurin muss nun nach einem angegebenen Mischungsverhältnis aus dem Konzentrat das gebrauchsfertige Präparat herstellen. Dazu sind Kenntnisse aus dem Verteilungsrechnen erforderlich.

2.4.1 Verteilungsrechnen bei gegebenem Mischungsverhältnis

Einführungsaufgabe

1. Die Gesamtmenge der Verdünnung wird gesucht

Einführungsaufgabe:
20 ml eines Haarwaschmittelkonzentrats sind im Verhältnis 1:5 zu verdünnen.
Wie viel ml Wasser sind erforderlich?
Wie viel ml gebrauchsfertiges Shampoo entstehen?
Die zu mischenden Mengen sind ein Vielfaches der Verhältniszahlen 1 und 5.
Bei 20 ml eines Konzentrats (Menge 1 = M_1) wird also die 5fache Menge Wasser, also 100 ml, hinzugegeben (Menge des Wassers = M_2).
Die Gesamtmenge (M_g) ergibt sich aus der Addition der Mengen M_1 und M_2.
Die Verhältniszahlen werden als Mengenteil (**Mt**) bezeichnet.
Die Mengenteile der Gesamtmenge (Mt_g) ergeben sich aus der Addition der Mengenteile Mt_1 und Mt_2.

$Mt_1 = 1$ $M_1 = 20\,ml$
$Mt_2 = 5$ $M_2 =$
$Mt_g = 6$ $M_g =$

Lösung mit dem Dreisatz:

1 Mt_1 (Konzentrat) = 20 ml
5 Mt_2 (Wasser) = M_2

$M_2 = 20\,ml \cdot 5$
$M_2 = 100\,ml$
$M_g = M_1 + M_2$
$M_g = 20\,ml + 100\,ml$
$M_g = 120\,ml$

2. Die Mengen des Konzentrats (M_1) und des Verdünnungsmittels (M_2) werden gesucht

Einführungsaufgabe:
Bei der gleichen Aufgabe sind diesmal das Verdünnungsverhältnis von **1:5** und die Gesamtmenge der entstandenen gebrauchsfertigen Waschlösung von 120 ml gegeben.
Zu berechnen sind die Menge des Konzentrats und des Wassers.

$Mt_1 = 1$ $M_1 =$
$Mt_2 = 5$ $M_2 =$
$Mt_g = 6$ $M_g = 120\,ml$

Lösung mit dem Dreisatz:

6 Mt_g ≙ 120 ml
5 Mt_2 ≙ M_2

$$M_2 = \frac{120\,ml \cdot 5}{6}$$

$M_2 = 100\,ml$ Wasser

Durch Subtraktion erhält man M_1:
$M_1 = Mg - M_2$ $M_1 = 120\,ml - 100\,ml$
$M_1 = 20\,ml$

Aufgaben

1. In einem Friseursalon werden sehr häufig Konzentrate eingesetzt, um so die Kosten zu senken und den Abfall gering zu halten. Die Konzentrate werden nach den aufgeführten Mischungsverhältnissen verdünnt.
Berechnen Sie die in der Tabelle fehlenden Mengen.

Mischungsverhältnis	Konzentrat	Verdünnungsmittel	Gebrauchsfertiges Präparat
1:3	60 ml		
1:5		180 ml	
1:4			125 ml
1,5:2,5	45 ml		

2. Durch Mischen eines Haarwaschmittelkonzentrats mit Wasser im Verhältnis 1:3 sind 90 ml gebrauchsfertiges Shampoo hergestellt worden. Wie viel ml des Konzentrats und wie viel ml Wasser wurden gemischt?

3. Für eine empfindliche Kopfhaut muss ein Shampoo mit Wasser im Verhältnis 2:5 verdünnt werden. Wie viel Shampoo und Wasser sind erforderlich, um 175 ml gebrauchsfertiges Haarwaschmittel herzustellen?

4. In einem Shampoo sind die Wirkstoffe, Tenside und Wasser im Verhältnis 2:3:5 gemischt.
   a) In wie viel ml Shampoo sind 42 ml reines Tensid enthalten?
   b) Wie viel ml der Wirkstoffe und des Wassers sind in dieser Shampoomenge enthalten?

5. 40 ml eines Haarwaschmittels sollen im Verhältnis 1:12 verdünnt werden. Wie viel ml gebrauchsfertige Waschlösung entstehen dabei und wie viel ml Wasser müssen hinzugegeben werden?

6. Für strukturgeschädigtes Haar muss eine Dauerwellflüssigkeit im Verhältnis 1:2 verdünnt werden. Wie viel des Konzentrats und wie viel Wasser sind erforderlich, um 60 ml gebrauchsfertige Dauerwellflüssigkeit herzustellen?
7. Zur Verdünnung einer Dauerwelle im Verhältnis 2:3 mischt eine Friseurin 60 ml Wasser mit einem Konzentrat. Wie viel ml gebrauchsfertige Dauerwellflüssigkeit sind dabei entstanden?
8. Laut Rezeptur werden Pflanzenfarbe und Wasser im Verhältnis 1:6 zusammengegeben. Dabei entstehen 224 g angerührter Farbbrei. Wie viel g Pflanzenfarbe und wie viel g Wasser sind gemischt worden?
9. In einem Friseurbetrieb verhalten sich die Zahlen der Kundinnen, bei denen blondiert, gefärbt und getönt wird, wie 1:2:3. Insgesamt fielen in einem Zeitraum 132 dieser farbverändernden Arbeiten an. Wie viele Kundinnen ließen sich jeweils die Haare blondieren, färben und tönen?
10. Für Werbung gibt ein Friseurbetrieb insgesamt 2.464 € im Jahr aus. Die Ausgaben verteilen sich auf Zeitung, Kino und Lokalrundfunk im Verhältnis 1:2:5. Wie viel sind für die verschiedenen Medien jeweils ausgegeben worden?
11. Eine Friseurmeisterin mischt für eine Blondierwäsche Shampoo, Blondiergel, 12%iges H_2O_2 und Wasser im Verhältnis 1:1 1/4:2 1/4:4 1/2. Sie stellt insgesamt 45 ml der Blondierwäsche her. Wie viel ml der einzelnen Komponenten hat sie zusammengegeben?
12. In einem Shampoo sind Tenside, spezielle Wirkstoffe zur Pflege von Haar und Kopfhaut sowie Wasser enthalten. Der Wirkstoffanteil ist 2 1/4-mal so hoch wie der Tensidanteil und der Anteil des Wassers ist 1 1/3-mal so hoch wie der Anteil der Wirkstoffe. Wie viel ml der einzelnen Bestandteile sind in 625 ml Shampoo enthalten?
13. In einem Friseurbetrieb verhielten sich im vergangenen Monat die Zahlen der Kundinnen des Nagelstudios, des Farbstudios und des Bereichs Schneiden und Gestalten wie 1:3:5. Das Farbstudio verzeichnete in diesem Zeitraum 87 Kundinnen.
    a) Wie viele Kundinnen besuchten insgesamt den Betrieb?
    b) Wie viele Kundinnen kamen ins Nagelstudio?

2.4.2 Verteilungsrechnen bei gegebenen Mengen

Einführungsaufgabe

Das Mischungsverhältnis wird gesucht.
20 ml Konzentrat und 100 ml Wasser werden gemischt. Das Mischungsverhältnis soll berechnet werden.
Die beiden Werte werden als Bruch geschrieben und so weit wie möglich gekürzt. In diesem Fall werden Zähler und Nenner durch 20 dividiert.

$\frac{20\,\text{ml } M_1}{100\,\text{ml } M_2} = \frac{1}{5} = 1{:}5$ Das Mischungsverhältnis ist also 1 : 5.

Aufgaben

1. Im Salon sind zu 45 ml 18%igem H_2O_2 135 ml Wasser gegeben worden. In welchem Mischungsverhältnis sind H_2O_2 und Wasser gemischt worden?
2. 55 ml eines Fixierkonzentrats müssen mit Wasser gemischt werden. Es entstehen 165 ml gebrauchsfertige Fixierung. Berechnen Sie das Mischungsverhältnis.
3. Durch Zugabe von 180 ml Wasser zum Konzentrat entstehen 240 ml gebrauchsfertiges Shampoo. In welchem Verhältnis ist gemischt worden?
4. Eine Meisterin mischt 42,5 g Pflanzenfarbe und 212,5 g Wasser zu einem sämigen Farbbrei. Berechnen Sie das Mischungsverhältnis.
5. Aus 35 ml Shampookonzentrat werden durch Wasserzugabe 210 ml gebrauchsfertiges Shampoo hergestellt. In welchem Verhältnis sind die beiden Komponenten zu mischen?
6. Für eine Blondierwäsche werden 10 ml Shampoo, Blondiercreme, 30 ml H_2O_2-Lösung und 45 ml Wasser zu 100 ml Blondierwaschlösung gemischt. Berechnen Sie das Mischungsverhältnis der einzelnen Bestandteile.
7. Für eine Blondierwäsche werden 15 ml Blondiermittel benötigt. Die Shampoomenge beträgt 50 % des Blondiermittels. Die Menge des H_2O_2 ist um 50 % größer als die Menge des Blondiermittels. Die Menge des zugegebenen Wassers ist um 100 % größer als die Menge der H_2O_2-Lösung. Berechnen Sie das Mischungsverhältnis der Komponenten beginnend mit der kleinsten Zahl.
8. Zur Herstellung einer Haarkur gibt man zu 100 ml eines Emulgators die 2 2/5fache Menge an Spezialwirkstoffen und die 1 1/3fache Menge der Spezialwirkstoffe an Ölen hinzu. Durch Zugabe von destilliertem Wasser entstehen 1 100 ml Haarkur. Berechnen Sie das Mischungsverhältnis der Bestandteile.
9. In einem Shampoo sind Tenside, Konditionierungsmittel, 62,5 ml spezielle Wirkstoffe und Wasser gemischt. Die Wirkstoffmenge ist das 1 1/4fache der Konditionierungsmittel und diese sind die 4fache Menge des Tensids. Die zugegebene Wassermenge ist der 1 3/7te Teil der Summe aus den Tensiden, den Konditionierungsmitteln und den Wirkstoffen. Berechnen Sie die Gesamtmenge des Shampoos und das Mischungsverhältnis der vier Komponenten.

2.5 Mischungsrechnen

Im Friseurbereich werden oft Konzentrate von H_2O_2, Alkohol etc. mit Wasser verdünnt. Ebenfalls werden Lösungen gleicher Substanzen, wie z. B. H_2O_2-Lösungen unterschiedlicher Stärke, untereinander gemischt. Mit dem Mischungsrechnen können die Mengen und die Konzentrationen der Lösungen berechnet werden.

2.5.1 Mischungsrechnen I (H_2O_2 und Wasser)

Einführungsaufgabe

Aus 60 ml 18%igem H_2O_2 soll durch Zugabe von Wasser 6%iges H_2O_2 hergestellt werden. Wie viel ml der verdünnten Lösung entstehen?

Lösen mit dem Dreisatz (antiproportionales Verhältnis):

Von 18%igem H_2O_2	benötigt man	60 ml	
Von 6%igem H_2O_2		x	
Von 18%igem H_2O_2	benötigt man	60 ml	(um eine bestimmte Arbeit durchzuführen)
Von 1%igem H_2O_2	benötigt man	$60\,ml \cdot 18$	(18-mal so viel, da die Lösung schwächer ist)
Von 6%igem H_2O_2	benötigt man	$\frac{60\,ml \cdot 18}{6}$	(6-mal weniger, da die Lösung stärker ist)
	Lösungsbruch	$\frac{60\,ml \cdot 18}{6}$	= 180 ml

Ableiten einer allgemeinen Formel:

Das **Konzentrat** füllen wir zuerst in den Messbecher. Das Konzentrat ist die Lösung 1. Sie hat zwei Werte, eine Menge **(M_1)** und einen Prozentsatz **(P_1)**.
Zum Konzentrat werden Wasser oder andere Substanzen ohne H_2O_2-Zusätze (M_2) gegeben.
Es entsteht die gebrauchsfertige Lösung (Gesamtlösung, Gemisch). Die Menge dieser Lösung erhält die Abkürzung $\mathbf{M_g}$ und die Prozentstärke $\mathbf{P_g}$.
Die Werte der Einführungsaufgabe werden den Buchstaben zugeordnet.

$M_g = 180\,ml$
$P_g = 6\%$

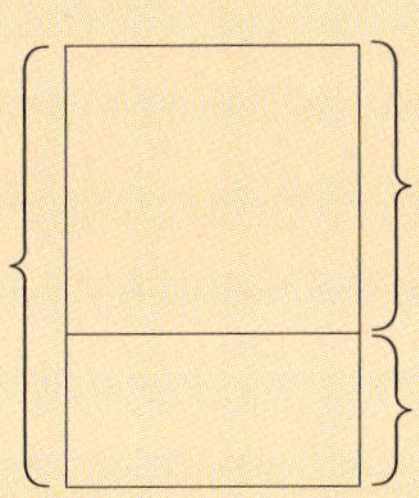

$M_2 = 180 - 60 = 120\,ml$

$M_1 = 60\,ml$
$P_1 = 18\%$

Ersetzen der Zahlen des Bruchstrichs durch die Buchstaben

$$\frac{60\,ml \cdot 18}{6} = 180\,ml \qquad \frac{M_1 \cdot P_1}{P_g} = M_g$$

Durch Umstellen dieser Formel (mit P_g multiplizieren) erhält man die Grundgleichung des Mischungsrechnens, die nach den gewünschten Buchstaben umgestellt wird.

$$\mathbf{M_1 \cdot P_1 = M_g \cdot P_g}$$

Übungsaufgabe:

Für eine Spülfixierung werden 300 ml 1,5%iges H_2O_2 benötigt. Da diese Stärke ausgegangen ist, soll sie aus 12%igem H_2O_2 hergestellt werden. Wie viel ml des Konzentrats und wie viel ml Wasser werden benötigt?

$M_1 = x$
$P_1 = 12\%$
$M_2 = x$
$M_g = 300\,ml$
$P_g = 1,5\%$

Grundformel: $M_1 \cdot P_1 = M_g \cdot P_g$

Umstellen nach M_1: $M_1 = \frac{M_g \cdot P_g}{P_1}$

Einsetzen der Zahlen: $M_1 = \frac{300\,ml \cdot 1,5\%}{12\%}$

Ergebnis: $M_1 = 37,5\,ml$
$M_2 = 300\,ml - 37,5\,ml = 262,5\,ml$

Es werden 37,5 ml des Konzentrats und 262,5 ml Wasser benötigt.

Aufgaben

1. Berechnen Sie die in der Tabelle fehlenden Werte:

Menge 1 (M_1)	Prozentsatz (P_1)	Menge 2 (M_2)	Menge gesamt (M_g)	Prozentsatz (P_g)
30 ml	18 %	90 ml		
60 ml		120 ml		3 %
50 ml		40 ml		6 2/3 %
	15 %		120 ml	6 %
	6 %		135 ml	1,5 %

2. Wie viel ml 15%iges H_2O_2 und Wasser müssen zur Herstellung von 180 ml 9%igem H_2O_2 gemischt werden?

3. Für eine Spezialrezeptur wird empfohlen, 12%iges H_2O_2 und Farbcreme zu mischen. Dabei entstehen 120 ml Farbbrei mit einem 3,6%igen Oxidationswert. Wie viel ml Farbcreme müssen mit dem H_2O_2 gemischt werden?

4. Wie viel ml Blondiercreme enthält eine 3%ige Blondierwäsche, die aus 30 ml 12%igem H_2O_2, 5 ml Shampoo, 35 ml Wasser und Blondiercreme hergestellt wird?

5. Eine Friseurmeisterin will aus 18%igem H_2O_2 4%iges H_2O_2 herstellen. Wie viel ml Wasser muss sie zu 20 ml des Konzentrats hinzugeben?

6. Nach einer Hellerfärbung ist das Haar der Kundin stark strukturgeschädigt. Die Färbung wurde mit 45 ml 18%igem H_2O_2, 60 ml Spezialfarbe und 15 ml Wasser durchgeführt. Wie hoch war der H_2O_2-Anteil der Mischung?

7. Wie viel ml destilliertes Wasser müssen zu 240 ml 18%igem H_2O_2 hinzugegeben werden, damit eine 9%ige Lösung entsteht?

8. Für eine Blondierwäsche mischt eine Auszubildende 15 ml Shampoo, 40 ml 6%iges H_2O_2 und 25 ml Wasser. Wie hoch ist die H_2O_2-Konzentration der gebrauchsfertigen Mischung?

9. Ein Hersteller schreibt für eine Intensivtönung 40 ml 6%iges H_2O_2, 20 ml Wasser und 40 ml Oxidationsfarbe vor. Wie hoch ist die H_2O_2-Konzentration der fertigen Intensivtönung?

10. Ein Fingerbad zur Maniküre wird aus 100 ml Wasser, 5 ml waschaktiver Substanz und 20 ml 15%igem H_2O_2 zubereitet. Wie hoch ist die H_2O_2-Konzentration des fertigen Fingerbads?

11. Zu einer H_2O_2-Lösung gibt man die dreifache Menge Wasser und erhält 240 ml 9%iges H_2O_2. Wie stark war die Konzentration der Ausgangslösung?

12. Damit glasig hartes Haar die Farbe besser annimmt, verwenden manche Friseurinnen die so genannte Borstenmischung. Eine Friseurmeisterin stellt ihre Borstenmischung her, indem sie 12%iges H_2O_2 und Oxidationshaarfarbe im Verhältnis 1 : 2 mischt. Sie erhält 90 ml Farbbrei. Berechnen Sie die H_2O_2-Konzentration der Borstenmischung.

13. Nach einem reduktiven Farbabzug wird mit einer verdünnten H_2O_2-Lösung kontrolliert, ob die Farbbildner aus dem Haar ausgespült worden sind. Wie stark ist die H_2O_2-Konzentration der Kontrollspülung, die aus 400 ml warmem Wasser und 80 ml 6%igem H_2O_2 hergestellt worden ist?

14. Durch unsachgemäße Lagerung ist 18%iges Wasserstoffperoxid nur noch 16%ig. Sie messen 66 ml ab und wollen durch Zugabe von Wasser eine 12%ige Lösung herstellen. Wie viel ml Wasser müssen Sie nehmen?

15. Für die Farbbehandlung einer Perücke wird ein Farbbrei aus 60 ml 9%igem H_2O_2 mit 60 ml Farbcreme und 120 ml Wasser gemischt. Wie hoch ist der H_2O_2-Gehalt des fertigen Farbbreis?

16. Ein Fingerbad zur Maniküre wird aus 125 ml Wasser, 5 ml waschaktiver Substanz und 20 ml H_2O_2 zubereitet. Der Oxidationswert des Fingerbads beträgt 2,4 %. Wie stark ist das H_2O_2-Konzentrat?

17. Zur Farbbehandlung benötigen Sie 3%iges H_2O_2. Wie viel ml Wasser müssen Sie zu 30 ml 18%igem H_2O_2 hinzugeben, um die gewünschte Stärke zu erreichen?

18. Aus 18%igem H_2O_2 soll eine 3%ige Lösung hergestellt werden.
    a) In welchem Verhältnis sind 18%iges H_2O_2 und Wasser zu mischen?
    b) Wie viel € kosten 150 ml der verdünnten Lösung, wenn 1 Liter der 18%igen H_2O_2-Lösung mit 6,20 € berechnet werden?

19. Für eine Rückpigmentierung werden 50 ml 1,8%iges H_2O_2 benötigt, das aus 9%igem H_2O_2 hergestellt werden soll. Wie viel ml dieser Lösung und wie viel ml Wasser sind dazu erforderlich?

20. Eine 18%ige H_2O_2-Lösung wird in 60 ml Blondiercreme eingerührt. Der entstandene Blondierbrei hat einen Oxidationswert von 6 %. Wie viel ml des 18%igen H_2O_2 sind genommen worden?

21. Es werden 15%iges H_2O_2 und 90 ml Wasser gemischt. Die entstandene Lösung ist 6%ig. Berechnen Sie die fehlenden Mengenwerte.

22. Ein Farbbrei wird aus 45 ml Farbcreme und 15%igem H_2O_2 hergestellt. Die H_2O_2-Konzentration des Farbbreis liegt bei 6 %. Wie viel H_2O_2 ist eingerührt worden?

2.5.2 Mischungsrechnen II (H_2O_2 und H_2O_2)

Wasserstoffperoxid kann statt mit Wasser auch mit einer H_2O_2-Lösung unterschiedlicher Stärke gemischt werden.

Einführungsaufgaben

Einführungsaufgabe:

Ein Betrieb hat einen größeren Rest von 3%igem H_2O_2 und 18%igem H_2O_2. Durch Mischen dieser beiden Lösungen können alle Prozentstärken, die zwischen 3 % und 18 % liegen, hergestellt werden.
Die Meisterin nimmt 240 ml der 3%igen H_2O_2-Lösung und mischt sie mit 60 ml des 18%igem H_2O_2. Wie stark ist die entstandene H_2O_2-Lösung

Das bereits bekannte Schema wird ergänzt um die Prozentstärke der zweiten H_2O_2-Lösung.

$M_1 = 240\,ml$	$M_2 = 60\,ml$	$M_g = 300\,ml$
$P_1 = 3\,\%$	$P_2 = 18\,\%$	$P_g = x$

Entwickeln der Formel:

Mengen mit gleicher Prozentstärke können addiert werden. So ergeben z. B. 10 ml 18%iges und 40 ml 18%iges H_2O_2 50 ml 18%iges H_2O_2.
Aus der 3%igen und der 18%igen H_2O_2-Lösung wird nun theoretisch 100%iges H_2O_2 hergestellt, indem das darin enthaltene Wasser entzogen wird. Das entstandene 100%ige H_2O_2 kann dann addiert werden.

Menge der 100%igen H_2O_2-Lösung 1 + Menge 100%ige H_2O_2-Lösung 2 → Menge 100 % H_2O_2 Lösung g

Ausrechnen der Mengen des 100%igen H_2O_2:

Bei 3 % sind es	240 ml	Bei 18 % sind es	60 ml	Bei P_g % sind es	300 ml
Bei 100 %	x ml	Bei 100 %	x ml	Bei 100 %	x ml
Menge des 100%igen H_2O_2 der Lösung 1	$\frac{240\,ml \cdot 3}{100}$	Menge des 100%igen H_2O_2 der Lösung 2	$\frac{60\,ml \cdot 18}{100}$	Menge des 100%igen H_2O_2 der Lösung g	$\frac{300 \cdot P}{100}$

Die Mengen der 100%igen H_2O_2-Lösungen 1 und 2 werden addiert. Man erhält die Menge des 100%igen H_2O_2 der gesamten Lösung:

$$\frac{240\,ml \cdot 3}{100} + \frac{60\,ml \cdot 18}{100} = \frac{300 \cdot P}{100}$$

Die Gleichung wird mit 100 erweitert

$$240 \cdot 3 + 60 \cdot 18 = 300 \cdot P_g$$

Die Buchstaben werden für die Zahlen eingesetzt. Man erhält die Grundgleichung des Mischungsrechnens II.

$$\mathbf{M_1 \cdot P_1 + M_2 \cdot P_2 = M_g \cdot P_g}$$

Durch Umstellen nach P_g erhält man die Formel

$$\mathbf{P_g = \frac{M_1 \cdot P_1 + M_2 \cdot P_2}{M_2}}$$

Durch Einsetzen der angegebenen Werte aus der Einführungsaufgabe erhält man die Stärke der entstandenen H_2O_2-Lösung.

$$P_g = \frac{240\,ml \cdot 3\,\% + 60\,ml \cdot 18\,\%}{300\,ml} \qquad P_g = 3{,}6\,\%$$

Die Mischungsformel wird nach P_2 umgestellt

Einführungsaufgabe:

Es werden 60 ml 12%iges H_2O_2 mit 200 ml H_2O_2 von nicht bekannter Stärke gemischt. Man erhält 18%iges. Wie stark ist die 2. H_2O_2-Lösung?

$M_1 = 60\,ml$	$M_2 = 200\,ml$	$M_g = 260\,ml$
$P_1 = 12\,\%$	$P_2 = x$	$P_g = 18\,\%$

$M_1 \cdot P_1 + M_2 \cdot P_2 = M_g \cdot P_g$ — Subtrahieren von $M_1 \cdot P_1$ auf beiden Seiten der Gleichung

$M_2 \cdot P_2 = M_g \cdot P_g - M_1 \cdot P_1$ — Dividieren durch M_2 auf beiden Seiten der Gleichung

$$\mathbf{P_g = \frac{M_g \cdot P_g - M_1 \cdot P_1}{M_2}}$$

Einsetzen der Werte:

$$P_2 = \frac{260\,ml \cdot 18\,\% - 60\,ml \cdot 12\,\%}{200\,ml} \qquad P_g = 19{,}8\%$$

Aufgaben

1. Berechnen Sie die in der Tabelle fehlenden Werte.

Menge 1 (M_1)	Prozentsatz (P_1)	Menge 2 (M_2)	Prozentsatz (P_2)	Menge gesamt (M_g)	Prozentsatz (P_g)
120 ml	18 %	60 ml	9 %		
	9 %	90 ml	3 %	150 ml	
		135 ml	6 %	165 ml	9 %
70 ml	3 %			210 ml	12 %
24 ml	18 %	120 ml	6 %		
	12 %		3 %	180 ml	6 %

2. Wie stark ist eine H_2O_2-Lösung, die aus 30 ml 18%igem und 50 ml 6%igem Wasserstoffperoxid hergestellt worden ist?

3. Eine Meisterin mischt 40 ml 6%iges H_2O_2 mit 12%igem und erhält 180 ml von nicht bekannter Stärke. Wie stark ist die entstandene Lösung?

4. Es werden 140 ml 3%iges H_2O_2 mit 60 ml 18%igem gemischt. Berechnen Sie die Konzentration des H_2O_2-Gemisches.

5. Wie stark ist eine H_2O_2-Lösung, von der man 120 ml mit 200 ml einer 18%igen H_2O_2-Lösung mischt und 15%iges Wasserstoffperoxid erhält?

6. Eine H_2O_2-Lösung hat durch lange Lagerung 4 % ihrer Konzentration verloren. Durch Mischen von 330 ml dieser H_2O_2-Lösung mit 220 ml einer 6%igen H_2O_2-Lösung entsteht 9%iges H_2O_2. Wie stark war die erste H_2O_2-Lösung ursprünglich?

7. Es werden 60 ml 12%iges H_2O_2 mit 200 ml Wasserstoffperoxid von nicht bekannter Stärke gemischt. Man erhält 18%iges H_2O_2. Wie stark ist die zugegebene H_2O_2-Lösung?

8. Eine Friseurmeisterin benötigt für ihre Färbearbeiten H_2O_2-Lösungen unterschiedlicher Stärke. Für spezielle Arbeiten stellt sie sich einen Vorrat von 720 ml 9%iger H_2O_2-Lösung her. Dazu mischt sie 480 ml 6%iges H_2O_2 mit einer zweiten H_2O_2-Lösung. Wie hoch ist die Prozentstärke dieser Lösung?

9. Es sollen 2 70 ml 12 2/3%iges H_2O_2 zur Hellerfärbung hergestellt werden. Die Meisterin hat 150 ml 18%iges H_2O_2 zur Verfügung. Wie stark ist die H_2O_2-Lösung, die Sie hinzugeben muss?

10. Eine Meisterin stellt 160 ml H_2O_2 für eine Hellerfärbung her. Sie verwendet 45 ml 9%iges und 18%iges H_2O_2. Wie stark ist die entstandene H_2O_2-Lösung?

11. Zum Desinfizieren von Schneidewerkzeugen wird 70%iges Ethanol verwendet. Eine Meisterin stellt sich die Desinfektionslösung selbst her, indem sie einen Rest von 150 ml Ethanol mit 200 ml 96%igem Ethanol mischt. Welche Alkoholkonzentration hat das restliche Ethanol?

12. Eine Kosmetikerin stellt 40%iges Rasierwasser her. Sie mischt 500 ml Weingeist und 700 ml 15%iges Ethanol. Wie stark ist der Weingeist?

13. Wie stark ist eine alkoholische Lösung, die aus 100 ml 94%igem Alkohol, 50 ml 60%igem und 20 ml 70%igem Alkohol hergestellt wird?

14. Zum Anrühren von Pflanzenfarben werden 70° heißes Wasser benötigt. Eine Friseurin bringt 100 ml Wasser zum Sieden und lässt es eine Zeit abkühlen. Wie war die Temperatur, wenn nach Zugabe von 50 ml 20° warmem Leitungswasser die gewünschte Mischtemperatur genau erreicht wurde? (Verwenden Sie beim Berechnen von Temperaturen den Buchstaben T anstelle von P.)

15. Um einen Pflanzenfarbbrei anzurühren, mischt eine Friseurin 90 ml siedendes Wasser (100°) mit 60 ml Leitungswasser von 20°. Laut Gebrauchsanweisung darf die empfohlene Temperatur von 70° nicht um mehr als 3° über- oder unterschritten werden. Berechnen Sie, ob das Wasser im richtigen Temperaturbereich liegt.

16. Wie stark ist eine H_2O_2-Lösung, die aus 150 ml 6 2/3%igem H_2O_2 und 1,4-mal so viel 12%igem Wasserstoffperoxid hergestellt wird?

17. Eine Friseurin mischt eine 3%ige H_2O_2-Lösung mit der doppelten Menge einer anderen H_2O_2-Lösung und erhält so 270 ml 18%iges H_2O_2. Wie stark ist die zugegebene H_2O_2-Lösung?

18. Eine 9%ige H_2O_2-Lösung wird mit der 2 1/3fachen Menge von 15%igem H_2O_2 gemischt, wobei 200 ml entstehen. Wie stark ist die entstandene H_2O_2-Lösung?

19. Es soll eine 12%ige H_2O_2-Lösung hergestellt werden. Wie viel ml einer 15%igen H_2O_2-Lösung muss man zu 90 ml 6%igem Wasserstoffperoxid geben, um die gewünschte H_2O_2-Konzentration zu erhalten?

20. Eine Friseurmeisterin mischt 3%iges H_2O_2 mit 40 ml 6%igem, 9%igem und 12%igem H_2O_2 im Verhältnis 1 : 1 1/4 : 2 1/4 : 3 2/3. Wie stark ist die entstandene H_2O_2-Lösung?

21. Eine H_2O_2-Lösung wird aus 60 ml 6%igem, 9%igem und 12%igem H_2O_2 hergestellt. Die Menge der 2. H_2O_2-Lösung ist 2 1/4-mal so groß wie die Menge der ersten und die Menge der dritten 1 1/3-mal so groß wie die Menge der zweiten H_2O_2-Lösung. Welche Konzentration hat die entstandene H_2O_2-Lösung?

2.5.3 Mischungsrechnen mit dem Andreaskreuz

Das Andreaskreuz ist ein Rechenschema, mit dem auf einfache Weise Mischungsaufgaben gelöst werden können, bei denen 2 Mengenwerte fehlen.

Einführungsaufgabe

Für Blondierarbeiten wird 15%iges H_2O_2 benötigt. Es soll aus 135 ml 12%igem und 24%igem H_2O_2 hergestellt werden. Welche Mengen sind jeweils erforderlich?

Schema Andreaskreuz:

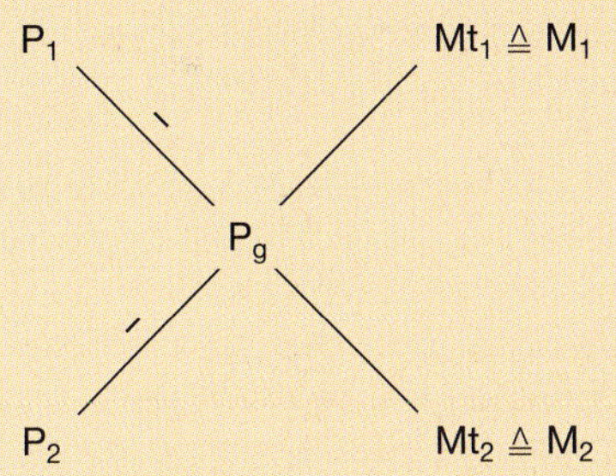

Die Begriffe Mt_1 und Mt_2 sind bereits beim Verhältnisrechnen eingeführt worden. Es sind Verhältniszahlen, die zeigen, in welchem Verhältnis die Mengen M_1 und M_2 zueinander stehen.
Den Verhältniszahlen wird die bekannte Menge zugeordnet und die fehlende Menge wird mit dem Dreisatz ausgerechnet.

Lösung der Einführungsaufgabe:

$M_1 = 135\,ml$
$P_1 = 12\,\%$
$M_2 = x$
$P_2 = 24\,\%$
$M_g = x + 135\,ml$
$P_g = 15\,\%$
Die Prozentwerte werden entsprechend dem Schema eingetragen und die Differenzen gebildet.

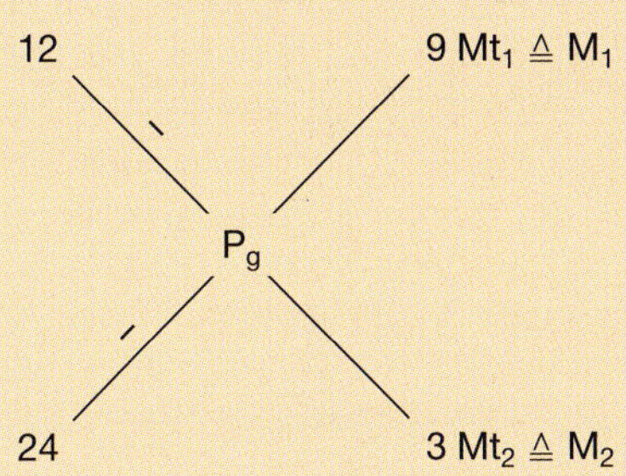

$$M_2 = \frac{135 \cdot 3}{9}$$
$M_2 = 45\,ml$
$M_g = 135\,ml + 45\,ml$
$M_g = 180\,ml$

Aufgaben aus dem Bereich Mischungsrechnen I, bei denen die Menge des Wassers (M_2) angegeben ist und die übrigen Mengenwerte fehlen, können auch mit dem Andreaskreuz gerechnet werden. Die Prozentstärke des Wassers wird mit 0 % angegeben.

Beispiel: Eine 15%ige H_2O_2-Lösung verdünnt man mit 120 ml Wasser. Dabei entsteht 6%iges H_2O_2. Berechnen Sie die fehlenden Mengenwerte.

$M_1 = x$
$P_1 = 15\,\%$
$M_2 = 120\,ml$
$P_2 = 0\,\%$
$M_g = x + 120\,ml$
$P_g = 6\,\%$

Aufgaben

1. Berechnen Sie die in der Tabelle fehlenden Werte.

Menge 1	Prozentsatz (P_1)	Menge 2	Prozentsatz (P_2)	Menge gesamt	Prozentsatz (P_g)
	12 %	150 ml	3 %		9 %
90 ml	15 %		6 %		12 %
	9 %	240 ml	0 %		6 %
	12 %	120 ml	0 %		1,5 %
	3 %		12 %	750 ml	9 %

2. Es soll 12%iges H_2O_2 für eine hochgradige Hellerfärbung hergestellt werden. Wie viel 15%iges Konzentrat muss man zu 95 ml 6%igem Wasserstoffperoxid geben, um das 12%ige H_2O_2 zu erhalten?

3. Eine Friseurmeisterin mischt 9%iges mit 3%igem H_2O_2, um 192 ml einer 4,5%igen H_2O_2-Lösung herzustellen. Welche Mengen muss sie von den beiden H_2O_2-Lösungen zusammengeben?

4. Aus 18%igem H_2O_2 und 60 ml 3%igem H_2O_2 soll für eine Blondierung 9%iges H_2O_2 hergestellt werden.
   a) Wie viel ml des Konzentrats werden benötigt?
   b) Wie viel ml gebrauchsfertige Lösung erhält man?

5. Für eine Dunklerfärbung ist eine schwächere H_2O_2-Konzentration erorderlich, weil kein Farbausgleich erforderlich ist. Die Friseurin Petra hat bisher gute Erfahrungen mit 4 1/2%igem Wasserstoffperoxid gemacht. Zu 60 ml 9%igem H_2O_2 gibt sie 3%iges H_2O_2 und erhält so die benötigte 4 1/2%ige H_2O_2-Lösung. Wie viel ml erhält sie?

6. Eine Kundin wünscht eine Hellerfärbung. Dafür werden 60 ml 12%iges H_2O_2 benötigt. Da die H_2O_2-Lösung mit dieser Konzentration ausgegangen ist, stellt die Meisterin sie aus 6%igem und 24%igem Wasserstoffperoxid her. Welche Mengen der zu mischenden H_2O_2-Lösungen werden benötigt, um die erforderliche Menge des 12%igen H_2O_2 herzustellen?

7. Zu einer 12%igen H_2O_2-Lösung werden 90 ml Wasser gegeben. Die Prozentstärke verändert sich dadurch um 8 %. Welche Menge der 12 %igen H_2O_2-Lösung ist genommen worden?

8. Zu 7,5%igem Alkohol gibt man 140 ml Wasser, so dass die Prozentstärke auf 3,3 % reduziert wird. Wie viel ml der verdünnten Lösung sind entstanden?

9. Um eine Fixierung mit einem 1 1/5%igen H_2O_2-Anteil herzustellen, nimmt eine Meisterin 6%iges Wasserstoffperoxid und gibt 280 ml Wasser hinzu. Wie viel ml Fixierung erhält sie?

10. Zur Herstellung von einer Fixierung mit 2,8%iger H_2O_2-Konzentration werden 12%iges H_2O_2, 85 ml Wasser und 7 ml Shampoo gemischt. Berechnen Sie die fehlenden Mengen.

11. Eine 2 1/4%ige H_2O_2-Lösung wird als Fixierung verwendet. Sie soll aus 190 ml Wasser, 10 ml waschaktiver Substanz und 6%igem H_2O_2 hergestellt werden. Wie viel ml Fixierung werden hergestellt?

12. Zu 9%igem H_2O_2 gibt ein Meister 200 ml Wasser und erhält 3%iges Wasserstoffperoxid. Berechnen Sie die fehlenden Mengen.

13. Um eine Fixierung mit einer 1 4/5%igen H_2O_2-Konzentration herzustellen, nimmt eine Friseurmeisterin 340 ml Wasser, 20 ml Shampoo als Netzmittel und gibt noch 14 2/5%iges H_2O_2 hinzu. Wie viel ml Fixierung entstehen?

14. Für eine Spezialtönung mischt eine Friseurin 60 ml Farbe, 15 ml Wasser und 18%iges H_2O_2. Der Oxidationswert des fertigen Farbbreis liegt bei 3 %. Wie viel Farbbrei ist entstanden?

15. Eine Friseurmeisterin braucht häufig 12%iges H_2O_2, das sie durch Mischen von unterschiedlichen H_2O_2-Resten herstellen will. Sie mischt 120 ml 24%iges H_2O_2 mit 60 ml 15%igem H_2O_2 und gibt nochmals 6%iges H_2O_2 hinzu. Wie viel ml von dem 6%igen hat sie genommen und wie viel 12%iges H_2O_2 hat sie insgesamt hergestellt?

16. Für das Anrühren einer Pflanzenfarbe sind 140 ml 68° warmes Wasser erforderlich, das man durch Mischen von 95° heißem Wasser und Leitungswasser von 20° bekommt. Welche Wassermengen müssen zusammengegeben werden?

17. Eine Meisterin mischt ihre Spülung aus 2 Komponenten. Die Komponente 1 ist die Basisspülung und kostet 5,60 € je Liter. Die Komponente 2 enthält spezielle Wirkstoffe für strukturgeschädigtes Haar. Ihr Preis liegt bei 13,60 € je Liter. Der Preis für die Spezialmischung beträgt 12,40 € je Liter. Die Meisterin stellt 180 ml her.
    a) Wie viel ml der Komponenten 1 und 2 hat sie gemischt?
    b) Wie teuer ist die hergestellte Menge der Spülung? (Ordnen Sie die Preise den P-Werten zu.)

18. Eine Zwei-Komponenten-Dauerwelle besteht aus einer Welllotion zu 8,20 € je Liter und einer Pflegelotion zu 12,40 € je Liter. Durch Mischen der Komponenten kann die Dauerwellflüssigkeit individuell auf die jeweilige Haarstruktur abgestimmt werden. Die Meisterin stellt eine Mischung für normale Haarstruktur her, deren Literpreis 11,56 € beträgt. Wie viel der beiden Komponenten sind in 80 ml dieser Wellflüssigkeit enthalten?

2.6 Kalkulationsrechnen

Mit Hilfe des Kalkulationsrechnens werden die Verkaufspreise von Handelswaren und die Bedienungspreise für Facharbeiten berechnet.

2.6.1 Kalkulation von Handelswaren

Einführungsaufgabe

Eine Friseurmeisterin bestellt eine Kosmetikserie für den Verkauf. Der in der Preisliste aufgeführte **Listenpreis** beträgt 134,42 €. Weil der Betrieb einen großen Teil seiner Salon- und Verkaufswaren bei diesem Lieferanten bestellt, erhält sie auf alle Waren einen Rabatt von 25 %. Der auf der Rechnung ausgewiesene Betrag ist der **Rechnungspreis**. Die Meisterin begleicht die Rechnungen grundsätzlich eine Woche nach Erhalt der Ware, um noch 2 % Skonto abziehen zu können. Der zu zahlende Betrag ist der **Einkaufspreis**.
Bezugskosten entstehen durch Bestellung, Verpackung und Porto. Zum Einkaufspreis werden die Bezugskosten von 1,20 € addiert. Man erhält so den **Bezugspreis**.
Dem Betrieb entstehen Kosten für Verkaufspersonal, Miete, Strom, Heizung, usw. Sie machen 20 % des Bezugspreises aus. Man bezeichnet sie als **Handlungskosten**. Sie werden auf den Bezugspreis aufgeschlagen. Handlungskosten und Bezugskosten ergeben die **Selbstkosten**.
Auf die Selbstkosten schlägt die Meisterin noch den **Gewinn** von 35 % auf.
So erhält man den **Nettoverkaufspreis**.
Zum Nettoverkaufspreis wird die **Mehrwertsteuer** addiert. Der aktuelle Mehrwertsteuer-Satz beträgt 19 % Das Ergebnis ist der **Bruttoverkaufspreis**.

Kalkulationsschema:

Listenpreis		134,42 €
– Rabatt 25 %		– 33,60 €
Rechnungspreis		100,82 €
– Skonto 2 %		– 2,02 €
Einkaufspreis		98,80 €
+ Bezugskosten		+ 1,20 €
Bezugspreis		**100,00 €**
+ Handlungskosten	20 % des Bezugspreises	+ 20,00 €
Selbstkosten		120,00 €
+ Gewinn	35 % der Selbstkosten	+ 42,00 €
Nettoverkaufspreis		162,00 €
+ Mehrwertsteuer	19 % des Nettoverkaufspreises	+ 30,78 €
Bruttoverkaufspreis		**192,78 €**

Da die Handlungskosten plus Gewinn plus Mehrwertsteuer für einen Betrieb feste kalkulatorische Größen sind, können sie zur Vereinfachung der Preisberechnung zum **Kalkulationszuschlag** zusammengefasst werden.
Der Kalkulationszuschlag beträgt in diesem Fall 92,78 €. Ausgehend vom Bezugspreis der in der Einführungsaufgabe 100,00 € beträgt, sind das 92,78% (und nicht 74 %, wenn fälschlicherweise die 3 Prozentaufschläge 20 %, 35 % und 19 % addiert werden).

Vereinfachte Kalkulation:

Um die Berechnung des Bruttoverkaufspreises von Handelswaren zu vereinfachen, wird auf den Bezugspreis der Kalkulationszuschlag aufgeschlagen.

Kalkulationsschema:

Bezugspreis (Einführungsaufgabe)	100,00 €
+ Kalkulationszuschlag 92,78 % des Bezugspreises	92,78 €
Bruttoverkaufspreis	**192,78 €**

Aufgaben

1. Eine Friseurmeisterin erhält die in der Tabelle aufgelisteten Artikel. Berechnen Sie die Bruttoverkaufspreise.

Artikel	Listenpreis	Rabatt	Skonto	Bezugskosten	Handlungskosten	Gewinn	Mehrwertsteuer
a) Perücke	110,50 €	35 %	2 %	1,10 €	65 %	42 %	19 %
b) Toupet	140,85 €	34 %	3 %	0,45 €	62 %	35 %	19 %
c) Lockenteil	24,25 €	32 %	1,5 %	0,85 €	47 %	42 %	19 %
d) Kosmetikserie	40,50 €	28 %	2 %	0,85 €	45 %	40 %	19 %
e) 12 Flaschen Haarwasser	60,55 €	40 %	2 %	1,40 €	38 %	32 %	19 %

2. Eine Friseurmeisterin bestellt bei ihrem Lieferanten 50 Flaschen Haarspray zum Angebotspreis von 150 €. Die Meisterin erhält einen Rabatt von 34 % und 2 % Skonto eingeräumt. Die Bezugskosten liegen bei 1,20 €. Die Handlungskosten betragen 34 % des Bezugspreises. Es wird mit einem Gewinn von 30 % der Selbstkosten kalkuliert. Der gesetzliche Mehrwertsteuersatz ist 19 %.
   Wie hoch ist der kalkulierte Preis einer einzelnen Flasche Haarspray?

3. Ein Friseurbetrieb bestellt für den Verkauf eine Tönung zu einem Listenpreis von 2,10 €. Der Lieferant räumt einen Rabattsatz von 35 % und 2 % Skonto ein. Die Bezugskosten betragen 0,12 €. Der Kalkulationszuschlag liegt in diesem Betrieb bei 87,92 %. Wie hoch ist der kalkulierte Preis der Tönung?

4. Der Bezugspreis einer Kosmetikserie liegt bei 42,50 €. Die Meisterin rechnet mit einem Kalkulationszuschlag von 72 %.
   Berechnen Sie den Bruttoverkaufspreis.

5. Der Bezugspreis für eine Dose Haarspray beträgt 3,36 €. Wie hoch ist der Bruttoverkaufspreis bei einem Kalkulationszuschlag vom 78 %?

6. Vom Rechnungspreis einer Pflegeserie in Höhe von 63,20 € zieht der Betriebsinhaber 2 % Skonto ab. Die Bezugskosten für den Versand belaufen sich auf 2,30 €. Der Kalkulationszuschlag beträgt 63 %. Berechnen Sie den Bezugspreis und den Bruttoverkaufspreis.

7. Eine Friseurmeisterin bezieht 20 Flaschen einer Farbglanztönung zum Preis von 38,04 €. Für wie viel € verkauft sie eine Flasche der Farbglanztönung, wenn sie mit einem Kalkulationszuschlag von 63 % kalkuliert?

8. Für das Verkaufsgeschäft bestellt eine Friseurmeisterin bei ihrem Fachhändler ein Paket Selbstbräuner. Der Listenpreis für eine Tube des Selbstbräuners beträgt 6,85 €. Die Lieferfirma räumt ihr einen Rabattsatz von 30 % ein. Weil sie die Rechnung innerhalb von 14 Tagen bezahlt, darf sie nochmals 2 % Skonto abziehen. Die Bezugskosten liegen anteilsmäßig bei 0,28 € je Tube. Die Meisterin arbeitet in ihrem Betrieb mit einem Kalkulationszuschlag von 85 %. Die gesetzliche Mehrwehrtsteuer beträgt 19 %.
   Wie hoch ist der kalkulierte Preis einer Tube des Selbstbräuners?

9. Ein Fachhändler für Friseurbedarf hat seine Zahlungsbedingungen wie folgt festgelegt:
   2,5 % Skonto bei Zahlung innerhalb einer Woche
   5 % Rabatt bei Bestellungen bis 200 €
   10 % Rabatt bei Bestellungen ab 200 €
   15 % Rabatt bei Bestellungen ab 400 €
   20 % Rabatt bei Bestellungen ab 500 €
   Warenlieferungen im Bestellwert bis 200 € werden mit 5 € Portokosten belastet, ab 200 € sind sie für die Friseurin portofrei. Berechnen Sie die Bezugspreise der folgenden Bestellungen:
   a) 20 Flaschen Geltönung, je Flasche 3,50 €; 15 Glanzschaumtönungen, je Flasche 2,60 €
   b) 3 Sortimentkästen Dauerwellwickler, je Kasten 35 € 4 Kästen mit Volumenwicklern, je Kasten 34 €
   c) 60 Tuben Oxidationshaarfarben, je Tube 4,20 €; 8 Flaschen Non-Aerosol-Haarspray, je Flasche 4,20 €; 2 Fünf-Liter-Nachfüllkanister, je Kanister 82,50 €

10. Ein Lieferant für Kosmetikartikel bietet eine dauerhafte und wasserfeste Augen- und Wimpernfarbe einschließlich der erforderlichen Menge 3%iger Wasserstoffperoxidlösung für 6,20 € an.
    a) Wie hoch ist der Bezugspreis, wenn ein Rabatt von 20 % und Skonto von 3 % gewährt werden sowie 1,20 € als Bezugskosten anfallen?
    b) Wie viel € beträgt der Bruttoverkaufspreis bei Zuschlägen von 36 % für die Handlungskosten, von 38 % Gewinn und von 19 % Mehrwertsteuer?

11. Der Bruttoverkaufspreis einer Tönung beträgt 4,30 €. Die Firma arbeitet mit einem Kalkulationszuschlag von 76 %.
    Wie hoch ist der Bezugspreis?

12. Der Bruttoverkaufspreis einer Nährcreme liegt bei 9,80 €.
    a) Wie viel € müssen an das Finanzamt als Mehrwertsteuer abgegeben werden?
    b) Wie viel € beträgt der Kalkulationszuschlag bei einem prozentualen Aufschlag von 58 %?

13. In einem Friseurbetrieb liegt der Handlungskostenaufschlag bei 26 %, der Gewinn bei 33 %. Hinzu kommt noch die gesetzliche Mehrwertsteuer von 19 %.
    Berechnen Sie den Kalkulationszuschlag dieses Betriebes.

14. Ein Spezialshampoo gegen Schuppen wird für 3,20 € verkauft. Der Kalkulationszuschlag liegt bei 68 % des Bezugspreises. Berechnen Sie den Bezugspreis.

2.6.2 Kalkulation von Dienstleistungen mit Materialverbrauch

In den folgenden Aufgaben sind immer die **Bezugspreise** für das Material angegeben.

Einführungsaufgabe

Für eine Färbung wird 1 Tube Oxidationshaarfarbe zum Bezugspreis von 5,20 € gebraucht. Es werden 60 ml H_2O_2 benötigt zu 8,20 € je Liter. Der Preis des Spezialfestigers liegt bei 1,80 €.
Die Preise für das sonstige Material (Shampoo, Spülung etc.) sind in den **Gemeinkosten** enthalten.
Die Lohnkosten betragen 12,50 € pro Stunde. Der Arbeitsaufwand für eine Färbung liegt bei 35 Minuten.
Die Gemeinkosten eines Betriebs sind zusätzliche Kosten. Sie enthalten den Arbeitgeberanteil für die Sozialversicherungen, Kosten für Urlaub, Feiertage, Fehltage und Wartezeiten sowie die Kosten für Miete, Strom, Heizung, Wasser, Reinigung etc.
Die Gemeinkosten betragen in diesem Betrieb 55 % der Lohnkosten.
Der Gewinnaufschlag liegt bei 42 % der Selbstkosten.
Addiert man die 19 % Mehrwertsteuer auf den **Nettobedienungspreis** so erhält man den **Bruttobedienungspreis**.

Kalkulationsschema:

Materialberechnung			
■ 1 Tube Farbe	je Tube	5,20 €	5,20 €
■ 60 ml H_2O_2	je Liter	8,20 €	+ 0,49 €
■ 1 Stück Festiger	je Stück	1,80 €	+ 1,80 €
Materialkosten			7,49 €
Lohnkosten	35 Minuten je Std.	12,50 €	+ 7,29 €
Gemeinkosten	55 % der Lohnkosten		+ 4,01 €
Selbstkosten			18,79 €
Gewinn	42 % der Selbstkosten		+ 7,89 €
Nettobedienungspreis			26,68 €
Mehrwertsteuer 19 %			+ 5,07 €
Bruttobedienungspreis			31,75 €

Aufgaben

1. Berechnen Sie die Bruttobedienungspreise der aufgeführten Dienstleistungen. Für alle Dienstleistungen gilt der gesetzliche Mehrwertsteuersatz von 19 %.

Facharbeiten	Bezugspreis des Materials	Arbeitszeit	Stundenlohn	Gemeinkosten	Gewinn
a) Dauerwellen	3,80 €	90 Min.	10,20 €	75 %	35 %
b) Färben	5,20 €	40 Min.	11,10 €	84 %	42 %
c) Blondieren	3,60 €	45 Min.	9,80 €	65 %	32 %
d) Tönen	2,10 €	25 Min.	12,15 €	72 %	35 %
e) Kolorieren	3,20 €	75 Min.	12,25 €	56 %	38 %
f) Strähnchen	3,20 €	65 Min.	10,85 €	63 %	40 %

2. Für eine Blondierung werden 60 ml Blondierpulver benötigt. Der Bezugspreis für 1 000 ml beträgt 14,20 €. Es sind zusätzlich 60 ml 12%iges H_2O_2 zu 8,20 € je Liter erforderlich. Als Nachbehandlung dient eine Packung zu 2,50 €. Der Spezialfestiger kostet 1,80 €. Die Arbeitszeit beträgt 45 Minuten. Die Lohnkosten liegen bei 12,50 € je Stunde. Der Gemeinkostensatz des Betriebs beträgt 70 % der Lohnkosten. Der Meister kalkuliert mit einer Gewinnspanne von 43 %. Die gesetzliche Mehrwertsteuer liegt bei 19 %. Berechnen Sie den Bruttobedienungspreis.

3. Berechnen Sie den Bedienungspreis einer Färbung, für die folgende Präparate benötigt werden: eine Tube Oxidationshaarfarbe, deren Bezugspreis 4,15 € beträgt. Außerdem werden 60 ml H_2O_2 gebraucht zu 16,10 € je Liter. Der Spezialfestiger kostet 1,80 €. Die Preise für das sonstige Material (Shampoo, Spülung etc.) sind in den Gemeinkosten enthalten. Die Lohnkosten betragen 13,50 € pro Stunde. Der Arbeitsaufwand für eine Färbung liegt bei 35 Minuten. Der Gemeinkostensatz des Betriebs beträgt 65 % der Lohnkosten und der Gewinnaufschlag liegt bei 45 % der Selbstkosten. Auf den Nettoverkaufspreis werden 19 % Mehrwertsteuer aufgeschlagen. Berechnen Sie den Bedienungspreis.

4. Zur Erstellung einer Dauerwelle sind 60 ml Dauerwellflüssigkeit erforderlich. Der Bezugspreis liegt bei 11,50 € je Liter. Die Bezugspreise für die Fixierung, von der ebenfalls 60 ml gebraucht werden, und für die Spezialkur betragen 7,60 € je Liter bzw. 2,10 € je Portionsflasche. Die Gesamtarbeitszeit beläuft sich auf 85 Minuten bei einem Stundenlohn von 12,80 €. Der Gemeinkostenzuschlag beträgt 62 % der Lohnkosten und der Gewinn wird mit 35 % veranschlagt. Der gesetzliche Mehrwertsteuersatz liegt bei 19 %. Berechnen Sie den Bruttobedienungspreis.

2.6.3 Kalkulation von Dienstleistungen ohne Materialverbrauch

Bei Dienstleistungen, wie z. B. Waschen und Föhnen, werden nur geringe Mengen an Verbrauchsmaterial benötigt. Diese Mengen werden nicht einzeln berechnet, sondern sind in den Gemeinkosten enthalten.
Das Kalkulationsschema beginnt also mit den Lohnkosten.

Einführungsaufgabe

Für einen Herrenhaarschnitt werden 40 Minuten benötigt. Der Stundenlohn liegt bei 12,60 €. Die Gemeinkosten des Betriebs betragen 85 % der Lohnkosten. Der Betrieb kalkuliert mit einem Gewinnsatz von 42 %.
Wie hoch ist bei einem gesetzlichen Mehrwertsteuersatz von 19 % der Bedienungspreis?
Der Aufschlag für Gemeinkosten, Gewinn und Mehrwertsteuer kann zum **Kalkulationszuschlag** zusammengefasst werden.
Die Preise für Dienstleistungen können auch mit dem **Minutenkostenfaktor** ermittelt werden. Er ergibt sich aus den gesamten Lohnkosten eines Jahres, zu denen Gemeinkosten, Gewinn und Mehrwertsteuer addiert werden. Die Summe wird durch die Jahresarbeitsminuten des Salons dividiert. Bei der Preisberechnung von Dienstleistungen wird nun die erforderliche Zeit in Minuten mit dem berechneten Faktor multipliziert (Aufgaben 6, 7, 8).

Kalkulationsschema:

Lohnkosten	40 Minuten, je Std.	12,60 €	8,40 €
Gemeinkosten	85 % der Lohnkosten		+ 7,14 €
Selbstkosten			15,54 €
Gewinn	42 % der Selbstkosten		+ 6,53 €
Nettobedienungspreis			22,07 €
Mehrwertsteuer 19 %			+ 4,19 €
Bruttobedienungspreis			26,26 €

Aufgaben

1. a) Berechnen Sie die Bruttobedienungspreise der aufgeführten Dienstleistungen. Die Mehrwertsteuer beträgt 19 %.
   b) Berechnen Sie die Kalkulationszuschläge der aufgeführten Dienstleistungen.

Facharbeit	Zeit in Minuten	Stundenlohn	Gemeinkosten	Gewinn
a) Kinderhaarschnitt	25	9,50 €	35 %	45 %
b) Mod. Herrenhaarschnitt	35	12,00 €	42 %	36 %
c) Damenhaarschnitt	45	12,80 €	36 %	38 %
d) Waschen – Legen	30	13,20 €	45 %	42 %
e) Bartschneiden	15	12,80 €	48 %	48 %

2. Für einen Damenhaarschnitt einschließlich Waschen und Föhnen wird eine Arbeitszeit von 55 Minuten zugrunde gelegt. Der Stundenlohn liegt bei 13,50 €. Der Betrieb rechnet mit einem Gemeinkostensatz von 65 % und einem Gewinn von 35 %. Wie hoch ist der Bruttobedienungspreis bei einem 19%igen Aufschlag für die Mehrwertsteuer?
   In einer Aktionswoche wird diese Dienstleistung für 25 € angeboten. Um wie viel Prozent ist der Preis günstiger?

3. Im Salon Millenium werden für einen Fassonschnitt 25 Minuten angesetzt. Der Stundenlohn beträgt 12,75 €, der Gemeinkostensatz 72 %, der Gewinn 45 % und die Mehrwertsteuer 19 %.
   a) Wie hoch ist der kalkulierte Bedienungspreis?
   b) Um wie viel Prozent erhöht die Friseurmeisterin den kalkulierten Preis, wenn sie ihn auf den nächsten € aufrundet?

4. Für Kinderhaarschnitte werden in einem Salon 45 Minuten berechnet. Der Stundenlohn beträgt 11,70 €. Wie hoch ist der Bedienungspreis bei einem Kalkulationszuschlag von 82 %?

5. Der Bruttobedienungspreis für einen Herrenhaarschnitt beträgt 16,50 €. Wie viel € beträgt der Gewinn bei einer Gewinnspanne von 36 %?

6. Berechnen Sie den Minutenkostenfaktor des Salons »Haarige Angelegenheiten«. Der Jahreslohn beträgt 28.750 €. Es fallen 228 Arbeitstage zu 8 Stunden Arbeitszeit an. Der Kalkulationszuschlag beträgt 145 %.

7. Für »Waschen – Legen« werden in einem Friseursalon 40 Minuten Arbeitszeit zugrunde gelegt. Die Jahreslohnkosten des Salons liegen bei 66.920,00 €. Die Gesamtzahl der Arbeitstage aller Mitarbeiterinnen beträgt 687 mit 9-stündiger Arbeitszeit täglich. Der Kalkulationszuschlag beträgt 125 %.
   Berechnen Sie den Bruttobedienungspreis.

8. Für ein Make-up werden 20 Minuten Arbeitszeit angesetzt. Der Minutenkostenfaktor des Salons liegt bei 0,65 €.
   a) Wie hoch ist der kalkulierte Preis?
   b) Um wie viel Prozent wird der Preis erhöht, wenn er auf den nächsten glatten Eurobetrag aufgerundet wird?

2.6.4 Kalkulationsrechnen »rückwärts«

Beim Kalkulationsrechnen »rückwärts« ist der Bruttoverkaufspreis bzw. Bruttobedienungspreis gegeben und die Zwischenergebnisse der Kalkulation bis zum Listenpreis müssen berechnet werden.

Einführungsaufgabe

Der Bruttoverkaufspreis einer Kosmetikserie beträgt 192,78 €.
Auf den Listenpreis, der berechnet werden soll, erhält die Meisterin einen Rabatt von 25 % und 2 % Skonto eingeräumt. Die Bezugskosten belaufen sich auf 1,20 €. Die Handlungskosten betragen 20 % und der Gewinn 35 %. Die gesetzliche Mehrwertsteuer liegt bei 19 %. Berechnen Sie den Bruttoverkaufspreis.
Ausgehend von dem Bruttoverkaufspreis können die einzelnen Positionen der Kalkulation berechnet werden.

Kalkulationsschema: / **Kalkulationsschema »rückwärts« in 6 Schritten:**

			1. Schr.	2. Schr.	3. Schr.	4. Schr.	5.Schr.	6.Schr.
Listenpreis		134,42 €						100 %
– Rabatt 25 %		– 33,60 €						– 25 %
Rechnungspreis		100,82 €					100 %	75 %
– Skonto 2 %		– 2,02 €					– 2%	
Einkaufspreis		98,80 €				98,80 €	98 %	
+ Bezugskosten		+ 1,20 €				+ 1,20 €		
Bezugspreis		**100,00 €**			100 %	100,00 €		
+ Handlungsk.	20 % des Bezugspr.	+ 20,00 €			+ 20 %			
Selbstkosten		120,00 €		100 %	120 %			
+ Gewinn	35 % der Selbstk.	+ 42,00 €		+ 35%				
Nettoverkaufspreis		162,00 €	100 %	135 %				
+ Mehrwertsteuer	19 % des Nettoverk.	+ 30,78 €	+ 19 %					
Bruttoverkaufspreis		**192,78 €**	119 %					

Erklärung der 6 Schritte:

1. Schritt: Vom Bruttoverkaufspreis zu den Mehrwertsteuern

119 % = 192,78 €
19 % = x

Lösungsbruch $x = \frac{192{,}78\,€ \cdot 19}{119}$ $x = 30{,}78\,€$

Bruttoverkaufspr.	–	Mehrwertsteuer	=	Nettoverkaufspreis
192,78 €	–	30,78 €	=	162,00 €

2. Schritt: Vom Nettoverkaufspreis zum Gewinn

135 % = 162,00 €
35 % = x

Lösungsbruch $x = \frac{162{,}0\,€ \cdot 35}{135}$ $x = 42{,}00\,€$

Nettoverkaufspreis	–	Gewinn	=	Selbstkosten
162,00 €	–	42,00 €	=	120,00 €

3. Schritt: Von den Selbstkosten zum Bezugspreis

120 % = 120,00 €
20 % = x

Lösungsbruch $x = \frac{120\,€ \cdot 20}{120}$ $x = 20{,}00\,€$

Selbstkosten	–	Handlungsk.	=	Bezugspreis
120,00 €	–	20,00 €	=	100,00 €

4. Schritt: Vom Bezugspreis zum Einkaufspreis

Bezugspreis	–	Bezugskosten	=	Einkaufspreis
100 €	–	1,20 €	=	98,80 €

5. Schritt: Vom Einkaufspreis zum Rechnungspreis

98 % = 98,80 €
2 % = x

Lösungsbruch $x = \frac{98{,}80\,€ \cdot 2}{98}$ $x = 2{,}02\,€$

Einkaufspreis	+	Skonto	=	Rechnungspreis
98,80 €	+	2,02 €	=	100,82 €

6. Schritt: Vom Rechnungspreis zum Listenpreis

75 % = 100,82 €
25 % = x

Lösungsbruch $x = \frac{100{,}82\,€ \cdot 25}{75}$ $x = 33{,}60\,€$

Rechnungspreis	+	Rabatt	=	Listenpreis
100,82 €	+	33,60 €	=	134,42 €

Aufgaben

1. In fünf verschiedenen Salons werden modische Herrenhaarschnitte unterschiedlich kalkuliert.
   a) Berechnen Sie mit Hilfe des Kalkulationsschemas die fehlenden Werte der Tabelle und die jeweiligen Nettobedienungspreise, Selbstkosten und Gemeinkosten.
   b) Die kalkulierten Bruttobedienungspreise werden auf den nächsten vollen € aufgerundet. Berechnen Sie die prozentuale Preiserhöhung.

Bruttobedienungspreis	Mehrwertsteuer	Gewinn	Gemeinkosten	Lohnkosten	Stundenlohn	Zeit
20,45 €	19 %	30 %	30 %		13,00 €	
15,73 €	19 %	45 %	45 %		12,50 €	
15,53 €	19 %	42 %	42 %			32 Min.
17,83 €	19 %	40 %	40 %			38 Min.
25,00 €	19 %	36 %	40 %			40 Min.

2. Ein Tönungsbalsam für die Heimbehandlung wird für 4,20 € verkauft. Der Meister erhält von seinem Lieferanten einen Rabatt von 36 % eingeräumt und kann noch einmal 2 % Skonto für pünktliches Bezahlen von der Rechnung abziehen. Der Anteil der Bezugskosten liegt bei 0,35 €. Die Aufschläge für Handlungskosten von 25 %, Gewinn von 35 % und Mehrwertsteuer von 19 % werden hinzugerechnet.
   Berechnen Sie den Listenpreis und alle Zwischenpositionen.

3. Der Bruttoverkaufspreis einer Kosmetikserie liegt bei 65,00 €. Der Kalkulationszuschlag beträgt 85 %. Dem Betriebsinhaber wurden ein 30%iger Rabatt und 2 % Skonto für die Begleichung der Rechnung innerhalb von 14 Tagen eingeräumt. Bezugskosten fallen nicht an.
   Wie hoch war der Listenpreis der Kosmetikserie?

4. Schneiden, Waschen und Legen kosten in einer Aktionswoche 25,00 €. Der Kalkulationszuschlag liegt bei 75 %. Für diese Arbeit rechnet man eine Zeit von 55 Minuten.
   Wie hoch ist der Stundenlohn veranschlagt?

5. Die Auszubildende Michaela hat den Bruttobedienungspreis für eine Färbung kalkuliert. Leider hat ihr kleiner Bruder einige Zahlen ausradiert.
   Versuchen Sie, möglichst alle fehlenden Zahlen herauszubekommen.

Materialberechnung:			
1 Tube Oxidationsfarbe	je Tube	5,70 €	€
60 ml H_2O_2	je Liter	€	0,49 €
1 Festiger	je Stück	1,60 €	€
Materialkosten			€
Lohnkosten			
Minuten	je Std.	12,50 €	7,20 €
Gemeinkosten			
% der Lohnkosten			€
Selbstkosten			€
Gewinn	38 % der Selbstkosten		€
Nettobedienungspreis			€
Mehrwertsteuer 19 %			€
Bruttobedienungspreis			31,19 €

6. Bei der folgenden Kalkulation einer Blondierung fehlen Zahlen. Versuchen Sie, möglichst viele herauszufinden.

Materialberechnung:			
60 ml Blondierpulver	je Liter	€	€
60 ml H_2O_2	je Liter	€	0,49 €
1 Festiger	je Stück	1,60 €	€
Materialkosten			2,62 €
Lohnkosten			
Minuten	je Std.	12,60 €	€
Gemeinkosten			
% der Lohnkosten			4,97 €
Selbstkosten			€
Gewinn	38 % der Selbstkosten		€
Nettobedienungspreis			€
Mehrwertsteuer 19 %			€
Bruttobedienungspreis			27,29 €

7. Ein Friseurbetrieb hat die Kosten nur für die Umformung kalkuliert. Die übrigen Dienstleistungen und Verbrauchsmaterialien zur Erstellung des Haarschnitts und der Frisur werden getrennt berechnet. Der kalkulierte Preis für die Dauerwelle liegt bei 28,72 €.
   Berechnen Sie die fehlenden Positionen in der Kalkulation.

Materialberechnung:			
ml Dauerwellfl.	je Liter	12,00 €	€
60 ml Fixierung	je Liter	€	0,30 €
Spitzenemulsion		1,20 €	€
Materialkosten			2,22 €
Lohnkosten			
Minuten	je Std.	13,20 €	€
Gemeinkosten			
% der Lohnkosten			3,85 €
Selbstkosten			€
Gewinn	41,4 % der Selbstkosten		€
Nettobedienungspreis			€
Mehrwertsteuer 19 %			€
Bruttobedienungspreis			28,72 €

2.7 Nussknackeraufgaben

1. Für eine Dose eines Haarsprays zahlt man 1,40€ und dazu noch ein Drittel des Preises.
Wie teuer ist das Haarspray?

2. Der Auszubildende Jens hat ebenso viele weibliche wie männliche Kollegen. Die weiblichen Mitarbeiterinnen haben dagegen doppelt so viele Kollegen wie Kolleginnen.
Wie viele weibliche und männliche Mitarbeiter sind in dem Salon beschäftigt?

3. In einem Betrieb werden Haarteile hergestellt. Die Belegschaft besteht aus einer Meisterin und 9 jüngeren Mitarbeiterinnen, die noch wenig Erfahrung haben. In einer Woche fertigte jede der jungen Gesellinnen 15 Haarteile, die Meisterin 9 Teile mehr als jedes aller 10 Firmenmitglieder im Durchschnitt. Wie viele Haarteile werden in einer Woche hergestellt?

4. Auf der einen Waagschale einer Waage liegt ein Riegel Kernseife, auf der anderen liegen drei Viertel eines Riegels und noch $1/8$ kg. Die Waage befindet sich im Gleichgewicht. Wie viel wiegt ein Riegel?

5. Ein Haarschnitt mit Haarwasser kostet 11,00€. Der Haarschnitt kostet 10,00€ mehr als das Haarwasser. Wie teuer ist das Haarwasser?

6. Eine Friseurmeisterin fragt ihre Auszubildende, welche Noten sie in den Technologiearbeiten des letzten Schuljahres geschrieben habe. »Nur Dreien«, antwortet sie. »Das stimmt doch nicht, ich erinnere mich an eine 4«, entgegnet die Meisterin. Darauf antwortet die Auszubildende, dass 4 die gleiche Note wie 3 sei, was sie wie folgt beweist:

$$7a = 5b$$
$$28a - 21a = 20b - 15b$$
$$28a - 20b = 21a - 15b$$
$$4(7a - 5b) = 3(7a - 5b)$$
$$\frac{4(7a - 5b)}{(7a - 5b)} = \frac{3(7a - 5b)}{(7a - 5b)}$$
$$4 = 3$$

Wo liegt der Fehler?

7. Eine Meisterin erhält vom Großhändler 3 Flaschen 6%iges H_2O_2, 6 Tuben Oxidationshaarfarbe und 9 Spezialfestiger. Der Rechnungsbetrag beläuft sich auf 72,40€. Beim Auspacken sieht eine Auszubildende die Rechnung und sagt spontan, dass sich der Lieferant verrechnet habe. Weisen Sie nach, dass die Auszubildende Recht hat.

8. Bakterien verdreifachen sich in einer Stunde unter optimalen Lebensbedingungen. Es befinden sich 100 Bakterien auf einem Nährboden. Wie viele Bakterien sind es nach 15 Minuten bzw. nach 30 Minuten?

9. Eine Friseurmeisterin kaufte auf einer Fachmesse eine Trockenhaube für $3/4$ ihres Bargelds. Hätte sie 45€ mehr bezahlt, so hätte sie $4/5$ ihres Bargelds ausgegeben.
Wie teuer war die Trockenhaube?

10. Zwei Auszubildende machen eine Frühstückspause. Die eine hat 2 belegte Baguettes und 2 Flaschen eines Vitamingetränks, während die andere 3 Baguettes und 3 Flaschen gekauft hat. Die Meisterin hat ihr Frühstücksbrot vergessen. Sie wird von ihren Auszubildenden eingeladen. Man teilt sich Baguettes und Getränke zu gleichen Teilen. Die Meisterin gibt den Auszubildenden 5€ und bittet sie, das Geld gerecht zu verteilen. Wie viel € stehen jeder der beiden Auszubildenden zu?

11. Eine Friseurmeisterin sammelt alte Werkzeuge. Besonderes Interesse erwecken drei Haarschneidemaschinen, die in einer Vitrine ausgestellt sind. Die Auszubildenden des Betriebes wollen wissen, wie alt diese Maschinen sind. Darauf antwortet die Meisterin, dass sie das wohl ausrechnen können, wenn sie folgende Informationen haben:
Das Produkt aus dem Alter der Geräte ist 36 und die Summe aus dem Alter entspricht der Hausnummer. Auf den Einwand, sie brauchten aber noch eine weitere Information, entgegnet die Meisterin, dass sie das jüngste der Modelle in England gekauft habe.
Wie alt sind die drei Maschinen?

12. Eine Friseurmeisterin räumt eine Lieferung Haarspray in ihre Verkaufsvitrine. Sie will die Spraydosen in mehreren Reihen anordnen. Stellt sie 13 in eine Reihe, so fehlen ihr 2 Dosen, nimmt sie dagegen 12, so hat sie 2 Dosen übrig. Wie viele Dosen Haarspray sind insgesamt geliefert worden?

13. Eine Auszubildende räumt eine Lieferung von Portionsflaschen eines Spezialshampoos ein. Ihre Kollegin möchte wissen, wie viele Flaschen das insgesamt sind. Darauf antwortet ihr die Auszubildende: »Wenn du fünfmal so viele Flaschen nimmst, dann sind es genauso viele, als wenn du zu 120 Flaschen noch das Dreifache der Lieferung hinzugibst.« Wie viele Flaschen sind geliefert worden?

14. In einem Friseurfachhandel kostet eine Flasche Dauerwellflüssigkeit 15€, eine Portionsflasche Spezialkur 1€ und Clips 0,25€ je Stück. Eine Friseurmeisterin kauft eine bestimmte Menge von jedem der drei Artikel. Sie zahlt für insgesamt 100 Teile 100,00€. Wie viele der jeweiligen Artikel hat sie gekauft?

15. Nach einem eintägigen Seminar kommt die Chefin wieder in ihren Salon und möchte wissen, wie viele Kundinnen während ihrer Abwesenheit den Salon besuchten. Die Salonleiterin antwortet ihr: »Wenn du die Zahl versechsfachst und noch 12 hinzunimmst, sind es genau 300 Kundinnen.«

16. Im Schaufenster eines Friseurbetriebs stehen Spraydosen mit normalem, starkem, extra starkem, ultra starkem Haarspray und eine Dose Haarlack nebeneinander.
    a) Wie viel verschiedene Anordnungen sind bei den 5 Spraydosen möglich?
    b) Wie viele Kombinationsmöglichkeiten gibt es bei 7 verschiedenen Spraydosen?

Bildquellenverzeichnis

Adolphs, Guido, Remscheid, 3, 4, 5, 27, 28/1, 30, 35, 36, 37, 38, 39, 40, 41, 42, 48, 51/1, 53, 54, 55, 56, 59, 67, 68, 69/1, 72, 89, 91, 103/1, 121, 135, 136/1–2, 142, 143, 151, 155/3, 158, 163/1–2+6, 164, 165, 167, 168, 170/4, 171, 172, 173, 174, 175, 178, 183/1, 189, 190, 191/1–3, 193, 194, 195, 196/1–2+4–5, 200, 206, 210, 212, 213, 215/1, 216/1–2, 217/3, 232, 241/1–2+4, 242/2, 243, 245/1–2, 255/2, 259/1–2, 260, 261/1, 264, 265/2, 266/2, 273/3, 281/2, 288, 289, 290, 306, 312/2, 313, 314, 325/1, 331, 333, 334, 335, 337, 338, 339, 341, 342, 343, 345, 346, 347, 348, 349/1, 350/1
Alcina, Bielefeld, 262/1
Badhaus Museum, Kulmbach, 12/2
Beauty Studio dtp Entertainment GmbH & Co. KG, Hamburg, 117/2–3
BGW, Hamburg, 25/1–2, 26
Deutsche Gesellschaft für Ernährung e. V., Bonn, 33/1
dpa Picture Alliance GmbH, Frankfurt, 311/1, 312/1, 322, 324
Focus Agentur, Hamburg, 79/2–3
Gerny, Dr. med. H., CH–Zürich, 79/1
Getty Images, München, 51/2
Great Lengths Haarvertriebs GmbH, A–St. Stefan im Rosental, 115/3, 116/1–2
Gürcan Eriklili, 118/3–4
Hans Schwarzkopf GmbH, Hamburg, 77/2, 78/1–3, 84/3, 85/1–4, 102/2–3, 103/2, 145/1
Health and Beauty Business Media GmbH, Karlsruhe, 315, 326/1
Hecht-Sprung, Soltau, 43, 44, 45, 46, 50
Hedfeld, Erika, Radevormwald, 281/1, 282
Herzig, Wolfgang, Essen, 19, 52, 81/1–2, 82/2–3, 93, 94, 98, 99/1–2, 101/1, 110/7–10, 116/3–4, 118/2, 119, 123, 126/3, 127/2, 128/2, 129/2, 136/3–4, 137, 138, 139, 140, 145/2, 148, 157, 159, 162, 170/1–3, 179, 182, 183/2, 185, 186, 187, 191/4, 192, 208, 211, 215/2, 220, 222/1, 224/1, 228, 229, 239/1+3, 240, 245/3–5, 247, 248, 249, 259/3, 273/2, 274, 275, 276/1–2, 277/1, 294, 295, 302, 303/1, 326, 349/2, 350/2, 351, 352, 353, 354
Hülsken, Margot, Münster, 167/2, 169/1–3
IKK Nordrhein, 31, 32
Maha Nail, Bielefeld, 250
Medicalpicture GmbH, Köln, 70, 242/1
Nemectron, Karlsruhe, 261/2, 263/2
Nilsson, unbekannt, 20/1
Okapia KG, Frankfurt, 203/1
report Bilder-Dienst GmbH, München, 205
Rintelen, Henriette, Velbert, 74, 75, 76/1, 80, 101/2, 160/1
Sauermann, Jutta, Duisburg, 241/3, 244, 246/2–3, 252
Springer, Heidelberg, 20/2
Timm, Gabriele, Kaarst, 21, 57, 62, 99/3, 105, 106, 107, 108, 109, 110/1–2+11–14, 111, 112/1–3, 125, 126/1–2, 127/1, 128/1, 129/1, 139/4a, 152, 180/3, 181/2, 204, 262/2, 263/1, 265/1, 277/2–3, 278/1–3, 279, 280/1, 281/3
Tondeo, Solingen, 129/2–5
Ullsteinbild GmbH, Berlin, 12/1, 16/2, 17/2, 42/1, 56, 97, 118/1, 176/1, 201, 317, 318/1–2, 319/1+3, 320, 321
Verlag Europa-Lehrmittel, Haan-Gruiten, 28/2, 154, 155/1–2, 156, 160/2–3, 176/2, 239/2, 230, 293, 300, 308, 311/2, 316, 319/2, 323, 325/2
Viva Mexico J. Reyes, Bergheim, 318/3
Wella AG, Darmstadt, 47, 49, 77/1, 81/3, 82/1, 82/4–5, 84/1–2, 85/5, 92, 100/2–4, 153, 168/3, 169/4, 177, 180/2, 181/1, 184, 199, 207, 206, 216/3, 217/1–2, 219, 220, 224/2, 226/1, 236, 266/1, 301, 303/2, 304/1
Wella Friseur Einrichtungen – Frisoer Wolf, Lenggries, 307
Wella Friseur Einrichtungen – Intercoiffure Straub, Bad Neustadt, 11, 15, 16/1, 18, 285, 286, 304/2
Wella Friseur Einrichtungen – Sebahat Y.-Bader HAIR DESIGN, Schramberg, 17/1
Werk, Stephan, Rostock, 112/4, 113/1–2+4, 122, 131, 132/1–3, 134, 144, 146,147, 149, 163/3–5, 225, 226/2, 253, 254, 255/1, 258, 267, 268, 269, 270, 271, 272, 273/1, 276/3, 278/4, 280/2–4, 283
Wiggelinghoff, Bernhard, Datteln, 100/1
YOU Nails, Meppen, 237

Stichwortverzeichnis

U

V

W

Z